零壹融资租赁

李思明 丛林 杨燕青 柏亮 主编

中国融资租赁行业
2015年度报告

中国融资租赁三十人论坛
零壹融资租赁研究中心 ◎著

·北 京·

图书在版编目(CIP)数据

中国融资租赁行业2015年度报告/中国融资租赁三十人论坛,零壹融资租赁研究中心著.
--北京:中国经济出版社,2016.1
ISBN 978-7-5136-3956-9
Ⅰ.①中… Ⅱ.①中… ②零… Ⅲ.①融资租赁-研究报告-中国-2015 Ⅳ.①F832.49
中国版本图书馆CIP数据核字(2015)第218720号

责任编辑 张梦初
责任审读 贺 静
责任印制 马小宾
封面设计 任燕飞

出版发行 中国经济出版社
印 刷 者 北京科信印刷有限公司
经 销 者 各地新华书店
开 本 787mm×1092mm 1/16
印 张 32.5
字 数 700千字
版 次 2016年1月第1版
印 次 2016年1月第1次
定 价 98.00元
广告经营许可证 京西工商广字第8179号

中国经济出版社 网址 www.economyph.com 社址 北京市西城区百万庄北街3号 邮编 100037
本版图书如存在印装质量问题,请与本社发行中心联系调换(联系电话:010-68330607)

版权所有 盗版必究(举报电话:010-68355416 010-68319282)
国家版权局反盗版举报中心(举报电话:12390) 服务热线:010-88386794

中国融资租赁三十人论坛成员名单

联席召集人

李思明　海通恒信国际租赁有限公司 CEO

丛　林　工银金融租赁有限公司总裁

媒体召集人

周健工　第一财经传媒有限公司 CEO 兼第一财经日报总编辑

杨燕青　第一财经日报副总编辑

常务理事（按姓氏拼音排序）

丛　林　工银金融租赁有限公司总裁

高克勤　农银金融租赁有限公司董事长

李思明　海通恒信国际租赁有限公司 CEO

刘小勇　海航资本集团有限公司执行董事长

万　钧　狮桥融资租赁（中国）有限公司董事长兼 CEO

王佳林　中国融资租赁企业协会副会长兼秘书长

杨燕青　第一财经日报副总编辑

周健工　第一财经传媒有限公司 CEO 兼第一财经日报总编辑

周　巍　民生金融租赁股份有限公司总裁

理事（按姓氏拼音排序）

程东跃　原越秀融资租赁有限公司总经理

丁化美　天津金融资产交易所总经理

梁雪文　山重融资租赁有限公司总经理

刘卫东　招银金融租赁有限公司副总裁

潘俊吉　马尼托瓦克（中国）租赁有限公司董事总经理

秦　群　中建投租赁有限责任公司总经理

施锦珊　鑫桥联合融资租赁有限公司首席执行官

孙　红　山东融世华租赁有限公司董事长

杨　钢　中国外商投资企业协会租赁业委员会会长

俞雄伟　浙江汇金租赁股份有限公司董事长兼总裁

曾北华　中集融资租赁有限公司执行董事

赵宏伟　中航国际租赁有限公司总经理

郑常美　兴业金融租赁有限责任公司总裁

外部理事

柏　亮　零壹财经 CEO

本书编写人员

主　　编：李思明　丛　林　杨燕青　柏　亮

编委会成员[①]（按姓名拼音排序）：

柏　亮　程东跃　丛　林　丁化美　高克勤　李思明
梁雪文　刘卫东　刘小勇　潘俊吉　秦　群　施锦珊
孙　红　万　钧　王佳林　杨　钢　杨燕青　俞雄伟
曾北华　赵宏伟　郑常美　周　巍

执笔团队[②]：赵慧利　李万赋　刘世阳　康　茜　赵金龙　苏鹏飞
左文辉　王　琳

---

① 编委会成员简介：见上页“中国融资租赁三十人论坛成员名单”。

② 执笔团队简介：赵慧利（零壹融资租赁研究中心主任），李万赋、刘世阳、康茜（均为零壹融资租赁研究中心研究员），赵金龙（零壹研究院数据中心总监），苏鹏飞（零壹研究院数据中心分析师），左文辉（金融加速CEO），王琳（原中国融资租赁三十人论坛研究员、第一财经日报记者）。

前 言

2014年，在中国融资租赁行业快速发展及行业外部环境发生巨大改变的大背景下，我们推出了《中国融资租赁行业2014年度报告》，从整体上回顾了过去30多年中国融资租赁行业的整体发展情况，详细解读了支持行业发展的“四大支柱”——法律、监管、税收、会计及其演化，同时也对融资租赁行业当时关心的焦点问题之一——租赁资产的流通进行了分析，并通过行业领先公司的案例呈现当前多样化的创新和探索。

2015年，我们继续推出《中国融资租赁行业2015年度报告》，将着重阐述2014年整个行业的发展及变化，行业所面临外部环境的发展及变化，以及2014年行业热点问题的解读分析。

2014年是中国融资租赁行业在“在发展中求变，在变中谋求发展”的一年。这一年无论是从新增公司数量还是从行业整体规模上来看，整个行业依然保持着持续高速增长的态势。让人欣喜的发展态势，很大程度上得益于近两年行业面临的政策环境及其他各种外部环境的完善及改进，国家、地方政策大力支持鼓励发展融资租赁行业，行业面临的融资环境得以改善，境外融资渠道逐步打通，各方资本大量涌入等，都能让租赁公司从中寻找到合适的发展契机。此外，由于资本消耗加速、业务同质化严重、集中扎堆特定行业、同业竞争加剧等，在经历了发展初期简单求生存、求规模的粗放型发展之后，这些问题让中国融资租赁业正逐步转向求效益、求特色的精细化管理，着力进行专业化转型。

然而，在欣喜地看到行业繁荣景象的同时，行业发展所面临的各种问题也不容小觑，诸如税收、租赁物登记、监管、融资渠道单一、业务模式单一、行业人才缺乏、新版国际租赁会计准则冲击等问题，这些问题都不同程度地制约着中国融资租赁业的发展。

总结及回顾过去一年行业各方面的变化，对行业面临的各种外部环境及新兴探索进行展望，解读及分析行业当下面临的难点及热点问题是十分必要也是十分重要的事情。

《中国融资租赁行业2015年度报告》主要阐述2014年中国融资租赁行业的发展特点及发展中面临的主要问题，各种外部环境发生的主要变化，对行业当下关注的热点问题——法律问题、“营改增”税收问题、资产交易问题、跨境融资问题等作了详细解读及分析，并通过行业领先公司案例呈现当前多样化的创新和探索，邀请行业资深人士对行业发展中面临的各项问题建言献策。

本书写作框架如下：

第 1 章，行业概况。主要内容包括 2014 年中国融资租赁行业发展概况：行业规模持续高速增长；三类公司发展不平衡，新进公司增长乏力；行业政策环境进一步完善；各路资本争相涌入；北、上、广、天津领跑；助力航空、装备制造业、农业等领域产业结构调整等。不同类别融资租赁公司发展现状。中国融资租赁行业存在的问题：包括税收问题；租赁物登记问题；监管面临的问题；融资渠道单一；业务模式单一，亟须专业化转型；行业人才缺乏；新版国际租赁会计准则的冲击等。国际融资租赁行业发展概况。

第 2 章，法律。主要介绍了 2014 年中国融资租赁法律环境的主要变化；2014 年融资租赁案件发生与审理情况；2014 年融资租赁案件争议焦点及法律适用；邀请业内专业律师对最新版司法解释进行解读及评析；结合 2014 年发生的涉及不同方面问题的 10 件典型融资租赁案件进行案例解析；还涉及融资租赁行业目前面临的主要问题之一——融资租赁物登记问题；融资租赁行业近几年面临的前沿热点问题“互联网 + 融资租赁”相关的法律问题；以及业界建言融资租赁法律政策。

有多名业内专业律师参与了本章的编写，他们分别是：北京市汇融律师事务所主任律师张稚萍，大成律师事务所合伙人邹光明，北京市诚辉律师事务所律师郑乃全，北京首熙律师事务所实习律师李亦丹，以及北京市汇融律师事务所律师李雪梅、贺欣、孟俐君、杨泰、张立国、王爽、邹颖、刘晓灵、于峰、王雅洁，在此一并致谢！

第 3 章，监管与政策。回顾了 2014 年融资租赁监管政策的主要变化，简要介绍了三类融资租赁公司的监管政策，并从区域规划、业务领域、财税补贴、保税区、人才引进、法律环境、行业组织、跨境融资等多个角度对比不同地区的融资租赁政策。最后提出业界建言融资租赁监管政策。

第 4 章，税收——“营改增”进展及面临的问题。本章介绍了融资租赁“营改增”的最新政策及原理，并通过一个直租、一个售后回租业务的案例详细介绍了直租、售后回租两种融资租赁业务的详细会计处理方法，还介绍了不同地区融资租赁“营改增”政策的实施细则及“营改增”过程中融资租赁行业目前面临的主要问题。最后提出业界建言融资租赁监管政策。本章的直租及售后回租案例由马尼托瓦克（中国）租赁有限公司财务经理洪莉提供，在此表示感谢！

第 5 章，会计——国际租赁会计准则最新进展。回顾了 2014 年国际租赁会计准则（征求意见稿）的进展，呈现了世界各国对国际租赁会计准则（征求意见稿）的反馈意见，以及新准则下承租人及出租人的租赁业务会计处理方式，简要分析了国际租赁会计准则修订对中国融资租赁行业可能产生的影响，以及中国融资租赁行业应如何应对国际租赁会计准则的修订。

此外，2015 年还邀请了业内资深人士及专家对行业的“四大支柱”——法律、监管、税收、会计分别建言献策。

第 6 章，融资租赁资产二级市场的发展。本章简要介绍了 2014 年重大融资租赁资产交易案例及模式，简要介绍了多种传统交易模式，包括资产证券化、资产支持票据、信托等，从多个角度详细呈现了近两年发展得如火如荼的融资租赁 P2P 交易模式，并通过数据详细呈现了目前这一交易模式的发展现状。

第 7 章，融资租赁跨境融资。本章以前海及上海自贸区为例，阐述了跨境融资的主要方式及相关案例，并重点介绍了航空、航运、海洋工程、环保、工程机械设备制造等几个领域的跨境融资政策及典型案例。

第 8 章，理事案例。本章以中国融资租赁三十人论坛部分理事所在融资租赁公司作为案例，从经营情况、业务特色、商业模式创新、营销模式创新等方面进行了介绍，旨在通过介绍这些优秀融资租赁公司的成功经验，为其他租赁公司的发展提供参考。

附录。包含 2014 年融资租赁行业大事记；中国融资租赁三十人论坛理事访谈录（含丛林、李思明、刘卫东、刘小勇、万钧、俞雄伟、周巍 7 位理事的署名文章或访谈文章）；三类融资租赁公司名录，融资租赁法律、监管、税收政策目录等。

CONTENST 目 录

第8章 理事案例 …… 321

附录 …… 345

参考文献 …… 501

第 1 章

行业概况

1.1 2014 年中国融资租赁行业发展概况

2014 年，融资租赁行业几乎成为炙手可热的香饽饽，在国务院常务会议上多次被提及，国家、地方政策纷纷大力鼓励发展，行业政策环境得到进一步完善，各方资本大量涌入，新增融资租赁公司如雨后春笋，行业规模也保持着持续高速增长的态势。在欣喜地看到行业繁荣景象的同时，伴随着整个行业的快速发展，融资租赁行业所面临的政策掣肘、发展中遇到的各种问题也不容忽略。

1.1.1 行业规模持续高速增长

中国融资租赁行业主要由银监会和商务部两个部门监管。按照监管划分，中国的融资租赁公司可以分为三类：银监会监管的金融租赁公司、商务部监管的内资试点和外资融资租赁公司。2007 年，银监会修订《金融租赁公司管理办法》，允许商业银行控股设立非银行金融机构的金融租赁公司，银行系金融租赁公司的加入开启了中国融资租赁业的新篇章，让行业驶入了发展的快车道。近几年，融资租赁行业的公司数量和业务规模都呈现了持续高速增长的态势。

根据零壹融资租赁研究中心统计数据显示，截至 2014 年底，全国在册运营的各类融资租赁公司 2134 家，比年初的 1155 家新增 979 家，增长 84.76%。其中，金融租赁公司 30 家，较年初新增 7 家；内资租赁公司 152 家，较年初新增 29 家；外资租赁公司 1952 家，较年初新增 943 家，占 2014 新增租赁公司的 96.32%。具体见表 1－1。

显而易见，2014 年融资租赁公司数量的大幅增长主要归因于外资租赁公司的野蛮生长。

表 1－1　2007—2014 年各类融资租赁公司数量　　单位：家

	2007 年	2008 年	2009 年	2010 年	2011 年	2012 年	2013 年	2014 年
金融租赁	11	13	13	17	20	20	23	30
内资租赁	26	37	45	45	66	80	123	152
外资租赁	56	68	90	120	210	460	1009	1952
合计	93	118	148	182	296	560	1155	2134

资料来源：零壹融资租赁研究中心整理。

根据零壹融资租赁研究中心的统计，截至 2014 年 12 月底，中国融资租赁行业注册资金达 7356.45 亿元人民币。其中，金融租赁公司注册资本 1087.04 亿元，内资租赁公司注册资本 888.66 亿元，外资租赁公司注册资本 5380.75 亿元。

中国租赁联盟的统计数据显示，截至 2014 年 12 月底，全国融资租赁合同余额约为 32000 亿元人民币，比 2013 年底的 21000 亿元人民币增长了 11000 亿元，增幅达 52.4%。其中，金融租赁公司合同余额约为 13000 亿元，比 2013 年底的 8600 亿元约增加 4400 亿元，增幅为 51.2%，业务总量约占全行业的 40.6%；内资租赁公司融资租赁合同余额约为 10000 亿元，比 2013 年底的 6900 亿元约增加 3100 亿元，增幅为 44.9%，占行业总量的 31.3%；外资租赁公司合同余额约为 9000 亿元，比 2013 年底的 5500 亿元增加 3500 亿元，增幅为 63.6%，业务总量约占全行业的 28.1%。具体见表 1－2。

表 1－2　2007—2014 年中国融资租赁合同余额　　单位：亿元

	2007 年	2008 年	2009 年	2010 年	2011 年	2012 年	2013 年	2014 年
金融租赁	90	420	1700	3500	3900	6600	8600	13000
内资租赁	100	630	1300	2200	3200	5400	6900	10000
外资租赁	50	500	700	1300	2200	3500	5500	9000
合计	240	1550	3700	7000	9300	15500	21000	32000

资料来源：零壹融资租赁研究中心整理。

1.1.2　三类公司发展不平衡，新进公司增长乏力

简单对比两组数据：2014 年融资租赁公司数量增幅 74.90%、融资租赁合同余额增幅 52.40%。不难发现，融资租赁公司的业务量增幅滞后于公司数量增幅。这一现象一方面可能归因于新成立的租赁公司太多，业务还未大规模开展；另一方面也在一定程度上反映出新进公司增长乏力。

新进公司增长乏力这一结论还可以通过行业格局一窥究竟：2014 年中国融资租赁行业业务规模的 40.6% 由 30 家金融租赁公司贡献，31.3% 由 152 家内资租赁公司贡献，而占行业公司总数 91.47% 的外资租赁公司只贡献了业务规模的 28.1%。

对比各类租赁公司 2014 年的数量与业务规模增幅，可以看出，金融租赁公司和内资租赁公司业务规模增幅大于公司数量增幅，而外资租赁公司的业务规模增幅 63.60% 明显滞后于公司数量增幅 93.46%。具体见表 1－3。

表 1－3　2014 年融资租赁公司数量与业务规模增幅对比　　单位：%

	2014 年公司数量增幅	2014 年业务规模增幅
金融租赁	30.43	51.20
内资租赁	23.58	44.90
外资租赁	93.46	63.60
行业总量	74.90	52.40

资料来源：零壹融资租赁研究中心整理。

对比图 1－1，由 2007—2014 年三类租赁公司平均合同余额可以发现，三类公司的平均合同余额差距非常大。其中，金融租赁公司平均合同余额最大，遥遥领先于内资试点和外资租赁公司；外资租赁公司合同余额最小，且从 2010 年开始出现逐年下滑的趋势。

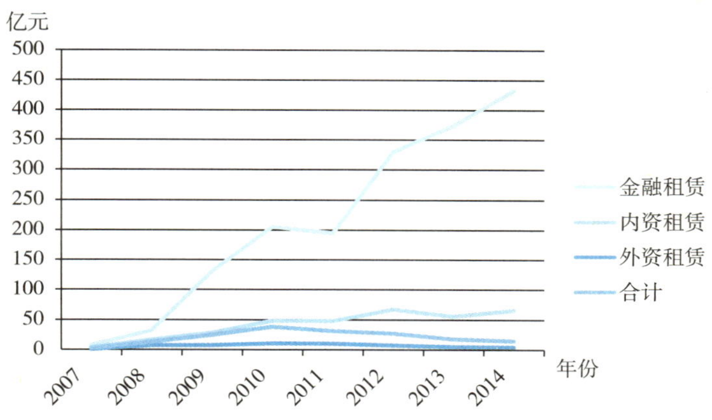

图 1－1　2007—2014 年中国融资租赁平均合同余额

资料来源：零壹融资租赁研究中心整理。

三类租赁公司的综合平均合同余额也是从 2010 年开始出现明显下滑的趋势，产生这一下滑趋势主要是由外资租赁公司数量野蛮增长而业务开展乏力所导致：从 2010 年至今，金融和内资试点租赁公司的平均合同余额均呈现总体上升的趋势，只有外资租赁公司出现明显且持续的下滑趋势。具体见表 1－4。

表 1－4　2007—2014 年中国融资租赁平均合同余额　　单位：亿元

	2007 年	2008 年	2009 年	2010 年	2011 年	2012 年	2013 年	2014 年
金融租赁	8.18	32.31	130.77	205.88	195.00	330.00	373.91	433.33
内资租赁	3.85	17.03	28.89	48.89	48.48	67.50	56.10	65.79
外资租赁	0.89	7.35	7.78	10.83	10.48	7.61	5.45	4.61
合计	2.58	13.14	25.00	38.46	31.63	27.68	18.18	14.99

资料来源：零壹融资租赁研究中心整理。

下滑的时间点从 2010 年开始,原因从图 1－2 中很容易看出:从 2010 年开始,外资租赁公司数量开始呈现野蛮增长的态势。产生这一现象的原因归结于 2010 年商务部将外资租赁公司的审批权下放至各省级商务主管部门及国家级经济技术开发区。

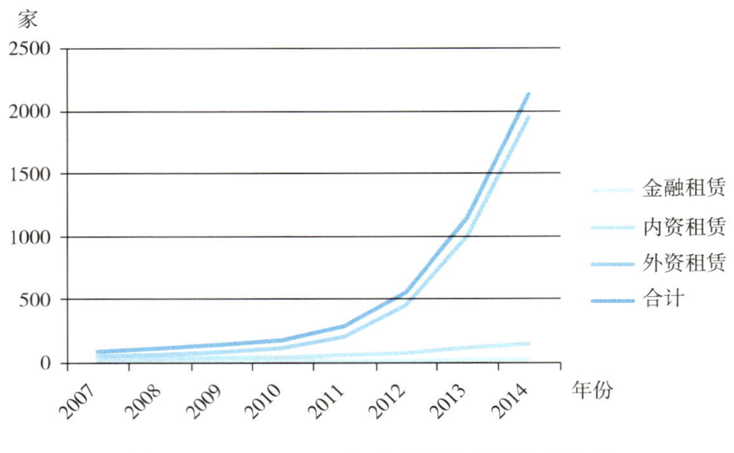

图 1－2　2007—2014 年各类融资租赁公司数量

资料来源:零壹融资租赁研究中心整理。

占行业公司数量 90% 以上的外资租赁公司发展数量与质量的严重不平衡,在一定程度上给中国融资租赁行业的发展埋下了隐患。

1.1.3　行业政策环境进一步完善

伴随着融资租赁行业的高速发展,一些政策的掣肘问题开始显现,行业政策环境也加快了改进和完善的步伐。尤其是 2013 年和 2014 年,中国融资租赁行业在监管、法律、税收、会计层面的政策环境都取得了较大进展。

2013 年,在监管方面三类融资租赁公司的监管政策都有所进展。7 月,商务部外国投资管理司发布《关于加强和改善外商投资融资租赁公司审批与管理工作的通知》,加强了对外资融资租赁公司的准入审批的规定,并对外资融资租赁公司的信息统计、后续核查、业务范围等加强了规范;9 月,商务部印发《融资租赁企业监督管理办法》,将内资和外资融资租赁公司全部纳入其中;12 月,银监会发布《金融租赁公司管理办法(征求意见稿)》,面向社会公开征求意见。

法律方面,2013 年 3 月,最高人民法院发布《关于审理融资租赁合同纠纷案件适用法律问题的解释(征求意见稿)》,向社会各界公开征求意见。

税收方面,2013 年财政部、国家税务总局就"营改增"的两次发文都对融资租赁行业“营改增”政策进行了重新明确和调整。

会计方面，一方面是“营改增”政策变化带来的融资租赁会计处理的相应变化，另一方面国际会计准则理事会（IASB）于 2013 年 5 月再次发布国际会计准则《租赁（征求意见稿）》。与现行租赁会计准则相比，新修订的租赁会计准则取消了融资租赁和经营租赁的划分，要求承租人将无论以何种方式（短期租赁除外）获得的租赁物均纳入资产负债表反应；对于出租人而言，准则引入了“剩余资产”等新概念，在计量方面强调了公允价值的使用，可能会对全球范围的出租人和承租人产生重大影响。

2014 年政策变化的步伐也并未停歇。

监管方面，2014 年 3 月银监会修订印发《金融租赁公司管理办法》（银监会令 2014 年第 3 号），自公布之日起施行。新办法将主要出资人制度调整为发起人制度；允许符合条件的金融租赁公司开办发行金融债、资产证券化以及在境内保税地区设立项目公司等升级业务；并放宽股东存款业务的条件，拓宽融资租赁资产转让对象范围，增加固定收益类证券投资业务、为控股子公司和项目公司对外融资提供担保等；强化股东风险责任意识，实施分类管理；完善监管规则，促进金融租赁公司科学健康发展。7 月，银监会印发《金融租赁公司专业子公司管理暂行规定》（银监办发〔2014〕198 号），支持符合条件的金融租赁公司设立专业子公司，积极引导和促进金融租赁公司专业化、特色化发展。该规定明确了金融租赁公司申请在境内设立专业子公司的条件、设立的境内专业子公司应该具备的条件、境外设立专业子公司的条件、业务经营规则及相关监管事项。

法律方面，历时 14 年六易其稿的融资租赁司法解释最终定稿。2014 年 2 月，最高人民法院发布了最新版《关于审理融资租赁合同纠纷案件适用法律问题的解释》（法释〔2014〕3 号），进一步完善了融资租赁行业的法律环境；3 月，天津市食品药品监督管理局发布《关于〈医疗器械经营企业许可证〉审批事项的补充通知》（津食药监流通〔2014〕77 号），对具有融资租赁资质的企业申请医疗器械融资租赁许可作出了规定；6 月，中国人民银行发布《中国人民银行征信中心中征动产融资统一登记平台操作规则》，《中国人民银行征信中心应收账款质押登记操作规则》《中国人民银行征信中心融资租赁登记规则》同时废止；12 月，商务部发布《商务部关于利用全国融资租赁企业管理信息系统进行租赁物等级查询等有关问题的公告》（商务部公告 2014 年第 84 号），公告明确全国融资租赁企业管理信息系统（http://leasing. mofcom. gov. cn）是商务部建立的综合性融资租赁服务平台，可为内资融资租赁试点企业、外商投资融资租赁企业及相关企业、组织和个人提供公共信息、租赁物登记公示查询、交流合作等服务。

税收方面，财政部、国家税务总局对融资租赁行业“营改增”未再出台新的政策，但由于“营改增”过程中融资租赁行业面临的问题一直未得到普遍解决，2014年各地区税务局就融资租赁“营改增”出台了相关的实施细则。2014年4月30日，国务院常务会议提出，进一步加快出口退税进度，保证及时足额退税，适时扩大融资租赁货物出口退税试点范围，采取多种措施，支持中国装备“走出去”；9月1日，财政部、海关总署、国家税务总局联合发布《关于在全国开展融资租赁货物出口退税政策试点的通知》（财税〔2014〕62号），由试点扩大到全国统一实施，并在原有《天津东疆保税港区融资租赁货物出口退税管理办法》基础上进行了补充和完善，扩大了享受出口退税政策融资租赁企业的范围。

政策环境在快速地完善，但从总体来说，政策改进的步伐似乎总也跟不上融资租赁行业发展的速度，一些税收、监管和法律上的问题依然存在。

1.1.4 各路资本争相涌入

融资租赁行业持续高速增长的发展势头，不断拓宽的融资租赁融资渠道，以及频出的各种利好政策，吸引各路资本争相涌入，上市公司、大型企业集团、券商、PE等近几年都开始积极布局融资租赁产业。

各路资本纷纷涌入融资租赁行业，一方面是看好该行业的发展，另一方面也离不开国家和地方层面对于该行业频繁出台的利好政策。

在全国范围内，商务部专门出台了《关于十二五期间促进融资租赁业发展的指导意见》，该意见称，支持融资租赁企业运用保理、上市、发行债券、信托、基金等方式拓宽融资渠道，降低融资成本。鼓励企业通过资产证券化等方式盘活租赁资产，创新融资模式。鼓励融资租赁企业加强与银行、信托等金融机构合作。支持设立融资租赁产业基金，引导民间资本加大投入。

地方上，天津等地陆续出台了资金补助政策、税收优惠政策。广州发布了关于加快推进融资租赁业发展的实施意见，这是继2014年8月份武汉出台租赁贴息新政、横琴下发促进融资租赁发展的办法、财政部等三部门联合下发全国范围内实施出口退税试点政策之后，又一项对融资租赁业产生推动作用的政策。在深圳，前海深港现代服务业合作区挂牌成立之后，融资租赁企业数量迅猛增长。前海融资租赁企业的政策优势主要体现在跨境人民币贷款业务上，在贷款成本、贷款额度等方面都有优惠政策和扶持措施。

受以上两方面的影响，各路资本纷纷涌入融资租赁行业，上市公司、大型国企以及证券机构等积极布局融资租赁行业，这对于缓解国内企业融资难，消化过剩产能大有裨益。

上市公司争相涌入。随着资本运作能力的提升,越来越多的上市公司能通过融资租赁业务获取丰厚的回报。上市公司涉足融资租赁,大多是采取"内保外贷"模式,利用国外低成本资金,降低采购成本;利用现有资产进行融资,提高了资本运作能力;或者采取售后回租等模式撬动融资租赁公司的"杠杆",扩大了公司对下游客户的销售支撑。

2014 年,大洋电机和双塔食品分别与其全资子公司出资设立了融资租赁公司;中兴通讯、林洲重机、首航节能、长荣股份等 10 余家上市公司宣布斥资组建融资租赁公司;而开展融资租赁、售后回租业务的上市公司则相对更多。2015 年 3 月,华能国际电力股份也通过增资 5.67 亿元人民币入股华能天成融资租赁 20% 的权益。

中海油等大型企业集团开始布局融资租赁。2014 年 4 月,由中国海洋石油总公司全资设立的中海游国际融资租赁有限公司在天津东疆保税港区完成全部注册手续,中石油正式布局融资租赁业。该公司注册资本为 18 亿元人民币,重点开展海工租赁业务,将成为中海油开展境内外融资的重要平台。

除中海油外,2014 年其他大型企业集团也纷纷开始布局融资租赁:2014 年 4 月,华能天成融资租赁有限公司开业,这是继大唐、华电和国电后,第四家落户天津的国有大型电力集团融资租赁公司。2014 年 12 月,茅台建银(上海)融资租赁有限公司完成工商登记手续,在上海自贸区成功落户。该公司由贵州茅台集团与建行旗下建信信托有限责任公司共同出资设立,注册资本为 10 亿元人民币。其中,茅台集团出资 51000 万元人民币,占注册资本的 51% 。

海通证券、光大证券、国泰君安等券商发力融资租赁。作为李克强总理口中的"新高地",融资租赁业务也在券商业悄然走俏,成为不少券商发力攻克的新方向。

海通证券是国内最早发力融资租赁的券商。早在 2013 年,海通证券就通过香港子公司收购恒信租赁的母公司恒信金融集团涉足融资租赁业务,以 7.15 亿美元购得恒信租赁 100% 的股权,并于同年完成了对恒信租赁 20 亿元的增资。海通证券 2014 年半年报显示,恒信金融上半年总资产达到 168 亿元,比年初增加 26% ,2014 年上半年融资租赁业务实现利润总额 2.41 亿元,海通证券上半年实现净利润则为 28.78 亿元,融资租赁业务对券商的利润贡献潜力可见一斑。

2014 年 10 月,光大证券旗下子公司——光大金融投资有限公司与幸福航空、荆门城投三家企业合作创立光大幸福国际租赁有限公司,成为券商参与融资租赁业务的又一案例。

2015 年初,国泰君安通过在上海自贸区注册成立融资租赁公司,吹响了进军融资租赁业的号角。

PE(私募)瞄准融资租赁行业。2014 年 10 月,贝恩资本成功收购狮桥租赁 80% 的股份,成为狮桥租赁第一大股东,其余 20% 的股份由狮桥租赁管理层持有,成为继 2007 年 TPG(德太投资)收购恒信租赁之后中国融资租赁业内第二单 PE 并购交易。

TPG 是国内最早布局融资租赁的私募机构。2007 年 TPG 收购恒信租赁,2013 年以 7.15 亿美元的价格出售恒信租赁全部股权给海通恒信,全身而退,也为 PE 在融资租赁行业的退出提供了范本。

1.1.5 北、上、广、天津领跑

北、上、广、天津四地已成为中国融资租赁产业发展的"四极"。在上海、广东、天津三地,当地政府均依托特区区位优势,鼓励发展船舶、飞机等交通设备租赁业务,在融资渠道、税收政策等方面对融资租赁企业进行扶持;北京则依托中关村高新技术产业,引进尖端人才,促进科技租赁产业的发展。

根据零壹融资租赁研究中心不完全统计,截至 2014 年 12 月底,全国在册运营的各类融资租赁公司达 2134 家,遍布全国 31 个省级行政区域(不含港、澳、台)。注册数量最多的为北、上、广、天津四地。其中,上海 543 家、广东 419 家、天津 330 家、北京 172 家,见表 1-5。上述四个地区总计在册运营融资租赁公司 1464 家,占全国融资租赁公司总数的 68.60%。全国融资租赁公司累计注册资本达到 7356.45 亿元人民币。其中,金融租赁 1087.04 亿元,内资租赁 888.66 亿元,外资租赁 5380.75 亿元。上海 2109.28 亿元人民币,占总额的 28.65%;天津 1355.13 亿元人民币,占总额的 18.42%;广东 1155.93 亿元人民币,占总额的 15.71%;北京 637.21 亿元人民币,占总额的 9.15%。四个地区累计注册资本合计 5257.55 亿元人民币,占全国总额的 71.47%。

表 1-5 北、上、广、天津三种类别融资租赁公司注册情况 单位:家

企业类型	北京	广东	上海	天津
金融租赁	3	2	6	5
内资租赁	28	4	15	14
外资租赁	141	413	522	311
总计	172	419	543	330

资料来源:零壹融资租赁研究中心整理。

上海。自 2013 年上海自贸区成立以来,自贸区不断出台各种政策鼓励融资租赁产业的发展,区内快速形成了融资租赁企业集聚。截至 2014 年 11 月底,上海自贸区

内已累计引进 578 家融资租赁企业，包括 264 家境内外融资租赁母体公司和 314 家项目子公司（即 SPV 项目公司），累计注册资本超过 847.6 亿元人民币。这些租赁公司共运作了包括 68 架民航客机、7 架支航客机、38 艘远洋船舶、2 台飞机发动机、2 套石油钻探设备、2 套光伏设备、41 套发电机组等，以及其他若干大型设备。租赁资产的价值总额已经超过 96 亿美元。

目前，既有交银租赁、东航租赁、中飞租赁等从事飞机、船舶、大型设备等融资租赁大项目的“巨无霸”，也有以服务中小企业为主、以中小型设备为目标的小型租赁公司扎堆落户上海自贸区。

零壹融资租赁研究中心统计数据显示，截至 2014 年 12 月底，上海地区在册运营各类融资租赁公司 543 家，累计注册资本 2109.28 亿元人民币。其中，金融租赁 6 家，累计注册资本 234.50 亿元人民币；内资租赁 15 家，累计注册资本 192.64 亿元人民币；外资租赁 522 家，累计注册资本 1682.14 亿元人民币。在上海注册的全部 543 家融资租赁公司中，注册地址位于浦东新区或上海自由贸易区的融资租赁公司分别为 154 家和 305 家，占上海融资租赁公司总数的 84.53%。

广东。2014 年，深圳、广州、珠海相继推出融资租赁扶持政策，引导融资租赁企业在粤落户。仅 2014 年，在上述三地注册的融资租赁企业就达到 234 家，占据整个广东省融资租赁企业数目的 55.83%。自贸区方案获批之后，广东省政府更是积极扶持融资租赁产业，提出“将依托南沙‘双区’叠加的战略优势，落实全国内外资融资租赁行业统一管理体制改革试点等一批融资租赁先行先试政策，打造融资租赁业的服务高地、推动形成千亿级的融资租赁产业集聚区，打造华南地区融资租赁中心”。

零壹融资租赁研究中心统计数据显示，截至 2014 年 12 月底，在册运营各类融资租赁 419 家，累计注册资本 1155.93 亿元人民币。其中，金融资租赁 2 家，累计注册资本 90 亿元人民币；内资租赁 4 家，累计注册资本 15.20 亿元人民币；外资租赁 413 家，累计注册资本 1050.73 亿元人民币。在广东注册的全部 419 家融资租赁公司中，注册地址位于前海保税港区的融资租赁公司的为 235 家，位于广州南沙区融资租赁公司的为 253 家，位于深圳横琴新区的融资租赁公司的为 15 家，分别占广东融资租赁公司总数的 56.90%、5.97% 和 3.58%。

天津。天津东疆保税港区成立于 2008 年，结合天津保税区以及综合保税区，利用国务院对东疆核心功能区发展融资租赁业务的优惠政策，借鉴爱尔兰、安曼等国家和地区的做法，发挥临近天津港口、空港的优势，以飞机租赁和船舶租赁为重点，着力打造中国融资租赁业研发基地和国际航空租赁中心。

零壹融资租赁研究中心统计数据显示，截至 2014 年 12 月底，在册运营各类融资租赁公司330家，累计注册资本1355.13亿元人民币。其中，金融租赁5家，累计注册资本240.95亿元人民币；内资租赁14家，累计注册资本163.58亿元人民币；外资租赁311家，累计注册资本950.60亿元人民币。在天津注册的全部341家融资租赁公司中，注册地址位于东疆保税港区的融资租赁公司达169家，占天津融资租赁公司总数的51.21%。

北京。北京顺义区天竺保税区是目前国内唯一包含机场口岸操作区、实现区港无缝对接、高效作业的空港型综合保税区，这些条件为飞机租赁业务的开展提供了非常良好的政策环境。此外，北京政府根据自身特点，结合中关村国家自主创新示范区规划，以科技金融创新为中心，鼓励中关村科技企业通过融资租赁方式实现发展，鼓励融资租赁企业根据战略性新兴产业创业企业的特点不断创新融资租赁经营模式。

零壹融资租赁研究中心统计数据显示，截至2014年12月底，在册各类融资租赁公司172家，累计注册资本637.21亿元人民币。其中，金融租赁3家，累计注册资本135.07亿元人民币；内资租赁28家，累计注册资本179.41亿元人民币；外资租赁141家，累计注册资本358.73亿元人民币。

1.1.6 助力航空、装备制造业、农业等领域产业结构调整

在倡导和强调转型的时代，中国的诸多行业都面临着产业结构调整的难题。融资租赁作为与实体经济紧密结合的产业，近几年在中国航空、装备制造业、农业等多个行业的产业结构调整及转型升级中都发挥着重要作用。

航空领域。中国飞机租赁行业起步较晚，2006年以后，各路资本才陆续进入飞机租赁行业。2007年允许商业银行设立金融租赁公司以来，工银租赁、国银租赁、民生租赁等银行系金融租赁公司陆续进军飞机租赁业，为中国飞机租赁业的发展打开了局面。

自2009年起，天津东疆保税港区与上海自贸区借鉴国外先进模式，支持国内外租赁公司在区内设立SPV公司，通过政策准入、税收优惠和流程完善等方法，降低飞机租赁业务成本，创新飞机租赁业务模式。目前，在天津东疆保税港区以及上海自贸区已有工银租赁、民生租赁、中航租赁等十几家国内主流飞机租赁公司设立了SPV公司，有超过数百架飞机通过SPV模式租赁操作，为中国飞机租赁业的发展起到了巨大的推动作用。

融资租赁在支持国产飞机研制、生产、销售及开拓海外市场方面也发挥了巨大作用。2015年全国"两会"期间，工银租赁与中国商用飞机有限责任公司（以下简称中国商飞）签署了《ARJ21－700飞机购机意向协议》，工银租赁将与中国商飞在全球范围内共同建立营销体系，为国产飞机开拓海外市场提供飞机融资方案，参与研制适合租赁的飞机产品构型，共同挖掘当地政府在发展国产民机产业的政策、资金和市场方面的有利资源并使之转化为国产飞机的营销优势。

近两年，随着中资财团洽购 AIG 飞机租赁业务，“资本大鳄”李嘉诚进军飞机租赁行业，“股神”巴菲特旗下飞机租赁公司获批进入中国市场等重磅新闻的发布，飞机租赁业吸引了越来越多的投资者的目光。

装备制造业。装备制造业是为国民经济各行业提供技术装备的战略性产业，是国家及地区科技水平、制造能力和综合实力的集中体现。虽然早在 2009 年我国机械装备工业销售额跃居世界第一，但是当前走新型工业化道路，要求这一行业由传统粗放增量模式向服务转型。装备制造企业要由传统制造商向现代工业服务商转型，在这一过程中也需要通过金融创新为企业提供相应的金融服务。融资租赁作为紧密结合实体经济的金融工具，已经成为装备制造业战略转型和商业模式升级的重要助推器。

目前，全国各地区陆续出台相关政策，鼓励金融机构开展高端技术装备融资租赁业务。

一些大型的装备制造企业也着手布局融资租赁产业，如中国船舶、中集集团等都成立了自己的融资租赁公司，从传统制造商向现代服务商转型，从单纯的制造拓展到整个环节全流程的服务。

海工领域。国务院印发《船舶工业加快结构调整促进转型升级实施方案（2013—2015 年）》，强调：未来将加快发展海洋工程装备，重点依托国内市场需求推进海洋工程装备专用系统和设备以及特种材料的研发、制造。该方案同时还鼓励金融机构加大对相关产业信贷融资支持力度。

然而除了中国进出口银行外，面对单一项目融资金额巨大且操作难度颇大的海工装备，国内的银行普遍较为谨慎。作为银行信贷的重要补充，融资租赁业虽然早在 2009 年就已经开拓海工装备业务，但由于融资额巨大、专业性强等问题，经过几年的发展，目前只有民生租赁、工银租赁、中集租赁、交银租赁、招银租赁、中海油租赁等几家融资租赁机构实际进行过海工业务的融资租赁项目。不过，包括农银租赁、远东宏信、中航租赁在内的众多融资租赁公司已经设立海工项目部门，计划择机进入，部分融资租赁公司已经有海工业务在洽谈中。融资租赁公司的进入对发展海洋工程装备无疑会起到重大的支持作用。

机器人领域。我国的工业机器人使用密度远低于全球平均水平，与日本、韩国和德国等发达国家相比差距更加明显。目前工业机器人的应用在我国比例为 6.4%，日本为 26.6%，美国为 13.8%，德国为 13.6%，韩国为 10.8%。由此来看，与发达国家的巨大差距意味着我国工业机器人市场发展潜力巨大。

面对“用工荒”，许多企业都有“机器换人”计划，但动辄几百万上千万元的机器人投入绝不是一个小数目，特别是对于实力相对较弱的中小企业来说，往往会影响到自身资金流动性。通过融资租赁的方式得到和使用机器，不仅有利于解决企业的融资难问题，还有利于解决企业对“机器换人”的更新换代主动权。

融资租赁与机器人产业的结合，一方面推动了工业机器人行业的发展，另一方面也为工业制造业的转型升级提供了支持。

农业领域。2014年以来，农机租赁的发展受到包括国务院、银监会与农业部的支持。国务院总理李克强在2014年4月16日主持召开国务院常务会议时，强调了开展农机金融租赁服务、创新抵押与质押担保方式、发展农村产权交易市场的重要性。2014年7月31日，银监会与农业部联合发布的《关于金融支持农业规模化生产和集约化经营的指导意见》特别指出：“大力发展涉农租赁业务，鼓励金融租赁公司将支持农业机械设备推广、促进农业现代化作为涉农业务重点发展领域，积极创新涉农租赁新产品。加强涉农信贷与涉农保险合作，将涉农保险投保情况作为授信要素，提高农业规模化生产和集约化经营的保险保障水平。”紧接着，8月1日农业部进一步出台了《关于推动金融支持和服务现代农业发展的通知》，鼓励推动组建主要服务“三农”的融资租赁公司，鼓励各类融资租赁公司开展大型农业机械设备、设施的融资租赁服务。此外，在此通知中，农业部还表示将“积极探索开展牛羊肉规模化生产金融扶持、农业机械融资租赁等财政促进金融支农的试点，配合推进金融支持农业规模化生产和集约化经营、农村承包土地经营权抵押贷款等试点”。

2014年12月30日，国务院办公厅在印发的《关于引导农村产权流转交易市场健康发展的意见》中指出：“农业生产设施设备，是指农户、农民合作组织、农村集体和涉农企业等拥有的农业生产设施设备，可以采取转让、租赁、拍卖等方式流转交易。”

2015年2月1日，《中共中央国务院关于加大改革创新力度 加快农业现代化建设的若干意见》（中发〔2015〕1号）正式公布，这是中央一号文件连续第12年聚焦“三农”。按照2015年的中央一号文件要求，必须综合运用财政税收、货币信贷、金融监管等政策措施，推动金融资源继续向“三农”倾斜；开展大型农机具融资租赁试点；完善对新型农业经营主体的金融服务。

2015年2月16日，《中国银监会办公厅关于做好2015年农村金融服务工作的通知》（银监办发〔2015〕30号）发布，要求银行业金融机构认真贯彻落实“中央一号文件”精神，强化支农服务社会责任，深入推进体制机制改革，持续改善农村金融服务，大力支持农业现代化建设。支持组建主要服务“三农”的金融租赁公司，开展大型农机具融资租赁试点。

农业部部长韩长赋在2015年2月27日召开的金融支持新型农业经营主体座谈会上指出，“现在正逢现代农业发展关键期与农村金融发展机遇期‘两期相遇’的大好时机,要顺应时代发展要求……构建多方共赢的金融支农协作新机制,努力实现农业产业有发展、金融机构有收益、财政补贴有效率、农民最终得实惠的共赢局面”。

国家战略定位和政府部门重视,为租赁公司充分发挥积极性和主动性,深度参与全面深化我国农村改革奠定了基础。在节水供水重大水利工程建设,农村公路养护管理的资金投入和机制创新,农机、农具和大型农业生产机械设备普及和更新等具体领域,租赁公司现有的基础设施租赁、设备租赁等创新产品将发挥巨大的融资融物服务作用。相较于飞机、船舶、海工装备等较成熟的租赁市场,“三农”租赁业务板块尚属“蓝海”,有着更为广阔的市场空间。

如何运用好融资租赁,解决农业发展融资难、农民贷款难的探索已经在相关部委的指导下在我国一些省份展开。2014 年农业部启动了融资租赁贴息支持大型农业机械购置试点工作,将新疆维吾尔自治区和广西壮族自治区纳入首批试点省份。新疆率先开展融资租赁购置采棉机项目试点工作,2014 年 8 月,农银金融租赁有限公司与农业系统和厂商对新疆试点地区沙湾县进行了实地调查。农银租赁在新疆开展的采棉机融资租赁业务有效缓解了当地棉农购机压力,提高了生产积极性,促进了新疆棉花产业的持续发展。

农机金融租赁业务有效地弥合了涉农融资需求缺口,通过以租代买、分期付租、风险分散、无须抵押担保的方式,满足农业生产的机械设备更新、涉农基础设施投资建设等需求。

1.2 不同类别融资租赁公司的发展现状

根据零壹融资租赁研究中心不完全统计,截至 2014 年底,全国在册运营的各类融资租赁公司 2134 家,比年初的 1155 家新增 979 家,增长 84.76%。其中,金融租赁公司 30 家,较年初新增 7 家;内资租赁公司 152 家,较年初新增 29 家;外资租赁公司 1952 家,较年初新增 943 家,占 2014 年新增租赁公司的 96.32%。

在全国 34 个省级行政区域中,融资租赁公司注册数量超过 100 家的地区有 6 个,分别是:上海(543 家)、广东(419 家)、天津(330 家)、北京(172 家)、江苏(155 家)、浙江(102 家)。其中,上海、广东和天津三个地区的融资租赁公司总数超过全国总数的 50%,如图 1 - 3 所示。

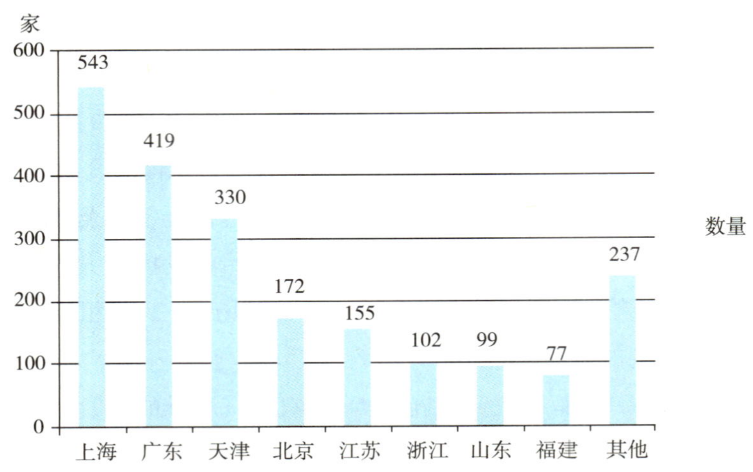

图 1－3　2014 年融资租赁公司地区分布

资料来源：零壹融资租赁研究中心整理。

从注册资本来看，工银租赁以 110 亿元人民币的注册资本位居第一。全国注册资本超过 60 亿元的融资租赁公司共有 10 家，见表 1－6。

表 1－6　注册资本排名前十的融资租赁公司　　单位：万元

企业名称	地区	注册资本
工银金融租赁有限公司	天津	1100000
平安国际融资租赁有限公司	上海	930000
远东国际租赁有限公司	上海	821054.3
国银金融租赁有限公司	广东	800000
建信金融租赁有限公司	北京	800000
浦航租赁有限公司	上海	766040
天津渤海租赁有限公司	天津	626085
交银金融租赁有限责任公司	上海	600000
昆仑金融租赁有限责任公司	重庆	600000
招银金融租赁有限公司	上海	600000

资料来源：零壹融资租赁研究中心整理。

1.2.1　金融租赁公司发展现状

2007 年，为应对中国 WTO 协定中允许外资银行在华开展融资租赁业务的规定，银监会修订的《金融租赁公司管理办法》（中国银行业监督管理委员会令 2007 年第 1

号）正式实施，允许商业银行控股设立非银行金融机构的金融租赁公司。银行系金融租赁公司的加入，引领中国融资租赁行业进入了发展的快车道。

《中国银行业运行报告（2014年度）》的数据显示，2014年末，全国共有30家金融租赁公司（包括一家金融租赁专业子公司）资产总额达到12813.33亿元，比年初增长26.55%，负债总额11328.99亿元，所有者权益1484.33亿元，实现净利润164.20亿元。

金融租赁公司通过融资租赁服务积极支持高端装备制造、节能环保、新能源等国家战略性新兴产业以及“三农”、小微企业等重点领域和薄弱环节。截至2014年末，金融租赁公司小微企业租赁业务余额为1292.43亿元，比年初增长27.78%，投向涉及工程机械、印刷、医疗、教育、纺织等多个领域，有力地支持了小微企业的发展。

表1-7　金融租赁公司概况

序号	企业名称	注册地（省、市、自治区）	法定代表人	注册资本（万元）	成立时间
1	工银金融租赁有限公司	天津	丛林	1100000	2007-11-26
2	国银金融租赁有限公司	广东	王学东	800000	1984-12-25
3	建信金融租赁有限公司	北京	顾京圃	800000	2007-12-26
4	交银金融租赁有限责任公司	上海	陈敏	600000	2007-12-20
5	昆仑金融租赁有限责任公司	重庆	桂王来	600000	2010-07-21
6	招银金融租赁有限公司	上海	连柏林	600000	2008-03-28
7	民生金融租赁股份有限公司	天津	孔林山	509500	2008-04-02
8	华融金融租赁股份有限公司	浙江	李鹏	500000	2011-12-28
9	太平石化金融租赁有限责任公司	上海	杨新民	500000	2014-10-14
10	兴业金融租赁有限责任公司	天津	林章毅	500000	2010-08-30
11	长城国兴金融租赁有限公司	新疆	张希荣	400000	1996-02-02
12	中信金融租赁有限公司	天津	郭党怀	400000	2015-03-31
13	光大金融租赁股份有限公司	湖北	张华宇	370000	2010-05-19
14	中国外贸金融租赁有限公司	北京	丁建平	350766.26	1985-03-04
15	信达金融租赁有限公司	甘肃	朱金叶	350524.88	1996-12-28
16	湖北金融租赁股份有限公司	湖北	谌赞雄	300000	2015-06-24
17	华夏金融租赁有限公司	云南	任永光	300000	2013-04-28
18	农银金融租赁有限公司	上海	高克勤	300000	2010-09-07

续表

序号	企业名称	注册地(省、市、自治区)	法定代表人	注册资本(万元)	成立时间
19	皖江金融租赁有限公司	安徽	李铁民	300000	2011－12－31
20	浦银金融租赁股份有限公司	上海	陈辛	295000	2012－04－20
21	渝农商金融租赁有限责任公司	重庆	张培宗	250000	2014－09－11
22	江苏金融租赁股份有限公司	江苏	熊先根	234665.03	1988－04－23
23	北银金融租赁有限公司	北京	闫冰竹	200000	2014－01－20
24	哈银金融租赁有限责任公司	黑龙江	高淑珍	200000	2014－06－11
25	徽银金融租赁有限公司	安徽	许德美	200000	2015－04－29
26	中国金融租赁有限公司	天津	李波	200000	2013－06－06
27	河北省金融租赁有限公司	河北	徐敏俊	150000	1995－12－11
28	苏兴金融租赁股份有限公司	江苏	夏平	125000	2015－05－13
29	邦银金融租赁股份有限公司	天津	李剑飞	100000	2013－08－16
30	北部湾金融租赁有限公司	广西	李丹玲	100000	2012－09－17
31	江南金融租赁有限公司	江苏	陆向阳	100000	2015－05－29
32	西藏金融租赁有限公司	西藏	李兆廷	100000	2015－05－25
33	永赢金融租赁有限公司	浙江	付文生	100000	2015－05－26
34	长江联合金融租赁有限公司	上海	史美樑	100000	2015－06－18
35	珠江金融租赁有限公司	广东	王继康	100000	2014－12－11
36	华运金融租赁股份有限公司	天津	罗兴平	100000	2015－04－21
37	洛银金融租赁股份有限公司	河南	王建甫	60000	2014－12－18
38	交银航空航运金融租赁有限责任公司	上海	陈敏	50000	2014－10－21
39	山西金融租赁有限公司	山西	曹冬	50000	1993－03－12

资料来源:零壹融资租赁研究中心整理。

从注册资本来看,截至2014年底,注册资本金最多的仍然是工银租赁,达到110亿元。金融租赁公司概况见表1－7。

表1－8 2008—2014年金融租赁公司经营概况 单位:亿元

年份	总资产	总负债	实收资本	租赁投放金额	直租项目投放金额
2008	802.27	543.30	257.01	602.46	91.86
2009	1601.06	1289.10	289.70	1017.88	227.75
2010	3156.99	2635.66	459.49	2048.23	718.07
2011	5267.78	4641.19	504.89	2907.82	1010.08

续表

年份	总资产	总负债	实收资本	租赁投放金额	直租项目投放金额
2012	7986.29	7136.40	631.23	4147.94	1009.80
2013	10125.23	9039.57	739.48	4422.59	721.03
2014	12813.33	11328.99	1087.04		

资料来源：中国银行业协会金融租赁专业委员会。

2014 年，金融租赁公司总计实现净利润 164.20 亿元，较 2013 年增长 15.85%，这一利润增幅较 2013 年的增幅 38.62% 有明显下降。2008—2014 年金融租赁公司盈利状况见表 1－9。

表 1－9　2008—2014 年金融租赁公司盈利状况　　单位：亿元

年份	营业收入	营业净收入	利润总额	净利润
2008	43.12	26.43	13.81	10.69
2009	77.79	48.69	22.36	17.23
2010	159.07	88.27	46.85	35.78
2011	330.47	152.88	82.70	63.84
2012	535.90	226.89	135.19	102.25
2013	691.46	311.37	188.41	141.74
2014				164.20

资料来源：中国银行业协会金融租赁专业委员会。

从风险控制情况来看，2014 年末，金融租赁公司平均资本充足率为 12.43%，平均不良资产率为 0.71%，拨备覆盖率为 269.96%，具备较强的风险抵御能力。

1.2.2　内资融资租赁公司发展现状

自 2004 年商务部、国家税务总局联合发布《关于从事融资租赁业务有关问题的通知》以来，经过 10 余年的试点，内资试点融资租赁取得长足发展。

截至 2014 年底，商务部和国家税务总局联合批准设立内资试点融资租赁公司共 12 批 152 家（不包括 2013 年初被取消试点资格的中国铁路工程机械租赁中心），内资租赁企业注册资本合计约 888.66 亿元。中国租赁联盟的统计数据显示，截至 2014 年 12 月底，内资租赁公司融资租赁合同余额约为 10000 亿元，比上年底的 6900 亿元约增加 3100 亿元，增幅为 44.9%，占行业总量的 31.3%。

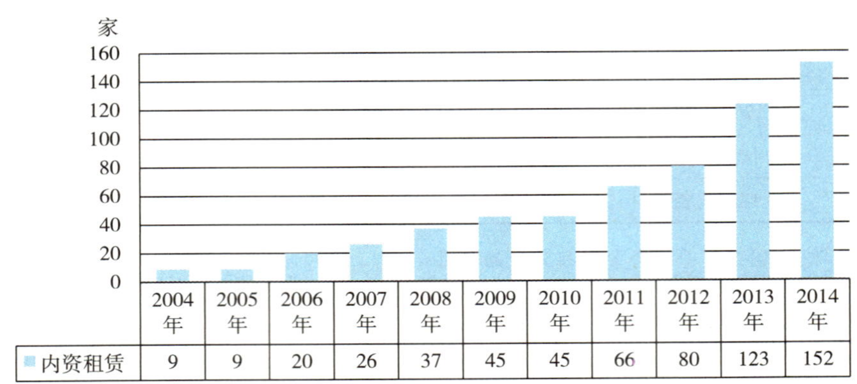

图1－4　2007—2014内资试点融资租赁企业数量

资料来源：零壹融资租赁研究中心整理。

根据零壹融资租赁研究中心的统计，152家内资租赁企业中注册资本超过10亿元人民币的有23家，其中排名前五的分别为浦航租赁有限公司、天津渤海租赁有限公司、长江租赁有限公司、中航国际租赁有限公司、国泰租赁有限公司、上海电气租赁有限公司（后2家并列），这6家公司注册资本分别为76.60亿元、62.61亿元、58.00亿元、37.90亿元、30亿元和30亿元。具体见表1－10。

表1－10　注册资本排名前十的内资试点租赁公司　　单位：万元

企业名称	地区	注册资本
浦航租赁有限公司	上海	766040
天津渤海租赁有限公司	天津	626085
长江租赁有限公司	天津	580000
中航国际租赁有限公司	上海	379000
国泰租赁有限公司	山东	300000
上海电气租赁有限公司	上海	300000
庞大乐业租赁有限公司	河北	250000
南车投资租赁有限公司	北京	230000
汇通信诚租赁有限公司	新疆	216000
丰汇租赁有限公司	北京	200000
中建投租赁有限责任公司	北京	200000

资料来源：零壹融资租赁研究中心整理。

这152家内资租赁试点企业分布在23个省、自治区、直辖市，主要分布在北京、上海、天津、浙江、山东和江苏等地，其中北京数量最多，达到28家。具体如图1－5所示。

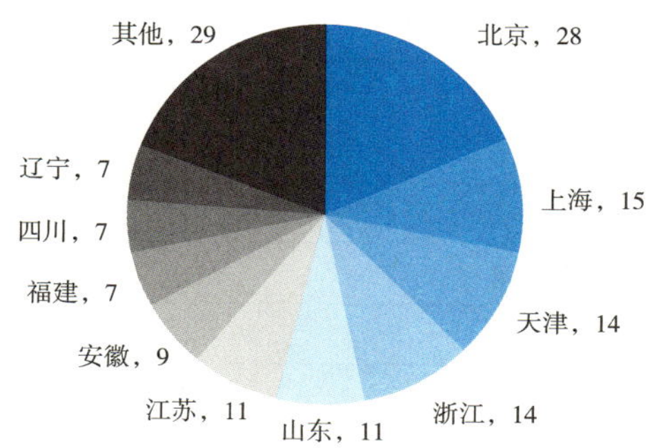

图1-5　2014年内资试点租赁公司地区分布

资料来源：零壹融资租赁研究中心整理。

1.2.3　外资融资租赁公司发展现状

根据零壹融资租赁研究中心的统计，截至2014年底，全国共成立外资融资租赁公司1952家，注册资本累计5380.75亿元。

中国租赁联盟的统计数据显示，截至2014年12月底，外资租赁公司合同余额约为9000亿元，比上年底的5500亿元增加3500亿元，增幅为63.6%，业务总量约占全行业的28.1%。

外资租赁公司遍布全国30个地区，其中数量最多的为上海、广东、天津，这三个地区外资租赁公司总量达1246家，占外资租赁公司总数的60%以上。如图1-6所示。

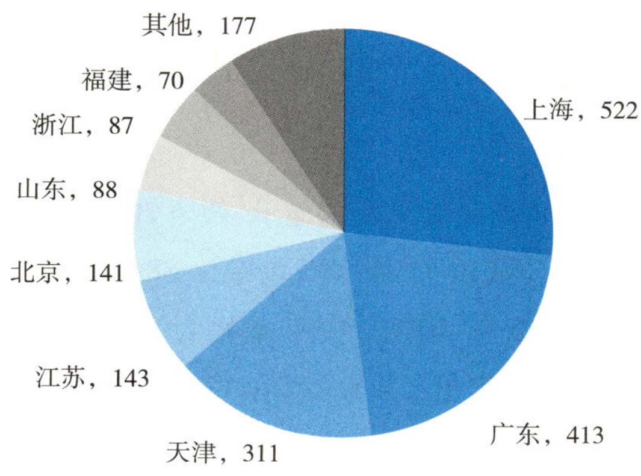

图1-6　2014年外资租赁公司地区分布

资料来源：零壹融资租赁研究中心整理。

外资租赁公司中，注册资本最高的为平安国际融资租赁有限公司，其注册资本达93亿元人民币。见表1-11。

表1-11　注册资本排名前十的外资租赁公司　　单位：万元

企业名称	地区	注册资本
平安国际融资租赁有限公司	上海	930000
远东国际租赁有限公司	上海	821054.3
山东晨鸣融资租赁有限公司	山东	587200
安徽钰诚融资租赁有限公司	安徽	365671.02
中交建融租赁有限公司	上海	360000
海通恒信国际租赁有限公司	上海	319809
檀实融资租赁(上海)有限公司	上海	305745
宏泰国际融资租赁(天津)有限公司	天津	300000
华能天成融资租赁有限公司	天津	270000
广州越秀融资租赁有限公司	广东	257300

资料来源：零壹融资租赁研究中心整理。

1.3 商务部2014年中国融资租赁业发展报告[①]

1.3.1 行业规模分析

1. 企业数量大幅增加

全国融资租赁企业管理信息系统数据显示，截至2014年底，我国登记在册的融资租赁企业共2045家，比上年底增加959家，增幅为88.3%，比上年提升12.9个百分点。其中，内资试点企业152家，增加29家，增幅为23.6%；外资企业1893家，增加930家，增幅为96.6%。行业从业人数总计28247人，比上年底增加2455人，增幅为9.5%。

2. 注册资本接近翻番

截至2014年底，全国融资租赁企业注册资本金总量为5564.6亿元，比上年底增

① 本节所述融资租赁业仅包括商务部监管的内资融资租赁试点企业和外资融资租赁企业，不含银监会监管的金融租赁企业。

加 2680.4 亿元,增幅为 92.9% ,接近翻番。其中,内资试点企业注册资本金为 836.2 亿元,比上年同期增长 34.8% ;外资企业注册资本金 4728.4 亿元,比上年同期增长 108.9% 。

3. 资产总额快速增长

全国融资租赁企业管理信息系统数据显示,截至 2014 年底,融资租赁企业资产总额 11010.0 亿元,比上年同期增长 26.2% 。其中,内资试点企业资产总额 3166.2 亿元,比上年同期增长 21.2% ;外资企业资产总额 7843.7 亿元,比上年同期增长 28.3% 。

总体上,2014 年,全国融资租赁行业规模继续保持高速增长态势,企业数量和注册资本都大幅增加;行业资产总额快速增长,总量首次突破万亿元。

1.3.2 行业结构分析

1. 东中部企业数量占比微降

分区域看,截至 2014 年底,东、中、西部地区和东北地区①融资租赁企业数量分别占全国的比重为 90.5% 、3.5% 、4.4% 和 1.6% 。东部和中部地区占比分别较上年下降 0.7 个和 1.0 个百分点,西部和东北地区占比较上年均有所提高。

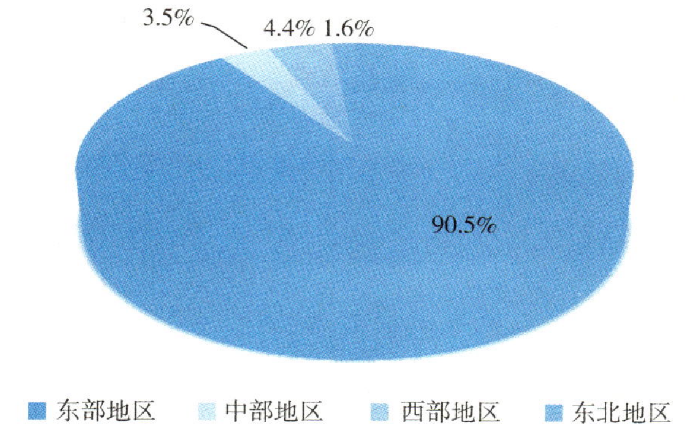

图 1－7　2014 年我国融资租赁企业数量区域分布

资料来源:商务部流通业发展司。

分省市看,截至 2014 年底,上海融资租赁企业数量最多,为 452 家,其次为天津和

① 东部地区是指北京、天津、河北、上海、江苏、浙江、福建、山东、广东和海南 10 省(市);中部地区是指山西、安徽、江西、河南、湖北和湖南 6 省;西部地区是指内蒙古、广西、重庆、四川、贵州、云南、西藏、陕西、甘肃、青海、宁夏和新疆 12 省(自治区、市);东北地区是指辽宁、吉林和黑龙江 3 省。

深圳，分别为 335 家和 273 家，三地融资租赁企业数量占全国的 51.8%。上海和深圳企业数量增长较快，分别较上年增加 224 家和 200 家。如图 1－8 所示。

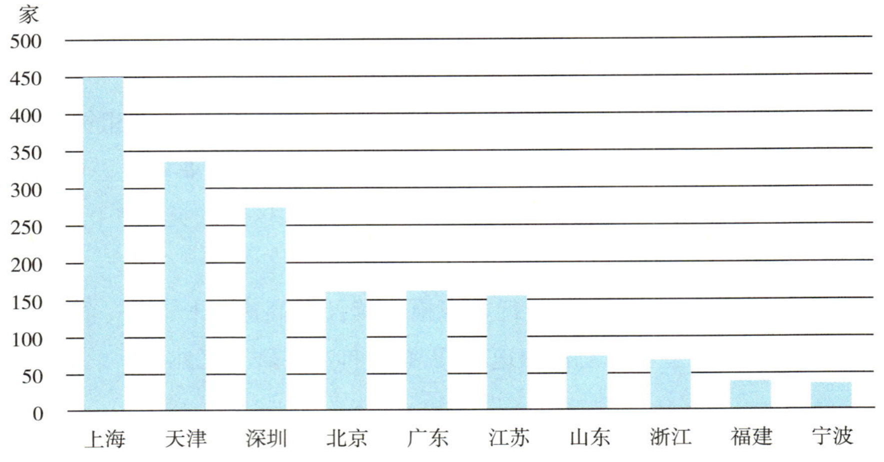

图 1－8　2014 年我国融资租赁企业数量排名前十的省市①

资料来源：商务部流通业发展司。

2. 京津沪资产总额占比近七成

分区域看，截至 2014 年底，东、中、西部地区和东北地区融资租赁企业资产总额分别占全国比重为 90.7%、3.8%、4.3% 和 1.2%。如图 1－9 所示。

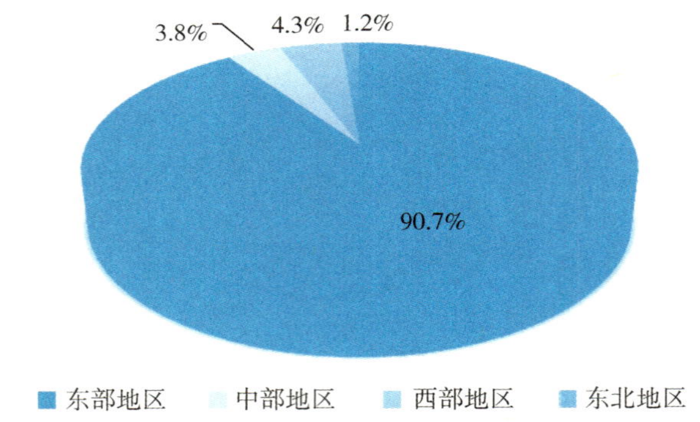

图 1－9　2014 年我国融资租赁企业资产总额地区结构

资料来源：商务部流通业发展司。

分省市看，截至 2014 年底，资产总额总量最多的三个地区为上海、天津和北京，分别为 3535.8 亿元、2048.2 亿元和 1908.3 亿元，三地总量占全国的比重为 68.0%。如

① 计划单列市单独统计，下同。

图 1－10 所示。

3. 租赁资产行业分布集中

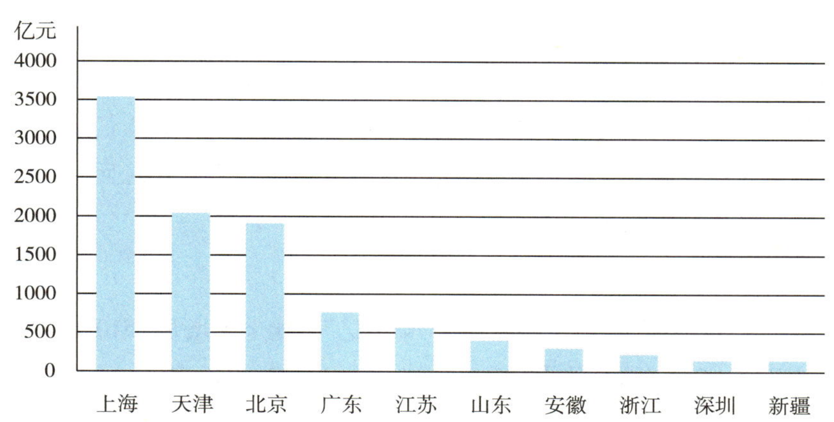

图 1－10　2014 年融资租赁企业资产总额排名前十的省市

资料来源：商务部流通业发展司。

从融资租赁资产行业分布看，融资租赁资产总额排名前五位的行业分别是交通运输设备、通用机械设备、工业装备、建筑工程设备和基础设施及不动产，前五大行业融资租赁资产总额占总融资租赁资产总额 50.0%。如图 1－11 所示。

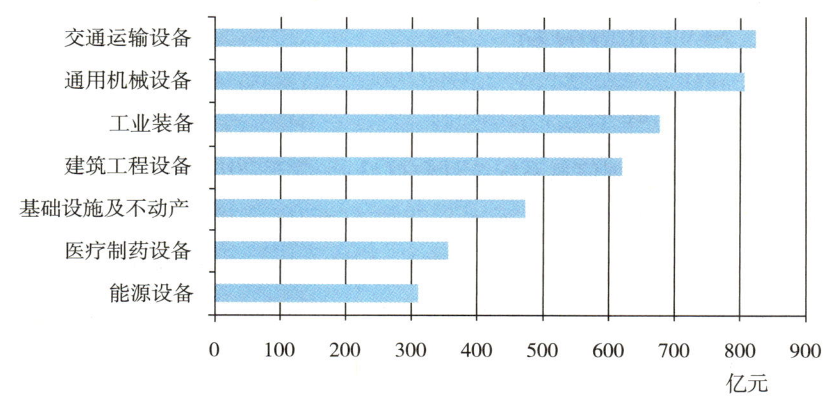

图 1－11　2014 年融资租赁资产行业分布情况

资料来源：商务部流通业发展司。

总体上，融资租赁企业绝大部分在东部地区，但与 2013 年相比，西部和东北地区企业占比有所提高。融资租赁资产分布主要集中在交通运输设备、通用机械设备、工业装备等方面，同时逐步进入节能环保、通信电子等新兴行业，有利于促进我国经济转型升级。

1.3.3 行业经营状况分析

1. 租赁主业更加突出

2014 年,融资租赁企业实现总收入 970.4 亿元,税前总利润 106.5 亿元,租赁业务收入占总收入比重为 75.9%。其中,内资试点企业总收入 468.2 亿元,租赁业务收入占内资试点企业总收入比重为 61.9%;外资企业总收入 502.2 亿元,租赁业务收入占外资企业总收入比重为 88.9%。

2. 融资额增长较快

2014 年,融资租赁企业新增融资额 5374.1 亿元,比上年增加 1510.6 亿元,增幅为 39.1%。从业务模式来看,直接租赁融资额占比 22.4%,售后回租融资额占比 61.7%,其他租赁方式占比 15.9%。从企业类型来看,内资试点企业新增融资额 1178.0 亿元。其中,直接租赁融资额占比 38.2%,售后回租融资额占比 60.2%,其他租赁方式占比 1.6%。外资企业新增融资额 4196.1 亿元。其中,直接租赁融资额占比 18.0%,售后回租融资额占比 62.1%,其他租赁方式占比 19.9%。

总体上,融资租赁是大部分融资租赁企业的主要业务,行业融资额增长较快,行业整体经营状况良好。

1.3.4 行业风险分析

1. 整体资产负债率略升

全国融资租赁企业管理信息系统统计数据显示,截至 2014 年底,融资租赁企业资产总额和负债总额分别为 11010.0 亿元和 8178.4 亿元,融资租赁企业资产负债率[①]约为 74.3%,比上年同期上升 2.9 个百分点。其中,内资试点企业资产负债率为 70.6%,比上年同期下降 3.7 个百分点;外资企业资产负债率为 75.8%,比上年同期提高 5.6 个百分点。

2. 逾期租金比例较低

2014 年,融资租赁企业逾期租金合计 191.4 亿元,比上年减少 3.6 亿元,占资产总额比例为 1.7%。其中,内资 55.9 亿元,外资 135.5 亿元,分别占其资产总额比例为 1.8% 和 1.7%。

总体上,行业整体资产负债率仍然保持适中水平,较上年略有上升。其中,内资企业小幅下降;行业逾期租金总量有所下降。

---

① 以总负债/总资产计算。

1.4 中国融资租赁行业存在的问题

1.4.1 税收问题

“营改增”问题仍待解。“营改增”最新政策——财税〔2013〕106 号文和财税〔2013〕121 号文已执行，根据笔者了解，“营改增”后融资租赁业面临的很多问题仍然存在，大部分售后回租业务仍难操作，税负增加的问题也依然存在，借款利息、发行债券利息等无法取得符合规定的有效扣除凭证，出口租赁出口环节免税难落地，即征即退政策难落地。

售后回租业务仍难操作。针对此前业界普遍反映的售后回租业务本金开票难题，一些地方诸如山东、福建、上海、深圳等都积极出台政策予以回应。地区政策的明确为当地售后回租业务的开展扫清了障碍，然而融资租赁公司（即出租人）面对的承租人遍布全国各地，大部分业务在实务中还是很难操作。在与政策不明确地方的承租人开展售后回租业务时，融资租赁公司会面临诸多难题。例如，税务局会要求承租人向出租人开具税率为 17% 的增值税发票；当承租人为企业时，承租人到税务局开具零税率发票，税务局除了查证业务相关的资料，还会要求查承租人的其他全部账目；当承租人为个人时，税务局会以不便管理为由拒绝给承租人代开增值税发票（如果为个体工商户会更方便处理一些）。

部分企业为继续开展售后回租业务，采取“变通”的方式开展业务，承租人不给出租人开具增值税发票，出租人按利息给承租人开具发票，这一做法解决了售后回租业务的开票问题。从税收征管的角度来看，这样的处理方式并没有造成偷税漏税。但从严格执行“营改增”政策的角度来说，出租人和承租人的这种操作不完全符合政策的要求，会给融资租赁公司留下很大的税务风险。这一做法与营业税下差额开票的方式别无二致，折腾了半天的融资租赁“营改增”一夜之间被打回了原形。

此外，现行政策也给税收征管增加了很多麻烦。在售后回租的“出售”环节，承租人给出租人开具零税率发票，需要到税务局申请或报备。

税负增加而实际缴纳税款减少。从税负角度来看，“营改增”之后，融资租赁企业增值税下税负增加近 2 倍。虽然实际税负增加，但实际上很多融资租赁公司从试点至今没有缴纳过增值税,原因在于直租业务产生的大量进项税额造成税负跨期效应。直租业务下,出租人收到设备本金的全额增值税进项发票,而销项发票是根据租赁期分期开给承租人的,因此单从直租业务本身来说,出租人的增值税进项税额始终会大于销项税额。在售后回租业务下,出租人收到的是零税率进项发票,销项发票也是根据租赁期分期开出。综合考虑直租业务和售后回租业务,如果融资租赁公司始终保持一定比例的直租业务,则始终会增值税进项大于销项,不用缴纳增值税。

从融资租赁公司角度来看,税负增加,短期内节省了更多现金流,但长期来看可能埋下了资金风险。从税收征管的角度来看,这一现象无疑在短期内会减少税务局收到的税收。

利息扣除难。借款利息、发行债券利息等若想在计算销售额前扣除,必须在税务申报系统中输入增值税发票号,而银行等金融机构还没有纳入"营改增"试点,不能开具增值税发票。因此,在实务操作中,融资租赁公司的借款利息很难在计算销售额前扣除,直接导致税负进一步增加。

出口租赁出口环节免税难落地。根据财税〔2011〕131号文的规定,承租人为境外承租人,资产在境外使用的出口租赁业务,能够享受增值税免税。但从实际操作来看,出口免税审批依然没有落地,主要原因在于资产在境外使用没有合理的依据来判定。

针对农业等特定行业的补贴,采用融资租赁方式不能享受。以农业为例,农机具购置补贴是指国家对农民个人、农场职工、农机专业户和直接从事农业生产的农机作业服务组织购置和更新大型农机具给予的部分补贴。从以上定义可以看出,融资租赁公司不属于农机具购置补贴的补贴对象,这意味着农户通过融资租赁的方式取得的农机具也就没办法获得补贴。因此相比直接购买的方式,通过融资租赁的方式获得农机具的成本要更高,会打击农户通过融资租赁方式取得农机具的积极性。而目前农业普遍面临融资难题,融资租赁期限长、租金安排灵活,能很好地适应农业季节性强、资金回笼慢的特点,很好地解决了当前的农业融资问题。

1.4.2 租赁物登记问题

租赁物登记问题始终是融资租赁行业挥之不去的阴影,也是制约我国融资租赁行业发展的主要因素之一。由于在融资租赁合同履行过程中,租赁物的所有权和占有权分离,而动产所有权的归属通常以占有作为公示方式,因此对于动产的融资租赁,第三人通常将承租人误认为租赁物的所有权人,这为承租人擅自处置租赁物提供了便利条件。当前在法院受理的众多融资租赁案例当中,承租人擅自处置租赁物引发的争议占相当大的比例。而根据《中华人民共和国物权法》(以下简称《物权法》)的善意取得制度,在这种情况下,善意第三人的权利要优先。如此一来,出租人的租赁物权很难得到保障,解决融资租赁物登记问题就显得尤为迫切。

为解决融资租赁物登记问题,各方都作了一些尝试:2009 年,中国人民银行征信中心上线融资租赁登记公示系统;2013 年,商务部上线全国融资租赁企业管理信息系统。这两个系统目前都可以进行融资租赁物登记,但都存在一个共同的问题:没有专门的法律支持,这两个系统的登记权威性还需确立,法律效力有待确定;当融资租赁登记与工商抵押登记等有权登记形成冲突时,如何解决也还没有可靠的办法。

天津市政府、“一行三会”、国家外汇管理局等通过发布政策规章的形式,在一定范围内要求相关业务开展前须查询央行征信中心融资租赁登记系统,这些政策的出台,对融资租赁登记问题产生了一定的促进作用。但从总体来说,目前还没有一个能全面根本解决融资租赁物登记问题的方法。业界普遍认为,从法律层面尽快明确融资租赁的登记机构,建立完善的融资租赁物登记制度才有可能从根本上解决这一问题。

1.4.3 监管面临的问题

目前在我国,三类融资租赁公司分别适用不同的管理办法。金融租赁公司、外资租赁公司分别适用《金融租赁公司管理办法》《外商投资租赁业管理办法》,内资融资租赁公司和外资融资租赁公司共同适用《融资租赁企业管理办法》。

按照现行规定,三类融资租赁公司的准入条件差异较大,金融租赁公司、外资融资租赁公司、内资融资租赁公司的最低注册资本金要求分别为 1 亿元、1000 万美元、1.7 亿元。关于租赁物范围的规定也有所差异,金融租赁公司为固定资产,外商租赁公司为各类动产和飞机、汽车、船舶等交通工具,而对内资融资租赁公司的租赁物范围尚无明确规定。

2015 年 3 月商务部下发《关于就〈外商投资租赁业管理办法〉的补充规定公开征求意见的通知》(以下简称《通知》),《通知》中取消了外资租赁公司原来 1000 万美元的注册资本要求,并明确纳入了“工业厂房、仓储用房、商用地产、附着于不动产的其他设备(如电梯、空调系统等)等其他用于生产经营的资产”到外资租赁财产名单中。

内外资租赁企业监管规则的不统一,内资租赁企业审批缓慢,外资租赁企业审批快而监管不足,再加之相比中资企业,外商投资企业借用外债的限制相对宽松,外资租赁这些“超国民待遇”在一定程度上导致了行业发展的畸形,现在融资租赁公司中外资数量最多,业务量却最少,还出现了一些“假外资”,一些外资租赁公司甚至沦为境外“热钱”通道。

此外,针对医疗器械等特定行业的监管政策也给相关行业融资租赁业务的开展带来阻碍。融资租赁公司开展医疗器械进口融资租赁业务或医疗器械国内融资租赁业务暂无法规避医疗器械进口资质及经营资质要求。根据《关于租赁医疗器械有关问题的紧急请示》《关于医院租赁医疗器械问题的请示》的批复，融资租赁公司进行医疗器械进口必须取得医疗器械设备进口许可证；进行医疗器械经营业务（非进口）必须具备医疗器械经营资质。同时上述两项批复规定，融资租赁公司必须严格执行《进口医疗器械检验监督管理办法》的规定。

符合条件的医疗器械购买单位可以申请进口申请免税，若采取融资租赁的方式取得该进口设备，融资租赁公司不属于进口医疗器械的免税范围，就无法享受税收优惠，承租人通过该种方式取得医疗设备的成本就会增加。

同时进口特定减免税的货物都有设备监管期，设备监管期内未取得海关部门许可，不得转让设备或移交他人使用，受让方如不具有减免税资质，还需补足税款。

1.4.4　融资渠道单一

目前，融资租赁公司的资金来源绝大部分是银行短期贷款，虽然金融债、点心债等渠道也受到融资租赁公司的重视，但鉴于融资条件、跨境使用的限制，以及考虑综合融资成本等因素，它们为融资租赁公司提供的资金量非常有限。而融资租赁业务大都是中长期业务，银行短期贷款与租赁业务期限的不匹配，给融资租赁公司留下了很大的流动性风险隐患。

为了降低流动性风险，一些租赁公司开始谋求新的融资出路，诸如开展租赁资产证券化、发行信托产品、引入保险资金、通过自贸区融入境外资金、通过 P2P 平台出售租赁收益权等。这些尝试为融资租赁公司丰富融资渠道提供了新的思路，但目前由于各方面限制及融资成本方面的考虑，这些融资方式还未能被租赁公司大规模运用。

1.4.5　业务模式单一，亟须专业化转型

目前我国融资租赁企业的业务模式可以简单地概括为“以售后回租为主，直租为辅”，联合租赁、委托租赁、转租赁、项目租赁、风险租赁、结构式参与租赁、混合性租赁等在国际上被普遍采用的业务模式，在国内极少被采用。

资本消耗加速、业务同质化严重、集中扎堆特定行业、同业竞争加剧等，在经历了发展初期简单求生存、求规模的粗放型发展之后，这些问题让中国融资租赁业正逐步转向求效益、求特色的精细化管理，着力进行专业化转型。

拓展行业领域和优化客户结构将是下一步融资租赁企业实现专业化发展的重点，当前银行系金融租赁公司的租赁设备大多集中在航空、航运、电力、钢铁、交通运输等行业内大型设备上，客户集中于大客户。在很多融资租赁公司的业务拓展中，“租长、

租大、租集中”的现象仍较为普遍,客户仍偏重于大型企业。这些现有行业领域与客户结构不足以支撑行业持续稳定发展,需要根据国家产业规划、信贷政策和租赁业务特点,进行客户结构调整,渐次达到大、中、小型客户结构合理的格局,以结构调整促进专业化、市场化经营能力的提高。

1.4.6 行业人才缺乏

几年来,我国融资租赁公司数量平均每年以超过 80% 的增幅在快速增长,租赁公司交易总量和合同余额总量每年平均增长也超过 50%,行业的迅猛发展无疑会加剧融资租赁行业的人才匮乏现状。在租赁业人才储备不足的情况下,行业的快速发展催生了一场悄无声息的人才争夺战。

以平安租赁为例,其成立之初的高管团队很大一部分都来自远东租赁,远东租赁原副总裁方蔚豪带领整个团队空降平安租赁。平安租赁选择以挖墙脚的方式大规模引进人才,一是可以节约人才培养时间,更深层次的原因在于行业人才极度匮乏。

1.4.7 新版国际租赁会计准则的冲击

2007 年金融危机以来,企业通过经营租赁方式进行表外融资进而隐藏风险的问题备受争议和关注,为了应对这个问题,国际会计准则理事会(IASB)致力于建立新的租赁确认和计量模型。在发布两版征求意见稿以后,2015 年 3 月 16 日,IASB 公布了即将发布的租赁会计准则概述,表示它们计划在 3 月底完成对该准则的最终审议,并在 2015 年晚些时候予以发布新的国际租赁会计准则。

新国际租赁会计准则规定租赁业务不再区分经营租赁和融资租赁,所有租赁业务都要统一在资产负债表内列示。这一变化在一定程度上增强了会计信息的可比性,有助于租赁行业充分揭示企业面临的资产风险和信用风险,并据此采取相应的应急措施。

Amembal&Halladay 董事长、新国际租赁会计标准制定人之一 Shawn Halladay 对国际租赁会计的变革现状和中国目前的租赁市场发展情况作了简要分析。他认为目前市场上对租赁会计变革产生的影响过于夸大,从中国融资租赁市场的发展和业务模式来看,租赁资产入表对行业的影响很小。Shawn Halladay 称,经营租赁的租赁资产纳入资产负债表已成定局,但比起对承租企业的影响,作为出租方的租赁公司所受影响其实非常小——比起资产出表,增值服务、现金流、资产管理和税收结构都是承租人选择租赁作为融资方式时更加重要的考量因素。特别是在目前阶段,中国的租赁业务模式大多还是简单租赁,甚至是类信贷业务,经营性租赁在中国开展的还非常少,使得经营租赁资产入表对于中国租赁公司的影响非常非常小。

但是对承租人和出租人的影响又是确确实实存在的。一方面,在修订我国租赁会计准则时,既要参照国际准则又需要结合我国的实际情况,制定出适合我国国情的高标准会计准则。同时,企业还要积极应对新会计准则给企业经营管理带来的挑战,及时调整财务战略,为新会计准则的顺利执行做好准备。

第一,这一租赁准则的变化在给租赁行业带来积极影响的同时,更多的是给租赁行业带来了负面影响。新租赁准则要求企业应定期对应收租赁总额、租赁资产的价值、租赁资产的使用寿命、购买选择权等因素进行评估,这在一定程度上给财务人员增加了工作难度。而且新租赁准则规定企业要对以前年度的租赁业务进行追溯调整,这势必会造成会计核算成本的增加。

第二,实施新租赁准则后,在以前经营租赁方式下未在承租人资产负债表中反映的资产和负债要重新在承租人的资产负债表中予以列示,这在一定程度上使得承租企业的资产负债率增加,资产收益率降低,最终导致承租企业的租赁意愿下降。那么对于资金流充足的企业而言,购买而不是租赁房产和设备也许是更有利的选择,并且购买的利息成本和交易成本更低。事实上,承租人租赁需求的萎缩反过来又会影响租赁行业的经营战略,以致最终会阻碍租赁行业的正常发展。

第三,值得一提的是,在新租赁准则下如果与资产所有权有关的重大风险和报酬没有转移,出租人可以采用履约义务法进行会计处理。在履约义务法下,出租人在资产负债表中确认一项租金收取权和一项履行租赁义务的同时,还要继续将租赁资产的价值列示在资产负债表中。显然,出租人和承租人对租赁标的资产进行了重复计量。相比于现行租赁会计处理模式,新租赁会计处理模式下计算出的出租人的资产负债率和财务杠杆水平会有大幅度的提高,而其净资产收益率和权益保障倍数却有大幅度的下降。这在一定程度上会加重企业的税负,影响企业的融资渠道和经营模式。

第四,在统一了经营租赁和融资租赁的会计核算之后,税收因素包括折旧政策、关税与增值税缴付、出租人营业税税率等方面存在的重大差异仍然影响着企业的融资决策。以我国为例,如果在统一会计核算之后,又统一了其他税收政策,那么目前国内融资租赁一枝独秀的局面将被彻底打破,各种形式的租赁将迅速涌现,对经营性租赁的发展反而是有利的。当然,由于政策方向的不确定性,这方面的预测还为时过早。如果其他政策不作调整,承租人将根据自己对于报表结果的偏好选择不同的租赁,总体上会限制经营性租赁。

1.5 国际融资租赁行业发展概况

1.5.1 世界租赁发展概述

《世界租赁年报》的统计数据显示,20 年来,世界租赁行业整体保持着平稳高速的增长态势。1993 年全球租赁成交额为 3096 亿美元,2013 年达到 8883.9 亿美元,实现了近 3 倍的增长。如图 1－12 所示。

其间,在 2007 年全球经济危机爆发后,世界租赁业遭受重创,出现了前所未有的大幅下滑。2010 年,全球租赁业开始复苏,并在 2011 年出现强劲增长,新业务量增长幅度超过 20%。2012 年,全球租赁业继续保持稳健增长,当年全球范围内租赁成交额上涨 8.95%,达到 8680 亿美元,恢复并超越 2007 年之前的交易规模。

2013 年,全球租赁业新业务量较 2012 年温和增长 1.7%,达到 8883.9 亿美元。这一增幅较 2011 年和 2012 年都有所放缓(2011 年增幅超过 20%,2012 年增幅接近 9%),这在某种程度上,归因于早些年经济衰退之后的基础资本再投资,也部分归因于 2013 年单个国家市场的财政政策变更。

通过以上数据可以看出,就世界范围来看,从全球经济危机中复苏之后,租赁行业保持了积极的发展态势。

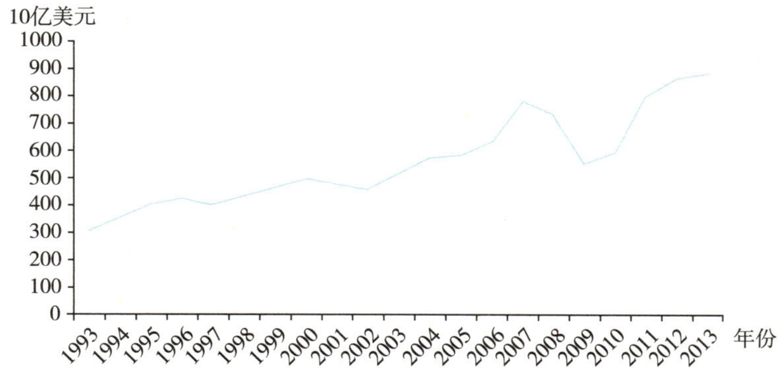

图 1－12 1993—2013 年世界租赁交易总量

资料来源:White Clarke Group Global Leasing Report。

从世界范围来看，2013 年全球租赁业实现温和增长，但从不同区域的发展状况来看，各区域发展状况则有所差异。（见表 1－12）2013 年，欧洲和南美洲 2 个区域出现正增长，其他 4 个区域则全部为负增长。其中，北美洲呈现的负增长是受加拿大金融与租赁协会重新评估数据的影响，其 2013 年业务量实际增长 8%。

表 1－12　2012—2013 年各区域交易量及增长率

排名	地区	年成交量（十亿美元）	2012—2013 年增长率（%）	2012 年世界市场份额占比（%）	2013 年世界市场份额占比（%）	2012—2013 年市场份额变化
1	北美洲	335.1	-0.4	38.8	37.9	-0.9
2	欧洲	333.6	6.3	36.2	37.7	1.6
3	亚洲	177.3	-1.6	20.8	20.1	-0.7
4	南美洲	18.0	37.0	1.5	2.0	0.5
5	澳大利亚/新西兰	12.5	-22.3	1.9	1.4	-0.4
6	非洲	7.5	-8.2	0.9	0.8	-0.1
合计		884.0				

资料来源：White Clarke Group Global Leasing Report。

与 2012 年一样，2013 年世界租赁市场的三大主体——北美洲、欧洲和亚洲占据了全球租赁市场份额的 95% 以上。如图 1－13 所示。其中，北美洲在全球租赁市场份额中依然占比最高，达到 37.9%；紧随其后的仍是欧洲，占比 37.7%；亚洲排在第三，占比 20.1%；其他三个区域——南美洲、澳大利亚/新西兰和非洲，租赁业务量都很少，累计占比只有 4.2%。

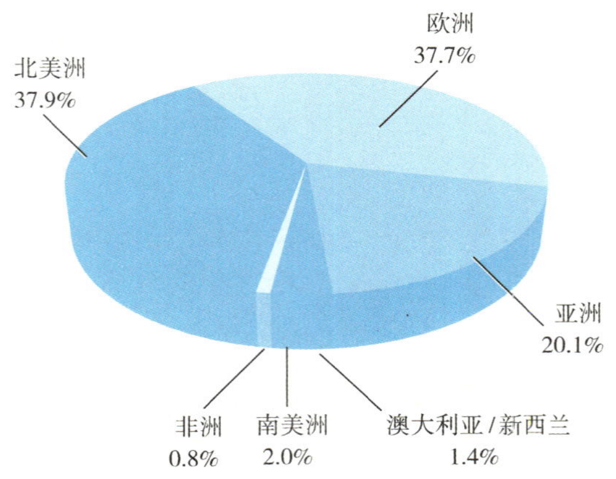

图 1－13　2013 年世界租赁市场份额占比

资料来源：White Clarke Group Global Leasing Report。

1.5.2 世界租赁市场主体发展概况:北美洲、欧洲、亚洲

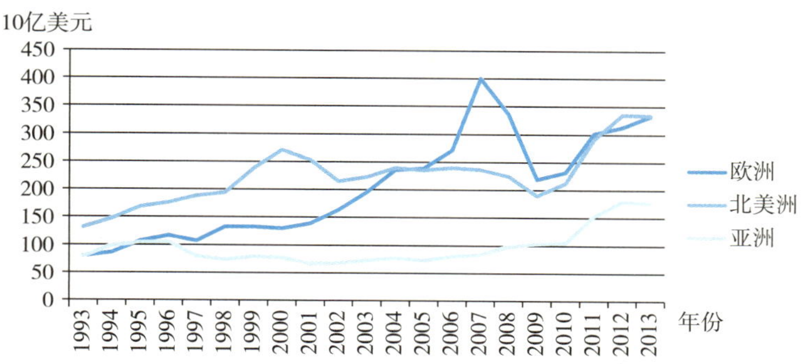

图 1-14　1993—2013 年北美洲、欧洲和亚洲地区租赁交易量

资料来源:White Clarke Group Global Leasing Report。

【北美洲】作为现代融资租赁业的发源地,北美洲一直在世界租赁业中保持着领先地位。从图 1-14 可以看出,从 1993 年到 2013 年,北美洲几乎一直保持着世界最大租赁市场的地位,只在 2007 年前后的短暂几年里被欧洲超越过,这主要归因于 2007 年的全球经济危机。

受全球经济危机的影响,2008 年,北美洲租赁业务量开始出现下滑,当年下滑幅度不算太大,不足 5%。2009 年,受全球经济危机的持续影响,出现了 15.6% 的大幅度下滑,这一下滑幅度为北美洲历年之最。2010 年,北美洲租赁业开始复苏,2011 年开始强劲反弹,当年租赁业务量增幅 27.1%,达到 2925 亿美元,恢复并超过 2007 年以前的水平。2012 年,北美洲租赁业继续保持了良好的增长态势,业务量增长 15%,达到 3364 亿美元。

2013 年,北美洲租赁新业务量达到 3351 亿美元,占据全球租赁市场份额的 37.9%。这一数据较 2012 年略有下降,不过前文中我们就有介绍,北美洲呈现的负增长是受加拿大金融与租赁协会重新评估数据的影响,其 2013 年业务量实际增长了 8%。

美国、加拿大、墨西哥主导了北美洲租赁市场。其中,美国是世界租赁业最发达的国家,其 2013 年租赁新业务量达到 3178.8 亿美元,超过排名紧随其后的四个国家——中国、德国、英国和日本的业务量总和,同比增长 8%。美国设备租赁业主要集中在交通设备、计算机设备、农业和建筑设备这几个领域,这几个领域的租赁业务量占据了美国租赁业务总量的 2/3 以上。

【欧洲】欧洲是世界租赁第二大区域,其 2013 年租赁新业务量与北美洲非常

相近，为 3336 亿美元，仅比北美洲少 15 亿美元，占据全球租赁市场总额的 37.7%。

受全球经济危机与欧元区持续不良状态的影响，截至 2013 年底，欧洲租赁业务量仍未恢复到 2007 年顶峰时期的水平。2007—2009 年欧洲租赁业经历了过山车似的迅猛增长与快速下滑：2007 年欧洲租赁业务量出现前所未有的迅猛增长，增长率超过 50%；紧接着于 2008 年、2009 年连续两年遭遇滑铁卢，2008 年业务量下滑 16.1%，2009 年下滑 34.5%；2010 年欧洲租赁业开始缓慢复苏；2011 年出现强劲增长，增长率高达 30.0%；2012 年实现 3.7% 的温和增长。

2013 年，尽管大部分时间里欧元区都深陷衰退，但欧洲租赁业整体表现强劲，业务量较 2012 年增长了 6.3%，有 28 个欧洲国家进入世界租赁业排名前 50。进入世界租赁业排名前 20 的有 13 个欧洲国家，分别是德国、英国、法国、俄罗斯、瑞典、意大利、瑞士、波兰、丹麦、挪威、奥地利、荷兰和芬兰。

令人欣慰的是，南欧市场在 2013 年表现稳定。2012 年，意大利、西班牙、葡萄牙和希腊租赁新业务量均下降超过 20%，而 2013 年的数据则让人放心得多：意大利下降 0.27%，西班牙下降 6.10%，葡萄牙增长 2.26%，希腊增长 10.63%。这是连续第二年希腊没有进入世界租赁业排名前 50。

在欧洲租赁市场占据主导地位的是德国和英国，这两个国家占据了 42.3% 的欧洲租赁市场和 16% 的世界租赁市场。

德国是欧洲设备租赁业最发达的国家，2013 年，德国取代日本成为世界租赁业第三大国家，仅次于美国和中国。2013 年，德国租赁新业务量为 713.1 亿美元，较 2012 年小幅下滑 0.33%。其中，银行系租赁公司新业务量下降 2%，而厂商系和第三方租赁公司的新业务量分别增加了 1% 和 2%。在德国，租购仍然只占设备融资的 12%，而融资租赁占 49%，经营租赁占 39%。

英国是世界租赁业第四大国家，也是欧洲地区增长背后的主要驱动力，2013 年新业务量达到 697.9 亿美元，较上一年度增长了 12.61%。英国是一个成熟的租赁市场，在早期就将租购作为资产融资的工具。2013 年，租购贡献了租赁新业务量的 77.3%，租赁贡献了 22.7%。小型企业是英国经济的重要组成部分，46% 的小型企业都倾向于采取租购的方式获得新设备和技术。

【亚洲】亚洲是世界租赁市场的第三大主体，与北美洲和欧洲不同，在 2007 年全球经济危机中，亚洲独善其身，不仅没有出现租赁业务量的下滑，反而从 2007 年开始出现持续高速增长的发展趋势。2007—2012 年，亚洲租赁业务量的增长率分别为 3.55%、17.26%、4.64%、1.73%、45.27%、17.47%。

亚洲地区2007年之后如此强劲的增长主要由中国主导，中国在世界租赁业中排名第二，是亚洲租赁业规模最大的国家。2007年中国新《金融租赁公司管理办法》颁布，允许商业银行控股设立非银行金融机构的金融租赁公司，开启了中国融资租赁业快速发展的道路。再加之起步较晚、基数较小、国家扩大基础设施建设等原因，中国融资租赁业在全球金融危机爆发后，不仅未出现萎缩，反而出现了大幅增长。从2007年到2012年6年的时间里，中国融资租赁业实现了30倍的增长。

2013年，亚洲租赁业务在经历了几年的高速增长之后首次出现下滑，当年租赁新业务量为1773亿美元，较2012年收缩了1.6%，世界份额从20.8%降至20.1%。

中国①在2007—2012年6年中租赁产业年均增长61%，2013年租赁业务量开始走软，下滑2.29%。不过，中国仍然保持着其世界租赁第二大市场的地位，新业务量达到889亿美元。这一下滑主要受中国2013年增值税政策改革的影响，占据中国租赁市场70%的售后回租业务受政策影响，一度出现停滞，不过这一政策的负面影响在2014年已基本消除。

亚洲租赁产业的其他代表性国家还有日本和韩国。

日本租赁业也在2007年全球经济危机中遭受重创，2011年开始恢复温和增长，2012年进一步增长6.23%，2013年则实现了30%的强劲增长，租赁新业务量达到672.6亿美元。其中，工业设备、建筑设备、医疗设备和计算机硬件的租赁业务都实现了两位数的增长。不过在2013年，日本的世界租赁业排名从2012年的第3下滑到第5。

韩国是亚洲租赁第三大市场，世界排名第14，2013年租赁新业务量进一步收缩2.87%。其医疗、教育、科学和技术设备领域的租赁业务都出现衰退，不过这种衰退在一定程度上被机动车领域的增长所放缓。在韩国，机动车租赁占整个租赁市场的59.3%。

中国台湾地区是亚洲租赁第四大市场，全球经济危机之后，台湾租赁行业从2010年开始复苏，2013年台湾租赁新业务量达到85.4亿美元，较2012年增长了9.3%。运输和新材料仍然是台湾租赁业最主要的两个领域，但是2013年这两个领域的行业份额从80%下降到75%。在台湾，中小企业仍然是租赁业的主要目标客户，占据总合同金额的89%。

---

① 不包含中国港、澳、台地区的数据。

1.5.3 其他区域发展概况：南美洲、非洲、澳大利亚/新西兰

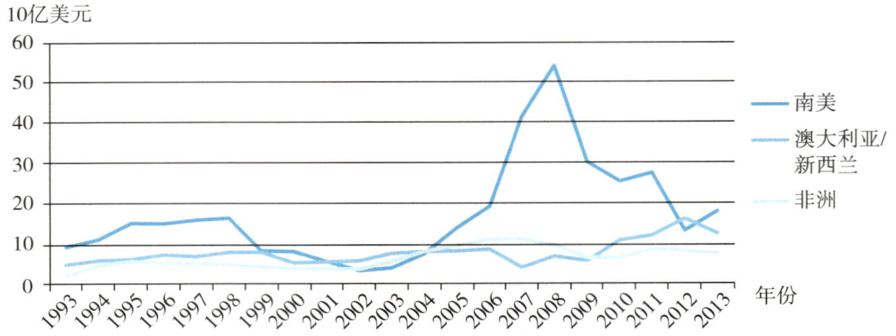

图 1－15 1993—2013 年南美洲、非洲、澳大利亚/新西兰地区租赁交易量

资料来源：White Clarke Group Global Leasing Report。

2013 年，拉丁美洲的 6 个国家——阿根廷、巴西、智利、哥伦比亚、秘鲁和波多黎各，非洲的 4 个国家——埃及、摩洛哥、尼日利亚和南非，以及澳大利亚和新西兰，进入世界租赁业排名前 50。

南美洲、非洲以及澳大利亚/新西兰，三个地区的租赁业务总量占比不超过世界租赁业总量的 5%。过去 20 多年，这三个地区的租赁业务发展一直较为缓慢。

其中，南美洲在 2003—2008 年取得了持续快速的发展，租赁业务量从 2003 年的 40 亿美元增长到 2008 年的 542 亿美元，6 年实现了 13 倍以上的增长。受全球金融危机的影响，南美洲的租赁业从 2009 年迅速萎缩，2009 年南美洲租赁业务量减少 44.3%，2010 年下降 15.9%，2011 年出现 8.3% 的小幅增长。《2014 世界租赁年报》的数据显示，南美洲 2012 年租赁业务量继续大幅萎缩，减少 52.0%，而实际的情况是拉丁美洲地区的数据获得难度非常大，受 2011 年数据重估的影响，数据表面表现出负增长，而实际可以确定的是拉丁美洲地区租赁新业务量在 2012 年增长了 13.96%。

2013 年，虽然投资组合业务量没什么变化，但拉丁美洲市场租赁新业务量增长了 37%，这个增长主要由阿根廷充满活力的租赁市场所推动。

非洲在 2013 年占据世界租赁市场 0.8% 的份额，有 4 个非洲国家进入世界租赁排名前 50：南非、摩洛哥、尼日利亚和埃及，租赁新业务量下滑 8.2% 至 75 亿美元。非洲租赁行业仍处于起步阶段，除南非之外，都缺乏定量数据。2013 年，南非尽管实际增长了 7.5%，世界租赁业排名却从第 21 下滑到第 25。

2013 年澳大利亚/新西兰地区租赁新业务量占世界总量的 1.4%，世界排名下滑至拉丁美洲之后，位居第 5。该地区 2013 年新业务量下滑 22.3% 至 125 亿美元，下滑

的主要原因是澳大利亚元对美元的汇率疲软。澳大利亚在澳大利亚/新西兰区域的租赁业中占主导地位,2013 年澳大利亚新业务量如果用本土货币计算,仅减少 9.9%,但与美元兑换后减少了 22.6%。

1.5.4 各国租赁渗透率

世界上目前比较通用的计算租赁渗透率的方法有两种:

第一种叫投资渗透率。自 1978 年开始应用于世界租赁年报,是用租赁的厂房和设备投资总额比上固定资产投资总额。投资渗透率是与其他替代融资方式相比较的较好指标,然而投资渗透率的计算取决于工厂投资的正确统计。2011—2013 年各个国家/地区租赁投资渗透率见表 1-13,11 个租赁业最发达的国家/地区 1992—2013 年租赁投资渗透率见表 1-14。

第二种称为 GDP 渗透率。在 1999 年时被世界租赁年报引入,与国内生产总值(GDP)相关,是用租赁的厂房和设备投资总额比上 GDP。GDP 渗透率基于一个更大的分母,指标更为可靠。此外,所有国家的 GDP 信息更容易获得。通过对与租赁相关的整体经济活动进行测量,能够看出哪些国家租赁行业相对成熟,在有些情况下也能看出租赁是哪些地区提升战略投资的资金来源。2009—2013 年各个国家/地区租赁 GDP 渗透率见表 1-15。

表 1－13　各国/地区租赁投资渗透率（2011—2013）

2013 年排名	洲代码	国家/地区	2013 年业务量（10 亿美元）	2012—2013 增长率（%）	市场渗透率（%）	数据来源	2012 年排名	国家/地区	2012 年业务量（10 亿美元）	市场渗透率（%）	2011 年排名	国家/地区	2011 年业务量（10 亿美元）	市场渗透率（%）
1	NA	美国	317.88	8.00	22.00	－8	1	美国	294.34	22.00	1	美国	268.80	21.00
2	A	中国	88.90	－2.59	3.10	－9	2	中国	88.66	3.80	2	中国	60.39	4.97
3	E	德国	71.31	－0.33	16.60	－2	3	日本	69.95	7.20	3	德国	60.11	14.70
4	E	英国	69.79	12.61	31.00	－2	4	德国	66.34	15.80	4	日本	59.33	6.77
5	A	日本	67.26	30.00	9.80	－1	5	乌克兰	61.66	23.80	5	法国	33.30	11.10
6	E	法国	34.31	－2.88	12.50	－2	6	加拿大	37.00	20.80	6	意大利	22.94	12.30
7	E	俄罗斯	25.22	0.39	N/A	－2	7	法国	33.81	12.80	7	俄罗斯	22.84	28.00
8	E	瑞典	20.82	－2.57	24.40	－2	8	俄罗斯	25.50	N/A	8	加拿大	22.45	20.80
9	E	意大利	18.93	－0.27	9.40	－2	9	瑞典	20.33	24.60	9	英国	14.64	19.80
10	NA	加拿大	12.47	8.00	32.00	－1	10	意大利	18.17	10.00	10	瑞士	11.85	10.90
11	E	瑞士	12.22	－7.81	10.60	－2	11	澳大利亚	15.69	N/A	11	澳大利亚	11.55	27.50
12	ANT	澳大利亚	12.14	－9.93	40.00	－1	12	瑞士	11.81	12.30	12	巴西	10.43	N/A
13	E	波兰	11.05	13.14	14.20	－2	13	韩国	10.22	8.50	13	韩国	9.57	8.70
14	A	韩国	9.44	－2.87	8.10	－1	14	波兰	9.38	11.90	14	波兰	9.28	11.60
15	A	中国台湾	8.54	12.61	9.20	－1	15	中国台湾	7.80	8.20	15	瑞典	9.23	18.20
16	E	丹麦	8.49	8.10	21.80	－2	16	丹麦	7.76	20.60	16	挪威	7.66	22.50
17	E	挪威	7.88	3.95	8.00	－2	17	挪威	7.58	N/A	17	哥伦比亚	7.56	N/A
18	E	奥地利	6.72	0.04	12.80	－2	18	奥地利	6.60	11.10	18	西班牙	7.12	4.10

续表

2013年排名	洲代码	国家/地区	2013年业务量(10亿美元)	2012—2013增长率(%)	市场渗透率(%)	数据来源	2012年排名	国家/地区	2012年业务量(10亿美元)	市场渗透率(%)	2011年排名	国家/地区	2011年业务量(10亿美元)	市场渗透率(%)
19	E	荷兰	6.05	7.30	6.60	-2	19	比利时	5.99	8.90	19	澳大利亚	6.79	13.10
20	E	芬兰	5.77	-5.95	16.20	-2	20	芬兰	5.87	16.80	20	比利时	5.87	8.10
21	E	土耳其	5.68	15.27	6.90	-2	21	南非	5.72	N/A	21	南非	5.67	N/A
22	E	西班牙	5.68	-6.10	4	-2	22	西班牙	5.57	4.10	22	荷兰	5.52	4.90
23	E	比利时	5.64	-9.90	8.70	-2	23	荷兰	5.40	6.00	23	丹麦	5.46	18.60
24	SA	哥伦比亚	5.62	5.21	N/A	-4	24	土耳其	5.36	5.90	24	土耳其	4.29	4.71
25	AF	南非	4.97	7.50	N/A	-7	25	墨西哥	5.08	N/A	25	智利	4.22	8.70
26	NA	墨西哥	4.73	23.63	N/A	-4	26	巴西	4.02	N/A	26	秘鲁	3.64	N/A
27	SA	巴西	4.01	-31.37	N/A	-1	27	捷克共和国	3.76	10.30	27	爱尔兰	3.40	N/A
28	E	捷克共和国	3.99	4.73	11.40	-2	28	哥伦比亚	3.75	N/A	28	芬兰	3.39	15.20
29	SA	阿根廷	3.06	139.03	N/A	-4	29	马来西亚	2.71	N/A	29	葡萄牙	3.07	12
30	E	斯洛伐克	2.48	-0.46	15.90	-2	30	斯洛伐克	2.39	14.10	30	捷克共和国	2.52	10.20
31	SA	智利	2.48	11.21	N/A	-1	31	智利	2.23	N/A	31	马来西亚	1.71	N/A
32	SA	秘鲁	2.24	7.88	N/A	-4	32	葡萄牙	1.77	9.40	32	伊朗	1.70	N/A
33	A	马来西亚	1.91	21.12	N/A	-1	33	罗马尼亚	1.72	4.20	33	罗马尼亚	1.62	4.20
34	E	葡萄牙	1.89	2.26	10	-2	34	爱沙尼亚	1.31	27.50	34	摩洛哥	1.55	16.10
35	E	罗马尼亚	1.64	11.30	4	-2	35	秘鲁	1.30	N/A	35	匈牙利	1.48	N/A
36	E	匈牙利	1.62	7.10	N/A	-1	36	匈牙利	1.23	N/A	36	斯洛伐克	1.44	13.50

续表

2013 年排名	洲代码	国家/地区	2013 年业务量(10 亿美元)	2012—2013 增长率(%)	市场渗透率(%)	数据来源	2012 年排名	国家/地区	2012 年业务量(10 亿美元)	市场渗透率(%)	2011 年排名	国家/地区	2011 年业务量(10 亿美元)	市场渗透率(%)
37	AF	摩洛哥	1.42	7.50	15.70	-2	37	摩洛哥	1.11	15.90	37	墨西哥	1.27	N/A
38	E	爱沙尼亚	1.28	-6.77	23.10	-2	38	斯洛文尼亚	1.05	16.80	38	中国台湾	1.26	6.79
39	E	斯洛文尼亚	1.11	1.36	16.00	-2	39	埃及	1.03	N/A	39	阿根廷	1.17	N/A
40	E	立陶宛	1.06	17.17	14.09	-2	40	乌克兰	0.88	N/A	40	斯洛文尼亚	1.07	16.40
41	A	伊朗	0.92	40.86	5.40	-9	41	伊朗	0.87	N/A	41	爱沙尼亚	1.02	25.80
42	E	乌克兰	0.88	-0.72	N/A	-2	42	阿根廷	0.87	N/A	42	乌克兰	1.02	N/A
43	E	拉脱维亚	0.87	1.57	14.30	-2	43	拉脱维亚	0.82	13.10	43	塞浦路斯	1.01	11.40
44	E	保加利亚	0.79	10.12	7.90	-2	44	立陶宛	0.81	14.23	44	埃及	0.88	N/A
45	AF	尼日利亚	0.68	112.50	N/A	-1	45	波多黎各	0.80	N/A	45	保加利亚	0.80	N/A
46	SA	波多黎各	0.60	9.36	N/A	-4	46	保加利亚	0.69	N/A	46	拉脱维亚	0.69	13
47	AF	埃及	0.44	-53.01	N/A	-1	47	新西兰	0.40	N/A	47	尼日利亚	0.52	N/A
48	E	塞尔维亚黑山	0.41	-1.05	4.70	-2	48	塞尔维亚黑山	0.39	N/A	48	波多黎各	0.49	N/A
49	ANT	新西兰	0.36	-9.00	N/A	-8	49	尼日利亚	0.32	N/A	49	新西兰	0.43	N/A
50	A	乌兹比克斯坦	0.31	36.21	2.80	-1	50	委内瑞拉	0.18	N/A	50	希腊	0.33	2.20
		总计	883.96					总计	868			总计	724.35	

资料来源:(1)国际租赁协会;(2)欧洲租赁协会;(3)亚洲租赁协会;(4) Alta 集团;(5)其他贸易协会;(6)政府统计;(7)中央银行数据;(8)学者评估;(9)其他数据。

表 1-14　11 个租赁业最发达的国家/地区租赁投资渗透率(1992—2013)

单位:%

国家 \ 年份	1992	1993	1994	1995	1996	1997	1998	1999	2000	2001	2002	2003	2004	2005	2006	2007	2008	2009	2010	2011	2012	2013
美国	32.3	29.4	28.7	28.1	30.9	30.9	30.9	30.0	31.7	31	31.1	31.1	29.9	26.9	27.7	26	16.4	17.1	17.1	21.0	22.0	22.0
日本	7.5	8.1	8.9	9.4	9.5	8.9	9.2	9.5	9.1	9.2	9.3	8.7	8.7	9.3	9.3	7.8	7.2	7.0	6.3	6.8	7.2	9.8
德国	10.4	11.1	10.9	11.5	13.3	13.6	14.7	15.1	14.8	13.5	9.8	21.7	15.7	18.6	23.6	15.5	16.2	13.9	14.3	14.7	15.8	16.6
韩国	20.0	23.0	26.2	30.0	26.5	28.3	13.1	2.8	2.4	1.6	3.9	4.4	5.6	7.7	9.4	N/A	10.5	4.4	4.8	8.7	8.5	8.1
英国	18.6	19.0	15.8	17.9	24.0	19.2	15.0	15.9	13.8	14.4	15.3	14.2	9.4	14.5	12.7	11.6	20.6	17.6	18.5	19.8	23.8	31.0
法国	14.6	13.1	13.0	15.2	15.2	12.4	17.0	15.7	9.2	13.7	12.9	15.4	9.0	11.7	11.0	12.0	12.2	3.1	10.5	11.1	12.8	12.5
意大利	11.5	10.8	13.1	16.8	16.8	10.9	12.3	12.4	12.3	10.4	8.6	7.6	11.4	15.1	15.2	11.4	16.9	10.0	13.1	12.3	10.0	9.4
巴西	8.0	10.0	20.0	20.5	18.1	20.7	20.7	12.5	11.4	7.6	3.6	3.8	7.7	13.5	16.9	19.0	23.8	N/A	N/A	N/A	N/A	N/A
加拿大	11.0	12.8	14.0	15.9	16.1	15.7	22.0	22.0	22.5	22.0	20.2	22.0	23.3	23.9	22.0	22.0	19.6	14.0	15.1	20.8	20.8	32.0
澳大利亚	20.3	22.1	21.8	22.3	20.0	25.0	25.0	25.4	20.0	20.0	20.0	20.0	20.0	20.0	18.0	14.2	10.0	10.0	12.0	27.5	27.5	10.0
瑞典	26.3	20.0	20.0	27.0	28.0	28.0	20.0	17.5	12.9	9.2	13.0	11.6	12.7	11.8	11.8	14.3	19.4	17.5	19.2	18.2	24.6	24.4

资料来源:(1)澳大利亚设备出租协会(租赁总额占私人资本投资的比例);

(2)美国商务部门、经济与统计部门,美国经济分析局和设备租赁协会(设备租赁占企业设备投资的比例);

(3)日本经济规划部门和日本租赁协会(设备租赁占私人资本投资的比例);

(4)Leaseurope 年度报告;

(5)加拿大统计局和设备出租协会(出租人购买占设备采购总额的比例);

(6)韩国租赁协会;

(7)巴西租赁公司协会;

(8)伦敦金融集团;

(9)怀特克拉克全球租赁报告。

表 1－15 各国/地区租赁 GDP 渗透率（2009—2013）

单位：%

排名	国家	2013 年比率	国家	2012 年比率	国家	2011 年比率	国家	2010 年比率	国家	2009 年比率
1	爱沙尼亚	5.91	爱沙尼亚	6.32	爱沙尼亚	5.13	爱沙尼亚	3.23	爱沙尼亚	2.95
2	瑞典	3.82	瑞典	3.98	塞浦路斯	4.33	斯洛文尼亚	2.28	保加利亚	2.59
3	拉脱维亚	3.36	拉脱维亚	3.30	拉脱维亚	2.89	葡萄牙	2.18	拉脱维亚	2.02
4	英国	2.67	斯洛伐克	2.53	芬兰	2.48	保加利亚	2.17	斯洛文尼亚	2.00
5	立陶宛	2.65	英国	2.47	丹麦	2.46	瑞典	2.05	塞尔维亚黑山	1.98
6	丹麦	2.50	芬兰	2.43	哥伦比亚	2.45	匈牙利	1.99	匈牙利	1.79
7	斯洛伐克	2.48	丹麦	2.38	秘鲁	2.24	丹麦	1.94	罗马尼亚	1.77
8	芬兰	2.31	加拿大	2.18	斯洛文尼亚	2.24	秘鲁	1.68	波多黎各	1.74
9	瑞士	2.19	瑞士	2.14	瑞士	2.18	摩洛哥	1.67	捷克共和国	1.73
10	斯洛文尼亚	2.09	立陶宛	2.12	捷克共和国	2.16	澳大利亚	1.62	巴西	1.66
11	波兰	2.03	斯洛文尼亚	2.09	英国	2.15	德国	1.62	斯洛伐克	1.66
12	德国	2.01	德国	1.92	德国	2.04	波兰	1.59	丹麦	1.63
13	美国	1.92	波兰	1.86	澳大利亚	2.04	智利	1.53	波兰	1.58
14	奥地利	1.74	美国	1.86	波兰	1.98	西班牙	1.47	哥伦比亚	1.48
15	挪威	1.73	奥地利	1.75	瑞典	1.94	挪威	1.41	葡萄牙	1.42
16	哥伦比亚	1.62	挪威	1.72	智利	1.89	拉脱维亚	1.39	瑞士	1.39
17	中国台湾	1.60	捷克共和国	1.60	波多黎各	1.84	斯洛伐克	1.33	瑞典	1.37
18	捷克共和国	1.55	中国台湾	1.59	挪威	1.80	捷克共和国	1.32	澳大利亚	1.31
19	保加利亚	1.51	南非	1.49	美国	1.77	意大利	1.26	德国	1.26

续表

排名	国家	2013 年比率	国家	2012 年比率	国家	2011 年比率	国家	2010 年比率	国家	2009 年比率
20	摩洛哥	1.29	保加利亚	1.42	保加利亚	1.75	美国	1.25	摩洛哥	1.23
21	法国	1.25	俄罗斯	1.37	爱尔兰	1.64	法国	1.23	南非	1.20
22	南非	1.23	法国	1.27	斯洛伐克	1.62	芬兰	1.21	意大利	1.17
23	俄罗斯	1.22	比利时	1.24	摩洛哥	1.61	比利时	1.16	挪威	1.14
24	秘鲁	1.21	中国	1.24	南非	1.55	塞黑	1.11	俄罗斯	1.14
25	比利时	1.13	日本	1.19	中国台湾	1.42	瑞士	1.05	智利	1.09
26	中国	1.11	澳大利亚	1.17	葡萄牙	1.38	日本	1.04	法国	1.05
27	日本	1.11	哥伦比亚	1.15	加拿大	1.37	罗马尼亚	1.03	日本	0.98
28	匈牙利	1.09	摩洛哥	1.08	俄罗斯	1.36	加拿大	0.97	比利时	0.98
29	智利	0.96	马来西亚	1.06	日本	1.29	南非	0.94	加拿大	0.97
30	澳大利亚	0.88	罗马尼亚	0.92	法国	1.29	荷兰	0.92	尼日利亚	0.97
31	意大利	0.87	智利	0.91	比利时	1.25	中国	0.92	秘鲁	0.82
32	葡萄牙	0.83	韩国	0.91	意大利	1.12	韩国	0.87	西班牙	0.77
33	阿根廷	0.80	匈牙利	0.87	匈牙利	1.10	希腊	0.85	荷兰	0.75
34	韩国	0.79	意大利	0.86	罗马尼亚	0.98	俄罗斯	0.85	芬兰	0.72
35	罗马尼亚	0.78	波多黎各	0.79	中国	0.94	英国	0.82	希腊	0.67
36	荷兰	0.75	葡萄牙	0.79	韩国	0.91	哈萨克斯坦	0.76	卢森堡	0.67
37	塞尔维亚黑山	0.72	秘鲁	0.75	澳大利亚	0.89	澳大利亚	0.74	韩国	0.61
38	加拿大	0.71	塞尔维亚黑山	0.75	马来西亚	0.72	卢森堡	0.70	美国	0.57

续表

排名	国家	2013 年比率	国家	2012 年比率	国家	2011 年比率	国家	2010 年比率	国家	2009 年比率
39	马来西亚	0.69	荷兰	0.68	荷兰	0.71	哥伦比亚	0.67	英国	0.56
40	乌兹别克斯坦	0.63	土耳其	0.63	塞尔维亚黑山	0.71	西班牙	0.59	乌克兰	0.54
41	土耳其	0.63	乌克兰	0.52	乌兹别克斯坦	0.65	爱尔兰	0.57	土耳其	0.52
42	波多黎各	0.58	墨西哥	0.46	乌克兰	0.65	厄瓜多尔	0.39	爱尔兰	0.49
43	乌克兰	0.50	西班牙	0.40	土耳其	0.54	墨西哥	0.33	澳大利亚	0.44
44	墨西哥	0.40	埃及	0.39	西班牙	0.52	伊朗	0.33	新西兰	0.43
45	西班牙	0.39	新西兰	0.26	伊朗	0.50	尼日利亚	0.30	中国	0.38
46	尼日利亚	0.24	伊朗	0.24	西班牙	0.48	新西兰	0.29	阿根廷	0.37
47	伊朗	0.24	阿根廷	0.23	埃及	0.37	埃及	0.26	埃及	0.35
48	新西兰	0.23	巴西	0.17	阿根廷	0.32	土耳其	0.25	墨西哥	0.31
49	巴西	0.16	尼日利亚	0.13	新西兰	0.29	乌克兰	0.20	中国台湾	0.26
50	埃及	0.15	委内瑞拉	0.06	哈萨克斯坦	0.23	菲律宾	0.19	委内瑞拉	0.20

资料来源：London Financial Group，White Clarke Group。

第 2 章

法律

1996 年，最高人民法院颁布《关于审理融资租赁合同纠纷案件若干问题的规定》（法发〔1996〕19 号），结束了中国审理及解决融资租赁合同纠纷无法可依的局面，对解决融资租赁行业当时所面临的一些问题提供了有效法律支撑。但由于该规定只是一个司法解释，适用效力有限，也仅对融资租赁合同纠纷中出现较频繁的问题作出了规定，仍有许多问题没有涉及或者规定得过于简单，无法满足规范融资租赁行业发展的需要，对融资租赁各方当事人的保护仍不充分。

1999 年，九届全国人大二次会议审议通过的《中华人民共和国合同法》（以下简称《合同法》）中设立了“融资租赁合同”专章，填补了融资租赁交易立法的空白，为确立融资租赁交易的法律地位、保障融资租赁交易当事人的合法权益具有积极的意义。

然而，伴随着融资租赁行业在我国的蓬勃发展，这些政策已经难以满足融资租赁实务的需求，不足以解决融资租赁行业目前面临的纠纷。在这样的大背景下，为推动融资租赁行业法律环境的进一步完善，1999 年《合同法》修订以后，最高人民法院就着手调研融资租赁合同司法解释，然而历时 14 年六易其稿，新版的融资租赁合同司法解释迟迟未能出台。这一局面终于在 2014 年得以打破，最高人民法院最终颁布了最新版的融资租赁合同司法解释——《关于审理融资租赁合同纠纷案件适用法律问题的解释》（法释〔2014〕3 号）。新版司法解释的颁布实施，对融资租赁纠纷面临的一些新问题进行了有益尝试。不过由于效力所限及其他各种原因，最新版的司法解释也难免有一些不能尽善尽美的地方。

为了更加详尽地解读新版司法解释，该章节的编写邀请了中国融资租赁行业内多名资深专业律师参与，对最新版司法解释进行解读和评析，并结合 2014 年发生的涉及不同方面问题的 10 件典型融资租赁案件进行案例解析，以期给读者带来些许启示。

此外，该章还将涉及融资租赁行业目前面临的主要问题之一——融资租赁物登记问题，以及融资租赁行业近几年面临的前沿热点问题——“互联网 + 融资租赁”相关的法律问题。

最后，写作团队还邀请了融资租赁业内人士及专家对融资租赁法律环境的改善建言献策。

2.1 2014 年中国融资租赁法律环境的主要变化

历时 14 年六易其稿的融资租赁司法解释，在 2014 年最终定稿。2014 年 2 月，最高人民法院发布了最新版《关于审理融资租赁合同纠纷案件适用法律问题的解释》(法释〔2014〕3 号),进一步完善了融资租赁行业的法律环境。同时,《关于审理融资租赁合同纠纷案件若干问题的规定》(法发〔1996〕19 号)废止。

最新版司法解释共分五部分二十六条,分别就融资租赁合同的认定及效力,融资租赁合同的履行和租赁物的公示,融资租赁合同的解除、违约责任以及融资租赁合同案件的诉讼当事人、诉讼时效等问题作出了规定。

新版司法解释为解决融资租赁纠纷面临的一些新问题提供了有效依据,不过,对于融资租赁行业面临的一些棘手问题,如融资租赁物登记问题仍然没能得到有效解决。为此,其他各监管部门也在积极出台各种政策来推动融资租赁物登记问题的完善与解决。

2014 年 3 月,为了保护融资租赁交易当事人和第三人的合法权益,维护金融资产的交易安全,降低信贷交易风险,在广泛调研和征求意见的基础上,中国人民银行发布了《关于使用融资租赁登记公示系统进行融资租赁交易查询的通知》(银发〔2014〕93 号,以下简称通知)。该通知指出,中国人民银行征信中心建立的融资租赁登记公示系统(http://www.zhongdengwang.com),通过互联网为全国范围内的机构提供租赁物权利登记公示与查询服务,各单位要充分认识利用融资租赁登记公示系统进行融资租赁交易登记与查询在明确金融资产权属状况、预防交易风险、保护交易安全方面的积极意义。该通知要求银行等机构作为资金融出方在办理资产抵押、质押和受让等业务时,应当对抵押物、质物的权属和价值以及实现抵押权、质权的可行性进行严格审查,并登录融资租赁登记公示系统查询相关标的物的权属状况,以避免抵押物、质物为承租人不具有所有权的租赁物而影响金融债权的实现。人民银行发布该通知,是推动和完善融资租赁物权保障制度的积极尝试,有利于引导商业银行和融资租赁公司广泛开展租赁交易查询和登记,保护交易安全。

根据最新版司法解释(法释〔2014〕3 号),第三人与承租人交易时,未按照法律、行政法规、行业或者地区主管部门的规定在相应机构进行融资租赁交易查询的成为善意取得的除外条件,融资租赁公司的租赁物权有望得到保护。不过该通知所要求的对象仅限于:中国人民银行上海总部,各分行、营业管理部,省会(首府)城市中心支行,副省级城市中心支行;国家开发银行,各政策性银行,国有商业银行,股份制商业银行,中国邮政储蓄银行。这意味着,该通知只是在一定范围内为司法解释的适用提供制度衔接,只能在一定范围内形成法律效力。

2014 年 3 月 10 日,天津市食品药品监督管理局发布《关于〈医疗器械经营企业许可证〉审批事项的补充通知》(津食药监流通〔2014〕77 号),对具有融资租赁资质的企业申请医疗器械融资租赁许可作出了规定。该通知规定,融资租赁企业申请医疗器械融资租赁许可时,应承诺“对采购的医疗器械质量负责”,应配备具有医疗器械相关专业,熟悉国家有关医疗器械管理的法规、规章的质量管理人,应具有固定的场所和与医疗器械融资租赁活动相适应的设施设备等。业内人士认为,这一规定将融资租赁企业当作医疗设备经营企业来对待,有违融资租赁业务的融资实质。

2014 年 6 月,中国人民银行发布《中国人民银行征信中心中征动产融资统一登记平台操作规则》,《中国人民银行征信中心应收账款质押登记操作规则》《中国人民银行征信中心融资租赁登记规则》同时废止。

2014 年 12 月,商务部发布《商务部关于利用全国融资租赁企业管理信息系统进行租赁物等级查询等有关问题的公告》(商务部公告 2014 年第 84 号)。该公告中明确,全国融资租赁企业管理信息系统(http://leasing. mofcom. gov. cn)是商务部建立的综合性融资租赁服务平台,可为内资融资租赁试点企业、外商投资融资租赁企业及相关企业、组织和个人提供公共信息、租赁物登记公示查询、交流合作等服务。按照司法解释第 9 条有关规定,为避免租赁物权属冲突,商务部将全国融资租赁企业管理信息系统作为租赁物登记公示和查询平台。

2015 年 3 月,中国人民银行天津分行发布《关于做好融资租赁公司和商业保理公司接入人民银行企业征信系统有关工作的通知》(津银发〔2015〕94 号),允许融资租赁公司和商业保理公司接入人民银行企业征信系统。该通知对征信系统接入模式、接入流程、工作要求进行了规定和说明。融资租赁公司和商业保理公司接入央行企业征信系统后,可以掌握已接入机构的征信情况和汇集企业的负债信息,既能帮助债权人评估交易对手的信用风险,又在现有的法律框架下进行了明确,从而保护自身的资产安全。天津的这一先行先试,为推动融资租赁物登记作出了有益尝试。

2.2 融资租赁案件的发生与审理情况

2.2.1 融资租赁案件历年的发生与审理情况

近年来,我国融资租赁业发展较快,尤其自 2007 年以来,中国融资租赁公司数量、业务总量均呈高速增长态势。与此同时，融资租赁合同纠纷案件也呈持续增长态势。据统计，2008 年以后全国受理融资租赁案件的数量呈现逐年上升的趋势，2008 年人民法院共受理一审融资租赁合同纠纷案件 860 件，结案率为 87.48%；2009 年受理 1686 件，结案率为 88.53%；2010 年受理 1928 件，结案率为 84.08%；2011 年受理 2808 件，结案率为 85.45%；2012 年受理 4591 件，2013 年则达到 8530 件。具体见表 2－1。

表 2－1　2008—2013 年中国融资租赁合同纠纷一审案件审理情况

	2008 年	2009 年	2010 年	2011 年	2012 年	2013 年
案件数量（件）	860	1686	1928	2808	4591	8530
结案率（%）	87.48	88.53	84.08	85.45		
案件数量增长率（%）		96.05	14.35	45.64	63.5	85.80
融资租赁业务量（亿元）	1550	3700	7000	9300	15500	21000

资料来源：根据最高人民法院网站数据及最高人民法院民事审判庭法官原爽所写文章数据整理。

《最高人民法院 2014 年工作报告》的数据显示，2014 年审结新类型融资租赁合同纠纷案件 10591 件，这一数量较 2013 年的案件数量明显增加。

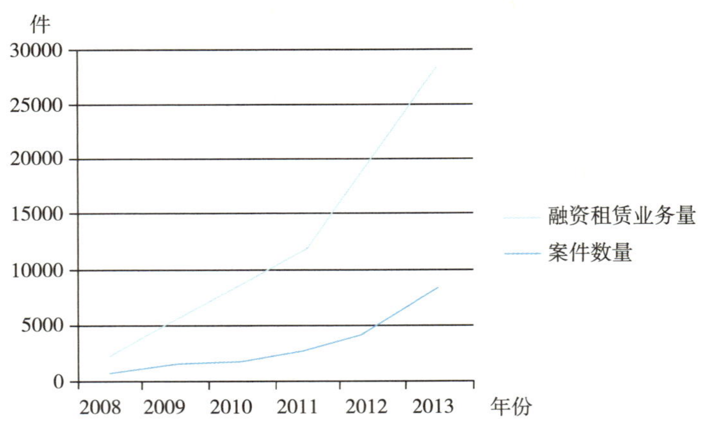

图 2－1　2008—2013 年融资租赁业务量与案件数量对比

资料来源：零壹融资租赁研究中心整理。

由图 2－1 可以看出，近几年融资租赁案件数量伴随着融资租赁业务量的增长而增长，案件数量增速整体低于融资租赁业务量的增速。从总量上来看，全国一年受理的融资租赁一审案件数量占一审合同纠纷案件总量的比重还非常小，2011 年占比 0.08%，2012 年占比 0.12%。

此外,融资租赁案件还呈现地区分布极不平衡的特点。以 2011 年为例,受理融资租赁案件最多的省市分别为:江苏、湖南、天津、上海、江西、山东、四川、广东,而部分省市很少甚至几乎没有受理过融资租赁案件。其中,天津情况比较特殊,其得益于政府的支持,以滨海新区为依托大力发展融资租赁,因此案件数量上升比较快。总体来说,融资租赁案件数量的多少与地区经济发展程度基本上是成正比的,东部沿海比较发达的地区案件相对较多,西部地区案件相对较少。

2.2.2 2014 年可检索融资租赁民事裁判文书审理情况分析[①]

本部分所涉及案例均来自中国裁判文书网。中国裁判文书网是由最高人民法院设立的,统一公布各级人民法院的生效裁判文书的网站。

通过该网站的高级检索功能,输入关键词“融资租赁”,案号(2014),文书类型“民事裁定书”,进行检索,共有记录 1680 条,排除并非发生在 2014 年的民事裁定书 26 份,2014 年融资租赁民事裁定书共 1654 份。民事裁定书是指人民法院在审理民事案件和执行民事判决的过程中,为保障诉讼顺利进行,就程序问题作出的书面决定。融资租赁案件民事裁定书常见类型包括准许撤回起诉(上诉)裁定书、管辖权异议裁定书、诉讼财产保全裁定书、执行裁定书等。

通过该网站的高级检索功能,输入关键词“融资租赁”、案号(2014),文书类型“民事判决书”进行检索,显示共有 2828 份民事判决书,排除其中并非发生在 2014 年的诉讼案件 13 例,重复案例 553 例,最后统计民事判决书 2262 份。其中,一审判决书 2172 份,二审判决书 90 份。具体内容见表 2-2。

表 2-2 各地区 2014 年可检索融资租赁民事判决书数量

省份(或直辖市、自治区)	判决书数量	一审判决书	二审判决书
北京	50	46	4
上海	159	143	16
天津	80	76	4
重庆	33	32	1
河北	796	789	7
河南	20	13	7
山西	5	4	1

① 本部分作者为北京市诚辉律师事务所律师郑乃全、北京首熙律师事务所实习律师李亦丹。

续表

省份(或直辖市、自治区)	判决书数量	一审判决书	二审判决书
安徽	120	118	2
陕西	96	92	4
湖南	234	233	1
湖北	26	23	3
四川	62	60	2
广东	31	30	1
广西	11	10	1
江西	51	47	4
江苏	242	237	5
浙江	64	58	6
云南	58	56	2
贵州	30	29	1
辽宁	28	24	4
吉林	8	6	2
黑龙江	1	1	0
青海	2	2	0
宁夏	15	14	1
内蒙古	11	8	3
新疆	23	15	8
海南	6	6	0
合计	2262	2172	90

资料来源:北京市诚辉律师事务所律师郑乃全、北京首熙律师事务所实习律师李亦丹整理。

因为最高人民法院对各级人民法院法律裁判文书公开的要求不同,不同地区的法院对法律裁判文书的公开情况也有差异,所以表 2 – 2 并不能完全准确地反映地区分布情况,但它可以反映如下情况。

第一,融资租赁案件的普遍性。从检索到的公开的判决书我们可以看到融资租赁案件在除西藏自治区以外的所有行政区域均有发生。

第二,上诉的融资租赁案件较少。

第三,融资租赁案件审理法院多数由基层人民法院审理。

在以上案件中,一审由高级人民法院受理的为 4 例,一审由中级人民法院受理的为 11 例,其余均由基层人民法院受理。(见图 2 – 2)

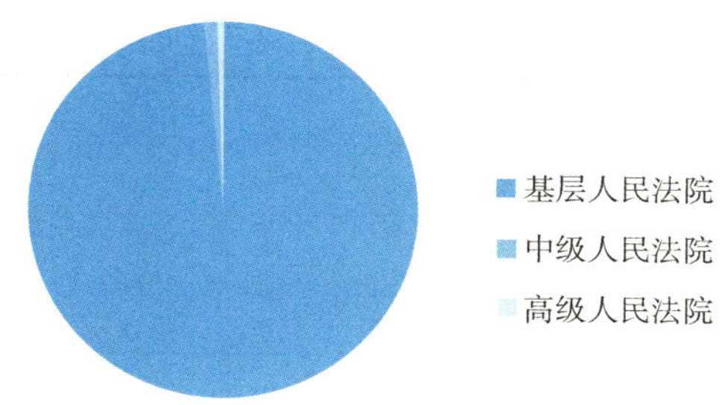

图 2－2　2014 年各级人民法院一审受理融资租赁案件情况

资料来源：北京市诚辉律师事务所律师郑乃全、北京首熙律师事务所实习律师李亦丹整理。

第四，从表 2－2 中可以看到，融资租赁案件的分布非常不均，有些省份明显偏高，如河北省。通过对河北省的判决书进一步研究发现，河北省滦县人民法院共上传了 817 份判决书，其中大部分判决书高度类似，均为同一个原告："庞大乐业租赁有限公司"，被告均为与"庞大乐业租赁有限公司"签订融资租赁合同的个人，租赁物均为汽车。引发法律纠纷的原因均为被告逾期支付租金。同样，江苏省徐州市共有判决书 177 份，大部分判决书也高度类似，原告均为"江苏省公信资产管理公司"，被告均为与原告签订融资租赁合同的个人，租赁物均为机械设备，引发法律纠纷的原因均为被告逾期支付租金。因此，表 2－2 无法真实地反映地区融资租赁案件的地区分布。

为了更进一步反映融资租赁案件在地区分布和类型上的特点，更全面细致地研究这些案例，对于这些高度类似的案例笔者在进行数据整理研究时将其筛选出来，统一记为 1 例，得出表 2－3。

表 2－3　各地区 2014 年可检索融资租赁民事判决书数量（经修正）

省份（直辖市、自治区）	一审判决书
北京	46
上海	49
天津	15
重庆	18
河北	23
河南	13
山西	4
安徽	40
陕西	15

续表

省份（直辖市、自治区）	一审判决书
湖南	42
湖北	12
四川	18
广东	24
广西	5
江西	16
江苏	47
浙江	20
云南	18
贵州	14
辽宁	10
吉林	6
黑龙江	1
青海	2
宁夏	31
内蒙古	20
新疆	16
海南	6
合计	531

资料来源：北京市诚辉律师事务所律师郑乃全、北京首熙律师事务所实习律师李亦丹整理。

通过对以上 531 份判决书进行逐一分析，根据诉讼理由进行分类，有如下几个类型：

（1）因承租人逾期支付租金引起的法律纠纷。此类案件在融资租赁纠纷中占有相当高的比例。

（2）由租赁物引起的法律纠纷。这类纠纷包括租赁物不符合承租人的要求拒绝受领的、出租人或承租人处置租赁物的、租赁物发生质量问题或毁损灭失的、租赁物造成第三人损害的。

（3）因融资租赁法律关系的认定引起的法律纠纷。包括两种情况：一是签订融资租赁合同，但不是融资租赁法律关系；二是签订其他类型的合同，但实为融资租赁法律关系。

(4)因融资租赁合同的效力引起的法律纠纷。

(5)其他类型。如因出卖人、担保人、破产债权人等引发的法律纠纷。

根据租赁物进行分类,有机械设备融资租赁、船舶融资租赁、飞机租赁、汽车融资租赁。其中,机械设备融资租赁在案件中的比例最大,其次是汽车融资租赁。

2.3 2014 年融资租赁案件争议焦点及法律适用①

2014 年以前各级法院审理融资租赁相关案件主要是依据《中华人民共和国合同法》和《最高人民法院关于审理融资租赁合同纠纷案件若干问题的规定》《物权法》等相关法律法规。2013 年 11 月 25 日最高人民法院正式颁布《最高人民法院关于审理融资租赁合同纠分案件适用法律问题的解释》(以下简称《司法解释》),该解释第二十六条规定:“本解释于 2014 年 3 月 1 日起施行。《最高人民法院关于审理融资租赁合同纠纷案件若干问题的规定》(法发〔1996〕19 号)同时废止。本解释施行后,尚未终审的融资租赁合同,适用本解释;本解释施行前已经终审,当事人申请再审或者按照审判监督程序决定再审的,不适用本解释。”在 2014 年的司法审判中,新的司法解释开始全面适用,本书也将着重阐述该司法解释施行后对人民法院审理融资租赁案件的影响。

2.3.1 融资租赁法律关系的认定

是否构成融资租赁法律关系,是审判者判断是否适用融资租赁相关法律的第一步。融资租赁行业的飞速发展,租赁物范围的不断扩大,融资租赁合同的日益复杂,给融资租赁法律关系的认定带来一些困难,《司法解释》第一条规定:“人民法院应当根据合同法第二百三十七条的规定,结合租赁物的性质、租赁物的价值、租金的构成以及当事人的合同权利和义务,对是否构成融资租赁法律关系做出认定。对不构成融资租赁关系的情形,人民法院按其实际构成的法律关系处理。”

在具体案件中,双方的争议焦点经常会出现在以下几个方面:

---

① 本部分作者为北京市诚辉律师事务所律师郑乃全、北京首熙律师事务所实习律师李亦丹。本文是在统计分析 2014 年可检索融资租赁民事裁判文书的基础上完成。

一是承租人认为租赁物并非是出租人根据其意愿购买的而否定与出租人之间是融资租赁关系。融资租赁合同与一般租赁合同最主要的区别是在融资租赁法律关系中,租赁物系由出租人根据承租人的要求进行购买租赁的,其租赁物不是出租人现有的,其购买意志也不是由出租人自己自愿决定的。如果该租赁物并不是根据承租人的指定购买的,而出租人认为租赁物是根据承租人提出的要求购买的,在这种情况下,法院一般会根据如下两点进行判断,第一,出租人的购买意志是否是出自于承租人的需求,有可能承租人只是指定租赁物但并未指定具体品牌,或者指定了某品牌但没有指定具体型号等;第二,承租人接收且使用了租赁物,当时并未提出异议,如果出现这些情况,法院一般会认定为融资租赁法律关系。

二是双方虽然签订了融资租赁合同,但是租金明显偏高或者偏低。在融资租赁合同中,租金是由租赁物的使用、损耗费用和租赁物的价款、利息以及出租人合理收益两部分组成;而租赁合同中的租金仅仅包括租赁物的损害、使用费用。因此《司法解释》将租金纳入融资租赁合同的构成要素。租金是融资租赁合同区别于其他合同的标志,也是融资租赁合同履行的重要义务。在审理此类案件时,如果出现租金过高的情况,其实质经常是以融资租赁合同掩盖借款合同,法院会认定为借款合同;如果租金过低,法院也将不认定为融资租赁合同,也按其实际构成的关系处理。

三是对售后回租合同的认定。《司法解释》第二条规定:"承租人将其自有物出卖给出租人,再通过融资租赁合同将租赁物从出租人处租回的,人民法院不应仅以承租人和出卖人为同一人为由认定不构成融资租赁法律关系。"过去,司法实践中一般不将售后回租认定为融资租赁合同,主要依据就是,在售后回租法律关系中,承租人和出卖人系同一人。但是,金融监管机关以及相应的税务部门已经认可了售后回租合同为融资租赁合同的效力,如果仍将售后回租合同一律认定为非融资租赁合同既带了法律适用的问题,也给现实生产生活带来许多不便。将售后回租合同认定为融资租赁合同的一种特殊形式,避免了许多不必要的法律纠纷。

新的司法解释虽然认可了售后回租合同为融资租赁合同的属性,但在实务中,经常会出现假借售后回租合同之名,行借款合同之实的行为。如不存在现实租赁物的售后回租合同,属于典型的以融资融物为名,行借款之实,法院直接认定为借款合同进行处理。在司法实践中,售后回租合同的争议焦点还体现在对租赁物归属的争议,对于这类争议,如果租赁物的所有权存在明确登记机关时,则应当依照法律进行办理所有权变更登记手续,根据登记情况来判断出租人在租赁期间内是否对租赁物享有所有权;对于租赁物的所有权转让无法登记或者没有登记的情况,需根据租赁物是否真实存在、租金构成等多方面进行认定。

2.3.2 融资租赁合同的效力

融资租赁合同如果出现以下情形，法院会判定无效：(1)一方以欺诈、胁迫手段订立融资租赁合同，损害国家利益的。(2)恶意串通，损害国家、集体或第三人利益的融资租赁合同。在法律实务中，争议焦点是：该“第三人”是否包括合同中的当事人。在融资租赁法律关系中，其实包含着买卖合同和租赁合同两个合同，包含三者的关系：出卖人、出租人和承租人，如果任意两方恶意串通损害另一方利益，该融资租赁合同也会认定为无效。(3)以合法的融资租赁合同掩盖非法目的。这种情况重点在于是非法目的，与规避法律的情况需要进行区分。(4)损害社会公共利益的融资租赁合同，以及违反法律、行政法规强制性规定的融资租赁合同。

在具体案件中，出现得最多的情况就是承租人以出租人未取得融资租赁许可为由请求法院判令融资租赁合同无效。1996 年发布的《最高人民法院关于审理融资租赁合同纠纷案件若干问题的规定》第六条明确规定，出租人不具有从事融资租赁经营范围的融资租赁合同无效。过分强调行政许可对合同效力的影响，会大大限制合同行为，干涉当事人意思自治，并不利于经济的发展。《司法解释》第三条规定：“依据法律、行政法规的规定，承租人对于租赁物的经营使用应当取得行政许可的，人民法院不应仅以出租人未取得行政许可为由认定融资租赁合同无效。”因此，如果承租人仅仅以出租人未取得行政许可为由请求合同无效的，人民法院将不予支持。

还有一种情况是：如果承租人应取得行政许可方可获得租赁物的经营使用权。在这种情况下，如果合同并未认定为无效，承租人是应当继续履行合同项下的义务，不能以此为抗辩理由，不承担相应的法律责任。

在融资租赁合同被认定为无效后，存在争议较大的就是如何处理租赁物。《司法解释》第四条规定：“融资租赁合同被认定无效，当事人就合同无效情形下租赁物归属有约定的，从其约定；未约定或者约定不明的，且当事人协商不成的，租赁物应当返还出租人。但因承租人原因导致合同无效，出租人不要求返还租赁物，或者租赁物正在使用，返还出租人会显著减低租赁物价值和效用的，人民法院可以判决租赁物所有权归承租人，并根据合同履行和租金支付情况，由承租人就租赁物进行折价赔偿。”

在法律实务中，对于合同无效后租赁物的处理人民法院会根据融资租赁合同约定、当事人协商、法律规定等来考虑如何处理。争议焦点是：当合同无效的原因可归责于承租人，但根据合同约定或法律规定，承租人徐江租赁物返还给出租人，而出租人认为租赁物对其意义不大，不愿意接受租赁物时，如何处理。法院在这种情况下，经常会按照照顾无过错方的原则，充分从利用租赁物效能的角度出发，机房租赁物归属承租人,对出租人进行折价补偿。

2.3.3 承租人逾期支付租金

承租人逾期支付租金是融资租赁合同纠纷中最常见的情况。支付租金是承租人的主要义务,获取租赁物租金也是出租人在融资租赁合同中的主要目的。《司法解释》第二十条规定:“承租人逾期支付租金义务或者迟延履行其他付款义务,出租人按照融资租赁合同的约定要求承租人支付逾期利息、相应违约金的,人民法院应予支持。”

这类案件一般法律关系清晰,权利义务明确,案情也较为明确。在实践中,被告一方对逾期支付租金这一事情是认可的。双方争论的焦点一般是:由于逾期支付租金所引起的逾期利息和违约金等的计算问题。在融资租赁合同中,一般均会约定当承租人逾期支付租金的,应当向出租人支付逾期利息或者违约金的责任,有的既规定了逾期利息,又规定了违约金。在这种情况下,如果人民法院一并处理可能会发生赔偿金超出实际损失的情形,但如果仅采用其中一种可能达不到弥补守约方损失的目的,也会违反当事人意思自治的原则。因此,在判决中,人民法院一般会采取如下方式:

一是如果当事人所约定的逾期利息以及违约金均在合同中有约定,且不超出实际损害范围,人民法院予以支持。

二是如果违约金过分超出违约行为实际造成的损失,人民法院会根据承租人的诉讼请求进行适当调整。

承租人经常还会对逾期支付租金的数额提出异议。因为逾期支付租金是判定逾期支付租金利息和违约金等的标准。在实践中,由于融资租赁合同的特殊性,承租人在第一次向出租人支付的费用中会包括如保证金、管理费、押金等其他费用,承租人会要求用管理费等冲抵逾期支付的租金,以减少逾期利息和违约金的支付。在这种情况下,人民法院一般会根据融资租赁合同的约定,如果约定可以以管理费等冲抵租金,一般会予以认可。

另一个争议焦点是:出租人在诉讼请求中主张的赔偿范围除未付租金、逾期支付租金利息、违约金外,还会主张律师费等出租人追讨债权而发生的其他费用等。在这种情况下,如果融资合同中有该约定,且这些费用经认可均实际发生,人民法院会予以支持。如果在合同中并未约定,则只是酌情考虑的因素。

2.3.4 融资租赁合同解约的情况

司法解释规定了融资租赁合同可以解约的情况,分为三种。

第一，出租人和承租人均可解约的情况。

《司法解释》第十一条规定："有下列情形之一的，出租人或承租人请求解除融资租赁合同的，人民法院应予支持：

（一）出租人与出卖人订立的买卖合同解除、被确认无效或者被撤销，且双方未能重新订立买卖合同的；

（二）租赁物因不可归责于双方的原因意外损毁、灭失，且不能修复或者确定替代物的；

（三）因出卖人的原因致使融资租赁合同的目的不能实现的。"

此类案件，双方当事人争议的焦点是：在融资租赁合同中约定了如果买卖合同解除、被撤销、无效后，在一定的时间内重新签订；或是如果租赁物因不可归责与双方原因意外毁损、灭失的处理方式，如规定一定期限修复确定替代物，在这双方规定的这一期限届满前，解除权并不产生。在司法实践中，双方争议的焦点经常在于：出租人怠于与出卖人重新签订买卖合同，造成了承租人损失；或一方怠于修复租赁物或寻找替代物，造成融资租赁合同无法继续的情形。人民法院会根据具体情况要求违约方承担责任，并不意味着合同解除后违约的一方不承担相应的违约后果。

第二，出租人可以解约的情况。

在出租人解约的情况中，存在争议较大的是：当承租人逾期交付租金时，出租人在要求承租人承担逾期交付的租金的同时，可否要求解约。《司法解释》第二十一条规定："出租人既请求承租人支付合同约定的全部未付租金又请求解除融资租赁合同，人民法院应告知其依照合同法第二百四十八条的规定做出选择。出租人请求承租人支付合同约定的全部未付租金，人民法院判决后承租人未予履行，出租人再行起诉请求解除融资租赁合同、收回租赁物的、人民法院应予受理。"也就是说，出租人不能既要求支付全部租金，又要求解除合同。鉴于融资租赁合同的主要法律特征之一是，承租人选择出卖人和租赁物，出租人根据承租人的选择而购买租赁物，该租赁物的实际使用价值出租人的生产、生活并不需要，出租人只是获取租金价值，因此在大多数情况下，出租人是希望合同能够继续履行的，如果承租人支付了全部租金，合同是会继续的。

第二个争议焦点是：出租人在哪些情况下可以直接要求解约。

在融资租赁合同纠纷中，如果出现承租人违约的情况，大多数情况下出租人向法院提出诉讼请求为要求承租人支付全部租金，而解除合同并不是其首选。《司法解释》第十二条明确规定："有下列情形之一，出租人请求解除融资租赁合同的，人民法院应予以支持：（一）承租人未经出租人同意，将租赁物转让、转租、抵押、质押、投资入股或者以其他方式处理租赁物的;(二)承租人未按照合同约定的期限和数额支付租金,符合合同约定的解除条件,经出租人催告后在合理期限内仍不支付的;(三)合同对于欠付租金解除合同的情形没有明确约定,但承租人欠付租金达到两期以上的,或者数额达到全部租金百分之五十以上,经出租人催告后在合理期限内仍不支付的;(四)承租人违反合同约定,致使合同目的不能实现的其他情形。”对于提前解约的损失赔偿,出租人依照本解释第十二条的规定请求解除融资租赁合同,同时请求收回租赁物并赔偿损失的,人民法院应予支持。

前款规定的损失赔偿范围为承租人全部未付租金及其他费用与收回租赁物价值的差额。合同约定租赁期间届满后租赁物归出租人所有的,损失范围还应包括融资租赁合同到期后租赁物的残值。

值得指出的是,当出租人行使解除权后,因为承租人实际占有租赁物,合同解除后,但承租人仍然使用租赁物的,仍应比照租金支付费用。

2.3.5 因租赁物引起的纠纷

一是租赁物的善意取得。承租人或者租赁物的实际使用人,未经出租人同意转让租赁物的情况,对于取得租赁物的处理。

《司法解释》第九条规定:“承租人或者租赁物的实际使用人,未经出租人同意转让租赁物或者在租赁物上设立其他物权,第三人依据物权法第一百零六条的规定取得租赁物的所有权或者其他物权,出租人主张第三人物权权利不成立的,人民法院不予支持,但有下列情形之一的除外:

(一)出租人已在租赁物的显著位置做出标识,第三人在与承租人交易时知道或者应当知道该物为租赁物的;

(二)出租人授权承租人将租赁物抵押给出租人并在登记机关依法办理抵押登记的;

(三)第三人与承租人交易时,未按照法律、行政法规、行业或者地区主管部门的规定在相应机构进行融资租赁交易查询的;

(四)出租人有证据证明第三人知道或者应当知道交易标的物为租赁物的其他情形的。”

善意取得的建立是为了平衡社会交易秩序与所有权人的利益,对于维护第三人的合法权益和稳定社会经济秩序具有重要意义。在司法实践中,案件的争议焦点一般是如何认定“善意”。由于在融资租赁中,租赁物价值一般较大,为了更好地保护出租人,司法解释以列举和概括式相结合的方式规定了不得适用善意取得的情形。在具体案件中,经常会出现此种情形,出租人与承租人虽然在融资租赁合同中约定,在租赁期间,租赁物归属于出租人,但由于方便管理、理赔等因素,出租人与承租人约定将租赁物登记在承租人名下,但为了防止承租人恶意转让行为的发生,双方又约定将该租赁物抵押给出租人并进行抵押登记。此后,承租人的债权人持法院生效裁判文书要求执行该物,此时出租人以真正的权利人出现并主张执行异议。在这种情况下,法院是否应当支持出租人的执行异议呢?在司法实践中,法院会结合具体情况来认定是否支持出租人的执行异议。在具体案件中,出现承租人以伪造等手段在登记部门解除抵押,再与第三人交易的情况。这些情况不利于对出租人的保护,因为出租人并不占有和使用租赁物,而对租赁物已经支付了相应的价款。因此在司法实践中,对于善意的认定相当严格,而且即使认定为善意取得,法院也会判令承租人承当相应责任来保护出租人的权利。

二是租赁物的质量、租赁物的灭失、租赁物的维修等问题的处理。

因为在融资租赁法律关系中,《合同法》第二百四十七条:“承租人应当妥善保管、使用租赁物。承租人应当履行占有租赁物期间的维修义务。”《司法解释》第七条明确规定:“承租人占有租赁物期间,租赁物毁损灭失的风险由承租人承担,出租人要求承租人继续支付租金的,人民法院予以支持。但当事人另有约定或法律另有规定的除外。”

在司法实践中,法律争论焦点一般在于:如何区分出卖人的瑕疵担保义务与承租人的维修义务。人民法院主要是根据双方提供的证据确定该需要维修的瑕疵或缺陷发生的时间:如果是在合同签订前就发生的则由出卖人承担责任;反之则由承租人承担。

三是司法实践中,还经常出现出租人处理租赁物的情形。

由于出租人处分租赁物适用《司法解释》第八条:“出租人转让其在融资租赁合同项下的部分或者全部权利,受让方以此为由请求解除或者变更融资租赁合同的,人民法院不予支持。”就是说,在融资租赁合同中,也践行“买卖不破租赁”的原则。在司法实践中,如果合同未有不可转让的约定,出租人是可以转让其在合同下的部分或者全部权利的,也无须经过承租人的同意,同时,这种转让是不能损害承租人利益的,受让方不可以请求解除或者变更融资租赁合同。

2.3.6 融资租赁合同中的担保问题

融资租赁合同因为标的较大,一般都会有担保人,由出租人与担保人签订担保合同,承当连带担保责任。在诉讼中,出租人一般也会将担保人列为被告。在诉讼中,如果担保合同合法有效,法院一般会予以支持,明确担保人应承担的责任,担保人在承担责任后,对承租人有追偿权。在此类案件中,容易出现争议的一是担保人以主合同无效进行抗辩;二是担保人以是否有承担担保责任的主体资格进行抗辩;三是以诉讼时效进行抗辩。

2.3.7 从上海地区 400 多个仲裁案件中总结融资租赁公司的共性问题[①]

近年来,上海仲裁委员会处理的案件 95% 以上都是租赁公司要求承租人或担保人承担合同责任,涉及的租赁物包括大型研究设备、工程机械及工业设备等。案件中的真实请求有以下几种类型:第一,租金支付;第二,违约责任请求,包括违约金、延期利息等;第三,和约解除,其中涉及租赁物取回和损失赔偿等方面,与新出台的融资租赁合同司法解释密切相关。

从处理的 460 多个案件中总结出了融资租赁公司可能遇到的共性问题,在此和大家交流。

第一,格式合同的问题。我们在拜访、回访过程中发现,很多融资公司对格式合同非常在意。按照国家法律的规定,在可能发生争议时,提供格式合同的一方应作出不利于提供格式条款一方的解释。由于大部分融资租赁合同都属于格式合同,那么如何避免合同发生争议后对租赁公司作出不利解释就显得尤为重要。笔者认为一些租赁公司的做法可以借鉴,它们除了在合同中对比较重要的条款通过加粗或下画线进行标记外,还单独截取了涉及承租人、担保人义务的重要条款并出具一份承租人、共同承租人或担保人声明的文书,其中列明合同第几条已作出充分解释和说明。在这种情况下,仲裁组的实际审查调研会认为租赁公司已尽到了谨慎的提示义务,不能再以格式合同为由对租赁公司提出不利解释。

第二,仲裁文书的送达问题。当合同双方发生争议时,一般情况下会涉及出租人上诉承租人或担保人的情形,那么应该建议租赁公司尽快启动诉讼或仲裁程序,这样不仅有利于减少租赁公司的损失,快速收回成本,还能有效防止因案件时间冗长导致的租赁物灭失或损毁。以仲裁为例,由于存在保护当事人隐私的原则,仲裁组不会进行公告送达,只会向当事人的约定地址送达仲裁文书。无论该文书被退回、被拒收还是被快速验收,仲裁组均认为文书已经送达,可以启动仲裁程序。如果文书送达不存在问题,那么从开始至案件终审一般不会超过两个月,这样对租赁公司来讲也可以尽早地收回成本。因此,双方当事人在合同约定或日常沟通中,最好采用诉讼、仲裁均可以送达的地址,一旦发生纠纷,只要仲裁文书送达该地址,任何不利的法律后果均由对方承担,这样可以加强对租赁公司收益安全的保护。

① 本部分来源于上海仲裁委员会工作人员租赁行业月度沙龙的演讲实录。

第三，合同性质的判断问题。融资租赁合同《司法解释》第一条和《合同法》出于保护合同规则、维护交易秩序的稳定原则，一般不轻易判定合同无效，而是按照真实的性质进行处理。以笔者自身处理过的案件为例，承租人抗辩合同为借贷合同，因为出租人并未向承租人出售过产品或设备。庭审举证材料一般会要求出具相应的出售票证，但出租人的发票凭证中所指机器与融资租赁合同中的标的物不相符，仲裁组认为根据合同实质应判定为借贷性质。在此提醒租赁公司要做好留痕工作，保存好业务凭证，一旦涉及仲裁或法律，可以起到举证作用。

第四，租赁物的折旧问题。这是一个新出现的问题，在案件回访过程中，很多租赁公司提出需求，希望在合同中按一定方法约定租赁物的折旧。根据融资租赁合同《司法解释》第二十二条规定，当承租人无法支付租金时，出租人可以采取收回租赁物的方法抵偿损失，但租赁物的价值判断一直难以达成共识。目前的处理方法有出租人单方评估、参考市价判断或第三方评估等，仲裁委员会对给出的价格是否经过对方确认、估值方式是否合理持怀疑态度。那么，如果双方当事人在合同中约定按照使用年限或使用状况对租赁物进行折旧，则可以在合同违约时给租赁公司一定保障。双方当事人对租赁物价值无异议的情况下可以申请评估，或者在合同中直接通过折旧规定了租赁物的价值，甚至可以避免后期的评估，进一步减少损失。

第五，业务实施的合规性和材料的齐备性问题。笔者个人认为，大部分纠纷并不烦琐，主要问题在于合同履行过程中操作不规范，包括合同修改、合同到期、先签订合同再交付租赁物等。一旦遇到实际中没有按程序操作的现象，处理流程会相对复杂。如果租赁公司在业务实施过程中保持合规，就可以大大减少纠纷；材料在业务进展中一直齐备，可以在法律处理中保证自己的正当利益。

2.4 融资租赁司法解释评析[①]

融资租赁在我国蓬勃发展，然而《物权法》设立的善意第三人制度却给租赁公司带来困扰。面对变化了的法律环境和融资租赁突飞猛进的发展，老的融资租赁司法解

① 本部分作者为北京汇融律师事务所主任律师张稚萍。本部分首发于《北京仲裁》第 88 辑，经作者同意，在本书中再次刊登，并在原文基础上略有删减。本文部分内容来自张稚萍律师与邹颖律师合写的文章《对司法解释的几点担忧》，以及王自强律师在接受其他报刊访谈时发表过的观点。

释已经不足以解决目前面临的纠纷。在此背景下,最高人民法院于2014年2月24日公布了《最高人民法院关于审理融资租赁合同纠纷案件适用法律问题的解释》,对融资租赁纠纷面临的一些新问题进行了有益的尝试。然而,综观全局,该司法解释过分保护承租人的利益,限制了出租人的正当权益,没有充分反映融资租赁的本质特征,存在一些相互矛盾的条款,实践中面临的一些亟须解决的问题也没有涉及。如果不加补正贯彻下去,恐不利于融资租赁行业的健康发展。

2.4.1 融资租赁立法状况

从国际上看,由于融资租赁是从实践中产生的一种新型的交易方式,仅有60多年的历史,所以其法律制度不像其他民商事法律制度那样有悠久的历史和成熟的成文法规定,加上其创新性极强,各国对其法律性质的认识相对滞后。因此,融资租赁在各国的发展过程中都遇到了法律上的冲突和障碍。从20世纪70年代开始,融资租赁开创者们意识到了融资租赁需要立法,开始寻求对融资租赁进行立法的途径。由于大陆法系国家的民法典太经典,以致任何修订都要经过激烈的辩论和漫长的程序,而英美法系国家又以判例法为基础,因此在这些国家进行融资租赁立法难度很大。与此同时,随着国际融资租赁业务在世界各国的迅速发展,各国经济联系越来越紧密,但由于各国法律制度不同,融资租赁业务所采取的方式也不同。当位于其他国家的债务人出现违约情形时,债权人往往很难得到迅速而有效的救济。在当时的情况下,对融资租赁进行国际立法是务实有效的方式。在一些租赁业发达的国家的建议下,1977年国际统一私法协会成立了专门小组,研究国际融资租赁业务的统一规则及发生纠纷后的处理方法。经过10多年的努力,在1988年5月28日于加拿大首都渥太华召开的外交会议上,讨论并通过了《国际融资租赁公约》(以下简称《公约》)。

由于当时大多数发展中国家还没有引进融资租赁业务,所以在起草、讨论过程中,发展中国家不由自主地将自己放在承租人的地位,过分强调保护承租人利益,由于这些国家在数量上占优势,以致其在其中一个条款,即承租人是否可以因供货人的过错而向出租人退货、终止租赁协议问题上占了上风。《公约》文本显示,如果供货人提供的租赁物有质量瑕疵,承租人可以向出租人退货并终止租赁协议,而这样的规定恰恰违背了融资租赁的本质特征,以致代表出租人利益的大多数发达国家抵制《公约》。因此,《公约》文本通过以后,很长时间内都未达到所要求的批准国家的数量,迟至1995年才正式生效,到目前批准国也仅有10个国家(中国参加了起草工作但未批准)。但是除该条款外,《公约》的其他内容成为国际惯例,在国际融资租赁实践中具有重要的指引和示范作用,是到目前为止融资租赁领域最重要的法律文件之一。为弥补《公约》的遗憾，国际统一私法协会于 10 多年前开始起草《租赁示范法》并于 2008 年通过，中国是该法参与制定国家之一。《租赁示范法》以《公约》的内容为基础，结合融资租赁的发展情况而制定，目的是为各国立法提供一个范本，并积极推动各国立法，立法水平很高，在其制定过程中就已经对一些国家的租赁业和租赁立法产生了积极影响。在其影响下，俄罗斯、塞尔维亚、哈萨克斯坦、乌兹别克斯坦共和国、塞舌尔共和国等国家参照《租赁示范法》制定了《融资租赁法》并起到了很好的作用，国际上已出现了对融资租赁进行专门立法的趋势。

中国 1999 年通过的《合同法》对融资租赁专章进行了规范，当时在世界范围内也是少见的，对于确定融资租赁交易的法律地位、保障融资租赁交易当事人的合法权益具有积极的意义。

2004 年第十届全国人大常委会将《中华人民共和国融资租赁法》列入立法规划，启动了融资租赁立法工作，经过人大财经委融资租赁法起草领导小组和起草工作小组近 4 年的努力，已经形成了"融资租赁法（送审稿）"，笔者作为起草工作小组成员参加了该草案的起草工作。但因种种情况，"融资租赁法"未被审议通过。

2.4.2 司法解释的制定背景

1996 年 5 月 27 日，最高人民法院发布了《关于审理融资租赁合同纠纷案件若干问题的规定》（以下简称《96 司法解释》），《96 司法解释》在没有融资租赁法律规定的情况下制定，立足于当时的融资租赁司法实践，借鉴了国际上的先进经验，对保护出租人合法权益起到了重要作用。

融资租赁是资产融资，其债权方面受《合同法》等债法的规范，物权方面受《物权法》的规制，但《物权法》设立的善意取得制度对融资租赁行业造成了重大伤害。同时，由于融资租赁的复合功能，融资租赁业务涉及很多环节和方面，租赁物的取回困难、特殊租赁物的资质许可等方面存在法律空白和冲突，面对变化了的法律环境和融资租赁突飞猛进的发展，仅依靠《合同法》和《96 司法解释》已经不足以解决目前面临的纠纷。

在此背景下，最高人民法院开始起草新的司法解释，于 2014 年 2 月 24 日公布了《最高人民法院关于审理融资租赁合同纠纷案件适用法律问题的解释》（以下简称《司法解释》），同时，《96 司法解释》被废止。

《司法解释》共 26 条，分五个部分：（1）融资租赁合同的认定及效力；（2）合同的履行和租赁物的公示；（3）合同的解除；（4）违约责任；（5）其他规定。

最高人民法院仅用 2 年多的时间就起草、修订并公布了《司法解释》，反映了最高人民法院对妥善解决融资租赁纠纷的重视和希望为融资租赁业健康发展提供有力司法保障的良好初衷。

2.4.3 司法解释的先进之处

与《96 司法解释》相比,《司法解释》在下述方面具有先进性。

1. 取消了《96 司法解释》第五条的规定

《96 司法解释》第五条规定:“融资租赁合同所涉及的项目应当报经有关部门批准而未经批准的,应认定融资租赁合同不生效。”制定《96 司法解释》时,计划经济的观念还比较深,当时租赁公司基本上都为国企做项目,而当时国企的项目都要事先经过政府部门批准,所以有这样的规定。现在看来,法律、法规对融资租赁所涉及的项目应办理审批手续为行政管理方面的要求,违反该项要求的,应追究当事人违反行政管理的责任;而融资租赁交易为普通的民商事行为,因项目未取得批准而认定融资租赁合同不生效不符合市场经济下的法治原则。根据《合同法》第四十四条及《最高人民法院关于适用〈中华人民共和国合同法〉若干问题的解释(一)》第九条规定,依法成立的合同,只要不存在“法律、行政法规规定合同应当办理批准手续,或者办理批准、登记等手续才生效”的情形,合同成立时即生效;换言之,项目审批与否不影响合同效力。《司法解释》将之删除体现了先进的合同法理念。

2. 对出售回租模式进行了确认

出售回租是承租人将其有处分权的物出售给租赁公司再租回使用、承租人与供货人合二为一的特殊的融资租赁形式,在世界上已经有 40 多年的历史,《国际会计准则第 17 号——租赁》和我国《企业会计准则第 21 号——租赁》都专门为出售回租的会计处理进行了规定,目前我国租赁交易规模中大约有一半为出售回租模式,是深受租赁业界和承租人欢迎的一种交易模式。但由于在这种模式中租赁物的交付通过占有改定的方式实现,所以在司法实践中,有一种观点认为出租人就是为承租人提供了一笔资金,然后分期收回,名为租赁,实为借贷,由于认识的局限性而导致简单的纠纷复杂化。《司法解释》第二条专门规定:“承租人将其自有物出卖给出租人,再通过融资租赁合同将租赁物从出租人处租回的,人民法院不应仅以承租人和出卖人系同一人为由认定不构成融资租赁法律关系。”虽然这里的表述不尽科学(不应仅限于承租人“自有物”,只要承租人有处分权即可,出售的前提不是“所有”而是有处分权,所以也可以不是承租人的自有物),但是毕竟肯定了出售回租这种交易形式,体现了与时俱进的精神。

3. 在从事特殊租赁物的融资租赁时，出租人是否需要取得特别的经营资质方面体现了融资租赁的特征

以医疗设备为例。国家食品药品监督管理局于 2005 年 6 月作出的《关于融资租赁医疗器械监管问题的答复意见》（国食药监市〔2005〕250 号，以下简称《答复意见》）中将融资租赁公司开展的医疗器械融资租赁行为界定为“属经营医疗器械行为的范畴”，并要求融资租赁公司“办理医疗器械经营企业许可证后方可从事经营活动”。而《医疗器械监督管理条例》第 23 条规定了医疗器械经营企业应当符合的条件：（1）具有与其经营的医疗器械相适应的经营场地及环境；（2）具有与其经营的医疗器械相适应的质量检验人员；（3）具有与其经营的医疗器械产品相适应的技术培训、维修等售后服务能力。从这些条件可以看出，《医疗器械监督管理条例》对医疗器械经营企业在医疗器械售前的存放环境、质量检验、技术培训和售后跟踪服务等方面有着特定的要求，从保证医疗器械的安全、有效，保障人体健康和生命安全的角度来看，这些规定有其必要性和合理性，但这些责任应由医疗器械的生产厂家、销售商和具体操作使用者来承担。在医疗器械的融资租赁业务中，融资租赁公司仅仅是根据承租人的自主选择和要求，为其提供融资便利购买医疗器械，并不参与对租赁设备的经营活动，融资租赁公司也不参与所购买医疗器械的运输、检验、维修等活动，不接收、占有、使用医疗器械。国际上飞机、轮船、危险品运输以及食品生产等设备很多采用融资租赁方式，要求承租人具备经营资质是合理的，要求出租人也具备相应的资质没有必要。否则，以此类推，从事飞机融资租赁业务还要有飞机场和飞行员吗？这显然是对融资租赁的误解。融资租赁的业务性质与医疗器械经营活动有着根本的区别，药监管理部门要求融资租赁公司办理医疗器械经营企业许可证有欠妥当。其他一些部门规章也有类似的规定。

《司法解释》体现了融资租赁的特征，第三条明确规定：“根据法律、行政法规规定，承租人对于租赁物的经营使用应当取得行政许可的，人民法院不应仅以出租人未取得行政许可为由认定融资租赁合同无效。”

4. 在对抗善意第三人方面做了一些有益的尝试，肯定了实践中的一些做法

我国《物权法》设立了善意取得制度。在融资租赁交易中，租赁物的所有权属于出租人，占有、使用和收益的权利属于承租人。由于融资租赁是中长期融资，通常为 3 ~5 年，因此，占有与所有分离的状态要持续很长时间。根据《物权法》规定的动产物权占有公示制度，第三人有可能以为承租人就是租赁物的所有权人，为承租人侵犯出租人的所有权创造了条件，善意第三人有可能从承租人处取得物的所有权或担保物

权,使出租人面临从既有物权又有债权的有利地位降为只有债权而丧失物权或受到优先权限制之境况的极大风险。融资租赁在我国发展了30多年,租赁物的所有权被侵犯的案例时有发生,包括承租人转卖、转租租赁物或用于投资入股、抵押等,而实践中对这种侵权行为的制裁措施有限,过去法律没有明确善意取得制度,承租人尚且有这样的行为,在明确设立了善意取得制度后,更为承租人滥用这一制度创造了条件,使租赁公司处于不利的地位。现在已经发生了大量的承租人将租赁物转卖或抵押给善意第三人,使出租人受到侵害的案例。象征保护物权制度的《物权法》不仅没有进一步保护租赁公司的利益,反而严重侵害了租赁公司的合法权益。为避免善意第三人制度的侵害,租赁公司想出了种种办法,如在租赁物上贴标签、喷涂标记、加装卫星定位系统GPS、对租赁办理抵押登记等,依然防不胜防。由于善意第三人制度是以牺牲原物权人的利益换取交易稳定的法律制度,因此,通常在采用善意第三人制度的情况下,同时要设立动产物权登记制度,给原物权人一个保障自身权益的机制。我国没有设立统一的动产物权登记制度,由于制度的缺失造成租赁公司的权益受损。为保护交易安全,亟待从制度上而不是依靠租赁公司自身的力量去解决这一问题。为了交易安全,需要物权公示,以保障出租人的权利。中国人民银行征信中心根据租赁业界的要求,依托应收账款质押登记公示系统建成了动产融资登记系统,为包括融资租赁在内的动产融资进行登记和公示,该系统2009年7月20日上线运行,服务全国范围内租赁登记与查询。但是由于没有法律的授权,根据物权法定的原则,该登记缺乏对抗第三人的效力。因此,需要全国人民代表大会进行授权,或授权国务院制定行政法规,将中国人民银行征信中心的融资租赁登记规定为一种物权公示的方式,赋予该登记对抗第三人的法律效力,以减少甚至避免善意第三人制度在融资租赁中的滥用,规范市场秩序,有效促进融资租赁业的长远发展。在该系统被赋予物权公示效力之前,天津市人民政府金融服务办公室、中国人民银行天津分行、天津市商务委员会、中国银行业监督管理委员会天津监督局于2011年11月2日联合发布了《关于做好融资租赁登记和查询工作的通知》,要求天津的各银行、金融资产管理公司、信托公司、财务公司、汽车金融公司、消费金融公司、金融租赁公司、外商投资融资租赁公司、内资融资租赁试点企业、典当行、小额贷款公司、融资性担保公司在办理抵押、受让等业务时,应登录征信中心融资租赁登记公示系统,查询相关标的物的权属状况。天津市高级人民法院办公室在《关于审理融资租赁物权属争议案件的指导意见(试行)的通知》中确认,如果上述机构未查询而主张善意取得的,人民法院不予支持。武汉市政府也发布了类似的文件。

基于此,《司法解释》第九条特意作了如下规定:“承租人或者租赁物的实际使用人,未经出租人同意转让租赁物或者在租赁物上设立其他物权,第三人依据物权法第一百零六条的规定取得租赁物的所有权或者其他物权,出租人主张第三人物权权利不成立的,人民法院不予支持,但有下列情形之一的除外:(一)出租人已在租赁物的显著位置作出标识,第三人在与承租人交易时知道或者应当知道该物为租赁物的;(二)出租人授权承租人将租赁物抵押给出租人并在登记机关依法办理抵押权登记的;(三)第三人与承租人交易时,未按照法律、行政法规、行业或者地区主管部门的规定在相应机构进行融资租赁交易查询的;(四)出租人有证据证明第三人知道或者应当知道交易标的物为租赁物的其他情形。”上述规定对融资租赁实践中的对抗善意第三人的一些做法予以肯定,试图保护出租人的权益,有利于防止承租人非法处分租赁物,保护正当的交易。《司法解释》颁布后,中国人民银行下发《中国人民银行关于使用融资租赁登记系统进行融资租赁交易查询的通知》(银发〔2014〕93 号),要求金融机构查询融资租赁登记系统的信息,可以在很大程度上防范金融机构善意第三人的出现。

囿于《司法解释》必须在法律框架内的原则,要彻底解决善意第三人制度造成的危害,还需要立法的授权,立法才是根本解决之道。

5. 对租赁合同和供货合同两个合同的联动性方面进行了细化规定

融资租赁的基本法律特征是两个合同、三方当事人。两个合同即供货合同、租赁合同;三方当事人为出租人、承租人、供货人,三方当事人互为权利义务,权利义务分别体现在两个合同之中,融资租赁交易打破了合同的相对性。须将租赁合同和购买合同联系起来作为一个整体才能看到三方当事人权利义务分配的均衡性和公平性,割裂开来看任何一个合同都是不公平的,其权利义务的分配是失衡的。两个合同互相衔接、紧密相连,其中一个合同无效或被撤销会影响另一个合同的履行,《司法解释》注意到了两个合同的联动性,在第六条、第十一条、第十六条等条款中都涉及了两个合同之间的关系。

6. 对融资租赁诉讼时效的起算日充分体现了融资租赁的特点

由于融资租赁是资本性的、中长期的融资,租金往往分期偿还,因此涉及诉讼时效是分期,即每期租金是分别计算还是将融资租赁作为一个交易整体来计算的问题。2013 年 3 月 11 日,最高人民法院在其网站发布的《关于审理融资租赁合同纠纷案件适用法律问题的解释(征求意见稿)》(以下简称《司法解释征求意见稿》)将两个方案都提出,原文如下:

“第三十八条(诉讼时效)当事人因融资租赁合同租金欠付争议向人民法院请求保护其权利的诉讼时效期间为两年,自租赁期限届满后的次日起计算。

【另一种意见:诉讼时效期间自每一期租金履行期限届满后的次日起计算。】"

笔者认为应采纳第一种意见,因为各期租金的支付构成了一个完整的融资租赁交易、一个完整的融资租赁法律关系。对于一个融资租赁交易而言,如果分段计算诉讼时效,人为割裂法律关系,会对出租人的租后管理造成障碍,也会造成诉讼增加,浪费司法资源。

《司法解释》最终采用了第一种意见,即"自租赁期限届满之日起计算",符合融资租赁交易的本质。

2.4.4 司法解释的保守或不合理之处

《司法解释》虽然有上述先进性,然而,通篇来看,《司法解释》趋于保守,没有充分反映融资租赁的本质特征,有些条款从法理上看相互矛盾,有些条款甚至违背了通行的、行业几十年惯用并且为国际立法所确认的交易规则和理念,可能会造成对出租人权益的损害,不利于行业的健康发展。

1. 关于不动产是否可以作为租赁物

关于不动产是否可以作为融资租赁标的物的问题,在《司法解释》起草过程中一直存在争议。一种观点认为不动产可以作为租赁标的物,而另一种观点认为不应当将不动产作为租赁标的物,原因是房地产有泡沫、风险比较大,有些不动产如高速公路、港口、码头没有登记机关,租赁公司无法取得其所有权。《司法解释征求意见稿》对租赁物曾有这样的规定:

"第三条(特殊租赁物的法律关系认定)以土地、房屋等不动产或以基础设施收费权等无形财产权益作为租赁物,不构成融资租赁关系的,人民法院应按实际构成的法律关系处理。

【另一种意见:有限允许不动产如商业地产、厂房作为融资租赁的租赁物,土地使用权、住宅等不能作为租赁物。】"

《司法解释》最终取消了关于租赁物的条款,而是将租赁物的界定交由人民法院判定,体现在其第一条:"人民法院应当根据合同法第二百三十七条的规定,结合标的物的性质、价值、租金的构成以及当事人的合同权利和义务,对是否构成融资租赁法律关系作出认定。对名为融资租赁合同,但实际不构成融资租赁法律关系的,人民法院应按照其实际构成的法律关系处理。"

笔者认为不应禁止不动产的融资租赁,理由如下:

(1)《司法解释》作为对法律阐释的一种方式,不宜超出法律规定的范围进行解释。在目前法律未对租赁物的范围作出界定之前,《司法解释》不应予以限制。

(2)不动产非为禁止或限制流通资产,尤其是房屋等不动产,可以作为传统租赁的租赁物,也可以作为贷款的抵押物,为何《司法解释》限制其作为融资租赁的租赁物?此理解没有法理基础。

(3)至于何类资产作为租赁物风险比较大、可能会扰乱市场经济秩序,属于具体监管政策层面的问题,应由作为融资租赁监管部门的银监会或商务部根据国家的经济政策、经济形势的变换进行相应的限制、调整。

(4)尽可能扩大融资租赁物的适用范围是世界各国融资租赁的立法趋势,亦是融资租赁实践操作的国际惯例。例如,国际私法统一协会的《租赁示范法》将租赁物规定为资产,指所有承租人用于生产、贸易及经营活动的财产,包括不动产、资本资产、设备、未来资产,特制资产、植物和活的以及未出生的动物。

(5)目前国内外法律均未禁止。《金融租赁公司管理办法》规定租赁物应为"固定资产",包括了不动产。

(6)没有登记机关的不动产融资租赁在最近几年的租赁实践中大量存在,如高速公路、地铁设施、厂房、机场跑道、管网等的融资租赁业务。融资租赁介入没有登记机关的不动产领域,对我国经济发展意义重大,能够极大地开拓我国基础设施建设资金的来源渠道。有一种观点认为,根据《物权法》的规定,不动产物权的设立、变更、转让和消灭,经依法登记,发生效力;未经登记,不发生效力。这些不动产没有登记机关,租赁公司根本无法取得这些不动产的所有权,因此,不能作为租赁物。笔者认为这是一种消极的态度,这些不动产没有登记机关是政府管理职能缺位造成的,应该督促政府设立登记机关,而不是将错就错,由于没有登记机关而禁止交易。

因此建议不动产作为租赁物不影响合同的效力。

2. 关于租赁物毁损灭失的风险承担收窄了承租人的责任范围

由于租赁物由承租人选择并占有和使用,租赁物与承租人有更紧密的联系,出租人主要提供融资,所以,租赁物毁损、灭失的风险由承租人承担,这是融资租赁的交易惯例也为国际立法所确认,如《租赁示范法》第十一条规定,"租赁物的灭失风险由承租人承担",没有任何条件。而《司法解释》第七条增加了一个前提,即以承租人占有租赁物为前提,"承租人占有租赁物期间,租赁物毁损、灭失的风险由承租人承担,出租人要求承租人继续支付租金的,人民法院应予支持"。该前提设置收窄了承租人承担风险的范围,因为此处提及的租赁物灭失、毁损的风险是指在出租人与承租人之间风险承担的分配问题,应该界定为出租人不承担,承租人承担,这样的规则是完备的、周全的、明确的。《司法解释》设置了前提,承租人不占有租赁物期间灭失风险该由谁承担就不明确了。

3. 打破了融资租赁合同的不可解约性规则，扼杀了融资租赁的本质特征

融资租赁是出租人根据承租人对租赁物和供货人的选择或认可，从供货人处取得租赁物，出租给承租人使用并收取租金的交易活动，是以融物的形式实现融资的目的，出租人完全按照承租人的要求和指定专为租给承租人使用而取得租赁物。若在租赁期限内允许承租人随意解除合同，则出租人在短时间内可能很难找到合适的客户，并且某些租赁物也可能仅承租人能使用，如果承租人随意解约，出租人因此会遭受较大损失。因此，在租赁期限内，不论承租人是否使用租赁物，以及租赁物有任何瑕疵或灭失、毁损，都不能免除承租人支付租金的义务，承租人不得以任何借口或理由随意解除合同，即我们常说的融资租赁合同具有不可解约性，这是融资租赁的一个基本特征，也是融资租赁赖以生存和发展的基础。从法理上来说，任何合同都是可以解除的，融资租赁合同具有不可解约性的根本含义，并不意味着承租人绝对不可中途解约，而是其解约的代价几乎相当于正常履行完毕合同，从这个意义上说，融资租赁合同具有不可解约性。

但是《司法解释》赋予承租人解约权，并对解约以后后果的清算作出不合理的解释。

首先，体现在《司法解释》第七条与第十一条之间存在矛盾。

第七条规定："承租人占有租赁物期间，租赁物毁损、灭失的风险由承租人承担，出租人要求承租人继续支付租金的，人民法院应予支持。"

第十一条规定："有下列情形之一，出租人或者承租人请求解除融资租赁合同的，人民法院应予支持：……（二）租赁物因不可归责于双方的原因意外毁损、灭失，且不能修复或者确定替代物的……"也就是说，租赁物意外毁损、灭失后，承租人有权解除合同。

第七条规定租赁物毁损、灭失的风险由承租人承担，风险本身即是不可归责于当事人的原因造成的，所以第七条与第十一条适用的前提是一致的，即都是在不可归责于当事人的原因，租赁物毁损、灭失的情况下。第七条规定出租人要求承租人继续支付租金的，即租赁合同继续履行的，人民法院应予支持，而第十一条规定承租人请求解除融资租赁合同的，人民法院应予支持，这是矛盾的。如果出租人要求承租人继续支付租金，即继续履行合同，而承租人请求解除融资租赁合同的，人民法院到底应该支持哪一方？这两个条款在适用上会相互矛盾。

其次，关于解约后的清算条款，《司法解释》规定不合理。

《司法解释》第十五条规定："融资租赁合同因租赁物交付承租人后意外毁损、灭失等不可归责于当事人的原因而解除，出租人要求承租人按照租赁物折旧情况给予补

偿的,人民法院应予支持。”

这是一项选择性解释,选择了“出租人要求承租人按照租赁物折旧情况给予补偿的”这一情况,出租人要求承租人按照“其他标准”给予补偿的,人民法院是否应该支持没有提及。“按照租赁物折旧情况给予补偿”的标准不是常用标准,这远远低于出租人损失的标准,租赁公司普遍不会提起这样的诉求,实践中也没有发生过这样的案例,看起来更像是司法解释者为交易双方主观设定的补偿标准,是凭空设想出来的一种可能性,没有必要在仅有26条的《司法解释》中作为一个独立的条款予以规定,否则,照此推论,如果租赁公司提出其他标准,如要求赔偿损失、放弃赔偿、按照市场公允价值、按照账面价值、按照评估机构的评估价值给予补偿的,人民法院是否应予支持?出租人更可能要求承租人赔偿损失,这是正常情况、普遍情况,虽然这里用了“出租人要求承租人按照租赁物折旧情况给予补偿的”这样的表述,但是似乎暗含了一种价值取向,即租赁物意外毁损、灭失的,承租人按照租赁物折旧情况给予补偿即可。这一标准远远低于出租人在租赁合同项下的权益。这一规定如果被误解或滥用,就会模糊融资租赁的面目。相反,这一解释更像是对普通租赁的解释而非融资租赁的解释。我国《合同法》第十三章第二百三十一条对普通租赁合同(而非第十四章融资租赁合同)的规定如下:“因不可归责于承租人的事由,致使租赁物部分或者全部毁损、灭失的,承租人可以要求减少租金或者不支付租金;因租赁物部分或者全部毁损、灭失,致使不能实现合同目的的,承租人可以解除合同。”可见本解释更符合对第二百三十一条的解释。

如果司法实践中能够确保出租人不去使用这一条款就对出租人没有伤害,倒也无妨,但很担心实践中法院会以此作为客观标准审理案件,那就会对租赁公司造成损害。

4. 关于“合理补偿”

《司法解释》第十条规定:“当事人约定租赁期间届满后租赁物归出租人的,因租赁物毁损、灭失或者附合、混同于他物导致承租人不能返还,出租人要求其给予合理补偿的,人民法院应予支持。”“合理补偿”是远远不够的,“合理补偿”与“损失赔偿”是两个不同层级的概念,在此情况下出租人会要求赔偿损失而非补偿。且租赁物附合、混同与毁损、灭失也不能同等对待,如果承租人是恶意而为,承租人仅承担“合理补偿”而非“赔偿损失”的责任也显失公平。

5.《司法解释》第五条可能侵害了租赁公司的合法权益

在融资租赁中,由于租赁物和供货人由承租人选定,所以通常供货人的履约风险由承租人承担,给出租人造成损失的,承租人有赔偿的责任。关于这一原则,第十六条予以确认,该条规定:“融资租赁合同因买卖合同被解除、被确认无效或者被撤销而解除,出租人根据融资租赁合同约定,或者以融资租赁合同虽未约定或约定不明,但出卖人及租赁物系由承租人选择为由,主张承租人赔偿相应损失的,人民法院应予支持。出租人的损失已经在买卖合同被解除、被确认无效或者被撤销时获得赔偿的,应当免除承租人相应的赔偿责任。”这是一条很好的规定。但第五条又规定:“出卖人违反合同约定的向承租人交付标的物的义务,承租人因下列情形之一拒绝受领租赁物的,人民法院应予支持:……承租人拒绝受领租赁物,未及时通知出租人,或者无正当理由拒绝受领租赁物,造成出租人损失,出租人向承租人主张损害赔偿的,人民法院应予支持。”这一规定为出租人向承租人主张损害赔偿设置了前置条件,即“未及时通知出租人,或者无正当理由拒绝受领租赁物”。这样可能会造成一个隐患,即如果承租人“及时通知出租人,或者有正当理由拒绝受领租赁物”,造成出租人损失,出租人向承租人主张损害赔偿的,人民法院就不应予支持,显然人为地创设了当事人的权利义务,重新调整了行业60多年形成的当事人的权利义务分配惯例,可能会侵害租赁公司的权益,也与第十六条的规定有矛盾和冲突之处。

6. 关于出租人的违约责任条款牵强附会

《司法解释》第十七、十八、十九条是出租人的违约责任条款,如出租人明知租赁物有质量瑕疵不告知承租人、干预租赁物的选择、变更承租人的选择等,所列举的出租人违约的情形多是主观臆测而来,实践中很少甚至从未发生过。出租人在融资租赁交易中的核心义务就是付款、保证承租人对租赁物的平静占有和使用,而承租人的义务包括支付租金,自行承担租赁物的瑕疵担保责任,自行承担租赁物毁损、灭失的风险,维护和返还租赁物等,有很多的义务。在一项合同中,哪一方的义务多哪一方的违约情形就应该多,这是不言而喻的。但《司法解释》第四章“违约责任”的规定对承租人的违约责任轻描淡写,承租人违约的很多情形一字未提(如不妥善保管租赁物、不及时维修租赁物、未经出租人同意添附到他物、不按照正常的操作方式使用租赁物、不归还租赁物等),相反设想出一些出租人的违约责任并大书特书,令人难以理解。很容易让人联想到制定者在双方的违约责任方面用了差不多数量的条款,想使《司法解释》看上去公平。

7. 关于出租人诉讼权的规定不合理

关于出租人诉讼权的规定导向不好,会引发累讼,增加诉讼成本,浪费司法资源,或者不便于操作。

《司法解释》第二十一条规定:“出租人既请求承租人支付合同约定的全部未付租

金又请求解除融资租赁合同的，人民法院应告知其依照合同法第二百四十八条的规定作出选择。出租人请求承租人支付合同约定的全部未付租金，人民法院判决后承租人未予履行，出租人再行起诉请求解除融资租赁合同、收回租赁物的，人民法院应予受理。”一个矛盾分两次诉讼才解决，不经济、不便捷，《司法解释》应该引导案件走向集中一次性解决纠纷的道路上来。

第二十二条规定：“出租人依照本解释第十二条的规定请求解除融资租赁合同，同时请求收回租赁物并赔偿损失的，人民法院应予支持。前款规定的损失赔偿范围为承租人全部未付租金及其他费用与收回租赁物价值的差额。合同约定租赁期间届满后租赁物归出租人所有的，损失赔偿范围还应包括融资租赁合同到期后租赁物的残值。”这一规定不便于操作。由于租赁物的价值不好确定，导致赔偿数额不确定，无法起诉。根据这一规定，租赁公司的物权保障还不如抵押担保中抵押权清晰、明了，因为在抵押债权诉讼中，债权人的债权额就是全部债权额，对抵押物有优先受偿权，债权人利益可以清晰、明确地得到保障。这一规定在司法实践中会引起混乱。笔者已经遇到了这样的纠纷，当事人的诉权难以确定。

8. 关于租金的构成和性质

最高人民法院就《司法解释》答记者问时表示，融资租赁应该有明确的租赁物，租赁物的购买价与租赁物的价值应该大体对应，这些说法都是合理的；但其另一观点令人忧虑，即合同中约定的租金体现的不是租赁物的购买价值及出租人的成本利润，而是承租人占用资金的利息成本。在实践中，各租赁公司的业务模式和定价模式各有差异，融资租赁具有融资性，有的租赁公司的定价模式就是租金，是占用出租人的资金的对价，而非使用租赁物的对价。租金是使用租赁物的对价的定价模式更偏向适用于普通租赁。对租金的构成方式不应该一概而论。我国地域辽阔，司法层级较多，有些地区特别是基层的法官融资租赁案件审判经验较少，容易因误解而导致同样的案件有不同的审理结果。笔者曾经遇到过个别审判人员不理解租赁公司怎么能收利息，似乎只有银行才有权收取利息。

2.4.5 司法解释不完善的原因及待完善之处

《司法解释》中还有一些相互矛盾、不合理的问题不再一一列举。之所以存在上述问题，根本原因在于起草者对融资租赁的把握不够彻底，20 世纪 80 年代《全称公约》制定过程中走过的弯路重现在司法解释中，非常令人遗憾。融资租赁交易的实质是融资，融物是手段，融资是目的，起草《司法解释》的指导思想不统一，缺乏连贯性和一致性，才会发生相互矛盾的情况。有些条款体现了融资租赁的特征，有些条款却将融资租赁与普通租赁混同,抹杀了融资租赁的本质,不能正确反映交易实质,对承租人的权利过度保护,限制了出租人的正当权益,减轻了承租人的责任,在当事人权利义务的分配上失去均衡性,导致租赁公司风险加大。如果这样的《司法解释》不加纠正地贯彻下去,租赁公司可能为了防备风险,将不得不改变定价模式,提高收益,这样必然加重承租人的负担,使行业的健康发展受到影响,有违《司法解释》的初衷。

1. 立法指导思想应该侧重保护出租人的权益

《司法解释》的指导思想是公平保护各方当事人的权益,这一指导思想本身没有错,但落到实处时应充分体现实质上的公平而非形式上的公平。在融资租赁交易中,租赁公司是先履行主要义务的一方,其义务主要体现在买卖合同中,在租赁合同中主要体现出租人的权利,因此在处理租赁合同纠纷时法院应当侧重保护出租人的权利,就像在贷款业务中应侧重对银行的保护一样,这是融资租赁法律规范普遍遵循的基本原则。

从实质上来说,保护出租人就是保护承租人,因为出租人是出资人,只有出租人的利益得到保护了,出租人可以安心从事融资租赁业务了,承租人才可以得到融资租赁服务,否则,如果出租人的利益得不到保护,出租人不敢开展业务,没有租赁市场,承租人到哪里去找这个融资途径呢?

遗憾的是《司法解释》没有切实平等地保护双方当事人权益,过分保护承租人,减损出租人权益,实质上将融资租赁混同于普通租赁,侵害了出租人的权益,这对融资租赁行业的发展是不利的,不仅不能达到保护当事人权利的目的,反而将租赁公司推到悬崖边上,使整个租赁行业岌岌可危。

2. 应该充分尊重契约自由原则

融资租赁源自实践,是创新性很强的业务,应当充分尊重当事人的契约自由,可惜,《司法解释》没有全面贯彻这一原则,有些条款认可当事人的约定,但是有些条款是强制适用的,破坏了融资租赁多年以来形成的交易惯例。

3. 司法实践中还有很多重要问题,而《司法解释》没有体现

例如,管辖问题,船舶为租赁物的情况下发生欠款纠纷属于海事法院专属管辖吗?人民法院能否受理?不动产的情况呢?目前各地法院对融资租赁诉讼费的收取差异很大,在既涉及物权又涉及债权的情况下是否应该双重收费?在承租人违约的情况下出租人要求承租人停止使用租赁物的,人民法院是否应该支持?能否创设租赁物的快速取回程序?取回租赁物与公共利益冲突时的解决办法是什么?海关监管物的售后回租效力问题如何?等等。这些问题是实践中存在的突出问题,更需要明确的解释和

规范，而《司法解释》没有涉及。

总而言之，《司法解释》有先进之处，但其缺陷也是明显的。《司法解释》颁布后，有些租赁公司无奈修订了格式合同，将原定的争议解决方式由诉讼改为仲裁，就是为了避免适用这一《司法解释》。希望最高人民法院及时采取补正措施，否则可能会对租赁行业的发展造成新的伤害。

2.5 2014 年融资租赁纠纷典型案例解析[①]

融资租赁是基于资产的融资，租赁公司既有债权又有物权，以实现债权为目的，物权是债权的保障。融资租赁纠纷多数源于承租人不按合同约定还款，出租人要求承租人还款，即大部分案件属于融资租赁欠款纠纷，这类案件租赁公司基本能够得到胜诉判决，关键是能否得到有效执行，而能够得到有效执行的前提是债务人有能力还款，当然，这是另外的话题。这样的案例很多，因其多而成为常态，不具备可供借鉴的典型性。融资租赁纠纷涉及物权时，复杂性就会出现。本部分从大量的案例中选取了比较有争议或矛盾比较突出的 10 个案例加以分析，这些案例涉及对融资租赁相关问题的多角度争议或提示，从多个侧面折射出裁判者对融资租赁相关问题的认识，希望能给读者带来有益的启示。

一、关于租赁物范围的争议

我国法律没有对租赁物范围的规定，《最高人民法院关于审理融资租赁合同纠纷案件适用法律问题的解释》（以下简称《司法解释》）在起草过程中曾经对不动产能否作为租赁物设想过几种方案，最终颁布稿取消了对租赁物的范围界定条款，而是交由法官裁量。

我国实践中租赁物范围很广，涉及飞机、船舶、公路资产、轨道交通设施设备、商业地产、保障房、桥梁、大坝、防波堤、钢铁冶炼设备、发电设备、邮电通信设备、节能减排设备、能源设备、石油化工设备、采矿设备、工程机械、IT 设备、医疗器械、系统软件、办公设备、交通运输工具、纺织设备等。

① 本部分作者为北京市汇融律师事务所主任律师张稚萍。

作为专业从事融资租赁法律服务的律师事务所，我们经常接到关于租赁物的咨询，出具过很多关于租赁物的意见，涉及的问题多种多样，包括不动产能否做租赁物，原材料能否做租赁物，无形资产、特许经营权能否做租赁物，动物（奶牛、种牛、蛋鸡、种猪等）、植物能否做租赁物，等等，有一次笔者在为租赁业工作委员会培训时，还被问到"坑"能否做租赁物，也曾看到过一个案例，以300万元人民币为租赁物。

虽然在实践中租赁物的范围很广，但是，由于租赁公司专业水平和把控风险的能力很高，所以发生争议的概率较低，而且鉴于融资租赁的中长期融资性质，发生争议往往滞后，司法实践中争议多体现在不动产能否做租赁物以及租赁物的特定化。

二、关于合同性质的争议

融资租赁是在实践中由交易主体创造出来的一种新型的交易模式，创新性强是融资租赁的生命力所在，也是其能够在短短的60多年时间内发展成今天如此巨大规模的原因。正因为其创新性强，融资租赁往往不被人所理解，是伴随着争议发展的。国外曾经有过融资租赁是"抵押贷款说""保留所有权的分期付款买卖说""特殊租赁说"等学说，《国际统一私法协会融资租赁公约》将融资租赁作为独立列名交易确立，意义深远。

正如曾经有过的各种学说对融资租赁的误解，融资租赁确实有与其他交易类似之处，特别是与贷款看上去很像，尤其是在售后回租的情况下。租赁公司诉讼时，对方也往往辩称交易不是融资租赁，而是贷款，以求达到减少还款的目的。但是，尽管与借贷有相似之处，融资租赁从法律性质上来说不是借贷，而是独立的一种交易。或者说，融资租赁就是融资租赁。

《司法解释》第一条规定："人民法院应当根据合同法第二百三十七条的规定，结合标的物的性质、价值、租金的构成以及当事人的合同权利和义务，对是否构成融资租赁法律关系作出认定。对名为融资租赁合同，但实际不构成融资租赁法律关系的，人民法院应按照其实际构成的法律关系处理。"这一规定充分体现了我国法律重实质、轻形式的特点。据此，判断交易是否构成融资租赁法律关系，人民法院主要根据合同法第二百三十七条的规定，结合标的物的性质、价值、租金的构成以及当事人的合同权利和义务来判断。在这些判断标准中，租赁物仍是核心标准，如果租赁物不适格，可能就不构成融资租赁关系而构成其他法律关系，最可能的关系就是借贷关系。

在不动产融资租赁中，由于过户涉及巨额税费，在有些情况下租赁物没有过户，根据《物权法》的规定，没有过户租赁公司即没有取得所有权。由此产生了一种观点，即：租赁公司没有所有权何来出租权？认为这是"名为租赁，实为借贷"。本部分特意选择了一个案例回答了这个问题。

如果法院认为租赁物不适格，往往会认定交易为借贷关系，如此一来，就要适用借贷的法律关系，为融资租赁而作的安排在借贷关系中可能就不被保护。本部分选择了这样的案例，提示租赁公司注意风险。

三、关于善意第三人制度的伤害

善意第三人制度对租赁公司造成的伤害是一个沉重的话题。《物权法》颁布后已经发生了很多这样的案例，结构几乎一模一样，都是承租人擅自将租赁物抵押给当地金融机构，欠债不还，当地金融机构提起诉讼，得到法律支持。在诉讼过程中，法院查封抵押物，租赁公司提起查封异议，法院驳回；租赁公司请求作为第三人加入到诉讼中，通常会被要求取得一份生效的确认租赁物所有权的法律文书，租赁公司随即提起确权之诉或仲裁，但即使得到了确认所有权的法律文书，面对善意第三人，也没有实质性的帮助。一旦发生善意第三人取得的情况，不论租赁公司尽多少努力也无法挽回损失，还要花费大量的人力、财力、物力。从《物权法》实施到司法解释颁布，在长达 6 年多的时间里，有多少公司付出了惨痛的代价！而这完全是由于法律制度的缺失造成的，租赁公司没有过错。但愿《司法解释》颁布后，善意第三人的发生数量能够大幅度降低。

本部分选取了这样的案例，管中窥豹，略见一斑。

四、关于诉讼时物权债权的选择

司法解释关于诉讼时出租人须选择行使物权还是行使债权的导向性规定排除了当事人意思自治，置合同约定于不顾，不利于便捷地解决纠纷，为租赁公司诉讼人为设置了障碍，租赁公司如何提起诉讼成为一个难题。2014 年北京市汇融律师事务所在代理租赁公司诉讼时，遇到了前所未有的困难，本部分选取了几个典型案例，有积极的，也有消极的，希望引起关注，给大家以警示。

本部分选取的案例审结在 2014 年，10 件案例中有 9 件是融资租赁争议，另外一件虽然是担保争议，但是与租赁公司做业务有密切的联系，是租赁公司非常关心的，所以也选取放入。

这些案例有些是北京市汇融律师事务所代理的，有些是北京市汇融律师事务所律师从法律文书网查询而来，对于法律文书网已经公开的案例，本部分采用了实名制，但是对于北京市汇融律师事务所代理或参与咨询的案例，则隐去了当事人的名称。在有的案例中法院的名称没有隐去，目的是给读者真实的信息，以便知道具体法院的态度。

本部分由本北京市汇融律师事务所多名律师分别撰写,每个案例的书写体例不完全一致,没有刻意统一,有的案例评析言简意赅,观点表达清楚即可,有的评析展开论述,涉及了法理。笔者逐一审阅、修订了这些案例,希望能够使读者获益。但是时间仓促,错漏难免,还望读者海涵。

2.5.1 案例一:外资租赁公司是否能以不动产作为租赁物进行融资租赁交易[①]

《外商投资租赁业管理办法》列举了租赁资产范围,均为动产(含该动产所附带的无形资产),没有列及不动产。外商投资融资租赁公司是否能以不动产作为租赁物进行融资租赁交易,是经常引发外商投资租赁公司疑问的一个问题,有一种观点认为,《外商投资租赁业管理办法》不是法律,不应该成为影响合同效力的因素,另一种观点则认为,外商投资企业是特殊企业,需要依法批准才可以设立,因此其经营须在批准的范围之内,两种观点相持不下。本案例作出了支持性判决。

浙江百盛融资租赁有限公司与华门房地产集团有限公司、华门控股有限公司等保证合同纠纷案[②]

原告:浙江百盛融资租赁有限公司

被告:华门房地产集团有限公司

被告:华门控股有限公司

被告:徐群

一、案件基本事实

2013年12月12日,浙江百盛融资租赁有限公司(以下简称百盛公司)与浙江清水湾置业有限公司(以下简称清水湾公司)签订商品房买卖合同12份,约定清水湾公司将位于余杭区中泰乡石鸽良种场,编号为(2006)21号地块上的清水湾别墅山水苑商品房12套出售给百盛公司。合同经房屋主管部门登记备案。

2013年12月12日,百盛公司与清水湾公司签订融资租赁合同,约定百盛公司将购进的经清水湾公司选定并确认的清水湾别墅山水苑的商品房作为租赁物,并回租给清水湾公司使用,租赁期为12个月,起租日为2013年12月12日。租赁本金即标的物价款为百盛公司向清水湾公司支付的租赁物价款金额6000000元,租金费用每月按

① 本部分作者为北京市汇融律师事务所律师李雪梅、贺欣。

② 参见浙江省嘉兴市南湖区人民法院〔2014〕嘉南商初字第995号民事判决书,2015年2月3日作出。

租赁物价款的 0.6% 计，并按月支付调查费 2%，租金总额为 7872000 元，租金支付日自 2013 年 12 月 15 日起至 2014 年 11 月 15 日止。租赁期满，清水湾公司履行完毕本合同义务，向百盛公司支付名义货价 1 元后，租赁物所有权归清水湾公司所有。如清水湾公司延迟偿付租赁本金、租金费用、调查费及相关费用，应按延付金额的每日万分之五向百盛公司支付违约金；清水湾公司若有一期租赁本金、租金费用、调查费及相关费用拖欠达两个月以上或出现第二次延付，即构成根本违约，百盛公司可以要求清水湾公司支付全部到期和未到期租赁本金、租金费用、调查费用及违约金等。

同日，百盛公司与华门房地产集团有限公司（以下简称华门集团公司）、华门控股有限公司（以下简称华门控股公司）与徐群以及浙江浙大网新实业发展有限公司（已进入破产重整程序，作为保证人）签订保证合同一份，约定由上述保证人为清水湾公司签订的上述融资租赁合同提供连带责任保证，保证范围为主合同项下租赁本金及租金费用、调查费、违约金、损害赔偿金和实现债权的诉讼费、律师费及其他费用。保证期间自每期债务履行期限届满之日起两年。

上述合同签订后，百盛公司于 2013 年 12 月 12 日通过网银转账支付给清水湾公司 6000000 元购房款。清水湾公司除支付了租金费用六期、调查费用四期外，对其余部分一直未付，保证人亦未承担保证义务。截至 2014 年 11 月 15 日，清水湾公司尚欠百盛公司租赁本金 6000000 元、租金费用 216000 元、调查费 960000 元、违约金 540000 元，清水湾公司已进入破产重整程序。百盛公司多次向债务人催要未果，故向浙江省嘉兴市南湖区人民法院提起诉讼，请求判令被告偿付租赁本金、租金费用、调查费，并承担违约责任。

百盛公司为本案诉讼支付律师费 186000 元。

二、一审法院的认定与判决

浙江省嘉兴市南湖区人民法院经审理认为：百盛公司系经相关部门批准设立的融资租赁公司，其与清水湾公司签订的商品房买卖合同、融资租赁合同，以及与华门集团公司、华门控股公司、徐群签订的保证合同，均系各方当事人真实意思表示，内容未违反法律和行政法规禁止性规定，均合法有效，各方当事人均应按合同的约定履行义务。上述合同签订后，百盛公司按合同约定向清水湾公司支付了购房款，履行了合同义务。清水湾公司未按融资合同约定支付租金，担保人也未承担保证义务，均构成违约，应当承担相应的违约责任。现百盛公司要求被告华门集团公司、华门控股公司、徐群承担连带责任，支付租金及其他费用、违约金、律师费的诉请，符合合同约定，法院予以支持。被告辩称融资租赁合同未生效，双方系企业间借贷，三被告不应承担担保责任的答辩理由，于法无据，不予支持。据此，依照《中华人民共和国合同法》第一百一十四条、第二百四十八条，《中华人民共和国担保法》第六条、第十八条，《中华人民共和国民事诉讼法》第一百四十四条之规定，判决如下：被告华门房地产集团有限公司、华门控股有限公司、徐群于判决生效后三日内对债务人浙江清水湾置业有限公司尚欠原告浙江百盛融资租赁有限公司的租赁本金 6000000 元、租金费用 216000 元、调查费 960000 元、违约金 540000 元（算至 2014 年 10 月 11 日，以后以 6000000 元为基数按每日万分支五算至付清日止）的给付承担连带保证责任；并赔偿原告浙江百盛融资租赁有限公司实现债权的律师费 186000 元。

如果未按本判决指定的期间履行金钱给付义务的，应当依照《民事诉讼法》第二百五十三条之规定，加倍支付迟延履行期间的债务利息。

案件受理费 67114 元、保全费 5000 元，由三被告连带负担（于本判决生之日起三日内缴纳）。

三、对本案的评析

本案是以商品房为租赁物的融资租赁交易引发的保证合同纠纷案件，争议的焦点是：外商投资融资租赁公司是否能以不动产作为租赁物开展融资租赁交易。受案法院对被告辩称主合同系企业间借贷的意见未予支持，从侧面反映出该法院对不动产作为租赁物的认可。这是一份好判决。

之所以有争议焦点问题的提出，原因在于《外商投资租赁业管理办法》列举了租赁资产范围，均为动产（含该动产所附带的无形资产），没有列及不动产。这是否会影响不动产租赁合同的效力，需要我们讨论。

根据《合同法》第五十二条第（五）项规定，违反法律、行政法规的强制性规定的合同无效。《最高人民法院关于适用〈中华人民共和国合同法〉若干问题的解释（一）》第四条规定："合同法实施以后，人民法院确认合同无效，应当以全国人大及其常委会制定的法律和国务院制定的行政法规为依据，不得以地方性法规、行政规章为依据。"《最高人民法院关于适用〈中华人民共和国合同法〉若干问题的解释（二）》第十四条规定："合同法第五十二条第（五）项规定的'强制性规定'，是指效力性强制性规定。"

根据上述规定，法院判定合同的效力应当以全国人大及其常委会制定的法律和国务院制定的行政法规为依据，不得以地方性法规、部委行政规章为依据。而目前我国现行有效的法律、行政法规并无禁止以不动产作为租赁物的规定。很多人以《外商投资租赁业管理办法》规定的租赁物范围仅限于动产为由认为外商投资融资租赁公司不能开展以不动产为租赁物的交易，但《外商投资租赁业管理办法》在效力级别上属于部门规章,不能作为判定合同是否有效的依据。因此,在目前的法律框架下,以不动产作为租赁物开展融资租赁交易,并不必然导致融资租赁合同无效。

所以,本案判决符合法律规定。

2.5.2 案例二:租赁物无法特定化时的融资租赁法律关系认定[①]

融资租赁是通过“融物”达到“融资”的目的,租赁物在融资租赁法律关系中是一个极为重要的要素。作为融资租赁合同,《合同法》列举了其应当包括的内容,如租赁物名称、数量、规格等,通过对租赁物具体特征的描述实现租赁物的特定化。

当实践中租赁物无法特定化时,融资租赁公司即面临法院不认定合同为融资租赁法律关系的风险。一旦不被认定为融资租赁法律关系,就很可能被认定为借贷关系,就要适用借贷关系的法律来审理,涉及租赁债权范围如何支持,约定的保证金、手续费如何处理的问题应该引起融资租赁公司的关注。本案即涉及上述法律问题,法院的判决在一定程度上保障了融资租赁公司的合法权益,但有些权益也会受到影响。

中国外贸金融租赁有限公司与浙江经发实业集团有限公司等融资租赁合同纠纷案

原告:中国外贸金融租赁有限公司

被告:浙江经发实业集团有限公司

被告:诸暨德通贸易有限公司

被告:诸暨祥和投资有限公司

一、案件基本事实

2011 年 9 月 15 日,中国外贸金融租赁有限公司(以下简称外贸租赁公司)作为出租人与浙江经发实业集团有限公司(以下简称经发公司)作为承租人签订编号为中贸租(2011)Z 字第 50 号的《融资租赁合同》(以下简称租赁合同),约定出租人与承租人进行回租式融资租赁交易,租赁物包括综合布线、停车场改造、计算机配件以及五项装修设施等;起租日为出租人支付购买租赁物货款之日,租期 36 个月,租赁成本包括租赁物购买价款及相关费用共计 10000 万元,租金为租赁成本与基于租赁成本和租赁利率(中国人民银行公布的三年期基准贷款利率上浮 20%,即 7.98%/年)所计算的租赁利息之和,每三个月支付一次租金,共分十二期支付。承租人于合同签订后的五个

① 本部分作者为北京市汇融律师事务所律师孟俐君。

工作日内向出租人支付租赁成本 22% 的租赁保证金 2200 万元和租赁成本 3% 的租赁手续费 300 万元,保证金和手续费可以由出租人从支付给承租人的租赁物货款中予以扣除。租赁期满后 10 工作日内,承租人以 1 万元名义价款购买租赁物,承租人未能按照合同约定支付租金及其他款项的,应就迟延支付款项按日万分之五向出租人支付迟延期间违约金,承租人不按期支付任何一期租金,超过一个月仍未支付租金的,出租人有权解除合同,收回租赁物,或加速到期,要求承租人立即付清全部租金及其他应付费用,并赔偿由此给出租人造成的所有损失。

租赁合同附件二《租赁物买卖合同》(编号:中贸租(2011)Z 字第 50 - 2 号),外贸租赁公司系买方,经发公司系卖方,合同约定,货物原始发票价值为 14708 万余元,买方购买价格为 10000 万元,根据租赁合同的约定扣除租赁保证金和手续费后,买方实际支付货款为 7500 万元。

2011 年 9 月 15 日,外贸租赁公司作为质权人与诸暨德通贸易有限公司(以下简称德通公司)、诸暨祥和投资有限公司(以下简称祥和公司)作为出质人分别签订编号为中贸租(2011)Z 字第 50 - 5 号《股权质押合同》(以下简称质押合同),分别约定:为保证外贸租赁公司债权的实现,出质人以其合法持有并享有处分权的哈尔滨银行股份有限公司 1482 万股的股权及派生权益向外贸租赁公司提供质押担保,担保范围为主合同项下的全部租金、各项费用、违约金、损害赔偿金以及实现债权的全部费用,包括但不限于诉讼费、律师费(以不超过本合同租金总额的 0.1% 为限)、实现质押权的费用等。2011 年 9 月 16 日,哈尔滨市工商行政管理局分别向外贸租赁公司和德通公司、祥和公司出具了《股权出质设立登记通知书》。

2011 年 9 月 19 日,外贸租赁公司通过网银转账至经发公司 7500 万元,2011 年 9 月 27 日,外贸租赁公司向经发公司出具 2200 万元“租赁保证金”收据和 300 万元“租赁手续费”发票。2011 年 9 月 29 日,经发公司向外贸租赁公司出具了 1 亿元“融资租赁货款”收据。经发公司 2011 年 12 月 15 日支付租金 9386556.25 元,2012 年 3 月 15 日、2012 年 6 月 20 日分别支付租金 9453100 元,后经发公司未能履行租金支付义务,德通公司和祥和公司亦未履行担保义务。

二、起诉与答辩及法院的认定与判决

原告外贸租赁公司诉称:(1)双方签订的租赁合同合法有效,且外贸租赁公司已履行了合同义务,经发公司未按期支付租金,其行为已构成严重违约,应当支付外贸租赁公司到期应付租金 62578700 元,违约金、购买租赁物的名义价款 10000 元及律师费 112800 元;(2)德通公司、祥和公司承担担保责任。

被告经发公司辩称:(1)经发公司实际收到的款项数额为7500万元,外贸公司按照10000万元为基数计算的违约金和利息数额过高;(2)外贸租赁公司未提供相应的律师委托合同及发票,对于律师费不予认可。

被告德通公司、祥和公司共同辩称:(1)外贸公司与经发公司之间不存在合法有效的融资租赁合同关系,其中约三分之一是有关设备,三分之二是装修工程款,后者为添附物,无独立所有权,不能单独转让;且现无证据证明外贸租赁公司与经发公司实际履行了买卖合同,因此,外贸租赁公司与经发公司之间实际是企业间借贷关系,租赁合同无效,作为从合同的质押担保合同也应认定为无效。(2)无论诉争合同是否有效,外贸租赁公司计算的利息及违约金都应该按照实际支付的款项为基数进行计算。

法院经审理认为:首先,本案所涉合同不构成融资租赁法律关系而应认定为企业借贷关系,其原因在于本案涉案标的物并不符合融资租赁标的物的要求,租赁物或为通用名称,不明确;或难谓物权法上"独立的物",不能够单独转让;或为装修设施,无法说出具体指何项动产,从发票上来看,实际是添附物的价值。上述标的物不符合物权法关于转让标的物的规定,亦不符合回租式融资租赁标的物的要求,外贸租赁公司根本无法取得租赁标的物的所有权,无法做到既"融资"又"融物"的要求,故法律关系上并不能认定为回租式融资租赁,应认定为企业借贷。其次,本案企业间借贷主体虽不具备从事金融业务资质,但属为生产经营所需所进行的临时性资金拆借行为,不属于违反国家金融管制的强制性规定的情形,因此,不应认定借款合同无效。再次,根据《中华人民共和国合同法》第二百条规定:"借款的利息不得预先在本金中扣除。利息预先在本金中扣除的,应当按照实际借款数额返还借款并计算利息。"借款合同应以实际支付的款项作为本金予以计算,诸如利息或其他费用不应预先在本金中扣除,故本案认定借款的实际数额为7500万元,应按照双方合同约定的还本付息方法以本金7500万元为基数进行计算,因经发公司按照合同约定偿付的三期款项系以10000万元为基数进行计算,将经发公司每一期多支付的款项冲抵本金,然后再以冲抵后剩余的本金计算下一期利息。最后,由于主合同被认定为借款合同仅是法律关系性质的定性,并未否定合同效力,亦未改变本案主合同经发公司所应负担的债的同一性,质押合同作为经发公司所附债务的担保亦不应因主合同性质的认定而无效,故德通公司、祥和公司应依约承担担保责任。此外,外贸租赁公司要求经发公司支付购买租赁物的名义价款10000元因合同性质认定为企业间借贷故不予支持。律师费因双方约定"以不超过本合同租金总额的0.1%为限",故以7500万元本金为基数进行计算。

综上,依照《中华人民共和国合同法》第一百九十六条、第二百零五条、第二百零七条,《最高人民法院关于审理融资租赁合同纠纷案件适用法律问题的解释》第一条第二款,《物权法》第二百零八条、第二百二十三条第(四)项、第二百二十六条第一款、第二百二十九条之规定,于 2014 年 5 月 19 日以(2013)一中民初字第 5657 号民事判决书判决如下:被告经发公司于本判决生效后十日内给付原告外贸租赁公司欠款本金 500769139.72 元、2012 年 6 月 21 日起至 2013 年 3 月 31 日止的利息 2801046.26 元、迟延付款违约金(自 2013 年 3 月 12 日起至实际付款之日止,以本金 500769139.72 元为基数,按照日万分之五计算)、律师费 85077.6 元;原告外贸租赁公司是有权以被告德通公司、祥和公司分别持有的哈尔滨银行股份有限公司 1482 万股的股权及派生权益折价或者以拍卖、变卖该股权所得价款,在前述确定的经发公司的债务数额范围内优先受偿;驳回原告其他诉讼请求;保全费由被告负担,案件受理费由原告负担 58346 元,被告负担 302899 元。

三、对本案的评析

本案涉及的法律问题是:如果合同不认定融资租赁法律关系可能产生哪些法律后果。

(一)不构成融资租赁法律关系的原因分析

本案最终认定不构成融资租赁法律关系,其原因在于本案所涉标的物并不符合融资租赁标的物的要求。融资租赁的法律特征是通过“融物”达到“融资”的目的,租赁物在融资租赁法律关系中是一个极为重要的要素。作为租赁标的物的物质载体应当是确定的、有形的、可转让的、不可消耗的物。

本案中的租赁标的物,一部分为家具、厨房设备、酒店用品等,属通用名称,难以实现租赁物的特定化;另一部分为综合布线、停车库改造、计算机配件等,属于添附物,难谓物权法上“独立的物”,无法进行转让;还有一部分为装修设施,原被告双方均无法说出该装修设施具体指何项动产,而发票的结算项目显示为工程款、监理费、装修费等,因此,该部分装修设施实际亦属于添附物。由于合同所涉租赁标的物或无法特定化或属于添附物无法转让,因此,实难符合融资租赁标的物的要求,故受案法院最终认定本案不构成融资租赁法律关系是符合本案事实的。

对于不构成融资租赁法律关系的原因究竟有哪些,根据《最高人民法院关于审理融资租赁合同纠纷案件适用法律问题的解释》第一条:“人民法院应当根据合同法第二百三十七条的规定,结合标的物的性质、价值、租金的构成以及当事人的合同权利金额义务,对是否构成融资租赁法律关系作出认定。对名为融资租赁合同,但实际不构成融资租赁法律关系的,人民法院应按照其实际构成的法律关系处理。”据此,判断交易所涉法律关系是否构成融资租赁法律关系须结合标的物的性质、价值、租金的构成及当事人的权利义务等进行综合判断。

(二)构成何种法律关系

本案所涉法律关系最终认定为企业间借贷法律关系,是因为融资租赁与企业间借贷之间存在一定关联性。企业间借贷行为是一种最为基本的融资行为,是企业之间为经营所需而进行的一种临时性的资金拆借;而融资租赁行为的最终目的也是融资,只是其融资目的的实现通常是通过融物的方式进行的。因此,虽然基于某些原因使得融资租赁法律关系中融物的方式没有达成,但是出租人仍然实际上为承租人提供了一笔资金,实现了融资的目的,该种提供资金的行为应当构成企业间借贷行为。

《最高人民法院关于审理融资租赁合同纠纷案件适用法律问题的解释》第一条明确规定:“对名为融资租赁合同,但实际不构成融资租赁法律关系的,人民法院应按照其实际构成的法律关系处理。”故受诉法院将本案认定为企业间借贷关系符合本案事实。

关于本案所涉合同是否有效的问题,虽然本案企业间借贷主体不具备从事金融业务的资质,但双方属于为生产经营所需所进行的临时性资金拆借行为,不违反法律强制性规定,因此,本案借款合同应属有效。

(三)法律后果

当合同所涉法律关系的性质发生改变,对于合同相关约定条款的效力如何认定,原本基于融资租赁合同而约定的本金、利息、保证金、手续费、留购价款及相关担保关系是否会得到法律保护是每个租赁公司都极为关注的问题。

1. 关于本息、保证金、手续费及留购价款

本案受诉法院最终判决认定支持扣除保证金、手续费的本金部分;利息按照合同约定执行,以扣除保证金和手续费的本金为基数计算的应付款项,借款人每期多支付部分因双方未约定提前履行条款,而将每期多支付的部分冲抵本金,然后再以冲抵后剩余的本金计算下一期利息;不支持留购价款。对于该判决分析如下:

(1)合同本金的确定。

由法院上述判决可知,法院对于合同本息的计算是严格按照《合同法》第十二章“借款合同”执行的,《合同法》第二百条规定:“借款的利息不得预先在本金中扣除。利息预先在本金中扣除的,应当按照实际借款数额返还借款并计算利息。”本案中,保证金和手续费已在租赁物货款中予以预先扣除,因此,法院认为借款人未实际出借的相当于保证金和手续费的金额部分应不予认定,最终认定的借款本金数额为实际支付的借款金额。

对于上述判决，笔者认为，首先，租赁手续费是指出租人向承租人提供融资租赁合同项下融资租赁服务所收取的服务费。在本案中，因合同最终并未认定为融资租赁法律关系，因此，基于提供融资租赁法律服务的手续费即不复存在，而借款合同中亦不涉及除资金出借之外的其他附加服务，因此，该笔以手续费名义预先扣除的资金应当构成对出借本金金额的减少，故出借本金的金额扣除租赁手续费的计算方式符合相关法律的规定。

对于保证金而言，它本质上属于一种金钱质押，是担保债务人履行债务的一种担保方式，不但融资租赁合同中可以约定，借款合同中亦可以约定。根据《担保法》第六十四条"质押合同自质物移交于质权人占有时生效"。质押合同须完成质物的交付方才生效。本案中合同双方在实际操作中进行了抵扣，承租人并未将保证金实际交付于出租人，金钱质押担保未完成质物的交付，担保不发生效力。因此，法院认定本金扣除保证金部分存在一定合理性。但是，若在实际操作中，合同双方并未采取抵扣的方式，而是进行了保证金的实际交付，那么双方的金钱质押担保行为即应当有效，法院在认定本金的时候即不应当扣除保证金部分。由此可知，虽然本案中扣除保证金符合相关法律的规定，但是受诉法院在没有论证保证金效力的情况下，而直接在本金中一并扣除的论证过程欠缺一定的法律逻辑性。租赁公司在实务操作中应关注保证金的交付问题，抵扣的方式存在质物未实际交付进而导致金钱质押担保未生效的法律风险，因此，建议在融资租赁交易过程中，保证金的支付务必履行一定的手续，最好是由承租人通过现金、汇款的方式直接支付给出租人，以避免出现纠纷。

(2)合同利率的确定。

根据本案判决，受诉法院支持了合同利率，在确定的出借本金的基础上按照合同约定的利率计算利息。根据《合同法》第二百一十一条自然人之间的借款合同约定支付利息的，借款的利率不得违反国家有关限制借款利率的规定。而《关于人民法院审理借贷案件的若干意见》第六条又明确规定："民间借贷的利率可以适当高于银行的利率，各地人民法院可根据本地区的实际情况具体掌握，但最高不得超过银行同类贷款利率的四倍(包含利率本数)。超出此限度的，超出部分的利息不予保护。"由上述规定可知，法院在审理借贷纠纷的时候，应当遵循民间借贷利率不得超过银行同类贷款利率的四倍(包含利率本数)的标准予以认定。在本案中，双方约定的利率为中国人民银行公布的三年期基准贷款利率上浮 20%，即 7.98%/年，未超过银行同类贷款利率的四倍，因此，受诉法院判决支持合同利率是符合相关法律规定的。

在以往的类似案例中，存在部分受诉法院不支持合同利率，按照银行同期贷款利率予以认定的情形。笔者认为,即使合同所涉法律关系的性质发生变化,但是并不影响合同双方基于意思自治而约定的利率的效力,只要约定的利率不违反国家有关限制借款利率的规定,即应当得到法院的支持。在本案中,法院充分尊重了当事人之间的合同约定,体现了合同法意思自治的原则,具有进步意义。

(3)关于留购价款。

本案最终判决不支持承租人向出租人支付留购价款,存在一定的合理性。其原因在于,留购价款是融资租赁合同中双方根据融资租赁交易的性质约定的一种支付价款,是期末承租人选择留购租赁物而支付的一笔资金。在本案中,合同所涉法律关系已发生变化,基于融资租赁法律关系所产生的留购价款应不再适用,因此,受诉法院未予支持。

2. 担保关系的存续问题

根据《担保法》第二条规定:"在借贷、买卖、货物运输、加工承揽等经济活动中,债权人需要以担保方式保障其债权实现的,可以依照本法规定设定担保。"第二十一条规定:"保证担保的范围包括主债权及利息、违约金、损害赔偿金和实现债权的费用。保证合同另有约定的,按照约定。当事人对保证担保的范围没有约定或者约定不明确的,保证人应当对全部债务承担责任。"由上述法律规定可知,设定担保的目的是为了保障债权的实现,担保范围及于债权人享有的全部债权,且允许合同当事人对担保范围另行作出约定。在本案中,虽然合同所涉法律关系发生改变,但是受诉法院认为主合同被认定为借款合同仅是法律关系性质的定性,并未否定合同效力,亦未改变本案主合同经发公司所应负担的债的同一性,质押合同作为经发公司所附债务的担保亦不应因主合同性质的认定而无效,故认定德通公司、祥和公司应依约承担担保责任。

笔者认为,担保合同作为从合同,在主债权合同无效的情况下应当认定为无效;而在仅仅是主债权合同所涉法律关系性质发生变化的情况下,担保合同应当认定为有效,但是否承担相应的担保责任须依据担保合同约定的内容进行具体判断。若担保合同未就合同所涉法律性质变更后的担保责任承担问题予以约定,即应视为担保主合同项下全部债权,而认定担保合同继续履行;若担保合同明确约定了所担保的主合同项下的法律关系,当法律关系发生变化时即不再承担担保责任的,应将该种担保视为附条件的担保,条件成就时才须承担担保责任。在本案中,两个担保人并未对合同所涉法律关系进行约定,因此,受诉法院认定两公司依约承担担保责任符合法律规定。

2.5.3 案例三:租赁物不明确导致融资租赁法律关系被否定[①]

笔者曾参与过一起融资租赁合同纠纷诉讼的二审,该案件很有代表性,笔者在此与业界共同分享,希望给广大租赁公司依法合规开展业务提供一些有益的启示。

案例[②]

一、案件基本事实

2011 年 8 月 25 日,某外商投资租赁公司(以下简称出租人)与某酒店(以下简称承租人)签订了租赁合同一份,双方约定:由出租人向承租人以融资租赁方式出租“装修材料一批”,租期为 3 年;2011 年 8 月 30 日,承租人支付首付租金 153 万元,余下 36 期租金自 2011 年 9 月 30 日起每隔 1 个月支付一次。同日,出租人、承租人与 Q 公司、W 公司、P 公司(以下统称出卖人)分别签订了买卖合同,约定:出租人应承租人请求分别向 Q 公司、W 公司、P 公司购买“装修材料一批”,三份买卖合同总价款为 403 万元人民币。买卖合同中约定,自承租人向出租人交付《租赁物交付与验收证明书》之时起装修材料的所有权转移至出租人。同日,承租人的三个保证人分别签署保证书,承诺就租赁合同中的全部应付款项承担连带保证责任。2011 年 8 月 26 日,承租人向出租人出具《租赁物交付与验收证明书》(以下简称交付证书),载明租赁合同设备清单中的所有设备已验收并交付承租人。但租赁合同、买卖合同和交付证书均未附具体清单。后承租人向出租人支付了十期租金后不再支付租金,出租人催讨无果遂诉至法院,请求解除租赁合同,要求承租人支付全部应付租金、违约金并承担诉讼费,三保证人对此承担连带保证责任。

出租人起诉后,一审法院根据承租人的申请追加出卖人 P 公司参加本案诉讼。出卖人 P 公司在庭审过程中表示,其与出租人签订的买卖合同是虚假的,是为收回承租人拖欠 P 公司的其他合同项下货款而根据承租人的安排与出租人签订的,并无合同中约定的买卖事实和货物交付。承租人在庭审过程中也否认与出租人存在融资租赁法律关系,认为出租人名为融资租赁实为诈骗。

二、法院的认定与判决

一审法院上海市长宁区人民法院经审理查明,出租人未提供证据证明租赁标的物

① 本部分作者为北京市汇融律师事务所律师杨泰。

② 参考上海市长宁区人民法院(2013)长民二(商)初字第 1309 号民事判决书,2014 年 8 月 25 日作出;以及上海市第一中级人民法院(2014)沪一中民六(商)终字第 469 号民事判决书,2014 年 12 月 17 日作出。

的具体名称、种类、型号及数量，且总价为 403 万元的装修材料在一天之内完成验收，又无具体清单，与常理明显不符；出卖人 P 公司表示，其与出租人签订的《买卖合同》是虚假的，合同中有关购买、支付条款均没有事实依据；另外，出租人与出卖人 P 公司及案外人 Q 公司、W 公司分别签订了三份买卖合同，却向非买卖合同相对方的承租人支付了 1320500 元，与一般融资租赁交易不符。一审法院据此认为，出租人签订的买卖合同系虚构的，不存在真实的买卖合同关系，出租人与承租人之间构成名为融资租赁，实为民间借贷的法律关系，签订的租赁合同及买卖合同系以合法形式掩盖非法目的，依法应认定为无效。审理过程中，法官向出租人释明本案法律关系的定性和效力问题，询问是否变更诉讼请求，由融资租赁变更为民间借贷，但是出租人坚持认为本案属融资租赁合同纠纷，不同意变更诉讼请求，一审法院遂判决驳回出租人的全部诉讼请求。

出租人不服一审判决，提起上诉。二审法院上海市第一中级人民法院经审理认为，“装修材料”依其属性，装修完毕后即符合不动产，丧失独立为物的资格，因此无法作为租赁标的物；出租人虽上诉称“装修材料一批”中包括空调等可独立存在的设备，但未提供证据加以证明，亦未能说明该等设备的数量及其在租赁标的物中所占比例；另出租人未提供证据证明“装修材料”的交付和实际装修时间，因而不能证明租赁合同及买卖合同签订时“装修材料一批”实际存在。据此，二审法院判决驳回上诉，维持原判。

三、对本案的评析

本案的争议焦点是：出租人与承租人之间是否构成合法有效的融资租赁法律关系。围绕该争议焦点，笔者简要分析如下：

首先，必须确定本案中是否存在明确具体的租赁物，这是判断出租人与承租人之间是否构成融资租赁法律关系的关键所在。

融资租赁是通过融物来达到融资的目的，其融资目的必须通过融物来实现，这是融资租赁与金融借贷的根本区别所在。作为租赁标的物的财产应当是明确、具体、有形和非消耗性的，这是融资租赁法律关系的特性所决定的。

在本案中，租赁合同和买卖合同对租赁物的描述仅为“装修材料一批”，却未附任何具体清单，出租人也未提供其他证据予以证明，加之出卖人 P 公司和承租人均否认租赁合同和买卖合同的真实性，导致两审法院均无法确定租赁物具体是什么，甚至无法判断租赁物是否真实存在，为此法院认定双方属于名为融资租赁实为民间借贷也就不足为奇了。因此，租赁物不明确正是本案中出租人两审均败诉的根本原因。

其次,“装修材料”是不是绝对不可以作为租赁物?如果可以,什么“装修材料”可以作为租赁物?为了回答这一问题,笔者专门利用各种机会与相关法官进行了沟通和探讨,法官们比较普遍的看法是,如果仅以“水泥、砂石”等装修材料作为租赁物,由于上述材料属于消耗物且会因装修过程发生性状改变,显然不符合融资租赁法律关系的特征和要求。但是,如果以“门窗、洁具、家具、中央空调、电梯”等装修材料(含“水泥、砂石”)进行融资租赁交易,且“门窗、洁具、家具、中央空调、电梯”等占到租赁物的大部分(70% 以上),则应当认定为融资租赁法律关系。

最后,虽然最高人民法院颁布实施的《关于审理融资租赁合同纠纷案件适用法律问题的解释》(法释〔2014〕3 号,)第一条第二款明确规定,对名为融资租赁合同,但实际不构成融资租赁法律关系的,人民法院应当按照其实际构成的法律关系处理。但是,在本案中,当融资租赁法律关系被否定时,法院不但没有主动按照民间借贷关系进行审理,而且要求租赁公司进行选择,如果租赁公司不选择,则面临被驳回起诉的结果。

对此,笔者结合诉讼实践经验给出以下两条具体建议:

第一,充分重视租赁物清单对于认定融资租赁法律关系成立的重要意义,做到每笔融资租赁交易都有具体、明确的租赁物清单可资查证,租赁物清单与租赁物交付凭证及其他相关证据能够相互印证,从而给法院认定融资租赁法律关系创造有利条件,以避免诉讼风险和不必要的经济损失。

第二,如果一定要以“装修材料”等司法实践中存在争议的财产作为租赁物,建议租赁公司尽量选择明确、具体、有形、非消耗性和价值较大的财产作为租赁物,如“家具、中央空调、电梯”等,以避免因租赁物自身的性质导致融资租赁法律关系被法院所否定。

2.5.4 案例四:不动产融资租赁合同中租赁物未过户是否影响融资租赁合同的效力及对融资租赁法律关系的认定[①]

不动产融资租赁合同中租赁物未过户是否影响融资租赁合同的效力及对融资租赁法律关系的认定?本案例解答了这个问题。

河北省金融租赁有限公司与北京方正房地产开发有限公司融资租赁合同纠纷案[②]

原告:河北省金融租赁有限公司

① 本部分作者为北京市汇融律师事务所律师李雪梅。

② 参见河北省石家庄市中级人民法院(2014)石民三初字第 00107 号民事判决书,于 2014 年 8 月 19 日作出。

被告:北京方正房地产开发有限公司

一、案件基本事实

2014 年 2 月 14 日,河北省金融租赁有限公司(以下简称河北金租)与北京方正房地产开发有限公司(以下简称方正地产)签订融资租赁合同及商品房买卖合同,约定河北金租向方正地产购买位于北京市大兴区黄村镇康庄路 26 号的一套房产(即租赁物),并将该房产出租给方正地产使用,租赁期限为 1 年,方正地产向河北金租支付租金;并约定方正地产负责在 2014 年 8 月 14 日前办理完毕租赁物的产权过户登记手续,将租赁物项下的房屋所有权及相应土地使用权过户登记到河北金租名下,房产过户税费、费用全部由河北金租承担。

上述合同签订后,河北金租于 2014 年 2 月 21 日向方正地产支付了租赁物转让价款,方正地产应在 2014 年 8 月 14 日前为河北金租办理完毕租赁物的产权过户手续。但经河北金租多次催促,方正地产拒不向房管部门和土地管理部门提交办理产权过户登记的相关申请,亦不向税务部门缴纳过户所涉税费。至 2014 年 6 月,方正地产法定代表人更是避而不见,甚至发展到关闭手机无法联系的地步。河北金租为此诉至法院。

二、起诉与答辩及法院的认定与判决

原告诉称:(1)双方签订的融资租赁合同合法有效,且其已按合同约定支付了租赁物转让价款,被告应按照合同约定在 2014 年 8 月 14 日前为原告办理完毕租赁物的产权过户手续。但经原告多次催促,被告拒不向房管部门和土地管理部门提交办理产权过户登记的相关申请,亦不向税务部门缴纳过户所涉税费,甚至被告的法定代表人避而不见、手机关闭、无法联系。原告要求被告继续履行融资租赁合同,请求法院判令被告履行融资租赁合同约定的为原告办理租赁物的产权转移登记手续,并支付原告租赁物产权转移登记契税 1560 万元、印花税 26 万元及实现债权而支出的律师代理费用 300 万元。(2)本案诉讼费用由被告承担。

被告方正地产没有到庭应诉,亦没有提交书面答辩意见。

法院经审理认为:原、被告采用的交易方式为回租式融资租赁,即原、被告签订商品房买卖合同,被告(承租人)将其自有物出卖给原告(出租人),再通过融资租赁合同将租赁物从原告处租回。原、被告双方签订的融资租赁合同及商品房买卖合同系双方真实意思表示,不违反相关法律法规的规定,合法有效。合同签订后,原告于 2014 年 2 月 21 日向被告支付了租赁物转让价款 5.2 亿元,履行了合同义务。按照合同的约定,被告应当在2014年8月14日之前为原告办理完毕租赁物的产权(包括房屋所有权和土地使用权)转移登记手续。但被告在2014年6月18日原告起诉之前,未能就房屋所有权和土地使用权的转移登记事宜按照《北京市房屋登记工作规范》进行转移登记的准备工作。被告在合同约定的租赁物产权转移登记履行期限届满之前以自己的行为表明不履行合同义务。现在已超过2014年8月14日双方约定的办证期限,被告仍未能履行租赁物产权转移登记义务。因此,被告的行为已经构成违约,原告有权依照合同的约定要求被告继续履行合同义务。故对原告请求办理租赁物房产和土地使用权产权转移登记的主张,予以支持。

关于房屋所有权和土地使用权转移登记的契税与印花税承担问题。依据原被告双方合同的约定,由被告负责办理产权转移登记的义务,房产过户税费、费用全部由被告承担。根据《中华人民共和国契税暂行条例》的规定,在中华人民共和国境内转移土地、房屋权属,承受的单位和个人为契税的纳税人。在本案当中,原告是房屋购买人即承受人,原告应为契税纳税人。虽然我国财税管理方面的法律法规对于各种税收的征收均明确规定了纳税义务人,但并未禁止纳税义务人和合同相对人约定由合同相对人或第三人缴纳税款。税法对于税种、税率、税额的规定是强制性的,而对于实际由谁缴纳税款并没有作出禁止性规定,法律和法规并不禁止合同双方对税费最终承担人进行自由约定。故双方约定的由被告承担相关税负、费用并不违反税收管理及其他方面的法律法规的规定,也未损害国家及他人利益,其约定应认定为有效。原告的纳税义务因合同约定转移为合同相对人即被告的合同义务,由被告缴纳并不违反税收法律法规强制性或禁止性规定。印花税的承担约定亦为同理。故对原告请求被告承担契税1560万元、印花税26万元的主张,予以支持。

关于律师代理费用。原被告在融资租赁合同中明确约定,因诉讼发生的一切费用(包括但不限于诉讼费用、合理的律师费等)由败诉方承担。虽然原告为实现债权,聘请律师提起诉讼约定支付律师费300万元。但考虑到300万元律师费约定标准较高,按照《律师服务收费管理办法》的规定,律师事务所代理民事诉讼案件实行政府指导价,原告与律师事务所关于律师费的约定符合相关规定,并未超过规定标准。参照《河北省律师服务收费临时标准》规定的收费标准,考虑到律师所做的工作和将来的执行,对律师代理费调整为50万元为宜。原告的部分诉讼请求,依法有据,予以支持。其他诉讼请求予以驳回。被告方正地产经合法传唤无正当理由拒不到庭,本院依法缺席审理。

综上,依据《中华人民共和国民事诉讼法》第一百四十四条,《中华人民共和国合同法》第二百三十七条、二百四十二条,《最高人民法院关于审理融资租赁合同纠纷案件适用法律问题的解释》第二条、第二十条之规定，判决如下：被告方正地产于本判决生效之日起十日内为原告河北金租办理租赁物房产和土地使用权的转移登记手续；本判决第一项履行完毕后所产生的租赁物产权转移登记契税、印花税及实现债权的费用共计 1636 万元，由被告方正地产直接给付原告河北金租，限上述费用实际发生后十日内给付完毕；驳回原告其他诉讼请求；案件受理费 136400 元、诉讼保全费 5000 元，由被告负担。

三、对本案的评析

本案涉及的法律问题是：以不动产作为租赁物的融资租赁合同项下，若租赁物未转移登记至出租人名下，是否影响融资租赁合同的效力及融资租赁法律关系的认定。

1. 租赁物未办理转移登记，不影响融资租赁合同的效力

本案中，法院最终认定原、被告双方签订的融资租赁合同系双方真实意思表示，不违反相关法律法规的规定，合法有效，即未因租赁物未办理产权转移登记手续而否定融资租赁合同的效力。

《物权法》第九条规定："不动产物权的设立、变更、转让和消灭，经依法登记，发生效力；未经登记，不发生效力，但法律另有规定的除外。"第十四条规定："不动产物权的设立、变更、转让和消灭，依照法律规定应当登记的，自记载于不动产登记簿时发生效力。"第十五条规定："当事人之间订立有关设立、变更、转让和消灭不动产物权的合同，除法律另有规定或者合同另有约定外，自合同成立时生效；未办理物权登记的，不影响合同效力。"而我国法律并没有将房屋所有权和土地使用权变更登记作为合同生效要件加以规定，原被告双方签订的融资租赁合同及商品房买卖合同也未约定以产权转移登记作为合同的生效要件。因此，根据上述规定，不动产物权的转移以登记为生效要件，没有办理权属变更登记手续，不动产物权不发生转移，但变更登记是不动产物权转移的标志，而非合同的生效要件，未办理物权登记不影响合同的效力，关于物权变动的合同自成立时生效。

关于合同生效后，如何判断该合同是否有效。根据《合同法》第五十二条规定："有下列情形之一的，合同无效：（一）一方以欺诈、胁迫的手段订立合同，损害国家利益；（二）恶意串通，损害国家、集体或者第三人利益；（三）以合法形式掩盖非法目的；（四）损害社会公共利益；（五）违反法律、行政法规的强制性规定。"因此，若原、被告双方签订的融资租赁合同不存在上述规定情形，则在目前的法律框架下，不能仅以不动产租赁物未办理产权转移登记手续为由认定融资租赁合同无效。故法院最终认定融资租赁合同合法有效。

2. 关于融资租赁法律关系的认定

《合同法》第二百三十七条规定："融资租赁合同是出租人根据承租人对出卖人、租赁物的选择，向出卖人购买租赁物，提供给承租人使用，承租人支付租金的合同。"根据《金融租赁公司管理办法》（中国银监会令2014年第3号）第五条规定，售后回租业务是指承租人将自有物件出卖给出租人，同时与出租人签订融资租赁合同，再将该物件从出租人处租回的融资租赁形式。售后回租业务是承租人和供货人为同一人的融资租赁方式。

《最高人民法院关于审理融资租赁合同纠纷案件适用法律问题的解释》（法释〔2014〕3号）第一条规定："人民法院应当根据合同法第二百三十七条的规定，结合标的物的性质、价值、租金的构成以及当事人的合同权利和义务，对是否构成融资租赁法律关系作出认定。对名为融资租赁合同，但实际不构成融资租赁法律关系的，人民法院应按照其实际构成的法律关系处理。"据此，判断交易所涉法律关系是否构成融资租赁法律关系须结合标的物的性质、价值，租金的构成及当事人的权利义务等进行综合判断。

本案中，被告（承租人）将其自有物出卖给原告（出租人），原告从被告处购买租赁物，并将其回租给被告使用。在租赁期间，被告占有和使用租赁物，并应按照融资租赁合同的约定向原告支付租金。在转让行为中，被告作为卖方，原告作为买方；在融资租赁行为中，原告作为出租人向被告出租租赁物，被告同时也是卖方（供货人）。因此，原告和被告构成明确的融资租赁法律关系，是融资租赁中的售后回租法律关系。至于被告未将租赁物转移登记至原告名下，系属被告违约，不能因此而否定原被告之间的融资租赁法律关系。在本案中，法院认定原、被告之间构成回租式融资租赁，符合《合同法》及相关法律法规的规定。

3. 关于不动产转移登记的税费负担问题

虽然我国财税管理方面的法律法规对于各种税收的征收均明确规定了纳税义务人，但并未禁止纳税义务人和合同相对人约定税费的最终实际负担方。故原、被告双方约定由被告承担房产过户税费、费用不违反税收管理及相关法律法规的规定，也未损害国家及他人利益，应认定该约定为有效。原告的纳税义务因合同约定转移为被告的合同义务，由被告实际负担税费不违反税收法律法规强制性或禁止性规定。

本案最终判决支持房屋所有权和土地使用权转移登记的契税与印花税由被告承担，充分尊重了当事人之间的合同约定，体现了意思自治的原则，具有先进性。

2.5.5 案例五:承租人擅自处分租赁物侵害出租人权益的案例[①]

关于善意第三人制度对出租人造成巨大的伤害的案件屡屡发生,租赁公司求告无门。这是典型的因国家法律制度的缺失而给企业造成损失的案例,最高人民法院和中国人民银行等相关部门应尽力采取补救措施,以减少此类案件的发生。但是损失已经造成,对于承担损失的公司来说,代价是巨大的,希望这些租赁公司的代价不会白白付出,法律制度应该进一步完善。

某租赁公司与某银行股份有限公司分行、某工程公司第三人撤销之诉上诉案[②]

上诉人(一审原告):甲租赁有限公司

被上诉人(一审被告):乙银行股份有限公司分行

被上诉人(一审被告):丙工程公司

一、案件基本事实

2010 年 4 月 25 日,被上诉人丙工程公司(以下简称丙公司)作为承租人与上诉人甲租赁有限公司(以下简称甲租赁)签署了租赁协议,约定:由甲租赁出资购买某全路面汽车起重机一台(以下简称租赁物或案涉车辆)出租给丙公司使用,租赁物所有权归甲租赁,丙公司应按合同约定分期支付租金。上述协议签订后,甲租赁按照约定购买了指定租赁物并交付给丙公司使用,丙公司以其名义办理了车辆登记。为保证所有权,甲租赁于 2010 年 6 月将租赁协议和租赁物均登记于人民银行征信系统。

2012 年 4 月 13 日,在甲租赁不知情的情况下,被上诉人乙银行与丙公司签订最高额抵押合同,并于 2012 年 4 月 18 日对租赁物在某市公安局交通管理支队办理了抵押登记。

后因丙公司借款到期未还,乙银行以丙公司作为金融借款合同纠纷案被告诉至一审法院,主张其对案涉抵押物享有优先受偿权,法院予以支持,判决乙银行对租赁物享有抵押权,乙银行对租赁物折价或者拍卖、变卖后的价款享有优先受偿的权利。甲租赁在得知该金融借款合同纠纷案在法院立案、审理后的第一时间即向法院提出作为第三人加入该民事诉讼,但多次申请均未被法院采纳。另租赁物作为抵押财产被法院查封后,甲租赁多次向法院提起查封异议,均被驳回。

---

① 本部分作者为北京市汇融律师事务所律师张立国。

② 参见辽宁省高级人民法院(2014)辽民三终字第 212 号民事判决书,2014 年 12 月 3 日作出。

2013 年，上诉人甲租赁以丙公司为被告向法院提起诉讼，请求确认原告甲租赁为租赁物的所有权人，法院经审理后裁定驳回起诉。

二、起诉与答辩及法院的认定与判决

甲租赁于 2014 年 2 月以乙银行、丙公司为被告向法院提起了第三人撤销之诉，诉请撤销二被告之间诉讼的判决书中关于涉及“租赁物”的部分。甲租赁诉称：(1) 租赁物系以融资租赁方式租给被告丙公司使用，原告甲租赁才是租赁物（即抵押物）的合法所有权人；(2) 我国目前尚不存在机动车所有权登记机关及登记系统，案涉车辆虽登记在被告丙公司名下，但被告丙公司并不是案涉车辆的所有权人，无权将租赁物对外设定抵押，被告丙公司与被告乙银行签订的最高额抵押合同中涉及租赁物部分应属无效；(3) 原告已于 2010 年 6 月将租赁协议和租赁物登记于人民银行征信系统，符合《最高人民法院关于审理融资租赁合同纠纷案件适用法律问题解释》第九条规定的除外情形（四）出租人有证据证明第三人知道或者应当知道交易标的为租赁物的其他情形，被告乙银行作为专业贷款机构对抵押物的权利审查具有明显过错，不属于善意第三人，不应享有相应抵押权；(4) 甲租赁在上述金融借款合同纠纷案审理过程中，一经发现被告丙公司非法抵押情况，已向该案原审法院提出异议，但该原审法院未予采纳，剥夺了原告作为第三人参加诉讼的合法权利，致使原告对租赁物的所有权遭受重大损失。诉请撤销判决书中关于“租赁物”的部分。

乙银行辩称：(1) 被告乙银行与被告丙公司签订两最高额抵押合同，约定以案涉车辆设定抵押担保，并在车辆管理部门办理抵押登记，乙银行依法取得抵押权；(2) 被告乙银行取得抵押权无过错，原告所言租赁合同已在中国人民银行征信登记系统登记，不具备公示作用，我国当前关于融资租赁登记没有法律依据。

被告丙公司辩称，原告和被告丙公司确实有所有权保留的约定，实际上车辆登记在被告丙公司名下，而且被告丙公司经营得比较好，就办理了抵押贷款，因为后期公司经营的问题，导致公司全部经营中断，现在车辆所有权如何处理由法院确定。

案经一审法院审理认为：案涉车辆在机动车登记机关登记在被告丙公司名下，被告丙公司以案涉车辆为抵押物为被告乙银行提供抵押担保，并在车辆管理部门办理的抵押登记，至此，被告乙银行取得对案涉车辆的抵押权。即使车辆管理部门的登记并不是车辆所有权登记，因车辆属动产，占有为所有权的主要公示方式，被告丙公司占有案涉车辆并办理了抵押登记，被告乙银行根据善意取得制度取得抵押权。因人民银行征信系统并非法律、行政法规、行业或者地区主管部门规定的进行融资租赁交易查询机构，即使案涉车辆出租人甲租赁将租赁协议和租赁物均登记于人民银行征信系统，也不产生被告乙银行应当知道案涉车辆（抵押物）为租赁物的法律后果。综上，原告撤销之诉理由不成立，其诉讼请求不予支持。驳回原告甲租赁诉讼请求。

三、上诉与答辩及法院的认定与判决

甲租赁不服原审判决，向二审法院提起上诉称：请求人民法院撤销一审判决，依法改判，支持上诉人甲租赁诉讼请求。事实与理由：（1）案涉车辆的所有权人自始为上诉人甲租赁，而非丙公司；机动车登记行为性质属于营运许可登记，而不是物权归属登记；丙公司在车辆管理部门办理的抵押登记无效。（2）一审法院完全忽视了“出租人于 2010 年 6 月将融资租赁协议和租赁设备均登记于人民银行征信系统”这一客观事实的存在；严重歪曲了善意取得制度的法律本意。（3）根据《中华人民共和国商业银行法》第三十六条规定、《流动资金贷款管理暂行办法》第十三条第一款第（九）项规定，商业银行应当对抵押物严格审查、调查抵押物权属；根据《关于进一步做好中小企业金融服务工作的若干意见》第三条第十一款规定，中国人民银行、银监会等对作为行文对象的商业银行提出“……加强融资租赁公示系统宣传，提高租赁物登记公信力和取回效率……在规避风险的同时保证融资租赁有序、规范发展”的意见。乙银行是该文明确规定的行文对象，且负有加强对融资租赁公示系统宣传的义务和责任，那么乙银行就应当知道融资租赁公示系统对租赁物所有权的公示公信作用，因此，乙银行有义务审查抵押物是否为融资租赁物。

被上诉人辩称：（1）上诉人甲租赁认为“案涉车辆的所有权人自始为甲租赁，而非丙公司”于法无据。（2）上诉人甲租赁认为乙银行取得抵押权之前应当知道案涉车辆为租赁物的理由均不成立：其一，我国当前关于融资租赁登记没有相应的法律依据，该登记行为不具备法定的公示效力；其二，（2010）193 号《中国人民银行、银监会、证监会、保监会关于进一步做好中小企业金融服务工作若干意见》中提到两处“融资租赁登记系统”，分别是“完善融资租赁公示登记系统，加强融资租赁公示系统宣传”，这只说明该系统还未完善，还在接受市场检验；其三，乙银行已经完全履行了必要的注意义务，可以基于善意取得制度依法享有案涉车辆的抵押权。（3）上诉人甲租赁有明显过错造成案涉车辆所有权归属处于纷争状态，其应有能力采取措施防范风险损失。

二审法院审理认为：

1. 乙银行善意取得案涉抵押物的抵押权

（1）乙银行与丙公司签订借款合同并支付了合理对价；（2）乙银行与丙公司将案涉抵押物在某交通警察支队办理了抵押登记；（3）案涉抵押物在注册登记证及车辆行驶证的所有权人一栏中登记为丙公司，丙公司基于对案涉抵押物的占有产生了公示效力,基于登记为案涉抵押物的所有权人产生了对外公信力及对抗效力,乙银行基于对公示、公信效力的信赖,认为丙公司有权抵押案涉抵押物属于善意。因此,乙银行作为抵押权人,符合《物权法》第一百零六条规定的善意取得他物权的情形。

2. 乙银行不应当知道案涉抵押物为租赁物

(1)《商业银行法》《流动资金贷款管理暂行办法》《关于进一步做好中小企业金融服务工作的若干意见》的相关规定,只能说明乙银行负有法定的权属审查义务及应知道融资租赁登记公示系统的存在,但这些规定并未明确将“办理资产抵押业务时,必须登录融资租赁登记公示系统,查询相关标的物是否为融资租赁物”作为乙银行等金融企业的规定义务。(2)《关于审理融资租赁合同纠纷案件适用法律问题的解释》第九条规定中的(一)设标志条款及(二)授权抵押条款两种除外情形也赋予了出租人对融资租赁物自行保护的方式,而本案出租人不但将融资租赁物登记在承租人丙公司名下,而且没有采取进一步措施对自己所有的租赁物权利进行保护。出租人虽然将案涉租赁协议、租赁物登记在人民银行相关征信系统,但乙银行不知道也没有义务查询案涉抵押物为融资租赁物。乙银行基于善意且无过错而取得案涉租赁物上抵押权。

法院判决驳回上诉,维持原判。

四、对本案的评价

这是一起典型的承租人擅自处分租赁物侵害出租人权益的案例。

善意取得制度在我国最早见于最高人民法院发布的《关于贯彻执行〈中华人民共和国民法通则〉若干问题的意见(试行)》(法(办)发〔1988〕6 号)第 89 条对共同共有人无权处分共有物情形下的第三人善意取得的规定。但作为一项法律制度正式确立,则源自 2007 年 10 月 1 日施行的《物权法》,由于善意取得制度系以牺牲物权人的利益换取交易的稳定,因此,通常来说,在设立善意第三人制度的同时,应当设立登记制度,以保护物权人的利益。但是,我国法律在没有设立动产登记制度的情况下,贸然采用了善意取得制度,给租赁公司带来巨大的困境。近年来,承租人擅自处分租赁物的案件层出不穷,极大地损害了出租人的权益。

最高人民法院 2014 年 2 月 24 日发布了《关于审理融资租赁合同纠纷案件适用法律问题的解释》(以下简称《融资租赁司法解释》),该解释第九条规定了出租人针对承租人或租赁物实际使用人无权处分租赁物时对抗第三人善意取得物权的四种情形,分别是已设显著标志、授权办理抵押、第三人未依法依规进行查询、有证据证明第三人知情或应当知情的。

但鉴于本案争议发生早于为商业银行办理抵押业务设定在人民银行征信中心登

录融资租赁登记公示系统查询标的物权属义务的《中国人民银行关于使用融资租赁登记公示系统进行融资租赁交易查询的通知》(以下简称《央行查询通知》)发布之前,故法院无法引用该司法解释认定乙银行为不善意。

《融资租赁司法解释》及《央行查询通知》发布施行后,这类案例的发生率可能会降低,制度建设依然不完善,现有法律法规及行业或者地区主管部门规定对融资租赁登记以对抗第三人、对租赁物所有权的保护依然不够全面、不能实现三百六十度全覆盖。以业内影响最大的人民银行征信中心融资租赁登记公示系统为例,《央行查询通知要求》的查询主体仅限于金融机构,内资融资租赁公司、外商投资的融资租赁公司、小额贷款公司、一般企业等非金融机构市场主体未被赋予查询义务,因此,对租赁物所有权的保护有待于立法上的进一步完善,使统一且全面覆盖的融资租赁登记系统得以设立。

本案中案涉车辆登记在承租人名下也为承租人非法设立抵押权提供了便利,这亦为制度缺失之处。在现有规定项下,上路行驶机动车抵押登记部门为交通管理部门,若将机动车登记同飞机、船舶登记一样列明所有权人、使用权人,则可有效避免此来案件的发生。

在本案中,甲租赁采取了多种诉讼救济程序,包括申请以第三人参加乙银行与丙公司之间的金融借款合同纠纷案,向法院提出查封异议,提起确认所有权之诉,直至提起第三人撤销之诉,均被法院裁定驳回。可见,在构成善意取得的情况下,原物权人的救济途径都被堵死。

2.5.6 案例六:“善意取得”辨伪典型案例①

自《物权法》颁布实施以来,该法第一百零六条规定的“善意取得”制度一直备受争议,特别是对融资租赁业产生了深刻的影响。在此,笔者与业界共同分享一起笔者亲自参与的融资租赁合同纠纷诉讼的二审的案例,该案件很有代表性,与题目非常契合,希望能给广大租赁公司依法开展业务提供一些有益的启示。

案例②

一、案件基本事实

2011 年 6 月 14 日,某外商投资租赁公司(以下简称出租人)与某精密模具公司

---

① 本部分作者为北京市汇融律师事务所律师杨泰、王爽。

② 参见上海市长宁区人民法院(2013)长民二(商)初字第 479 号民事判决书,2013 年 6 月 24 日作出;上海市第一中级人民法院(2013)沪一中民六(商)终字第 243 号民事判决书,2013 年 10 月 28 日作出。

(以下简称承租人)签订了租赁合同一份,双方约定:由出租人向承租人出租立式加工中心(以下简称系争设备)一台,租赁期为 3 年;2011 年 6 月 30 日承租人支付首付租金 69.78 万元,余下租金自 2011 年 7 月 30 日起每隔 2 个月支付一次;承租人如有未依约清偿等违约情形,出租人有权终止合同并要求返还系争设备,承租人应支付全部租金(包括未到期租金)、违约金、损害赔偿和其他费用。同日,出租人、承租人与 S 公司(出卖人)签订了委托购买合同,约定:基于承租人向出租人申请融资租赁业务,出租人委托承租人向 S 公司购买系争设备并出租给承租人使用,系争设备购买总价款为 239.78 万元。鉴于承租人就系争设备已先与 S 公司签订了买卖合同并已经支付 89.78万元给 S 公司,各方同意该 89.78 万元视作出租人支付,并由出租人返还承租人,出租人只须给付 S 公司 150 万元。委托购买合同还约定,自承租人向出租人交付《租赁物交付与验收证明书》之时起系争设备的所有权转移至出租人。由于按照租赁合同的约定承租人须支付出租人 69.78 万元首付租金,另承租人还须向出租人支付 20 万元履约保证金,且承租人同意出租人可抵扣上述款项,故抵扣后出租人无须向承租人返还任何款项。2011 年 6 月 30 日,出租人收到承租人交来的"增值税专用发票"一组,发票总金额为 239.78 万元,购货单位为承租人、销货单位为 S 公司。2011 年 7 月 5 日,出租人向 S 公司汇款 150 万元。2011 年 11 月 2 日,承租人向出租人出具《租赁物交付与验收证明书》,证明承租人已收到了系争设备,出租人取得了系争设备的所有权。自 2011 年 7 月 30 日起,承租人开始向出租人支付租金,后因承租人自 2012 年 9 月 30 日起拖欠多期租金,出租人讨要无果遂起诉至上海市长宁区人民法院(以下简称一审法院),请求法院判令解除租赁合同,承租人立即返还系争设备,并立即支付已到期未付租金及违约金等。

出租人起诉后,一审法院根据承租人的申请,追加 D(融资租赁)公司为第三人参加诉讼。D 公司答辩称,不同意出租人的诉讼请求,主张 D 公司已经善意取得了系争设备的所有权。承租人则答辩称,出租人与承租人签订的租赁合同无效,系争设备的所有权属于 D 公司,出租人不享有系争设备的所有权。

一审法院另查明,2011 年 10 月 25 日承租人和 D 公司(出租人)签订融资租赁合同和融资租赁设备委托购买合同各一份,约定由承租人向 D 公司租赁本案系争设备一台,系争设备价值为 195.28 万元,承租人和 D 公司约定系争设备购买价款为 180 万元,租金总额为 208.80 万元,租赁期限为 24 个月,系争设备所有权自 D 公司支付系争设备购买价款之日起归 D 公司所有。D 公司委托承租人向 S 公司(出卖人)代购系争设备,并向承租人支付系争设备购买价款,由承租人代为向 S 公司支付。承租人向 D 公司出具增值税专用发票一组,发票总金额为 239.78 万元,其购货单位、销货单位、发票编号及单张金额同出租人所持增值税专用发票一致，但开票人和纳税人识别号明显不同。2011 年 10 月 25 日，承租人向 D 公司出具《租赁物件接收证明》，确认收到系争设备。2011 年 10 月 27 日，D 公司向承租人账户支付 180 万元。2012 年 4 月 12 日，D 公司就融资租赁合同以及系争设备在中国人民银行征信中心进行了融资租赁登记，并在系争设备上粘贴了 D 公司租赁资产标牌。

二、法院的认定与判决

一审法院认为，出租人与承租人签订的租赁合同系双方的真实意思表示，为有效合同，双方之间构成融资租赁法律关系，出租人已经取得了系争设备的所有权；同时，认为承租人与 D 公司之间也形成了融资租赁法律关系，且为售后回租的交易模式，承租人就系争设备同 D 公司签订融资租赁合同的行为是对系争设备所有权的处分行为，由于出租人已经取得了系争设备的所有权，故承租人对系争设备的处分构成无权处分。一审法院根据《物权法》第一百零六条的规定，认定 D 公司符合善意取得的条件，取得了系争设备的所有权。理由是：首先，承租人向 D 公司出具了系争设备的买卖合同、委托进口合同及供应商（S 公司）提供的增值税专用发票，D 公司完全有理由相信承租人拥有系争设备的所有权，至于承租人提供给 D 公司的增值税发票是否系伪造，D 公司没有能力查证，D 公司查询中国人民银行征信中心的融资租赁登记公示系统的行为也说明 D 公司尽到了应尽的注意义务，故 D 公司同承租人签订融资租赁合同时为善意；其次，D 公司和承租人所约定的系争设备购买价款 180 万元与双方签订融资租赁合同时系争设备的实际价值 195.28 万元基本相当，且 D 公司已经向承租人支付了该 180 万元，故认定 D 公司支付了合理对价；最后，鉴于系争设备为无须登记的动产，且 D 公司和承租人约定由 D 公司取得系争设备所有权但由承租人继续占有系争设备属于转移占有，为交付的一种方式，故系争设备已经交付 D 公司。基于上述认识，一审法院判决解除租赁合同，承租人支付已到期未付租金及违约金，但是驳回了出租人要求承租人返还系争设备的诉讼请求。

出租人不服一审判决，向上海市第一中级人民法院（以下简称二审法院）提起上诉。本案二审审理过程中，出租人向二审法院提交了因系争设备买卖所收到的增值税专用发票原件一组，而 D 公司只是向一审法院邮寄提交了其所持系争设备增值税专用发票的复印件，二审法院向相关税务机关进行了调查核实，确认出租人所持增值税专用发票为真票，D 公司所提交增值税专用发票涉嫌伪造。二审法院认为，出租人与承租人之间融资租赁法律关系依法成立，合法有效，出租人已经取得了系争设备的所有权；由于 D 公司所提交增值税专用发票涉嫌伪造，且 D 公司在本案一、二审过程中均未出庭应诉，其所称融资租赁合同具体履行情况的相关事实无法查清，承租人也以不知情为由，拒不提交能够印证 D 公司所谓善意取得事实的确凿证据，D 公司所称已向一审法院提供系争设备增值税发票原件，亦与事实不符，因此即便 D 公司已将其与承租人之间的融资租赁项目及系争设备在中国人民银行征信中心进行了融资租赁登记，并在系争设备上粘贴了 D 公司租赁资产标牌，也无法认定其系善意取得系争设备的所有权；一审法院在确认了出租人与承租人所签租赁合同有效性的前提下，未能充分注意到该合同已经约定系争设备所有权归属于出租人的事实，而又认定签约于其后的融资租赁合同中 D 公司善意取得系争设备的所有权，明显违背本案事实及相关法律规定，在承租人违约的情况下，出租人要求返还系争设备的主张符合合同约定和法律规定，应当予以支持。据此，二审法院维持了一审判决中关于解除租赁合同、承租人支付已到期未付租金及违约金等内容，并且依法改判承租人向出租人返还系争设备。

三、对本案的评析

本案系因承租人将同一台设备分别与两家融资租赁公司开展融资租赁业务所引发。此类纠纷应当引起融资租赁业界的警醒。

法院归纳的本案争议焦点是：D 公司是否构成善意取得，对系争设备是否享有所有权。

根据《物权法》第一百零六条的规定，适用善意取得应符合以下条件：(1)受让人受让该不动产或者动产时是善意的；(2)以合理的价格转让；(3)转让的不动产或者动产依照法律规定应当登记的已经登记，不需要登记的已经交付给受让人。因此，法院认为 D 公司能否构成善意取得，主要应从是否符合上述三个要件的角度进行分析。在本案审理过程中，法院认定 D 公司支付了合理对价且系争设备已经交付给 D 公司，故 D 公司能否构成善意取得，主要取决于 D 公司是否符合善意的要件。

关于“善意”要件的认定。二审法院的审理思路是，依据民法学原理，“善意”是指第三人“不知情”，即不知道并且不应当知道处分人对于财产没有处分权。在实践中通常转化为考察第三人是否尽到必要的注意义务，即第三人在交易时负有审查承租人是否享有处分租赁物权利的义务。按照最高人民法院的意见，证明“第三人非善意”的举证责任应由出租人承担，但是如果出租人已经举出了相关证据，则举证责任转移给第三人，第三人应当就自己符合“善意”要件承担相应的举证责任。

在本案审理过程中，出租人向二审法院提交了系争设备的增值税发票原件，而 D 公司只向一审法院邮寄提交了其所持系争设备增值税专用发票的复印件，却始终不提交原件，当二审法院经调查核实发现 D 公司所提交的增值税专用发票涉嫌伪造时，对

D 公司的"善意"提出了质疑,此时 D 公司有义务向法院提交证据证明自己的"善意"。但是,D 公司在本案一、二审中均未出庭应诉,加之承租人又拒不提交能够印证 D 公司所谓善意取得事实的确凿证据,造成二审法院对 D 公司与承租人所签融资租赁合同的具体履行情况的相关事实无法查清,正是由于 D 公司拒不履行举证责任,最终导致二审法院认定 D 公司不构成"善意",未取得系争设备的所有权。

实际上,对本案进行深入分析就会发现,本案其实并不适用"善意取得"规则,法院根本不应当适用《物权法》第一百零六条进行判决,法院对本案的审理思路是值得商榷的。原因在于,按照《物权法》第一百零六条的规定,适用"善意取得"规则的前提是无权处分人将不动产或者动产转让给受让人,即"无权处分"是适用"善意取得"规则的前提条件。但是,本案的实际情况是,出租人和 D 公司都委托承租人向同一个供应商 S 公司购买该系争设备,签署了两份委托购买合同,形成了两个委托购买法律关系。承租人貌似将系争设备"无权处分"给 D 公司,而事实上 D 公司是委托承租人向供应商 S 公司购买系争设备,承租人根本就没有处分系争设备,更谈不上"无权处分"了,承租人只是没有履行与 D 公司签署的融资租赁设备委托购买合同项下向供应商 S 公司支付购买价款的义务。因此,在承租人根本不存在"无权处分"行为的情况下,是完全不应当适用"善意取得"规则的。

其实,仅从本案事实出发进行分析,就同样可以得出 D 公司并未取得系争设备所有权的结论。在本案审理过程中,法院已经查明承租人是用同一台系争设备分别同两家融资租赁公司开展融资租赁业务,且出租人和 D 公司都是委托承租人向同一个供应商 S 公司购买系争设备,但出租人将系争设备购买价款直接支付给了 S 公司,而 D 公司却将系争设备购买价款支付给了承租人。鉴于 S 公司已经收到了全部系争设备购买价款,故对于同一台系争设备,承租人不可能两次付款,而且事实上承租人也的确没有将 D 公司支付的系争设备购买价款交给 S 公司,由于 S 公司未收到 D 公司支付的系争设备购买价款,所以承租人和 D 公司所签的融资租赁设备委托购买合同并未实际履行,因此 D 公司没有取得系争设备的所有权。笔者在本案二审中,对法院的审理思路提出了质疑,并且阐述了上述意见,但是二审法院没有采纳,有点遗憾。

本案判决生效于最高人民法院发布《关于审理融资租赁合同纠纷案件适用法律问题的解释》(法释〔2014〕3 号,以下简称《解释》)之前,此后不久《解释》即正式颁布实施。《解释》第九条为有效解决出租人的所有权保护与善意第三人权利保护的冲突提供了法律依据,该条采取概括式和列举式相结合的方法,对"善意取得"的适用除外进行了规定,对于融资租赁行业一些行之有效的实践给予了必要的回应,肯定了出租人进行租赁交易登记和授权承租人将租赁物抵押给自己等做法的法律效力——可以排除《物权法》第一百零六条的适用。综上所述，笔者在此呼吁融资租赁企业关注解释的相关规定，认真学习和领会《解释》第九条的立法精神，明辨真假“善意取得”纠纷，完善各项防范措施，依法维护自身合法权益。

2.5.7 案例七：出租人的物权和债权在同一诉讼程序中如何得到实现①

根据《最高人民法院关于审理租赁合同纠纷案件适用法律问题的解释》第二十一条和第二十二条的规定，出租人既主张物权，又主张债权，需要启动两个诉讼程序，给出租人带来不必要的诉累。那么出租人的物权和债权能否通过一个诉讼程序实现呢？本案提供了新的审判思路，具有非常实用的借鉴意义。

案例②

一、案件基本事实

2011 年 6 月 15 日，某融资租赁公司（以下简称出租人）与某贸易公司（以下简称承租人）签订租赁合同，约定由出租人以融资租赁方式向承租人提供租赁标的物，租赁标的物为 12 台塔式起重机，租赁合同的租赁期限为 2011 年 6 月 30 日起至 2014 年 6 月 30 日止，共计三年 18 期，该合同项下首付租金 58 万元，首付租金的支付日为 2011 年 6 月 30 日。

2011 年 6 月 15 日，双方签订咨询服务合同，约定由承租人在 2011 年 6 月 15 日起 7 日内，向出租人支付服务费 10.5 万元。同日，承租人与出租人签订同意书，承租人同意提供 70 万元作为履约保证金，并同意出租人将履约保证金从租赁物购买价款中扣除。

同日，四名保证人向出租人出具保证书，同意为承租人所负全部债务提供不可撤销的连带保证责任。

2011 年 6 月 15 日，出租人、承租人分别同两供应商签订两份委托购买合同，分别购买起重机 6 台，共 12 台，上述租赁物总价款 408 万元，承租人分别向两供应商支付了 116 万元以及 112 万元。同时，出租人与承租人在该等合同中约定，承租人同意出租人在向承租人返还承租人垫付的款项时，有权将首付租金从返还的款项中扣除。

2011 年 6 月 30 日，承租人出具《租赁物交付与验收证明书》，确认系争租赁合同

① 本部分作者为北京市汇融律师事务所律师邹颖、刘晓灵。

② 参见上海市第一中级人民法院（2014）沪一中民六（商）终字第 145 号民事判决书，2014 年 7 月 11 日作出。

项下设备清单中所有设备已交付承租人，承租人将所有设备进行了其所必要的所有测试，认为完全满意并予以验收。

2011 年 7 月 5 日，出租人向某供货人支付租赁物购买价款 80 万元，向另一供货人支付租赁物购买价款 100 万元。

2011 年 7 月 6 日，出租人向承租人退还因承租人先行垫付的租赁物购买价款，并从中扣除首付租金、履约保证金、服务费后的款项，即 89.5 万元。

承租人自租赁合同项下第 13 期租金支付日开始，未依约支付到期租金，经出租人多次催促未果。2013 年 9 月，出租人将承租人、四名保证人诉至上海市 C 区法院。

根据租赁合同第十一条的约定，承租人未按时支付租金时，出租人有权终止租赁合同，请求返还租赁物，要求承租人支付全部租金、赔偿损害及其他费用；第十二条约定，承租人未依约支付租金时，应按租金总余额自应偿还之日起，按照年利率 20% 加付违约金。

二、起诉和答辩以及一审法院的认定和判决

原告诉讼请求：

（1）解除出租人与承租人之间的租赁合同；（2）承租人立即返还租赁物，如不能返还，则应折价赔偿 131.11 万元；（3）承租人支付截至 2013 年 9 月 9 日的已到期租金 48.39 万元；（4）承租人以租金总余额为基数，按年利率 20% 计算，支付自 2013 年 9 月 9 日起至判决生效日止的违约金；（5）判令被告保证人承担连带保证责任。

被告答辩：

（1）本案系金融借款合同纠纷，而非融资租赁合同纠纷；（2）借款利率过高；（3）原告不应当在被告未违约时收取 70 万元履约保证金；（4）原告不应向被告收取咨询费；（5）原告在承租人所在地不具有经营发放贷款和从事融资租赁的资质。

保证人均未作答辩。

一审法院审理认定：

系争租赁合同以书面形式，明确约定由出租人将租赁物提供给承租人使用，承租人支付租金，并对于系争设备的名称、数量、规格、租赁期限、租金支付期限和方式、币种、租赁期限届满租赁物的归属等均进行了明确的约定，符合融资租赁的法律特征，应当认定为融资租赁法律关系。原告取得了商务部的批准并依法进行了工商登记，具有合法的融资租赁业务资质。

根据委托购买合同的约定，系争设备价款为 408 万元，故出租人应当提供承租人的融资额为 408 万元。而承租人根据委托购买合同约定应承担的价款支付义务共计

228万元，故出租人应当就228万元向承租人补足融资款。对此，出租人主张，对于该228万元已在扣除了10.5万元的咨询费、70万元的履约保证金、58万元的首付租金，共计138.5万元后，于2011年7月6日退还了89.5万元，因此已经完成了全部的融资义务。

但一审法院认为，咨询服务合同为独立于租赁合同的约定，出租人未能证明承租人认可将服务费直接冲抵融资款，亦未能证明其向承租人提供了相应的咨询服务，因此，咨询服务的服务费10.5万元不应当直接自融资款中抵扣；

对于承租人支付的70万元履约保证金，应由承租人另行向出租人支付，而出租人未能证明承租人同意将保证金直接冲抵融资款；

对于首付租金58万元，虽然委托购买合同中约定承租人同意将首付款在出租人融资款中扣除，但先行抵扣实际导致承租人并未融得该款项。

由于系争设备的租金系基于408万元的全部融资额而计算的，且向承租人及时、足额提供融资额属于融资功能的应有之义，而出租人亦本可以在租期届满、最终结算时进行抵扣或返还，从而保证了承租人能够足额获得约定的融资款，因此，出租人对于该首付租金的先行抵扣有违融资合同的目的，对承租人有失公允。故对于出租人所称已经完成了融资义务的合法性及合理性不予认可。

融资租赁的制度属性要求出租人作为出租人先行及时、足额提供融资款购买设备，故出租人负有完成融资义务的先合同义务，但在本案中出租人没有完成融资义务，承租人享有先履行抗辩权。

委托购买合同中虽约定租赁物所有权自承租人完成验收并交付《租赁物交付与验收证明书》时转移，可在本案中，虽然承租人已经就系争设备进行验收，但承租人需要系争设备进行生产经营，故在出租人未能完成融资义务，且设备的大部分前期货款系由承租人支付的情况下，要求承租人不予验收显失公允，故承租人仍得以行使后履行抗辩权，拒绝将系争设备的所有权转移至出租人。故本案中，系争设备所有权并未转移至出租人，因此，出租人要求承租人返还系争设备的诉请不予支持。

出租人为承租人向供应商支付了系争设备的价款共计180万元，并于2013年7月5日向承租人汇款69万元（扣除违约金后退还承租人部分保证金）、2011年7月6日向承租人汇款89.5万元，共计为承租人融资338.5万元。承租人已支付了240万元，仍剩余98.5万元未支付出租人，现对该98.5万元的处理方式参照租赁合同的约定。

承租人应按租赁合同的约定支付相应租金，截至2013年9月9日的租金为48.39万元，对于出租人的相应诉讼请求，予以认可。

合同中关于违约金的约定合法有效，对于双方当事人有约束力，因承租人违约，出租人有权主张自2013年7月30日起，以20%的年利率计算至判决生效之日止的违约金。现出租人将起算时间确定为2013年9月9日，并无不当，予以认可，但违约金的计算基数应为承租人尚未支付的剩余金额，即98.5万元。

保证人自愿提供连带责任保证，故对四名保证人承担保证责任的诉讼予以支持。

一审法院判决：

(1)《租赁合同》自一审判决生效之日解除；(2)承租人偿还已到期租金48.39万元；(3)承租人偿付出租人违约金(以98.5万元为基数，按20%的年利率，自2013年9月9日支付至判决生效日止)；(4)被告保证人对上述付款义务承担连带保证责任；(5)驳回原告其余诉讼请求；(6)一审案件受理费、保全费由原告和五被告分别负担。

三、上诉与答辩以及二审法院的认定和判决

上诉人答辩：

(1)出租人从租赁物购买价款中扣除保证金、首付租金、服务费具有充分的合同和法律依据，根据委托购买合同的约定，承租人同意出租人将首付租金从租赁物购买价款中扣除。根据承租人签订的同意书，承租人同意出租人将保证金从租赁物购买价款中扣除。另外，根据《合同法》规定，当事人互负到期债务的，一方可以向另一方主张抵销，所以对于承租人应当支付的服务费，出租人可以从租赁物购买价款中扣除相应服务费。因此一审法院认为出租人未完成融资义务，缺乏事实和法律依据，在此基础上确定的违约金的计算基数亦有误。(2)根据委托购买合同的约定和《合同法》中的相关规定，出租人享有租赁物的所有权，所以在融资租赁合同解除后，有权向承租人主张返还。一审法院认定租赁物所有权并未转移至出租人无事实和法律依据。(3)《租赁合同》系出租人行使解除权而解除，日期应为原审诉状副本送达之日，即2013年10月13日。

上诉人诉请二审法院撤销一审判决第一项、第三项、第五项并纠正一审法院关于合同解除时间的错误。

被上诉人答辩：

被上诉人承租人答辩与一审程序中无异，被上诉人保证人均未作答辩。

二审法院审理认定：

(1)当事人互负到期债务，该债务的标的物种类、品质相同的，任何一方可以将自己的债务与对方的债务抵销。本案中依据当事人之间的合同约定，出租人负有退还承租人买卖价款合计228万元的债务。而承租人负有支付出租人首付租金58万元、履

约保证金70万元以及咨询服务费10.5万元的债务，该三项债务中，首付租金的应付日期为2011年6月30日，咨询服务费的应付日期为2011年6月15日起的7日内，出租人在2011年7月6日向承租人退还租赁物价款时，承租人所负首付租金和咨询服务费的债务均已到期，故出租人在其对承租人所负的债务中主张抵销，于法有据。至于保证金70万元，虽然未约定支付时间，但是承租人明确同意出租人进行抵销，故出租人对该项债务主张抵销亦无不当。综上，出租人在其所负债务228万元中抵销扣除首付租金58万元、履约保证金70万元，以及咨询服务费10.5万元，实际向承租人返还89.5万元的行为，系其合法依约行使权利和履行义务，并无不当。

融资租赁合同虽亦有资金融通之经济功能，但是其法律结构及融资原理均与借款合同有别，租金并非租赁物购买价款之孳息，亦非以购买价款乘以约定利率和经过期间计算所得之结果。当事人有权约定首期租金在订约之初的若干时间内即为支付。在此情况下，出租人全额向承租人返还租赁物购买价款，同时由承租人向出租人支付首付租金的交易方式，与出租人在返还价款时将首付租金直接抵销的交易方式，实际效果并无二致，不存在借款合同中预先扣息所产生的实际借款效果与合同约定不符的问题，故当事人有权约定相关抵销事宜。至于保证金和咨询服务合同中约定的咨询服务费，同样并非租赁物购买价款的孳息，出租人亦有权主张互负到期债务之抵销。综前所述，融资租赁中租金与融资租赁物购买价款之间的关系，异于借款合同中借款本金与利息之间的关系，借款利息不能预先扣除的法律规定，不能类推适用于融资租赁关系。

(2)对于租赁物所有权的归属，根据委托购买合同的约定，承租人在完成验收并将《租赁物交付与验收证明书》交付出租人时，该租赁物所有权视为转移给出租人。依照当事人间的合同约定，应确定出租人享有系争租赁物的所有权。

(3)关于出租人的各项诉讼请求，二审法院认定：

第一，承租人自第13期租金(应付日期为2013年7月30日)起即产生违约，故出租人有权依据租赁合同第十一条之约定，诉请解除合同。一审法院判决支持解除合同无误，但租赁合同的解除，系由出租人行使合同约定的单方解除权所致，故合同解除日期应以解除通知到达承租人之日为准，一审法院判决合同自判决生效之日解除，于法不合，法院予以纠正。出租人主张以一审诉讼副本送达承租人之日(2013年10月13日)为合同解除日，于法有据，法院予以确认。

第二，因租赁物所有权归属于出租人，承租人系基于租赁合同而占有使用租赁物，租赁合同解除后，承租人即丧失继续占有使用租赁物之权利，故出租人返还租赁物的诉请，于法有据，法院予以支持。出租人又主张，如租赁物不能返还，则要求承租人按第14期至第18期未付租金之和131.11万元赔偿损失。对此,法院认为,根据《最高人民法院关于审理融资租赁合同纠纷案件适用法律问题的解释》第二十二条的规定,出租人在请求解除融资租赁合同的同时,有权请求收回租赁物并赔偿损失。损失赔偿范围为承租人全部未付租金及其他费用与收回租赁物价值的差额。而在租赁物不能返还的情况下,等同于收回租赁物价值为零,出租人在其他诉讼请求中主张的第13期租金48.39万元,与本项诉讼请求亦无重合,故出租人主张租赁物不能返还时,直接要求对方赔偿第14期至第18期未付租金之和的诉请,符合上述司法解释的规定,本院亦予支持。但是,如承租人能够返还部分租赁物的,则返还的租赁物价值从131.11万元中扣除。

第三,出租人请求承租人支付合同解除前已到期未付的第13期租金48.39万元,依法有据,一审判决支持该项诉讼请求无误,应予维持。

第四,依租赁合同第十二条之约定,承租人未依约支付租金时,应按租金总额余额自应偿还之日起,按照年利率20%加付违约金。本案中承租人自第13期起未依约支付租金,而该第13期租金的约定支付时间为2013年7月30日。故出租人主张自2013年9月9日起至判决生效之日止,按年利率20%计算的违约金,于约无悖。关于违约金的计算基数,出租人主张为第13期至第18期未付租金之和179.5万元,与租赁合同的约定相符,本院予以认可。一审法院所认定违约金计算基数有误,本院予以纠正。

二审法院判决:(1)维持一审法院判决中关于承租人向出租人偿付截至2013年9月9日的已到期租金48.39万元。(2)出租人主张以诉状副本送达日为合同解除日,法院予以确认。(3)承租人于判决生效之日起十日内,向出租人返还租赁物。(4)若租赁物完全不能返还,承租人则应赔偿出租人第14~18期租金131.11万元。若能部分返还,则就返还之租赁物,应由出租人与承租人协议折价,或者拍卖、变卖,所得价款用于冲抵上述131.11万元。冲抵后不足部分,仍由出租人继续清偿,如所得价款超出131.11万元,则超出部分归承租人所有。(5)承租人应于本判决生效之日起十日内,以179.5万元为基数,按年利率20%计,支付出租人自2013年9月9日起至本判决生效之日止的违约金。(6)保证人对上述第3、4项中的金钱给付义务承担连带清偿责任,并有权就其所清偿部分向承租人追偿。

四、对本案的评析

本案的亮点在于二审法院在充分理解和尊重《关于审理融资租赁合同纠纷案件适用法律问题的解释》(以下简称《司法解释》)第二十二条和当事人合同约定的基础

上，不仅支持出租人解除租赁合同，取回租赁物，而且判决在租赁物不能返还时，出租人有权以全部未到期租金确定损害赔偿范围，并在租赁物部分返还时，双方可以通过折价、拍卖、变卖方式处置租赁物，以处置所得确认租赁物价值进而明确了承租人的损失赔偿范围。出租人的物权与债权通过一份判决得到了支持并可申请执行，减少了出租人的诉累。

同时，二审法院也就实践中出现的出租人直接将保证金、服务费、首付租金从租赁物购买价款中扣除的行为的合法性问题作了完整的阐述，在一定程度上解除了出租人对此问题的疑虑。现笔者对本案从以下角度进行评析。

第一，法院对于融资租赁交易与借贷的不同理解和认识是导致本案一审和二审法院审判内容巨大差异的根本原因。

融资租赁交易性质显然不同于借贷，虽然两种交易都具有融资的功能，但融资租赁交易从交易结构、出租人利润构成、行业属性、法律适用等方面均与借贷行为存在明显的差异，一审法院仅从交易功能的相似性角度将借贷交易的法律规则适用于融资租赁交易，显属狭隘且于法有悖。

《合同法》作出借款利息不得在本金中扣除的规定是为了保障借款人足额得到借款合同约定的借款数额，防止贷款人利用优势地位订立不公平的合同内容，变相提高借款利率，侧重于对借款人利益的保护。而融资租赁交易是商事主体在平等条件下，基于解决承租人全部或部分融资需求而开展的市场化商业行为，尊重当事人的意思自治和鼓励交易是适用该交易的基本原则，出租人在形式上或实质上是否全额融资完全是当事人的商业行为，法律无须进行强制规制，因此，《合同法》第十四章“融资租赁合同”以及司法解释并未规定出租人不得在租赁物购买价款中扣除其他款项。

一审法院已认定了出租人与承租人之间的融资租赁合同有效，构成融资租赁法律关系，应依据《合同法》关于融资租赁合同的规定作出认定，其认为融资租赁制度属性要求出租人负有先行及时、足额完成融资的先合同义务是没有法律依据的。

《合同法》第九十九条规定：“当事人互负到期债务，该债务的标的物种类、品质相同的，任何一方可以将自己的债务与对方的债务抵销，但依照法律规定或合同性质不得抵销的除外。当事人主张抵销的，应当通知对方。通知自到达对方时生效。抵销不得附条件或者附期限。”根据上述规定并结合本案，出租人支付租赁物购买价款的期限和承租人支付首付租金、服务费、保证金的期限均已到期，且均属于金钱债务，双方已在相关合同中达成了抵销的合意，或通过各自的后续履行行为表示对抵销无异议，因此，二审法院认可了双方当事人之间的抵销行为。基于此，租赁物交付后，出租人有权根据融资租赁合同约定取得租赁物的所有权，同时违约金也应以合同约定的租赁物购买价款全额为基数计算。

笔者非常赞同二审法院对于租金与租赁物购买价款之间关系的论述;另外,笔者也认为,融资租赁交易模式灵活,租金计算方式多样,租金构成取决于各类融资租赁公司的盈利模式和产品定价,既包括本案中的定额租金,也包括与央行基准利率挂钩的租金计算方式,还包括或有租金等,无论何种方式,租金的构成和计算方式完全属于商业条件范畴,不应作为判断融资租赁法律性质和适用法律的唯一标准。

第二,在本案中出租人的物权和债权实际上通过一个诉讼程序得到了支持,减少了出租人的诉累。

《司法解释》第二十一条规定:"出租人既请求承租人支付合同约定的全部未付租金又请求解除融资租赁合同的,人民法院应告知其依照合同法第二百四十八条的规定作出选择。出租人请求承租人支付合同约定的全部未付租金,人民法院判决后承租人未予履行,出租人再行起诉请求解除融资租赁合同、收回租赁物的,人民法院应予受理。"

第二十二条规定:"出租人依照本解释第十二条的规定请求解除融资租赁合同,同时请求收回租赁物并赔偿损失的,人民法院应予支持。前款规定的损失赔偿范围为承租人全部未付租金及其他费用与收回租赁物价值的差额。合同约定租赁期间届满后租赁物归出租人所有的,损失赔偿范围还应包括融资租赁合同到期后租赁物的残值。"

鉴于上述规定,最高人民法院认为,从合同履行的角度看,支付全部租金系主张租金加速到期,但出租人应保证承租人对租赁物的继续使用,即此时合同属于继续履行;而收回租赁物则属于解除合同,[①]因此,解除合同收回租赁物与要求承租人支付全部未付租金的主张不能同时提出。该规定出台后在实践中引起的关注较大,照此规定,出租人面临以下几个问题:

一是出租人的救济行为需要分两次行使,有可能造成出租人的诉累。出租人就债权和物权两者择一行使,实践中出租人一般先要求承租人支付全部未付租金进行救济,若承租人未履行支付义务,则出租人需另行提起诉讼,要求解除合同,取回租赁物并赔偿损失。因此,双方当事人的同一纠纷需要通过两个诉讼程序来解决,增加了诉讼成本和时间。

二是确定租赁物价值的难度较大,当事人之间往往发生争议,且承租人有可能在出租人确认租赁物价值时设置障碍,因此出租人在提出解除合同,收回租赁物并赔偿

① 《最高人民法院关于融资租赁合同司法解释理解与适用》第 306 页,人民法院出版社,2014 年 3 月第 1 版。

损失的情况下，需先确定租赁物价值，进而确定损失赔偿范围，这存在操作上的难度。

本案二审法院在解决上述问题时提供了新的审判思路，提出了合理的解决之道，有利于定纷止争，减少诉累。一是确认解除租赁合同，出租人享有所有权，出租人基于其享有的所有权行使租赁物取回的权利；二是合理确认了租赁物价值的判断方式：在承租人未按判决指定的期限内返还租赁物的情况下，认定出租人收回的租赁物价值为零；三是以租赁物变现价值确定租赁物价值，即在承租人部分返还租赁物的情况下，就返还的租赁物当事人可以通过折价、拍卖、变卖的价款折抵承租人全部未付租金；四是确认了出租人的债权范围，租赁物处置价款超过承租人全部未付租金时，超过部分归承租人所有，是公平原则在当事人权利义务分配中的运用和体现；五是判决书中既明确了承租人履行返还租赁物的期限，也包括了承租人在部分返还租赁物的情况下，出租人和承租人确定租赁物价值的方式，且与《物权法》中规定的处置抵押物的方式相同，充分体现了租赁物对于租赁债权的担保功能，具有很强的可执行性。

本案略有遗憾之处在于：二审判决中将租赁物价值仅冲抵了租赁合同解除后未到期租金，而未抵偿逾期租金。笔者认为，《司法解释》第二十二条中规定的"全部未付租金"中应既包括逾期租金，也应包括出租人解除合同时支付期限尚未届至的未到期的租金，因此，租赁物收回价值应抵偿上述两部分款项之和。

2.5.8 案例八：物债择一的诉讼困局——兼议行使取回权是否需要评估租赁物价值①

《关于审理融资租赁合同纠纷案件适用法律问题的解释》颁布以后，审判机关对租赁公司诉权的干预过大，导致合同约定被弃用，只能按照该司法解释的思路单一选择行使物权或债权，导致租赁公司陷入诉讼的困局。本案例突显了这一矛盾，希望这一现象是暂时的。

案例②

一、案件基本事实

2012 年 11 月，A 融资租赁公司与 B 承租人签订融资租赁合同，约定：租赁物为某品牌卷筒纸印刷机 1 台。A 融资租赁公司根据 B 承租人对卖方、租赁物的选择，向 B 承租人选定的卖方购买租赁物，出租给 B 承租人使用。在 B 承租人满足 A 融资租赁公司的相关条件后，A 融资租赁公司向 B 承租人开具交货通知函，租赁物由卖方直接

① 本部分作者为北京市汇融律师事务所律师邹颖。

② 北京市朝阳区人民(2014)朝民初字 2493 号法院民事判决书，2014 年 6 月 16 日作出。

向 B 承租人交付。B 承租人每月向 A 融资租赁公司支付一次租金,共分 36 次支付。B 承租人向 A 融资租赁公司一次性支付保证金 445000 元,作为 B 承租人履行该合同的担保,保证金不计息。B 承租人在履行融资租赁合同过程中如果发生违约情形,A 融资租赁公司有权处置保证金,按逾期利息、违约金、其他应付款项、欠付租金、未到期租金、留购价款的顺序抵扣 B 承租人对 A 融资租赁公司的欠款。在租赁期限内,A 融资租赁公司是租赁物的唯一所有权人,A 融资租赁公司对租赁物享有完全的所有权。租赁期满,租赁物留购价款为 100 元,B 承租人按时足额支付了该合同项下所有款项并履行了该合同项下的全部义务后,租赁物所有权转移至 B 承租人。若 B 承租人未按合同约定支付租金、其他应付款项,B 承租人应就逾期未付款项按日万分之八向 A 融资租赁公司支付该款项应付日起至全部付清之日止的逾期利息。在本合同有效期内,若 B 承租人未按合同约定向 A 融资租赁公司支付租金及其他应付款项,视为 B 承租人根本违约,A 融资租赁公司有权采取以下一项或多项措施:(1)要求维修服务商停止相关服务、禁止 B 承租人使用租赁物,且不对承租人因此遭受的损害承担任何责任;(2)立即向 B 承租人追索该合同项下所有逾期利息、违约金、欠付租前息(如有)、欠付租金、全部未到期租前息(如有)、全部未到期租金、其他应付款项;(3)要求 B 承租人提供令 A 融资租赁公司满意的担保;(4)解除该合同;(5)要求 B 承租人返还租赁物或直接进入租赁物所在地取回租赁物;(6)要求 B 承租人赔偿 A 融资租赁公司因 B 公司的违约行为而受到的全部实际损失、费用及预期利益的损失;(7)采取法律允许的其他救济方式。根据该合同,B 承租人应于 2012 年 12 月至 2015 年 11 月,每月支付租金 126057.16 元,共计 4538057.76 元。

同时,两保证人出具了不可撤销担保书,两保证人同意就 A 融资租赁公司与 B 承租人订立的融资租赁合同项下 B 承租人对 A 融资租赁公司所负债务承担连带责任保证。保证范围为 B 承租人在融资租赁合同项下的全部债务,包括但不限于 B 承租人应支付的租金、逾期利息、违约金、损害赔偿金、手续费、保险费、留购价款以及 A 融资租赁公司为实现债权而支付的费用。

合同签订后,B 承租人向 A 融资租赁公司支付了包括保证金在内的首期款。A 融资租赁公司履行了向卖方支付租赁物购买价款的义务,租赁物于 2012 年 11 月交付给了承租人。在合同履行期间,B 承租人向 A 融资租赁公司支付了 2012 年 12 月至 2013 年 9 月的全部租金,其余租金未付,且已无法联络。截至 A 融资租赁公司起诉日,B 公司尚欠 A 公司已到期租金 252114.32 元、逾期利息 3777.19 元和未到期租金 3151429 元。

二、起诉与答辩及法院的认定和判决

原告的诉讼请求：鉴于本案在《关于审理融资租赁合同纠纷案件适用法律问题的解释》（以下简称《司法解释》）出台前受理，原告在起诉时的诉讼请求包括：(1)解除融资租赁合同；(2)取回租赁物；(3)要求承租人支付全部到期未付租金、逾期利息、全部未到期租金及其他应付款项；(4)要求承租人赔偿 A 融资租赁公司在诉讼财产保全过程中所支付的保全费和差旅费；(5)要求承租人承担本案诉讼费用；(6)要求保证人对承租人的义务承担连带保证责任。

该案件开庭前适逢《司法解释》刚刚出台，根据《司法解释》第二十一条的规定，"出租人既请求承租人支付合同约定的全部未付租金又请求解除融资租赁合同的，人民法院应告知其依照合同法第二百四十八条的规定作出选择"，审理法官当庭向 A 融资租赁公司释明：取回租赁物和要求 B 承租人支付全部未付租金只能择一行使。抗争无效后，A 融资租赁公司被迫选择解除合同，取回租赁物，并要求 B 承租人支付到期未付租金。法官继续告知：根据当地高级人民法院对下级法院就适用司法解释的现场指导，若出租人选择取回租赁物，无论是仅主张到期未付租金或是主张全部未到期租金，均需要对租赁物进行评估，法官认为，根据《司法解释》第二十二条的规定，出租人解除租赁合同，同时请求收回租赁物赔偿损失的，"损失赔偿的范围为承租人全部未付租金及其他费用与收回租赁物价值的差额"。因此首先需要对租赁物价值进行确定，才能确定承租人的损失赔偿范围，而只有通过评估的方式才是对双方都公平的价值确定方式。但当事人考虑到，评估所需时间较长，可能错过通过执行程序处置租赁物的时机，迫于时间压力，A 融资租赁公司为及时得到有效判决并申请执行，最终撤回了要求取回租赁物的诉讼请求，改为主张债权。

被告的答辩：被告未出庭，未进行答辩。

法院经审理认为：A 融资租赁公司与 B 承租人签订的融资租赁合同以及两保证人出具的担保书，均系当事人真实意思表示，且不违反法律强制性规定，上述合同合法有效，双方当事人应当按照合同约定履行义务。A 融资租赁公司向 B 承租人交付了合同约定的租赁物，A 融资租赁公司履行了合同的主要义务，B 承租人应当按照合同约定足额支付租金。因 B 承租人迟延履行其付款义务，A 融资租赁公司有权要求 B 承租人支付全部租金、逾期利息。因 B 承租人向 A 融资租赁公司交纳了保证金，在 B 承租人未按期还款的情况下，应根据合同约定将该保证金抵偿相等金额的逾期利息和租金。在本案中，保证金应先抵扣逾期利息，剩余部分抵扣租金。因 B 承租人未履行合同义务，造成 A 融资租赁公司的实际损失 B 承租人应予以赔偿。两保证人应对 B 承租人的上述债务向A融资租赁公司承担连带保证责任。两保证人在承担连带保证责任后，有权向B承租人追偿。B承租人、两保证人经合法传唤，无正当理由未出庭应诉，视为其放弃答辩权利，且不影响本院依法查明事实。

法院判决：B承租人于判决生效之日给付A融资租赁公司全部已到期未付租金和未到期租金（从中扣除租赁保证金）；B承租人赔偿因A承租人进行财产保全所支付的保全费和差旅费；两保证人对B承租人应偿还的款项承担连带清偿责任，并在承担保证责任后，有权向B承租人追偿。

三、对本案的评析

本案审理的结果没有意外，但是在审理过程中暴露出以下两个问题，值得关注：

第一，在融资租赁合同中明确约定了出租人有权同时主张取回租赁物和要求承租人支付全部到期及未到期租金的前提下，法院能否要求出租人只能在物权和债权中择一行使？

第二，在出租人选择取回租赁物时，是否必然需要对租赁物的价值进行评估？

对于第一个问题，笔者认为，首先，法院应充分尊重合同约定。意思自治作为最重要、最基本的私法原则应当在此得到贯彻，物债择一的方式应仅在合同未明确约定的情况下适用。融资租赁交易的典型特征是既融资又融物，对于出租人来说，出租人的债权可以通过主张物权予以实现是融资租赁交易较其他融资行为不同的核心优势。

其次，《司法解释》规定出租人对于物权和债权不能同时主张，是出于出租人不应得到租赁物和租赁债权双份利益的角度考虑，如果该交易为全额偿付模式（即出租人的成本和利润在租期届满时可以从承租人处得到全部实现），该规定有合理性，但在非全额偿付模式下（即出租人的成本和利润无法在租期届满时全部实现，而是根据承租人在期末选择不同，出租人有可能通过收回租赁物再转让、续租、另行开展新的租赁等方式实现），仍要求出租人不能向承租人同时主张物权和债权，将导致出租人丧失租赁物余值对全部债权的担保利益，明显对出租人不公平。随着融资租赁行业的发展，创新模式不断涌现，司法实践对融资租赁交易的理解和规定显然滞后，因此，法院不应对出租人物权和债权作简单的割裂，此时法院对当事人的意思自治的尊重尤为重要。

最后，根据《司法解释》第二十一条和第二十二条的规定，出租人与承租人的纠纷和矛盾分两次诉讼才解决，既不经济，也不便捷，将造成司法资源的浪费和当事人的诉累。

对于第二个问题，笔者认为，在融资租赁诉讼中，只有双方当事人就租赁物价值的确定发生争议的，才涉及评估程序。

《司法解释》第二十三条规定："诉讼期间承租人与出租人对租赁物价值有争议的，人民法院可以按照融资租赁合同的约定确定租赁物价值；融资租赁合同未约定或者约定不明的，可以参照融资租赁合同约定的租赁物折旧以及合同到期后租赁物的残值确定租赁物价值。承租人或者出租人认为依前款确定的价值严重偏离租赁物实际价值的，可以请求人民法院委托有资质的机构评估或者拍卖确定。"

首先，出租人与承租人签订的两份融资租赁合同中均明确约定：在承租人出现根本违约的情形下，出租人有权采取"要求乙方返还租赁物或直接进入租赁物所在地取回租赁物"；因此，根据双方当事人的约定，出租人也有权不经评估程序直接要求承租人返还租赁物。

其次，当事人对租赁物价值发生争议是法院对租赁物进行评估的前提。在本案中，承租人未进行答辩，也未出庭应诉，即双方当事人在本案中对租赁物价值确定并无争议。

最后，根据《司法解释》的规定，法院对租赁物实际价值进行评估或拍卖的，应基于当事人的请求，在本案中，当事人没有对租赁物价值要求评估，法院无权干预，也不能依职权对租赁物价值进行确认。

根据以上理由，笔者认为本案受理法院的做法值得商榷。最高人民法院李志刚法官在人民法院报发表的《融资租赁合同欠租纠纷的诉请类型与裁判方式》一文中表达了相同的观点："出租人诉请收回租赁物并不必然启动租赁物的评估程序。"

2.5.9 案例九：强制执行公证制度在融资租赁交易中的实际运用情况[①]

《民事诉讼法》第二百三十八条规定："对公证机关依法赋予强制执行效力的债权文书，一方当事人不履行的，对方当事人可以向有管辖权的人民法院申请执行，受申请的人民法院应当执行……"《中华人民共和国公证法》（以下简称《公证法》）第三十七条规定："对经公证的以给付为内容并载明债务人愿意接受强制执行承诺的债权文书，债务人不履行或者履行不适当的，债权人可以依法向有管辖权的人民法院申请执行……"为避免复杂的诉讼程序并有效保障债权人的合法权益，强制执行公证制度越来越多地在债权债务关系中得以运用。

融资租赁合同作为一种债权债务关系清晰的债权文书，只需在合同中明确承

① 本部分作者为北京市汇融律师事务所律师于峰。

租人承诺愿意接受依法强制执行的约定，便具备了“符合赋予强制执行效力”的条件，经过相应的公证程序，应当适用强制执行公证的相关法律规定。但从本部分所分析的案件来看，强制执行公证制度在融资租赁交易中的实际运用并不顺畅。笔者因此书写本部分，希望司法机关能够早日作出明确融资租赁合同适用强制执行公证制度的相关司法解释，让广大的融资租赁公司能够早日享受到法律赋予债权人的该项制度保障。

中信富通融资租赁有限公司债权纠纷执行案①

申请执行人：中信富通融资租赁有限公司（以下简称富通融资租赁公司）

被执行人：辽宁渤船重工船舶修造有限公司（以下简称辽宁船舶修造公司）

被执行人：葫芦岛渤船重工渤海造船有限公司（以下简称葫芦岛造船公司）

被执行人：海口南北农副产品批发有限公司（以下简称海口农副产品批发公司）（海玻厂内）

一、案件基本事实

2013 年 7 月 15 日，作为出租人的富通融资租赁公司与联合承租人辽宁船舶修造公司、葫芦岛造船公司签订了一份售后回租融资租赁合同，约定“租赁物为吊车及起重设备，租赁本金 5680 万元，租赁期限三年，利率 8.9944%，起租日为 2013 年 7 月 29 日，租金支付周期为每三个月，租金支付方式为等额本息还款，期末支付”；约定由海口农副产品批发公司以其拥有所有权的位于海口市的 40 套房屋为融资租赁合同项下的债权提供抵押担保；同时约定承租人在租赁期间未能按时足额支付任何一期租金或其他应付款项，或者出现转移财产或抽逃注册资金、财务状况恶化、丧失商业信誉等情形时，出租人有权选择采取要求承租人立即付清全部租金、滞纳金、违约金及一切其他应付款项；或径行收回租赁物，并要求承租人赔偿出租人的全部损失。同时特别约定，融资租赁合同需办理具有强制执行效力的债权文书公证，由承租人承诺：如不履行或不完全履行合同项下的任何义务时，自愿接受司法机关的强制执行。合同签订当日，海南省海口市椰城公证处（以下简称椰城公证处）根据双方的申请，出具了（2013）椰城证经字第 361 号公证书，并确定该公证书具有强制执行效力。

签订融租赁合同的当日，富通融资租赁公司另与海口农副产品批发公司签订了房地产抵押合同，约定海口农副产品批发公司以其拥有所有权的 40 套位于海口市秀英

① 参见海南省海口市中级人民法院（2014）海中法执字第 207 号执行裁定书，于 2014 年 5 月 29 日作出。

大道 24－16 号海玻市场的房屋为融资租赁合同项下债权提供抵押担保，亦特别约定，抵押合同需要办理具有强制执行效力的债权文书公证。抵押人海口农副产品批发公司承诺：如承租人或抵押人不履行或不完全履行其在主合同项下的任何义务，抵押权人需要实现抵押权时，抵押人自愿接受司法机关的强制执行。当日，椰城公证处根据双方的申请，作出〔2013〕椰城证经字第 362 号公证书，并确定该公证书具有强制执行效力。2013 年 7 月 23 日，双方就上述抵押办理他项权利登记，富通融资租赁公司领取了房屋他项权利证。

2014 年 3 月 12 日，富通融资租赁公司向椰城公证处申请出具上述融资租赁合同与抵押合同的执行证书，椰城公证处于 2014 年 3 月 25 日向其出具了〔2014〕椰城证经字第 130 号执行证书，富通融资租赁公司持该执行证书及相关证据于 2014 年 4 月 24 日向海南省海口市中级人民法院（以下简称海口中院）申请强制执行承租人拖欠的租金及其他应付款，即本金人民币 50813000 元和利息、逾期租金滞纳金以及为实现债权所支付的其他费用。

二、海口中院裁定不予执行

海口中院于 2014 年 5 月 29 日作出了〔2014〕海中法执子第 207 号《执行裁定书》，裁定不予执行。

海口中院在其《执行裁定书》中间接肯定了该案融资租赁合同的效力，并认为“融资租赁合同为融信贷与租赁为一体的新型租赁合同”。于是援引《最高人民法院、司法部关于公证机关赋予强制执行效力的债权文书执行有关问题的联合通知》（司发通〔2000〕107 号，以下简称《高院、司法部联合通知》）第一条的规定：“公证机关赋予强制执行效力的债权文书应当具备以下条件：（一）债权文书具有给付货币、物品、有价证券的内容……”第二条的规定：“公证机关赋予强制执行效力的债权文书的范围：（一）借款合同、借用合同、无财产担保的租赁合同……”海口中院认为，本案中，富通融资租赁公司与海口农副产品批发公司签订了房地产抵押合同，以海口农副产品批发公司拥有所有权的 40 套房屋为本案融资租赁合同项下债权提供抵押担保，并办理了抵押登记，且富通融资租赁公司在申请强制执行时将海口农副产品批发公司一并列为被执行人，因此，“涉案融资租赁合同实际为有财产担保的租赁合同，不属于公证机关赋予强制执行效力的债权文书的范围”，且抵押合同“不具有给付货币、物品、有价证券的内容，不具备赋予强制执行效力的条件”。综上理由，海口中院认为椰城公证处做出的两份公证书均存在错误。于是作出不予执行的裁定。

三、对本案的评析

1. 海口中院认为“融资租赁合同为融信贷与租赁为一体的新型租赁合同”，笔者认为这种观点有待商榷

《合同法》第十三章、第十四章分别对“租赁合同”以及“融资租赁合同”进行了规定，《合同法》第二百一十二条规定：“租赁合同是出租人将租赁物交付承租人使用、收益，承租人支付租金的合同。”第二百三十七条规定：“融资租赁合同是出租人根据承租人对出卖人、租赁物的选择，向出卖人购买租赁物，提供给承租人使用，承租人支付租金的合同。”

从二者的定义可以看出：首先，二者租赁物购置目的和来源不同。在租赁合同中，租赁物的选取、购置是出于出租人的决策；而在融资租赁合同中，则是“出租人根据承租人对出卖人、租赁物的选择，向出卖人购买租赁物”。其次，由于前述区别，导致二者在解除合同时的条件有所不同。对于租赁合同来说，承租人解除合同后，出租人寻找其他承租人相对比较容易，解除合同对于出租人利益的损害相对较小，这就使得出租人与承租人对解除合同条件的约定往往不会过于苛刻，承租人解除租赁合同并不困难；而对于融资租赁合同来说，出租人购买租赁物是根据承租人的意愿和选择，出租人购买租赁物的目的即出租人给承租人使用，出租人自己对于租赁物并没有占有、使用的需求，一旦承租人解除合同，出租人收回的租赁物对其便成为一种负担，因此融资租赁合同中一般禁止承租人解除合同。再次，承担租赁物瑕疵担保责任与负有维修义务的主体不同。在租赁合同中，由出租人负责对租赁物进行维修，并承担租赁物的瑕疵担保责任；而在融资租赁合同中，无论是在租赁物出租前还是出租期间，出租人均未对租赁物进行过实际控制，租赁物与供货商均由承租人自行选择确定，因此由承租人承担租赁物的瑕疵担保责任，并承担租赁物的维修、保养、维护义务。最后，二者租金结构不同。在租赁合同中，出租人通过多次租给不同的承租人收取租金赚取利润，承租人支付的租金为其占有、使用租赁物的对价；而在融资租赁合同中，承租人主要是通过融物达到融资的目的，出租人往往通过一次租赁而收回全部成本和利润，因此承租人支付的租金为占用出租人资金的对价。

所以，融资租赁合同与租赁合同是两种完全不同的合同类别，海口中院将融资租赁合同归属为租赁合同，并以司法解释中关于设置财产担保的租赁合同不能作为公证机关可以赋予强制执行效力的债权文书的规定为依据，裁定不予执行富通融资租赁公司的强制执行申请，有失偏颇。

2. 融资租赁交易应可适用于强制执行公证制度

《高院、司法部联合通知》第二条规定："公证机关赋予强制执行效力的债权文书的范围：（一）借款合同、借用合同、无财产担保的租赁合同；（二）赊欠货物的债权文书；（三）各种借据、欠单；（四）还款（物）协议；（五）以给付赡养费、扶养费、抚育费、学费、赔（补）偿金为内容的协议；（六）符合赋予强制执行效力条件的其他债权文书。"鉴于融资租赁合同非租赁合同，因此融资租赁合同不应以是否"无财产担保的租赁合同"作为判断其是否属于公证机关赋予强制执行效力的债权文书的标准。融资租赁合同也不属于上述规定中所列举的第（一）至（五）项中的任意一种合同或协议，那么只能考量融资租赁合同是否属于上述规定中第（六）项所规定的"符合赋予强制执行效力条件的其他债权文书"了。

关于什么是"债权文书"，虽然《民事诉讼法》《公证法》等法律法规及相关司法解释中，均使用"债权文书"这一措辞，但是并未对"债权文书"加以明确定义，结合《民事诉讼法》《公证法》《高院、司法部联合通知》等相关法律法规、司法解释的规定，以及公证法学界学者的相关观点，笔者认为，债权文书应是一种依当事人真实意思表示而签订的，能够明确体现当事人之间债权债务关系，及权利行使和义务履行方式的、合法的权利性文书。具体可以表现为合同、协议、借条、欠条等。融资租赁合同作为合同的一个类别，通常为出租人与承租人出于各自的真实意思表示，达成合意后而签订的，合同中均会明确约定出租人与承租人的权利义务，以及各自行使权利与履行义务的方式等，符合债权文书的内涵，融资租赁合同应属于债权文书的一种。

融资租赁合同是否属于"符合赋予强制执行效力条件的其他债权文书"，《高院、司法部联合通知》第一条规定："公证机关赋予强制执行效力的债权文书应当具备以下条件：（一）债权文书具有给付货币、物品、有价证券的内容；（二）债权债务关系明确，债权人和债务人对债权文书有关给付内容无疑义；（三）债权文书中载明债务人不履行义务或不完全履行义务时，债务人愿意接受依法强制执行的承诺。"下面就对融资租赁合同是否符合上述三项条件逐一进行分析。

首先，在融资租赁合同中，债务人的违约主要表现在承租人未按约定履行其支付租金的义务，在承租人违约拒付租金时，出租人还可以收回租赁物。出租人要求承租人支付租金，即为给付货币的内容；出租人收回租赁物，即为给付物品的内容，可见作为债权文书的融资租赁合同具有给付货币、物品的内容，符合《司法解释》中第一项条件的规定。

其次，对融资租赁合同是否符合上述规定的条件（二）进行考察。在融资租赁合同中，对租赁物的名称、规格、数量，租赁期限，租金、利息、其他应付款，出租人与承租人的权利义务等确定融资租赁债权债务关系的相关内容作出了明确规定，上述案件中所涉《融资租赁合同》中就明确规定了"租赁物为吊车及起重设备，租赁本金5680万元，租赁期限三年，利率8.9944%，起租日为2013年7月29日，租金支付周期为每三个月，租金支付方式为等额本息还款，期末支付"等内容。可见，在通常情况下，融资租赁合同是符合"债权债务关系明确，债权人和债务人对债权文书有关给付内容无疑义"这一条件的。

最后，是要考察融资租赁合同中是否"载明债务人不履行义务或不完全履行义务时，债务人愿意接受依法强制执行的承诺"。此条件并非所有的融资租赁合同都具备，只有在约定适用强制执行公证制度的情况下，出租人才会要求承租人在融资租赁合同中作出上述承诺。如本部分所列举的案件中，出租人富通融资租赁公司就要求联合承租人辽宁船舶修造公司与葫芦岛造船公司在融资租赁合同中进行了相应承诺。若融资租赁合同中有上述债务人的承诺，应当认定其具备了第三项条件。

另外，《高院、司法部联合通知》中规定的"公证机关赋予强制执行效力的债权文书的范围"第六项为"符合赋予强制执行效力条件的其他债权文书"，并未规定为其他"无财产担保的"债权文书。因此，笔者认为，无论融资租赁合同项下的债权有无任何财产担保，只要具备了上述司法解释中规定的公证机关赋予强制执行效力的债权文书应当具备的三项条件，并办理相应的公证手续的，就应当认定该融资租赁合同系"公证机关依法赋予强制执行效力的债权文书"，承租人不履行或不完全履行其合同义务时，出租人有权向有管辖权的人民法院申请执行，受申请的人民法院应当执行。

3.海口中院裁定部分有失偏颇

综上所述，案件涉及的融资租赁合同符合公证机关赋予强制执行效力的债权文书的范围和条件，海口中院应当依据《民事诉讼法》第二百三十八条，以及《公证法》第三十七条的规定，对椰城公证处作出的〔2013〕椰城证经字第361号公证书赋予《融资租赁合同》的强制执行效力予以认定，并依法予以强制执行。

至于案件所涉抵押担保合同，根据《担保法》第五十三条第一款规定："债务履行期届满抵押权人未受清偿的，可以与抵押人协议以抵押物折价或者以拍卖、变卖该抵押物所得的价款受偿；协议不成的，抵押权人可以向人民法院提起诉讼。"可见，富通融资租赁公司实现其抵押权所主张的权利是将抵押物处置后所得价款的优先受偿权，而非直接以抵押人给付货币、物品、有价证券为内容，与《高院、司法部联合通知》第一条中规定的第一项条件不符，案件涉及的《房地产抵押合同》无法成为"公证机关赋予强制执行效力的债权文书"。海口中院据此认定椰城公证处做出的（2013）椰城证经字第362号公证书赋予房地产抵押合同强制执行效力存在错误，并裁定不予执行该项公证书是有依据的。

2.5.10 案例十:融资租赁合同担保问题[①]

《公司法》第十六条规定,公司向其他企业投资或者为他人提供担保,依照公司章程的规定,由董事会或者股东会、股东大会决议;公司章程对投资或者担保的总额及单项投资或者担保数额有限额规定的,不得超过规定的限额。公司为公司股东或者实际控制人提供担保的,必须经股东会或者股东大会决议。前款规定的股东或者受前款规定的实际控制人支配的股东,不得参加前款规定事项的表决。该项表决由出席会议的其他股东所持表决权的过半数通过。

在融资租赁交易中,融资租赁公司为确保租赁债权的实现一般要接受担保人对承租人债务提供的担保,但是否要同时取得担保人董事会或者股东会、股东大会的决议,是否要就该等决议履行审查义务,是融资租赁公司十分关心的问题,希望此案会给读者一些有益的启示。

招商银行股份有限公司大连东港支行与大连振邦氟涂料股份有限公司、大连振邦集团有限公司借款合同纠纷案[②]

再审申请人(一审原告、二审上诉人):招商银行股份有限公司大连东港支行(原招商银行股份有限公司大连胜利广场支行)

被申请人(一审被告、二审被上诉人):大连振邦氟涂料股份有限公司

原审被告:大连振邦集团有限公司

一、案件基本事实

2006 年 4 月 30 日,再审申请人招商银行股份有限公司大连东港支行(以下简称招行东港支行)与原审被告大连振邦集团有限公司(以下简称振邦集团公司)签订编号为 2006 年连贷字第 SL006 号《借款合同》(以下简称借款合同),约定:借款金额为 1496.5 万元人民币;借款期限自 2006 年 4 月 30 日至 2006 年 6 月 30 日(2 个月),以实际放款日为准;贷款利率为年利率 6.435%;未按期偿还的借款部分从逾期之日起按在原利率基础上加收 50% 计收。

2006 年 6 月 8 日,再审被申请人大连振邦氟涂料股份有限公司(以下简称振邦股份公司)出具了编号为 2006 年连保字第 SL002 号《不可撤销担保书》(以下简称《担保

① 本部分作者为北京市汇融律师事务所律师王雅洁。

② 参见最高人民法院(2012)民提字第 156 号民事判决书,2014 年 4 月 22 日作出。

书》),承诺对借款合同承担连带保证责任,保证范围包括借款本金、利息、罚息、违约金及其他一切相关费用。保证期间为自担保书生效之日起至借款合同履行期限届满另加两年。2006 年 4 月 30 日,招行东港支行与振邦股份公司分别签订了两份抵押合同,约定以 182599 平方米的国有土地使用权(土地证号为大甘国用 2005 第 4038 号)及 17 套共计 24361.09 平方米的房产提供抵押担保,并分别于同年 6 月 6 日、6 月 8 日办理了抵押登记。抵押合同的担保范围为包括但不限于借款本金、利息、罚息、违约金、损害赔偿金及实现债权的费用。招行东港支行就前述担保事项取得了振邦股份公司提供的《股东会担保决议》(以下简称《股东会决议》)。

2006 年 6 月 8 日,招行东港支行按照借款合同约定将借款足额支付至振邦集团公司账户内。借款到期后,振邦集团公司未能偿还借款本息。振邦股份公司也未履行担保义务。

二、起诉与答辩及法院的认定与判决

2008 年 6 月 18 日,招行东港支行诉至大连市中级人民法院,请求判令振邦集团公司偿还贷款本金 1496.5 万元及至给付之日的利息(包括逾期利息);要求振邦股份公司对上述债务承担连带责任;要求两被告承担诉讼费、保全费等。

大连中院认定:招行东港支行与振邦集团公司签订的借款合同系双方当事人真实意思表示,合法有效。招行东港支行依约发放了借款,振邦集团公司未能按合同约定按时偿还借款本息系违约行为,应依法承担违约责任。因振邦集团公司系振邦股份公司的股东,振邦股份公司未就提供担保召开过股东会并取得股东会同意,违反《中华《公司法》第十六条的规定,《股东会决议》系无效决议,涉案的抵押合同及担保书系振邦股份公司法定代表人周建良超越权限订立,并且招行东港支行是知道或者应当知道的,理由如下:(1)招行东港支行对《股东会决议》中存在的一些明显瑕疵未尽到合理的形式审查义务,例如,其中股东辽宁科技创业投资有限责任公司的印章显示的公司名称为"辽宁科技创业投资责任公司",招行东港支行对"责任公司"这种名称瑕疵依法应能审查出来。(2)《股东会决议》形成于 2006 年,其上所盖的名为"大连科技风险投资有限公司"的印章系振邦股份公司的股东之一"大连科技风险投资基金有限公司"因 2003 年更名而作废的旧印章。(3)根据《公司法》第十六条第三款规定"前款规定的股东或者受前款规定的实际控制人支配的股东,不得参加前款规定事项的表决",被担保人振邦集团公司作为振邦股份公司的股东,但《股东会决议》上却盖有振邦集团公司的印章。根据最高人民法院《关于适用〈中华人民共和国担保法〉若干问题的解释》(以下简称《担保法解释》)第十一条"法人或者其他组织的法定代表人、负责人超越权限订立的担保合同,除相对人知道或者应当知道其超越权限的以外,该代表行为有效”的规定,该案中抵押合同及担保书应认定为无效。由于振邦股份公司作为担保人给招行东港支行提供的《股东会决议》上盖的4名股东的印章均系虚假印章,其对担保书的无效显然存在过错,招行东港支行作为债权人由于未尽到相应的审查义务也存在过错,故根据《担保法解释》第七条“主合同有效而担保合同无效,债权人无过错的,担保人与债务人对主合同债权人的经济损失承担连带赔偿责任;债权人、担保人有过错的,担保人承担民事责任的部分,不应超过债务人不能清偿部分的二分之一”的规定,振邦股份公司应当对振邦集团公司不能清偿部分的债务承担二分之一的赔偿责任。

该院于2009年12月3日判决如下:(1)振邦集团公司自本判决生效之日起十日内偿还招行东港支行借款本金1496.5万元人民币及利息;(2)在振邦集团公司不能清偿上述款项时,由振邦股份公司对振邦集团公司不能清偿部分的二分之一承担赔偿责任;(3)驳回招行东港支行的其他诉讼请求。

三、上诉与答辩及二审法院的认定与判决

招行东港支行不服上述一审判决,向辽宁省高级人民法院提起上诉称:(1)一审判决认定事实不清,振邦股份公司出具的担保书和签订的抵押合同均有公司印章和其法定代表人的签字,担保系其真实意思表示。(2)一审法院适用法律错误,招行东港支行对担保人的《股东会决议》无审查义务,更无核实其真实性的责任和可能。《公司法》总则第一条即已明确表示该法制定之目的是“为规范公司的组织和行为”,可见《公司法》第十六条规定应是对公司内部行为的强制规范,并未规定公司以外第三人有查实股东会决议的义务与责任。一审法院认为其有核实股东会决议的义务结论有悖逻辑,更违背《公司法》立法之总则。公司为股东担保必须经股东大会决议,但公司审议、决议都是公司内部事务,尤其是有限责任公司,债权人难以实现审查控股股东以及实际控制人的工作。《公司法》第二十二条规定:“股东会决议表决方式违反法律、行政法规或公司章程的,股东可以自决议作出之日起60日内请求人民法院撤销。”既然一审法院在无明文规定的前提下认定第三人对股东会担保决议具有审查义务,那么振邦股份公司股东对担保决议并未在法定期限内行使撤销权,故该决议应视为有效。(3)《股东会决议》上具备公章及法人签名,符合形式审查要件,招行东港支行不存在主观过错,不应对振邦股份公司之股东涉嫌印章造假的行为承担后果。请求二审法院依法改判振邦股份公司为振邦集团公司借款承担连带担保责任或发回重审。

振邦股份公司未作书面答辩，庭审中辩称：(1)振邦股份公司提供的《股东会决议》中 4 个股东的印章经司法鉴定均系伪造且被担保的股东振邦集团公司在决议上盖章，违反了《公司法》第十六条第三款被担保股东必须表决回避的强制性规定，《股东会决议》系无效决议。(2)一审法院认定的是《股东会决议》无效，而不是撤销，因此招行东港支行提出振邦股份公司没有在法定期限内行使撤销权的理由不能成立。(3)《股东会决议》上的几处瑕疵，都是形式上的瑕疵，招行东港支行没有尽到合理的审查义务，对担保无效应承担法律责任。请求二审法院驳回上诉，维持原判。

振邦集团公司庭审中述称：同意招行东港支行的上诉观点，请求二审法院依法判决。

辽宁省高级人民法院审理认为：振邦股份公司为振邦集团公司的借款提供了连带责任保证和抵押担保，由于该担保行为属于股份公司为其股东提供担保，故对其效力的认定应适用《公司法》的有关规定。《公司法》第十六条第二款规定“公司为公司股东或者实际控制人提供担保的，必须经股东或者股东大会决议”。第三款规定“前款规定的股东或者受前款规定的实际控制人支配的股东，不得参加前款规定事项的表决。该项表决由出席会议的其他股东所持表决权的半数通过”。据此，债权人招行东港支行应对《股东会决议》等相关资料的真实性从程序上、形式上进行审查。《股东会决议》中除振邦集团公司外所盖印章外的 4 枚股东印章均不是真实的。另外，振邦集团公司是振邦股份公司的股东和实际控制人，在《股东会决议》上也加盖公司印章，违背《公司法》的规定。综上所述，一审认定《股东会决议》因缺乏真实性导致担保合同无效正确。根据《担保法解释》第七条的规定，该案例中招行东港支行和振邦股份公司对担保合同无效均存在过错，故一审判决振邦股份公司应当对振邦集团公司不能清偿部分的债务承担二分之一的赔偿责任，并无不当。招行东港支行所提一审法院适用法律错误，其不存在过错的上诉理由，不能成立，该院不予采纳。综上所述，一审认定事实清楚，证据确实充分，审判程序合法，应予维持。法院依据《民事诉讼法》第一百五十三条第一款第（一）项之规定，判决：驳回上诉，维持原判。

四、提起再审的理由

招行东港支行不服辽宁省高级人民法院上述民事判决，向最高人民法院申请再审称：

（一）二审生效判决认为对振邦股份公司的担保行为效力的认定应适用《公司法》的有关规定是对法律的理解、适用错误。依据《物权法》第一百零六条关于善意取得制度的规定，招行东港支行依法取得案涉土地、房产抵押权。第一，招行东港支行作为金融机构，为发放贷款而取得该抵押权是善意的；第二，招行东港支行已依约向振邦集团公司发放了贷款，即支付了合理的对价；第三，根据《物权法》的规定，不论振邦股份公司是否有权办理案涉土地的抵押登记、是否取得该公司股东会同意，都不影响招行东港支行基于物权法善意取得制度的规定，合法地取得案涉土地、房产的抵押权。公司为股东提供担保的内部程序《公司法》，但向第三人提供抵押担保的效力问题已经超出了公司内部问题的范畴，则应该适用《物权法》。从《公司法》第一条、第一百四十九条、第一百五十条和第一百五十三条的规定可以看出，股东越权侵权是公司内部责任问题，不能对抗公司外部债权人。至于振邦股份公司因此而遭受的损失，应按《公司法》规定由公司内部相关责任人来承担赔偿责任。

（二）二审生效判决要求招行东港支行对《股东会决议》进行实质性审查，是事实认定错误。第一，招行东港支行作为金融机构，并非专业法律服务机构、或工商行政机关、或抵押登记部门。第二，招行东港支行作为善意第三人对《股东会决议》的形式审查仅限于“有这份文件”。故招行东港支行并没有对其真实性进行审查的义务和能力。

（三）招行东港支行无过错，保证人理应承担连带赔偿责任。招行东港支行不可能知道担保书和抵押合同是振邦股份公司内部管理人员未经过股东会决议越权签订，因为振邦股份公司提供了《股东会决议》文件，并且抵押担保在经过行政机关审查后已登记完毕。抵押登记部门审核后不可能为有问题的抵押担保进行抵押登记。

被申请人振邦股份有限公司经传唤未出庭应诉，其提交书面答辩意见称：(1)善意取得制度不适用本案，原审适用法律正确；(2)申请人未尽合理审慎注意义务，原审认定事实正确；(3)《股东会决议》系伪造，担保未经股东会同意。抵押合同、担保书无效，申请人对无效结果存在过错，被申请人只应承担相应比例的赔偿责任。请求驳回申请人的再审请求。

原审被告振邦集团有限公司未发表答辩意见。

五、再审法院的认定与判决

最高人民法院除认定一二审查明事实外，另查明：再审期间，招行东港支行提交一份新证据，即振邦股份公司股东会成员名单及签字样本，证明振邦股份公司提供给招行东港支行的《股东会决议》上的签字及印章与其提供给招行东港支行的签字及印章样本一致。

最高人民法院认为，本案各方争议的焦点是担保人振邦股份公司承担责任的界定。案涉抵押合同及担保书系担保人振邦股份公司为其股东振邦集团公司之负债向债权人招行东港支行作出的担保行为。作为公司组织及公司行为当受《公司法》调整,同时其以合同形式对外担保行为亦受《合同法》及《担保法》的制约。案涉公司担保合同效力的认定,因其并未超出平等商事主体之间的合同行为的范畴,故应首先从《合同法》相关规定出发展开评判。关于合同效力,《合同法》第五十二条规定"有下列情形之一的,合同无效……(五)违反法律、行政法规的强制性规定"。关于前述法律中的"强制性",最高人民法院《关于适用〈中华人民共和国合同法〉若干问题的解释(二)》(以下简称《合同法解释二》)第十四条则作出如下解释规定"合同法第五十二条第(五)项规定的'强制性规定',是指效力性强制性规定"。因此,法律及相关司法解释均已明确了将违反法律或行政法规中效力性强制性规范作为合同效力的认定标准之一。公司作为不同于自然人的法人主体,其合同行为在接受《合同法》规制的同时,当受作为公司特别规范的《公司法》的制约。《公司法》第一条开宗明义地规定:"为了规范公司的组织和行为,保护公司、股东和债权人的合法权益,维护社会经济秩序,促进社会主义市场经济的发展,制定本法。"《公司法》第十六条第二款规定:"公司为公司股东或者实际控制人提供担保的,必须经股东会或者股东大会决议。"上述《公司法》规定已然明确了其立法本意在于限制公司主体行为,防止公司的实际控制人或者高级管理人员损害公司、小股东或其他债权人的利益,故其实质是内部控制程序,不能以此约束交易相对人。故此上述规定宜理解为管理性强制性规范。对违反该规范的,原则上不宜认定合同无效。另外,如作为效力性规范认定将会降低交易效率和损害交易安全。譬如股东会何时召开,以什么样的形式召开,何人能够代表股东表达真实的意志,均超出交易相对人的判断和控制能力范围,如以违反股东决议程序而判令合同无效,必将降低交易效率,同时也给公司动辄以违反股东决议主张合同无效的不诚信行为留下了制度缺口,最终危害交易安全,不仅有违商事行为的诚信规则,更有违公平正义。故本案一、二审法院以案涉《股东会决议》的决议事项并未经过振邦股份公司股东会的同意,振邦股份公司也未就此事召开过股东大会为由,根据《公司法》第十六条规定,作出案涉担保书及抵押合同无效的认定,属于适用法律错误,再审予以纠正。

在案事实和证据表明,案涉《股东会决议》确实存在部分股东印章虚假、使用变更前的公司印章等瑕疵,以及被担保股东振邦集团公司出现在《股东会决议》中等违背《公司法》规定的情形。振邦股份公司法定代表人周建良超越权限订立抵押合同及担保书,是否构成表见代表,招行东港支行是否善意,亦是本案担保主体责任认定的关键。《合同法》第五十条规定:"法人或者其他组织的法定代表人、负责人超越权限订立的合同,除相对人知道或者应当知道超越权限的以外,该代表行为有效。”本案再审期间,招行东港支行向本院提交的新证据表明,振邦股份公司提供给招行东港支行的股东会决议上的签字及印章与其为担保行为当时提供给招行东港支行的签字及印章样本一致。而振邦股份公司向招行东港支行提供担保时使用的公司印章真实,亦有其法人代表真实签名。且案涉抵押担保在经过行政机关审查后也已办理了登记。至此,招行东港支行在接受担保人担保行为过程中的审查义务已经完成,其有理由相信作为担保公司法定代表人的周建良本人代表行为的真实性。《股东会决议》中存在的相关瑕疵必须经过鉴定机关的鉴定方能识别,必须经过查询公司工商登记才能知晓,必须谙熟《公司法》相关规范才能避免因担保公司内部管理不善而导致的风险,如若将此全部归属于担保债权人的审查义务范围,未免过于严苛,亦有违《合同法》《担保法》等保护交易安全的立法初衷。担保债权人基于对担保人法定代表人身份、公司法人印章真实性的信赖,基于担保人提供的《股东会决议》盖有担保人公司真实印章的事实,完全有理由相信《股东会决议》的真实性,无须也不可能进一步鉴别担保人提供的《股东会决议》的真伪。因此,招行东港支行在接受作为非上市公司的振邦股份公司为其股东提供担保的过程中,已尽到合理的审查义务,主观上构成善意。本案周建良的行为构成表见代表,振邦股份公司对案涉保证合同应承担担保责任。

关于案涉抵押合同的担保责任,鉴于该案一、二审期间招行东港支行仅提出相对人承担连带赔偿责任的诉讼主张,并未提出对案涉抵押物享有优先受偿权的诉讼请求,故其再审中请求享有案涉抵押担保物权的主张已超出原审诉请范围,因此再审中不予审理。

综上所述,依照《合同法》第五十条、第五十二条第(五)项,最高人民法院《合同法解释二》第十四条、《公司法》第十六条第二款、《民事诉讼法》第一百七十条第一款第(二)项、第二百零七条之规定,最高人民法院判决如下:

(1)撤销辽宁省高级人民法院(2010)辽民二终字第15号民事判决、大连市中级人民法院(2009)大民三初字第36号民事判决第(二)项、第(三)项;(2)维持大连市中级人民法院(2009)大民三初字第36号民事判决第(一)项;(3)振邦股份公司对振邦集团公司上述债务承担连带担保责任。如果未按本判决指定的期间履行义务,应当按照《民事诉讼法》第二百五十三条之规定加倍支付迟延履行期间的债务利息。一审案件受理费128690元,财产诉讼保全申请费5000元,合计133690元,由振邦集团公司承担。鉴定费62022元,由振邦股份公司承担。二审案件受理费128690元,由振邦股份公司承担。本判决为终审判决。

六、对本案的评析

招行东港支行与振邦股份有限公司之间的担保合同纠纷一案经三级法院、三次审理，存在两个争议焦点：一是在担保人违反《公司法》第十六条规定的提供的担保是否必然无效；二是作为被担保的债权人应该对担保人提供的内部决议文件尽到何种程度的审查义务。

公司违反《公司法》第十六条规定对外提供的担保是否为无效？

公司对外提供担保时，其所担保的债务人在多数情况下是公司的股东或关联公司，与公司具有密切的利益联系。对于不具有经营担保业务资质的公司来说，被公司担保的股东或关联公司可以从公司的担保行为获益。例如，获得融资或交易机会，而公司承担担保责任则可能侵害公司中小股东、债权人的利益。为此，我国法律在早期对公司提供担保持否定性态度。根据 1993 年制定的旧《公司法》第六十条第三款规定，董事、经理不得以公司资产为本公司的股东或者其他个人提供担保。《担保法解释》第四条规定，董事、经理违反《中华人民共和国公司法》第六十条的规定，以公司资产为本公司的股东或者其他个人债务提供担保的，担保合同无效。除债权人知道或者应当知道的外，债务人、担保人应当对债权人的损失承担连带赔偿责任。

随着社会经济的发展，市场交易主体对公司提供担保行为的需求日益增长。2005 年实施的新《公司法》第十六条的规定，不仅承认了公司享有对外担保的权利，而且明确了公司提供担保的程序规范。随着新《公司法》的实施，上述旧《公司法》第六十条及《担保法解释》第四条规定已不再适用。

如本案再审判决意见所述，担保人以合同形式对外提供的担保首先要受到《合同法》的制约。《合同法》第五十二条第（五）项规定，违反法律、行政法规的强制性规定的合同无效。最高人民法院《合同法解释二》第十四条规定“合同法第五十二条第（五）项规定的‘强制性规定’，是指效力性强制性规定”，可见并非违反了强制性规定的合同一律无效，只有违反了强制性规定中的效力性规定，合同才会必然无效。那么，《公司法》第十六条规定是否属于效力性强制性规定？

在学理上，法律规范大致分为强制性规范和任意性规范。强制性规范是指当事人不能以自由意思选择而必须适用的规范；任意性规范是指当事人可以自己选择是否适用的规范。而强制性规范又可以分为效力性强制性规范和管理性强制性规范（取缔性强制性规范）。违反效力性强制性规范的法律后果为合同无效，违反管理性强制性规范，行为人应该承担的是行政领域或刑事领域的责任，而并非绝对地承担私法领域的责任。对于效力性强制性规范和管理性强制性规范的区分，学术界通说为王利民教授的以下判断标准：第一，法律法规明确规定违反禁止性规定将导致合同无效或不成立的，该规范属于效力性强制性规范；第二，法律法规虽然没有明确规定违反禁止性规定将导致合同无效或不成立，但违反该规定的合同若继续有效将损害国家利益和社会公共利益，该规范属于效力性强制性规范；第三，法律法规虽然没有明确规定违反禁止性规定将导致合同无效或不成立，但违反该规定的合同若继续有效并不损害国家利益和社会公共利益，只是损害当事人的利益，则该规范属于管理性强制性规范[①]。

梁慧星教授认为并非所有的法律规定都能套用效力性强制性规范和管理性强制性规范，《公司法》第十六条既不是效力性强制性规范，也不是管理性强制性规范，而是一种程序性规范[②]。根据目前对效力性强制性规范和管理性强制性规范的概念和分类，学理上倾向于认为，《公司法》第十六条规定的担保程序其立法目的是为了规范公司内部管理，保护公司中小股东利益，不属于效力性强制性规范，违反《公司法》第十六条的担保行为并非必然无效。

在司法实践中，最高人民法院的法官倾向于认为《公司法》第十六条为管理性强制性规范，而非效力性强制性规范，理由为：(1)《公司法》规定了公司提供担保的内部决议程序及权限，但并未规定与该条不符的公司对外担保行为的效力[③]；(2)作为债权人在接受担保时，并无对公司提供担保的内部决议进行真实性审查的义务[④]；(3)《公司法》对公司对外提供担保所需经过的内部决议程序的规定，只是对公司内部行为的约束和行为规范，不得约束第三人[⑤]。综上所述，在目前的司法实践中，较为有影响力且被普遍接纳的观点是，《公司法》第十六条不属于效力性强制性规范，公司对外担保违反该规定的，担保行为不会直接被认定为无效。

本案判决中，法官认为《公司法》立法本意在于规范公司主体行为，《公司法》第十六条第二款是为防止公司的实际控制人或者高级管理人员损害公司、小股东或其他债权人的利益，故其实质是内部控制程序，不能以此约束交易相对人。故此上述规定宜理解为管理性强制性规范。对违反该规范的，原则上不宜认定合同无效。另外，如作为效力性规范认定将会降低交易效率和损害交易安全，有违公平正义。

被担保债权人的审查义务为形式审查还是实质审查？

本案中，振邦股份公司为其主要股东振邦集团对招行东港支行在借款合同项下所

---

① 王利民.合同法研究(第一卷)[M].北京：中国人民大学出版社，2002：658.

② 梁慧星.法律思维与学习方法[EB/OL].北大法宝，http://bmla.chinalawinfo.com/newlaw2002/slc/SLC.asp?Db=art&Gid=335633773，2015-07-09.

③ 参见最高人民法院(2014)民申字第628号民事裁定书，第2页，2014年7月28日作出。

④ 参见最高人民法院(2013)民申字第1785号民事裁定书，第5页，2014年7月22日作出。

⑤ 参见最高人民法院(2014)民二终字第63号民事判决书，第11页，2014年7月31日作出。

负债务提供连带保证担保和抵押担保。根据《公司法》第十六条第二款“公司为公司股东或实际控制人提供担保的，必须经股东会或者股东大会决议”的规定，振邦股份公司向招行东港支行提供了有关担保事项的《股东会决议》，但根据法院查明的事实，《股东会决议》系振邦股份公司伪造。

根据《合同法》第五十条规定，法人或者其他组织的法定代表人、负责人超越权限订立的合同，除相对人知道或者应当知道其超越权限的以外，该代表行为有效，本案双方当事人对债权人招行东港支行是否知道或应当知道《股东会决议》系伪造产生争议。担保人振邦股份公司认为，债权人招行东港支行可以通过其股东的查阅工商登记资料判断《股东会决议》上股东印章及股东名称的真伪，并且被担保的债务人振邦集团公司的印章出现在《股东会决议》上违反了《公司法》第十六条第三款“被担保股东或实际控制人不得参加股东会或股东大会关于担保事项表决”的规定，债权人招行东港支行未尽到审查义务。

本案法官认为，将《股东会决议》的真伪归于担保债权人的审查义务范围过于严苛，有违《合同法》《担保法》等保护交易安全的立法初衷，基于担保人提供的《股东会决议》盖有担保人公司真实印章的事实，担保人有理由相信《股东会决议》的真实性，无须也不可能进一步鉴别担保人提供的《股东会决议》的真伪。应该说本案判决坚持了债权人仅需对担保人提供的决议文件进行形式审查无须进行实质性审查的立场。

笔者认为，如果将对公司对外提供担保的决议文件的真实性、实质性审查义务加之于债权人，这一立场会打破债权人的合理期待，影响交易安全，有违私法领域的诚实信用原则，会倡导不良的交易风气。并且，根据《合同法》第五十条规定，债权人的善意是法律所推定的，债权人无须举证自己的善意，如果担保人主张债权人恶意，则应该承担举证责任。

本案的其他启示：

在本案原审程序中，大连东港支行仅请求担保人振邦股份公司承担连带保证责任，而没有请求实现抵押合同项下抵押权。根据《民事诉讼法》第一百九十九条的规定，当事人对已经发生法律效力的判决、裁定，认为有错误的，可以向上一级人民法院申请再审。即再审的范围应该是原审范围内的诉讼请求，《民事诉讼法司法解释》(2015 年 2 月 4 日公布实施)第四百零五条“当事人的再审请求超出原审诉讼请求的，不予审理”的规定，确认了该规则。大连东港支行在一审中的诉讼策略导致关于实现抵押权的请求没有在本诉中，无法被支持，实为遗憾。

2.6 融资租赁物登记问题发展现状

融资租赁物的登记问题，是融资租赁行业面临的最具代表性的问题之一。融资租赁物登记制度的缺失，使得融资租赁的权属关系难以得到有效保障，已经成为制约我国融资租赁行业发展的主要因素之一。最高人民法院的数据显示，租赁合同纠纷案件从 2007 年的 880 件上升到 2013 年的 8563 件。其中，80% 的案件涉及租赁物登记问题而造成租赁物权利归属纠纷。

由于在融资租赁合同履行过程中，租赁物的所有权和占有权分离，而动产所有权的归属通常以占有作为公示方式，因此对于动产的融资租赁，第三人通常将承租人误认为租赁物的所有权人，这为承租人擅自处置租赁物提供了便利条件。当前法院受理的众多融资租赁案例当中，承租人擅自处置租赁物引发的争议占有相当大的比例。而根据《物权法》的善意取得制度，在这种情况下善意第三人的权利要优先。如此一来，出租人的租赁物权很难得到保障，解决融资租赁物登记公示问题就显得尤为紧迫。

2.6.1 我国融资租赁物权登记现状及问题

融资租赁是基于设备资产的融资交易，在租赁期内，出租人同时拥有物权和债权，但实际上放弃了所有权中与租赁物使用价值相关的功能，仅为法律名义上的所有权，存在承租人越权处分租赁物的风险，如承租人将租赁物抵押或转让给第三人。根据《合同法》以及融资租赁合同惯例的规定，如承租人出现法定或约定的违约事由，出租人可以行使对租赁物的取回权；如承租人破产，租赁物不属于破产财产，出租人对租赁物享有取回权。但上述规定仅仅将出租人对租赁物的所有权和取回权进行了原则性的规定，并没有对实践中频繁出现的物权和抵押权冲突时的解决机制，物权和善意第三人的冲突解决机制，出租人取回权的具体行使条件、程序和方法等进行规定，实践中有可能会出现出租人所有权被侵害的情形。

出租人对租赁物所有权的拥有和控制是融资租赁区别于其他融资方式的本质特征，因此与所有权相关的登记公示制度是出租人控制风险、对抗善意第三人的重要途径。根据我国《物权法》的善意取得制度，如果没有在登记机构办理登记，出租人将无法对抗支付了合理对价的善意抵押权人或受让人。因此,只有建立具有法律效力的登记公示制度,才能确保融资租赁行业的生态环境健康公平,维护交易各方的安全。

我国法律根据动产的性质,采取了分别登记制。具体登记机关包括:一是运输工具登记部门。《中华人民共和国民用航空器权利登记条例》规定,国务院民用航空主管部门主管民用航空器权利登记工作;《中华人民共和国船舶登记条例》规定,中华人民共和国港务监督机构是船舶登记主管机关;《中华人民共和国渔业船舶登记办法》规定,中华人民共和国渔政渔港监督管理局是渔业船舶登记的主管机关;《机动车登记规定》规定,机动车登记由公安机关交通管理部门负责实施。二是工商行政管理部门。我国《担保法》规定,以企业设备和其他动产抵押的,登记部门为财产所在地的工商行政管理部门。为此国家工商行政管理总局专门制定了《动产抵押登记办法》予以规范动产抵押登记。依据《担保法》上述规定和《动产抵押登记办法》,工商局仅仅为抵押登记机关,并非物权登记机关,故出租人对普通动产的物权没有法定的登记机关进行登记,故不能对抗第三人。三是公证部门。我国《担保法》规定,以上述财产之外的其他财产抵押,自愿办理登记的,为抵押人所在地的公证部门。在实务操作中,出租人并未在公证部门登记融资租赁物物权,因为《担保法》上述规定的仍然是抵押权的登记机关,而非所有权的登记机关。四是中国人民银行征信中心。借鉴应收账款质押登记系统建设的经验,征信中心于 2009 年 7 月上线运行了融资租赁登记公示系统,可以登记公司租赁物上的权利状况,但与前述三个登记管理部门不同,征信中心的融资租赁登记公示系统缺少法律规定的支持,尚不具备对抗善意第三人的效力。

我国设置众多登记机关的优点就是各登记机关熟悉各自所登记标的物的性质,便于行政管理,但分别登记制的弊端更大,登记规则不统一、当事人查询困难、登记系统重复建设而增加整个登记系统的运作成本等,大大降低了公示登记的效果。

在美国的租赁实践中,《统一商法典》(*Uniform Commercial Code*)规定构成担保交易的融资租赁应当在动产担保登记系统进行登记。在加拿大(大部分省份)和新西兰的租赁实践中,《动产担保交易法案》(*Personal Property Security Act*)规定租赁期限超过 1 年的租赁即被认为是担保交易的一种形式,出租人可在动产担保登记系统进行登记。从以上国际经验可以发现,较可行的做法是将租赁物登记一并纳入动产担保登记体系中,一方面动产担保登记和租赁物的物权登记内容、形式以及目的类似,从技术上完全可以实现,并且便于登记和查询;另一方面,合并登记除了能够起到公示同一动产上的权利外,还有助于确立这多个权利的受偿顺序。

2.6.2 各方对推动融资租赁物权登记所作的尝试

为解决融资租赁物登记问题，中国人民银行及商务部陆续上线了融资租赁登记系统，并发布相关部门规章及规范性文件，推进登记系统法律效力的上升。

一、中国人民银行征信中心融资租赁登记公示系统运行情况

2009年，中国人民银行征信中心上线融资租赁登记公示系统（http://www.zhongdengwang.com），通过互联网为全国范围内的机构提供租赁物权利登记公示与查询服务，主要目的就是解决融资租赁物权属的公示问题。根据2009年发布的《中国人民银行征信中心融资租赁登记规则》，凡符合《合同法》第十四章第二百三十七条所规定的融资租赁交易活动及第十三章第二百一十二条规定且租赁期限在1年以上（含1年）的租赁交易，当事人可以申请在登记系统进行登记。

在我国融资租赁登记制度尚未建立的情况下，融资租赁公司和商业银行等交易主体使用租赁登记系统开展登记与查询，有助于防范融资租赁交易风险。出租人通过登记公示交易状况，可以获得证明权利归属的证据；查询人获得登记信息后，也能避免因信息不对称而在租赁物之上进行的重复交易，避免权利冲突。

不过由于没有专门的法律支持，这个系统的登记权威性还需确立，法律效力有待确定，当融资租赁登记与工商抵押登记等有权登记形成冲突时，如何解决目前还没有可靠的办法。

因此，人民银行征信中心在建设系统的同时，也在积极推动系统法律效力的上升。

2011年，天津市金融办发布《关于做好融资租赁登记和查询工作的通知》（津金融办〔2011〕87号，以下简称《登记与查询通知》），为推动中国人民银行征信中心融资租赁登记公示系统的法律效力作出了有益的尝试。《登记与查询通知》要求，各融资租赁公司在办理融资租赁业务时，应在中国人民银行征信中心的融资租赁登记公示系统办理融资租赁权属状况登记，各银行、金融资产管理公司、信托公司、财务公司、汽车金融公司、消费金融公司、金融租赁公司、外商投资融资租赁公司、内资融资租赁试点企业、典当行、小额贷款公司、融资性担保公司在办理资产抵押、质押、受让等业务时，应登录征信中心的融资租赁登记公示系统，查询相关标的物的权属状况。《登记与查询通知》还明确指出，该查询是办理资产抵押、质押、受让业务的必要程序；对已在征信中心融资租赁登记公示系统办理登记公示的租赁物，未经出租人同意，不得办理抵押、质押业务，不得接受其作为受让物。该制度出台以后，对天津市推动融资租赁公司的大批量聚集和快速发展都起到了积极作用。

2014年3月，为了保护融资租赁交易当事人和第三人的合法权益，维护金融资产交易安全，降低信贷交易风险，在广泛调研和征求意见的基础上，人民银行出台了《中国人民银行关于使用融资租赁登记公示系统进行融资租赁交易查询的通知》（银发〔2014〕93号，以下简称《查询通知》）。《查询通知》指出，融资租赁公司等租赁物权利人开展融资租赁业务时，可以在融资租赁登记公示系统办理融资租赁登记，公示融资租赁物权利状况，避免因融资租赁物占有与所有分离导致的租赁物权属冲突。《查询通知》要求，银行等机构作为资金融出方在办理资产抵押、质押和受让等业务时，应当对抵押物、质押物的权属和价值以及实现抵押权、质押权的可行性进行严格审查，并登录融资租赁登记公示系统查询相关标的物的权属状况，以避免抵押物、质押物为承租人不具有所有权的租赁物而影响金融债权的实现。

人民银行发布《查询通知》是推动与完善融资租赁物权保障制度的积极尝试，有利于引导商业银行和融资租赁公司广泛开展租赁交易查询和登记，保护交易安全。

2014年最高人民法院发布的《关于审理融资租赁合同纠纷案件适用法律问题的解释》（以下简称《司法解释》）中，有关于租赁物公示问题的规定。《司法解释》第九条第三款规定，“第三人与承租人交易时，未按照法律、行政法规、行业或者地区主管部门的规定在相应机构进行融资租赁交易查询的”，第三人不能依据《物权法》有关善意取得的规定取得租赁物的所有权或者其他物。

《查询通知》对融资租赁交易查询的要求，为《司法解释》的适用提供了制度衔接。通过《司法解释》和配套的管理要求，可以在实践层面较好地推动解决租赁物公示的法律效力问题，引导更多的交易主体通过登记和查询动产权属信息，形成符合市场需要的交易惯例，进一步推动与完善了相关司法和立法规则，为融资租赁业的健康发展奠定了一个好的制度基础。

不过《查询通知》所要求的对象仅限于：中国人民银行上海总部，各分行、营业管理部，省会（首府）城市中心支行，副省级城市中心支行；国家开发银行，各政策性银行，国有商业银行，股份制商业银行，中国邮政储蓄银行。这意味着，《查询通知》只是在一定范围内为《司法解释》的适用提供制度衔接，只能在一定范围内形成法律效力。

2014年6月，中国人民银行发布《中国人民银行征信中心动产融资统一登记平台操作规则》，《中国人民银行征信中心应收账款质押登记操作规则》《中国人民银行征信中心融资租赁登记规则》同时废止。

2015年3月，中国人民银行天津分行发布《关于做好融资租赁公司和商业保理公司接入人民银行企业征信系统有关工作的通知》（津银发〔2015〕94号），允许融资租赁公司和商业保理公司接入中国人民银行企业征信系统。该通知对征信系统接入模式、接入流程、工作要求进行了规定和说明。融资租赁公司和商业保理公司接入央行企业征信系统后，可以掌握已接入机构的征信情况和汇集企业的负债信息，既能帮助债权人评估交易对手的信用风险，又在现有的法律框架下进行了明确，从而保护了自身的资产安全。

二、商务部全国融资租赁企业管理信息系统运行情况

2013 年 7 月，商务部上线全国融资租赁企业管理信息系统（http://leasing. mofcom. gov. cn），该系统具备租赁物登记、公示及查询等功能，能够帮助融资租赁企业及时了解行业发展动态，有效防范和规避经营风险。与中国人民银行征信中心上线的融资租赁登记公示系统一样，商务部上线的融资租赁企业管理信息系统没有专门的法律支持，法律效力有待确定。当融资租赁登记与工商抵押登记等有权登记形成冲突时，如何解决目前还没有可靠的办法。

2014 年 12 月，商务部发布《商务部关于利用全国融资租赁企业管理信息系统进行租赁物等级查询等有关问题的公告》（商务部公告 2014 年第 84 号，以下简称《公告》）。《公告》中明确，全国融资租赁企业管理信息系统（http://leasing. mofcom. gov. cn）是商务部建立的综合性融资租赁服务平台，可为内资融资租赁试点企业、外商投资融资租赁企业及相关企业、组织和个人提供公共信息、租赁物登记公示查询、交流合作等服务。按照《司法解释》第九条的有关规定，为避免租赁物权属冲突，商务部将全国融资租赁企业管理信息系统作为租赁物登记公示和查询平台。

《公告》还指出：(1)各融资租赁企业在开展融资租赁业务时，可及时通过商务部统一配发的账号和密钥，在全国融资租赁企业管理信息系统进行租赁物登记，公示租赁物权利状况，规避租赁物被非法出售、抵押等风险。(2)各融资租赁企业在受让物权，办理抵押、质押等业务，特别是开展售后回租业务时，可以登录全国融资租赁企业管理信息系统，对标的物权属状态进行查询，避免产生权属冲突，防止“一物多融”，维护交易安全。(3)其他企业、经济组织和社会公众在受让物权，办理抵押、质押或进行其他物权变动交易时，可以登录全国融资租赁企业管理信息系统，查询已经登记的融资租赁企业名录和租赁物权属状态，防止租赁物被恶意转卖，规避交易风险。

与中国人民银行发布的《查询通知》不同，《公告》中并未对登录全国融资租赁企业管理信息系统，查询已经登记的租赁物权属状态作明确要求，只是提示交易各方“可”查询，并非“应当”或“必须”查询。也就是说《公告》的发布，并未推动商务部登记系统法律效力的上升。

2.7 “互联网 + 融资租赁”的若干法律问题研究①

“互联网 + ”代表了一种新的经济形态，即充分发挥互联网在生产要素配置中的优化与集成作用，将互联网的创新成果深度融合于经济社会各领域中，提升实体经济的创新力与生产力，不断创造出新产品、新业务与新模式，形成更广泛的以互联网为基础设施和实施工具的经济新形态。

“互联网 + 融资租赁”是融资租赁公司以互联网为基础设施和实施工具，提高资金周转效率，加快资金有效运行速度，实现资产出表，扩张资产规模的新业态与新模式。可以毫不夸张地说，凡能够熟练运用和掌握“互联网 + ”的技术与方法的融资租赁公司，都是业界发展速度较快、规模较大、效益较好的企业。2013 年以来，国内融资租赁公司与互联网企业积极探索，结合融资租赁行业的商业模式与特点，发展出了多种可供业界借鉴学习的“互联网 + 融资租赁”的业务模式。本部分将就近年来已经形成的“互联网 + 融资租赁”业务模式及若干法律问题做出简要评说。

2.7.1 “互联网 + 融资租赁”业务模式

一、P2L(Peer to Leasing)网络借贷模式

P2L 是 P2P(Peer to Peer)的变更，意即投资者个人对接融资租赁企业，是指在 P2P 网络借贷平台(以下简称 P2P 平台)注册成为投资者的个人通过借贷合同关系，将资金借贷给专业融资租赁公司的民间借贷投资活动。在网络借贷平台上，融资租赁公司是借款人，在 P2P 平台上注册的投资人是贷款人，融资租赁公司用借贷资金购买专业设备出租给相关承租人在租赁期内使用，承租人支付租金与出租人，融资租赁公司将部分租金收益按照借贷合约约定利率支付给投资人(贷款人)，租赁项目结束，P2L 借贷合同期也结束。

① 本文作者邹光明，系大成律师事务所合伙人。本文参考了大量同类来自网络或者公众微信的文章，无法一一列明，在此对他们一并致谢！

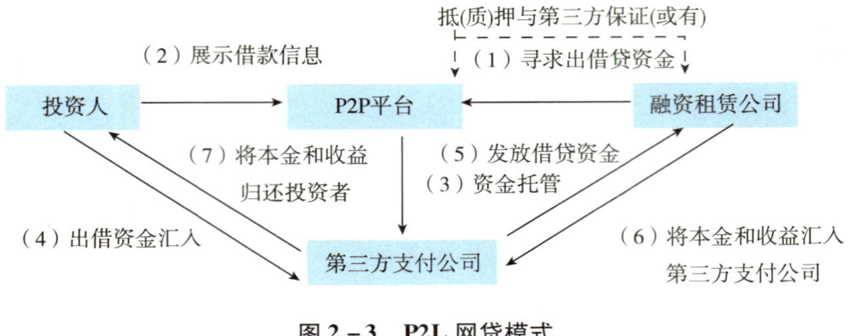

图 2－3 P2L 网贷模式

P2L 网贷模式操作说明：

(1)融资租赁公司与 P2P 平台通过协议建立合作关系，通过平台寻求借贷资金；

(2)融资租赁公司将租赁项目的借款信息以借款标形式在平台上向投资者展示，内容包括融资租赁项目信息、借款额度、利率、借款期限、担保措施(若有)等；

(3)P2P 平台与第三方支付公司签订投资者出借资金及借款人借款资金托管协议，向投资者明确表明平台不接触投资者和借款人资金；

(4)投资者对融资租赁公司借款标进行投标，中标后将资金汇入第三方支付公司对资金进行托管；

(5)由第三方支付公司根据平台的指令向融资租赁公司发放贷款资金；

(6)融资租赁公司将租赁项目的收益(本金与利息)按照平台指令汇入第三方支付公司；

(7)第三方支付公司根据平台指令将租赁项目的收益(本金与利息)归还投资者，本次网络借贷活动结束。

二、债权转让模式

债权转让是指不改变合同内容的合同转让，债权人通过与第三人订立合同将债权的全部或部分转移给第三人，第三人取代原债权人成为原合同关系新的债权人，原合同债权人因合同转让而丧失合同债权人权利。

融资租赁债权转让模式一般由融资租赁企业直接在 P2P 平台上发起项目，平台根据对承租企业的承租合同、盈利能力和租赁物作尽职调查，并把信息在平台上向投资人披露；项目成立后，承租企业通过融资租赁协议取得租赁设备使用权，承租人向融资租赁公司支付租金，融资租赁公司则把租金形成的融资租赁债权转让给投资人，承租企业定期向租赁公司支付的租金由 P2P 平台委托第三方机构代为监管，用以偿还投资人。租金支付完毕、项目到期后，承租企业获得租赁设备的所有权。若承租企业不能支付到期租金，则由融资租赁公司联合 P2P 平台收回设备，按照合同处置后偿还投资人本息。此种模式一般用于小型通用设备，比如农用机械、小型制造设备、汽车等融资租赁。

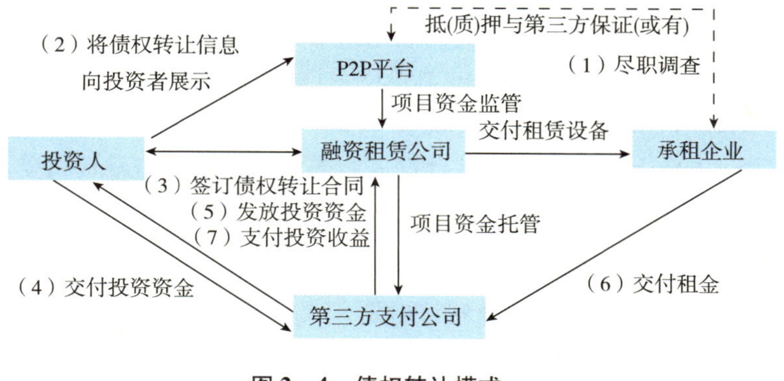

图 2-4　债权转让模式

债权转让模式操作说明：

(1) P2P 平台对融资租赁项目（承租企业）进行尽职调查，确定融资租赁项目的可行性；

(2) P2P 平台将融资租赁项目债权转让信息向投资者展示，投资者确定是否投资；

(3) 融资租赁公司与投资人签订债权转让合同，投资人成为新的债权人，融资租赁公司退出与承租企业的债权债务关系；

(4) 投资人向第三方支付公司交付投资资金；

(5) 第三方支付公司根据 P2P 平台的指令，将投资资金向融资租赁公司发放，融资租赁公司获得债权转让资金；

(6) 承租企业向第三方支付公司交付租金；

(7) 第三方支付公司根据 P2P 平台指令，向投资者支付投资收益（承租人交付的租金）。

附加说明：

(1) P2P 平台有可能要求融资租赁企业另行提供担保；

(2) P2P 平台会要求融资租赁企业将投资者资金及承租企业还款资金交第三方支付公司托管，并对融资租赁企业及第三方支付公司的该项资金进行监督；

(3) P2P 平台在承租人不能按期如约支付租金时，要求融资租赁公司对债权进行回购。

三、收益权转让模式

财产所有权包括占有、使用、收益与处分四种。收益权是所有权人通过财产的占有、使用、经营、转让而取得的经济效益,收益权是所有权的一项基本权能。因实务中收益权往往被当作与所有权相分离的一项权能,近年来有越来越独立存在的趋势。融资租赁资产收益权转让是融资租赁企业将对承租人的租金收益以一定价格转让与P2P 平台投资人(受让人),由 P2P 平台投资人支付相应对价与融资租赁企业,受让租金收益的投资行为活动。

融资租赁资产收益权转让模式,一般由融资租赁公司作为项目发起方,其基本流程是:融资租赁公司与承租企业签订融资租赁协议后,把该笔融资租赁资产收益权(应收租金账款)通过 P2P 平台转让给投资人,由融资租赁公司向承租企业收取租金再按照合约定期向投资人还本付息,融资租赁公司赚取二者差价,平台赚取佣金。与债权转让模式不同的是,在融资租赁资产收益权转让中,承租企业的尽职调查由融资租赁公司完成,平台只需评估融资租赁公司的资质和参照项目信息,并在线上向投资人披露,与此同时,融资租赁公司必须通过平台对该项目投资人负有偿还责任。

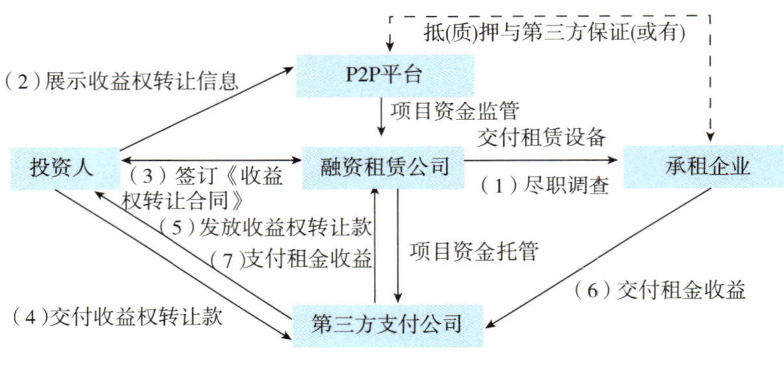

图 2-5　收益权转让模式

收益权转让模式操作说明:

(1)融资租赁企业对承租企业进行尽职调查,签订融资租赁合同并交付租赁设备给承租企业;

(2)P2P 平台将租赁资产收益权转让信息在平台进行展示;

(3)投资人根据平台上展示的收益权转让信息决定与融资租赁公司签订《收益权转让合同》;

(4)投资人向第三方支付公司交付《收益权转让合同》对价资金，即收益权转让款；

(5)第三方支付公司将收益权转让款发放给融资租赁公司；

(6)承租企业向第三方支付公司交付租金收益；

(7)第三方支付公司向投资人支付租金收益，投资者获取投资收益。

附加说明：

(1)P2P 平台有可能要求融资租赁企业另行提供担保；

(2)P2P 平台会要求融资租赁企业将投资者对价资金及承租企业交付的租金收益交第三方支付公司托管，并对融资租赁企业及第三方支付公司的该项资金进行监督；

(3)P2P 平台在承租人不能按期如约支付租金收益时，要求融资租赁公司对收益权进行回购。

2.7.2 “互联网+融资租赁”的法律问题

一、三种模式的合法性与责任承担

1. P2L 网络借贷模式的合法性

在前述纯借贷平台模式中，P2P 平台并不参与交易，也不承担担保还本付息的责任，而纯粹起到撮合借贷双方的媒介作用。我国《合同法》第四百二十四条规定：“居间合同是居间人向委托人报告订立合同的机会或者提供订立合同的媒介服务，委托人支付报酬的合同。”因此，我们认为上述平台在法律上应当认定为是居间服务中的居间人。

在纯借贷平台模式中，虽然 P2P 平台促成了交易的达成，但本质上借贷关系依然是个人与个人或个人与企业之间的法律关系。我国《民法通则》《贷款通则》以及相关司法解释均对合法的民间借贷关系予以保护，这是此类 P2P 平台的合法性基础。

2. 债权转让模式的合法性

在债权转让模式中，债权受让方(投资人)与债权转让方(融资租赁公司)在 P2P 平台上直接签订债权转让暨回购合同，P2P 平台只是信息披露和交易撮合的角色，不能直接参与交易，而交易资金和支付账户则由平台、融资租赁公司及其他第三方(银行或第三方支付)一同监管，融资租赁公司和平台则可获得一定的佣金收入；一旦承租企业不能支付租金,则由融资租赁公司联合平台收回设备,按照合同处置后偿还投资人本息。

具体而言,债权转让模式主要有一种以与P2P平台有高度关联的、个人享有的、债权为转让标的的“唐宁模式”,以宜信为代表。宜信的创始人唐宁作为第一出借人,将个人自有资金借给有需要借款的用户,并签订借款协议;然后,宜信再把唐宁的债权进行金额和期限拆分,打包成类固定收益的组合产品(如宜信宝、月益通等)销售给投资者,但其实质上都是债权转让的过程。在这一债权转让过程中,唐宁担任职业投资人,其并非以获取未来利息收益并承担一定投资风险为目的;出借人与借款人也并非一一对应。在“互联网+融资租赁”债权转让模式中,类似唐宁的人扮演职业投资人的角色,负责购买融资租赁公司的租金债权,融资租赁公司获得融资,职业投资人则将购买的债权在P2P平台上进行信息展示,众多投资者通过P2P平台购买债权成为新的债权人。

《合同法》第七十九条规定“债权人可以将合同的权利全部或者部分转让给第三人”,“债权人转让权利的,应当通知债务人”。通过以上过程分析,债权转让模式总体上应是合法的,只要在转让过程中履行对债务人(承租人)的通知义务即可,至于对承租人通知义务的履行方式是一对一的书面通知,抑或是报纸公告、网站公告等,法律未作明确规定,应理解为不拘泥于任何通知形式。

3.收益权转让模式的合法性

在债权转让模式中,融资租赁公司对承租人的租金债权已经转让,融资租赁公司即退出了既有的法律关系主体行列,租赁债权的购买人成为新的债权人,依法享有对承租人的租金债权;而在融资租赁公司收益权转让中,融资租赁公司仍是转让后法律关系的主体,其融资租赁交易主体的地位并未因未来收益权的转让而动摇,融资租赁公司也不必就收益权转让负有向承租人通知的义务,承租人对出租人——融资租赁公司继续负有租金支付义务,也即融资租赁公司与收益权购买人之间的收益权转让合同并不牵涉第三人——承租人,这一点与债权转让合同迥异。

在收益权转让模式下,现有的法律规范中并无有关资产收益权转让的法律规定,也无法律明确的禁止性规定,尽管有关资产收益权作为一项民事权利的独立性是否存在仍具有较大争议,但我们认为,根据民事领域“法无禁止即可为”的基本原则精神,从促进市场交易,方便当事人交易活动,提高资产的利用效率与资金使用效率以及优化资产配置等方面进行考量,现行存在的资产收益权的转让模式总体上是合法的,也是合理的。

4. P2P 平台的责任承担

P2P 平台在交易中虽然处于居间地位，所起的作用也仅是促进双方交易的作用，所得报酬也仅仅是参加居间活动的佣金，能否成交，主要在于融资方与投资方之间的成交意愿，但笔者认为，P2P 平台在一定情况下仍可能负有民事责任、行政责任甚至刑事责任。

（1）民事责任。《合同法》第四百二十五条规定："居间人应当就有关订立合同的事项向委托人如实报告。居间人故意隐瞒与订立合同有关的重要事实或者提供虚假情况，损害委托人利益的，不得要求支付报酬并应当承担损害赔偿责任。"对居间人 P2P 平台来说，此处的委托人既是融资租赁公司也是投资人，就 P2P 平台承担责任的对象来讲，主要是对投资人负责。当 P2P 平台没有尽到明显对融资租赁公司融资项目的尽职调查义务或者在项目上线的工作中有明显疏漏时，就应该对投资人承担民事赔偿责任。至于赔偿数额，笔者认为一般应以平台佣金所得为限，如果与融资租赁公司一起欺骗投资方，造成投资人严重损失的，投资者可以要求平台承担超过佣金所得的损失。

（2）行政责任。各地金融主管部门在接到投资者举报或者在工作检查中发现 P2P 平台弄虚作假、非法集资等行为尚不够刑事处罚时，可以根据情况给予平台行政处罚。

（3）刑事责任。P2P 平台与融资租赁公司一起弄虚作假、虚构融资项目骗取投资者较大数额资金或者非法集资数额较大时，应根据《刑法》第一百九十二条"集资诈骗罪"、第一百七十六条"非法吸收公众存款罪"定罪处罚。

二、债权转让模式中的拆分转让与期限错配的合法性

1. 债权拆分转让的合法性

债权拆分转让是指融资租赁公司将对承租人的单一债权根据投资者人数拆分多个债权，使债权份数与投资人数匹配，本质是 P2P 平台在对债权拆分重组后将其转让给平台上的大众投资者。《合同法》第七十九条仅仅规定了一对一形式的债权转让，尚未涉及同一债权拆分后多对多的债权转让形式。现实中，主要是信托计划、资产证券化等产品涉及债权的拆分转让，而 P2P 平台上债权拆分转让被称为资产证券化。所谓资产证券化，是指融资方以具有稳定的、可预期的、持续性的现金流的特定资产出售给特殊目的机构——SPV，SPV 以此作为基础资产，通过一定的操作（如拆分、重组这些资产的风险与收益，增强资产的信用）向不特定的投资者发行证券的行为，而证券本质上就是均等的份额化的财产权利。在美国，债权拆分后通过 P2P 平台向多个

投资者的转让行为被定义为证券转让行为，网络上的债权转让就是简易的资产证券化。在我国现行的《证券法》中，证券的范围仅仅包括上市股份公司的股票、符合条件公司发行的公司债券或者企业债券、政府债券与证券投资基金份额，诸如有限责任公司的股权、信托计划、有限合伙份额、债权拆分份额等均未纳入证券的范围，因此不存在有人所说的债权拆分转让为证券发行行为问题，债权拆分转让行为是合法的，将其称为“类资产证券化”而不是“资产证券化”是恰当的。

2. 债权期限错配的合法性

债权期限错配是指当债权期限与投资者投资期限不匹配时，债权人或 P2P 平台将债权期限人为拆解为几个时间段的债权与投资者投资期限相匹配的行为。具体到融资租赁企业，为解决期限错配的问题，融资租赁公司或者 P2P 平台一是尽量选择 1～2 年内的短期小项目上线；二是融资租赁公司采取“分拆项目”的方式与 P2P 平台对接，即把一个长期项目拆成多个短期项目，而 P2P 平台则在前一个项目到期后再设立第二个项目接盘。债权期限错配本质上就是债权拆分转让，不是公开发行资产证券化产品的证券发行行为，并不违反现行法律。

三、债权转让模式下租金债权的担保效力

在收益权转让模式下，融资租赁公司作为债权人即使在收益权转让给投资人的情况下，并不退出与承租人的债权债务关系，融资租赁公司仍享有向承租人的租金请求权，而租赁资产收益权的请求权只能由投资人向融资租赁公司主张，承租人租金的支付义务也仍向融资租赁公司履行，因此融资租赁公司在租赁合同中为保证承租人的租金支付义务履行而设立的各种担保合同条款的效力不存在任何疑问。但在债权转让模式下，这些担保条款效力值得探讨。

租金债权的担保机制包括租赁物出卖人（供货商）的设备回购担保，第三人对承租人的履约担保，对债权出让人的追索权，以及特别为保证债权受让人权益而设定的担保等类型。因租赁物出卖人（供货商）的回购担保不是我国《物权法》规定的法定担保类型，因此不在本书论述之列。

第三人对承租人支付租金义务所提供的担保，属于《担保法》所规定的法定担保方式，可以作为从权利让与债权受让人。对第三人提供的抵押，目前面临的主要问题是抵押权人为分散的多数投资人如何办理抵押登记的问题。对此，实务中设计了一种投资人在受让债权时一并委托第三人持有抵押权或者委托投资人中的一人持有抵押权的格式条款；也可借鉴目前我国开展信贷资产证券化业务中，信贷资产转让给特殊目的机构（SPV）的做法：在发生义务人不能到期履行义务，需要执行担保措施条款前，

仍由信贷资产转让人(原始权益人)持有,当发生义务人不能到期履行义务,需要执行担保措施偿还债务,则担保权人行使担保权,此时担保权自动转移到债权人名下,这被称为权利完善措施。

融资租赁公司作为债权转让方对债权受让人可追索的承诺以及第三人对受让人所作的保证,是专为受让人设立的担保,在法律关系的主体上具备可执行的基础。其设立方式是通过网页公告的方式对投资人所作的公告式承诺,也可在 P2P 平台投资人注册须知中,由平台加入债权转让模式下附属担保权益随之转移的相应条款使之合法化。如果投资人完成了网站指定的注册行为,则认定双方间符合担保合同成立的要件,借此确定回购承诺或担保承诺的有效性。

四、债权转让模式下租赁物所有权的转移问题

融资租赁是一种创造性的运用租赁物的所有权与使用权分离特性,将物的使用权能发挥到极致,充分发挥物的使用效能产生的经济效益,从而帮助物的使用人融通资金的一种融资技术(对承租人而言)与商业模式(对出租人而言)。正是这一物的所有权与使用权的二元分离特性催生了融资租赁这一行业,但也给在 P2P 平台债权转让模式下,租赁物的所有权是否能够随着租金债权转移而附随转移到新的债权人——投资人名下带来难题:如果租赁物附随债权转移到投资人名下,则因为存在众多的投资人而造成一个租赁物的所有权要分割转让与多个投资人问题,这显然是不可能的。如果租赁物的所有权不能附随债权转移到投资人名下,则当承租人违约不能履行支付租金的义务时,投资人作为新的债权人因不是租赁物的所有人,无法享有租赁物的取回权。解决这一问题有两种思路:一是在租金债权转让时,租赁物的所有权一同转让与投资人中某个人名下,由其他的投资人委托某个人代为行使所有权人的权利,在债权转让通知中明确告知承租人;二是租赁物的所有权并不附随租金债权一同转让,仍由融资租赁公司保留租赁物的所有权,投资人放弃租赁物的所有权(放弃民事权利并不违反法律),但在租金债权转让合同中,投资人作为新的债权人明确要求融资租赁公司在承租人未能按期履行租金支付义务时,由其以所有人身份取回租赁物,对租赁物进行处置以偿还投资者的本金和利息。

五、债权转让与收益权转让模式下的非法集资问题

融资租赁公司在 P2P 平台上发布虚假融资项目,融得较大数额资金,属于虚构事实,骗取投资者信任,构成集资诈骗罪,该罪名较容易掌握,笔者不再赘述。难以把握的是债权转让与收益权转让模式下,融资租赁公司有可能触及非法吸收公众存款罪的

情形。

《刑法》第一百七十六条规定的"非法吸收公众存款或者变相吸收公众存款，扰乱金融秩序的"构成非法吸收公众存款罪。2010年，最高人民法院颁布的《关于审理非法集资刑事案件具体应用若干问题的解释》（以下简称《解释》）规定了非法吸收公众存款或者变相吸收公众存款犯罪的4个构成要件：(1)未经有关部门依法批准或者借用合法经营的形式吸收资金；(2)通过媒体、推介会、传单、手机短信等途径向社会公开宣传；(3)承诺在一定期限内以货币、实物、股权等方式还本付息或者给付回报；(4)向社会公众即社会不特定对象吸收资金，并规定构成此罪必须4个要件齐备。《解释》第三条规定，非法吸收公众存款，具有下列情形之一的，应当依法追究刑事责任：(1)个人非法吸收或者变相吸收公众存款，数额在20万元以上的，单位非法吸收或者变相吸收公众存款，数额在100万元以上；(2)个人非法吸收或者变相吸收公众存款对象30人以上的，单位非法吸收或者变相吸收公众存款对象150人以上的……《解释》第三条所规定的非法吸收或者变相吸收公众存款，主要用于正常的生产经营活动，能够及时清退所吸收资金，可以免予刑事处罚；情节显著轻微的，不作犯罪处理。

在实务中，为避免构成此罪，一是平台不建构资金池，P2P平台将投资人的投资资金托管到第三方支付机构，投资人资金直接进入第三方账户，做纯粹的居间平台；二是将公众投资人通过网站注册特定化，使公众投资人变为私募投资人；三是每个融资租赁项目限定投资人数，最多不超过150人；四是将融资租赁项目拆解为多个项目，一个项目多次融资。（这也是当前状态下不得已的消极应对办法）

六、融资租赁公司及其股东设立P2P平台为其项目融资问题

在实践中有这样一种趋势：越来越多的大型融资租赁公司或者其股东成立P2P平台，为其进行的融资租赁项目业务融资。最为典型的是安徽钰诚融资租赁有限公司设立的"e租宝"P2P网络借贷平台。该平台发起的许多债权转让或收益权转让项目，本身就是其设立该P2P平台的安徽钰诚融资租赁有限公司的租赁项目。这就涉及如何看待关联交易以及平台自融的问题。

笔者认为，正如有人所说的，关联交易也有合法与非法之分。合法关联交易可以节约大量商业谈判等方面的交易成本，提高交易效率。而违法关联交易则损害公司、少数股东或者公司债权人的利益。"e租宝"平台通过转让融资租赁债权，实现了投资人、承租人和融资租赁公司三方共赢，不存在损害公司、股东或者债权人利益的现象。P2P平台作为独立的法人实体，在运营方面是相对独立的，只要没有损害任何一方的利益，就是法律所允许的。

所谓P2P平台自融，主要是指以撮合他人业务成交为主要收入来源的居间平台——以P2P网贷为唯一业务或主要业务的网络科技公司，将第三方投资人的本应用于进入融资方的资金，非法落入平台自己囊中，既损害了投资人的利益，危害了投资人的资金安全，又损害了融资人的利益，使得投资人资金没有全部进入融资项目，影响了融资人的项目效益，造成了融资人的利益损失。当然，若类似于“e租宝”此类P2P平台为自身或股东融资，最后发生了跑路或卷款潜逃现象，构成刑事责任的，应以集资诈骗罪或非法吸收公众存款罪定罪处罚。

2.8 业界建言融资租赁法律政策

渤海租赁：

希望国家有关部门积极推进融资租赁行业法律法规制度建设，推动将“融资租赁法”列入立法计划，构建具有法律效力的租赁物登记公示体系，为行业的健康发展营造良好的法治环境。

工银租赁：

建议进一步完善法律体系，加强租赁资产保障。加快研究制定租赁相关法律法规，营造良好的法律环境。建立具有法律效力的租赁登记管理并规范租赁物登记方式，赋予其确权效力，保证登记的唯一性、排他性，并向全社会提供公开查询服务。

兴业租赁：

(1)建议尽快统一融资租赁行业立法。近年来，我国融资租赁行业的快速发展广受关注，但在行业迅猛发展的同时，融资租赁行业立法却不完善。融资租赁行业多头监管，监管文件对融资租赁公司的市场准入、退出以及经营过程中的风险管理作了规定，但其立法级别较低，仅为部门规章或通知，缺乏足够的法律效力。此外，关于融资租赁的法律规定还散见在其他不同的法律法规之中。而现行的这些关于融资租赁的零星的、散落的法规、政策，还存在着很多相互不协调甚至矛盾的地方，阻碍了融资租赁实践的发展。随着融资租赁业务的迅猛发展，亟须为规范和保护融资租赁业务健康发展进行行业立法。目前立法条件已经相对成熟：首先，社会各界对融资租赁的认知程度大大提高；其次，融资租赁立法的社会需求已经引发了社会各界对融资租赁法律问题的广泛关注和探讨，立法技术已臻成熟；再次，融资租赁业务的国际化和国际上融资租赁立法也督促着我国立法的进程，国际上现在也有对融资租赁进行专门立法的趋势，特别是在新兴市场国家最近几年立法的较多。因此建议尽快统一融资租赁行业立法，以促进交易稳定，维护各方当事人合法权利。

（2）建议从法律上认可融资租赁登记公示系统的效力。在当前租赁实践中，很多租赁公司都会在融资租赁登记公示系统进行登记，但融资租赁登记公示系统一直未在立法上得以确认，其效力还存在争议。如果能在法律层面确定融资租赁登记公示系统的效力，对于维护租赁交易安全及稳定性具有积极意义。

（3）建议进一步完善动产物权登记制度。《物权法》的颁布虽然对出租人的所有权确权提供了更为强有力的基础，但是由于善意取得制度的存在使得出租人很有可能丧失对租赁物的所有权，这不仅严重影响了交易安全，也大大挫伤了业界开展融资租赁业务的积极性。融资租赁的特点是所有权和使用权分离，出租人享有租赁物的所有权，承租人占有租赁物。作为融资租赁交易最重要的法律依据之一，《物权法》未设立普通的动产物权登记制度，（目前我国仅对特殊的动产，如飞机、轮船等，设立了所有权登记机关，绝大部分动产并无所有权登记机关）但其有关善意取得制度和有关抵押权与租赁权冲突解决规则的规定，使得出租人所有权的维护受到一定的限制。物权保护程度不够充分，影响了出租人所有权的实现，这制约着融资租赁业在我国的发展。故进一步完善动产物权登记制度非常必要。

第 3 章

监管与政策

3.1 2014 年融资租赁监管政策主要变化

随着行业规模的进一步扩大,近两年行业监管部门对三类融资租赁公司的监管都在进一步加强,陆续出台和修订了相关的监管办法,旨在加强行业监管,推动行业健康持续发展。

2013 年,在监管方面三类融资租赁公司的监管政策都有所进展。7 月,商务部外国投资管理司发布《关于加强和改善外商投资融资租赁公司审批与管理工作的通知》,加强了对外资融资租赁公司的准入审批的规定,并对外资融资租赁公司的信息统计、后续核查、业务范围等加强了规范;9 月,商务部印发《融资租赁企业监督管理办法》,将内资和外资融资租赁公司全部纳入其中;12 月,银监会发布《金融租赁公司管理办法(征求意见稿)》,面向社会公开征求意见。

2014 年,《金融租赁公司管理办法》的修订尘埃落定。2014 年 3 月,银监会修订印发《金融租赁公司管理办法》(银监会令 2014 年第 3 号,以下简称《办法》),自公布之日起施行,原《金融租赁公司管理办法》(中国银行业监督管理委员会令 2007 年第 1 号)同时废止。

修订后的《办法》分为六章,共计 61 条,重点对准入条件、业务范围、经营规则和监督管理等内容进行了修订完善。一是将主要出资人制度调整为发起人制度,不再区分主要出资人和一般出资人,符合条件的五类机构均可作为发起人设立金融租赁公司,取消了主要出资人出资占比 50% 以上的规定。同时考虑到金融租赁公司业务开展、风险管控以及专业化发展的需要,规定发起人中应该至少包括一家符合条件的商业银行、制造企业或境外融资租赁公司,且其出资占比不低于 30% 。二是扩大业务范围,放宽股东存款业务的条件,拓宽融资租赁资产转让对象范围,增加固定收益类证券投资业务、为控股子公司和项目公司对外融资提供担保等。三是实行分类管理制度,在基本业务基础上,允许符合条件的金融租赁公司开办发行金融债、资产证券化以及在境内保税地区设立项目公司等升级业务。四是强化股东风险责任意识,要求发起人应当在金融租赁公司章程中约定,在金融租赁公司出现支付困难时,给予流动性支持,当经营损失侵蚀资本时,及时补足资本金,更好地保护利益相关方的合法权益,促进公司持续稳健经营。五是丰富完善经营规则和审慎监管要求,强调融资租赁权属管理和价值评估，加强租赁物管理与未担保余值管理等，同时完善了资本管理、关联交易、集中度等方面的审慎监管要求。六是允许金融租赁公司试点设立子公司，引导金融租赁公司纵向深耕特定行业，提升专业化水平与核心竞争力。

修订后的《办法》内容更加丰富全面，其立足当前我国融资租赁行业改革发展的需要，放宽准入门槛，有利于引导各种所有制资本进入融资租赁行业，深入推进金融业改革开放。适当扩大业务范围，强化股东风险责任意识，实施分类管理，完善监管规则，有利于促进金融租赁公司科学健康发展，充分发挥融资租赁特色优势，进一步做实、做专、做强，提高服务实体经济的水平。

2014 年 7 月，银监会印发《金融租赁公司专业子公司管理暂行规定》（银监办发〔2014〕198 号，以下简称《规定》），支持符合条件的金融租赁公司设立专业子公司，积极引导和促进金融租赁公司专业化、特色化发展。《规定》明确了金融租赁公司申请在境内设立专业子公司的条件、设立境内专业子公司应该具备的条件、境外设立专业子公司的条件、业务经营规则及相关监管事项。《规定》一是突出机构专业化，鼓励在特定领域作专作强，允许金融租赁公司在飞机、船舶等特定业务领域设立专业化租赁子公司，进一步推动相关租赁业务的专业化经营管理水平，引导金融租赁公司专业化发展；二是促进业务运营市场化，增强市场竞争力，借鉴国际通用的飞机、船舶租赁业务模式，允许专业子公司在境外设立项目公司开展融资租赁业务，提升金融租赁公司参与国际竞争的能力；三是强调并表监管，有效管控风险，明确金融租赁公司专业子公司为持牌的金融机构，具有独立法人性质，通过并表监管，强化对境内专业子公司自身资本充足率的监管，防控风险。这一政策的出台一方面能满足金融租赁公司业务拓展的需求，对提升金融租赁公司的国际化、市场化竞争力具有积极意义；另一方面将其纳入金融监管，有利于防范金融风险。

3.2 三类融资租赁公司监管概述

表 3－1　三类融资租赁公司监管政策对比

	金融租赁公司	内资试点融资租赁公司	外资融资租赁公司
监管部门	银监会	商务部	商务部

续表

	金融租赁公司	内资试点融资租赁公司	外资融资租赁公司
监管文件	《金融租赁公司管理办法》(银监会令 2014 年第 3 号)	《关于从事融资租赁业务有关问题的通知》 《融资租赁企业监督管理办法》	《外商投资租赁业管理办法》 《融资租赁企业监督管理办法》 《关于加强和改善外商投资融资租赁公司审批与管理工作的通知》
交易各方主体资格	金融租赁公司是指经中国银行业监督管理委员会批准,以经营融资租赁业务为主的非银行金融机构	商务部是内资融资租赁试点企业的行业主管部门。各省、自治区、直辖市、计划单列市商务主管部门可以根据本地区租赁行业发展的实际情况,推荐企业参与试点工作,被推荐的企业经商务部、国家税务总局联合确认后,纳入融资租赁试点范围	根据《外商投资租赁业管理办法》,外国公司、企业和其他经济组织在中华人民共和国境内以中外合资、中外合作以及外商独资的形式设立从事融资租赁业务的外商投资企业
租赁物范围	适用于融资租赁交易的租赁物为固定资产,银监会另有规定的除外	融资租赁企业开展融资租赁业务应当以权属清晰、真实存在且能够产生收益权的租赁物为载体,售后回租的标的物应为能发挥经济功能,并能产生持续经济效益的财产	根据《外商投资租赁业管理办法》的规定,租赁财产包括:(1)生产设备、通信设备、医疗设备、科研设备、检验检测设备、工程机械设备、办公设备等各类动产;(2)飞机、汽车、船舶等各类交通工具;(3)本条(1)(2)项所述动产和交通工具附带的软件、技术等无形资产,但附带的无形资产价值不得超过租赁财产价值的 1/2
最低限额注册资本	金融租赁公司的最低注册资本为 1 亿元人民币或等值的自由兑换货币,注册资本为一次性实缴货币资本	2001 年 8 月 31 日(含)前设立的内资租赁企业最低注册资本金应达到 4000 万元,2001 年 9 月 1 日至 2003 年 12 月 31 日设立的内资租赁企业最低注册资本金应达到 17000 万元	外商投资融资租赁公司注册资本不低于 1000 万美元

续表

	金融租赁公司	内资试点融资租赁公司	外资融资租赁公司
经营范围	(1)融资租赁业务； (2)转让和受让融资租赁资产； (3)固定收益类证券投资业务； (4)接受承租人的租赁保证金； (5)吸收非银行股东3个月(含)以上定期存款； (6)同业拆借； (7)向金融机构借款； (8)境外借款； (9)租赁物变卖及处理业务； (10)经济咨询。 经银监会批准,经营状况良好、符合条件的金融租赁公司可以开办下列部分或全部本外币业务： (1)发行债券； (2)在境内保税地区设立项目公司开展融资租赁业务； (3)资产证券化； (4)为控股子公司、项目公司对外融资提供担保； (5)银监会批准的其他业务	融资租赁企业应当以融资租赁等租赁业务为主营业务,开展与融资租赁和租赁业务相关的租赁财产购买、租赁财产残值处理与维修、租赁交易咨询和担保、向第三方机构转让应收账款、接受租赁保证金及经审批部门批准的其他业务	(1)融资租赁业务； (2)租赁业务； (3)向国内外购买租赁财产； (4)租赁财产的残值处理及维修； (5)租赁交易咨询和担保； (6)经审批部门批准的其他业务
出资人/发起人条件	金融租赁公司的发起人包括在中国境内外注册的具有独立法人资格的商业银行,在中国境内注册的、主营业务为制造适合融资租赁交易产品的大型企业,在中国境外注册的融资租赁公司以及银监会认可的其他发起人； 对每一类型发起人也规定了严格的限制条件	无	外商投资融资租赁公司的外国投资者的总资产不得低于500万美元

续表

	金融租赁公司	内资试点融资租赁公司	外资融资租赁公司
监管指标	金融租赁公司应当遵守以下监管指标的规定： (1)资本充足率 8%； (2)单一客户融资集中度 30%； (3)单一集团客户融资集中度 50%； (4)单一客户关联度 30%； (5)全部关联度 50%； (6)单一股东关联度不得超过该股东在金融租赁公司的出资额，且应同时满足本办法对单一客户关联度的规定； (7)同业拆借比例 100%	融资租赁试点企业的风险资产(含担保余额)不得超过资本总额的 10 倍	为防范风险，保障经营安全，外商投资融资租赁公司的风险资产一般不得超过净资产总额的 10 倍；风险资产按企业的总资产减去现金、银行存款、国债和委托租赁资产后的剩余资产总额确定

资料来源：零壹融资租赁研究中心整理。

中国融资租赁业自形成之初就受到了监管，发展 30 年来，融资租赁行业的监管日臻完善。现行可用于融资租赁业监管的法律主要有《中外合资经营企业法》《外国投资企业法》《银行业监督管理法》，此外，监管机关的部门规章是我国现有融资租赁监管制度的主要依据。根据这些监管相关的部门规章，中国融资租赁行业主要由银监会和商务部 2 个部门监管，银监会负责监管金融租赁公司，商务部负责监管内资试点和外资融资租赁公司。

金融租赁公司、内资试点融资租赁公司和外资融资租赁公司，这三类公司目前适用的监管办法各有不同，各自适用的监管办法对租赁公司的业务范围、租赁物范围、最低注册资本等方面的规定也不尽相同。

很多国家和地区对租赁物范围的规定是法律不禁止即允许，而中国是法律规定了才能做，法律未规定的就不能做或者形成了法律的灰色地带。根据对比三类融资租赁公司的租赁物范围可以发现，三类融资租赁公司的租赁物范围各不相同，比如金融租赁公司可以将房屋建筑物、高速公路等固定资产作为租赁物，而外资融资租赁公司则不可以，内资融资租赁公司可不可以还无从得知。三类公司适用不同的标准，不利于不同类别的租赁公司在同一平台上公平竞争。

从准入条件来看，三类公司的适用标准也不尽相同。其中，内资试点融资租赁公司的最低注册资本金要求 17000 万元，是参照 2001 年制定的《外商投资租赁公司审批管理暂行办法》中外商投资融资租赁公司最低注册资本金不低于 2000 万美元的要求制定的,按照当时的汇率,2000 万美元折算成人民币大概就是 17000 万元。

而在 2005 年,为兑现中国加入 WTO 时的承诺,新颁布的《外商投资租赁业管理办法》将外资融资租赁公司的最低注册资本金要求从 2000 万美元降到 1000 万美元。而相应的内资试点融资租赁公司的最低注册资本要求却未作任何改变,况且在过去的 10 年,人民币对美元的汇率发生了较大变化。到目前为止,内资试点融资租赁公司的最低注册资本要求已经是金融租赁公司的 1.7 倍,是外资融资租赁公司的 2.7 倍多。

中国加入 WTO 时承诺让外资企业能慢慢享受到国民待遇。从目前来看,外资融资租赁企业已享受了超国民待遇。市场准入上的不公平让融资租赁行业目前的发展非常畸形,现在融资租赁公司中外资融资租赁公司数量最多,业务量却最少。甚至还出现了一些“假外资”,即境内法人或自然人不以实质经营为目的,而是为了符合在中国设立外资融资租赁公司的条件,在境外成立一个“壳公司”,再通过“壳公司”到境内投资一个外资融资租赁公司。

此外,金融租赁公司的注册资本要求为一次性实缴货币资本,而内资试点和外资融资租赁公司的注册资本的缴纳没有作特别规定。

三类公司的经营范围也不相同。《融资租赁企业监督管理办法》中对经营范围的规定,原则上不会与在此之前出台的《外商投资租赁业管理办法》相冲突,因此,内资试点和外资融资租赁公司的经营范围实质上是相同的。而金融租赁公司是作为非银行金融机构接受监管,能从事一些金融机构从事的业务,比如同业拆借、吸收非银行股东 3 个月(含)以上定期存款。

而从监管指标的角度来看,《融资租赁企业监督管理办法》中提及了融资租赁企业的各项风险监管指标,但是未对这些指标进行非常明确的规定,而相比之下《金融租赁公司管理办法》对风险监管指标的规定则十分明确,都规定考虑了具体的比例。金融租赁公司的这些监管指标都是参照金融机构的标准制定的。因此,单从风险监管指标这一点来看,金融租赁公司的监管比内资试点和外资融资租赁公司的监管更加严格和规范。

三类融资租赁公司监管政策的不统一,可能是这些监管政策目前最大的不足。最典型的如最低注册资本金、租赁物范围等规定的不统一,对不同类别的租赁公司在同一平台上竞争会产生很多不良的影响,这些不统一也一定程度上导致了行业发展的畸形。比如,外资融资租赁公司的最低注册资本金最低,且目前审批权已经下放到省级商务主管部门和国家级经济技术开发区,与内资试点融资租赁公司相比注册外资融资租赁公司要求的注册资本金更低且不受试点名额的限制,与金融租赁公司相比则不会受到严格的金融监管,再基于一些其他原因,目前外资融资租赁公司数量最多,而业务量最小,且出现了一些“假外资”,还出现一些企业虽已成立,但实际未做任何与融资租赁相关的业务的情况。这些行业乱象的产生,与行业监管不无关系。

3.3 不同地区融资租赁政策对比

在经济新常态下,融资租赁行业发展也开始步入新常态。加之各地区监管政策、法律制度的缺失,融资租赁行业要谋求转型,加强政策监管,规范融资租赁行业整体向上发展显得极为迫切。因此,两年来,包括天津、上海、北京等融资租赁业发达地区在内的各个地区陆续出台融资租赁的相关政策,在给予政策鼓励扶持的同时也为吸引更多的租赁公司进驻。此外,2014 年以来,天津市、福建省积极申请设立自贸区,出台了一系列融资租赁规划政策。

多个地方政府都把融资租赁作为战略性产业,争夺相关资源,占领市场空间,由此涌现出一批后起之秀,将目标锁定于融资租赁聚集地。本书选取北京、天津、上海、深圳和福建五个主要地区,通过各地区在区域规划、业务领域、财税补贴、保税区、人才引进、法律环境、行业组织、跨境融资等方面的具体措施进行比较。

3.3.1 区域规划政策

2014 年 12 月 26 日,十二届全国人大常委会第十二次会议决定设立中国(广东)自由贸易试验区、中国(天津)自由贸易试验区、中国(福建)自由贸易试验区。中国(福建)自由贸易试验区包括福州片区、厦门和平潭片区。中国(福建)自由贸区将以两岸经贸合作为核心;天津重点在制造业和融资租赁业。

2014 年初,国家推行京津冀一体化,将北京定位为政治中心、文化中心、国际交往中心、科技中心;给天津的定位是全国先进制造研发基地、国际航运核心区、金融创新示范区、改革开放先行区,加之北京、天津本来就是融资租赁业发达地区,在国家政策的支持鼓励下,两地也自 2014 年以来争相出台相关规划政策,大力支持融资租赁业的进一步发展。

【北京】北京在 2009 年发布《北京市人民政府关于金融促进首都经济发展的意见》(京政发〔2009〕7 号),将强化对融资租赁的监督管理和协调服务,提升融资服务的支持能力。

2011 年 8 月，在印发的《北京市“十二五”时期中关村国家自主创新示范区发展建设规划》中，将建设国家科技金融创新中心纳入规划，开始推动实施“中关村科技金融创新工程”。该规划中明确要健全科技型中小企业金融服务体系，充分发挥中国技术交易所、中关村发展集团、北京产权交易所等政府投融资平台的作用，凝聚整合为融资租赁等各类金融服务资源在中关村聚集和发展。政府出资设立科技型中小企业贷款风险补偿资金。同时，继续开展科技金融先行先试试点，在中关村开展科技型中小企业金融服务差异化监管试点，争取国家有关支持创新创业的外汇管理政策在示范区先行试点，扎实推进商业银行设立金融租赁公司试点工作，并大力发展融资租赁业务。

2012 年 6 月，海淀区金融办专门针对融资租赁行业制定了《关于中关村国家自主创新示范区促进融资租赁发展的意见》，该意见包括鼓励在中关村示范区新设和引进融资租赁企业，对融资租赁企业给予购（建、租）房补贴，鼓励融资租赁企业面向中关村企业开展业务，鼓励中关村企业通过融资租赁方式实现发展，鼓励融资租赁企业根据战略性新兴产业创业企业的特点不断创新融资租赁经营模式等内容。对 2012 年起新设立或新迁入海淀区、具备独立法人资格且在海淀区注册纳税的外商投资融资租赁公司、内资融资租赁公司，由海淀区人民政府给予政策支持。

2012 年 9 月出台了《中关村国家自主创新示范区融资租赁支持资金管理办法》。该办法称，中关村企业通过融资租赁的方式取得了为科技研发和创新创业服务的设备、器材等，中关村管委会对企业融资租赁而发生的融资费用（包括租息和手续费）给予 20% 的补贴，年度补贴额不超过 50 万元，企业享受补贴的时限不超过 3 年；同时，合作融资租赁企业为中关村企业提供融资租赁业务，中关村管委会按照其每年新增业务总额的 1% 给予补贴，纳入机构补贴总额的单个企业融资租赁业务额度不超过 3000 万元，每家机构年度补贴额不超过 500 万元；为鼓励信用担保机构开展融资租赁担保业务，对合作的担保机构为中关村企业提供的融资租赁担保，中关村管委会按照担保额的比例给予一定的风险补贴支持，补贴额度实行年度总额控制。

2012 年 11 月 30 日，北京市印发《北京市人民政府关于进一步支持小型微型企业发展的意见》（京政发〔2012〕40 号），指出要完善市、区县两级投融资服务体系，发挥政府主导作用，整合社会服务资源，形成银行融资、集合融资、融资租赁、创业投资、上市融资等全方位的投融资服务体系，强化对小型微型企业的融资服务。创新小型微型企业融资产品，支持小型微型企业采取融资租赁、知识产权质押、仓单质押、商铺经营权质押、商业信用保险保单质押、商业保理等多种方式融资。

2012 年 10 月 29 日，中关村科技园区管理委员会发布的《关于支持瞪羚重点培育企业的若干金融措施》(中科园发〔2012〕58号)鼓励企业通过融资租赁的方式取得为科技研发和创新创业服务的设备、器材等,中关村管委会对企业融资租赁而发生的融资费用(包括租息和手续费)给予20%的补贴,年度补贴额不超过50万元,企业享受补贴的时限不超过三年。同时,鼓励有条件的企业通过申请设立融资租赁公司直接开展融资租赁业务。鼓励融资租赁公司为中关村企业提供融资租赁业务,中关村管委会按照对中关村企业实际开展的融资租赁业务总额的1%给予补贴,每家机构年度补贴额不超过500万元。

2014年7月3日,北京市东城区人民政府为区内企业制定《东城区关于促进"二四三"产业发展的办法》,将低碳服务业纳入三大新兴产业,提倡设立从事投资新能源、节能环保和碳交易领域的股权投资基金公司、投资公司、担保公司以及融资租赁公司等投融资机构和金融服务机构。鼓励驻区各类金融机构为符合东城区产业发展方向的企业提供融资租赁等金融服务,并推行奖励政策,对当年为10家以上符合产业发展方向的驻区企业提供融资服务,且累计融资额达到1亿元以上,按照融资总额的0.25%给予奖励,每家金融机构年奖励额不超过50万元。

2014年8月25日,北京市出台《文化部关于加快国家对外文化贸易基地(北京)建设发展的意见》(京政发〔2014〕25号)以推动文化金融服务创新试点,该意见表明要积极争取金融政策支持,引导金融机构为基地提供结售汇、外币兑换、跨境结算、清税、融资租赁等方面的专业服务。

【天津】2010年6月,国家工商行政管理总局发布《关于印发〈国家工商行政管理总局关于进一步支持天津滨海新区开发开放的意见〉的通知》(工商办字〔2010〕122号),放宽在天津滨海新区的市场准入条件。

2011年5月,国家发展和改革委员会发布的《关于印发天津北方国际航运中心核心功能区建设方案的通知》(发改基础〔2011〕1051号)中,鼓励探索天津东疆保税港区租赁业务创新试点。准予金融租赁公司在东疆保税港区设立项目子公司(如单机公司、单船公司等)。鼓励租赁企业在东疆保税港区开展飞机租赁业务创新。对国内租赁公司或租赁公司设立的项目子公司,经国家有关部门批准从境外购买空载重量在25吨以上并租赁给国内航空公司使用的飞机,减按4%收进口环节增值税,该政策在天津东疆保税港区先行试点。对在天津东疆保税港区注册的融资租赁企业,或金融租赁公司在东疆保税港区设立的项目子公司满足条件的融资租赁出口货物,实行出口退税政策。

2012年7月,财政部、海关总署、国家税务总局联合发布了《关于在天津东疆保税港区试行融资租赁货物出口退税政策的通知》(财税〔2012〕66号),决定自2012年7

月 1 日起，在天津东疆保税区试行融资租赁货物出口退税政策。

2014 年 7 月，人民银行天津分行出台了《关于促进金融租赁发展服务实体经济的指导意见》，该指导意见专门针对金融租赁服务实体经济提出了六个方面的要求：一是发挥天津租赁业集聚优势，鼓励更多的金融租赁公司落户天津；二是支持经济结构优化，助推天津经济转型升级，在深化对航空航天、石油化工、装备制造、电子信息、生物医药、新能源新材料等优势产业支持的同时，密切关注先进制造业产业链构建、"小巨人"企业、楼宇经济的发展，积极推动有市场发展前景的高端装备制造、新一代信息技术等战略性新兴产业的发展，研究实施对全市重点发展的商贸物流、文化创意、信息消费、电子商务、大型会展和楼宇总部等现代服务业的租赁支持措施；三是加大融资租赁产品和服务的创新力度，满足企业多元化需求，创新发展厂商租赁、联合租赁、保税区租赁等业务模式，将设备生产、销售和融资有机结合，以适应多样化的市场需求；四是落实政策导向要求，加大对小微企业和民营经济的支持力度，鼓励金融租赁公司根据小微企业的不同发展阶段和不同需求，有针对性地开展租赁服务，使更多的小微企业和民营经济获得金融支持；五是加强自身建设，提高风险防范能力，从决策机制、业务流程等方面着手，及时排查各类风险隐患，提高风险防范和处置能力，认真执行融资租赁特别是售后回租用途管理规定，规范资金使用，防止资金违规流向限制领域；六是培育融资租赁发展环境，支持金融租赁健康持续发展，鼓励保险公司与融资租赁公司开展业务合作，为融资租赁业务提供有针对性的保险产品和服务，鼓励各类融资性担保机构与融资租赁公司开展业务合作，探索建立适用于融资租赁业的特色担保制度。

2015 年 1 月 28 日，天津市人民政府办公厅发布《关于加快融资租赁业发展的实施意见》的专项政策，该实施意见包括充分发挥政府的监管服务作用，提高行政效率以改善租赁业的发展环境；鼓励东疆保税港区租赁业创新先行先试；明确售后回租业务的权属和权证办理；对租赁企业租赁物进出口通关提供便利；关于医疗器械设备租赁业务许可的规定；并提出加大金融支持力度，发挥银行融资主渠道作用，支持租赁企业直接融资，应收账款融资，以及鼓励融资租赁企业开展跨境担保业务等，以便利融资租赁企业融资。

【上海】上海浦东新区人民政府在 2005 年 12 月发布的《关于印发浦东新区促进现代服务业发展的财政扶持意见的通知》（浦府〔2005〕294 号）中，就明确了"对新引进的大型融资租赁企业，其相关业务实现的营业收入、利润总额形成新区地方财力部分，三年内给予 50% 的补贴"的规定。其中"大型融资租赁公司"是指注册资本 1 亿元以上经批准专业从事融资租赁的企业。

2010 年 7 月，浦东新区政府发布《关于浦东新区促进融资租赁业发展的意见》，对于在浦东新区设立的融资租赁企业，均享受浦东新区金融机构扶持政策，并在政策咨询、工商登记、税务征管等方面为融资租赁企业提供良好的政府服务。并于 8 月份正式发布了《关于浦东新区促进融资租赁业发展的财政扶持办法》及《实施细则》，对于注册地和税管地均在浦东新区的融资租赁企业给予各种奖励政策和财政补贴。闸北区对融资租赁公司则实行营业税、所得税“三免三减半”政策；黄浦对融资租赁实行开办费补贴、高管及专业人员补贴、办公用房租购政策等；卢湾区则根据融资租赁公司注资给予一次性补贴，并在注册后五年内根据区财力给予不超过 35% 的奖励。

2012 年 6 月 25 日，上海市人民政府印发《上海市服务业发展“十二五”规划》，指出“十二五”期间上海市服务业发展的主要任务包括：集聚各类金融机构；加强陆家嘴—外滩金融集聚区建设，优化金融集聚区功能布局；培育和发展与金融市场相关的功能性金融机构；发展创业投资企业、股权投资企业、融资租赁公司、融资性担保公司、小额贷款公司等新型金融机构；吸引和培育具有国际竞争力的金融机构；培育新兴金融服务业；推动金融机构设立专业化财富与资产管理机构；加快发展证券投资基金、对冲基金等专业机构；支持开展船舶（飞机）融资租赁、海上货运险、保赔保险、资金结算等航运金融服务；大力发展消费金融，加快发展非金融机构支付产业，培育一批可参与国际竞争的金融资讯服务商。

2013 年 9 月底，上海自贸区实验区挂牌成立，试验区范围涵盖上海市外高桥保税区、外高桥保税物流园区、洋山保税港区和上海浦东机场综合保税区 4 个海关特殊监管区域，并根据先行先试推进情况以及产业发展和辐射带动需要，逐步拓展实施范围和试点政策范围，形成与上海国际经济、金融、贸易、航运中心建设的联动机制。总体方案的主要内容涉及：加快政府职能转变，扩大投资领域的开放，加快转变贸易发展方式，深化金融领域的开放创新，建立与试验区相适应的监管制度环境等。上海自贸区总体方案中提出要推进贸易发展方式的转变，允许和支持各类融资租赁公司在试验区内设立项目子公司并开展境内外租赁服务。

2013 年 12 月，中国人民银行出台《关于金融支持中国（上海）自由贸易试验区建设的意见》，在深化外汇管理改革方面，该意见中专门提出：“支持试验区开展境内外租赁服务。取消金融类租赁公司境外租赁等境外债权业务的逐笔审批，实行登记管理。经批准，允许金融租赁公司及中资融资租赁公司境内融资租赁收取外币租金，简化飞机、船舶等大型融资租赁项目预付货款手续。”

2014 年 7 月 25 日，上海市人民代表大会常务委员会发布《中国（上海）自由贸易试验区条例》（上海市人民代表大会常务委员会公告第 14 号），在贸易便利方面，要求上海子贸试验区实行内外贸易一体化发展，鼓励离岸贸易、国际大宗商品交易、融资租赁、期货保税交割、跨境电子商务等新型贸易发展,推动生物医药研发、软件和信息服务、数据处理等外包业务发展。

【深圳】2010 年 8 月制定的《前海深港现代服务业合作区总体发展规划》中指出,要推动以跨境人民币业务为重点的金融领域创新合作。鼓励符合 CEPA 关于“香港服务提供者”定义的金融机构在前海设立国内总部、分支机构。支持设立融资租赁公司、汽车金融公司、消费金融公司以及小额贷款公司等有利于增强市场功能的机构。该规划要发展现代物流业,积极发展港口航运配套服务。支持发展航空交易市场,开展航材租赁、航材交易、民用飞机融资租赁等多种创新服务。积极引进航运业务管理中心、单证管理中心、结算中心、航运中介等在前海设立机构,开展业务。推动航运航空金融创新发展,支持组建航运产业基金、航运金融租赁公司、航运保险机构,促进民用飞机及航材金融租赁业务的发展。允许注册在前海,有离岸国际贸易需求、经营业绩和信用良好的企业在境内银行先期开设离岸专用账户或特殊账户。支持在前海服务航空、航运的金融租赁公司进入银行间市场拆借资金和发行债券。

2012 年 5 月 5 日,深圳市人民政府下发《关于加强和改善金融服务支持实体经济发展的若干意见》(深府〔2012〕50 号)。该意见要求加大对战略性新兴产业的支持力度,鼓励和支持符合条件的机构设立金融租赁公司和融资租赁公司,大力发展设备租赁业务,满足战略性新兴产业、高新科技企业对融资租赁服务的需求。并提出结合增值税转型完善融资租赁税收政策。

2014 年 1 月 6 日,深圳市人民政府颁发《关于充分发挥市场决定性作用全面深化金融改革创新的若干意见》(深府〔2014〕1 号)。该意见指出引导更多民间资本进入金融领域,并支持符合条件的民营企业发起设立金融租赁公司;同时,特别指出要扶持融资租赁产业发展:鼓励设立融资租赁公司和金融租赁公司,支持融资租赁公司、金融租赁公司在前海设立单机、单船、大型设备等项目子公司和功能创新平台公司,开展航空器(材)、船舶和大型设备租赁业务。支持融资租赁产业通过跨境人民币贷款、股权融资、债权融资等方式拓宽融资渠道。推动融资租赁业务创新试点,建立融资租赁资产交易平台,鼓励开发覆盖债权与股权、场内与场外、标准与非标准融资租赁产品,大力发展融资租赁资产交易市场。

2014 年 1 月 16 日,根据《前海深港现代服务业合作区总体发展规划》的有关精神,落实《国务院关于支持深圳前海深港现代服务业合作区开发开放有关政策的批复》(国函〔2012〕58 号)中“支持前海试点设立各类有利于增强市场功能的创新型金融机构,探索推动新型要素交易平台建设,支持前海开展以服务实体经济为重点的金融体制机制改革和业务模式创新”的相关内容,深圳市金融办和深圳市经济贸易和信息化委员会印发了《关于推进深圳前海湾保税港区开展融资租赁业务的试点意见》，从市场准入、海关政策和跨境融资政策三大方面提出了8条试点意见，以支持深圳前海湾保税港区探索融资租赁业务创新试点工作的开展。

2014年3月15日，深圳市人民政府出台《关于支持互联网金融创新发展的指导意见》（深府〔2014〕23号）。该指导意见也提出支持互联网企业依法发起设立或参股商业银行、证券、基金、期货、保险、消费金融、汽车金融、金融租赁和金融电商等各类金融机构。支持互联网企业通过发起设立、并购重组等方式控股或参股小额贷款、融资担保、融资租赁、典当投资、股权投资、要素平台等新型金融机构。

【福建】2012年5月10日，福建省人民政府颁发《关于支持企业技术改造促进工业稳定增长十二条措施的通知》（闽政〔2012〕28号）。为加强企业技术改造，加快工业转型升级，促进工业平稳较快发展，要求加大财政金融支持，支持项目业主通过企业债券、短期融资债券、中期票据、企业上市、增发配股、融资租赁等方式融资。

2013年4月9日，福建省人民政府发布《关于加快流通产业发展若干措施的通知》（闽政〔2013〕25号），规定加大对租赁业的财政与金融支持，鼓励金融机构开展动产、仓单、商铺经营权、租赁权、老字号、流通品牌等资产的抵质押融资。鼓励发展融资租赁、商圈融资、供应链融资等业务。对融资担保企业为中小商贸企业提供融资担保的，省级财政按担保额给予5‰的风险补偿。对融资租赁企业向中小微企业提供租赁融资的，按当年季均融资额比上年净增加额的5‰给予风险补偿。

2013年7月16日，福建省人民政府办公厅下发《关于贯彻落实金融支持经济结构调整和转型升级政策措施的实施意见》（闽政办〔2013〕89号），该意见鼓励通过融资租赁方式支持企业购置新设备、新生产线等，符合条件的项目，可享受技改设备补助政策。支持以融资租赁公司为平台，通过转贷款等方式加大企业技改中长期信贷资金投入。

2014年1月28日，福建省人民办公厅颁发《2014—2015年全省产业转型升级行动计划实施方案》（闽政办〔2014〕17号），要求加强金融对实体经济的服务从而提升现代服务业，明确指出由福建省发展和改革委员会、商务厅、旅游局、金融办牵头，优化信贷投向，扩大直接融资，创新信托、融资租赁、信贷资产证券化等金融产品。

2014年4月21日，福建省人民政府出台《关于加强企业融资服务八条措施的通知》（闽政〔2014〕17号），要求强化融资租赁和信托资金对企业的支持，并强调要加快制定促进福建省融资租赁业发展的政策措施，具体表现在：对融资租赁公司售后回租业务中承租方出售资产的行为，不征收增值税和营业税；对承租人出售资产的行为，不确认为销售收入；对融资性租赁的资产，仍按承租人出售前原账面价值作为计税基础计提折旧;对以融资租赁方式获得的租赁设备,视同技术改造项目,按技术改造补助政策给予支持。开展农机金融租赁服务,创新抵(质)押担保方式,发展农村产权交易市场。鼓励融资租赁公司探索开展融资租赁与风险投资相结合、租赁债权与投资股权相结合的风险租赁业务。6 月 10 日又在发表的《福建省贯彻实施质量发展纲要 2014 年行动计划》(闽政办〔2014〕75 号)中指明要贯彻落实关于加快制造业质量升级促进经济持续健康发展的指导意见,以推进融资租赁与制造业的融合。

2014 年 7 月 1 日,福建省人民办公厅公布《进一步完善金融市场体系实施方案》(闽政办〔2014〕90 号),由省经信委、省金融办、人民银行福州中心支行、福建银监局负责加强融资性担保公司、小额贷款公司、典当行、融资租赁企业的监管。出台《福建省融资性担保公司管理办法》和《加强融资租赁公司管理促进融资租赁公司发展的指导意见》,进一步完善《福建省小额贷款公司暂行管理办法》,落实《典当行监管规定》。研究开展融资性担保公司、小额贷款公司、典当行、融资租赁等企业的监测评价工作,维护区域金融稳定。

2014 年 7 月 21 日,由中共福建省委和福建省人民政府联合出台的《关于深化对台交流合作推动平潭科学发展跨越发展的意见》提出要建设高端服务区,支持设立融资租赁公司,有效解决台资企业融资难题,推动建设两岸离岸金融中心。

2014 年 8 月 24 日,福建省人民政府颁发《关于促进健康服务业发展的实施意见》(闽政〔2014〕38 号),支持符合条件的大中型医疗设备生产企业发起设立融资租赁公司,鼓励创新融资方式。25 日,泉州市人民政府办公室下发《关于促进内贸稳定发展十条措施的通知》(泉政办〔2014〕146 号),该通知鼓励发展融资租赁、商圈融资、供应链融资,引导金融机构在风险可控的前提下,开展动产质押、仓单质押、应收账款质押等抵质押贷款业务。落实融资担保企业为中小商贸企业提供融资担保的财政资金风险补偿政策。

2014 年 11 月 1 日,福建省人民政府办公厅出台《加快秀洲新区现代服务业发展政策意见——促进中小城市和城镇改革发展重点任务分工方案》(闽政办〔2014〕140 号),该意见表明应创新投融资体制,支持民间资本按监管要求,参股、投资中小型金融机构和小额贷款公司、融资性担保公司、融资租赁公司等,依法规范发展民间融资行为。

2015 年 1 月 1 日,福建省人民政府办公厅发布《关于进一步扶持小微企业加快发展七条措施的通知》(闽政办〔2015〕1 号),指出由各设区市人民政府,平潭综合实验区管委会,省发展改革委、财政厅、金融办、经信委,人民银行福州中心支行、福建证监局负责协助监督海峡股权交易中心的增信资金池在为小微企业发债增信的基础上,进一步为小微企业股权质押融资、信贷融资、融资租赁、资产证券化和互联网金融方式融资等提供增信服务。

3.3.2 业务领域政策

近年来，各地出台的政策规范主要集中在飞机、船舶、工程机械等传统领域。随着我国融资租赁的发展，经过起步、整顿、繁荣三个阶段，在当前行业复苏转型提升的背景下，我国融资租赁的业务范围也在不断扩张。2014 年以来，各地除了出台政策规范鼓励扶持飞机、船舶等重要领域之外，还争相在医疗器械、汽车服务以及农业等新兴领域给予政策规范与扶持。

【天津】2010 年 3 月，财政部、海关总署和国家税务总局发布了《关于在天津市开展融资租赁船舶出口退税试点的通知》，对融资租赁企业经营的所有权转移给境外企业的融资租赁船舶出口，在天津市实行为期 1 年的出口退税试点。

2011 年 5 月，国家发展和改革委员会发布的《关于印发天津北方国际航运中心核心功能区建设方案的通知》（发改基础〔2011〕1051 号）中，鼓励探索天津东疆保税港区租赁业务创新试点。准予金融租赁公司在东疆保税港区设立项目子公司（如单机公司、单船公司等）。鼓励租赁企业在东疆保税港区开展飞机租赁业务创新。对国内租赁公司或租赁公司设立的项目子公司，经国家有关部门批准从境外购买空载重量在 25 吨以上并租赁给国内航空公司使用的飞机，减按 4% 收进口环节增值税，该政策在天津东疆保税港区先行试点。

2014 年 3 月 10 日，天津市食品药品监督管理局下发《关于〈医疗器械经营企业许可证〉审批事项的补充通知》（津食药监流通〔2014〕77 号），该通知在原国家食品药品监督管理局《医疗器械经营企业许可证管理办法》（局令 15 号）和《关于融资租赁医疗器械监管问题的答复意见》（国食药监市〔2005〕250 号）的基础上，从天津市医疗行业的特点和实际出发，进一步规范了医疗器械融资租赁的审批工作。该通知规定融资租赁企业申请医疗器械融资租赁许可时，应承诺“对采购的医疗器械质量负责”，并提交相应承诺的书面材料；医疗器械融资租赁的《医疗器械经营企业许可证》的有效期为 5 年，从发证之日起计算。同时在日常监管方面也作出特别要求，要求由医疗器械融资租赁企业所在地区县食品药品监管部门负责，每年进行不少于 1 次现场或书面检查。

【上海】2012 年 3 月，上海洋山保税港区率先实施“保税船舶登记”试点，同时上海综合保税区管委会还会同上海海事局及上海海关等部门继续争取国家相关部委的支持，在海关、外汇、税收、财政等方面提出配套支持措施，引导国内外重点航运企业和融资租赁企业在洋山开展保税船舶的登记业务。

2012 年 9 月，交通运输部发布《交通运输部关于融资租赁船舶运力认定政策的公告》称，对符合规定的融资租赁船舶，在国际、国内水路运输经营资质管理中，经核准可认定为航运企业的自有运力。该公告明确，航运企业申请将融资租赁船舶作为自有运力，已付租金应不低于融资租赁应付款项的 51%，并经融资租赁双方共同书面确认。航运企业将已取得国际、国内水路运输经营资格的船舶出售给融资租赁企业，应在交通运输部公布的船舶交易服务机构办理船舶交易手续。该项政策将先以上海市为试点，对在上海市注册的航运企业试行一年。2013 年 12 月，根据政策实施效果，交通运输部决定将该政策相关内容进行调整后在全国执行。

中国人民银行在 2013 年 12 月出台的《关于金融支持中国（上海）自由贸易试验区建设的意见》中还专门提到，要简化飞机、船舶等大型融资租赁项目的预付货款手续。

【深圳】2010 年 8 月制定的《前海深港现代服务业合作区总体发展规划》中指出，要发展现代物流业，积极发展港口航运配套服务。支持发展航空交易市场，开展航材租赁、航材交易、民用飞机融资租赁等多种创新服务。积极引进航运业务管理中心、单证管理中心、结算中心、航运中介等在前海设立机构，开展业务。推动航运航空金融创新发展，支持组建航运产业基金、航运金融租赁公司、航运保险机构，促进民用飞机及航材金融租赁业务的发展。支持在前海服务航空、航运的金融租赁公司进入银行间市场拆借资金和发行债券。

2014 年 1 月 6 日深圳市政府发布了 2014 年一号文件，聚焦于金融改革创新。文件中第二十条专门介绍了扶持融资租赁产业发展的具体措施，支持融资租赁公司、金融租赁公司在前海设立单机、单船、大型设备等项目子公司和功能创新平台公司，开展航空器（材）、船舶和大型设备租赁业务。

【福建】2014 年 9 月 9 日，福建省人民政府颁发《关于加快新能源汽车推广应用八条措施的通知》（闽政〔2014〕50 号），鼓励创新商业模式以加快其推广，其中明确指出鼓励投融资创新，支持社会资本进入新能源汽车充换电设施建设运营、整车租赁、电池租赁和回收等服务领域；鼓励金融创新，通过融资租赁、整车租赁、分时租赁、车辆共享、按揭购买等方式，开拓新能源汽车市场。

3.3.3 财税补贴政策

天津、上海本就是融资租赁发达地区，配套政策设施较其他地区更为完善，同时也能根据两地融资租赁行业的发展及时更新相关政策。2014 年度，在财税补贴方面两市积极出台政策大力支持融资租赁发展，带动全国其他省市逐步拓展融资租赁行业领域。福建省也加快了发展融资租赁的步伐,先后出台补助政策吸引融资租赁为市内企业服务,同时也为自贸区的获批筹建政策基础。

【北京】按照《关于促进首都金融业发展的意见实施细则》(京发改〔2005〕2735号)的规定,对于2005年2月1日后在京新设立或新迁入的融资租赁企业,经北京市金融服务工作领导小组批准,可以享受一次性资金补助政策,所需资金由市区两级各分担50%。

根据2012年8月《关于中关村国家自主创新示范区促进融资租赁发展的意见》,鼓励合作的融资租赁企业为中关村企业提供融资租赁业务,中关村科技园区管理委员会按照对中关村企业实际开展的融资租赁业务总额的1%给予补贴,每家机构年度补贴额不超过500万元;鼓励中关村企业通过融资租赁方式实现发展,即鼓励中关村企业通过融资租赁的方式取得为科技研发和创新创业服务的设备、器材等,中关村科技园区管理委员会对企业融资租赁而发生的融资费用(包括租息和手续费)给予20%的补贴,年度补贴额不超过50万元,企业享受补贴的时限不超过三年。

该意见鼓励信用担保机构开展融资租赁担保业务,对合作的担保机构为中关村企业提供的融资租赁担保,中关村科技园区管理委员会按照担保额的比例给予一定的风险补贴支持,补贴额度按照有关规定实行年度总额控制。

【天津】2010年3月,财政部、海关总署、国家税务总局下发了《关于在天津市开展融资租赁船舶出口退税试点的通知》(财税〔2010〕24号),对融资租赁出口的租赁船舶实行增值税"免退税"办法,即该出口租赁船舶的出口销项免征增值税,其购进的进项税款予以退税。涉及消费税的应税消费品,已征税款予以退还。对采取先期留购方式的融资租赁船舶出口业务,实行分批退税;对采取后期留购方式的融资租赁船舶出口业务,实行租赁船舶在所有权真正转移时予以一次性退税。对于采取后期留购方式的,在租借期间发生租赁船舶归还进口的,海关不征收进口关税和进口环节税。

借助国家各部委的政策支持,天津市把融资租赁业作为金融改革创新的主要内容之一,列为天津市重要的金融主导产业来打造。2010年,天津市政府提出了《天津市关于促进租赁业发展的意见》。该意见的第四条,从船舶出口退税政策、政府补助、税收政策、引进人才政策、政府补助资金落实、政府采购、折旧和风险准备金几个方面给出了支持租赁业务和融资租赁发展的财税政策。其中税收政策主要分为三个方面:(一)税收抵免。经国家有关部门批准,在天津市新设或迁入的金融租赁公司和融资租赁公司法人机构,购置在环境保护专用设备企业所得税优惠名录、节能节水专用设备企业所得税优惠名录和安全生产专用设备企业所得税优惠名录范围内的环境保护、节能节水、安全生产等专用设备,由承租方实际使用,符合融资租赁条件的,该设备投资额的 10% 可以从承租方企业当年的应纳税额中抵免；当年不足抵免的，可以在以后 5 个纳税年度结转抵免。如租赁期间发生变化，上述专用设备所有权未转移到承租方的，承租方应当停止享受企业所得税优惠，并补缴已经抵免的企业所得税税款。（二）拓宽动性，扩大资产业务规模。支持租赁公司通过上市和发行企业债券。对融资租赁合同可根据合同所载租金总额按借款合同计税贴花，即按借款金额万分之零点五贴花；对分别签订购销合同和融资租赁合同的，应按规定分别贴花。（三）售后回租业务税收。融资性售后回租业务中承租方出售资产的行为，不属于增值税和营业税征收范围，不征收增值税和营业税。承租人出售资产的行为，不确认为销售收入；对融资性租赁的资产，仍按承租人出售前原账面价值作为计税基础计提折旧。租赁期间，承租人支付的属于融资利息的部分，作为企业财务费用在税前扣除。

2012 年 7 月，财政部、海关总署、国家税务总局联合发布《关于在天津东疆保税港区试行融资租赁货物出口退税政策的通知》，配合国家税务总局 2012 年 8 月发布的《天津东疆保税港区融资租赁货物出口退税管理办法》，决定自 2012 年 7 月 1 日起，在天津东疆保税港区试行融资租赁货物出口退税政策。对在天津东疆保税港区注册的融资租赁企业或金融租赁公司在天津东疆保税港区设立的项目子公司，以融资租赁方式租赁给境外承租人且租赁期限在 5 年（含）以上，并向天津境内口岸海关报关出口的货物，试行增值税、消费税出口退税政策。该通知明确，对融资租赁海洋工程结构物试行退税政策。对融资租赁出租方向国内生产企业购买，并以融资租赁方式租赁给境内列名海上石油天然气开采企业且租赁期限在 5 年（含）以上的海洋工程结构物，视同出口，试行增值税、消费税出口退税政策。民生金融租赁设立在天津东疆保税港区的项目公司成功取得了海洋工程结构物出口退税 8194 万元，实现了我国第一笔融资租赁货物出口退税。

2012 年 12 月 28 日，由天津市财政局、天津市地方税务局、天津市发展和改革委员会联合发布的《关于印发〈天津市促进现代服务业发展财税优惠政策〉的通知》（津财金〔2012〕24 号）中，对在天津市新设立的金融租赁和融资租赁公司给予了四个方面的资金补助：（1）注册资本 10 亿元（含本数，人民币，下同）以上的，补助 2000 万元；注册资本 10 亿元以下、5 亿元以上的，补助 1500 万元；注册资本 5 亿元以下、1 亿元以上的，补助 1000 万元。补助资金分三年支付，第一年支付 40%，第二年、第三年分别支付 30%。（2）在天津市规划的金融区内新购建的自用办公用房，按每平方米 1000 元的标准给予一次性补助，最高补助金额不超过 1000 万元。租赁的自用办公用房，三年内每年按房屋租金的 30% 给予补贴，连续补贴三年。若实际租价高于房屋租金市场指导价的，则按市场指导价计算租房补贴。（3）自开业年度起，前两年按其缴纳营业税的100%标准给予补助，后三年按其缴纳营业税的50%标准给予补助；自获利年度起，前两年按其缴纳企业所得税地方分享部分的100%标准给予补助，后三年按其缴纳企业所得税地方分享部分的50%标准给予补助。新购建的自用办公用房，按其缴纳契税的100%标准给予补助，并在三年内按其缴纳房产税的100%标准给予补助。（4）对从外省市引进且连续聘任两年以上的公司副职级以上高级管理人员也给予奖励。具体奖励政策在人才引进部分作详细介绍。

2013年2月，天津市出台促进融资租赁业发展的财税优惠政策，对在天津新设立的融资租赁公司法人机构，给予最高2000万元的一次性资金补助以及连续5年的营业税和所得税减免；对企业新购建的自用办公用房，给予最高1000万元的补贴。

【上海】2005年12月，上海在浦东新区人民政府发布的《关于印发浦东新区促进现代服务业发展的财政扶持意见的通知》（浦府〔2005〕294号）中表示，“对新引进的大型融资租赁企业，其相关业务实现的营业收入、利润总额形成新区地方财力部分，三年内给予50%的补贴”。

2010年7月，上海浦东新区出台了《促进融资租赁业发展的财政扶持办法》。该办法指出，（一）对新引进到位资本金超过1亿元（含）的融资租赁企业，参照《浦东新区支持金融机构发展的实施办法》，给予一次性落户奖励和购房补贴。对本办法施行日前引进的融资租赁企业，未享受本办法规定的一次性奖励政策的，鼓励其进行增资扩股，根据增资规模，给予一次性奖励。（二）对为新区企业提供融资服务的融资租赁企业，根据其当年为新区企业提供融资总额，给予融资总额0.5%的补贴；对为新区企业提供航运租赁服务的融资租赁企业，根据其当年通过航运租赁业务为新区企业提供融资总额，给予融资总额1%的补贴。（三）对融资租赁企业购入新区先进装备制造企业生产的设备，按照合同金额的0.5%，给予融资租赁企业补贴。（四）对融资租赁企业购入新区企业制造的飞机、船舶，按照合同金额1%，给予融资租赁企业补贴。对单一企业不重复享受补贴，对单一融资租赁企业，每年该项补贴额最高为500万元。（五）对融资租赁企业新购入船舶和飞机，给予登记费100%补贴，单船或单机最高补贴额为10万元，对单一融资租赁企业，每年该项补贴额最高为200万元。

2012年12月，上海市浦东新区下发了《关于印发浦东新区促进金融业发展财政扶持办法实施细则的通知》，对为新区企业提供融资服务的融资租赁企业，根据其当年为新区企业提供融资总额给予融资总额0.5%的补贴；对为新区企业提供航运租赁服务的融资租赁企业，根据其当年通过航运租赁业务为新区企业提供融资总额给予融资总额1%的补贴，最高限额为500万元；对融资租赁企业在浦东新区注册或追加资本金给予一次性财政补贴，金额最高可达1500万元。此外，该通知对一次性落户补贴、购房补贴、人才补贴等财政补贴也制定了量化标准。

2013 年 9 月，国务院印发了《中国（上海）自由贸易试验区总体方案》。该方案表示上海自贸区实验区实施促进贸易的税收政策。将试验区内注册的融资租赁企业或金融租赁公司在试验区内设立的项目子公司纳入融资租赁出口退税试点范围。对试验区内注册的国内租赁公司或租赁公司设立的项目子公司，经国家有关部门批准从境外购买空载重量在 25 吨以上并租赁给国内航空公司使用的飞机，享受相关进口环节增值税优惠政策。对设在试验区内的企业生产、加工并经“二线”销往内地的货物照章征收进口环节增值税、消费税。根据企业申请，试行对该内销货物按其对应进口料件或按实际报验状态征收关税的政策。在现行政策框架下，对试验区内生产企业和生产性服务业企业进口所需的机器、设备等货物予以免税，但生活性服务业等企业进口的货物以及法律、行政法规和相关规定明确不予免税的货物除外。完善启运港退税试点政策，适时研究扩大启运地、承运企业和运输工具等试点范围。

2014 年 8 月 8 日，上海市国家税务局、上海市地方税务局联合颁发《关于公布〈上海市税务系统行政审批事项公开目录〉的通知》（沪国税法〔2014〕16 号），该通知依据《国家税务总局关于印发〈融资租赁船舶出口退税管理办法〉的通知》（国税发〔2010〕52 号）第二条：“主管融资租赁船舶出口企业的国家税务局负责融资租赁船舶出口退税的认定、审核、审批及核销等管理工作。”将融资租赁船舶出口退（免）税纳入审批。

【深圳】2011 年 6 月 27 日，深圳市第五届人民代表大会常务委员会第九次会议通过的《深圳经济特区前海深港现代服务业合作区条例》中规定，前海合作区实行以下税收优惠政策：经认定的技术先进型服务企业按 15% 的优惠税率征收企业所得税，其发生的职工教育培训经费按不超过企业工资总额 8% 的比例据实在企业所得税税前扣除；以及在国家税制改革框架下先行先试的其他财税优惠政策。

【福建】2012 年 11 月 28 日，晋江市人民政府下发《关于促进融资租赁业发展的若干意见》（晋政文〔2012〕350 号），从设立、纳税、人才和投资四方面设置奖励，鼓励融资租赁企业的设立和发展。对融资租赁企业的纳税奖励包括：自融资租赁公司注册年度起，参照其缴纳的营业税地方留成部分，前两年按 87.5% 的比例，后三年按 50% 的比例给予资金奖励；自融资租赁公司注册年度起，参照其缴纳的企业所得税地方留成部分，前两年按 35% 的比例，后三年按 25% 的比例给予奖励；融资租赁公司缴纳的印花税可根据融资租赁合同所载租金总额按借款合同计税贴花，即按借款金额万分之零点五贴花；对分别签订购销合同和融资租赁合同的，按规定分别贴花。

2014 年 5 月 16 日，福建省莆田市人民政府发布《关于加强企业融资服务措施的通知》（莆政综〔2014〕59 号），给予融资租赁公司财税补贴以强化融资租赁对该市企业的支持。该通知作出如下规定:对融资租赁公司售后回租业务中承租方出售资产的行为,不征收增值税和营业税;对承租人出售资产的行为,不确认为销售收入;对融资性租赁的资产,仍按承租人出售前原账面价值作为计税基础计提折旧;对以融资租赁方式获得的租赁设备,视同技术改造项目,按技术改造补助政策给予支持。

2015 年 1 月 1 日,福建省人民政府办公厅颁布《关于进一步扶持小微企业加快发展七条措施的通知》(闽政办〔2015〕1 号),要求进一步强化融资服务,由各设区市人民政府、省财政厅等单位负责开展融资租赁企业风险补偿试点工作,对融资租赁企业向中小微企业提供租赁融资的,按当年季均融资额比上年净增加额的 5‰给予风险补偿。

3.3.4 保税区政策

天津、上海作为港口城市,具有融资租赁业发展所需的天然优势,加之国家对天津东疆保税港区、上海洋山保税港区、外高桥保税区和浦东机场综合保税区的政策支持以及近年来融资租赁业的蓬勃发展,各保税区也出台了一系列融资租赁相关政策支持其扩展。天津东疆保税港区与洋山保税港区结合自身发展均出台了船舶登记制度;上海海关更加创新制度,在上海自由贸易试验区内实施“一次备案,多次使用”的模式,简化了监管模式。

【北京】顺义区天竺综合保税区是 2008 年 7 月经国务院批复的全国首家空港型综合保税区,也是目前国内唯一包含机场口岸操作区、实现区港无缝对接、高效作业的空港型综合保税区。这些条件为飞机租赁业务的开展提供了非常良好的政策环境。2010 年 4 月,天竺综合保税区首架租赁飞机交付使用,是我国利用综保区政策优势以金融租赁方式引进的首架飞机。

【天津】2011 年 5 月天津市发展和改革委员会关于《天津北方国际航运中心核心功能区建设方案》(国函〔2011〕51 号)的通知,赋予了东疆保税港区航运融资、航运交易、航运租赁、离岸金融服务等八大功能,并在国际船舶登记制度、国际航运税收、航运金融和租赁业务创新四大领域给予东疆保税港区非常具体的政策创新支持,积极探索东疆保税港区租赁业务创新试点。

2012 年 7 月,财政部、海关总署、国家税务总局发布的《关于在天津东疆保税港区试行融资租赁货物出口退税政策的通知》(财税〔2012〕66 号),对融资租赁出口货物和融资租赁海洋工程结构物试行行业退税政策。

2013 年 6 月 26 日,交通部下发《关于天津东疆保税港区国际船舶登记制度创新试点方案的复函》(交函海〔2013〕161 号)。该复函指出符合该方案所列登记条件的公司和船舶可以进行以下登记:(1)船名审核;(2)核准烟囱标志和公司旗;(3)临时国籍登记;(4)船舶所有权登记;(5)国籍登记;(6)光船租赁登记;(7)船舶抵押权登记;(8)船舶融资租赁登记;(9)变更登记及注销登记。

2014 年 10 月 22 日,第 19 号津关公告发布,以规范天津港保税区、天津出口加工区、天津保税物流园区、天津东疆保税港区、天津滨海新区综合保税区等海关特殊监管区对融资租赁业务的监管,对企业开展融资租赁业务的条件、境内承租企业向海关申报的材料、租赁物的计税依据以及其他相关手续都作了明确规定。

【上海】2010 年出台的上海浦东新区《促进融资租赁业发展的财政扶持办法》中,专门提出对于设立在上海综合保税区的融资租赁企业,贸易区的飞机和船舶租赁项目子公司,综合考虑企业发展的实际需求、经济贡献等因素,前两年给予 100% 的财政补贴,后三年给予 50% 的财政补贴。

此外,2011 年 12 月 21 日,交通运输部海事局正式下发了《关于同意上海海事局在洋山保税港区开展船舶登记工作的批复》,明确同意将"中国洋山港"作为一个新的船籍港,对注册在洋山保税港区的企业开展保税船舶登记业务。洋山保税港区成为全国第一个可以开展保税船舶登记的区域,开创了国内保税船舶登记的先例,为进口保税船舶和国内制造入区退税船舶进行船舶登记创造了条件。

2014 年 2 月 28 日,国家外汇管理局上海市分局发布《上海自由贸易试验区建设外汇管理实施细则的通知》(上海汇发〔2014〕26 号)。该通知取消了境外融资租赁债权审批,并允许境内融资租赁业务收取外币租金。附件:外汇管理支持试验区建设实施细则规定允许区内金融租赁公司、外商技资租赁公司及中资融资租赁公司(以下简称融资租赁类公司)在向境内承租人办理融资租赁时收取外币租金。对区内大型融资租赁企业实行货物贸易特殊标识监测管理。同时取消区内融资租赁类公司办理融资租赁对外债权业务的逐笔审批,实行登记管理。附 4:试验区境内外租赁服务外汇管理操作规程专门针对融资租赁的业务操作和监测管理进行规范。在业务操作中,对融资租赁类公司放开限制:规定融资租赁类公司开展对外融资租赁业务时,不受现行境内企业境外放款额度限制。另外,融资租赁类公司可直接到所在地银行开立境外放款专用账户,用于保留对外融资租赁租金收入。上述外汇资金入账时,银行应审核该收入的资金来源。该账户内的外汇收入需结汇时,融资租赁类公司可直接向银行申请办理。

2014 年 7 月 25 日,上海市人民代表大会常务委员会决议颁布《中国(上海)自由贸易试验区条例》(上海市人民代表大会常务委员会公告第 14 号),鼓励离岸贸易、国际大宗商品交易、融资租赁、期货保税交割、跨境电子商务等新型贸易发展。要求自贸试验区加强与海港、空港枢纽的联动,加强与区外航运产业集聚区协同发展,探索形成具有国际竞争力的航运发展制度和运作模式。呼吁在自贸试验区实行以“中国洋山港”为船籍港的国际船舶登记制度,建立高效率的船舶登记流程。在税收管理上规定自贸试验区实施促进投资和贸易的有关税收政策;其所属的上海外高桥保税区、上海外高桥保税物流园区、洋山保税港区和上海浦东机场综合保税区执行相应的海关特殊监管区域的税收政策。在该条例施行的同时,1996 年 12 月 19 日上海市第十届人民代表大会常务委员会第三十二次会议审议通过的《上海外高桥保税区条例》废止。

2014 年 8 月 12 日,上海海关下发《关于在中国(上海)自由贸易试验区实施“一次备案、多次使用”模式的公告》(中华人民共和国上海海关公告 2014 年第 33 号),该公告表明“一次备案、多次使用”是指试验区内企业(以下简称区内企业)在账册备案环节通过“中国(上海)自由贸易试验区海关监管信息化系统”(以下简称信息化系统)向试验区主管海关一次性备案企业、进出货物等信息,经主管海关核准后,可以在试验区各项海关业务中多次、重复使用的海关监管模式。规定区内企业经账册备案后,在开展“批次进出、集中申报”“保税展示交易”“境内外维修”“期货保税交割”“融资租赁”等经海关核准开展的业务中,可以在信息化系统中直接调用已备案的企业和进出货物等信息,无须再向海关重复备案。

3.3.5 人才引进政策

现阶段我国对融资租赁专业人才的需求很大,而在融资租赁专门人才的培育方面还较为欠缺,使得各地区为了引进人才出台鼓励政策。优惠政策中仍以对公司高管给予一次性奖励作为主要方式,其中部分地区对高级管理人员购买商品房、汽车或参加培训以分享其缴纳部分所得税的方式进行补贴。

【北京】2012 年《中关村国家自主创新示范区促进融资租赁发展的意见》中明确,要加强人才队伍建设,完善发展环境。支持融资租赁企业高级管理人员申报中央“千人计划”、北京市“海聚工程”和中关村“高聚工程”,并纳入其建设人才特区的总体目标,根据 2011 年 3 月中央组织部、国家发展和改革委员会、教育部、科技部、工业和信息化部等 14 个部委会同北京市政府印发《关于中关村国家自主创新示范区建设人才特区的若干意见》,为入选“千人计划”“海聚工程”等高层次人才提供 100 万元人民币的一次性奖励。为高层次人才创办的企业优先提供融资担保、贷款贴息等支持政策。在居留和出入境、落户、医疗和住房等方面也给出了各种支持人才建设的政策。

【天津】2012 年 6 月,天津商业大学联合天津市商务委、天津市租赁业协会、中国国际商会租赁委员会组建了“中国融资租赁业研究与教育中心”,在新招收的硕士生中开设融资租赁专业课程，广泛开展融资租赁、金融衍生品、国际租赁等课题研究，为满足天津乃至全国融资租赁的发展提供人才支持。

2012年12月，天津市财政局、天津市发展和改革委员会、天津市地方税务局《关于印发〈天津市促进现代服务业发展财税优惠政策〉的通知》（津财金〔2012〕24号）。该通知明确指出对经国家有关部门批准，在本市新设立的金融租赁公司和融资租赁公司法人机构，从外省市引进且连续聘任两年以上的公司副职级以上高级管理人员，在本市行政辖区内第一次购买商品房、汽车或参加专业培训的，五年内按其缴纳个人工薪收入所得税地方分享部分予以奖励，累计最高奖励限额为购买商品房、汽车或参加专业培训实际支付的金额；不在本市行政辖区内购买商品房、汽车或参加专业培训的，三年内按其缴纳个人工薪收入所得税地方分享部分的50%给予奖励。

2013年1月，在《天津市促进现代服务业发展财税优惠政策》中，针对人才引进制定的措施是：对经国家有关部门批准，在本市新设立的金融租赁公司和融资租赁公司法人机构，从外省市引进且连续聘任两年以上的公司副职级以上高级管理人员，在本市行政辖区内第一次购买商品房、汽车或参加专业培训的，五年内按其缴纳个人工薪收入所得税地方分享部分予以奖励，累计最高奖励限额为购买商品房、汽车或参加专业培训实际支付的金额；不在本市行政辖区内购买商品房、汽车或参加专业培训的，三年内按其缴纳个人工薪收入所得税地方分享部分的50%给予奖励，奖励期限不超过三年。

2013年2月，天津市出台促进融资租赁业发展的财税优惠政策，对于高级管理人员第一次购房、购车和参加专业培训的，给予最高全额奖励。

【上海】上海率先开展融资租赁经纪服务试点，完善融资租赁发展市场环境。上海市商务委员会与工商行政管理部门以及租赁协会在全国首次开展了融资租赁经纪服务的试点工作，于2009年举办了一期试点融资租赁执业经纪资格考试，共57人取得执业资格考核合格证明。2009年8月底，上海成立了全国首家融资租赁经纪公司——上海融资租赁经纪有限公司，是上海市政府为响应国务院将上海建设成“两个中心”的号召而批准正式成立的在中华人民共和国境内开展融资租赁经纪业务的合法机构，也是上海市融资租赁经纪市级试点单位。2011年8月，上海第一次正式向社会招募融资租赁经纪人执业资格考试和培训，并于当年底产生国内第一批专业的融资租赁执业经纪人。

上海市商务委员会与市人力资源和社会保障局协调明确，将融资租赁行业纳入上海市引进人才行业目录，经认定后可享受户籍进沪政策，目前正在制定具体的人才认定标准。

2010 年浦东新区政府发布促进融资租赁业发展的财政扶持办法，在人才引进方面，对到位资本金超过 1 亿元（含）的融资租赁企业的高管人员、管理人员、专业人员，参照《浦东新区集聚金融人才实施办法》，享受政策。其中，享受一次性住房或租房补贴的高管所在融资租赁企业的注册资本应在 10 亿元（含）以上。对本办法有效期前引进的融资租赁企业，增资到 10 亿元（含）以上且未享受本条奖励政策的，对其高管，给予一次性住房或租房补贴。

2012 年，浦东新区制定了《浦东新区促进金融业发展财政扶持办法实施细则》。其中，对于融资租赁业的人才补贴政策具体包括：（一）对新引进注册资本达到 10 亿元或增资规模 10 亿元（含）以上的融资租赁企业的高管人员，给予每人一次性住房（租房）补贴 20 万元；（二）对到位资本金 1 亿元（含）以上的融资租赁企业高管人员、管理人员和专业骨干人员，经综合考核评定，给予一定的人才补贴。

2013 年的《中国（上海）自由贸易试验区总体方案》中针对人才中介行业设立了更开放的政策，上海自贸区对试验区内企业以股份或出资比例等股权形式给予企业高端人才和紧缺人才的奖励，实行已在中关村等地区试点的股权激励个人所得税分期纳税政策。

【深圳】2012 年 6 月，《国务院关于支持深圳前海深港现代服务业合作区开发开放有关政策的批复》（国函〔2012〕58 号）规定：对在前海工作、符合前海规划产业发展需要的境外高端人才和紧缺人才，取得的暂由深圳市人民政府按内地与境外个人所得税负差额给予的补贴，免征个人所得税。另外，还支持前海建设深港人才特区，建立健全有利于现代服务业人才集聚的机制，营造便利的工作和生活环境。（一）创新管理机制，研究制定相关政策措施，为外国籍人才、港澳台人才、海外华侨和留学归国人才在前海的就业、生活以及出入境等提供便利。（二）将前海纳入经国家批准的广东省专业资格互认先行先试试点范围。（三）允许取得香港执业资格的专业人士直接为前海企业和居民提供专业服务，服务范围限定在前海内，具体政策措施及管理办法由行业主管部门商有关方面制定。（四）允许取得中国注册会计师资格的香港专业人士担任内地会计师事务所合伙人，在前海先行先试，具体试行办法由深圳市制定，报财政部批准后实施。

深圳市政府 2014 年一号文件强调深圳市将启动实施国际金融人才战略，推动建立市区联动的金融人才支持体系，加大金融行业人才安居支持力度，培养和引进一批具有全球视野和创新意识的高端金融人才。整合高校、科研院所和金融机构资源，加快建设与国际接轨的金融创新人才培训基地。鼓励各金融机构、研究机构设立金融博士后工作站。探索设立金融特色学院，组建金融创新研究智囊机构，打造有影响力的金融智库。推动建立中央金融监管部门、大型金融机构与地方政府干部双向挂职交流常态机制。

3.3.6 法律环境

虽然我国融资租赁行业近几年快速发展,但缺乏有效的监管条例,且对于融资租赁的性质界定也不甚明确,对于目前频发的融资租赁纠纷案件还没有一套全面具体的法律依据,对于不动产是否属于融资租赁标的物范畴的争议仍未解决。由此,要促使融资租赁业健康发展,良好的法律环境必不可少。天津作为融资租赁发达地区,在出台法律政策方面也走在前列,特别是对于租赁物权属明晰和权证办理都作了详细规定。

【天津】最高人民法院给予天津法院在审理融资租赁纠纷案件中先行先试的司法政策。例如,2010 年天津出台的《关于促进我市租赁业发展的意见》中,对融资租赁业务中涉及租赁物权属的明晰和权证的办理进行了详细规定,包括依法明晰权属并办理权证、依法办理租赁物的权属权证、办理融资租赁合同项下融资租赁物权属状态的登记公示等共计 7 项规定。

2011 年 11 月发布的《天津市高级人民法院办公室关于审理融资租赁物权属争议案件的指导意见(试行)的通知》,即旨在维护融资租赁交易安全,平等保护当事人的合法权益,推进金融信用体系建设,并在审理融资租赁物权属争议案件中统一法律适用原则。

2011 年 11 月,中国人民银行天津分行、天津银监局联合制发了《关于做好融资租赁登记和查询工作的通知》,天津市高级人民法院制定了《关于审理融资租赁物权属争议案件的指导意见》,文件规定:从事融资租赁交易的出租人,应当在"中国人民银行征信中心融资租赁登记公示系统"将融资租赁合同中载明的融资租赁物权属状况予以登记公示,有关机构在办理动产抵押、质押、受让等业务时应登录"中国人民银行征信中心融资租赁登记公示系统"对所涉标的物的权属状况进行查询,否则产生纠纷时,法院不予受理。这些办法有力地防范了租赁企业的资产流失。

2014 年 1 月,天津市高级人民法院发布《关于审理动产权属纠纷案件涉及登记公示问题的指导意见(试行)》,在审理涉及动产权属登记公示相关案件中统一法律适用原则,整合现有动产和权利担保分散登记的基础上,明确中国人民银行征信中心为信贷征信机构,中国人民银行批准设立的动产融资登记服务机构为登记机构。该指导意见(试行)明确了"委托公示""委托登记""自愿登记"三种登记公示方式。该意见将有效推动动产统一登记制度的发展,规范市场行为,降低交易风险,帮助企业特别是中小企业拓宽融资渠道。

2014 年 3 月 10 日，天津市食品药品监督管理局发布《关于医疗器械融资租赁监管的有关规定》，要求开展融资租赁医疗器械的企业应是由有关部门批准设立的金融租赁公司、外商投资租赁公司、内资试点融资租赁公司，并应取得《医疗器械经营企业许可证》，适用于按固定资产管理的各类大型医用设备。针对融资租赁医疗器械经营业态特点，确定了区别于一般医疗器械经营企业的许可要求，并放宽了仓储面积、人员条件，同时对融资租赁医疗企业的经营范围、开办资质、质量管理等方面提出了明确要求。但是需要指出的是，这点与 2014 年 2 月最高人民法院发布的《关于审理融资租赁合同纠纷案件适用法律问题的解释》相冲突。该解释的第三部分第三条“租赁物经营许可对合同效力的影响”中明确规定，承租人对于租赁物的经营使用应当取得行政许可的，人民法院不应仅以出租人未取得行政许可为由认定融资租赁合同无效。

此外，天津各级监管部门高度重视行业经营风险，要求各家融资租赁企业必须保证资本充足率不低于 10%，不良资产比率不超过 15%，资产负债率不超过 100%，或有负债比率不超过 40%。同时，要求各家融资租赁企业均建立风险准备金制度，确保天津市融资租赁业健康良好发展。

【上海】率先成立了租赁行业调解中心，探索解决租赁经济纠纷的法律救济新途径，完善融资租赁发展的法律环境。

2013 年 9 月，国务院《中国(上海)自由贸易试验区总体方案》主要任务之一是完善法制领域的制度保障，加快形成符合试验区发展需要的高标准投资和贸易规则体系。针对试点内容，需要停止实施有关行政法规和国务院文件的部分规定的，按规定程序办理。其中，经全国人民代表大会常务委员会授权，暂时调整《中华人民共和国外资企业法》《中华人民共和国中外合资经营企业法》和《中华人民共和国中外合作经营企业法》规定的有关行政审批，自 2013 年 10 月 1 日起在三年内试行。各部门要支持试验区在服务业扩大开放、实施准入前国民待遇和负面清单管理模式等方面深化改革试点，及时解决试点过程中的制度保障问题。上海市要通过地方立法，建立与试点要求相适应的试验区管理制度。

3.3.7 行业组织

在融资租赁业飞速发展的同时，行业协会也随之纷纷成立。2014 年度江苏、湖北、山东先后成立融资租赁行业协会，现如今在北京、天津、上海等融资租赁发达地区的带动下，已有多个省市设立了自己的融资租赁行业协会为租赁业的发展提供支持。同时，在 2014 年 12 月 4 日，商务部建立的全国融资租赁企业管理信息系统正式上线，该综合性融资租赁服务平台为内资融资租赁试点企业、外商投资融资租赁企业及相关企业、组织和个人提供公共信息、租赁物登记公示查询、交流合作等服务。

【北京】中关村示范区建立了中关村企业和融资租赁企业之间的沟通机制，通过举办政策宣讲、投融资沙龙等多种方式，定期组织开展中关村企业和融资租赁企业的工作对接和交流。相关部门选取优先支持的中关村企业群体提供给融资租赁企业。

【天津】天津融资租赁在发展过程中，行业协会起到了重要作用。协会每年出版《中国租赁蓝皮书》，并从 2012 年开始，每年负责编辑出版《中国融资租赁年鉴》。2012 年 6 月，天津市租赁协会还联合天津商业大学等合作组建了“中国融资租赁业研究与教育中心”，广泛开展融资租赁、金融衍生品、国际租赁等课题研究，为满足天津乃至全国融资租赁的发展提供人才支持。

【上海】2013 年 11 月，上海成立全国租赁行业首家信息服务与交易平台，该平台具有政策发布、信息查询、统计分析、专业服务、资产交易等功能，致力于打造覆盖全行业的公共服务体系。“上海租赁行业综合信息服务与交易平台”将通过对行业资源的整合，逐步实现租赁行业信息流、人才流、资金流的良性互动，促进租赁市场更好地服务于中国经济转型升级。当前重点工作是借助自贸区改革开放的新政策，加快推动融资租赁行业与国际接轨。

2014 年 3 月，“上海银行业动产质押信息平台”正式上线，该平台以钢材质押为切入点，辐射各类动产质押业务。目前已有 14 家银行接入该平台。下一步市商务委将和市金融办、自贸区管委会探索推进在自贸区建设的大宗商品现货市场中，率先启用上海银行业动产质押信息平台。

一是加强上海市融资租赁全行业监管。上海市商务委员会研究制定了本市融资租赁业统计制度，首次完成了全行业融资租赁数据统计，编写了融资租赁业发展报告。二是完善内资融资租赁试点管理。上海市商务委员会出台了《关于加强本市内资融资租赁试点管理工作的通知》，进一步规范了内资试点企业统计制度和重要事项变更备案制度，建立了内资融资租赁试点企业信息库。

【广州】2013 年 12 月末，广州成立融资租赁产业联盟。旨在通过联盟模式构建政府与企业、企业与企业之间的信息互动平台，宣传国家法律法规，宣传政府优惠政策，收集整理联盟成员单位需求，发布招投标项目，展示企业需求信息，促进项目对接与商务合作等，发挥企业联盟的桥梁和纽带作用，努力促进广州融资租赁企业不断做大做强。

3.3.8 跨境融资政策

跨境融资业务近年来得到快速拓展，许多融资租赁公司通过开展多种形式的跨境业务引入海外廉价资金,然而政策的出台却与融资租赁跨境业务的多样化不一致,对跨境业务的规范还十分欠缺。目前,全国各地区只有上海出台了与人民币跨境使用的相关政策,对自贸区内企业开展人民币借款和人民币双向资金池业务作出明确规定。

【上海】2014 年 2 月 20 日,中国人民银行上海总部综合管理部印发《关于支持中国(上海)自由贸易试验区扩大人民币跨境使用的通知》(银总部发〔2014〕22 号)。该通知规定,区内企业借用境外人民币资金规模(按余额计)的上限不得超过实缴资本 ×1 倍 × 宏观审慎政策参数。其中,实缴资本以最近一期验资报告为准,借用期限 1 年(不含)以上;区内非银行金融机构借用境外人民币资金(按余额计)的上限不得超过实缴资本 ×1.5 倍 × 宏观审慎政策参数。借用期限 1 年(不含)以上;区内企业和非银行金融机构开立的存放境外人民币借款的专用存款账户活期计息。同时该通知还允许区内企业根据自身经营和管理需要,开展集团内跨境双向人民币资金池业务,由集团总部指定一家区内注册成立并实际经营或投资的成员企业(包括财务公司),选择一家银行开立一个人民币专用存款账户,专门用于办理集团内跨境双向人民币资金池业务,该账户不得与其他资金混用;参与资金池业务的境内外各方应签订资金池业务协议,明确各自在反洗钱、反恐融资以及反逃税中的责任和义务;资金由被归集方流向归集方为上存,由归集方流向被归集方为下划。参与上存与下划归集的人民币资金应为企业产生自生产经营活动和实业投资活动的现金流,融资活动产生的现金流暂不得参与归集。

3.3.9 其他地区实行的融资租赁政策

除北京、天津、上海有全套的融资租赁相关政策外,其他省市也都借势加快了发展融资租赁的步伐。山东、广东、浙江等省市在融资租赁区域规划、业务、税收优惠等领域相继出台具体政策,鼓励融资租赁机构在当地落户,规范、扶持融资租赁发展,给予融资租赁企业税收优惠,为引进人才给予高级管理人员财税补贴。

【山东】2014 年 3 月 27 日,山东省人民政府办公厅下发《关于贯彻国办发〔2013〕108 号文件加快我省飞机租赁业发展的意见》(鲁政办发〔2014〕16 号)。该意见为进一步提升航空服务能力,优化资源配置,就山东省飞机租赁业的发展提出:"引进国内外有实力的飞机租赁公司到我省设立分公司,或与我省有关企业成立股份制飞机租赁公司。推动航空运输企业、飞机制造企业、金融机构、有关企业成立股份制飞机租赁公司。积极引进开展飞机租赁业务的外商投资融资租赁企业,对符合引进重大利用外资奖励政策项目的单位给予奖励。各级、各部门要在公司核准注册、税收、进出口配额、中介服务等方面给予大力支持。另外,支持符合条件的飞机租赁企业上市、挂牌。鼓励股权投资基金、创业投资基金等进入飞机租赁业，加快飞机租赁业发展。”。

2014 年 6 月 9 日，山东省人民政府办公厅印发《关于贯彻落实国办发〔2014〕17 号文件加强金融服务促进“三农”发展的实施意见》（鲁政办发〔2014〕21 号），呼吁创新农村信贷服务产品，支持银行机构与大型农业机械生产企业密切合作，开展农业机械融资租赁业务。

2014 年 6 月 17 日，山东省人民政府办公厅颁布《关于贯彻国办发〔2014〕19 号文件做好外贸稳定增长工作的实施意见》（鲁政办发〔2014〕23 号），提出要大力发展服务贸易，实行与期货保税交割、融资租赁、服务外包、售后维修等服务贸易特点相适应的海关监管模式；积极开展融资租赁货物出口退税试点。

【广州】2014 年 2 月 20 日，广州市人民政府办公厅印发《关于促进广州市服务业新业态发展若干措施的通知》（穗府办〔2014〕7 号）。该通知将融资租赁服务业明确定位为重点发展领域，要求制定融资租赁业发展意见，加快培育各类融资租赁主体，引进外商在广州设立融资租赁公司。鼓励具备实力的制造业企业成立厂商系融资租赁公司，或与大型央企联合组建金融租赁公司，争取成立更多的中外合资融资租赁公司。推动融资租赁参与地铁、城市公交、公共医疗、污水处理等重大基础设施建设，参与政府部门公车改革以及老城区企业搬迁改造，争取国家政策支持，吸引金融租赁公司在白云机场综合保税区、南沙保税港区等海关特殊监管区域内设立项目公司，开展飞机、船舶、邮轮游艇等大型设备租赁业务，促进广州市航空、船舶、邮轮、游艇产业和航运金融业发展。

2014 年 9 月 10 日，广州市人民政府办公厅发布《关于加快推进融资租赁业发展的实施意见》（穗府办〔2014〕52 号），推动融资租赁与广州市基础设施建设、先进制造业转型升级、现代服务业三大领域的有效结合。支持南沙申报全国统一融资租赁行业管理体制改革试点地区，鼓励有条件的集聚区建设融资租赁产业园区，推进广州融资租赁业集聚试验区建设。该意见明确了一系列财税优惠政策，加大对融资租赁业的扶持力度，在吸引租赁企业落户增资上，根据融资租赁企业实缴注册资本（新增资本金）的一定比例给予企业落户增资奖励，并对市内增资扩股的融资租赁企业，根据实缴注册资本（新增资本金）规模排序，评选出 5 家落户增资奖，按照不高于企业实缴注册资本（新增资本金）1% 的标准对企业进行奖励，每家企业最高不超过 500 万元。

【宁波】2014 年 2 月 21 日，宁波市江北区人民政府办公室发布的《关于进一步支持金融产业促进区域经济发展的实施意见》（北区政办发〔2014〕16 号）指出，首先，要积极引进金融租赁公司和融资租赁公司法人机构，加强本地融资租赁产业培育。其次，对区内新设或迁入的金融租赁公司和融资租赁公司（含分支机构），自成立之日起，前三年其实际缴纳营业税、企业所得税留区所得的 100% 给予补助，后两年留区所得的 80% 给予补助。区内融资租赁公司对区内生产型企业提供设备融资租赁的纳入风险补偿范围，按日均融资余额的 0.5% 给予补偿，单家补偿每年不超过 100 万元。

2014 年 9 月 23 日，宁波市人民政府出台《关于进一步加强外贸稳增提质促效工作的实施意见》（甬政发〔2014〕86 号），要求加快出口退税进度，支持融资租赁货物出口；简化跨境融资租赁债权登记及租金结汇手续，支持融资租赁企业发展跨境租赁业务，实施跨境担保外汇管理和特殊目的公司境外投融资及返程投资外汇管理改革。

【宿迁】2014 年 5 月 28 日，宿迁市人民政府发布《关于促进融资租赁业发展的意见》，强化对融资租赁业的政策扶持，从机构设立奖励、办公用房补助、上缴税收奖励、高级人员奖励和引进人才补助五个方面开展实施。其中，在机构设立方面规定，凡在市区新设或迁入的金融租赁公司和融资租赁公司法人机构，由工商注册地受益财政部门给予一次性资金补助。在约定期限内，对注册资本在 10 亿元以上的，累计实现净利润 3 亿元的补助 2000 万元；注册资本在 5 亿元以上 10 亿元以下的，累计实现净利润达 2 亿元的补助 1500 万元；注册资本在 2 亿元以上 5 亿元以下的，累计实现净利润达 1 亿元的补助 1000 万元。以上补助在注册资本到位后 3 年内实现约定净利润的即可兑现。

【浙江】2014 年 8 月 8 日，浙江省人民政府办公厅颁布《关于加快融资租赁业发展的意见》（浙政办发〔2014〕99 号），旨在建立完善融资租赁扶持政策体系，不断提升融资租赁业发展水平，创新融资租赁经营模式，提高融资租赁企业风险防范能力，并加大了财税政策支持，如在融资租赁先进设备方面指出，融资租赁企业购置环境保护、节能节水和安全生产等专用设备，列入企业所得税优惠名录范围内的，由承租方实际使用，符合融资租赁条件，并在融资租赁合同中约定租赁期届满时租赁设备所有权转移给承租方企业的，该设备投资额的 10% 可以从承租方企业当年的应纳税额中抵免，当年不足抵免的，可以在以后 5 个纳税年度结转抵免。

【横琴】2014 年 8 月 26 日，横琴新区管委会办公室印发《横琴新区促进融资租赁业发展试行办法》，鼓励在横琴新区开设融资租赁机构，并鼓励开展飞机租赁、航运金融、跨境融资、商业保理等多项融资租赁业务，鼓励融资租赁机构为珠海市企业提供融资服务，推动珠海市"三高一特"产业发展。对区内融资租赁机构按照其对横琴新区经济社会发展贡献情况给予奖励，对租赁机构租用办公用房按情况给予补贴，鼓励人才引进，同时保障区内融资租赁高级管理人员等享受相关优惠政策。

【珠海】2014 年 6 月 9 日，珠海市人民政府同时下发《关于印发珠海市加快民营经济发展的三年行动计划（2014—2016 年）的通知》（珠府办函〔2014〕79 号）和《关于促进民营经济健康快速发展的若干措施》(珠府〔2014〕65 号),要求制定配套政策,支持发起设立或参与设立融资租赁公司。

2014 年 7 月 2 日,珠海市人民政府出台《关于促进科技金融发展的实施意见》(珠府〔2014〕72 号)。该意见支持设立科技融资租赁机构,鼓励科技融资租赁机构开展业务创新、不动产租赁业务、跨境租赁业务,支持科技融资租赁机构在珠海产权交易中心、广东金融资产交易中心等交易市场上公开进行租赁资产交易。

【江西】2014 年 2 月,江西省人民政府下发《关于加快全省金融业改革发展的意见》(赣府发〔2014〕7 号),鼓励培育新型金融机构,支持符合条件的法人银行、省内大型企业(集团)尤其是民营企业发起设立或参与组建金融租赁公司、消费金融公司、财务公司、村镇银行,力争 2018 年实现村镇银行县域全覆盖。支持民间资本参股省内法人金融机构。支持省内融资租赁公司引进战略投资者。鼓励银行业金融机构通过贷款重组、信贷资产证券化方式盘活信贷资源,综合运用票据、信托、委托贷款、融资租赁、证券资产管理、财富管理等产品,扩大业务规模,发展多层次信贷市场。

2014 年 3 月,江西省人民政府发布《关于进一步加强协同创新提升企业创新能力的实施意见》(赣府发〔2014〕11 号),要求财政部门整合相关资金,引导和支持金融机构采用发行企业债、公司债、中期票据、中小企业集合票据、中小企业私募债、担保、买(卖)方信贷、核心专利和股权质押贷款、融资租赁、小额贷款、集合信托、科技保险等方式,支持科技型企业开展技术创新融资。大力推动融资租赁、金融租赁公司等规范发展,为科技型企业、科研院所等开展科技研发和技术改造提供大型设备、精密器材、研发场所等服务。

3.3.10 天津、上海、深圳的竞赛

中国融资租赁业几年来蓬勃发展。天津、上海、北京一直都是融资租赁业务开展较为积极的地区,在融资租赁行业的发展过程中基本形成了系统性的支持政策。尤其是深圳,近两年越来越重视融资租赁行业,随着行业规模的扩大,出台了一系列专门针对融资租赁的政策。上海自贸区、天津东疆保税港区,以及深圳前海深港现代服务业合作区已成为中国融资租赁业发展最快的三个地区,占据了中国融资租赁业 50% 以上的市场。三地纷纷出台了专门针对融资租赁的政策,是融资租赁超常增长、健康发展的不竭动力。

2013 年底,国务院下发文件国办发〔2013〕108 号,支持打造深圳前海、天津滨海新区、上海浦东新区三个飞机租赁总部基地,研究探索三地飞机租赁企业提取风险准备金等多方面政策措施,并鼓励在风险可控前提下先行先试。深圳市政府亦同步出台

《关于推进前海湾保税港区开展融资租赁业务的试点意见》。以上三地出台的吸引融资租赁落地的优惠政策各有特色,各类企业都想按照最新政策指引,找到最适合其落地的地区。以下重点分析三个地区重点发展的产业,以及政府出台的相关产业政策。

一、上海抢占自贸区优势

自2013年上海自贸区成立以来,自贸区不断出台各种政策鼓励融资租赁产业的发展,区内快速形成了融资租赁企业集聚。到2013年12月底,上海自贸区已经引进各类融资租赁母公司57家、项目子公司241个,租赁标的物涵盖民航客机、飞机发动机、远洋船舶、挖掘机、医疗器械等大型设备,租赁资产总值已超过55亿美元。

截至2014年11月底,上海自贸区内已累计引进578家融资租赁企业,包括264家境内外融资租赁母体公司和314家项目子公司(即SPV项目公司),累计注册资本超过847.6亿元人民币。这些租赁公司共运作了包括68架民航客机、7架支航客机、38艘远洋船舶、2台飞机发动机、2套石油钻探设备、2套光伏设备、41套发电机组等,以及其他若干大型设备。租赁资产的价值总额已经超过96亿美元。

目前,既有交银租赁、东航租赁、中飞租赁等从事飞机、船舶、大型设备等融资租赁大项目的“巨无霸”,也有服务中小企业为主、以中小型设备为目标的小型租赁公司,扎堆落户上海自贸区。

上海自贸区目前在融资租赁方面的优惠政策主要有:

(1)自贸区区内融资租赁企业可开展全流向的租赁业务,包括两头在内的境内租赁、两头在外的境外租赁,以及一头在内一头在外的进口或出口租赁业务。

(2)自贸区内的融资租赁公司可兼营与主营业务相关的商业保理业务。

(3)区内融资租赁公司的审批权限下放,由自贸区管委会经济发展局负责审批3亿美元以下注册资本的外资融资租赁公司。

(4)允许和支持各类融资租赁公司,在自贸区内设立项目子公司(SPV公司)并开展境内外租赁服务,并且对项目子公司不设最低注册资本金限制。

(5)自贸区内注册的融资租赁公司或金融租赁公司在试验区内设立的项目子公司纳入融资租赁出口退税试点范围。

(6)允许和支持各类融资租赁公司在试验区内设立项目子公司并开展境内外租赁服务。自贸区内注册的租赁公司或租赁公司设立的项目子公司,经国家有关部门批准从境外购买空载重量在25吨以上并租赁给国内航空公司使用的飞机,享受相关进口环节增值税优惠政策。

(7)对于进口融资租赁,由国内承租人报关的,承租人可向海关申请分期缴纳关税和进口环节增值税，并允许以保证书的方式提供担保。

(8)自贸区内注册的融资租赁公司，可享受浦东新区针对金融业的专项财政扶持政策。

(9)取消融资租赁公司境外租赁对外债权业务的逐笔审批，实行登记管理。

(10)允许各类融资租赁公司境内融资租赁业务收取外币租金。

(11)便利融资租赁公司从境外购买飞机、船舶、大型设备等融资租赁项目的付汇手续。

(12)自贸区内的外商融资租赁企业的外汇资本金实行意愿结汇。

(13)自贸区内融资租赁公司开展对外融资租赁业务时，不受现行的境内企业境外放款的额度限制。

(14)自贸区内融资租赁公司可开立跨境人民币专户，向境外借取跨境人民币贷款，跨境人民币借款额度采取余额制管理。

(15)自贸区内融资租赁企业对外提供担保，可自行办理担保合同签约，无须到外汇管理局办理事前审批手续。向境外支付担保费无须核准，可直接至银行办理购付汇手续。

(16)允许自贸区融资租赁公司开立自由贸易账户，目前可办理经常项下和直接投资项下的跨境资金结算。金融机构可凭收付款指令办理租赁公司自由贸易账户与境外账户、境内区外的非居民机构账户，以及自由贸易账户之间的资金划转。由贸易账户中的资金余额暂不纳入现行外债管理。

在自贸区的综合配套政策优势下，上海向融资租赁业挺进的步伐显得更为厚重。在国务院公布的上海自贸区整体方案中，对自贸区租赁公司在降低准入门槛、税收优惠及扩大业务经营范围等方面给予了明确政策扶持。

上海融资租赁业的最大特色是允许金融租赁公司设立子公司。这使中国本土的融资租赁公司实现了境外融资，并在外汇登记、跨境融资、资金结汇等方面拥有便利。

零壹融资租赁研究中心统计数据显示，截至 2015 年 3 月底，上海地区在册运营各类融资租赁公司 451 家，累计注册资本 1672.66 亿元人民币。其中，金融租赁 6 家，累计注册资本 224.50 亿元人民币；内资租赁 17 家，累计注册资本 169.20 亿元人民币；外资租赁 428 家，累计注册资本 1278.95 亿元人民币。在上海注册的全部 451 家融资租赁公司中，注册地址位于浦东新区或上海自由贸易区的融资租赁公司分别为 145 家和 222 家，占上海融资租赁公司总数的 81.37%。

二、天津地区先声夺人

天津在 2006 年中国融资租赁业再次复活之际，率先发力融资租赁业，在提前几年布局的情况下，融资租赁的“天津模式”已被业内认可。“天津模式”的最大特色就是以海外出口为主的国际融资租赁业务。2013 年底，国务院总理李克强在天津考察的第一站就选择了工银租赁，同时对天津申报的自贸区方案给出明确指示，这让天津融资租赁获得了更多的关注。

天津东疆保税港区成立于 2008 年，结合天津保税区以及综合保税区，利用国务院对东疆核心功能区发展融资租赁业务的优惠政策，借鉴爱尔兰、安曼等国家和地区的做法，发挥临近天津港口、空港的优势，以飞机租赁和船舶租赁为重点，整着力打造中国融资租赁业研发基地和国际航空租赁中心。

天津自贸区目前在融资租赁方面的优惠政策主要有：

(1)在自贸试验区的海关特殊监管区域内，支持设立中国天津租赁平台，推进租赁资产公示等试点。支持设立中国金融租赁登记流转平台，推进租赁资产登记、公示、流转等试点。

(2)支持符合条件的金融租赁公司和融资租赁公司设立专业子公司；支持融资租赁企业在东疆保税港区设立项目子公司，不设最低注册资本金限制。准予飞机租赁企业以绝对控股方式设立单机项目公司；准予飞机租赁企业设立飞机专业子公司，子公司可经营多个飞机项目；项目公司开展业务前可每季度进行一次纳税申报。

(3)东疆保税港区试点促融资租赁业发展实行限时办结制。内资租赁公司和金融租赁公司办结时限为 8 个工作日，外商投资租赁公司办结时限为 15 个工作日。支持租赁公司业务外包，中介机构可全程代办服务。

(4)经相关部门认可，允许融资租赁企业开展主营业务相关的保理业务和福费廷业务，鼓励租赁业境外融资。

(5)签订租赁合同涉及的融资租赁物权属有明确登记主管部门的，应向相关登记主管部门提出租赁物权属变更、权属转移、权属转让申请。

零壹融资租赁研究中心统计数据显示，截至 2015 年 3 月底，在册运营各类融资租赁公司 341 家，累计注册资本 1272.14 亿元人民币。其中，金融租赁 5 家，累计注册资本 240.95 亿元人民币；内资租赁 16 家，累计注册资本 148.58 亿元人民币；外资租赁 320 家，累计注册资本 882.61 亿元人民币。在天津注册的全部 341 家融资租赁公司中，注册地址位于东疆保税港区的融资租赁公司达 177 家，占天津融资租赁公司总数的 51.90%。

三、深圳前海后起之秀

虽然深圳前海在政策优势上不如天津、上海，但前海管理局某主管融资租赁行业的副局长表示，只要天津、上海有的政策，前海一定会有。而实际上，在已经出台的政策中，“跨境贷”借香港的地利之便，已成为吸引融资租赁企业入驻前海的最大政策利好。

前海融资租赁企业的政策优势主要体现在跨境人民币贷款业务上。首先，前海的优惠政策包括了跨境人民币贷款，区内企业能从香港离岸市场融到低于在岸市场利率的资金，香港银行还能充分享受地缘优势带来的尽调便利，这些因素均有利于降低前海租赁企业的融资成本；其次，前海的优势还体现在贷款额度上，前海的金融租赁企业最高可达到资本金的 11.5 倍，融资租赁企业为 9 倍，而除前海外其他地区的融资租赁企业的贷款额度相对较低；最后，前海的融资租赁企业的贷款不设期限长短，而其他地区必须超过 1 年。

前海深港现代服务业合作区在融资租赁方面的优惠政策主要有：

(1)鼓励符合 CEPA 关于“香港服务提供者”定义的金融机构在前海设立国内总部、分支机构。支持设立融资租赁公司、汽车金融公司、消费金融公司以及小额贷款公司等有利于增强市场功能的机构。

(2)积极研究完善融资租赁企业的税收政策，条件具备时，可在前海试点；结合国家电子商务示范城市建设的优惠政策，探索鼓励电子商务发展的财税政策。完善技术先进型服务企业认定标准，经认定的技术先进型服务企业按 15% 的优惠税率征收企业所得税，其发生的职工教育培训经费按不超过企业工资总额 8% 的比例据实在企业所得税税前扣除。

(3)支持发展航空交易市场，开展航材租赁、航材交易、民用飞机融资租赁等多种创新服务。积极引进航运业务管理中心、单证管理中心、结算中心、航运中介等在前海设立机构，开展业务。推动航运航空金融创新发展，支持组建航运产业基金、航运金融租赁公司、航运保险机构，促进民用飞机及航材金融租赁业务的发展。允许注册在前海，有离岸国际贸易需求、经营业绩和信用良好的企业在境内银行先期开设离岸专用账户或特殊账户。支持在前海服务航空、航运的金融租赁公司进入银行间市场拆借资金和发行债券。

零壹融资租赁研究中心统计数据显示，截至 2015 年 3 月底，在册运营各类融资租赁 425 家，累计注册资本 998.84 亿元人民币。其中，金融资租赁 2 家，累计注册资本 90 亿元人民币；内资租赁 7 家，累计注册资本 30.90 亿元人民币；外资租赁 416 家，累计注册资本 877.94 亿元人民币。在广东注册的全部 425 家融资租赁公司中，注册地址位于前海保税港区的融资租赁公司为 250 家，位于广州南沙区融资租赁公司 13 家，位于深圳横琴新区的融资租赁公司为 11 家，分别占广东融资租赁公司总数的 58.82%、3.06% 和 2.64%。

3.4 业界建言融资租赁监管政策

渤海租赁：

一方面，建议我国尽快理顺行业监管体制，统一行业的准入和监管规则。特别是对于不持有金融牌照的内外资融资租赁企业，尽快统一经营规则和监管规则。另一方面，建议在国民经济分类中明确融资租赁的分类标准，在国家层面建立行业统计制度，完善统计指标体系。

工银租赁：

我国三类融资租赁公司所属的监管部门不同，其所受的约束规范也各不相同。银监会对金融租赁公司按照金融机构的标准实施较为严格的监管，标准相对严苛。而商务部管辖的内资和外资租赁公司监管标准相对宽松。建议监管标准逐步统一。

在审慎监管原则下，建议在集中度监管指标方面适度灵活，对于母行实行集团层面统一控制风险敞口的金融租赁公司，适度提高其集中度的上限值，为金融租赁公司提供更好的发展空间。

兴业租赁：

（1）金融租赁公司作为服务实体经济的金融机构，在支持实体经济发展方面发挥着越来越重要的作用。建议监管部门提升金融租赁公司再投放规模，给金融租赁公司更多的信贷规模用于支持实体经济的发展。

（2）从融资角度来看，金融租赁公司融资渠道单一且成本较高，这也成为限制租赁公司快速发展的一个重要因素。建议监管部门对金融租赁公司可以给予更多的外债指标，积极推进人民币跨境业务等创新融资渠道获得长期低成本资金，以更好地服务京津冀地区的实体经济发展。

第 4 章

税收——“营改增”进展及面临的问题

4.1 融资租赁“营改增”最新政策介绍

营业税改增值税（以下简称“营改增”）自 2012 年拉开序幕至今，政策几经更迭。

2011 年 11 月 16 日，财政部、国家税务总局发布经国务院同意的《营业税改征增值税试点方案》（财税〔2011〕110 号），同时印发了《交通运输业和部分现代服务业营业税改征增值税试点实施办法》（财税〔2011〕111 号）、《交通运输业和部分现代服务业营业税改征增值税试点有关事项的规定》和《交通运输业和部分现代服务业营业税改征增值税试点过渡政策的规定》，明确从 2012 年 1 月 1 日起，在上海市交通运输业和部分现代服务业开展营业税改征增值税试点，“营改增”试点工作由此启动。

2012 年 7 月 31 日，财政部和国家税务总局根据国务院第 212 次常务会议决定精神印发了《财政部 国家税务总局关于在北京等 8 省市开展交通运输业和部分现代服务业营业税改征增值税试点的通知》（财税〔2012〕71 号），明确将交通运输业和部分现代服务业“营改增”试点范围，自 2012 年 8 月 1 日起至年底，由上海市分批扩大至北京市、天津市、江苏省、浙江省（含宁波市）、安徽省、福建省（含厦门市）、湖北省、广东省（含深圳市）8 个省（直辖市）。

2013 年 5 月 24 日，财政部、国家税务总局印发《关于在全国开展交通运输业和部分现代服务业营业税改征增值税试点税收政策的通知》（财税〔2013〕37 号），明确自 2013 年 8 月 1 日起，在全国范围内开展交通运输业和部分现代服务业“营改增”试点。由此，全国范围的“营改增”拉开帷幕。

财税〔2013〕37 号文自 2013 年 8 月 1 日起开始在全国执行，届时原有文件财税〔2011〕111 号文、财税〔2012〕86 号文等将于 2013 年 8 月 1 日废止，相关的“营改增”政策将被财税〔2013〕37 号文替代。

2013 年 12 月 13 日，财政部、国家税务总局又出台《关于将铁路运输和邮政业纳入营业税改征增值税试点的通知》（财税〔2013〕106 号），该文件自 2014 年 1 月 1 日起生效。其中有关融资租赁业务的部分政策自 2014 年 8 月 1 日起生效，届时财税〔2013〕37 号文将废止。商务部授权的省级商务主管部门和国家经济技术开发区批准的从事融资租赁业务的试点纳税人,2013 年 12 月 31 日[①]前注册资本达到1.7亿元的,自 2013 年 8 月 1 日起,按照上述规定执行;2014 年 1 月 1 日以后注册资本达到 1.7 亿元的,从达到该标准的次月起,按照上述规定执行。

对于融资性售后回租业务而言,106 号文与 37 号文相比最显著的变化在于,差额征税扣除内容中增加了向承租方收取的有形动产价款本金。这一修改主要是针对 37 号文下融资租赁企业税负大幅提升的问题,同时也解决了 37 号文与国家税务总局公告 2010 年第 13 号《关于融资性售后回租业务中承租方出售资产行为有关税收问题的公告》相冲突的问题。

而对于直租业务等其他融资性售后回租业务以外的有形动产融资租赁业务而言,变化主要有三点:一是 37 号文允许扣除的关税和消费税不在扣除之列了,原因是营业税下设备价款的增值税进项税额不能抵扣,而在增值税下可以抵扣,设备价款对应的进项税税基中包含关税和消费税,若在计算销售额时扣除关税和消费税,会导致进项税和销项税税基不一,进项税比销项税大,给企业带来期末留底的问题。二是扣除内容保留了借款利息,同时增加了发行债券利息,这主要考虑到了融资租赁公司取得资金的形式包括从金融机构借款和发债。三是扣除内容增加了车辆购置税。

2013 年 12 月 30 日,财政部、国家税务总局又紧急发布《关于铁路运输和邮政业营业税改征增值税试点有关政策的补充通知》(财税〔2013〕121 号),对最新“营改增”政策财税〔2013〕106 号文进行调整和补充。

121 号文调整了“经商务部授权的省级商务主管部门和国家经济技术开发区批准从事融资租赁业务的试点纳税人”注册资本金缴足期限,从 106 号文中的 2013 年 12 月 31 日调整为 2014 年 3 月 31 日。121 号文规定,经商务部授权的省级商务主管部门和国家经济技术开发区批准从事融资租赁业务的试点纳税人,2014 年 3 月 31 日前注册资本达到 1.7 亿元的,自本地区试点实施之日起,其开展的融资租赁业务按照财税〔2013〕106 号文件和本通知第三条第(一)项规定执行;2014 年 4 月 1 日后注册资本达到 1.7 亿元的,从达到标准的次月起,其开展的融资租赁业务按照财税〔2013〕106 号文件和本通知第三条第(一)项规定执行。

此外,121 号文还对已签订合同的政策适用做出了明确规定,经中国人民银行、银监会或者商务部批准从事融资租赁业务的试点纳税人,在财税〔2013〕106 号文件发布前已签订的有形动产融资性售后回租合同,在合同到期日之前,可以选择按照财税〔2013〕106 号文有关规定或者以下规定确定销售额:试点纳税人提供有形动产融资性

① 该期限经财税〔2013〕121 号文调整为“2014 年 3 月 31 日”。

售后回租服务，以向承租方收取的全部价款和价外费用，扣除支付的借款利息（包括外汇借款和人民币借款利息）、发行债券利息后的余额为销售额。

4.1.1 增值额的确认原理

下面将依据最新的“营改增”政策——财税〔2013〕106 号文，梳理有形动产融资租赁业务的增值额确认原理。融资租赁业务的增值税是对融资租赁经营获得的增值额所征收的流转税。

一、确认销售额

财税〔2013〕106 号文对有形动产融资租赁业务的销售额规定，将融资性售后回租业务单独区分开来。

106 号文对融资性售后回租业务的销售额规定如下：

> 经中国人民银行、银监会或者商务部批准从事融资租赁业务的试点纳税人，提供有形动产融资性售后回租服务，以收取的全部价款和价外费用，扣除向承租方收取的有形动产价款本金，以及对外支付的借款利息（包括外汇借款和人民币借款利息）、发行债券利息后的余额为销售额。
>
> 融资性售后回租，是指承租方以融资为目的，将资产出售给从事融资租赁业务的企业后，又将该资产租回的业务活动。
>
> 试点纳税人提供融资性售后回租服务，向承租方收取的有形动产价款本金，不得开具增值税专用发票，可以开具普通发票。

106 号文对融资性售后回租业务以外的有形动产融资租赁业务的销售额规定如下：

> 经中国人民银行、银监会或者商务部批准从事融资租赁业务的纳税人，提供除融资性售后回租以外的有形动产融资租赁服务，以收取的全部价款和价外费用，扣除支付的借款利息（包括外汇借款和人民币借款利息）、发行债券利息、保险费、安装费和车辆购置税后的余额为销售额。

整体来说，106 号文保留了有形动产租赁业务的差额征税政策，并主要针对融资性售后回租业务的税收政策作出了调整，对直租业务的销售额扣除项也作了一些调整。

此外，在 106 号文出台后，根据企业反映的情况，财政部、国家税务总局又紧急出台了《关于铁路运输和邮政业营业税改征增值税试点有关政策的补充通知》(财税〔2013〕121 号)。121 号文对已签订合同的政策适用作了明确规定:

经中国人民银行、银监会或者商务部批准从事融资租赁业务的试点纳税人,在财税〔2013〕106 号文件发布前,已签订的有形动产融资性售后回租合同,在合同到期日之前,可以选择按照财税〔2013〕106 号文件有关规定或者以下规定确定销售额:

试点纳税人提供有形动产融资性售后回租服务,以向承租方收取的全部价款和价外费用,扣除支付的借款利息(包括外汇借款和人民币借款利息)、发行债券利息后的余额为销售额。

根据 106 号文的规定,经中国人民银行、银监会或者商务部批准从事融资租赁业务的纳税人,执行 106 号文的差额征税政策的时间为 2014 年 8 月 1 日。

而根据 121 号文的调整,经商务部授权的省级商务主管部门和国家经济技术开发区批准从事融资租赁业务的试点纳税人,执行上述差额政策需要达到一定的条件:2014 年 3 月 31 日前注册资本达到 1.7 亿元的,自本地区试点实施之日起执行;2014 年 4 月 1 日后注册资本达到 1.7 亿元的,从达到标准的次月起执行。

二、扣除价款的有效凭证

根据财税〔2013〕106 号文的规定,试点纳税人从全部价款和价外费用中扣除价款,应当取得符合法律、行政法规和国家税务总局规定的有效凭证。否则,不得扣除。上述凭证是指:

(1)支付给境内单位或者个人的款项,以发票为合法有效凭证。

(2)支付给境外单位或者个人的款项,以该单位或者个人的签收单据为合法有效凭证,税务机关对签收单据有疑义的,可以要求其提供境外公证机构的确认证明。

(3)缴纳的税款,以完税凭证为合法有效凭证。

(4)融资性售后回租服务中向承租方收取的有形动产价款本金,以承租方开具的发票为合法有效凭证。

(5)扣除政府性基金或者行政事业性收费,以省级以上财政部门印制的财政票据为合法有效凭证。

(6)国家税务总局规定的其他凭证。

与此前的 37 号文相关条款相比，106 号文增加了融资性售后回租有形动产价款本金可以承租方开具的发票作为差额扣除的有效凭证规定，还增加了政府性基金或行政事业性收费可以省级以上财政部门印制的财政票据作为扣除价款的有效凭证规定。

三、进项税额抵扣

根据 106 号文附件一第二十二条的规定，下列进项税额准予从销项税额中抵扣：

（一）从销售方或者提供方取得的增值税专用发票（含货物运输业增值税专用发票、税控机动车销售统一发票，下同）上注明的增值税额。

（二）从海关取得的海关进口增值税专用缴款书上注明的增值税额。

（三）购进农产品，除取得增值税专用发票或者海关进口增值税专用缴款书外，按照农产品收购发票或者销售发票上注明的农产品买价和 13% 的扣除率计算的进项税额。计算公式为

$$进项税额 = 买价 \times 扣除率$$

买价，是指纳税人购进农产品在农产品收购发票或者销售发票上注明的价款和按照规定缴纳的烟叶税。

购进农产品，按照《农产品增值税进项税额核定扣除试点实施办法》抵扣进项税额的除外。

（四）接受境外单位或者个人提供的应税服务，从税务机关或者境内代理人取得的解缴税款的中华人民共和国税收缴款凭证（以下简称税收缴款凭证）上注明的增值税额。

106 号文附件一第二十三条规定，纳税人取得的增值税扣税凭证不符合法律、行政法规或者国家税务总局有关规定的，其进项税额不得从销项税额中抵扣。

增值税扣税凭证，是指增值税专用发票、海关进口增值税专用缴款书、农产品收购发票、农产品销售发票和税收缴款凭证。

纳税人凭税收缴款凭证抵扣进项税额的，应当具备书面合同、付款证明和境外单位的对账单或者发票。资料不全的，其进项税额不得从销项税额中抵扣。

综合增值税下的上述条款的规定，融资性售后回租业务的增值额可以视为：融资

租赁企业收取的全部价款和价外费用，扣除向承租方收取的有形动产价款本金，以及对外支付的借款利息（包括外汇借款和人民币借款利息）、发行债券利息后的余额，适用税率 17%。

提供除融资性售后回租以外的有形动产融资租赁服务的增值额可视为：收取的全部价款和价外费用，扣除由出租方承担的或货物的购入价、支付的借款利息（包括外汇借款和人民币借款利息）、发行债券利息、保险费、安装费和车辆购置税后的余额，适用税率 17%。

4.1.2 即征即退原理

财税〔2013〕106 号文保留了 37 号文中即征即退的规定，并明确了政策的适用截止时间：经中国人民银行、银监会或者商务部批准从事融资租赁业务的试点纳税人中的一般纳税人，提供有形动产融资租赁服务，在 2015 年 12 月 31 日前，对其增值税实际税负超过 3% 的部分实行增值税即征即退政策。

商务部授权的省级商务主管部门和国家经济技术开发区批准的从事融资租赁业务的试点纳税人中的一般纳税人，适用即征即退政策的时间与前述适用差额征税政策的时间相同：2014 年 3 月 31 日前注册资本达到 1.7 亿元的，自本地区试点实施之日起执行；2014 年 4 月 1 日后注册资本达到 1.7 亿元的，从达到标准的次月起执行。

106 号文对增值税实际税负的规定也与 37 号文相同，增值税实际税负是指纳税人当期提供应税服务实际缴纳的增值税额占纳税人当期提供应税服务取得的全部价款和价外费用的比例。

4.1.3 会计处理原理

“营改增”之前，融资租赁行业的会计核算按照《企业会计准则第 21 号——租赁》进行，“营改增”之后，基本的会计确认原则没有变化，只是在原有会计准则的基础上，财政部于 2012 年 7 月 5 日增发了《财政部关于印发〈营业税改征增值税试点有关企业会计处理规定〉的通知》（财会〔2012〕13 号），有关会计科目及账务处理方式按照该文件执行。

由原来计缴营业税转变为计缴增值税，企业的会计处理方式也发生了一定的变化。财税〔2013〕106 号文规定，试点纳税人在本地区试点实施之日前签订的尚未执行完毕的租赁合同，在合同到期日之前继续按照现行营业税政策规定缴纳营业税，所以会计做账与以前并无差异。对于“营改增”之后签订的租赁合同，在税款的计提和确认方面，会计科目和记账方式有所变化。

根据《企业会计准则第 21 号——租赁》的规定，融资租赁是指实质上转移了与资产所有权有关的全部风险和报酬的租赁。其所有权最终可能转移，也可能不转移。符合下列一项或数项标准的，应当认定为融资租赁：

（1）在租赁期届满时，租赁资产的所有权转移给承租人。

（2）承租人有购买租赁资产的选择权，所订立的购买价款预计将远低于行使选择权时租赁资产的公允价值，因而在租赁开始日就可以合理确定承租人将会行使这种选择权。

（3）即使资产的所有权不转移，但租赁期占租赁资产使用寿命的大部分。

（4）承租人在租赁开始日的最低租赁付款额现值，几乎相当于租赁开始日租赁资产公允价值；出租人在租赁开始日的最低租赁收款额现值，几乎相当于租赁开始日租赁资产公允价值。

（5）租赁资产性质特殊，如果不作较大改造，只有承租人才能使用。

承租人和出租人应当在租赁开始日将租赁分为融资租赁和经营租赁。

一、融资租赁中承租人的会计处理

在租赁期开始日，承租人应当将租赁开始日租赁资产公允价值与最低租赁付款额现值两者中较低者作为租入资产的入账价值，将最低租赁付款额作为长期应付款的入账价值，其差额作为未确认融资费用。

承租人在租赁谈判和签订租赁合同过程中发生的，可归属于租赁项目的手续费、律师费、差旅费、印花税等初始直接费用，应当计入租入资产价值。

承租人在计算最低租赁付款额的现值时，能够取得出租人租赁内含利率的，应当采用租赁内含利率作为折现率；否则，应当采用租赁合同中规定的利率作为折现率。承租人无法取得出租人的租赁内含利率且租赁合同没有规定利率的，应当采用同期银行贷款利率作为折现率。

未确认融资费用应当在租赁期内各个期间进行分摊，承租人应当采用实际利率法计算确认当期的融资费用。

承租人应当采用与自有固定资产相一致的折旧政策计提租赁资产折旧。能够合理确定租赁期届满时取得租赁资产所有权的，应当在租赁资产使用寿命内计提折旧。无法合理确定租赁期届满时能够取得租赁资产所有权的，应当在租赁期与租赁资产使用寿命两者中较短的期间内计提折旧。

或有租金应当在实际发生时计入当期损益。

二、融资租赁中出租人的会计处理

在租赁期开始日，出租人应当将租赁开始日最低租赁收款额与初始直接费用之和作为应收融资租赁款的入账价值，同时记录未担保余值；将最低租赁收款额、初始直接费用及未担保余值之和与其现值之和的差额确认为未实现融资收益。

未实现融资收益应当在租赁期内各个期间进行分配，出租人应当采用实际利率法计算确认当期的融资收入。

出租人至少应当于每年年度终了，对未担保余值进行复核。未担保余值增加的，不作调整。有证据表明未担保余值已经减少的，应当重新计算租赁内含利率，将由此引起的租赁投资净额的减少，计入当期损益；以后各期根据修正后的租赁投资净额和重新计算的租赁内含利率确认融资收入。

已确认损失的未担保余值得以恢复的，应当在原已确认的损失金额内转回，并重新计算租赁内含利率，以后各期根据修正后的租赁投资净额和重新计算的租赁内含利率确认融资收入。

或有租金应当在实际发生时计入当期损益。

三、经营租赁中承租人的会计处理

对于经营租赁的租金，承租人应当在租赁期内各个期间按照直线法计入相关资产成本或当期损益；其他方法更为系统合理的，也可以采用其他方法。

承租人发生的初始直接费用，应当计入当期损益。

或有租金应当在实际发生时计入当期损益。

四、经营租赁中出租人的会计处理

出租人应当按资产的性质，将用作经营租赁的资产包括在资产负债表中的相关项目内。对于经营租赁的租金，出租人应当在租赁期内各个期间按照直线法确认为当期损益；其他方法更为系统合理的，也可以采用其他方法。

出租人发生的初始直接费用，应当计入当期损益。

对于经营租赁资产中的固定资产，出租人应当采用类似资产的折旧政策计提折旧；对于其他经营租赁资产，应当采用系统合理的方法进行摊销。

或有租金应当在实际发生时计入当期损益。

五、售后租回交易

承租人和出租人应当将售后租回交易认定为融资租赁或经营租赁。

售后租回交易认定为融资租赁的，售价与资产账面价值之间的差额应当予以递延，并按照该项租赁资产的折旧进度进行分摊，作为折旧费用的调整。

售后租回交易认定为经营租赁的，售价与资产账面价值之间的差额应当予以递延，并在租赁期内按照与确认租金费用相一致的方法进行分摊，作为租金费用的调整。但是，有确凿证据表明售后租回交易是按照公允价值达成的，售价与资产账面价值之间的差额应当计入当期损益。

4.2 直租业务会计处理案例分析[①]

下面以一个直租业务案例来说明。具体合同条款及融资租赁公司全程会计处理如下：

表4-1 租赁合同基本条款

合同号：		承租人：		租赁手续费	租赁保证金
付款日：	2012-09-10	代理商：		1.00%	10%
起租日：	2012-09-10	最后一期收租日：	2014-03-10	2720.00	27200.00
设备单价(含税价)：	340000.00	增值税税率	17.00%		
设备数量：	1	基准利率	6.4%		
设备总价(含税价)：	340000.00	租赁利率	8.320%		
首付比例：	20%	银行放款利率	7.040%		
首期租金：	68000.00	活期存款利率(保证金利息收入)	0.35%		
净融资额：	272000.00	名义货价	100.00		
融资期限：	18				

① 该案例由马尼托瓦克(中国)租赁有限公司财务经理洪莉编写。

表 4－2 租金支付表与银行还款表

租金支付表							银行还款表					
租金期数	收取租金时间	租金	本金	利息	剩余本金	租赁利率	还款时间	还款本息	还款本金	还款利息	剩余本金	放款利率
	2012－09－10				272000.00						272000.00	
1	2012－10－10	16143.36	14239.96	1903.40	257760.04	0.00	2012－07－20	15914.07	14371.53	1542.54	257628.47	7.04%
2	2012－11－10	16143.36	14338.70	1804.66	243421.34	0.00	2012－08－20	16017.64	14455.84	1561.80	243172.63	7.04%
3	2012－12－10	16143.36	14438.12	1705.24	228983.22	0.00	2012－09－20	16014.82	14540.65	1474.17	228631.98	7.04%
4	2013－01－10	16143.36	14538.24	1605.12	214444.98	0.00	2012－10－20	15967.26	14625.95	1341.31	214006.03	7.04%
5	2013－02－10	16143.36	14639.05	1504.31	199805.93	0.00	2012－11－20	16009.11	14711.76	1297.35	199294.27	7.04%
6	2013－03－10	16143.36	14740.55	1402.81	185065.38	0.00	2012－12－20	15967.26	14798.07	1169.19	184496.20	7.04%
7	2013－04－10	16143.36	14842.76	1300.60	170222.62	0.00	2013－01－20	16003.34	14884.88	1118.46	169611.32	7.04%
8	2013－05－10	16143.36	14945.68	1197.68	155276.94	0.00	2013－02－20	16000.43	14972.21	1028.22	154639.11	7.04%
9	2013－06－10	16143.36	15049.32	1094.04	140227.62	0.00	2013－03－20	15906.78	15060.04	846.74	139579.07	7.04%
10	2013－07－10	16143.36	15153.67	989.69	125073.95	0.00	2013－04－20	15994.56	15148.40	846.16	124430.67	7.04%
11	2013－08－10	16143.36	15258.75	884.61	109815.20	0.00	2013－05－20	15967.26	15237.27	729.99	109193.40	7.04%
12	2013－09－10	16143.36	15364.55	778.81	94450.65	0.00	2013－06－20	15988.61	15326.66	661.95	93866.74	7.04%
13	2013－10－10	16143.36	15471.09	672.27	78979.56	0.00	2013－07－20	15967.25	15416.57	550.68	78450.17	7.04%
14	2013－11－10	16143.36	15578.36	565.00	63401.20	0.00	2013－08－20	15982.60	15507.02	475.58	62943.15	7.04%
15	2013－12－10	16143.36	15686.38	456.98	47714.82	0.00	2013－09－20	15979.57	15597.99	381.58	47345.16	7.04%
16	2014－01－10	16143.36	15795.15	348.21	31919.67	0.00	2013－10－20	15967.26	15689.50	277.76	31655.66	7.04%
17	2014－02－10	16143.36	15904.68	238.68	16014.99	0.00	2013－11－20	15973.45	15781.55	191.90	15874.11	7.04%
18	2014－03－10	16143.36	16014.99	128.37	—	0.00	2013－12－20	15967.24	15874.11	93.13	—	7.04%
总计		290580.48	272000.00	18580.48				287588.51	272000.00	15588.51		

表4－3　租赁开始日(2012－09－10)会计处理

	增值税	
购买工程设备	借:融资租赁资产	290598.29
	应交税费——应交增值税——进项税额	49401.71
	贷:银行存款	340000.00
租出工程设备发生初始直接费用	借:长期应收款——本金	340100.00
	——利息	18580.48
	贷:融资租赁资产	290598.29
	融资租赁资产——代开销项税	49401.71
	未实现融资收益	18680.48
收到租赁手续费直接确认收入	借:银行存款	2720.00
	贷:主营业务——融资租赁手续费收入	2324.79
	应交税费——应交增值税——销项税额	395.21
收到首期租金	借:银行存款	68000.00
	贷:长期应收款——本金	68000.00
	借:融资租赁资产——代开销项税	9880.34
	贷:应交税费——应交增值税——销项税额	9880.34
收到承担人租赁保证金	借:银行存款	27200.00
	贷:其他应付款——融资租赁保证金	27200.00

表 4－4　租赁期间的会计处理

	会计处理		第 1 期	第 2 期	第 3 期	第 4 期	第 5 期	第 6 期	第 7 期	第 8 期	第 9 期	第 10 期	第 11 期	第 12 期	第 13 期	第 14 期	第 15 期	第 16 期	第 17 期	第 18 期	合计
	收到租金	借：银行存款	16143.36	16143.36	16143.36	16143.36	16143.36	16143.36	16143.36	16143.36	16143.36	16143.36	16143.36	16143.36	16143.36	16143.36	16143.36	16143.36	16143.36	16143.36	290580.48
		贷：长期应收款——本金	14239.96	14338.70	14438.12	14538.24	14639.05	14740.55	14842.76	14945.68	15049.32	15153.67	15258.75	15364.55	15471.09	15578.36	15686.38	15795.15	15904.68	16014.99	272000.00
		——利息	1903.40	1804.66	1705.24	1605.12	1504.31	1402.81	1300.60	1197.68	1094.04	989.69	884.61	778.81	672.27	565.00	456.98	348.21	238.68	128.37	18580.48
	确认本金部分销项税额	借：融资租赁资产——代开销项税	2069.05	2083.40	2097.85	2112.39	2127.04	2141.79	2156.64	2171.59	2186.65	2201.82	2217.08	2232.46	2247.94	2263.52	2279.22	2295.02	2310.94	2326.96	39521.37
		贷：应交税费——应交增值税——销项税额	2069.05	2083.40	2097.85	2112.39	2127.04	2141.79	2156.64	2171.59	2186.65	2201.82	2217.08	2232.46	2247.94	2263.52	2279.22	2295.02	2310.94	2326.96	39521.37
	确认收入及利息部分销项税额	借：未实现融资收益	1903.40	1804.66	1705.24	1605.12	1504.31	1402.81	1300.60	1197.68	1094.04	989.69	884.61	778.81	672.27	565.00	456.98	348.21	238.68	128.37	18580.48
		贷：主营业务收入——租赁收入	1626.84	1542.44	1457.47	1371.90	1285.74	1198.98	1111.62	1023.66	935.08	845.89	756.08	665.65	574.59	482.91	390.58	297.62	204.00	109.72	15880.75
增值税		应交税费——应交增值税——销项税额	276.56	262.22	247.77	233.22	218.57	203.83	188.98	174.02	158.96	143.80	128.53	113.16	97.68	82.09	66.40	50.59	34.68	18.65	2699.73
	偿还贷款本金及利息	借：长期借款——本金	14371.53	14455.84	14540.65	14625.95	14711.76	14798.07	14884.88	14972.21	15060.04	15148.40	15237.27	15326.66	15416.57	15507.02	15597.99	15689.50	15781.55	15874.11	272000.00
		长期借款——利息（增）	1542.54	1561.80	1474.17	1341.31	1297.35	1169.19	1118.46	1028.22	846.74	846.16	729.99	661.95	550.68	475.58	381.58	277.76	191.90	93.13	15588.51
		贷：银行存款	15914.07	16017.64	16014.82	15967.26	16009.11	15967.26	16003.34	16000.43	15906.78	15994.56	15967.26	15988.61	15967.25	15982.60	15979.57	15967.26	15973.45	15967.24	287588.51
	计提贷款利息确认抵减的销项税额	借：主营业务成本——利息（增）	1318.41	1334.87	1259.97	1146.42	1108.85	999.31	955.95	878.82	723.71	723.21	623.92	565.77	470.67	406.48	326.14	237.40	164.02	79.60	13323.51
		应交税费－应交增值税——抵减的销项税额	224.13	226.93	214.20	194.89	188.50	169.88	162.51	149.40	123.03	122.95	106.07	96.18	80.01	69.10	55.44	40.36	27.88	13.53	2265.00
		贷：长期借款——利息（增）	1542.54	1561.80	1474.17	1341.31	1297.35	1169.19	1118.46	1028.22	846.74	846.16	729.99	661.95	550.68	475.58	381.58	277.76	191.90	93.13	15588.51

表 4－5　租赁期届满时的会计处理

	增值税	
收到名义货价	借:银行存款	100.00
	贷:长期应收款——本金	100.00
确认融资收入	借:未实现融资收益	100.00
	贷:主营业务收入——名义货价收入	85.47
	贷:应交税费——应交增值税——销项税额	14.53

表 4－6　租赁期届满时各个科目余额表

	增值税		
	余额	借方发生额	贷方发生额
融资租赁资产借方余额	0.00	290598.29	290598.29
融资租赁资产——代开销项税	0.00	49401.71	49401.71
长期应收款——应收融资租赁款借方余额	0.00	358680.48	358680.48
未实现融资收益借方余额	0.00	18680.48	18680.48
主营业务收入贷方余额	18291.01	—	18291.01
主营业务成本——利息(增)借方余额	13323.51	13323.51	—
长期借款——利息(增)贷方余额	0.00	15588.51	15588.51
应交税费——应交增值税——销项税额贷方余额	52511.18	—	52511.18
应交税费——应交增值税——抵减的销项税额借方余额	2265.00	2265.00	—
应交税费——应交增值税——进项税额借方余额	49401.71	49401.71	—
应交税费——应交增值税贷方余额	844.47	—	—
应交税费——应交营业税	—	—	—

表 4－7　租赁期末及会计期末会计处理

	增值税	
月末结转增值税	借:应交税费——应交增值税	844.47
	贷:应交税费——未交增值税	844.47
缴纳增值税	借:应交税费——未交增值税	844.47
	贷:银行存款	844.47
即征即退增值税	借:银行存款	0.00
	贷:营业外收入——政府补贴	0.00

续表

	增值税	
计提其他税金	借:营业税金及附加	84.45
	贷:应交税费——应交城建税	42.22
	应交税费——应交教育费附加	25.33
	应交税费——应交地方教育费附加	16.89
计提企业所得税	借:所得税	1220.76
	贷:应交税费——应交企业所得税	1220.76
期末结转入、成本及税金		
1	借:主营业务收入——租赁收入	15880.75
	主营业务收入——融资租赁手续费收入	2324.79
	主营业务收入——名义货价收入	85.47
	营业外收入——政府补贴	0.00
	贷:本年利润	18291.01
2	借:本年利润	13323.51
	贷:主营业务成本——利息	13323.51
3	借:本年利润	84.45
	贷:营业税金及附加	84.45
4	借:本年利润	1220.76
	贷:所得税	1220.76
5	借:利润分配——未分配利润	3662.29
	贷:本年利润	3662.29

4.3 回租业务会计处理案例分析[①]

106 号文中针对售后回租的条文(营业税改征增值税试点有关事项的规定)摘选如下,以备同人们在核对下述处理时找到依据:

① 该案例由马尼托瓦克(中国)租赁有限公司财务经理洪莉编写。

经中国人民银行、银监会或者商务部批准从事融资租赁业务的试点纳税人，提供有形动产融资性售后回租服务，以收取的全部价款和价外费用，扣除向承租方收取的有形动产价款本金，以及对外支付的借款利息（包括外汇借款和人民币借款利息）、发行债券利息后的余额为销售额。

试点纳税人提供融资性售后回租服务，向承租方收取的有形动产价款本金，不得开具增值税专用发票，可以开具普通发票。

试点纳税人从全部价款和价外费用中扣除价款，应当取得符合法律、行政法规和国家税务总局规定的有效凭证。否则，不得扣除。

融资性售后回租服务中向承租方收取的有形动产价款本金，以承租方开具的发票为合法有效凭证。

下面以某公司一个实际案例来完整地展示出租人和承租人的会计处理和税务处理。

表 4－8　租赁合同基本条款

融资概算成本	500000.00
年息	8.0000%
期数	36
月租金	10968.00
发货日期	2013－07－25
融资额	350000.00
首付款	150000
发货前付款	185500
手续费	10500
保证金	25000

表 4－9　租金支付表

期次	每期租金	当期还本	当期付息	期末本金余额	支付日期
0			0.6667%	500000.00	
1	150000.00	150000.00	0.00	350000.00	发货前
2	10968.00	8635.00	2333.00	341365.00	2013－08－15
3	10968.00	8692.00	2276.00	332673.00	2013－09－15
4	10968.00	8750.00	2218.00	323923.00	2013－10－15

续表

期次	每期租金	当期还本	当期付息	期末本金余额	支付日期
5	10968.00	8809.00	2159.00	315114.00	2013－11－15
6	10968.00	8867.00	2101.00	306247.00	2013－12－15
7	10968.00	8926.00	2042.00	297321.00	2014－01－15
8	10968.00	8986.00	1982.00	288335.00	2014－02－15
9	10968.00	9046.00	1922.00	279289.00	2014－03－15
10	10968.00	9106.00	1862.00	270183.00	2014－04－15
11	10968.00	9167.00	1801.00	261016.00	2014－05－15
12	10968.00	9228.00	1740.00	251788.00	2014－06－15
13	10968.00	9289.00	1679.00	242499.00	2014－07－15
14	10968.00	9351.00	1617.00	233148.00	2014－08－15
15	10968.00	9414.00	1554.00	223734.00	2014－09－15
16	10968.00	9476.00	1492.00	214258.00	2014－10－15
17	10968.00	9540.00	1428.00	204718.00	2014－11－15
18	10968.00	9603.00	1365.00	195115.00	2014－12－15
19	10968.00	9667.00	1301.00	185448.00	2015－01－15
20	10968.00	9732.00	1236.00	175716.00	2015－02－15
21	10968.00	9797.00	1171.00	165919.00	2015－03－15
22	10968.00	9862.00	1106.00	156057.00	2015－04－15
23	10968.00	9928.00	1040.00	146129.00	2015－05－15
24	10968.00	9994.00	974.00	136135.00	2015－06－15
25	10968.00	10060.00	908.00	126075.00	2015－07－15
26	10968.00	10127.00	841.00	115948.00	2015－08－15
27	10968.00	10195.00	773.00	105753.00	2015－09－15
28	10968.00	10263.00	705.00	95490.00	2015－10－15
29	10968.00	10331.00	637.00	85159.00	2015－11－15
30	10968.00	10400.00	568.00	74759.00	2015－12－15
31	10968.00	10470.00	498.00	64289.00	2016－01－15
32	10968.00	10539.00	429.00	53750.00	2016－02－15
33	10968.00	10610.00	358.00	43140.00	2016－03－15
34	10968.00	10680.00	288.00	32460.00	2016－04－15

续表

期次	每期租金	当期还本	当期付息	期末本金余额	支付日期
35	10968.00	10752.00	216.00	21708.00	2016－05－15
36	10968.00	10823.00	145.00	10885.00	2016－06－15
37	10958.00	10885.00	73.00	0.00	2016－07－15
累计	544838.00	500000.00	44838.00		

表 4－10　出租人的会计处理

	会计处理		备注
购买设备	借:融资租赁资产	427350.43	凭承租人开给出租人的零税率发票。增值税申报时,首先填写“应税服务减除项目清单”,将零税率发票填入,在增值税纳税申报表附表三(应税服务扣除项目本期情况)第三列本期发生额栏目自动导入500000.00,如果第一列免税销售额小于500000.00,则第四列本期可扣除金额取小填列,剩余未抵减的增值税显示于第六列期末余额栏,留待下期抵减
	应交税费——应交增值税——营改增抵减的销项税额	72649.57	
	贷:银行存款/应付账款	500000.00	
起租	借:应收融资租赁款	544838.00	
	贷:融资租赁资产	427350.43	
	未实现融资收益	38323.08	
	应交税费——应交增值税——销项税额——暂估	79164.49	
收到保证金	借:银行存款	25000.00	仅开具收据,可用于冲抵最后几期租金
	贷:长期应付款	25000.00	
收到首付款	借:银行存款	150000.00	因为首付不产生利息属于本金部分,开具税率为 17% 的增值税普通发票
	贷:应收融资租赁款	150000.00	
	贷:应交税费——应交增值税——销项税额——暂估	－21794.87	
	贷:应交税费——应交增值税——销项税额(按增值税发票上销项税额)	21794.87	

续表

<table>
<tr><th></th><th colspan="2">会计处理</th><th>备注</th></tr>
<tr><td rowspan="2">收到每月租金</td><td>借:银行存款</td><td>10968.00</td><td rowspan="2">开具租金发票时,需要就本金和利息分别开具,本金部分只能开具增值税普通发票,利息部分视承租人是否为一般纳税人开具增值税专用发票或普通发票</td></tr>
<tr><td>贷:应收融资租赁款</td><td>10968.00</td></tr>
<tr><td rowspan="2">逾期时</td><td>借:应收融资租赁款——逾期租金</td><td>10968.00</td><td rowspan="2">也可以不做账务处理</td></tr>
<tr><td>贷:应收融资租赁款</td><td>10968.00</td></tr>
<tr><td rowspan="5">确认收入</td><td>借:未实现融资收益</td><td>1994.02
(2333/1.17)</td><td rowspan="5"></td></tr>
<tr><td>贷:主营业务收入——融资租赁收入</td><td>1994.02</td></tr>
<tr><td>应交税费——应交增值税——销项税额(按专用发票上的销项)</td><td>338.98</td></tr>
<tr><td>应交税费——应交增值税——销项税额(按普通发票上的销项)</td><td>1254.66</td></tr>
<tr><td>应交税费——应交增值税——销项税额——暂估</td><td>-1593.64</td></tr>
<tr><td rowspan="3">收到融资成本发票</td><td>借:融资成本</td><td></td><td rowspan="3">如银行贷款利息单,仅适用于金融业“营改增”之前
增值税申报同前面零税率发票</td></tr>
<tr><td>应交税费——应交增值税——营改增抵减的销项税额</td><td></td></tr>
<tr><td>贷:银行存款/应付账款</td><td></td></tr>
<tr><td rowspan="3">收取手续费</td><td>借:银行存款/其他应收款</td><td>10500</td><td rowspan="3">视同增值税价外费用
租前息,罚息相同处理</td></tr>
<tr><td>贷:主营业务收入——手续费/租前息/罚息</td><td>8974.36</td></tr>
<tr><td>应交税费——应交增值税——销项税额</td><td>1525.64</td></tr>
<tr><td rowspan="4">月底如有应交增值税</td><td>借:应交税费——应交增值税——转出未交增值税</td><td></td><td rowspan="4"></td></tr>
<tr><td>贷:应交税费——未交增值税</td><td></td></tr>
<tr><td>借:营业税金及附加</td><td></td></tr>
<tr><td>贷:应交税费——城建、教育附加</td><td></td></tr>
<tr><td rowspan="2">月底如多交增值税</td><td>借:应交税费——未交增值税</td><td></td><td rowspan="2"></td></tr>
<tr><td>贷:应交税费——应交增值税——转出多交增值税</td><td></td></tr>
</table>

假设承租人租赁标的物的原值为 1000000.00 元，售后回租出售给出租人时已经折旧 200000.00 元，剩余使用年限 8 年。

表 4-11 承租人的会计处理

<table>
<tr><th></th><th colspan="2">会计处理</th><th>备注</th></tr>
<tr><td rowspan="4">出售标的物</td><td>借:银行存款/应收账款</td><td>500000.00</td><td rowspan="4">承租人出售标的物，售价 500000.00，开具零税率发票给出租人
增值税申报:根据国家税务总局公告 2010 年第 13 号文规定，此项出售行为不属于销售行为，故在增值税申报表附表一中不需要填写销售金额，为了解决金税系统中已经留存的开票信息和申报表中申报信息的不一致，采取手工清卡的方式，承租人需要在清卡时提供售后回租合同、最初采购租赁物时的发票、零税率发票留存备查</td></tr>
<tr><td>累计折旧</td><td>200000.00</td></tr>
<tr><td>未实现售后回租损益</td><td>300000.00</td></tr>
<tr><td>贷:固定资产——自有</td><td>1000000.00</td></tr>
<tr><td rowspan="3">起租</td><td>借:固定资产——融资租入</td><td>500000.00</td><td rowspan="3"></td></tr>
<tr><td>未确认融资费用</td><td>44838.00</td></tr>
<tr><td>贷:长期应付款</td><td>544838.00</td></tr>
<tr><td rowspan="2">支付保证金</td><td>借:长期应收款</td><td>25000.00</td><td rowspan="2">凭出租人开具的收据</td></tr>
<tr><td>贷:银行存款</td><td>25000.00</td></tr>
<tr><td rowspan="2">支付首付款</td><td>借:长期应付款</td><td>150000.00</td><td rowspan="2">收到出租人开具的税率 17% 的增值税普通发票</td></tr>
<tr><td>贷:银行存款</td><td>150000.00</td></tr>
<tr><td rowspan="5">支付每月租金</td><td>借:长期应付款</td><td>10968.00</td><td rowspan="5"></td></tr>
<tr><td>贷:银行存款</td><td>10968.00</td></tr>
<tr><td>借:财务费用</td><td>1994.02
(2333/1.17)</td></tr>
<tr><td>应交税费——应交增值税——进项税额(按专用发票上的销项)</td><td>338.98</td></tr>
<tr><td>贷:未确认融资费用</td><td>2333.00</td></tr>
<tr><td rowspan="3">支付手续费</td><td>借:管理费用—手续费/(财务费用—租前息/罚息)</td><td>8974.36</td><td rowspan="3">租前息、罚息相同处理</td></tr>
<tr><td>应交税费——应交增值税——进项税额</td><td>1525.64</td></tr>
<tr><td>贷:银行存款</td><td>10500</td></tr>
</table>

续表

<table>
<tr><th></th><th colspan="2">会计处理</th><th>备注</th></tr>
<tr><td rowspan="8">固定资产年计提折旧</td><td>借：制造费用/管理费用——折旧费</td><td>62500.00
（500000.00/8）</td><td rowspan="4">第一种情形：如果承租人合理确定租赁到期日能够取得租赁物的所有权，则折旧年限按照剩余使用年限 8 年计提</td></tr>
<tr><td>贷：累计折旧</td><td>62500.00</td></tr>
<tr><td>借：制造费用/管理费用——折旧费</td><td>37500.00
（300000.00/8）</td></tr>
<tr><td>贷：未实现售后回租损益</td><td>37500.00</td></tr>
<tr><td>借：制造费用/管理费用——折旧费</td><td>166667.00
（500000.00/3）</td><td rowspan="4">第二种情形：如果承租人无法合理确定租赁到期日能否取得租赁物的所有权，则折旧年限按照租赁年限 3 年计提</td></tr>
<tr><td>贷：累计折旧</td><td>166667.00</td></tr>
<tr><td>借：制造费用/管理费用——折旧费</td><td>100000.00
（300000.00/3）</td></tr>
<tr><td>贷：未实现售后回租损益</td><td>100000.00</td></tr>
<tr><td rowspan="2">最后一期租金支付后</td><td>借：固定资产——自有</td><td>500000.00</td><td rowspan="2">凭出租人出具所有权转移证明</td></tr>
<tr><td>贷：固定资产——融资租入</td><td>500000.00</td></tr>
</table>

4.4 增值税纳税申报表

表 4－12 增值税纳税申报表（适用于增值税一般纳税人）

根据《中华人民共和国增值税暂行条例》和《交通运输业和部分现代服务业营业税改征增值税试点实施办法》的规定制定本表。纳税人不论有无销售额，均应按主管税务机关核定的纳税期限按期填报本表，并于次月一日起十五日内，向当地税务机关申报。

<table>
<tr><td colspan="2">税款所属时间：自　年　月　日至　年　月　日</td><td colspan="3">填表日期：　年　月　日</td><td colspan="2">金额单位：元至角分</td></tr>
<tr><td>纳税人识别号</td><td colspan="4"></td><td>所属行业</td><td></td></tr>
<tr><td>纳税人名称</td><td>（公章）</td><td>法定代表人姓名</td><td></td><td>注册地址</td><td>营业地址</td><td></td></tr>
<tr><td>开户银行及账号</td><td></td><td>企业登记注册类型</td><td colspan="2"></td><td>电话号码</td><td></td></tr>
</table>

<table>
<tr><td colspan="2" rowspan="2">项目</td><td rowspan="2">栏次</td><td colspan="2">一般货物及劳务和应税服务</td><td colspan="2">即征即退货物及劳务和应税服务</td></tr>
<tr><td>本月数</td><td>本年累计</td><td>本月数</td><td>本年累计</td></tr>
<tr><td rowspan="6">销售额</td><td>（一）按适用税率征税销售额</td><td>1</td><td></td><td></td><td></td><td></td></tr>
<tr><td>其中：应税货物销售额</td><td>2</td><td></td><td>—</td><td>—</td><td>—</td></tr>
<tr><td>应税劳务销售额</td><td>3</td><td></td><td>—</td><td>—</td><td>—</td></tr>
<tr><td>纳税检查调整的销售额</td><td>4</td><td></td><td></td><td>—</td><td>—</td></tr>
<tr><td>（二）按简易征收办法征税销售额</td><td>5</td><td></td><td></td><td></td><td></td></tr>
<tr><td>其中：纳税检查调整的销售额</td><td>6</td><td></td><td>—</td><td>—</td><td>—</td></tr>
</table>

续表

	（三）免、抵、退办法出口销售额	7			—	—
	（四）免税销售额	8			—	—
	其中：免税货物销售额	9		—	—	—
	免税劳务销售额	10		—	—	—
税款计算	销项税额	11				
	进项税额	12				
	上期留抵税额	13				—
	进项税额转出	14				
	免、抵、退应退税额	15			—	—
	按适用税率计算的纳税检查应补缴税额	16			—	—
	应抵扣税额合计	17 = 12 + 13 − 14 − 15 + 16		—		—
	实际抵扣税额	18（如 17 < 11，则为 17，否则为 11）				—
	应纳税额	19 = 11 − 18				
	期末留抵税额	20 = 17 − 18				—
	简易征收办法计算的应纳税额	21				
	按简易征收办法计算的纳税检查应补缴税额	22	—	—	—	—
	应纳税额减征额	23				
	应纳税额合计	24 = 19 + 21 − 23				

续表

<table>
<tr><td rowspan="14">税款缴纳</td><td>期初未缴税额(多缴为负数)</td><td>25</td><td>—</td><td>—</td><td>—</td><td>—</td></tr>
<tr><td>实收出口开具专用缴款书退税额</td><td>26</td><td>—</td><td>—</td><td>—</td><td>—</td></tr>
<tr><td>本期已缴税额</td><td>27 = 28 + 29 + 30 + 31</td><td>—</td><td>—</td><td>—</td><td>—</td></tr>
<tr><td>①分次预缴税额</td><td>28</td><td></td><td>—</td><td></td><td>—</td></tr>
<tr><td>②出口开具专用缴款书预缴税额</td><td>29</td><td>—</td><td>—</td><td>—</td><td>—</td></tr>
<tr><td>③本期缴纳上期应纳税额</td><td>30</td><td>—</td><td>—</td><td>—</td><td>—</td></tr>
<tr><td>④本期缴纳欠缴税额</td><td>31</td><td>—</td><td>—</td><td>—</td><td>—</td></tr>
<tr><td>期末未缴税额(多缴为负数)</td><td>32 = 24 + 25 + 26 − 27</td><td>—</td><td>—</td><td>—</td><td>—</td></tr>
<tr><td>其中:欠缴税额(≥0)</td><td>33 = 25 + 26 − 27</td><td>—</td><td>—</td><td>—</td><td>—</td></tr>
<tr><td>本期应补(退)税额</td><td>34 = 24 − 28 − 29</td><td></td><td>—</td><td></td><td>—</td></tr>
<tr><td>即征即退实际退税额</td><td>35</td><td>—</td><td>—</td><td></td><td></td></tr>
<tr><td>期初未缴查补税额</td><td>36</td><td>—</td><td>—</td><td>—</td><td>—</td></tr>
<tr><td>本期入库查补税额</td><td>37</td><td>—</td><td>—</td><td>—</td><td>—</td></tr>
<tr><td>期末未缴查补税额</td><td>38 = 16 + 22 + 36 − 37</td><td>—</td><td>—</td><td>—</td><td>—</td></tr>
<tr><td>授权声明</td><td colspan="2">如果你已委托代理人申报,请填写下列资料:
为代理一切税务事宜,现授权(地址)为本纳税人的代理申报人,任何与本申报表有关的往来文件,都可寄予此人。
授权人签字:</td><td>申报人声明</td><td colspan="3">此纳税申报表是根据《中华人民共和国增值税暂行条例》的规定填报的,我相信它是真实的、可靠的、完整的。
声明人签字:</td></tr>
<tr><td colspan="2">以下由税务机关填写:</td><td colspan="5"></td></tr>
<tr><td colspan="2">收到日期:</td><td></td><td>接收人:</td><td></td><td colspan="2">主管税务机关盖章:</td></tr>
</table>

表 4－13　增值税纳税申报表附列资料（一）：本期销售情况明细

税款所属时间：　年　月　日至　年　月　日

纳税人名称：（公章）　　　　金额单位：元至角分

项目及栏次				开具税控增值税专用发票		开具其他发票		未开具发票		纳税检查调整		合计			应税服务扣除项目本期实际扣除金额	扣除后	
				销售额	销项（应纳）税额	销售额	销项（应纳）税额	销售额	销项（应纳）税额	销售额	销项（应纳）税额	销售额	销项（应纳）税额	价税合计		含税（免税）销售额	销项（应纳）税额
				1	2	3	4	5	6	7	8	9 = 1 + 3 + 5 + 7	10 = 2 + 4 + 6 + 8	11 = 9 + 10	12	13 = 11 − 12	14 = 13 ÷ (100% + 税率或征收率) × 税率或征收率
一、一般计税方法征税	全部征税项目	17% 税率的货物及加工修理修配劳务	1											—	—	—	—
		17% 税率的有形动产租赁服务	2														
		13% 税率	3											—	—	—	—
		11% 税率	4	10000000	1100000												
		6% 税率	5														
	其中：即征即退项目	即征即退货物及加工修理修配劳务	6	—	—	—	—	—	—	—	—			—	—	—	—
		即征即退应税服务	7	—	—	—	—	—	—	—	—						

续表

二、简易计税方法征税	全部征税项目	6%征收率	8							—	—			—	—	—	—
		5%征收率	9							—	—			—	—	—	—
		4%征收率	10							—	—			—	—	—	—
		3%征收率的货物及加工修理修配劳务	11							—	—			—	—	—	—
		3%征收率的应税服务	12							—	—						
	其中：即征即退项目	即征即退货物及加工修理修配劳务	13	—	—	—	—	—	—	—	—			—	—	—	—
		即征即退应税服务	14	—	—	—	—	—	—	—	—						
三、免抵退税		货物及加工修理修配劳务	15	—	—		—		—	—	—		—	—	—	—	—
		应税服务	16	—	—		—		—	—	—		—				—
四、免税		货物及加工修理修配劳务	17				—		—	—	—		—	—	—	—	—
		应税服务	18	—	—		—		—	—	—		—				—

表 4－14　增值税纳税申报表附列资料(二):本期进项税额明细

税款所属时间:　　年　　月　　日至　　年　　月　　日

纳税人名称:(公章)　　　　　　　　　　　　　　　　　　　金额单位:元至角分

一、申报抵扣的进项税额				
项目	栏次	份数	金额	税额
(一)认证相符的税控增值税专用发票	1 =2 +3	4		
其中:本期认证相符且本期申报抵扣	2			
前期认证相符且本期申报抵扣	3			
(二)其他扣税凭证	4 =5 +6 +7 +8			
其中:海关进口增值税专用缴款书	5			
农产品收购发票或者销售发票	6			
代扣代缴税收通用缴款书	7			
运输费用结算单据	8	1		
	9	—		
	10	—		
(三)外贸企业进项税额抵扣证明	11	—		
当期申报抵扣进项税额合计	12 =1 +4 +11	5		
二、进项税额转出额				
项目	栏次	税额		
本期进项税转出额	13 =14 至 23 之和			
其中:免税项目用	14			
非应税项目用、集体福利、个人消费	15			
非正常损失	16			
简易计税方法征税项目用	17			
免抵退税办法不得抵扣的进项税额	18			
纳税检查调减进项税额	19			
红字专用发票通知单注明的进项税额	20			
上期留抵税额抵减欠税	21			
上期留抵税额退税	22			
其他应作进项税额转出的情形	23			
三、待抵扣进项税额				
项目	栏次	份数	金额	税额
(一)认证相符的税控增值税专用发票	24	—	—	—

续表

期初已认证相符但未申报抵扣	25	—	—	—
本期认证相符且本期未申报抵扣	26	—	—	—
期末已认证相符但未申报抵扣	27			
其中:按照税法规定不允许抵扣	28	—	—	—
(二)其他扣税凭证	29 = 30 至 33 之和			
其中:海关进口增值税专用缴款书	30			
农产品收购发票或者销售发票	31			
代扣代缴税收通用缴款书	32		—	
运输费用结算单据	33			
	34			
四、其他				
项目	栏次	税额		
本期认证相符的税控增值税专用发票	35	—		

表 4－15 增值税纳税申报表附列资料(三):应税服务扣除项目明细

税款所属时间: 年 月 日至 年 月 日

纳税人名称:(公章) 金额单位:元至角分

项目及栏次	本期应税服务价税合计额(免税销售额)	应税服务扣除项目				
		期初余额	本期发生额	本期应扣除金额	本期实际扣除金额	期末余额
	1	2	3	4 = 2 + 3	5(5≤1 且 5≤4)	6 = 4 − 5
17% 税率的有形动产租赁服务						
11% 税率的应税服务						
6% 税率的应税服务						
3% 征收率的应税服务						
免抵退税的应税服务						
免税的应税服务						

表 4-16　应税服务减除项目清单

纳税人名称(盖章):　　　　　　　　　　　　　　　　纳税人识别号:
主管税务机关名称:　　　　　　　　　　　　　　　　主管税务机关代码:
纳税申报日期:　年　月　税款所属期:　年　月　金额单位:元(列至角分)(共　页,第　页)

开票方纳税人识别号	开票方单位名称	凭证种类	发票代码	发票号码	服务项目名称	金额
合计						

说明:1. 本清单按照纳税人取得合法票据的内容填写,其中:“凭证种类”填写:“发票”“财政票据”“境外支付单据”;

2. “凭证种类”为“发票”的,必须填写“开票方纳税人识别号”;

3. 清单“合计”栏数据中的“金额”应与增值税纳税申报表附列资料(三)减除项目本期发生额各栏数据之和一致。

4.5 各地区融资租赁“营改增”政策实施细则

4.5.1 福建省相关规定

福建省国税局在 12366 热点及难点问题集(2014 年 2 月)中提道:

27. 融资性售后回租服务承租方怎么开具发票?

答:根据《国家税务总局关于融资性售后回租业务中承租方出售资产行为有关税收问题的公告》(国家税务总局公告 2010 年第 13 号)规定:“融资性售后回租业务是指承租方以融资为目的将资产出售给经批准从事融资租赁业务的企业后,又将该项资产从该融资租赁企业租回的行为。融资性售后回租业务中承租方出售资产时，资产所有权以及与资产所有权有关的全部报酬和风险并未完全转移。

一、增值税和营业税

根据现行增值税和营业税有关规定，融资性售后回租业务中承租方出售资产的行为，不属于增值税和营业税征收范围，不征收增值税和营业税。

因此，融资性售后回租服务中的承租方收取有形动产价款本金，可以开具普通发票，作为出租方据以差额扣除的合法有效凭证，承租方开具发票不征收增值税。为解决承租方纳税申报一窗式比对不符问题，应要求承租方在签订融资性售后回租合同后开具发票前，就该合同向主管税务机关报备，以便核查。

4.5.2 山东省相关规定

山东省国家税务局发布的《营业税改增值税政策指引(十一)》

(一)根据《营业税改征增值税试点有关事项的规定》(财税〔2013〕106 号附件 2)，试点纳税人提供融资性售后回租服务，向承租方收取的有形动产价款本金，不得开具增值税专用发票，可以开具普通发票。

试点纳税人中的一般纳税人提供融资性售后回租服务，向承租方收取的有形动产价款本金，应使用防伪税控系统开具增值税普通发票，试点小规模纳税人开具普通发票。

(二)融资性售后回租服务中向承租方收取的有形动产价款本金，以承租方开具的发票为合法有效凭证。

1. 增值税一般纳税人接受融资性售后回租服务，应使用防伪税控系统开具增值税普通发票。

2. 增值税小规模纳税人开具普通发票。

3. 非增值税纳税人按规定开具发票。

(三)根据《国家税务总局关于融资性售后回租业务中承租方出售资产行为有关税收问题的公告》(国家税务总局公告 2010 年第 13 号)，融资性售后回租业务中承租方出售资产的行为，不属于增值税和营业税征收范围，不征收增值税。因此，融资性售后回租服务中承租方是增值税纳税人的，其向提供方开具的增值税普通发票(或普通发票)上注明的销售额，不作为纳税人的销售额申报。

4.5.3 上海市相关规定

2014 年上海市税务系统在货劳税工作会议材料中提道：

一、关于本市部分增值税政策及具体操作的处理意见

（三）融资租赁售后回租承租方出售资产时的发票使用及申报问题

1. 根据《营业税改征增值税试点有关事项的规定》（财税〔2013〕106 号附件 2），融资性售后回租服务中向承租方收取的有形动产价款本金，以承租方开具的发票为合法有效的扣除凭证。对于承租方应如何开票问题，明确如下：

（1）如承租方为增值税一般纳税人的，承租方应开具增值税普通发票或通用机打发票；

（2）如承租方为增值税小规模纳税人或非增值税纳税人的，承租方应开具普通发票或通用机打发票，对于部分原不领购发票的单位如学校、医院等，发生售后回租业务出售资产时，主管税务机关应为其临时核定发票用量。

2. 根据《国家税务总局关于融资性售后回租业务中承租方出售资产行为有关税收问题的公告》（国家税务总局公告 2010 年第 13 号），融资性售后回租业务中承租方出售资产的行为，不属于增值税和营业税征收范围，不征收增值税。

因此，售后回租业务中承租方向出租方开具的普通发票上注明的设备本金销售额，承租方无须申报缴纳增值税，如一窗式比对中出现异常的，承租方应向主管税务机关提交融资性售后回租合同及发票，主管税务机关审核后办理系统解锁。

（四）关于融资租赁企业享受税收政策的资质问题

财税〔2013〕106 号文和 121 号文对经省级商务主管部门和国家经济技术开发区批准的融资租赁企业享受相关税收政策的资质和时点进行了要求，即 2014 年 3 月 31 日前注册资本达到 1.7 亿元的，自本地区试点实施之日起享受政策；2014 年 4 月 1 日后注册资本达到 1.7 亿元的，从达到标准的次月起执行。

各分局应及时对管户中的融资租赁企业进行梳理，对注册资本未达到 1.7 亿元的省级商务部门审批资质的企业进行点对点的政策辅导，再次重申相关政策要求，相关情况 3 月 27 日前上报。

鉴于目前工商关于企业注册资本认缴登记制度的改革，原对注册资本的要求调整为对其认缴金额（而非实际到位金额）的要求。

二、关于征求《货劳税部分政策本市具体实施意见(讨论稿)》的意见和建议的通知

(六)售后回租业务设备本金扣除和处置问题

1. 设备本金销售额扣除问题

根据财税〔2003〕16 号文规定,融资租赁企业以其向承租者收取的全部价款和价外费用(包括残值)减除出租方承担的出租货物的实际成本后的余额为营业额。“营改增”后,融资租赁售后回租业务税收政策尽管有过反复,但总体遵从原营业税的处理原则。根据财税〔2013〕106 号文规定,售后回租服务以收取的全部价款和价外费用,扣除向承租方收取的有形动产价款本金及利息后的余额为销售额。因此租赁企业在纳税申报时应在申报表销售额减除明细表中填列由承租方开具的发票作为销售额扣除凭证。

由于租赁收入是分期取得的,因此在原营业税状态下,租赁企业一般按配比原则将设备本金分期计入扣除额,即一票多次扣办法。“营改增”后,相关文件并未规定具体扣除方法,有的企业仍按原营业税办法分期扣除,而有的企业则按增值税进项抵扣的规则,采用一票一次扣的办法。

考虑到 106 号文对融资租赁即征即退政策作出的限定期限,因此采用一票多次扣办法的纳税人税负相对较为均衡,能够足额享受退税政策,但缺点是由于一张票多次填入申报表,导致税务机关监管难度加大,涉税风险较高。而采用一票一次扣办法的纳税人,由于本金一次性计入扣除额,导致税负出现前低后高,纳税人可能出现政策享受不足,但其优势是税务机关监管相对便利。

2. 租赁设备因承租方违约而收回处置问题

对纳税人从事融资租赁直租业务涉及因承租人违约而收回并处置的租赁设备,因其已抵扣设备进项税额,故应按销售货物行为,对其销售额全部依 17% 缴纳增值税。

对纳税人从事融资租赁售后回租业务涉及因承租人违约而收回并处置的租赁设备,尽管其未抵扣设备进项税额,但是承租方可能已抵扣相应的设备进项税额,所以应对出租方处置设备按 17% 征收增值税。但考虑到出租方与承租方系两个不同的纳税主体,且出租方未曾抵扣设备进项税额的实际情况,建议依据《国家税务总局关于一般纳税人销售自己使用过的固定资产增值税有关问题的公告》(国家税务总局公告 2012 年第 1 号)的规定,对出租方处置资产取得的全部收入和价外费用,按简易办法依 4% 征收率减半征收增值税,并且不得开具增值税专用发

票。同时对于已一次性扣减销售额的设备本金中尚未收回的部分，应相应转回不得用于扣减销售额，如果设备本金采用分期扣除办法，则不需要调整扣除额。

对承租人（增值税一般纳税人）涉税问题，另行研究。

大部分地区目前尚未就融资性售后回租业务的开票问题做出明确规定，这直接导致租赁公司在不同地区开展业务，会面临不同的政策执行情况，也会对在政策不明确地区开展业务产生很多担忧。

对此，业内强烈呼吁财政部、国家税务总局能就具体执行层面的问题，出台全国性指导意见，这将会对政策的落地执行起到很好的促进作用。

4.6 融资租赁"营改增"过程中面临的主要问题

"营改增"问题仍待解。"营改增"最新政策——财税〔2013〕106 号文和财税〔2013〕121 号文已执行一年有余，根据笔者了解，"营改增"后融资租赁业面临的很多问题仍然存在，大部分售后回租业务仍难操作，税负增加的问题也依然存在，借款利息、发行债券利息等无法取得符合规定的有效扣除凭证，出口租赁出口环节免税难落地，即征即退政策难落地。

售后回租业务仍难操作。针对此前业界普遍反映的售后回租业务本金开票难题，一些地方诸如山东、福建、上海、深圳等都积极出台政策予以回应。地区政策的明确为当地售后回租业务的开展扫清了障碍，然而融资租赁公司（即出租人）面对的承租人遍布全国各地，大部分业务在实务中还是很难操作。在与政策不明确地方的承租人开展售后回租业务时，融资租赁公司会面临诸多难题。例如，税务局会要求承租人向出租人开具税率为 17% 的增值税发票；当承租人为企业时，承租人到税务局开具零税率发票，税务局除了查证业务相关的资料，还会要求查承租人的其他全部账目；当承租人为个人时，税务局会以不便管理为由拒绝给承租人代开增值税发票（如果为个体工商户会更方便处理一些）。

部分企业为继续开展售后回租业务，采取"变通"的方式开展业务，承租人不给出租人开具增值税发票，出租人按利息给承租人开具发票，这一做法解决了售后回租业务的开票问题。从税收征管的角度来看，这样的处理方式并没有造成偷税漏税。但从严格执行“营改增”政策的角度来说，出租人和承租人的这种操作不完全符合政策的要求，会给融资租赁公司带来很大的税务风险。这一做法与营业税下差额开票的方式别无二致，折腾了半天的融资租赁“营改增”一夜之间就被打回了原形。

此外，现行政策也给税收征管增加了很多麻烦。在售后回租的“出售”环节，承租人给出租人开具零税率发票，需要到税务局申请或报备。

税负增加而实际缴纳税款减少。从税负角度来看，“营改增”之后，融资租赁企业增值税下税负增加近 2 倍。虽然实际税负增加，但实际上很多融资租赁公司从试点至今没有缴纳过增值税，原因在于直租业务产生的大量进项税额造成税负跨期效应。直租业务下，出租人收到设备本金的全额增值税进项发票，而销项发票是根据租赁期分期开给承租人，因此单从直租业务本身来说，出租人的增值税进项税额始终会大于销项税额。售后回租业务下，出租人收到的是零税率进项发票，销项发票也是根据租赁期分期开出。综合考虑直租业务和售后回租业务，如果融资租赁公司始终保持一定比例的直租业务，则增值税进项始终会大于销项，不用缴纳增值税。

从融资租赁公司的角度来看，税负增加，短期内节省了更多现金流，但长期来看可能会埋下资金风险。从税收征管的角度来看，这一现象无疑在短期内会减少税务局的税收。

利息扣除难。借款利息、发行债券利息等若想在计算销售额前扣除，则必须在税务申报系统中输入增值税发票号，而银行等金融机构还没纳入“营改增”试点，不能开具增值税发票。因此，实务操作中融资租赁公司的借款利息很难在计算销售额前扣除，这直接导致了税负进一步增加。

出口租赁出口环节免税难落地。根据财税〔2011〕131 号文的规定，承租人为境外承租人，资产在境外使用的出口租赁业务，能够享受增值税免税。但从实际操作来看，出口免税审批依然没有落地，主要原因在于资产在境外使用没有合理的依据来判定。

针对农业等特定行业的补贴，采用融资租赁方式不能享受。以农业为例，农机具购置补贴是指国家对农民个人、农场职工、农机专业户和直接从事农业生产的农机作业服务组织购置和更新大型农机具给予的部分补贴。从以上定义可以看出，融资租赁公司不属于农机具购置补贴的补贴对象，这意味着农户通过融资租赁的方式取得农机具也就没办法获得补贴。因此相比直接购买的方式，通过融资租赁的方式获得农机具的成本要更高，这会打击农户通过融资租赁方式获得农机具的积极性。而目前农业普遍面临融资难题，融资租赁期限长、租金安排灵活，能很好地适应农业季节性强、资金回笼慢的特点，很好地解决当前的农业融资问题。

4.7 业界建言融资租赁税收政策

工银租赁：

为进一步扶持金融租赁企业支持实体经济，建议进一步优化税收政策。可以对租赁行业提供有针对性的税收政策，如对航空租赁、航运租赁的低税率支持。探讨进口飞机减免关税的可能性，按照国际通行做法，用于境内公共交通运输工具的飞机，政府不收取关税。

允许境内集团成员企业集中纳税，允许盈亏互抵，以提高税务管理效率，并使缴税额体现集团真实收益情况。

进一步明确金融租赁回租业务增值税开票政策。鉴于某些省份已出台政策，希望此项政策可以进一步明确，以减少不同省份间开展业务的操作风险和金融租赁企业税务风险。

允许经营租赁资金成本在流转税前扣除。比照融资租赁，允许经营租赁资金成本在流转税前扣除，公平同质业务的税负，鼓励国内租赁企业发展经营租赁业务。

2015 年金融保险业将实施“营改增”。据悉，金融保险业将执行 6% 的增值税税率。为了提供公平竞争的环境，建议继续维持 106 号文所确定的“差额纳税”原则（即将对外支付的借款利息、发债利息直接扣除后确定销售额）。同时，充分考虑到租赁公司融资形式多元化的实际情况，将同业拆借、保理、资产证券化等融资形式的支出也纳入扣除范围。

兴业租赁：

（1）关于对“营改增”政策的建议。

一是借款利息不得抵扣进项税额，将对融资租赁行业造成重大冲击。目前，租赁公司享受差额纳税，借款利息占融资租赁利息收入的 60% ~70%；若银行业“营改增”后不得抵扣利息进项，则租赁公司增值税将直接提高至银行业“营改增”前的三倍，约是融资租赁业“营改增”之前的九倍。2013 年以来金融租赁业收益水平逐年下滑，若再面临直接税负大幅提高，必然给行业发展带来冲击。建议：在借款利息不得抵扣进项的过渡期，仍允许租赁公司凭借相关凭证差额扣除。

二是抵扣链条不完整导致筹融资渠道受限，阻碍了业务的开拓创新。金融租赁公司融资渠道相对狭窄，主要来源于自有资金、银行授信等传统融资方式。目前，金融租赁公司均在积极探索多元化融资渠道，如保理业务、资产证券化、跨境融资平台建设等，目前增值税差额扣除政策并未将相关融资成本纳入扣除范围，抵扣链条不完整导致实务操作存在诸多困难。建议：在税收法规原则性规定基础上，对政策中无明确规定的内容，本着实质重于形式的原则，从鼓励行业创新、促进行业发展的角度出发，对于各类用于融资租赁业务的融资成本在计算增值税时均允许扣除。

三是融资租赁业适用税率明显高于其他金融业，无疑将阻碍行业进一步发展壮大。融资租赁实质为金融业务，与银行等金融机构存在竞争关系，租赁公司融资主要来源于银行，在融资成本方面本就处于弱势，若融资租赁业适用增值税税率17%，远高于银行业的6%，单纯通过价格调整难以完全转嫁，考虑附加税费租赁公司负担更加沉重，加上过渡期即征即退政策即将停止，必然导致租赁公司在金融业竞争中处于更加不利的地位。建议：在确保租赁物抵扣链条完整的前提下，融资租赁业收入适用与银行业相同的增值税税率，给予融资租赁业更为公平的竞争基础。

四是存量营业税融资租赁业务面临“营改增”政策的不确定性。有形动产“营改增”后，租赁公司营业税项目与增值税项目并存，占租赁公司存量项目比例高达70%。在全行业“营改增”后，存量营业税项目政策尚不明朗。由于存量融资租赁项目期限较长，同时业务定价水平已确定，政策不确定性将极大影响租赁公司的业务基础和收益水平。建议：银行业在“营改增”中考虑存量项目现状，避免存量项目税负水平出现大幅波动，确保融资租赁业在“营改增”中平稳过渡。

五是确保税收法规执行的有效性和地域公平，避免因所属地导致不公平竞争。目前，对于回租本金发票开具问题，由于财税〔2013〕106号文与国家税务总局2010年13号规定有一定冲突，加上缺乏统一明确的实施细则及操作规范，各地执行不一，迫使租赁公司在业务竞争时不得不保留相关税务风险。建议：在银行业“营改增”政策中，进一步完善融资租赁相关税收法规，明确承租人应向出租人开具回租本金发票，并将切实传达至税务基层管理部门，以有效贯彻税收政策精神，降低实务操作中的税企沟通成本，确保租赁公司业务顺利开展。

(2)关于SPV公司税务操作简化的建议。

一是建议当月纳税0申报的SPV简化不申报。随着机船租赁业务的快速发展，租赁公司在设立的SPV数量逐渐增多，尽管其中很多SPV尚未开展租赁业务，但仍须按月0申报，申报工作量非常大，建议在实际税务操作上可对当月纳税0申报的SPV

简化不申报。二是建议实现 SPV 合并缴纳税款。目前,每家 SPV 均独立设置国、地税账户缴纳税款,随着 SPV 数量增加,税务管理和银行账户管理工作量将会呈几何级上升。建议实现 SPV 合并纳税:SPV 可分主体提供申报资料,但固定通过其中一家 SPV 缴纳税款。

第 5 章

会计——国际租赁会计准则最新进展

5.1 2014 年国际租赁会计准则（征求意见稿）的最新进展

5.1.1 国际租赁会计准则的最新动态

为了回应 2005 年 6 月美国证券交易委员会（Securities and Exchange Commission, SEC）出具的一份报告，并作为全球会计准则趋同进程的一部分，IASB 和 FASB 在 2007 年将租赁会计的修订提上双方联合项目的日程，致力于建立一套全球统一的租赁会计准则，确保因租赁引起的所有资产和负债均能入表。

2013 年 5 月 16 日，国际会计准则委员会（International Accounting Standards Board, IASB）和美国财务会计准则委员会（Financial Accounting Standards Board, FASB）发布了《国际财务报告准则征求意见稿（ED2）》修订版。该提案得到了各方的广泛关注，提案将从根本上改变租赁的会计处理，并可能对租赁业务产生显著影响。ED2 的征求意见截止日期为 2013 年 9 月 13 日。

IASB 和 FASB 于 2014 年 7 月 23 日继续对国际租赁会计准则的变更进行复议，尤其是售后回租、出租人会计等相关会计问题。

FASB 与 ELFA 于 2014 年 8 月 27 日举行会谈，就列示为杠杆租赁交易的追溯处理进行了投票。追溯原则意味着在新租赁会计准则生效时，杠杆租赁交易不需要追溯处理。不过估计 2018 年前新租赁准则不会生效，虽然理事会还未最终决定其生效日期。

2015 年 2 月 24 日，IASB 工作人员给出了一个简短的项目更新：如何定义租赁。这解释了 IASB 经过复议后的新租赁会计准则中租赁的定义。IASB 计划在 2015 年末出台新的国际租赁会计准则。

2015 年 3 月 13 日，IASB 称租赁会计准则项目仍然是今年要促成的重点，并给出了新国际租赁会计准则的实操指南。

2015 年 3 月 16 日，IASB 公布了即将发布的租赁会计准则的概述，表示他们计划在 3 月底完成对该准则的最终审议，并在今年晚些时间予以发布租赁会计准则。

2015 年 4 月 9 日，ELFA 的会员 Bill Bosco 在 Monitor Daily 的评论板块分享了新国际租赁会计准则在实际操作中的应用。他表示 IASB 忽略了一个重要问题，这将会困扰财务报表的编制人员。现在 SEC 已经开始策划一个项目来简化财务分析，尤其是允许经营租赁业务产生的费用可以在财务报表上以脚注信息呈现以后，我们有理由去质疑是否真的有必要对租赁会计进行彻底变更。

5.1.2 关于 ED2 租赁定义的反馈意见

一、ED2 对租赁的定义

租赁是在议定期间让渡一项资产（标的资产）的使用权以获取对价的合同。在判定一项合同是否包含租赁时，需要评估：

1. 该合同的履行是否依赖于可辨认资产的使用。其中可辨认资产的定义为：即使在合同中明确了一项资产，如果供应方能够在合同期内无须征得客户同意的情况下替换该资产，且不存在替换障碍（如费用很高或者无法获得替代资产），则该替换权被视为实质性的，此合同不是一项租赁；相反，即使在合同中没有明确一项资产，但如果供应方没有替换资产的实质性权利，则该资产也是合同隐含指定的可辨认资产。特定可辨认资产应是实物上可区分的部分：（1）一项大型资产实物上可区分的一部分（如一栋多层建筑的一个楼层）可能符合特定资产的条件；（2）一项资产实物上不可区分的一部分（如一个管道 50% 的运送能力）将不符合特定资产的条件。

ED2 示例 3 描述了一个订立了为期三年医疗设备合同的客户。供应商在需要时对相关医疗设备进行修理维护，并能够在无须征得客户同意的情况下替换设备。

由于存在替换设备的费用这一经济障碍，供应商仅在设备未能正常运行时才会替换设备，故供应商拥有的替换权不是实质性的，所以该合同是租赁合同。

2. 合同是否通过让渡一定期间可辨认资产的控制权和使用权以获取对价。其中控制的定义为：（1）ED2 要求对一项合同是否赋予承租人控制特定资产的权利中“控制”的评估与收入确认项目中建立的“控制”概念相一致。因此，如果客户有能力主导特定资产的使用并从使用中获得实质上所有的经济利益，则合同赋予了控制可辨认资产的使用的权利。（2）主导特定资产使用的能力包括决定何时使用特定资产及其使用的方式。（3）如果客户能够指定使用资产的产出，但没有与使用资产相关其他决策权（如不能决定形成该产出的投入和过程），则客户可能并不具有主导特定资产的使用的能力。这项决定可能会对如燃气供应合同及电力采购安排等是否构成租赁造成影响。

ED2 建议,当一项资产用来向客户提供服务时,客户及供应商必须评估这项资产是否与服务的提供有关(即资产是否仅在这些服务提供时才发挥功能)。

如果资产只有与供应商所提供的无法分开取得的额外产品与服务一起使用时,客户才能从资产的使用中收益,并且资产由于其设计就是为了与额外产品及服务一起使用而附属于某项服务的提供时,则相关合同可能并不包含租赁。

一项合同里面通常既有租赁部分也有服务部分,如附带维修服务的汽车租赁,或者附带安保和保洁服务的房屋租赁等。

由于租赁和服务往往包含在一项合同中,而对两个部分的会计处理又有所差别。因此,新的租赁会计准则将会把一项合同里的租赁部分和服务部分分离开来。这是因为理事会并没有变更服务部分的会计准则——新准则只适用于租赁或者合同里的租赁部分。

当一项合同的会计处理包括两个部分时,承租人需要通过可获取的信息(包括预估的方式),将合同金额合理地分配给租赁部分和服务部分。

当然,在资产负债表中确认合同中服务部分的要求,并非理事会的本意。为了处理方便,承租人可以选择不把服务从租赁中分离出来,而是把合同整体作为租赁来处理。假如采取这样的方式来进行会计处理,即其中的服务部分也会在资产负债表中予以确认,则会对企业有一个前期要求,就是合同中的服务部分占比要非常小。

二、对此收到的反馈意见

2013 年公布的 ED2 上,租赁的定义及附带指引已经公开征求反馈意见,从反馈意见来看整体上是积极的。尤其是,受访者支持用“控制”的概念来区分租赁和服务,并且认为控制的概念与收入确认标准更加一致。同时他们还认为,新的提议也解决了根据 IFRIC4 指引进行会计处理时所产生的一些问题。

尽管如此,一些反馈对实操过程中可能的不一致表示担忧——特别是,一些意见指出,意见稿指引表达含糊不清,一些类似的含租赁合同,可能会因为概念的模糊而产生不同的判断。反馈者希望该会计准则能够阐述得更清晰,能让使用者简单、明了地了解其意图,这样才会促进大家对会计准则的理解使用方式一致。

相关替代方法的建议:

虽然相当多的受访者对如何定义租赁表示赞同,但也有一些反馈建议了替代方法。例如,有的建议变更租赁定义,当合同中服务的金额实际占有相当大的比例时,也可以将整项合同作为服务进行会计处理。还有的建议,只有当客户使用租赁资产时,这项业务才能当作租赁处理。

反馈意见还提到了分离租赁和服务部分的方法方面的问题，大家普遍赞同应该将这两部分分开处理，但如何将两项分离以及在分离前需要获取的信息，在这两方面还需要简化。还有一小部分意见认为，租赁会计准则中的这个问题，可以借鉴收入确认准则中的 on identifying performance obligations（《国际财务报告准则第 15 号——与客户之间的合同产生的收入》）。

三、理事会对于反馈意见的回应

理事会已经采取一系列措施处理 ED2 中有关租赁定义的反馈意见，并已经就上述两个问题达成了统一意见。最终，他们确定采用 ED2 中提出的租赁定义概念——即基于可辨认资产控制权的定义。同时，他们也对相关指引做了更明确的阐述，明确了理事会的目的，以减少准则应用不一致所产生的风险。

理事会也考虑了反馈意见所提出的替代方法，但最终决定不予以采用。他们认为，这些替代方法将会使整个指引更加复杂，更重要的是，这些方法使得企业有空子可钻——明明拥有了资产的实际控制权，却不在资产负债表中确认使用权和相应的负债。例如，石油钻井平台租赁和船舶租赁，企业就有可能规避让其记入资产负债表中，对财务信息的有用性产生负面影响。

另外，理事会还担心这些替代方法会产生以下几个问题：

（1）企业有可能变更其合同，想方设法规避满足租赁定义的条件（例如，在合同中嵌入服务性条款，使得整个合同看起来服务部分占重大份额）。

（2）可能会导致指引并没有明显改变租赁和服务的最终结果，反而增加了不必要的复杂性（例如，就像《国际财务报告准则第 15 号》一样，结果并没有大的差别，却增加了一个额外步骤，导致实操变得更为复杂）。

（3）还可能会导致其他意想不到的结果。最终理事会根据大家的公开评论以及收到的反馈，对租赁的定义和指引进行了完善。

1. 租赁期的确定

租赁期是指不可撤销的租赁期间，同时要考虑：（1）在承租人有重大的经济动机行权的条件下，延长租赁期权所涵盖的期间；（2）在承租人有重大的经济动机不行权的条件下，终止租赁期权所涵盖的期间。

在以下情形下，企业应当重估租赁期：（1）相关因素发生变化，导致承租人具备或不再具备行使延长租赁期权或不行使终止租赁期权的重大经济动机；（2）单独的以市场为基础的因素变化（如租赁可比资产的市场利率）不构成重估租赁期的原因。

承租人可以采取的选择有两种：（1）选择行权，即使先前认为没有行权的重大经济动机;(2)选择不行权,即使先前认为有行权的重大经济动机。

短期租赁的定义。从租赁期开始日起,包括合同下可选择续租的最长的租赁时期,总共不超过12个月,即为短期租赁。应注意:(1)任何包括购买选择权的租赁都不是短期租赁;(2)承租人可以选择在租赁期内采用直线法确认租金费用(同现行经营租赁的会计处理);(3)出租人可以选择在租赁期内采用直线法,或其他能够更好地反映出租人从标的资产获取收益的模式的方法,来确认租金收入;(4)如果企业选择采用上述方法进行短期租赁会计处理,则应当披露这一事实。

2. 租赁付款额

租赁付款额即固定租赁付款额(扣除出租人向承租人支付的奖励),通常情况下,不包括可变租赁付款额,除非:(1)该可变租赁付款额实质上是固定租赁付款额;(2)该可变租赁付款额是承租人预计应支付的那部分担保余值;(3)该可变租赁付款额基于特定指数。

可变租赁付款额的处理方式:(1)对于基于某项指数或比率的租赁付款额,企业应当采用即期利率而不是远期利率来计量;(2)这类租赁付款额应在每一报告期末进行重新计量;(3)如果变动与当期有关,承租人应确认为当期损益,与未来期间有关的变动将调整使用权资产及租赁负债;(4)出租人应将取决于某项指数或比率的租赁付款额变动款项计入当期损益。

3. 包含租赁和非租赁要素的合同

如果合同包含租赁和非租赁要素,主体就应当区分各类要素并单独进行核算:(1)承租人首先要考虑各类要素是否具有可观察的独立价格。如果每一要素均有可观察的独立价格,则承租人应当基于各要素的相对独立价格进行分摊。(2)如果仅部分要素具有可观察的独立价格,则承租人应当将剩余对价分摊至无可观察价格的要素。(3)若不存在可观察的独立价格,承租人应当将整个合同作为一项租赁核算。(4)出租人在确定如何在租赁要素和非租赁要素之间分摊付款额时,应当考虑建议的收入确认准则中所提供的指引。该指引允许出租人在不存在可观察价格的情况下使用估计的销售价格。

4. 折现率

承租人所采用的折现率:(1)应以出租人向承租人收取的利率(若该利率可以获取,即租赁内含利率)作为折现率;(2)如果该利率不可获取(通常情况),承租人就应当采用其于租赁期开始日的增量借款利率。

出租人采用的折现率:采用其向承租人收取的利率——租赁内含利率或不动产收益率。

主体应当在以下各项发生变动时重新评估折现率:(1)租赁期;(2)关于承租人是否有行使购买相关租赁资产选择权的重大激励的相关因素;(3)参考利率,若可变,租赁付款额以该利率为基础。

5. 购买选择权

判断一项租赁合同是否提供了承租人行使购买权的重大经济激励,可以通过以下方式:若该购买选择权包括在承租人义务和出租人的应收款中,或承租人按照资产的经济寿命而非租赁期摊销使用权资产,则视为提供了重大经济激励。

在考虑购买选择权问题时,应该注意以下几点:

(1)在相关因素发生重大变化时,重新考虑购买选择权是否对承租人构成重大经济激励;

(2)如果预期发生变动,则需修正租赁付款额和折现率;

(3)租赁包含购买选择权,并且,在租赁期开始日就存在促使行权的重大经济激励,该项租赁应作为A类租赁进行核算;

(4)任何包括了购买选择权的租赁都不是短期租赁。

5.1.3 新准则下的会计处理

IASB和FASB共同做了很多努力,以使得租赁会计能够更好地为大家服务。基于该目的,双方的理事会认为承租人在租赁业务发生时,应同时在资产负债表上确认因该业务而产生的资产和负债(包括目前并不反映在资产负债表上的租赁)。

2013年5月双方共同发表了一份修改后的租赁会计准则征求意见稿。之后理事会收到了关于意见稿的大量反馈意见,且倾听了来自四面八方的相关观点。从2014年3月起,理事会几乎复议了这个项目中的所有方面,并在接下来的几个月确定新租赁会计准则的生效时间。

一、承租人租赁业务会计处理

在对租赁业务进行会计处理之前,首先应该明确:承租人和出租人对于租赁的分类应该保持一致。

(一)确认

在租赁开始日,承租人应当确认一项使用权资产和一项租赁负债。

(二)初始计量

在租赁开始日,承租人应按以下要求进行计量:

（1）租赁负债以租金支付按租赁内含利率折现后的现值进行初始计量。如果租赁内含利率难以确定，承租人应采用增量借款利率进行折现。

（2）使用权资产的成本包括：租赁负债的初始计量金额、在租赁开始日或之前支付给出租人的租金扣除从出租人取得的租赁优惠后的余额，以及由承租人承担的初始直接成本。

（三）后续计量

在租赁开始日后，承租人应按以下要求进行计量：

（1）按照当期转回的租赁负债折现额增计租赁负债的账面价值，同时按照当期支付的租金减计租赁负债的账面价值。承租人在租赁期内应按照租赁负债的余额乘以一个固定的期间折现率计算每一期间应当转回的折现额，同时考虑有关重估的规定。

（2）按照成本扣除累计摊销、累计减值损失后的金额计量使用权资产，同时考虑有关重估的规定。

（四）列报

在资产负债表中，承租人应当按照以下要求进行列报或在附注中进行披露：（1）分别列报使用权资产和其他资产；（2）分别列报租赁负债和其他负债；（3）分别列报“A 类型”和“B 类型”租赁产生的使用权资产以及按照重估价值计量的使用权资产；（4）分别列报“A 类型”和“B 类型”租赁产生的租赁负债。

在损益表中，承租人应当按照以下要求进行列报：（1）对于“A 类型”租赁，单独列报租赁负债折现的转回和使用权资产摊销；（2）对于“B 类型”租赁，合并列报租赁负债折现的转回和使用权资产摊销。

在现金流量表中，承租人应当按照以下规定进行分类：（1）“A 类型”租赁的租赁负债的本金偿还划分为融资活动；（2）“A 类型”租赁的租赁负债的折现转回应按照《国际会计准则第 7 号——现金流量表》中有关利息的要求进行列报；（3）“B 类型”租赁的相关支出划分为经营活动；（4）未包含在租赁负债中的可变租金和短期租赁租金划分为经营活动。

（五）披露

披露规定的目标是使财务报表使用者能够理解因租赁引起的现金流量的金额、时点和不确定性。为达到这一目标，承租人应当披露以下定性和定量信息：

（1）租赁的性质；

（2）租赁会计处理中所作的重大判断；

(3)在财务报表中确认的与租赁有关的金额。

与现行处理方式的区别:若租赁期超过一年,承租人需在租赁期开始日确认一项使用权资产(以固定资产列示)和一项租赁负债(以金融负债列示)。这种做法符合IASB/FASB 联合概念框架项目中对资产定义的修订方向,保持了准则内在体系的一致性,即一个主体的一项资产是主体已经得到或能限制他人得到的一种当前经济资源,对资源可实施的权利或其他手段。使用权模型的应用意味着现行的租赁分类将不复存在,所有租赁都将资本化处理(租赁期小于等于一年除外),经营租赁不再具有表外融资功能。

在进行初始计量时,2010 年 ED1 建议使用权资产及租赁负债应包括所有预期的或有租金以及在租赁开始日就可以合理确定承租人将会行使续租权的续租期租金,租赁负债等于合理估计的各种结果对应的现金流量按可能性进行加权平均的现值。这一做法被报表编制者证明是极为复杂且成本高昂的,尤其对租金与承租人的经营业绩或租赁资产的使用挂钩的长期租赁更是如此。鉴于未来业绩或租赁资产使用量的不确定性,承租人要可靠估计或有租金往往会很困难。因此,出于成本效益考虑,使用权资产和租赁负债的计量不包括或有租金,除非该或有租金在实质上金额固定,或者以某一指数或比率(如消费者价格指数或市场利率)为计算依据。在可选择续租期内应付的租金也不包括在使用权资产和租赁负债的初始计量中,除非承租人有强烈的经济动机行使这种选择权。

上文提供的承租人会计模型概述,是 IASB 根据迄今为止的最新准则创建的。但 FASB 和 IASB 创建的租赁会计模型略有不同,根据各自的模型编制的会计信息,也会造成一些可能的影响。

本质上,IASB 的模型要求承租人:

(1)初始计量时在资产负债表上确认租赁资产和负债,金额为所有租赁款项的现值;

(2)在租赁期内要确认租赁资产的摊销,以及租赁负债所产生的利息;

(3)将支付的现金总额分为本金部分(融资活动中产生的)和利息(在融资或经营过程中产生的)两个部分。

而 FASB 的模型要求承租人:

(1)对于目前已在资产负债表上确认的租赁(如已经开始的融资租赁或资本性租赁),会计处理方法同 IASB 模型;

(2)目前尚未在资产负债表上确认的租赁,也同 IASB 模型一样确认租赁资产和负债,但其租赁费用按直线法确认,并将现金总额视为经营活动产生的费用。

表 5-1　承租人会计的异同比较

序号	资产负债表		反映在资产负债表上的租赁		不反映在资产负债表上的租赁	
			IASB	FASB	IASB	FASB
1	确认	所有租赁都在资产负债表上	√	√	√	√
		短期租赁除外	√	√	√	√
		小型租赁除外	√		√	
2	计量	租赁负债 on a discounted basis	√	√	√	√
		初始计量时租赁资产 = 租赁负债	√	√	√	√
3		租赁资产摊销方法	直线法	直线法	直线法	加速摊销法
4	会计科目	租赁资产	国际会计准则第一条	Separate presentation (from existing off balance sheet leases)	国际会计准则第一条	Separate presentation (from existing off balance sheet leases)
5		租赁负债	PPE or own line item		PPE or own line item	
	利润表					
6	经营成本		摊销	摊销	摊销	单一费用
	融资成本		利息	利息	利息	无
	现金流量表					
7	经营活动		利息(脚注)	利息	利息	利息和本金
	融资活动		本金	本金	本金	无

资料来源:http://www.ifrs.org,Practical Implications of the New Leases Standard。

IASB 认为承租人应在资产负债表中确认所有租赁业务导致的资产和负债。该模型反映了在租赁初始期,承租人在获得了租赁期内一项资产使用权的同时,也应尽到为这项权利所付出的义务。

但是,也存在一些例外情况。为了回应大家对成本和复杂性的担忧(尤其是大量的小型资产采用新准则时所耗费的成本),IASB 决定,承租人的租赁中,短期租赁(租赁期在一年或一年以下)和小型资产(如笔记本电脑和其他办公设施)的租赁无须在资产负债表中予以确认。

在租赁合同中,承租人在支付租金时有很大的灵活性。例如,租赁合同里通常包括延期期权或中断租约条款，承租人可以选择在销售额或者资产使用权基础上的付款方式。

IASB决定，承租人应采用未来租赁付款额的现值来计量租赁负债。但是，为了反映出承租人租赁的灵活性和降低会计处理的复杂性，租赁负债单指经济上无法避免的支付款，这样就有了一种处理可变支付的简化方法。

在租赁开始时，承租人可用租赁负债额与租赁开始时发生的直接交易成本总额来确认租赁资产。这项租赁资产将采用与其他资产（如不动产、厂房和设备）类似的方法进行摊销，通常是在租赁期内按照直线法进行摊销。

目前，承租人的租赁都属于表外租赁，而在新的租赁准则下，租赁资产和融资负债都会反映在资产负债表中。因此，承租人的资产和负债会产生一个新的关键财务比率（如杠杆率和绩效比率）。

租赁资产的账面金额相对租赁负债的账面金额会下降得更快一些。与目前的相比较，这将会导致财务报表中的所有者权益有所下降。对承租人报表中所有者权益的实质性影响，将取决于承租人的杠杆率、租赁的期限长短以及租赁负债转化为负债的速度（这个最终取决于承租人采取的融资方法）。

双方理事会已就该项目的以下几个重要方面达成一致决定：（1）租赁资产和负债的确认；（2）租赁的定义；（3）租赁负债的计量方式。

双方理事会都同意将租赁入表，但同时，IASB规定，小型资产的租赁可以不在资产负债中确认。结果是双方都采用了新租赁会计准则后，对于绝大多数的IFRS和US GAAP用户来说，这类小型租赁负债的增加及其计量不会产生大的实质性影响。

关于现在的资产负债表表外租赁，区别产生于两个模型对租赁资产和权益的计量方式上。IASB模型采用直线摊销法对租赁资产进行摊销，而用FASB的模型进行摊销时，租赁资产在租赁早期摊销得更慢一些。

因此，IASB预计，FASB模型下资产负债表中租赁资产和所有权权益的账面价值，要高于其在IASB模型下的账面价值，尽管对于大多数企业来讲，这点差别并不会造成实质性的影响。

二、出租人租赁业务的会计处理

（一）确认

在租赁开始日，出租人应进行以下会计处理：（1）核销标的资产的账面价值；（2）确认一项租赁应收款；（3）确认一项剩余资产；（4）确认租赁产生的损益。

(二)初始计量

在租赁开始日,出租人应按以下要求进行计量:

(1)租赁应收款按照租金现值与初始直接成本之和计量,租金现值按照租赁内含利率进行折现;(2)剩余资产按照“A + B - C”计量,其中:A = 租赁期末出租人预期从标的资产可收回金额按照租赁内含利率折现后的现值(总剩余资产);B = 预期可变租金的现值;C = 未实现损益。

(三)后续计量

在租赁开始日后,出租人应按以下要求进行计量:

(1)按照租赁应收款折现的转回额增计租赁应收款的账面价值,同时按照当期收取的租金减去租赁应收款的账面价值。出租人在租赁期内应按照租赁应收款的余额乘以一个固定的期间折现率计算每一期间应当转回的折现额,同时考虑有关重估租赁应收款和计提减值的规定。

(2)按照初始账面价值与折现转回额之和计量剩余资产,同时考虑有关重估、可变租金和减值的规定。

(四)列报

在资产负债表中,出租人应当分别列报租赁资产(即租赁应收款和剩余资产账面价值之和)和其他资产,同时还应分别列报或在附注中披露租赁应收款和剩余资产的账面价值。

在损益表中,出租人应列报或在附注中披露租赁收入,倘若未在损益表中列报,则需要披露租赁收入款项被包含在损益表的哪个项目中。

在现金流量表中,出租人应当将收取的租金作为经营活动产生的现金流入。

出租人在租赁期内采用直线法确认租金收入,如果其他方法能更好地反映从标的资产获取收益的模式,也可采用其他方法。同时,初始直接成本确认为费用时采用的方法,与租金收入的确认方法一致。出租人收到的可变租赁应确认为损益。

(五)披露

披露规定的目标,是使财务报表使用者能够理解因租赁导致的现金流量金额、时点和不确定性。为达到这一目标,出租人应当披露以下定性和定量信息:

(1)租赁的性质;

(2)租赁会计处理中所作的重大判断;

(3)在财务报表中确认的与租赁有关的金额。

三、其他租赁的会计处理

(一)售后回租

主体在确定一项资产转让是否属于销售时,应当运用收入准则中有关确定履约义务是否履行的相关规定进行判断。

回租业务本身不影响受让人取得标的资产的控制权。但是,在回租业务中,如果转让人能够主导标的资产的使用,并取得标的资产几乎全部的剩余收益,则可认为受让人未取得资产的控制权,该项资产转让不属于销售。如果租赁期占标的资产剩余经济寿命的大部分,或者租金支付的现值几乎相当于标的资产的公允价值,则可认为转让人能够主导标的资产的使用,并取得标的资产几乎全部的剩余收益。

如果资产转让属于销售,转让人应当按照适用准则确认一项销售,同时按照租赁准则中有关承租人的规定对租赁进行会计处理;受让人应当按照适用的准则确认一项购买,同时按照租赁准则中有关出租人的规定对租赁进行会计处理。

如果资产转让不属于销售,转让人就不应核销转让资产,而应将收取的金额按照适用的准则确认为一项金融负债;受让人不应确认转让资产,而应将支付的金额按照适用的准则确认为一项应收款。

(二)短期租赁

短期租赁会计政策的选择应当按照与使用权资产有关的标的资产类别进行。承租人可以选择在租赁期内采用直线法确认租金费用,出租人在租赁期内确认租金收入,可以选择采用直线法,或其他能够更好地反映出租人从标的资产获取收益的模式的方法。如果企业选择采用上述方法进行短期租赁会计处理,应当披露这一事实。

5.2 国际租赁会计准则修订对中国融资租赁行业可能产生的影响

自 2010 年 8 月,IASB 和 FASB 联合发布了第一版租赁会计征求意见稿后,全球的租赁行业相关人员都在担心,由于承租人无法再利用表外融资美化报表,且需要做出大量信息披露，承租人的财务绩效比率将受到重大影响，从而影响到融资租赁企业的生存。

2013年5月16日，IASB和FASB发布了《国际财务报告准则征求意见稿(ED2)》修订版。该提案得到了各方的广泛关注，它将从根本上改变租赁的会计处理，并可能对租赁业务产生显著影响。ED2的征求意见截止日期为2013年9月13日。2013年10月3日，共收到了625封反馈意见，其中80%的持部分反对意见，10%～15%的部分赞同但表示出了重大关切，另外的5%则对该征求意见稿持完全反对态度。作为中国租赁业的代表之一，民生金融租赁股份有限公司也给出了反馈意见，认为新版的征求意见稿显得过于复杂，对其可能给现有业务带来的冲击以及潜在的高实施成本感到担忧。

2014年7月，IASB和FASB对更改租赁交易环节的会计处理重新讨论，尤其是售后回租、出租人信息披露要求和其他相关问题。2015年3月16日，IASB公布了即将发布的租赁会计准则的概述，表示他们计划在3月底完成对该准则的最终审议，并在今年晚些时间予以发布。

这项修正后的准则要求及某些特定豁免范围将会影响所有包含租赁业务的实体企业。它将完全取代IFRSs中的17号IAS租赁条款(及相关解释)以及FASB中的第840号租赁条款要求(及相关补充)。新国际租赁会计准则规定租赁业务不再区分经营租赁和融资租赁，所有租赁业务都要统一在资产负债表内列示。这一变化在一定程度上增强了会计信息的可比性，有助于租赁行业充分揭示企业面临的资产风险和信用风险并据此采取相应的应急措施。

2015年3月22日，中国财政部会计司处长王鹏在首都经济贸易大学融资租赁方向课程班开班典礼上表示，根据2010年4月发布的《中国企业会计准则与国际财务报告准则持续趋同路线图》，我国租赁会计准则将必然遵从国际会计准则的最终结果来修订。“我认为国内的企业应该多发出自己的声音反映到财政部，提出符合我国特色的趋同意见，毕竟新租赁会计准则的修订与实施终稿一经生效，将强制执行，对我国企业将产生重要影响。”

Amembal & Halladay董事长、新国际租赁会计标准制定人之一Shawn Halladay在同一场合对国际租赁会计的变革现状和中国目前的租赁市场发展情况做了简要分析。他认为，目前市场上对租赁会计变革产生的影响过于夸大，而且根据中国融资租赁市场的发展和业务模式来看，租赁资产入表对行业的影响很小。Shawn Halladay称，经营租赁的租赁资产纳入资产负债表几成定局，但比起对承租企业的影响，作为出租方的租赁公司所受影响其实非常小——比起资产出表，增值服务、现金流、资产管理和税收结构都是承租人选择租赁作为融资方式时更加重要的考量因素。特别是在目前阶段,中国的租赁业务模式大多还是简单租赁,甚至是类信贷业务,经营性租赁在中国开展的还非常少,使得经营租赁资产入表对中国租赁公司的影响非常小。

但是对承租人和出租人的影响又是确确实实存在的。一方面,在修订我国租赁会计准则时,既要参照国际准则又需要结合我国的实际情况,制定出适合我国国情的高标准会计准则。同时,企业还要积极应对新会计准则给企业经营管理带来的挑战,及时调整财务战略,为新会计准则的顺利执行做好准备。

第一,这一租赁准则的变化在给租赁行业带来积极影响的同时,更多地是给租赁行业带来了负面影响。新租赁准则要求企业应定期对应收租赁总额、租赁资产的价值、租赁资产的使用寿命、购买选择权等因素进行评估,这在一定程度上给财务人员增加了工作难度。而且新租赁准则规定企业要对以前年度的租赁业务进行追溯调整,这势必会造成会计核算成本的增加。

第二,实施新租赁准则后,以前经营租赁方式下未在承租人资产负债表中反映的资产和负债要重新在承租人的资产负债表中予以列示,这在一定程度上会使承租企业的资产负债率增加,资产收益率降低,最终导致承租企业的租赁意愿下降。那么对资金流充足的企业而言,购买而不是租赁房产和设备也许是更有利的选择,并且购买的利息成本和交易成本更低。事实上,承租人租赁需求的萎缩反过来又会影响租赁行业的经营战略,以致最终会阻碍租赁行业的正常发展。

第三,值得一提的是,在新租赁准则下如果与资产所有权有关的重大风险和报酬没有转移,出租人就可以采用履约义务法进行会计处理。在履约义务法下,出租人在资产负债表中确认一项租金收取权和一项履行租赁义务的同时,还要继续将租赁资产的价值列示在资产负债表中。显然,出租人和承租人对租赁标的资产进行了重复计量。相比于现行租赁会计处理模式,新租赁会计处理模式下计算出的出租人的资产负债率和财务杠杆水平会有大幅度的提高,而其净资产收益率和权益保障倍数却有大幅度的下降。这在一定程度上会加重企业的税负,影响企业的融资渠道和经营模式。

第四,在统一了经营租赁和融资租赁的会计核算之后,税收因素包括折旧政策、关税与增值税缴付等方面存在的重大差异仍然影响着企业的融资决策。以我国为例,如果在统一会计核算之后,又统一了其他税收政策,那么目前国内融资租赁一枝独秀的局面将被彻底打破,各种形式的租赁将迅速涌现,这对经营性租赁的发展反而是有利的。当然由于政策方向的不确定性,关于这方面的预测还为时过早。如果其他政策不做调整,则承租人将根据自己对于报表结果的“偏好”选择不同的租赁,这在总体上会限制经营性租赁。

5.3 中国融资租赁行业应如何应对国际租赁会计准则的修订

鉴于新的国际租赁会计准则尚未正式公布，租赁行业应积极行动起来，认真研究租赁准则的修订意见，结合中国实际国情和自身独有的特点，向我国财政部提出切实可行的趋同意见。新国际租赁会计准则中规定出租人在进行会计处理时有两种会计处理模式可供选择，即履约义务法和终止确认法。在确定选择何种会计处理模式时，判断标准仍是与资产所有权有关的重大风险和报酬是否已经转移。鉴于我国的实际国情以及财务人员的综合素质，这一规定能否在我国得到有效实施还有待商榷。因此，租赁行业应积极向财政部建言献策，保证我国会计准则的国际趋同是有中国特色的国际趋同，而不是完全照抄照搬没有任何可操作性的国际趋同。

（1）新租赁会计准则公布后，租赁行业应积极组织财会人员和相关人员认真学习和掌握新准则的变化，并将其应用到企业的实务工作中，以使企业的财务工作时刻与国家政策保持步调一致。

（2）新租赁会计准则的公布与实施会对租赁行业的财务报表产生重大影响，对此租赁业应做好充分的前期准备工作，以使租赁准则能够在企业得到成功过渡。新租赁会计准则的实施势必会导致企业的财务数据发生重大变化，企业应加强与外部投资者及相关利益者的交流和沟通，使他们了解这一变化是正常的。同时为了适应这一变化，企业内部的绩效考核指标也要相应做出调整。新租赁会计准则的很多细节都是建立在一套完善而科学的内部控制和核算程序之上的，为了能使新租赁会计准则能够在企业中得到顺利实施，租赁企业要加紧完善会计核算信息系统。

（3）企业应对现有的资产结构及未来的经营战略进行全面梳理，注重租赁会计处理模式变更可能给企业带来的潜在税务影响和战略影响。在签订或评估租赁协议时，要综合考虑各方面因素，尽可能将潜在风险和税负降到最低，据此合理确定未来的经营战略，以使企业价值达到最大。新租赁会计准则的变化要求租赁业应认真分析当前宏观形势和行业形势，不断挖掘自身的潜在优势，抓住时机，加快创新，不断提高自身的综合实力和核心竞争力，以实现行业又好又快地健康发展。鉴于当前我国监管机构对表外事项的监管力度进一步加强，租赁行业应适当地拓宽一下融资渠道，而不能将融资来源仅限于售后租回等一些狭小的租赁业务上，这样更有助于企业防范风险，降低融资成本。

民生租赁（前）常务副总裁王蓉表示，反馈意见分析了对出租人会计处理实务的影响，也尝试从承租人的角度，阐述其在执行新准则时可能遇到的问题。由于此次征求意见稿并未对某些概念给出明确且具有可操作性的判断标准，而对相关概念的理解可能会对租赁合同最终会计处理结果产生很大影响。她建议，财政部在后续制定中国租赁会计准则的过程中，应通过应用指南、准则讲解等形式，尽可能地对国际会计准则中可能模糊的概念出具可操作性指引，从而降低新准则的最终实施难度，提高实施质量。

第 6 章

融资租赁资产二级市场的发展

截至 2014 年底，我国已注册的融资租赁公司超过 2000 家，注册资本超 7000 亿元人民币。在中国融资租赁业融资渠道窄、资本不充足的大环境下，融资租赁公司为了突破桎梏，增强企业的流动性，分散风险，积极开拓融资租赁资产二级市场，进行融资租赁资产交易。

6.1 融资租赁资产二级市场发展概貌

随着融资租赁行业规模的扩张，过去传统的不断新增资本金、银行融资等方式已经远远不能满足租赁业的发展需要。如何让融资租赁资产流动起来，也就是为融资租赁资产建设“二级市场”，是融资租赁行业目前亟待解决的重要问题。没有这个“二级市场”，租赁公司在资产管理、资金募集、资本规划、抵抗经济周期等方面都将面临无法逾越的障碍。

国内现行融资租赁资产交易方式，按交易模式来划分，主要有以下两种：(1)通过传统资本市场渠道，进行租赁资产协议转让、信托模式、保理模式、租赁资产证券化、资产支持票据、保险模式、券商专项资管模式、基金子公司模式等；(2)以互联网 P2P 平台为依托，进行资产交易。

信托与融资租赁相结合的方式主要有两种，一种是发行融资租赁集合信托计划，一种是发行融资租赁收益权信托计划。采用信托的方式不仅可以帮助融资租赁公司融资，还有可能实现融资租赁资产“出表”的目的，甚至可以建立新的盈利模式。在项目完成后立即同步发行信托产品，既可以减少自有资金占用的时间，同时又可以收取相关的费用收益，打造时间短、收益快的新盈利模式。不过目前采用信托模式融资的租赁公司和租赁项目并不多，主要是由于目前发行信托的成本总体还比较高，发行周期也较长。

租赁资产证券化一直是租赁业内比较推崇的租赁资产交易模式，近两年这一模式的各方障碍也逐步打通，发行限制也越来越少，一些金融租赁公司率先发行了一些资产证券化项目，取得了比较好的效果。

此外，基于互联网的融资租赁资产交易模式在 2014 年悄然兴起。2013 年仅有 1 家 P2P 平台上线融资租赁产品，截至 2015 年 6 月底，上线或曾上线融资租赁产品的 P2P 平台已增加至 21 家，融资租赁 P2P 交易累计成交额超过 137 亿元。

6.2 2014 年重大融资租赁资产交易案例及模式介绍

6.2.1 传统渠道:资产证券化、资产支持票据、信托等

一、融资租赁资产转让

融资租赁资产转让是由融资租赁公司和资产受让方协商进行转让,是目前一种比较常用的模式。2014 年 5 月 28 日,上海自贸区举行融资租赁产权交易平台启动仪式,该平台由上海联合产权交易所作为运营方,与交银租赁、海航资本、远东租赁等 10 家融资租赁企业签署了合作协议。该平台成立的目的,就是要盘活融资租赁资产,拓宽企业融资渠道。此外,2014 年互联网也诞生了许多以融资租赁资产转让的平台,如普资全国租赁资产交易平台等。

二、信托

从行业特征上看,融资租赁与信托行业拥有各自的优势,融资租赁行业与其他非银行金融机构相比,有向银行借款和负债经营的优势,具有较强的租赁专业市场定位、租赁专业技能以及各类相关行业各类专门人才;而信托行业比融资租赁行业具有更宽的资产来源,信托公司比租赁公司更具有广泛的管理途径和更灵活的处置方式。

目前,融资租赁与信托结合的模式主要有类贷款模式、通道模式、租赁资产证券化模式、主动管理模式,下面将分别对这四类模式进行介绍。

(一)融资租赁与信托结合模式

(1)类贷款模式。

该模式为最典型的融资租赁 + 信托的合作模式。具体流程为信托公司以贷款的方式将资金用于租赁公司购买设备,此后租赁公司将从承租人处收取的租金作为信托稳定的还款来源。具体分为融资租赁贷款信托和融资租赁资产收益权受让集合信托两种。

(2)通道模式。

在此种模式中,信托公司扮演“通道”角色,将银行以理财产品等方式募集到资金

通过信托公司设立单一资金信托计划，向指定融资租赁公司放贷或受让融资租赁资产收益权。

(3)租赁资产证券化模式。

融资租赁公司将资产出售信托，信托作为受托机构，以资产支持证券的形式向投资机构发行收益证券。

(4)主动管理模式。

通过发行集合资金信托计划募集资金，自主管理购买标的物。租赁给承租人使用并收取租金以兑现信托计划委托人收益。这种模式的主要操作流程是：首先，投资人认购信托计划，成为信托资产的所有权人，信托资金则进入银行监管账户；其次，是信托公司向设备供应商购买租赁物，并作为出租人与承租人、担保人签订《融资租赁合同》；再次，承租人根据合同约定，定期足额支付租金，租期通常为 1 ~ 3 年，最长一般不超过 5 年；复次，信托公司将账户内收到的租金定期向投资人分配净收益(指回收的租金扣除各种费用之后的余额)；最后，信托公司将租赁物以名义货价转让给承租方，整个交易完成。

(二)案例——融资租赁资产收益权受让合计信托：丰汇租赁租金收益权一号集合资金信托计划

丰汇租赁租金收益权一号集合资金信托计划发布于 2014 年 10 月 11 日，期限类型为单一期限，相关信息见表 6 - 1。

表 6 - 1　丰汇租赁租金收益权一号集合资金信托计划基本要素

产品名称	丰汇租赁租金收益权一号集合资金信托计划		
投资期限	12 个月	认购起点	100 万、300 万
发行规模	1.8 亿元	发行机构	渤海信托
预期年收益	100 万元≤认购资金 <300 万元 9% 300 万元≤认购资金 9.5%		
收益分配	非保本浮动收益		

资金投向：用于受让丰汇租赁有限公司合法持有的约 2.4 亿元应收融资租赁款租金收益权。

风控措施：

(1)差额补足：租赁资产包产生的租金收益，用于支付投资者收益及到期本金，在租赁包现金流入足以覆盖投资者收益或本金的情况下，融资人丰汇租赁安排资金补足差额。

(2)到期回购：丰汇租赁承诺在信托到期后，溢价回购标的资产租金收益权。

（3）保证担保：丰汇租赁的控股股东盟科投资控股有限公司为丰汇租赁补足差额及到期回购标的资产租金收益权义务提供连带责任保证担保。

（4）质押担保：丰汇租赁将其合法持有的约 2.4 亿元应收融资租赁款质押给渤海信托，在中国人民银行征信系统进行质押登记，为差额补足义务及到期回购义务提供质押担保。

（5）资金监管：丰汇租赁在中国农业银行开立银行监管账户，标的资产在信托存续期内产生的全部收入需要充入监管账户。

三、保理

融资租赁与银行保理业务相结合，核心是转让应收租金债权。操作方式是租赁公司向承租人提供融资租赁服务，然后与银行签订保理合同，将租赁合同项下未到期应收租金债权转让给银行，银行以此为基础，为租赁公司提供应收账款账户管理、应收账款融资、应收账款催收和承担承租人的信用风险等一项或多项综合金融服务。

银监会 2005 年 8 月《中国银监会关于调整金融租赁公司业务范围的通知》及 2007 年 3 月《金融租赁公司管理办法》中关于“转让应收租赁款”的有关规定是租赁保理的部门规章。2005 年 8 月 25 日，《中国银监会关于调整金融租赁公司业务范围的通知》中增加了“向商业银行准让应收租赁款”业务的条目。2007 年 3 月 1 日，银监会修订并实施的《金融租赁管理办法》中明确规定“金融租赁公司可向商业银行转让应收租赁款业务”，即指银行向金融租赁公司开办的国内保理业务。其他融资租赁公司也可参照执行。

而针对融资租赁业务的保理业务模式，根据租金性质和租赁物是否为新购买，可分为普通融资租赁保理、回租型融资租赁保理、结构性融资租赁保理三种模式。另外还有新模式——贷款与保理结合的融资模式。

（一）普通融资租赁保理

普通融资租赁保理是指在租赁公司与承租人签订的融资租赁合同生效、租赁公司已履行合同项下义务的情况下，银行受让租赁公司和承租人交易过程中形成的未到期应收租金，并为租赁公司提供相应的保理服务。

普通融资租赁保理的业务流程如下：

（1）租赁公司与供货方、承租人分别签订供货合同和融资租赁合同，且上述合同已生效；

（2）租赁公司将约定的租赁物出租给承租人；

（3）租赁公司向银行申请保理业务；

（4）银行为租赁公司核定授信额度；

(5)在明保理中,银行和租赁公司将应收租金转让事宜通知承租人;

(6)银行受让合格的应收租金后向租赁公司提供保理融资;

(7)承租人按期支付租金至指定账户;

(8)租赁公司按约定的还款计划偿付银行的融资本息。

这种模式在实务中比较多见,操作也比较简单。

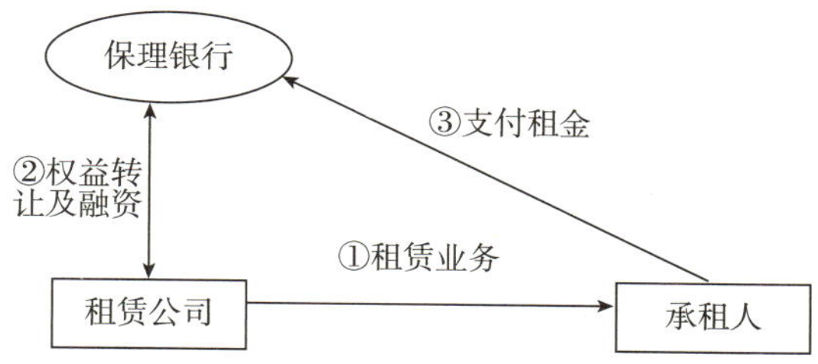

图 6-1　普通融资租赁保理流程

(二)回租型融资租赁保理

回租型融资租赁保理是指在租赁公司与承租人采用“售后回租”方式形成融资租赁关系后,银行受让上述交易过程中形成的未到期应收租金,并向租赁公司提供相应的保理服务。

回租型融资租赁保理的业务流程如下:

(1)租赁公司与承租人签订自有资产买卖合同、融资租赁合同;

(2)租赁公司将该租赁物出租给承租人;

(3)租赁公司向银行申请保理业务;

(4)银行为租赁公司核定授信额度;

(5)在明保理中,银行和租赁公司将应收租金转让事宜通知承租人;

(6)银行受让合格的应收租金后向租赁公司提供保理融资;

(7)承租人按期支付租金至指定账户;

(8)租赁公司按约定的还款计划偿付银行的融资本息。

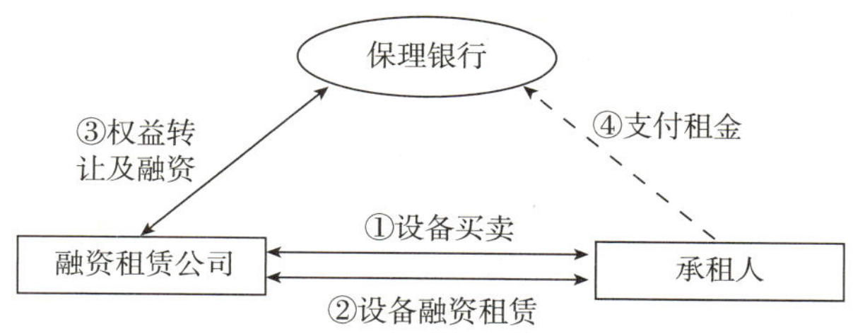

图 6-2　回租型融资租赁保理流程

（三）结构性融资租赁保理

结构性融资租赁保理是指在租赁公司与供货方、承租人分别签订供货合同和融资租赁合同的情况下，银行依据上述融资租赁关系中即将形成的租金为租赁公司提供保理融资；在取得银行融资后，租赁公司对供货方履行付款义务，促使上述合同生效，租赁公司由此获得租金收取权，并以其应收租金偿还银行的融资本息。

这是一种针对"即将形成租金"的直接租赁保理模式，是一种"交付前"的"结构性融资"，能突破性地解决租赁公司在购买环节支付货款的资金瓶颈，是租赁公司的优质租赁项目获得银行资金支持的一种重要融资方式。

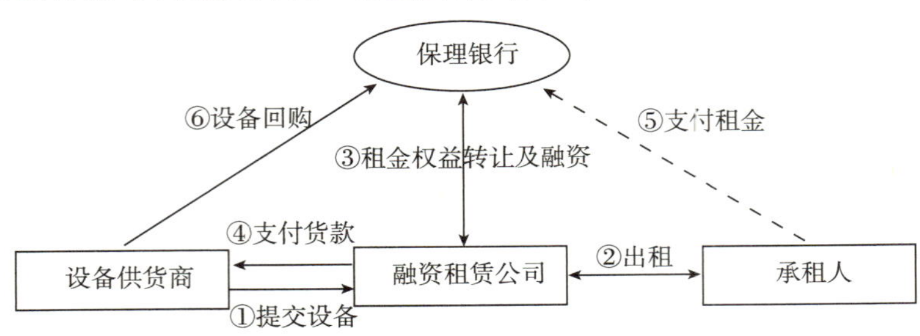

图6－3　结构性融资租赁保理流程

（四）贷款与保理相结合的融资模式

这是一种针对银行认可的租赁项目，但对租赁公司信用有疑虑，在银行办理贷款业务后立即就同笔租赁业务向该行申办租赁保理业务的模式。

为了排除租赁公司的信用风险，在银行发放了租赁贷款后，该行立即对所形成的应收租金实施保理。在此情况下，贷款合同与保理合同应同时签订并相互关联。保理金与贷款金额原则上应相同或低于贷款金额，保理款项必须即时直接扣还银行贷款。

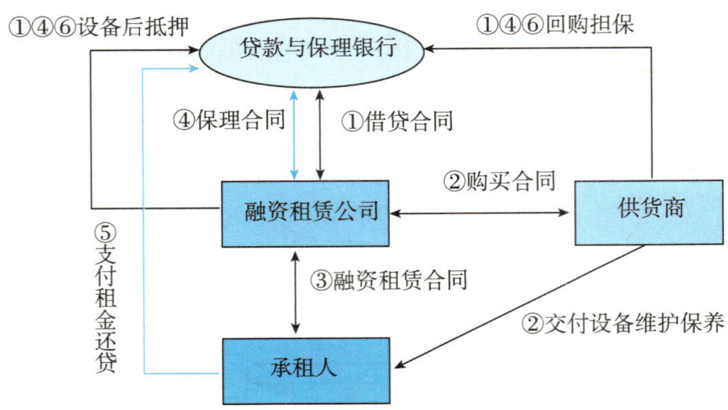

图6－4　贷款与保理相结合的融资模式

四、资产证券化

除金融租赁公司可以进行同业拆借外，一般的内外资融资租赁公司的资金来源主要是银行贷款。因此，资产证券化一度被寄望成为加快融资租赁资金周转，解决租赁公司资金和资本困境的一大融资途径。

在我国，银监会批准的金融租赁公司是非银行金融机构；而商务部和国家税务总局批准的融资租赁公司则不属于金融机构。虽然都可以经营融资租赁业务，但金融租赁公司与融资租赁公司有着很大的区别。在资产证券化中，金融租赁公司与融资租赁公司的异同主要体现在以下几个方面。

表 6－2　金融租赁 ABS 与融资租赁 ABS 的异同

异同	关键点	融资租赁 ABS	金融租赁 ABS
相同点	1. 基础资产	一般均为租赁资产	
	2. 出表问题	均可实现出表需求	
	3. 业务操作	业务操作原理相同	
不同点	1. 业务主管部门	证监会	银监会
	2. 审批/备案	备案	审批
	3. 挂牌场所	证券交易所	银行间债券市场
	4. 评级	单一评级	双评级
	5. 载体	券商、基金子公司	信托

在券商资产证券化尚处试点期间，远东租赁就分别于 2006 年 4 月和 2011 年 8 月发行了两期租赁资产支持收益专项资产管理计划，分别募资 4.86 亿元和 12.8 亿元。

2013 年初，资产证券化业务转为券商常规业务，但直到 11 月，“广发恒进 1 号”才正式在深交所挂牌交易，规模 5.33 亿元，成为首只登陆深交所的融资租赁类集合资产管理计划。

“广发恒进 1 号”的特点在于使用了“双 SPV”交易结构，主要是先由广发证券募资设立恒进 1 号集合资产管理计划；再通过一家基金子公司设立优先/劣后级的专项计划，优先级由恒进 1 号认购，次级由华融租赁持有；最后，该基金子公司将优先级份额募集资金，买入华融租赁一笔租赁资产 3 年的收益权。因为“集合计划”与“基金专项计划”全部实行备案制，“广发恒进 1 号”得以避开审批流程，快速实现募资与挂牌交易。

同年 12 月，由新疆广汇租赁公司作为项目发起人、中信建投股份公司担任计划管理人的"汇元一期专项资产管理计划"优先级 A 档资产支持证券在上海证券交易所挂牌交易，总规模 11.1354 亿元。

非金融租赁公司资产证券化案例寥寥无几，金融租赁公司也迟迟无法上线。2012 年底，工银租赁、民生租赁获证监会批复的专项资产管理计划迟迟未发。

2013 年底，银监会发布新修订的《金融租赁公司管理办法（征求意见稿）》，金融租赁资产证券化被首次提及。针对外界对金融租赁资产证券化进展缓慢的质疑，银监会相关负责人表示，只要市场能够认可，政策方面就不会存在限制。但直到 2014 年 9 月，交融一期租赁支持证券的发布，才宣告了金融租赁资产证券的正式破冰。

2014 年租赁资产证券化相关案例：

狮桥一期资产支持专项计划。"狮桥一期资产专项支持计划"的优先级资产支持证券规模为 3.82 亿元，分为狮桥一期收益 01 ~ 07 七个品种（信用评级均为"AA +"）；次级资产支持证券规模为 1.00 亿元，由原始权益人全部认购。基础资产是狮桥依据与重卡、工装、农机承租人签署的《融资租赁合同》《售后回租合同》所依法享有的要求承租人支付的全部应收融资租赁合同债权及其从权利。

交融 2014 年第一期租赁资产支持证券。本期资产支持证券化发行采用中国人民银行债券发行系统招投标，发行人在招标系统统一招标，各投标人在各自系统规定的终端系统投标；本期资产支持证券分为优先 A 档、优先 B 档和次级档三个品种，发行规模总计 10.1234 亿元；优先档为浮动利率证券，票面利率为基本利率加基本利差。其中，优先 A 档发行规模 8.05 亿元，招标基本利差区间为 1.9% ~2.7%；优先 B 档发行规模 9000 万元，招标基本利差区间为 3.0% ~3.8%；次级档发行规模 11.7336 亿元，次级档无票面利率。资产池平均资产加权利率为 6.56%，证券获得利差支持有限。

在资产评级方面，中债资信对交融 2014 年第一期租赁资产证券化信托资产支持的评级，在基础资产方面，信用评级为 A/A -，整体信用资产良好，但信用池集中度高是不利因素；优先档证券信用评级为 AAA，优先 B 档证券信用评级为 A +，次级档未予评级，优先级/次级档的内部增信措施为优先级资产证券提供了良好的信用支持。

本次资产支持证券为我国首家试点资产证券化的金融租赁公司，这也宣告了金融租赁资产证券化正式破冰。

工银海天 2015 年第一期租赁资产支持证券。工银海天 2015 年第一期租赁资产支持证券，总发行规模约 10.32 亿元，最低票面利率 4.2%，最长期限约 3.8 年。考虑投资者的需求和资产池现金流的特点，本期资产支持证券划分为优先级 A1 档、A2

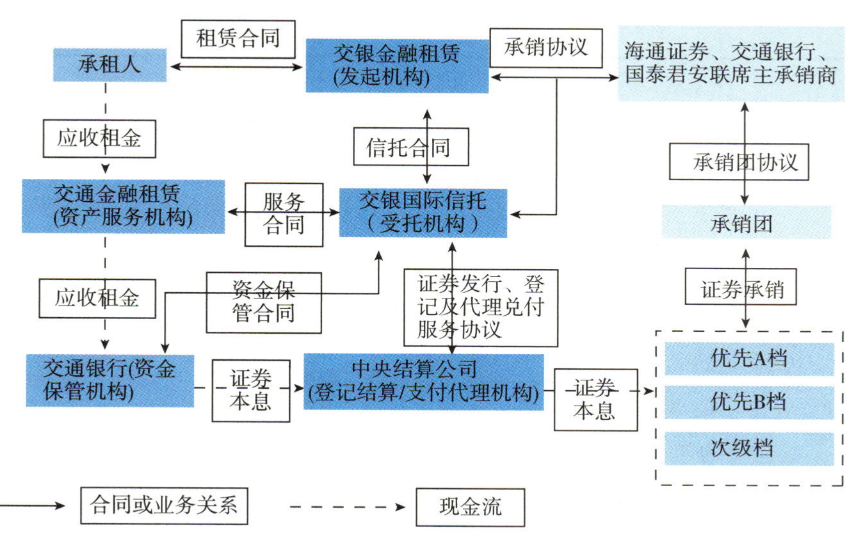

图 6－5 “交融一期”交易结构

档、B 档和次级档共四档。实现了次级档证券的市场化销售，成为第一家完成出表型租赁资产证券化发行的金融租赁公司，对市场极具标杆意义。中信信托有限责任公司委托东兴证券股份有限公司担任本期证券的主承销商，负责组织承销团完成本次承销发行工作。其中优先档资产支持证券（包括优先 A－1 档资产支持证券、优先 A－2 档资产支持证券和优先 B 档资产支持证券）960000000 元以招标的方式发行；次级档资产支持证券 72349751 元，其中 51619751 元由受托人向工银金融租赁有限公司发行。

表 6－3 工银海天 2015 年第一期租赁资产支持证券基本要素

证券分层	优先 A－1 档资产支持证券	优先 A－2 档资产支持证券	优先 B 档资产支持证券	次级档资产支持证券
规模：元	420000000	315000000	225000000	72349751
占比：%	40.68	30.51	21.80	7.01
信用等级（中诚信）	AAA	AAA	A＋	不评级
信用等级（中债资信）	AA＋	AA＋	BBB＋	不评级
预期到期日	2016 年 4 月 26 日	2016 年 7 月 26 日	2017 年 4 月 26 日	2018 年 10 月 26 日
加权平均期限：年	0.55	0.85	1.95	不适用
票面利率	基准利率＋基本利差	基准利率＋基本利差	基准利率＋基本利差	无

续表

证券分层	优先 A－1 档资产支持证券	优先 A－2 档资产支持证券	优先 B 档资产支持证券	次级档资产支持证券
基准利率	1 年期定期存款利率，在中国人民银行调整该利率生效日后的第 3 个自然月的对应日进行调整	1 年期定期存款利率，在中国人民银行调整该利率生效日后的第 3 个自然月的对应日进行调整	1 年期定期存款利率，在中国人民银行调整该利率生效日后的第 3 个自然月的对应日进行调整	不适用
基本利差	根据公开招标结果确定	根据公开招标结果确定	根据公开招标结果确定	不适用
支付频率	按季支付	按季支付	按季支付	不适用
偿还方式	计划摊还	过手	过手	不适用
初始起算日	2014 年 7 月 15 日			
法定到期日	2020 年 10 月 26 日			

表 6－4 工银海天 2015 年第一期租赁资产支持证券票面利率区间

工银海天 2015 年第一期租赁资产支持证券				
加权平均期限(年)	优先 A－1 档	优先 A－2 档	优先 B 档	次级档
基准利率	0.55	0.85	1.95	不适用
基本利差区间	1.45%～2.45%	1.65%～2.65%	2.95%～3.95%	不适用
票面利率	4.20%～5.20%	4.40%～5.40%	5.70%～6.70%	不适用

注：基准利率为中国人民银行规定的一年期定期存款利率，票面年利率为一年期定期存款利率加上基本利差，该表使用的基准利率为截至公开招标前一日中国人民银行公布的一年期定期存款利率 2.75%。

五、资产支持票据

资产支持票据(Asset－Backed Notes，ABN)是指非金融企业在银行间债券市场发行的，由基础资产所产生的现金流作为还款支持的，约定在一定期限内还本付息的债务融资工具。基础资产是指符合法律法规规定，权属明确，能够产生可预测现金流的财产、财产权利或财产和财产权利的组合。基础资产不得附带抵押、质押等担保负担或其他权利限制。

(一)一般资产支持票据

交易结构图如图 6－6 所示。

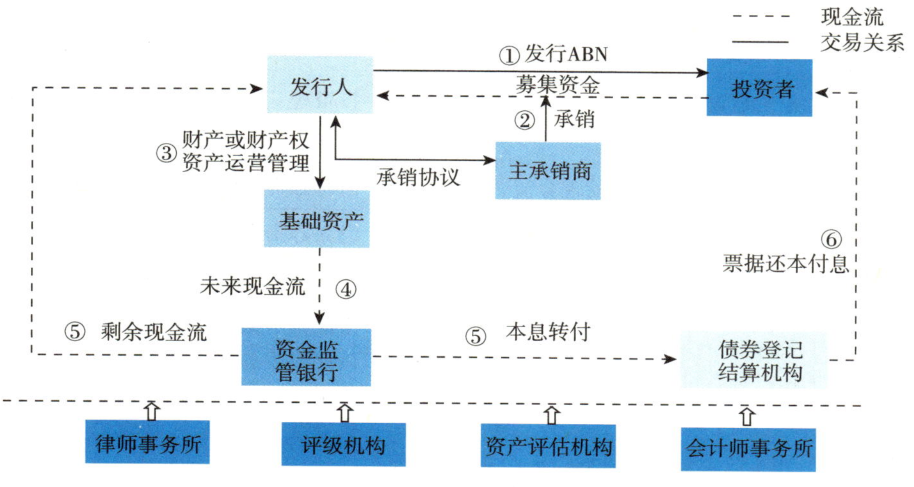

图 6－6　一般资产支持票据交易结构

(1)发行人以基础资产未来产生的现金流为基础,向投资者发行资产支持票据,非公开发行需与特定投资者签订《非公开定向发行协议》。

(2)主承销商受发行人委托,在银行间债券市场向(特定)投资者发行资产支持票据。

(3)发行人负责管理基础资产,并负责保证其正常运营,以产生预期的现金流。

(4)发行人与资金监管银行签订《资金监管协议》,发行人在资金监管银行处开立专门账户,并将该专户指定为资金监管账户,归集基础资产产生的现金流。

(5)资金监管银行按照《发行协议》及《资金监管协议》的约定,划转相应的现金流以用于资产、资产票据的本息兑付。

(6)债券登记结算机构将收到的资金用于向投资者支付本息。

表 6－5　资产支持票据与专项资产支持计划的异同

	资产支持票据(ABN)	专项资产管理计划(ABS)
主管机构	交易商协会(注册)	中国证监会(核准)
发行机构	非金融企业	非金融企业或融资租赁公司
发行期限	一般为 5 年以下	一般为 5 年以下
交易市场	银行间市场	交易所市场

续表

	资产支持票据(ABN)	专项资产管理计划(ABS)
托管机构	上海清算所	中国证券登记结算公司
基础资产	已建项目未来收益权既有债权	已建项目未来收益权既有债权
募集资金用途	投资建设项目、偿还银行贷款、补充运营资金等	投资建设项目、偿还银行贷款、补充运营资金等
还款来源	由基础资产所产生的现金流	由基础资产所产生的现金流
现金流控制	制定切实可行的现金流归集和管理措施	设立募集专用账户
增信措施	外币增信:第三方担保	内部或外部信用增级
信用评级	公开发行:聘请两家评级机构,并鼓励采用投资者付费模式等多元化信用评级	由取得中国证监会核准的证券市场资信评级业务资格的自信评价机构进行信用评级
信息披露必备内容	ABN 的交易结构和基础资产情况;相关机构出具的现金流评估预测报告	ABS 的基础资产情况、现金流预测情况以及对专项计划的影响;交易合同主要内容及资产

目前只有注册成为中国银行间市场交易商协会的会员,才能通过交易商协会注册发行资产支持票据,交易商协会网站上的最新会员名单显示,已有16家融资租赁公司注册成为交易商协会会员,分别是中信富通融资租赁有限公司、英大汇通融资租赁有限公司、天津渤海租赁有限公司、中国环球租赁有限公司、国泰租赁有限公司、渤海租赁股份有限公司、卡特彼勒(中国)融资租赁有限公司、重庆银海融资租赁有限公司、中飞租融资租赁有限公司、平安国际融资租赁有限公司、中建投租赁有限责任公司、恒信金融租赁有限公司、远东国际租赁有限公司、中航国际租赁有限公司、汇通信诚租赁有限公司、仲利国际租赁有限公司。

(二)信托型资产支持票据

2014年10月,浦发银行在交易商协会的指导下,针对广大商务系融资租赁公司正式推出信托型资产支持票据的试点创新。

(1)基本要求。

由商务部批准设立的融资租赁公司、经营性租赁公司;原则上,试点企业应选择国有背景企业,经营满1年,管理规范,具有证券资格审计年报。对于基础资产特别优质的企业(如应收款方为外部评级在AA+及以上的企业),可适度放宽至民营背景。标的资产为融资租赁或经营性租赁业务形成的长期应收款(试点阶段暂不考虑与平台企业售后回租模式的应收款资产),基础资产需为企业真实拥有,产权清晰、合法合规形成，且不存在抵质押及法律限制。

（2）产品定义及结构。

信托型资产支持票据是指原始权益人（融资企业）将基础资产转让给信托公司设立财产信托，信托公司作为受托发行人在银行间债券市场发行资产支持票据，投资者通过购买资产支持票据，受让信托受益权来获得基础资产的相关收益。

（3）产品特点和差异。

信托型资产支持票据由于通过信托计划实现了破产隔离，能够达到企业资产真实出表的目的，同时通过内部分层设计可实现债券的大幅增级，提升优先级债券的评级水平，满足不同类型投资群体的需求。因此，与一般资产支持票据相比，信托型资产支持票据更能够满足一部分需要释放资产规模、提升资产周转率、降低资产负债率水平的类金融企业的需求，同时对于在日常经营中能够形成部分优质资产的中小客户也可通过此类证券化手段实现低成本的直接融资。

（4）信托型资产支持票据与一般资产支持票据的比较。

表 6－6　信托型资产支持票据与一般资产支持票据要素对比

比较类型	信托型资产支持票据	一般资产支持票据
发行主体	信托公司	融资企业
能否破产隔离	能	不能
能否资产出表	在基础资产卖断结构的模式下，资产可以实现出表	发行人承担差额补足义务，资产无法出表
能否做分层设计	能，可通过优先劣后的分层设计提升债券评级	不能

六、基金子公司模式专项资产管理计划

2012 年 10 月，中国证监会发布《证券投资基金管理公司子公司管理暂行规定》，允许基金公司成立专业子公司，经营特定客户资产管理等业务。目前基金子公司的业务范围主要集中于图 6－7 所示内容。

下面通过一个具体的案例——“聚潮资管 · 融资租赁资产收益 1 号专项资产管理计划”，对基金子公司与租赁公司的合作模式进行说明：

这是一项收益权专项资产管理计划，由上海聚潮资产管理有限公司（浙商基金管理有限公司的全资子公司）担任管理人，计划募集资金将投资于上实融资租赁有限公司所拥有的对郴州高科投资控股有限公司的租金收益权及其相关的附属担保权益。

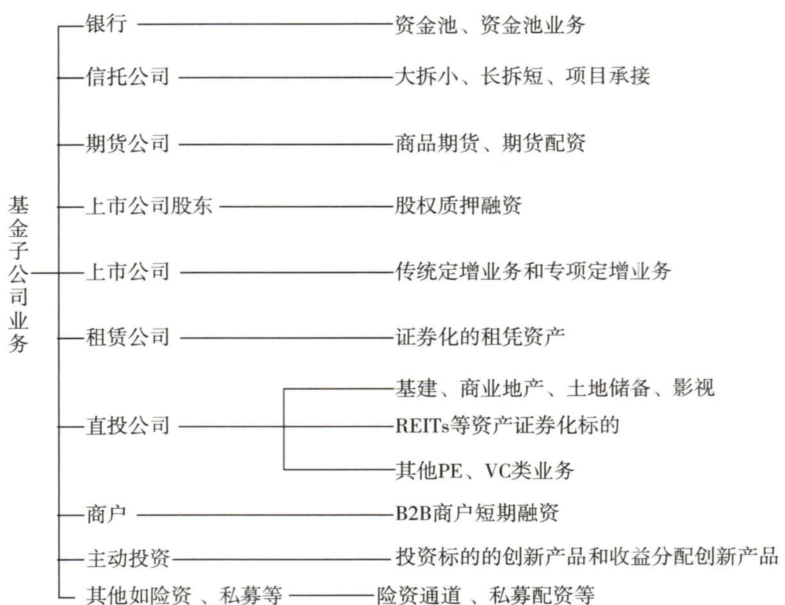

图 6 –7　基金子公司业务范围

发行规模不低于 1 亿元,不高于 5 亿元,期限 12 个月,预期年化收益率为 9.5%。该计划的基本要素如表 6 –7 所示。

表 6 –7　聚潮资管·融资租赁资产收益 1 号专项资产管理计划基本要素

产品名称	聚潮资管·融资租赁资产收益 1 号专项资产管理计划		
管理人	上海聚潮资产管理有限公司	认购起点	100 万元
资管类别	收益权专项资产管理计划		
发行规模	不低于 1 亿元,不高于 5 亿元	期限	12 个月
预期年化收益率	100 万元(含)以上:9.5%		
资金用途	计划募集资金将投资于上实融资租赁有限公司所拥有的对郴州高科投资控股有限公司的租金收益权及其相关的附属担保权益		
收益分配	按年支付投资收益,计划到期归还本金		

具体交易结构如图 6 –8 所示。

该项资产管理计划的信用增级措施有:

(1)保证担保:资产管理人聚潮资管与保证人上实租赁签订《保证合同》,保证人为承租人郴州高科投偿付《投资协议》项下的租金款项提供连带责任保证,如果专项资产管理计划未如期收到租金款项,则上实租赁承诺在 3 日内履行补足义务;如果专项资产管理计划未如期收到租金款项,且上实租赁未履行补足义务,则《投资协议》可

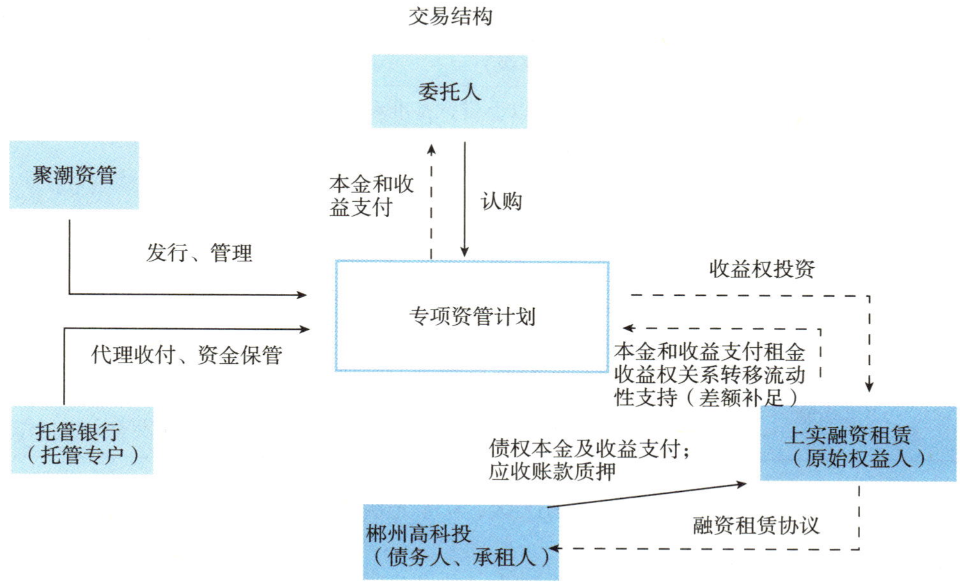

图6-8　聚潮资管·融资租赁资产收益1号专项资产管理计划交易结构

提前终止，既而该资产管理计划也将相应提前终止。

（2）应收账款质押：郴州高科投以其根据《回购协议》合法拥有的全部应收账款质押给上实租赁，作为对《租赁合同》项下租金支付义务的担保。

郴州高科投与郴州市有色金属产业园区郴州市有色金属产业园区管委会签订了《郴永大道园区段、西河改道、西河康乐公园建设项目政府回购协议书》。郴州高科投根据《回购协议》中有权获得的合同款项共计约为人民币108319.00万元。〔质押率为9.26%（1亿元）~46.3%（5亿元）〕

（3）四方监管协议：聚潮资管与上实融资租赁、郴州高科投、中信银行上海分行（托管行）签订四方资金监管协议。

七、保险模式

案例介绍——合众人寿—工银租赁资产支持计划

保险公司设立的项目资产支持计划，其与信托计划、基金子公司专项资管计划没有任何区别，都是备案制。

表6-8　合众人寿—工银租赁资产支持计划基本要素

募集规模	约30亿元（人民币）
期限	7年

续表

信用等级	AAA(中诚信评级)
基准利率	金融机构5年以上贷款基准利率(当期6.55%)
利率调整	根据中国人民银行基准利率同方向调整
投资者预期收益率	优先级投资者:6.1% ~6.2% 次级:无
偿还方式	每季还本付息
管理费用	0.30%
增信措施	回购:若基础资产质量发生变化,工商银行承诺公允价值回购 优先级/次级分层:工商银行认购次级,为优先级提供安全垫付作用

优先级/次级分层,工银租赁认购次级,为优先级提供安全垫;若基础资产质量发生变化,工银租赁承诺公允价值回购。

中诚信授予AAA评级

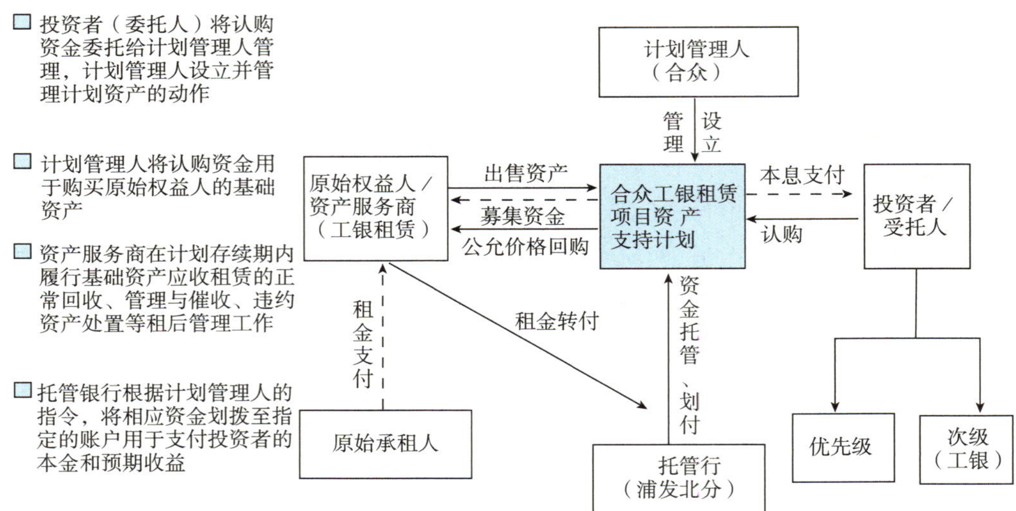

图6-9 合众人寿—工银租赁资产支持计划交易结构

实质:租赁公司以租金债权为抵押的融资行为。

6.2.2 借道互联网金融

进入2015年之后,融资租赁借道互联网金融平台进行融资的势头越发凶猛。自2013年普资华企平台悄然上线之后,网络上已经陆续出现了超过20家出售融资租赁产品的平台。

当融资租赁公司的业务发展到一定规模，受到资本约束，无法再继续扩张的时候，通过转让租赁收益权，实现租赁收益权出表，能帮助租赁公司盘活现有资产，解决资本约束难题。另外，这一模式当然也能解决融资租赁公司的融资难题，特别是对于融资渠道不通畅的中小融资租赁公司来说，在难以获得银行授信的情况下，通过这种方式能丰富资金来源渠道。所以单从模式上来讲，在融资租赁行业处于快速发展的情况下，这一基于互联网的租赁资产交易模式自有其存在和发展的空间。

不过在目前国内互联网金融监管空白的大环境下，融资租赁与互联网金融的结合也出现了许多问题。诸如虚假宣传、制造概念、期限错配等，另外通过互联网融资资金成本相对较高，且存在一些法律灰色地带，这些问题都是融资租赁通过互联网融资需要解决的问题。

关于融资租赁通过互联网进行融资的具体模式、资金流转、数据分析等问题，将在下一节进行详尽介绍。

6.3 融资租赁 P2P 交易模式

对融资租赁公司来说，由于融资租赁项目租期较长，会长时间对企业资金流动性造成影响，所以很多融资租赁公司都面临资金来源的问题。事实上，融资租赁 P2P 交易就可以通过互联网，帮助企业以该笔应收账款为核心进行融资。目前互联网上出现了多个平台（截至 2015 年 6 月为 21 家），出售融资租赁产品，提出了 P2L、A2P 等专注于融资租赁产品交易的互联网平台概念。随着专注于融资租赁产品的平台不断增多，越来越多的融资租赁公司将通过互联网渠道进行融资租赁资产交易。

6.3.1 融资租赁 P2P 交易平台基本介绍

截至 2015 年 6 月 30 日，线上共有 21 家平台上线融资租赁 P2P 项目，它们分别是：广金所、积木盒子、普资华企、拾财贷、e 租宝、融租 E 投、前海融租在线、亚租所、网聚天下、山东金融资产交易中心（以下简称鲁金中心）、租上租、花果金融、华融道、今日捷财、懒投资、爱投资、理财范、红象金融、博贷网、3000 财富、贷帮网。

广金所，全称深圳市前海融资租赁金融交易中心，由深圳市前海融资租赁金融交易中心有限公司设立,注册资金 30000 万元人民币。发布“广融系列”融资租赁产品,年利率 6.6% ~7.6%,借款期限在 2 个月以上。

积木盒子,融资租赁产品上线于 2014 年 9 月,由北京乐融多源信息技术有限公司运营,旗下产品“融资租赁贷”以与上海同岳租赁有限公司合作为主。平均产品期限约 8 个月,平均产品利率约为 11%。

普资华企,上线于 2013 年,运营方为上海普资金融信息服务有限公司,注册资金 10200 万元人民币。2015 年 6 月,上海普资金融信息服务有限公司注册资本突然变为 1200 万元人民币,经询问,客服称公司在为 B 轮融资做准备,注册资本不日将恢复正常,截至 2015 年 7 月,上海普资金融信息服务有限公司注册资本仍为 1200 万元。平台发布了包括“E 言九鼎”“限时标”“华企通”和“初盈宝”在内的 4 款融资租赁产品,上线至今发布产品数已超过 1000 个,成交金额超 10 亿元人民币。

拾财贷,由东亮拾财贷(厦门)资产管理有限公司创立,注册资金 10000 万元人民币。旗下包括“活期赚”“定期赚”和“定期计划”3 种融资租赁产品模式,其中活期赚成交额已达到 2.5 亿元人民币,定期赚平均利率不足 10%。

e 租宝,由金易融(北京)网络科技有限公司开设运营,注册资金 10000 万元人民币。从 2014 年 7 月上线至今,规模不断扩大,发布了包括“e 租财富”在内的多款融资租赁产品,截至 2015 年 6 月,成交总金额已超过 110 亿元人民币,平均借款期限在 9 个月上下。

融租 E 投,所属北京智诚慧通商务咨询有限公司旗下,是一家专注于融资租赁产品的平台。发布产品有“农机项目”“物流项目”等,合作方为狮桥融资租赁(中国)有限公司,借款期限为 3 ~12 个月,借款利率超过 8%。

前海融租在线,由深圳前海融资租赁互联网金融服务有限公司运营,旗下产品均为融资租赁产品,上线于 2015 年 5 月。

亚租所,所属深圳亚太租赁资产交易中心有限公司,是由光大兴陇信托有限责任公司、深圳翔龙租赁有限公司、香港租赁有限公司联合发起,经深圳市人民政府特许批准设立的 P2P 交易平台。

网聚天下,是聚信国际租赁股份有限公司旗下的互联网资产管理、交易、投资平台,专注于融资租赁 P2P 产品交易,上线于 2015 年 3 月。

鲁金中心,即山东金融资产交易中心,由山东省政府批准成立,发布融资租赁产品“鲁金租赁”。借款利率相对较低,约为 7%。

租上租,为网信理财旗下子品牌,隶属于网信金融平台,运营方注册资金为 1400 万元人民币。发布了“租益盈”“华赢系列”等多个融资租赁产品。借款期限浮动较大，从 1 个月至 12 个月不等。

花果金融，由北京花果信息技术有限公司开设运营，注册资金 5000 万元人民币。旗下发布“中汇租赁系列”融资租赁产品，年利率均在 14% 以上。

华融道，隶属于中秋（上海）金融信息服务有限公司，上线融资租赁产品超过 3 个月，累计成交额过千万。

今日捷财，上线于 2014 年 9 月，运营方为上海捷财金融信息服务有限公司，其平台包括“捷高薪”与“捷福利”两个系列，均有融资租赁产品。并在 2015 年 1 月上线了结合多款产品的“捷财宝”组合。

懒投资，融资租赁产品发布于 2015 年 1 月，由北京大家玩科技有限公司运营。平台没有明确对融资租赁产品进行分类，融资租赁产品需从标的详细信息中辨别。

爱投资，由安投融（北京）网络科技有限公司开设运营，发布了“爱融租”产品，明确区分了回租产品和直租产品的借款期限和借款利率。

理财范，隶属于北京网融天下金融信息服务有限公司，融资租赁产品为“融租项目”，项目数量较少。

红象金融，由广东象网投资顾问有限公司开设，与融资租赁公司合作，是互联网上专注于融资租赁债权交易的平台之一，提出了“A2P”概念。截至 2015 年 6 月，成交额突破 2 亿元人民币。

博贷网，由上海博人金融信息服务有限公司运营，发布与上海同岳租赁有限公司合作的融资租赁 P2P 产品。

3000 财富，由济南菲策电子商务有限公司运营，融资租赁产品于 2015 年 6 月首次上线。

贷帮网，由深圳市贷帮金融信息服务有限公司运营，曾与前海融资租赁（天津）有限公司合作，发布融资租赁产品，在坏账事件爆发后全部下线。故在后文统计数据中均不含贷帮网的相关数据。

各个平台详细资料见表 6－9。

表 6－9　融资租赁 P2P 平台相关信息

平台名称	融资租赁产品上线时间	所属公司	法人代表	所在地	注册资金（万元）
广金所	2014 年 9 月	深圳市前海融资租赁金融交易中心有限公司	叶伟青	深圳	30000
积木盒子	2014 年 9 月	北京乐融多源信息技术有限公司	董骏	北京	20000

续表

平台名称	融资租赁产品上线时间	所属公司	法人代表	所在地	注册资金(万元)
普资华企	2013 年 7 月	上海普资金融信息服务有限公司	王丁辉	上海	1200①
拾财贷	2014 年 10 月	东亮拾财贷(厦门)资产管理有限公司	郭龙欣	厦门	10000
e 租宝	2014 年 6 月	金易融(北京)网络科技有限公司	王之焕	北京	10000
亚租所	2015 年 4 月	深圳亚太租赁资产交易中心有限公司	林华有	深圳	10000
融租 E 投	2014 年 9 月	北京智诚慧通商务咨询有限公司	吴迪	北京	10000
前海融租在线	2015 年 5 月	深圳市前海融租互联网金融服务有限公司	陈莹娣	深圳	5000
网聚天下	2015 年 3 月	网益金融信息服务(上海)有限公司	李志敏	上海	5000
鲁金中心	2014 年 10 月	山东金融资产交易中心	李文峰	济南	5000
租上租	2014 年 8 月	北京东方联合投资管理有限公司	李焕香	北京	5000
花果金融	2014 年 9 月	北京花果信息技术有限公司	惠铁	北京	5000
华融道	2015 年 4 月	中秋(上海)金融信息服务有限公司	裴泰成	上海	5000
今日捷财	2014 年 9 月	上海捷财金融信息服务有限公司	张慧娟	上海	3000
懒投资	2015 年 1 月	北京大家玩科技有限公司	张磊	北京	3000
爱投资	2014 年 5 月	安投融(北京)网络科技有限公司	王晓文	北京	1500
理财范	2014 年 11 月	北京网融天下金融信息服务有限公司	申磊	北京	1200
红象金融	2014 年 12 月	广东象网投资顾问有限公司	李继红	广州	1000
博贷网	2015 年 2 月	上海博人金融信息服务有限公司	谭四妹	上海	1000
3000 财富	2015 年 4 月	济南菲策电子商务有限公司	楚艳华	济南	1000
贷帮网	—	深圳市贷帮金融信息服务有限公司	尹飞	深圳	300

资料来源:零壹融资租赁研究中心整理。

① 2015 年 6 月注册资本由 10200 万元变更为 1200 万元,平台客服称降低注册资本是为 B 轮融资做准备,不日将恢复正常。截至 2015 年 8 月底,其注册资本仍为 1200 万元。

6.3.2 交易模式介绍

目前在已有融资租赁P2P项目的平台所进行的交易模式一般为融资租赁债权或收益权转让模式。

债权转让是指不改变合同内容的合同转让,债权人通过与第三人订立合同将债权的全部或部分转移于第三人,第三人取代原债权人成为原合同关系新的债权人,原合同债权人因合同转让而丧失合同债权人权利。

融资租赁债权转让模式一般由融资租赁企业直接在P2P平台上发起项目,平台根据对承租企业的承租合同、盈利能力和租赁物做尽职调查,并把信息在平台上向投资人披露;项目成立后,承租企业通过融资租赁协议取得租赁设备使用权,承租人向融资租赁公司支付租金,融资租赁公司则把租金形成的融资租赁债权转让给投资人,承租企业定期向租赁公司支付的租金由P2P平台委托第三方机构代为监管,用于偿还投资人。租金支付完毕、项目到期后,承租企业获得租赁设备的所有权。若承租企业不能支付到期租金,则由融资租赁公司联合P2P平台收回设备,按照合同处置后偿还投资人本息。此种模式一般用于小型通用设备,如农用机械、小型制造设备、汽车等融资租赁。

财产所有权包括占有、使用、收益与处分四种。收益权是所有权人通过财产的占有、使用、经营、转让而取得的经济效益,收益权是所有权的一项基本权能。因实务中收益权往往被当作与所有权相分离的一项权能,近年来有越来越独立存在的趋势。融资租赁资产收益权转让是融资租赁企业将对承租人的租金收益以一定价格转让与P2P平台投资人(受让人),由P2P平台投资人支付相应对价与融资租赁企业,受让租金收益的投资行为活动。

融资租赁资产收益权转让模式,一般由融资租赁公司作为项目发起方,其基本流程是:融资租赁公司与承租企业签订融资租赁协议后,把该笔融资租赁资产收益权(应收租金账款)通过P2P平台转让给投资人,由融资租赁公司向承租企业收取租金再按照合约定期向投资人还本付息,融资租赁公司赚取二者差价,平台赚取佣金。与债权转让模式不同的是,在融资租赁资产收益权转让中,承租企业的尽职调查由融资租赁公司完成,平台只需评估融资租赁公司的资质和参照项目信息,并在线上向投资人披露,与此同时,融资租赁公司必须通过平台对该项目投资人负有偿还责任。

在投资期限内,部分平台存在特定条件的退出机制,如e租宝的e租财富等产品,可以在购入债权的30天之后,对债权进行转让,转让期为10天。相应的普资华企、拾财贷、积木盒子等均有不同的退出机制，包括限定时间、转让需缴纳手续费等。这种机制的存在加强了融资租赁 P2P 产品的流动性，方便投资者进行投资。

另外，融资租赁 P2P 交易还包括诸如众筹模式等其他交易模式，甚至也产生了一些平台，以融资租赁 P2P 交易进行宣传，误导投资者。

（一）融资租赁项目债权或收益权转让模式

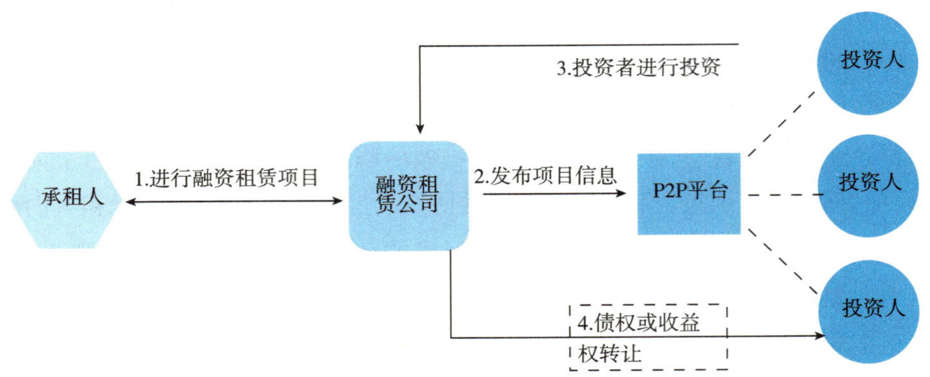

图 6－10　融资租赁项目债权或收益权直接转让结构

资料来源：零壹融资租赁研究中心整理。

（1）直接转让。

如图 6－10 所示，融资租赁公司与某承租人进行租赁项目后，于 P2P 平台发布项目相关信息，众多投资人于平台进行投资，当项目完成时，融资租赁公司将项目债权或收益权转让于投资人，项目即投资完成。在之后的项目期内，融资租赁公司对投资人进行还款，还款来源即为承租人定期给付的租金。需要注意的是，在此种模式下，由于投资人分散，若转让债权也多为名义转让，也可由融资租赁公司在众多投资人中选出一个代表人，将债权实际转让至该代表人名下。

（2）间接转让。

与直接转让类似，不过在间接转让模式下，融资租赁公司会将前期项目债权转让至某投资管理公司（多数为 P2P 平台关联公司），之后再由投资管理公司于 P2P 平台发布项目进行后续项目操作，募集资金等。这样做的意义主要为了规避直接于 P2P 平台进行融资而可能产生的法律风险。

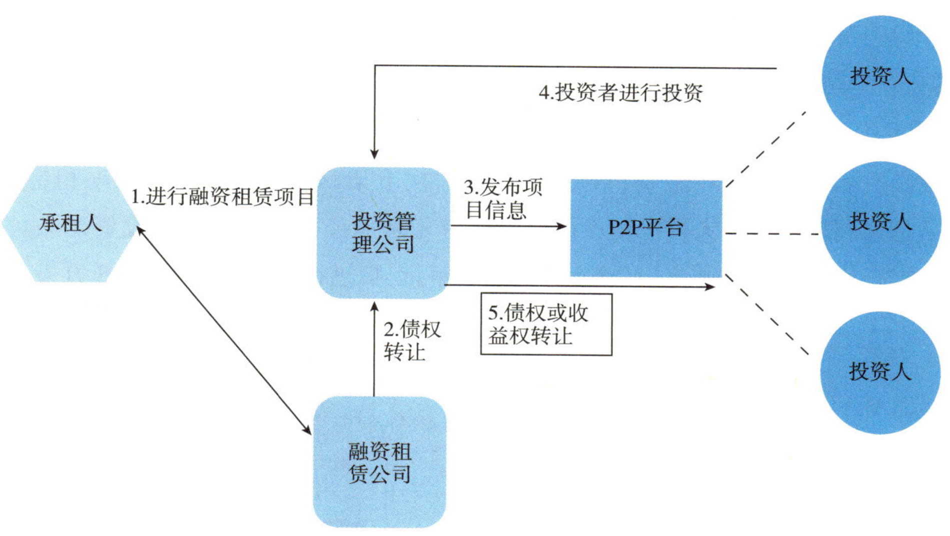

图 6－11　融资租赁项目债权或收益权间接转让结构

资料来源：零壹融资租赁研究中心整理。

（二）融资租赁众筹交易模式

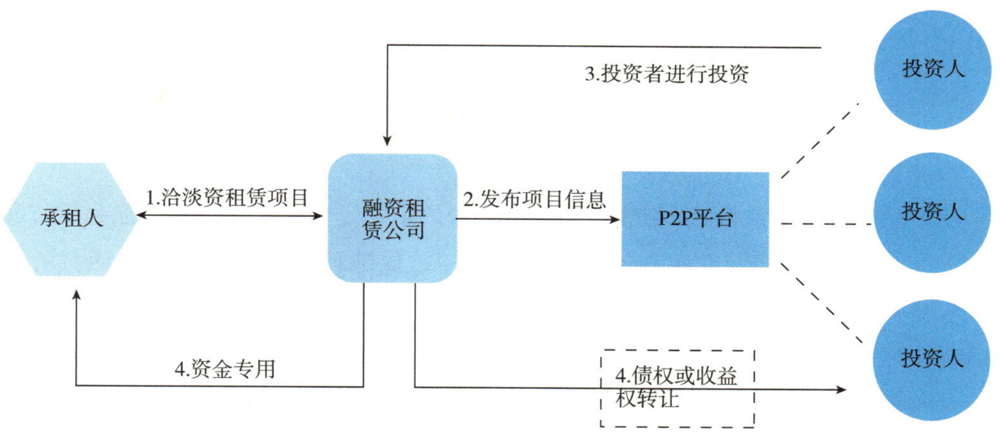

图 6－12　融资租赁众筹交易模式结构

资料来源：零壹融资租赁研究中心整理。

在此种模式下，融资租赁公司与承租人确定项目意向后，于 P2P 平台发布相关项目信息，投资人对该项目进行投资后，融资租赁公司作为资金管理者，将募集到的资金专门用于该笔项目，之后融资租赁公司将该项目债权进行转让，投资人的资金收益来源即该项目承租人定期支付的租金。在实际操作过程中，由于涉及融资租赁公司、承租人、P2P 平台三方，且往往单个融资租赁项目数额较大，很难在平台上进行融资，导致至今尚未有平台开展类似业务。

（三）伪融资租赁 P2P 交易——融资租赁担保

2014 年 11 月，P2P 平台集利财富上线了一款叫作“融租宝”的 P2P 产品，在宣传页对该款产品的介绍是：“融资租赁理财产品首次上架，高起点高收益。【融租宝】系列产品是集利财富为广大投资用户提供以融资租赁业务为交易模式的投资产品。与集利财富合作的融资租赁公司，推荐其已通过审批、拟进行租赁融资企业，通过集利财富进行 P2P 融资，企业按期对投资人进行付息，到期还本。”

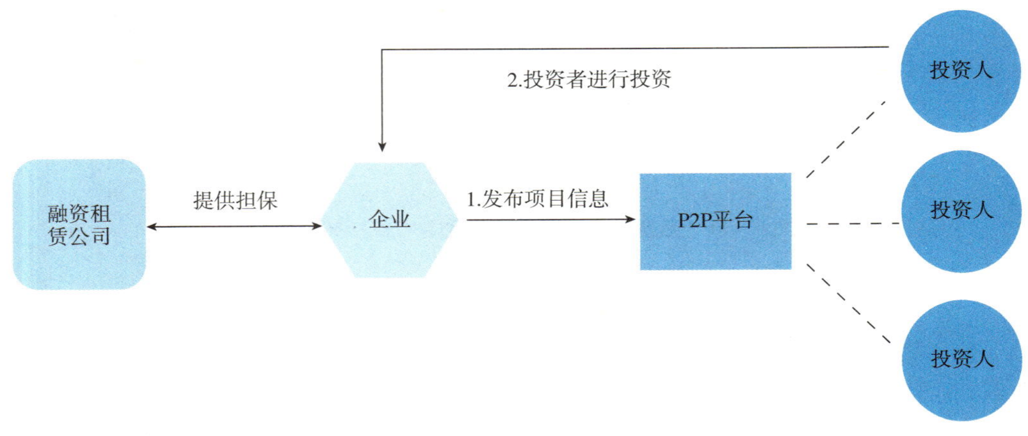

图 6－13　融资租赁担保模式结构

资料来源：零壹融资租赁研究中心整理。

从产品名称到产品介绍，相信大多数投资者的第一反应均会认为该产品是融资租赁 P2P 交易产品，但实际上在宣传页关于产品还款保障环节还有这样一段话：“充足安全保障：由经过大型融资租赁公司严格审查通过、拟开展融资租赁业务的承租方开展融资业务，并引入大型担保机构作二次审查并担保增信，如承租方无力偿还由担保公司进行代偿，后续融资租赁公司拟开展的融资租赁业务同步提供资金保障。”根据该段描述，若借款企业无力还款，企业将与融资租赁公司开展融资租赁业务获得资金还款。由此可以看出，此种交易模式是指融资租赁企业为借款企业提供担保。根据交易结构图，某企业于 P2P 平台进行借贷，而融资租赁公司为该企业还款提供担保。与上述两种涉及融资租赁资产交易的 P2P 业务不同，这种担保交易模式仅仅通过部分信息误导投资者，其实与融资租赁 P2P 交易全无关系。

6.3.3　资金流转方式介绍

投资者通过 P2P 平台进行融资租赁资产交易投资，最关心的是资金流转方式的问题，其核心在于平台是否经手资金。

（一）平台可直接或间接经手资金

（1）直接经手。

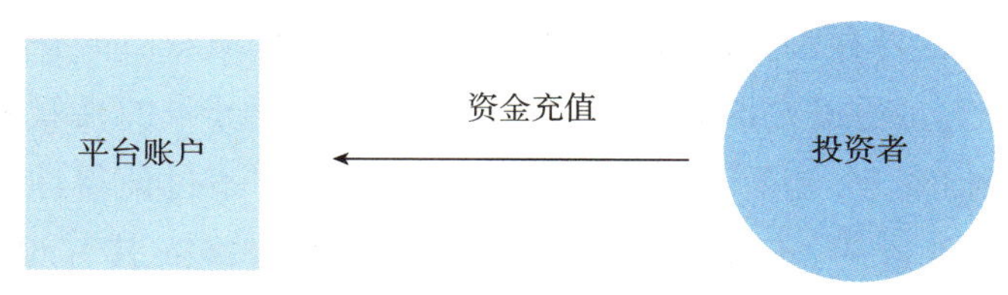

图6-14　直接经手资金模式

资料来源：零壹融资租赁研究中心整理。

在所有发布融资租赁P2P产品的平台中仅有广金所使用该种模式，在此种模式下，投资者的资金直接冲入平台账户（如银行账户、支付宝账户等），平台可以随时动用投资者的的资金，在如今的监管体系下，这种资金流转方式属危险等级。

（2）间接经手。

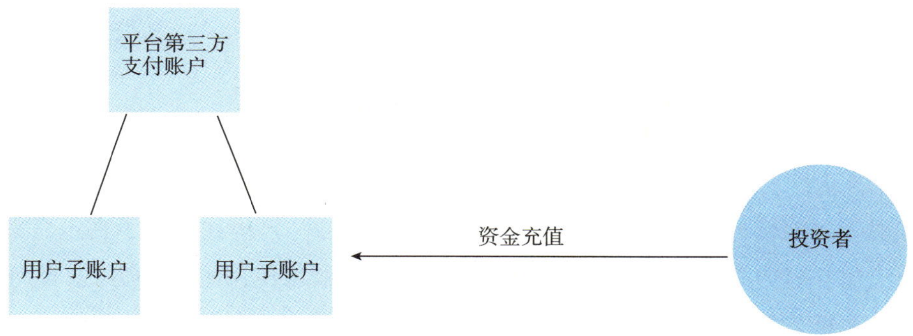

图6-15　间接经手资金模式

资料来源：零壹融资租赁研究中心整理。

多数平台资金流转使用此模式，如拾财贷、普资华企、爱投资、今日捷财、理财范、博贷网、前海融租在线、网聚天下、鲁金中心、租上租等。在此种模式下，投资者资金看似进入第三方支付托管，实则投资者账户属于平台下子账户，平台账户等级大于投资者账户，平台仍可随意动用资金。

（二）资金第三方托管（第三方支付托管或银行存管）

（1）银行存管。

在现有的平台中，使用银行存管的平台并不多，仅有积木盒子一家平台。在银行资金存管体系下，平台与存管行签订《资金管理协议》，开设专门的存管账户，投资者资金通过第三方支付通道充值后，直接进入平台于银行开设的存管账户中，平台无法动用投资者任何资金，是最为安全的资金流转方式。不过值得注意的是，拾财贷由于相关文件的不透明，无法明确判断资金是否直接进入其开设的存管账户中。

（2）第三方支付托管。

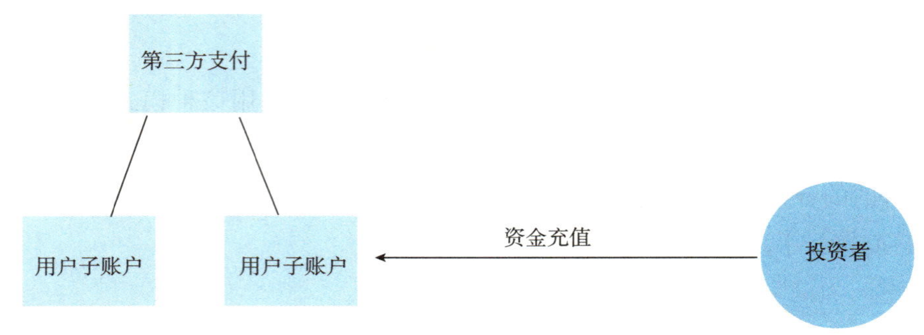

图 6－16　第三方支付托管资金模式

资料来源：零壹融资租赁研究中心整理。

相对于之前部分平台使用第三方支付的伪托管方式，该模式实现了真正意义上的第三方支付托管方式。融租 E 投、红象金融、花果金融均使用了该种方式，此种资金模式的主要标志是，用户在充值之前会真正跳转到第三方支付的注册页面，注册投资者个人的第三方支付账户。任何资金的变动均通过该第三方支付账户，平台完全无法动用投资者的任何资金。

通过对上述几种资金流转的方式可以看出，资金托管是目前比较安全的一种资金流转方式，然而在实际操作过程中，多数平台并没有将资金进行第三方托管。

6.3.4　融资租赁资产 P2P 交易数据

根据零壹融资租赁研究中心的统计数据显示，2013 年仅有 1 家 P2P 平台上线融资租赁 P2P 产品，截至 2015 年 6 月底，上线或曾上线融资租赁产品的 P2P 平台已增至 21 家。

本文所有数据均来自互联网公开渠道，并根据各平台不同的数据特点、计算规则等建立处理和统计标准，所有数据都经过人工校正，但如果平台故意隐藏数据，则统计结果将不能反映客观现实。

（一）数据名词解释

累计成交额：某平台融资租赁 P2P 交易成交总额；

规模比重：某平台累计成交额占全网累计成交额的比例；

成交笔数：平台融资租赁 P2P 交易成交标的的数量；

笔均成交额：累计成交额/成交笔数；

平均借款期限：加权平均期限，权重为标的成交额。计算公式如下：

$n_1/N \times A_1 + n_2/N \times A_2 + \cdots + n_n/N \times A_N$（$n_n$为某融资租赁标的成交额，N 为累计成交额，$A_N$为某融资租赁标的借款期限）；

平均借款利率：加权平均利率，权重为标的成交额。计算公式如下：

$n_1/N \times B_1 + n_2/N \times B_2 + \cdots + n_n/N \times B_N$（$n_n$为某融资租赁标的成交额，N 为累计成交额，$B_N$为某融资租赁标的借款利率）；

投资人数：平台净投资人数，若某用户在某平台连续投标 N 次，仅算作 1 人；

人均投资金额 = 累计成交额/投资人数

（二）平台基础数据

本次报告统计了线上 21① 家平台融资租赁 P2P 产品满标时间②截至 2015 年 6 月 30 日的全部一级标③的交易记录。

（1）累计成交额。

根据统计数据显示，截至 2015 年 6 月底，融资租赁 P2P 交易累计成交额为 1362253.69 万元人民币，e 租宝、普资华企、拾财贷、红象金融、融租 e 投、爱投资、鲁金中心七家平台累计成交额超过 1 亿元人民币，规模比重高达 97%。在这些平台中，成交额排在前 5 位的无一例外均为专注于融资租赁 P2P 交易的平台，而在它们当中的龙头老大则为 e 租宝、普资华企和拾财贷，上述三平台成交额均超过了 5 亿元人民币，e 租宝更是超过了百亿元人民币，对于这三家平台的详细对比，将在后文呈现。除了上述 7 家平台，其余平台的成交额均相对较低，有 11 家平台成交额不足 5000 万元人民币。④

---

① 贷帮网在发生坏账后，将融资租赁产品全部下线，本文所有统计均不含贷帮网。

② 以该标的最后一笔投标完成的时间为准。

③ 二次出现的转让标不在统计范围之内。

④ 广金所由于信息披露问题，有 15 笔成交无成交金额，实际累计成交额应偏高。

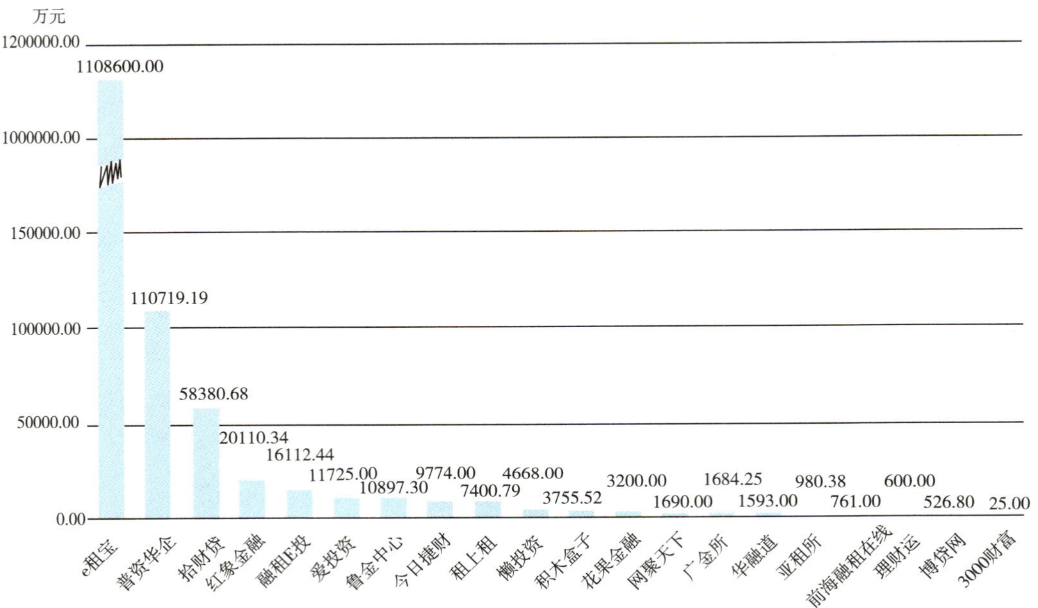

图 6－17　融资租赁 P2P 平台累计成交额

资料来源:零壹融资租赁研究中心整理。

(2)成交笔数与笔均成交额①。

通过对成交笔数和笔均成交额的分析,可以看到截然不同的发展策略。以 e 租宝为例,其可以在上线 1 年左右的时间里,成为中国规模最大的融资租赁 P2P 平台,靠的就是大量大额标,如图 6－17 所示,e 租宝的笔均成交额远远高于其他平台,与之最为接近的鲁金中心,其笔均成交额仍然距 e 租宝相差近 1000 万元人民币。反观上线时间最长的普资华企,其成交笔数是唯一一家超过 1000 笔的平台,达到了 1645 笔,但其笔均成交额却是全网最低的几家平台之一,笔均成交额仅有不到 70 万元人民币。另外还有诸如花果金融、懒投资,笔均成交额在百万元左右。

此外,与平台合作的融资租赁公司从事的行业对笔均成交额影响较大,一些大型的设备如医疗器械、光伏产业等价值高,而重卡、飞机等设备价值较低,相应地笔均成交额会明显低于前者。

① 在计算笔均成交额时,拾财贷仅计算定期赚成交额。

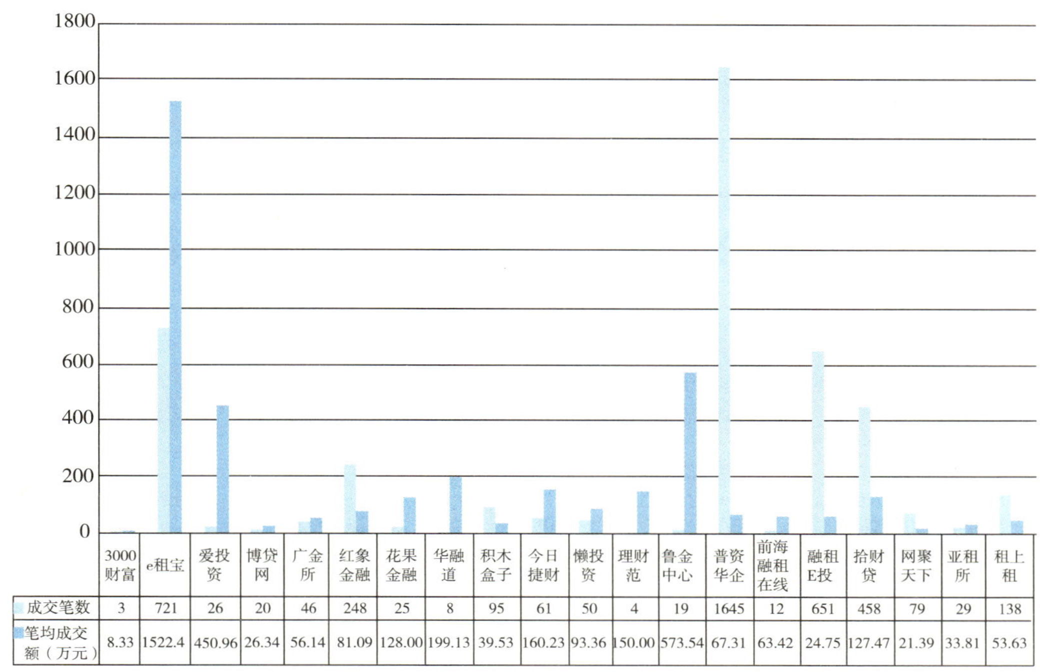

	3000财富	e租宝	爱投资	博贷网	广金所	红象金融	花果金融	华融道	积木盒子	今日捷财
成交笔数	3	721	26	20	46	248	25	8	95	61
笔均成交额（万元）	8.33	1522.4	450.96	26.34	56.14	81.09	128.00	199.13	39.53	160.23

	懒投资	理财范	鲁金中心	普资华企	前海融租在线	融租E投	拾财贷	网聚天下	亚租所	租上租
成交笔数	50	4	19	1645	12	651	458	79	29	138
笔均成交额（万元）	93.36	150.00	573.54	67.31	63.42	24.75	127.47	21.39	33.81	53.63

图 6－18　融资租赁 P2P 平台笔均成交额和成交笔数

资料来源：零壹融资租赁研究中心整理。

（3）平均借款期限。

在 20 家平台中，除爱投资外，其余 19 家平台的平均借款期限均在 1 年之内，更有 8 家平台的平均借款期限在半年之内。平台借款期限可以分为 0～6 个月，6～9 个月，9 个月以上三个梯队，分别包括平台 8 家、8 家、4 家。

（4）平均借款利率。

在平均借款利率的部分，仅仅统计标的显示利率，不包含平台补贴利率。以利率 10.00% 为分界，利率在 10.00% 以上（含 10.00%）和以下的平台各有 10 家。各平台利率差异极大，平均借款利率最高的平台花果金融与利率最低的平台鲁金中心利率差额超过 1 倍。

实际上利率水平处于不断变化的状态，由于部分平台没有持续发布融资租赁 P2P 产品，因此整体借款名义利率并不能真实反映利率水平。具体的利率走势，将在后文进行具体分析。

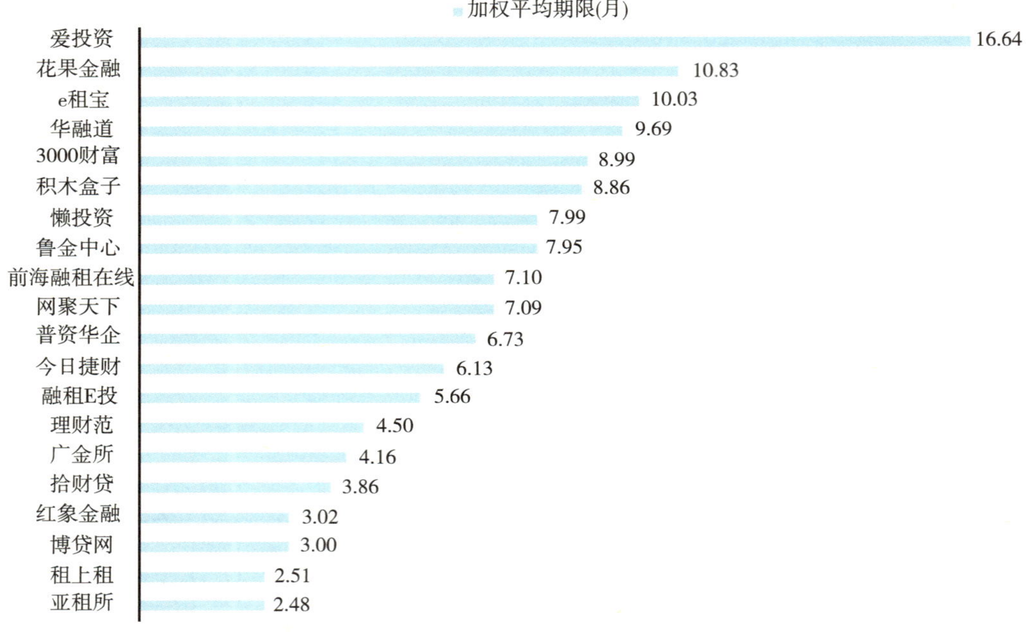

图 6－19　融资租赁 P2P 产品平均借款期限

资料来源：零壹融资租赁研究中心整理。

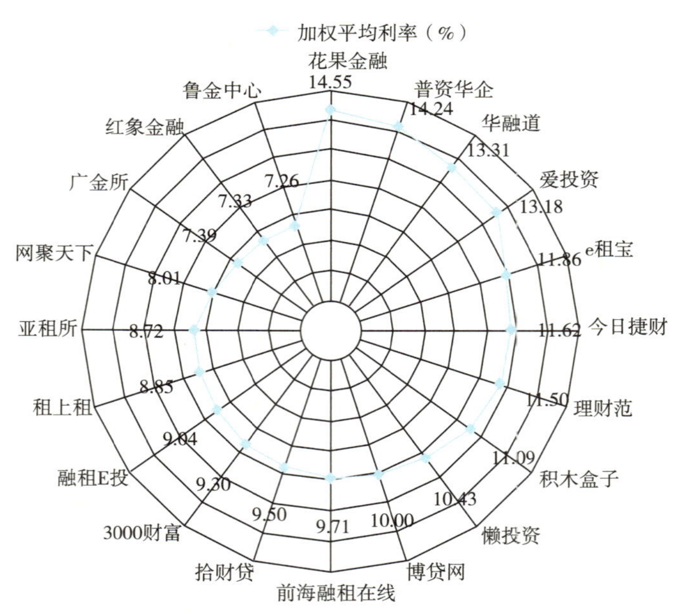

图 6－20　融资租赁 P2P 产品借款平均利率

资料来源：零壹融资租赁研究中心整理。

(5)投资人数及人均投资金额①。

在所有可以获取投资人数据的平台中,普资华企与拾财贷投资人数均超过万人,远远多于其他平台,前海融租在线、博贷网、3000 财富上线时间均较短,投资人数不足百人。

在人均投资金额方面,鲁金中心远远高于其他平台,人均投资额接近 60 万元。今日捷财、红象金融位列第 2、第 3 位,人均投资额分别达 26.97 万元和 10.51 万元。其余 10 家平台人均投资额均不超过 10 万元,4 家平台人均投资额不超过 5 万元。

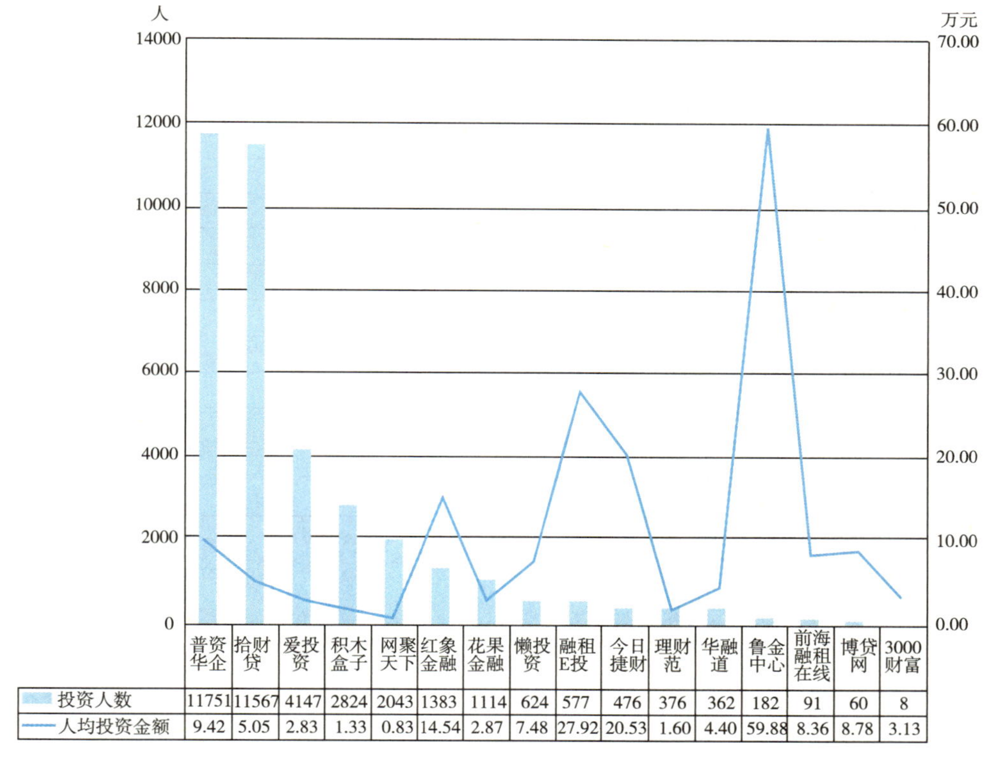

	普资华企	拾财贷	爱投资	积木盒子	网聚天下	红象金融	花果金融	懒投资	融租E投	今日捷财	理财范	华融道	鲁金中心	前海融租在线	博贷网	3000财富
投资人数	11751	11567	4147	2824	2043	1383	1114	624	577	476	376	362	182	91	60	8
人均投资金额	9.42	5.05	2.83	1.33	0.83	14.54	2.87	7.48	27.92	20.53	1.60	4.40	59.88	8.36	8.78	3.13

图 6-21 融资租赁 P2P 平台投资人数与人均投资金额

资料来源:零壹融资租赁研究中心整理。

(三)整体走势

(1)全网累计成交额。

截至 2015 年 6 月,全网纳入统计的平台累计成交额 1362253.69 万元人民币。可

① 由于信息披露的原因,仅统计可以获得详细投资人信息的平台。在所有统计中,红象金融的统计数据截至 5 月。

以看到的是，融资租赁 P2P 交易成交额正在飞速增长，2014 年较 2013 年增长了 10 倍以上。2015 年上半年的成交额已经是 2014 年的近 7 倍，可以预计的是，到 2015 年末，融资租赁 P2P 产品交易额将超过 200 亿元。

表 6－10　融资租赁 P2P 产品交易规模

时间	成交金额（万元）	增速（%）
2013	11734.65	—
2014	156008.74	1229.47
2015 年上半年	1194510.298	665.67

资料来源：零壹融资租赁研究中心整理。

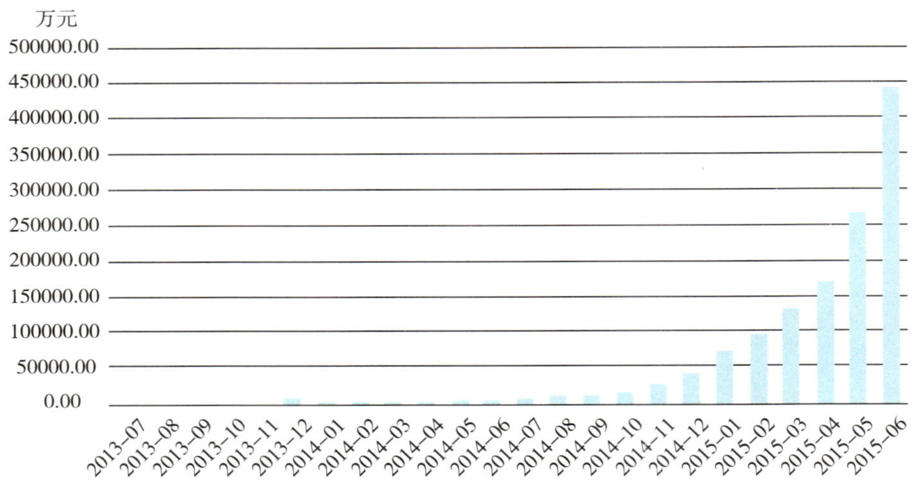

图 6－22　全网融资租赁 P2P 平台累计成交金额

资料来源：零壹融资租赁研究中心整理。

（2）成交平台数。

每月发布融资租赁 P2P 产品的平台呈不断上涨趋势。截至 2015 年 6 月已有 21 家平台发布过融资租赁 P2P 产品，单月发布融资租赁 P2P 产品的平台已稳定在 10 家以上。

（3）平均借款期限。

从整体走势来看，融资租赁 P2P 交易的平均借款期限是在不断攀升的。2014 年 11 月，平均借款期限达到历史最高值 12.81 个月。进入 2015 年，平均借款期限呈降低态势，目前融资租赁 P2P 交易的平均借款期限稳定在 9 个月左右。

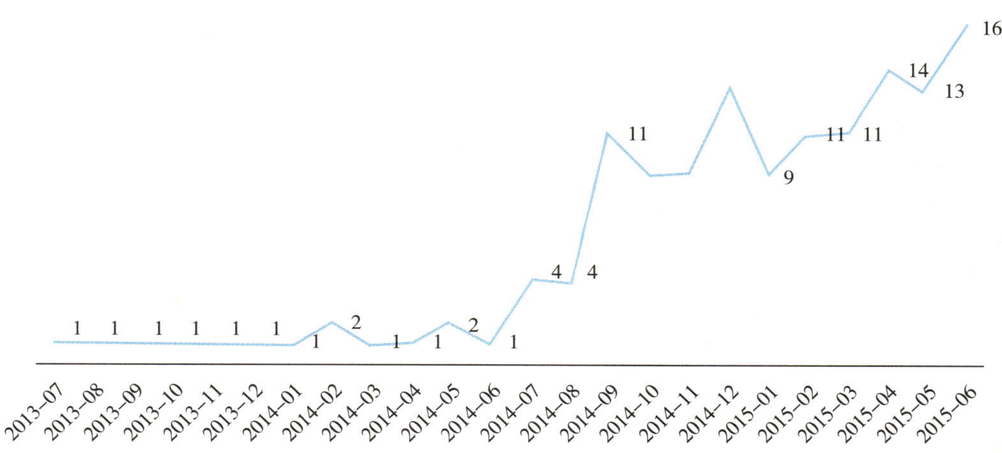

图6-23 融资租赁P2P产品每月成交平台数

资料来源:零壹融资租赁研究中心整理。

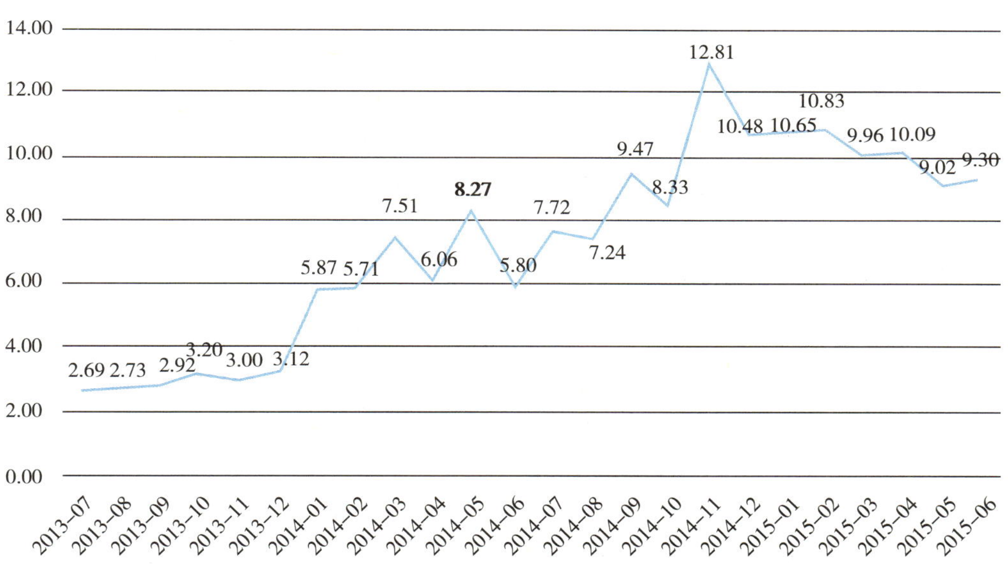

图6-24 融资租赁P2P产品每月平均借款期限

资料来源:零壹融资租赁研究中心整理。

(4)平均借款利率。

与借款期限不同,融资租赁P2P交易的平均利率总体呈下降趋势。利率已经从刚刚出现第1家平台时超过17.00%,降至2015年6月仅有11.72%,降幅超过30%。进入2015年,平均借款利率曾一度跌至10%,近期平均利率开始回升,并连续4个月处于11%的水平。

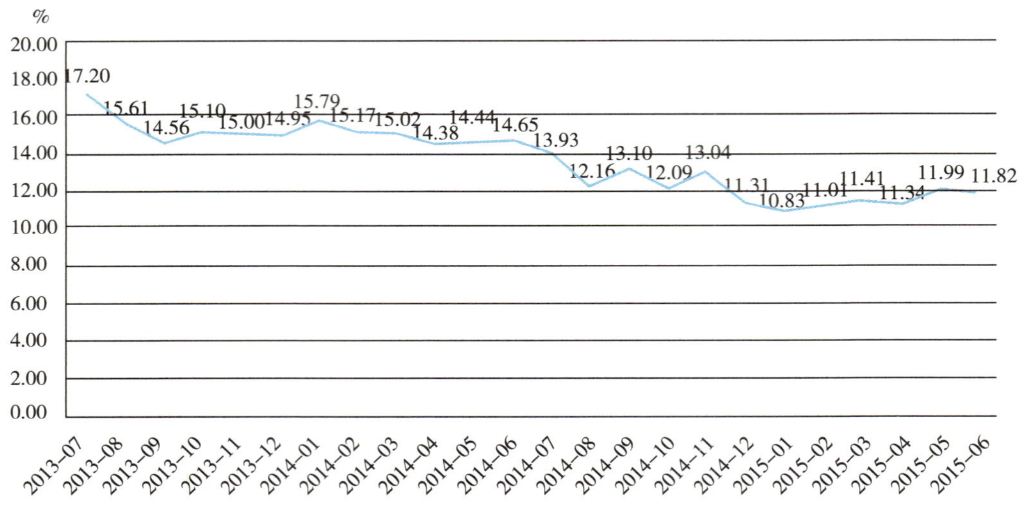

图 6－25　融资租赁 P2P 产品每月平均借款利率

资料来源：零壹融资租赁研究中心整理。

（四）数据说明

（1）本报告的数据来自互联网公开渠道，并根据各平台不同的数据特点、计算规则等建立处理和统计标准，所有数据都经过人工校正，但如果平台故意隐藏数据，则统计结果将不能反映客观现实。

（2）部分平台信息透明度不高，导致未能反映全部实施情况。

（3）部分平台由于用户名隐藏问题，实际投资者可能多于本报告统计数量。

6.3.5　典型融资租赁 P2P 平台对比

在众多融资租赁 P2P 平台中，有三家平台历史成交总额（截至 2015 年 6 月）超过 5 亿元人民币，它们分别为：e 租宝、普资华企、拾财贷。在本节中，零壹融资租赁研究中心将从平台概况、产品介绍、交易模式、数据分析等方面，对这三家平台进行深度分析。

一、e 租宝

（一）平台概况

e 租宝是截至 2015 年 6 月底全网成交额最高的融资租赁 P2P 平台，历史成交总额超过 110 亿元。平台上线于 2014 年 7 月，其运营方为金易融（北京）网络科技有限公司，注册资本 1 亿元人民币，坐落于中国北京。平台主要与钰诚旗下安徽钰诚融资租赁公司进行业务合作,安徽钰诚融资租赁公司注册于安徽省蚌埠市,注册资本总额59800万美元,是安徽省第一家外资租赁企业。涉足市政建设、交通运输、医疗设备、大型矿业、旅游开发等诸多行业领域,提供直接融资租赁、售后回租、委托租赁、经营性租赁、转租赁、租赁财产残值处理及维修、租赁交易咨询和担保等专业金融服务。

(二)产品情况

截至2015年6月底,e租宝平台发布融资租赁标的723笔,根据利率和期限不同,分为e租财富、e租稳盈、e租年享、e租年丰、e租富盈、e租富享6个品牌。标的期限为3~12个月,由于存在赎回机制,实际投资期限为2~365天,利率范围9.00%~14.60%。以e租财富为例,该产品规定期限为365天,预期利率为13.00%,而投资者在投资满30天后即可申请赎回,赎回时间为T+10天,赎回期内同等计息,故e租财富实际的投资期限为40~365天。在还款方式上均为到期归还本金,而利息则有按季归还和按月归还两种方式。

(三)交易模式

根据平台宣传,e租宝采用A2P交易模式,平台介绍交易模式如图6-26所示。

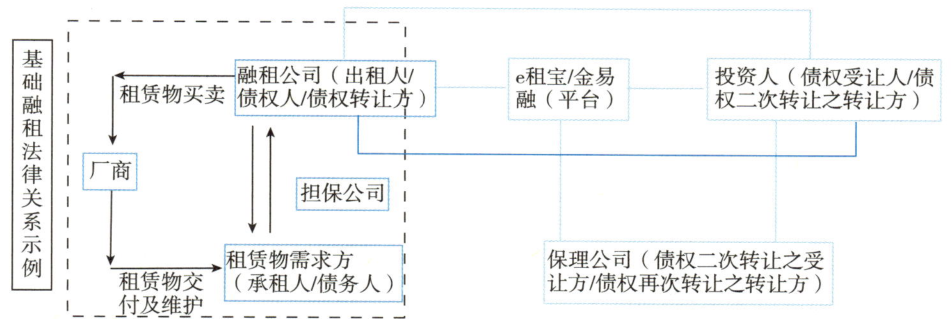

图6-26　e租宝交易模式

根据平台描述及交易流程显示,e租宝的交易模式为融资租赁项目债权直接转让(如图6-26所示)。融资租赁有限公司将已经发生的融资租赁业务债权,通过e租宝平台进行转让,由e租宝于平台发布项目信息,投资者通过e租宝对该笔债权转让项目进行投资,在项目成立后,融资租赁有限公司则将债权转让给投资者,该笔项目即投资完成。在之后的项目期内,承租人通过e租宝平台对投资者进行定期还款,其还款来源即为承租人定期支付的租金。

根据平台介绍,在项目期间若发生违约,融资性担保公司将对债权转让项目中的债权承担连带保证担保;融资租赁公司对债权转让项目中的债权承担连带担保责任;

保理公司承诺对债权转让项目中债权无条件赎回。上述三种担保方式为第二还款源，从而进一步加强了投资者的资金安全。

(四)交易数据

(1)成交规模。

e 租宝自 2014 年 7 月、9 月测试性发布融资租赁标的之后，平台开始迅速扩张，2014 年 11 月单月成交额破亿，达 10100 万元，此后单月成交额均不低于 10000 万元。进入 2015 年以来，e 租宝单月成交额飞速增长，成为全网络成交额最大的融资租赁 P2P 平台，其月成交额占全网融资租赁 P2P 交易成交额比重也不断攀升，由 1 月的 70.86% 持续上升至 6 月的 92.72%。

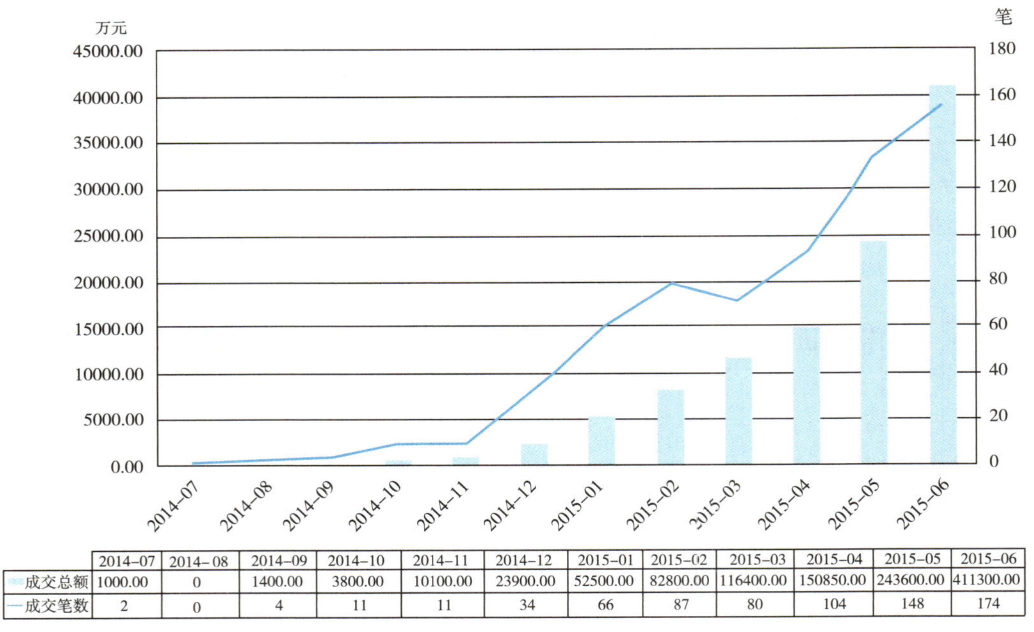

	2014-07	2014-08	2014-09	2014-10	2014-11	2014-12	2015-01	2015-02	2015-03	2015-04	2015-05	2015-06
成交总额	1000.00	0	1400.00	3800.00	10100.00	23900.00	52500.00	82800.00	116400.00	150850.00	243600.00	411300.00
成交笔数	2	0	4	11	11	34	66	87	80	104	148	174

图 6－27　e 租宝每月成交规模

资料来源：零壹融资租赁研究中心整理。

表 6－11　e 租宝成交比重

时间	比重(%)
2015－01	70.86
2015－02	82.45
2015－03	86.76
2015－04	87.55

续表

时间	比重(%)
2015 - 05	90.56
2015 - 06	92.72

资料来源:零壹融资租赁研究中心整理。

(2)笔均成交额。

单笔成交额大也是 e 租宝平台的一个特点,2015 年 6 月,e 租宝的笔均成交额达到创纪录的 2368.33 万元,相较于 5 月增长了超过 700 万元。平台于 2015 年 3 月开始,笔均成交额破千万,并一路走高。

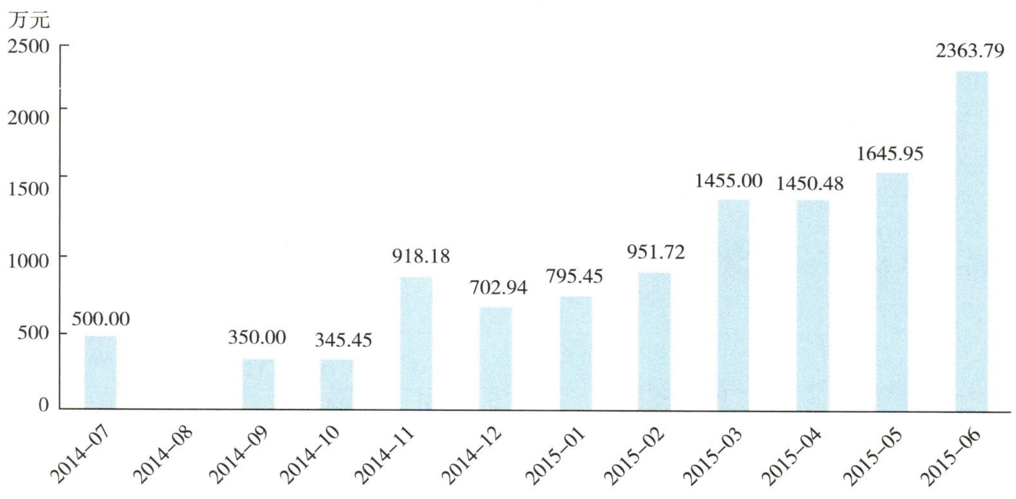

图 6 - 28　e 租宝笔均成交额

资料来源:零壹融资租赁研究中心整理。

(3)平均借款期限。

e 租宝平台的借款期限水平经历了一个"上升—下降—稳定"的过程,在起初的测试之后,e 租宝平台的借款期限水平直线下降,由 2014 年 9 月时的平均借款期限高达 20 个月下降至 2015 年 4 月的近 9 个月,并开始稳定于近 9 个月。从上线至今,e 租宝平台整体借款期限为 10.03 个月。

(4)平均借款利率。

从整体水平来看,e 租宝的利率水平处于一个比较高的水准,达到了 11.83%。除上线初期的测试时期外,其余各月 e 租宝的利率水平均未低于 10.00%。在 2014 年 11 月达到历史峰值 12.84% 之后,e 租宝的利率水平开始发生波动,进入 2015 年,利率

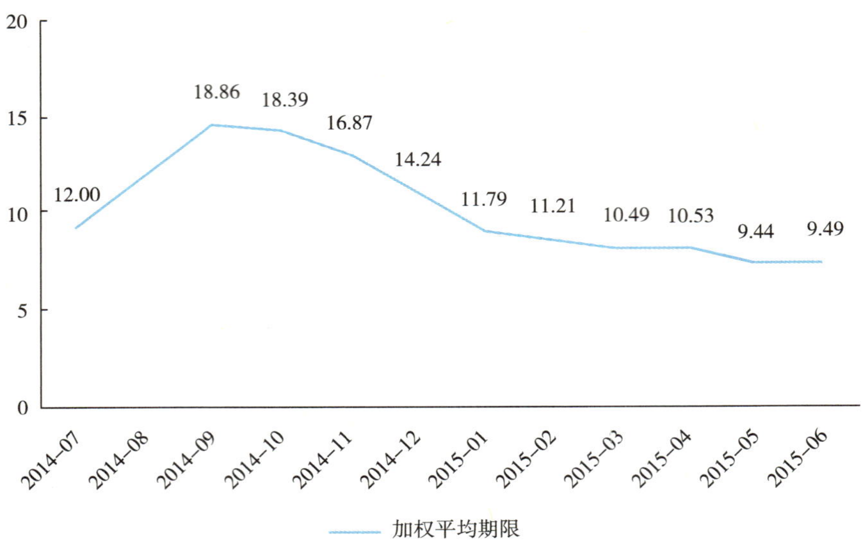

图 6－29　e 租宝借款期限

资料来源：零壹融资租赁研究中心整理。

下跌至 10.52%，在这之后利率水平持续上升，并基本维持在 11.00% 以上。

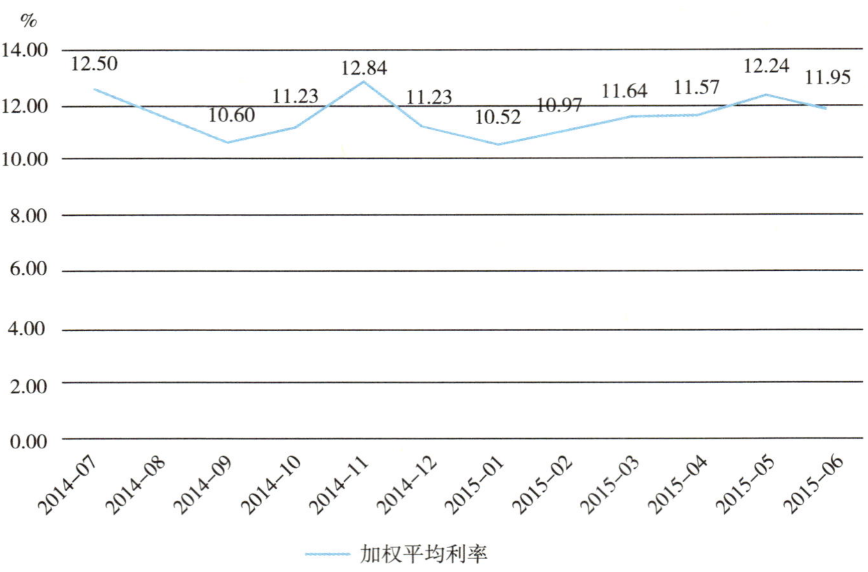

图 6－30　e 租宝平均借款利率

资料来源：零壹融资租赁研究中心整理。

二、普资华企

（一）平台概况

普资华企是迄今为止上线时间最长的融资租赁 P2P 平台，其第一笔融资租赁产品上线于 2013 年 7 月。普资华企运营方为上海普资金融信息服务有限公司，注册地位于上海自贸区，这也是首家在上海自贸区内开设的互联网金融平台，注册资本达 1200 万元人民币。

（二）产品情况

截至 2015 年 6 月，普资华企发布融资租赁标 1645 笔。平台根据起投门槛的不同将其融资租赁产品分为限时标、e 言九鼎、华企通、初盈宝 4 种。从历史数据来看，普资华企的借款利率最高曾达到 18.00%，投资期限最长达到 24 个月。目前其融资租赁产品利率集中在 10.00% ~15.00%，投资期限则集中在 2 ~12 个月。还款方式则包括“每月付息，到期还本”和“等额本息”两种。

（三）交易模式

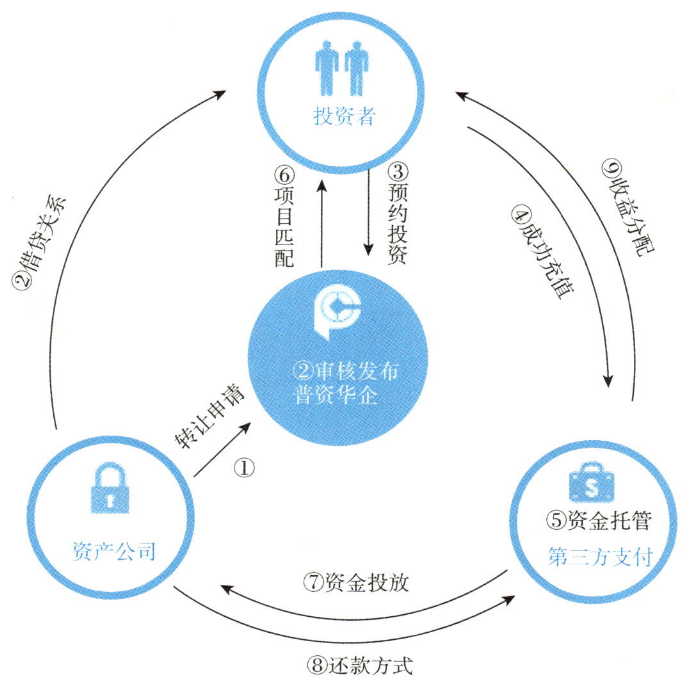

图 6 –31　普资华企交易结构

根据平台资料显示，平台战略合作伙伴为上海信於资产管理有限公司，平台并未披露与其合作的融资租赁公司具体信息。通过交易模式图可以看出，普资华企交易模式为融资租赁项目债权间接转让（见图 6-31）。其流程为：普资华企合作的融资租赁公司首先将其融资租赁项目债权转让于图中所示资产公司上海信於资产管理有限公司，之后再通过上海信於资产管理有限公司于普资华企平台发布项目、募集资金等一系列后续操作。在项目期内投资人获取的收益即为融资租赁项目租金。

（四）交易数据

（1）成交规模。

从 2013 年 7 月上线至今，普资华企成交总额达 110719.19 万元。与 e 租宝的直线攀升不同，普资华企在成交规模上存在明显的波动性。2013 年 12 月，普资华企单月成交额达到历史峰值 10547 万元，然而进入 2014 年后，其单月成交额迅速回落，1 月成交额仅为 2065 万元。在整个 2014 年，普资华企成交额缓慢增长，于第四季度达到高峰，连续 3 个月单月成交额超 8000 万元，全年成交额达到 69301.54 万元。2015 年，普资华企成交额再次下滑，月平均成交额不足 5000 万元。

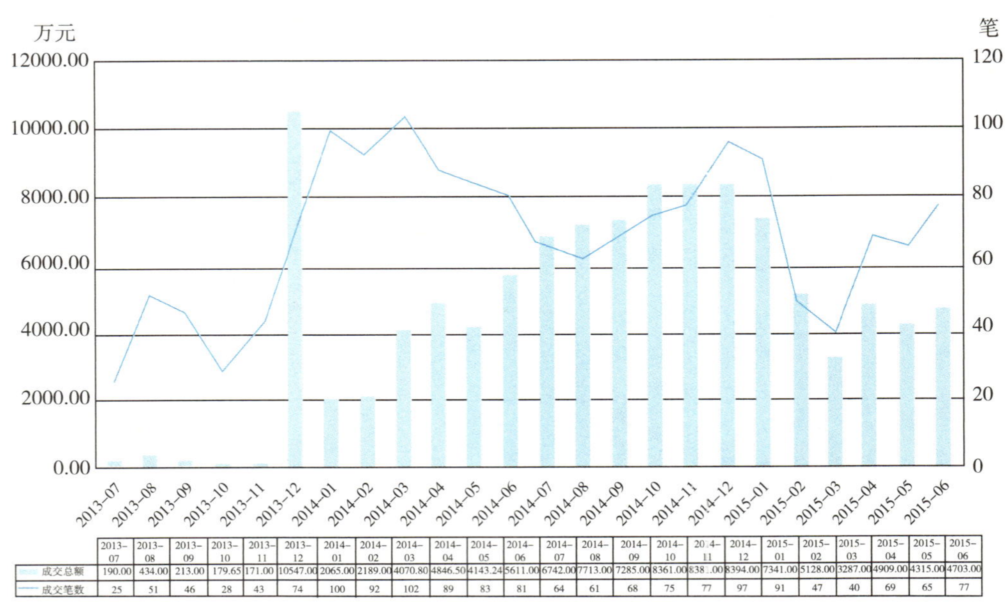

	2013-07	2013-08	2013-09	2013-10	2013-11	2013-12	2014-01	2014-02	2014-03	2014-04	2014-05	2014-06
成交总额	190.00	434.00	213.00	179.65	171.00	10547.00	2065.00	2189.00	4070.80	4846.50	4143.24	5611.00
成交笔数	25	51	46	28	43	74	100	92	102	89	83	81

	2014-07	2014-08	2014-09	2014-10	2014-11	2014-12	2015-01	2015-02	2015-03	2015-04	2015-05	2015-06
成交总额	6742.00	7713.00	7285.00	8361.00	8381.00	8394.00	7341.00	5128.00	3287.00	4909.00	4315.00	4703.00
成交笔数	64	61	68	75	77	97	91	47	40	69	65	77

图 6-32 普资华企成交规模

资料来源：零壹融资租赁研究中心整理。

(2)笔均成交额。

跟成交规模一样,普资华企笔均成交额波动也十分巨大,其单笔成交额最高曾于 2013 年 12 月达到 142.53 万元,而后在 2014 年再次跌落,1 月笔均成交额仅为 20.66 万元,之后持续升高,自 7 月起连续 9 个月笔均成交额超过 80 万元,其中 6 个月超过 100 万元。而后自 2015 年 4 月起持续降低,6 月笔均成交额仅为61.08万元。

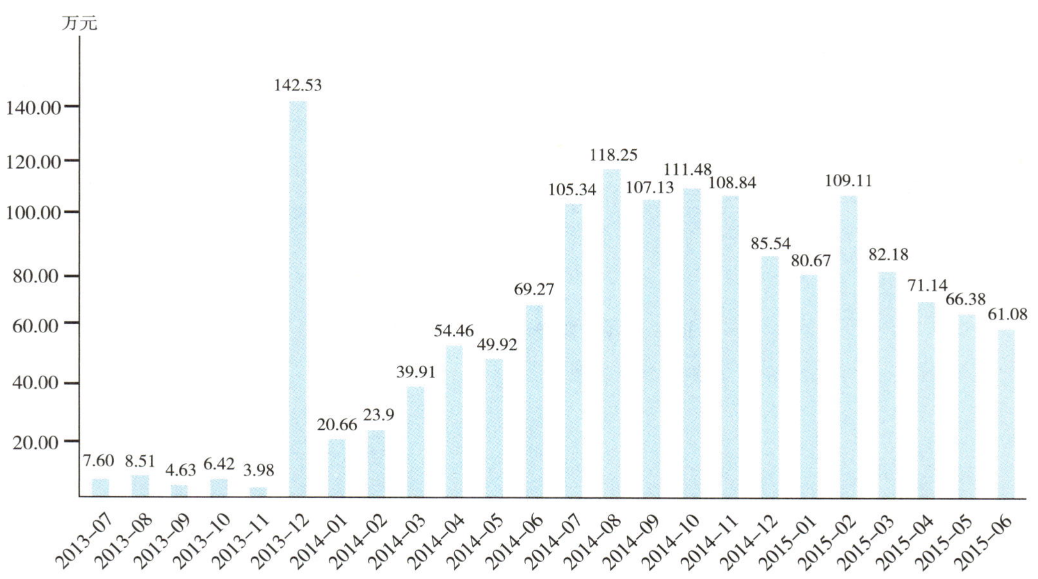

图 6-33 普资华企笔均成交额

资料来源:零壹融资租赁研究中心整理。

(3)平均借款期限。

"波动"似乎是普资华企的一个代名词,其借款期限从 2014 年 1 月起超过 5 个月,开始了"上—下—上"的跳跃式走势。截至 2015 年 6 月,其整体平均借款期限为6.73 个月。

(4)平均借款利率。

从整体趋势上来看,普资华企的借款利率水平是下降的。在经历了初期的高息后,整个平台于 2014 年第二季度起将利率稳定在 14.00%,整个 2014 年,普资华企的借款利率水平为 14.55%。进入 2015 年后,利率一度下跌至 11.95%,近两个月虽有回升,却仍不足 14%。

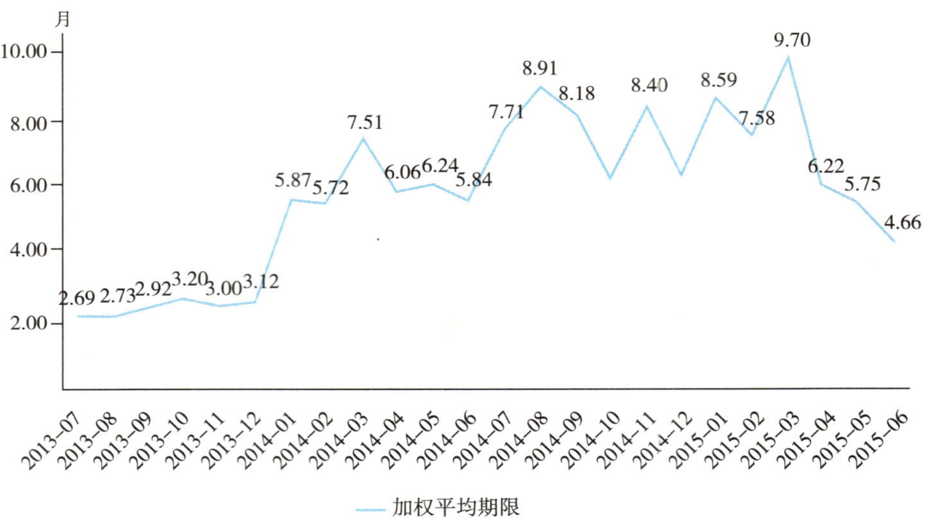

图 6－34　普资华企平均借款期限

资料来源：零壹融资租赁研究中心整理。

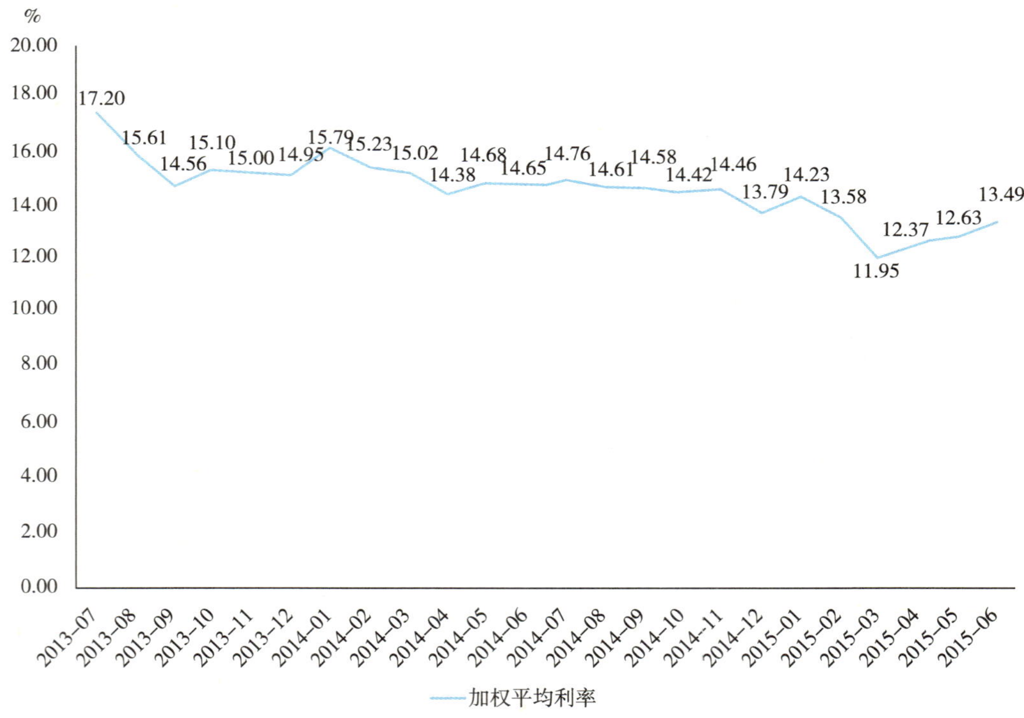

图 6－35　普资华企平均借款率

资料来源：零壹融资租赁研究中心整理。

三、拾财贷

(一)平台概况

拾财贷平台上线于 2014 年 2 月,由东亮拾财贷(厦门)资产管理有限公司负责运营。东亮拾财贷(厦门)资产管理有限公司,注册于福建厦门,注册资金 1 亿元人民币。

(二)产品情况

截至 2015 年 6 月,拾财贷共发布融资租赁标的 464 笔,根据借款期限不同,分为定期赚、活期赚和定期计划三种融资租赁产品,借款期限为 7 天至 12 个月,借款利率 8.00% ~12.00%。平台的一大特色为标的上线当天即开始计息,投资期限随投资人投资时间变化,若某标的借款期限为 T 天,投资人在上线后 N 日投标,则该笔标的借款期限变为 T - N 天。

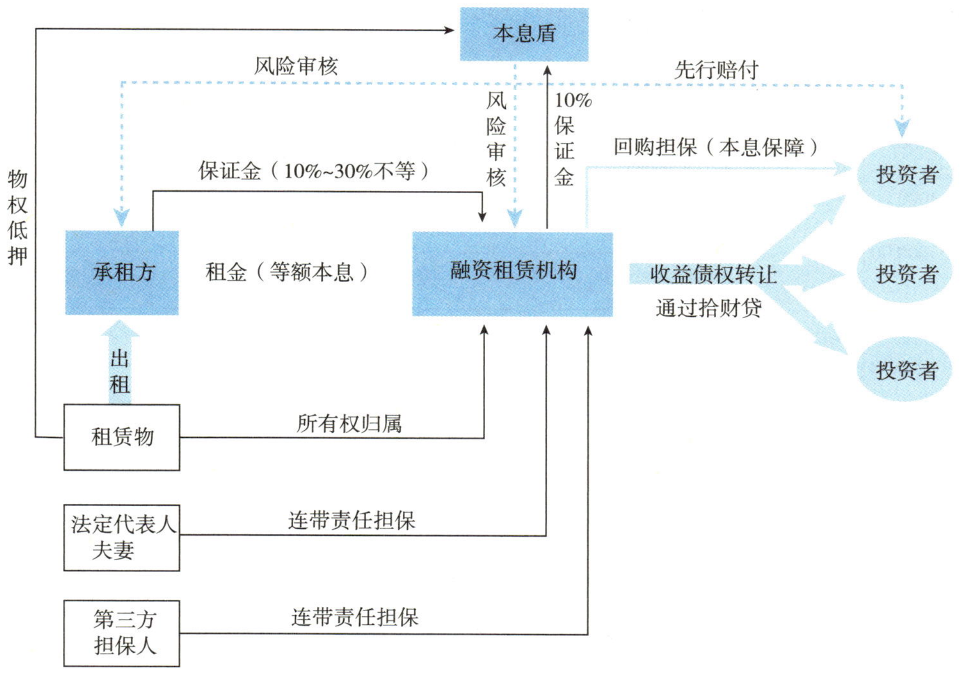

图 6 - 36　拾财贷交易模式

(三)交易模式

基本所有拾财贷的项目介绍均会有这样一句话:“项目来源于本息盾(厦门)金融

技术服务有限公司受让×××融资租赁公司(原债权方)的应收账款债权”，根据交易模式分析，拾财贷的交易模式为融资租赁项目债权间接转让(见图 6－36)。即融资租赁公司将债权转让于本息盾，本息盾于拾财贷平台发布项目信息、进行募集资金等一系列后续操作。在项目期内投资人获取的收益即为融资租赁项目租金。

(四)交易数据

(1)交易规模。

截至 2015 年 6 月，拾财贷总成交额为 58380.68 万元，其中定期赚 30675.90 万元，活期赚 25902.76 万元，定期计划 1802.02 万元。图 6－37 统计仅显示定期赚项目。

从 2014 年 2 月发布两笔融资租赁产品后，在长达 4 个月的时间里，平台未发布融资租赁标。根据零壹研究院统计数据显示，在这段时间内拾财贷发布大量非融资租赁标。从 2014 年 7 月起，拾财贷开始连续发布融资租赁产品，其成交规模整体趋势不断增加，2015 年 6 月达到峰值，突破 5000 万元。

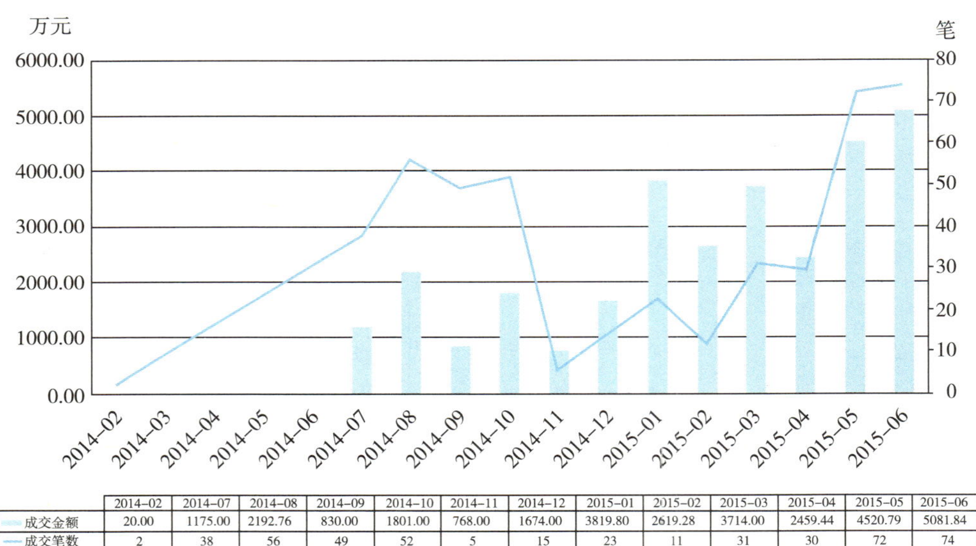

	2014-02	2014-07	2014-08	2014-09	2014-10	2014-11	2014-12	2015-01	2015-02	2015-03	2015-04	2015-05	2015-06
成交金额	20.00	1175.00	2192.76	830.00	1801.00	768.00	1674.00	3819.80	2619.28	3714.00	2459.44	4520.79	5081.84
成交笔数	2	38	56	49	52	5	15	23	11	31	30	72	74

图 6－37　拾财贷交易规模

资料来源：零壹融资租赁研究中心整理。

(2)笔均成交额。

拾财贷笔均成交额走势呈三角形，自 2014 年 7 月笔均成交额持续上升，于 2015 年 2 月达到峰值 238.12 万元，之后又迅速下降，将笔均成交额控制在 60 万元。

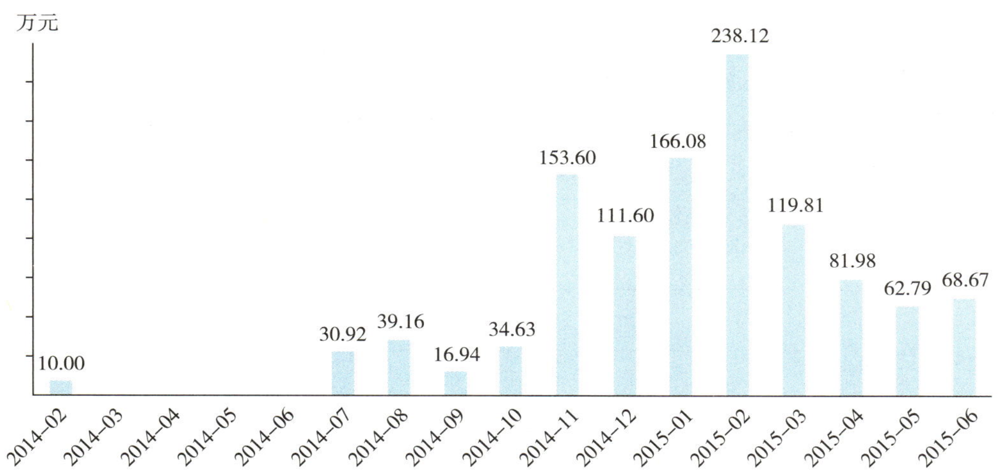

图 6 – 38　拾财贷笔均成交额

资料来源：零壹融资租赁研究中心整理。

(3)平均借款期限。

在借款期限方面，拾财贷也呈现出一个波动的态势。其借款期限最高值(7.58 个月)与最低值(2.43 个月)相差超过 5 个月。在经历了一波波动增长的态势之后，2015 年 5 月起，拾财贷的借款期限回到了 2014 年 7 月的水平，维持在不足 3 个月的水准。上线至今，拾财贷的整体借款期限水平为 3.86 个月。

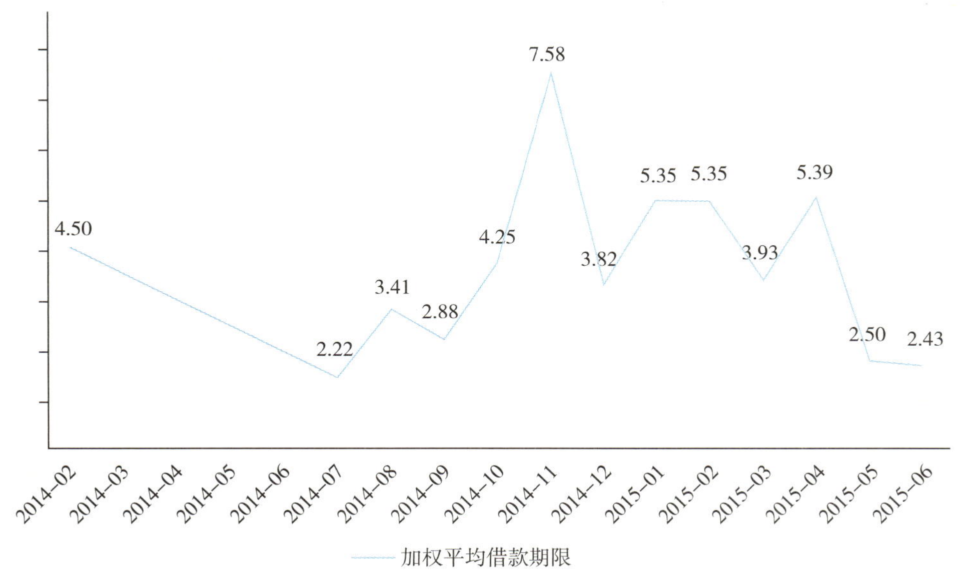

图 6 – 39　拾财贷平均借款期限

资料来源：零壹融资租赁研究中心整理。

(4)借款利率。

在利率水平方面,拾财贷相对保持稳定。相较之前的两家平台,拾财贷整体利率水平偏低,利率高点也仅有 11.08%。在经历 2014 年的相对高水平利率后,平台于 2015 年开始利率不断走低,于 5 月跌破 9.00%。上线至今,拾财贷整体利率水平为 9.50%。

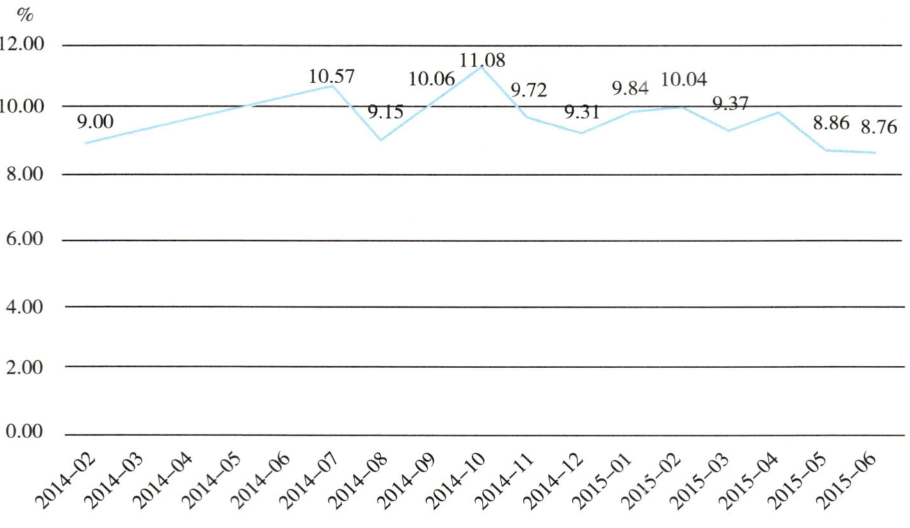

图 6-40　拾财贷平均借款利率

资料来源:零壹融资租赁研究中心整理。

第 7 章

融资租赁跨境融资

国务院总理李克强指出，要用融资租赁的办法支持中国装备制造业“走出去”。然而，作为与实体经济紧密结合的金融形势，融资租赁公司也面临着融资难、融资成本高企的现实问题。

在上海自贸区考察调研时，李克强强调，跨境资金是降低国内资金成本的最好办法。符合资质要求的外商融资租赁公司是逐步放开境内企业跨境融资的良好载体。融资租赁公司引进国外便宜资金支持实体经济，是一种合理利用外资的方式，是有效利用外资又不涉及“热钱”投机且能有效提振经济的好工具。

现在越来越多的境内融资租赁公司为解决资金之渴，开始寻找各种渠道来获得境外资金。之所以大量企业对跨境融资趋之若鹜，最大的原因就是境内外资金价格的巨大差异。融资成本很大程度上决定了企业的利润空间，是企业生死存亡的大事。另外，中国内地与境外的利率差异一直存在，近来跨境人民币融资如此红火与中国近年来正在进行的金融改革是分不开的，国家和地方都在积极出台各种政策来拓宽境外融资渠道。此外，跨境人民币融资会促进境内金融机构之间的竞争，有利于推进利率市场化。跨境人民币融资的规模进一步扩大之后，尽管中国还没有完全实现资本项目的对外开放，但境内资金价格将进一步和全球资金价格联系在一起，境内的金融机构不得不面临来自全球化的竞争。在竞争压力下，企业和金融机构在经营管理中都会更多关注资金的市场价格，推进利率市场化并促进资源的优化配置。

上海自贸区和前海深港服务区设立后，如何利用政策优势，通过引进跨境人民币贷款降低融资租赁行业的资金成本成为行业热点。本章将重点介绍上海自贸区和前海深港服务区的跨境融资政策、跨境融资方式以及相关案例。

7.1 跨境融资的主要方式及相关案例——以前海合作区及上海自贸区为例

目前，深圳前海深港现代服务业合作区与上海自由贸易区已是金融界最热的两个特区，并将成为未来金融创新前沿最具吸引力的领域。两区均能够实现跨境信贷业务，但在使用范围、利率、资金规模等方面仍各有特点。下面将结合前海与上海自贸区的具体情况，介绍跨境融资的模式、案例等。

7.1.1　前海与上海自贸区

一、相关介绍

前海深港合作区全称为“前海深港现代服务业合作区”，位于深圳南山半岛西部，伶仃洋东侧，珠江口东岸，由双界河、月亮湾大道、妈湾大道、宝安大道和西部海岸线合围而成。占地面积约 15 平方公里，重点发展金融、现代物流、信息服务、科技服务及其他专业服务四大产业。前海的主要作用是粤港澳服务贸易自由化和支持香港繁荣稳定，同时进行探索现代服务业对外开放的试验。

中国（上海）自由贸易试验区，简称上海自由贸易区或上海自贸区，是中国政府设立在上海的区域性自由贸易园区，位于浦东境内，属中国自由贸易区范畴。中国（上海）自由贸易试验区是中国大陆境内第一个自由贸易区，是中国经济新的试验田，力争建设成为具有国际水准的投资贸易便利、货币兑换自由、监管高效便捷、法制环境规范的自由贸易试验区。上海自贸区的政策与经验强调复制性和推广性。

二、跨境融资制度及内容

表 7－1　前海合作区与上海自贸区跨境融资相关政策

地区	政策名称	文号	颁布时间	具体内容
前海合作区	《国务院关于前海深港现代服务业合作区总体发展规划的批复》	国函〔2010〕86 号	2010 年 12 月	同意《前海深港现代服务业合作区总体发展规划》
	《国务院关于支持深圳前海深港现代服务业合作区开发开放有关政策的批复》	国函〔2012〕58 号	2012 年 7 月	支持前海在金融改革创新方面先行先试，建设我国金融业对外开放试验示范窗口。支持包括香港在内的外资股权投资基金在前海创新发展，积极探索外资股权投资企业在资本金结汇、投资、基金管理等方面的新模式

续表

地区	政策名称	文号	颁布时间	具体内容
前海合作区	《前海跨境人民币贷款管理暂行办法》	深人银发〔2012〕173 号	2012 年 12 月	前海注册成立并在前海实际经营或投资的企业,可从中国香港经营人民币业务的银行借入人民币资金。前海跨境人民币的款项用途应符合前海产业发展目录要求,优先支持用于进口及其他对外支付的贷款需求。不得用于投资有价证券和金融衍生品,不得用于委托贷款,不得用于购买理财产品,不得用于购买非自用房产等。企业在办理前海跨境人民币贷款业务前,必须通过境内结算银行向深圳人行备案,备案时需要提供企业的营业执照和贷款用途的说明、企业相关征信报告等材料
	《前海跨境人民币贷款管理实施细则》		2013 年 1 月	
	《关于充分发挥市场决定性作用,全面深化金融改革创新的若干意见》	深府〔2014〕1 号	2014 年 1 月	跨境金融。充分借助深圳毗邻香港国际金融中心的区位优势,进一步打通本外币、境内外、在岸离岸市场的对接合作路径,持续拓宽跨境资金融通渠道,完善跨境资产交易机制,加快构建境内外投资者共同参与,交易、定价和信息功能较强的跨境金融业务先行区。完善金融资产市场化定价基础,提高金融资源配置效率和金融市场开放程度,加速构建跨境资本自由流动机制
	《深圳前海深港现代服务业合作区外债宏观审慎管理试点实施细则》	深外管〔2015〕4 号	2015 年 3 月	在深圳前海的非金融企业(以下简称区内企业),其借用外债实行比例自律管理,即外债余额不超过其上年末经审计的净资产的 2 倍。办理外债签约登记时,区内中资企业的全部负债(含正在申请登记的本次外债签约额)不超过其总资产的 75%
上海自贸区	关于印发《中国(上海)自由贸易试验区总体方案》的通知		2013 年 9 月	试验区肩负着我国在新时期加快政府职能转变、积极探索管理模式创新、促进贸易和投资便利化,为全面深化改革和扩大开放探索新途径、积累新经验的重要使命,是国家战略需要

续表

地区	政策名称	文号	颁布时间	具体内容
上海自贸区	《中国人民银行关于金融支持中国(上海)自由贸易试验区建设的意见》	银发〔2013〕11 号	2013 年 12 月	探索投融资汇兑便利。促进企业跨境直接投资便利化。促进对外融资便利化。上海地区银行业金融机构可在“了解你的客户”“了解你的业务”和“尽职审查”三原则基础上,凭区内机构(出口货物贸易人民币结算企业重点监管名单内的企业除外)和个人提交的收付款指令,直接办理经常项下、直接投资的跨境人民币结算业务
	《中国人民银行上海总部关于支持中国(上海)自由贸易试验区扩大人民币跨境使用的通知》	银总部发〔2014〕22 号	2014 年 2 月	国家出台的各项鼓励和支持扩大人民币跨境使用的政策措施均适用试验区。试验区经常和直接投资项下跨境人民币结算上海地区银行业金融机构可在“了解你的客户”“了解你的业务”和“尽职审查”三原则基础上,凭区内机构(出口货物贸易人民币结算企业重点监管名单内的企业除外)和个人提交的收付款指令,直接办理经常项下和直接投资项下的跨境人民币结算业务。区内金融机构和企业从境外借用人民币资金(不包括贸易信贷和集团内部经营性融资)应用于国家宏观调控方向相符的领域,暂不得用于投资有价证券(包括理财等资产管理类产品)、衍生产品,不得用于委托贷款。区内企业可根据自身经营和管理需要,开展集团内跨境双向人民币资金池业务。区内企业可根据自身经营和管理需要,开展境内外关联企业间的经常项下跨境人民币集中收付业务。鼓励上海地区的银行向注册在区内的跨境电子商务运营机构直接提供基于真实跨境电子商务的跨境人民币结算服务
	《国家外汇管理局上海市分局关于印发支持中国(上海)自由贸易试验区建设外汇管理实施细则的通知》	上海汇发〔2014〕26 号	2014 年 2 月	深化外汇管理改革,促进贸易投资便利化。加强统计监测与分析预警,有效防范外汇收支风险

续表

地区	政策名称	文号	颁布时间	具体内容
上海自贸区	《中国(上海)自由贸易实验区分账核算业务实施细则》	银总部发〔2014〕46 号	2014 年 5 月	上海地区的金融机构可以通过建立分账核算单元,为开立自由贸易账户的区内主体提供经常项目、直接投资和《中国人民银行关于金融支持中国(上海)自由贸易试验区建设的意见》(银发〔2013〕244 号,以下简称《意见》);第三部分的投融资创新相关等业务的金融服务,以及按准入前国民待遇原则为境外机构提供相关金融服务。自由贸易账户为规则统一的本外币账户,区内主体和境外机构可根据需要开立。自由贸易账户与境外账户、境内区外的非居民机构账户,以及自由贸易账户之间的资金流动按宏观审慎的原则实施管理;对自由贸易账户与境内(含区内)其他银行结算账户之间的资金流动,根据"有限渗透加严格管理"的原则,按跨境业务实施管理;对同一非金融机构的自由贸易账户与其一般账户之间的资金划转,应按《中国(上海)自由贸易实验区分账核算业务实施细则》规定的 4 个渠道办理。对已实现可兑换(包括经常项目和直接投资相关)的业务,自由贸易账户内资金可自由兑换;对《意见》第三部分投融资创新业务,各相关部门根据"成熟一项、推出一项"的原则,另行制定具体实施办法
	《中国(上海)自由贸易实验区分账核算业务风险审慎管理细则》	银总部发〔2014〕46 号	2014 年 5 月	明确了分账核算单元的审慎合格标准与评估验收程序。上海市金融机构应当按要求建立试验区分账核算管理制度,建立健全财务和资产管理、展业管理以及内部控制制度,并以市级机构为单位接入中国人民银行上海总部的相关系统。提出了试验区分账核算业务宏观审慎管理的目标、内容、方法、工具等,要求上海地区金融机构建立对金融宏观审慎管理政策的响应机制。细化了试验区分账核算业务风险管理的内容,包括渗透风险管理、流动性风险管理、币种敞口风险管理、资产风险管理、风险对冲管理等。建立了风险预警与处置机制。组织开展对金融机构分账核算业务进行持续性评估,建立相应的激励约束与处罚机制,根据金融宏观审慎管理的需要,对金融机构开展的试验区分账核算业务范围进行调整

续表

地区	政策名称	文号	颁布时间	具体内容
上海自贸区	《中国(上海)自由贸易试验区分账核算业务境外融资与跨境资金流动宏观审慎管理实施细则(试行)》	银总部发〔2015〕8号	2015年2月	扩大了境外融资的规模和渠道,企业和各类金融机构可以自主从境外融入资金,企业的融资规模从资本的一倍扩大到两倍。运用风险转换因子等新的管理方式优化境外融资结构,并且以新方式鼓励使用人民币、中长期以及用于支持实体经济的资金,不鼓励短期融资。使改革事前审批为事中事后监管,取消了境外融资的前置审批,扩大了经济主体的自主权。建立了宏观审慎的境外融资风险管理新模式。在上海率先建立了资本账户可兑换的路径和管理方式
	《进一步深化中国(上海)自由贸易试验区改革开放方案》	国发〔2015〕21号	2015年4月	推进外商投资和境外投资管理制度改革。深入推进金融制度创新。试点建立境外融资与跨境资金流动宏观审慎管理政策框架,支持企业开展国际商业贷款等各类境外融资活动。统一内外资企业外债政策,建立健全外债宏观审慎管理制度。加大金融创新开放力度,加强与上海国际金融中心建设的联动。具体方案由中国人民银行会同有关部门和上海市人民政府另行报批

资料来源:零壹融资租赁研究中心整理。

表7-2　前海合作区与上海自贸区跨境融资制度对比

	深圳前海深港现代服务业合作区	上海自贸区	备注
使用范围	根据相关法规,前海跨境信贷只能用于前海的开发与建设。关于这一点,以前海融资租赁企业为例,跨境贷的款项是用于融租公司的自我经营等,经营项目如果是在外地的,也是可用的。实操案例可参考前海融资租赁跨境贷款第一单东江环保股份有限公司关于开展融资租赁业务的公告	对于区内企业和非银行金融机构,境外融资所得资金可用于自身的生产经营活动、区内及境外项目建设,并符合国家和试验区产业宏观调控方向;对于金融机构,其通过试验区自由贸易账户办理的境外融资应用于分账核算业务自身的经营活动,用于区内和境外,服务实体经济发展,符合国家和试验区产业宏观调控方向;通过有限渗透的安排,境外融资所得资金也可用于境内区外	上海自贸区、前海跨境人民币制度中关于跨境贷方面的政策,目前,前海从资金使用范围、资金使用规模、利率、期限、经验等方面所具备的优势是明显的

续表

	深圳前海深港现代服务业合作区	上海自贸区	备注
适用企业	仅适用于非金融机构	金融机构、非金融机构均适用	上海自贸区要求企业首先开立 FT 账户，方可进行境外融资，前海则无相关表述
利率与期限	跨境信贷期限由借贷双方按照贷款实际用途在合理范围内自主确定（可以是 1 年，也可以是 1.5 年，也可是其他，双方自由商定）。贷款利率由借贷双方自主确定（目前利率在 4% ~ 5%），在贷款发放前向中国人民银行备案	借用期限固定 1 年（不含）以上，借贷双方不能自由商定	
使用资金规模	前海跨境人民币贷款无额度限制。政府没有管制，但具体额度由境外金融机构根据市场决定。 前海企业借用外债额度不超过其上年度末经审计的净资产的 2 倍。中资非金融企业的全部负债（含正在申请登记的外债签约额）不超过其总资产的 75%	区内企业借用境外人民币资金规模（按余额计）的上限不得超过实缴资本 ×1 倍 × 宏观审慎政策参数。区内非银行金融机构借用境外人民币资金（按余额计）的上限不得超过实缴资本 ×1.5 倍 × 宏观审慎政策参数。 或企业的融资规模为其各项境外融资余额与期限风险转换因子、币种风险转换因子、类别风险转换因子的乘积之和	试验区内企业和非银行金融机构可以在现行外债及境外借款管理模式和细则宏观审慎管理模式下任选一种模式适用，并通过其结算银行向中国人民银行上海总部备案
禁止投资领域	不得用于投资有价证券和金融衍生品，不得用于委托贷款，不得用于购买理财产品，不得用于购买非自用房产	不得用于投资有价证券（包括理财等资产管理类产品）、金融衍生品，不得用于委托贷款	

资料来源：零壹融资租赁研究中心整理。

三、跨境人民币发展历程

（一）前海合作区

2012 年 7 月 3 日，国务院批复支持深圳前海深港现代服务业合作区开放。

2012 年 12 月 27 日，《前海跨境人民币贷款管理暂行办法》出台。

2013 年 1 月 6 日，中国人民银行深圳市中心支行下发《前海跨境人民币贷款管理暂行办法实施细则》，正式受理深圳各结算代理行提交的前海跨境人民币贷款业务。

2013 年 1 月 28 日，首批 26 个前海跨境人民币贷款项目在深圳签约，15 家经营人民币业务的商业银行将向在前海注册的前海控股、顺丰电子商务、粤海全球供应链等 15 家企业，发放逾 20 亿元的人民币贷款。首批参与跨境人民币贷款业务的 15 家银行为：汇控、中银香港、工行（亚洲）、恒生、交行、农行、中行、国开行、渣打、东亚、南洋商业银行、大新银行、中信（国际）、永隆银行和招行。

2013 年，第二批前海注册企业获得跨境人民币贷款约 150 亿元。

2014 年，前海将会有 500 亿元跨境人民币额度。

截至 2015 年 2 月底，前海跨境人民币贷款规模突破 800 亿元，取款金额已经突破 200 亿元，2015 年取款预计达到 500 亿元。

（二）上海自贸区

2013 年 8 月，国务院正式批准设立中国（上海）自由贸易试验区。

2013 年 9 月 18 日，国务院下达了关于印发中国（上海）自由贸易试验区总体方案的通知。

2013 年 9 月 29 日，上海自由贸易区正式挂牌成立。首批入驻自贸区的包括 25 家企业和 11 家金融机构，其中 11 家金融机构包括工行、农行、中行、建行、交行、招行、浦发及上海银行 8 家中资银行，花旗、星展 2 家外资银行和交银金融租赁 1 家金融租赁公司。

2014 年 2 月，中国人民银行发布关于支持中国（上海）自由贸易试验区扩大人民币跨境使用的通知。

2014 年 5 月，自由贸易账户系统正式投入使用，目前，共有 13 家中外资银行接入自由贸易账户系统，开立自由贸易账户一万多个；区内企业人民币境外借款累计发生 120 笔、金额 197 亿元，利率仅为 4.2%，显著低于境内融资利率，大幅降低了企业融资成本。

2015 年 2 月 12 日，中国人民银行上海总部发布《中国（上海）自由贸易试验区分账核算业务境外融资与跨境资金流动宏观审慎管理实施细则》（以下简称《实施细则》），全面放开本、外币跨境融资，取消境外融资前置审批改为事中事后监管，运用风险转换因子等新管理方式,充实自由贸易(FT)账户功能。

四、前海跨境人民币贷款业务的优势

从借款主体来看,在前海注册成立,并在前海实际经营或投资的企业,无须申请外债额度,首辟内资企业获取境外贷款渠道。

从融资成本看,香港银行贷款利率较低,在不含税的情况下,人民币贷款成本在 4.0% 以内。税费包含利息预提税、营业税和其他税费,共 12.6%;以及境内银行保函费用、境内银行账户监管费等,实际的贷款期限和利率由双方自主确定,整体融资成本偏低。另外,在境外通过人民币进行融资,可以适当地规避汇率风险。同时跨境人民币贷款不执行银监会"三个办法一个指引",不纳入国内信贷规模,满足境内规模紧张时的融资需求。

在税收优惠方面:(1)对前海符合条件的企业按 15% 的税率征收企业所得税;(2)对符合前海规划产业发展需要的境外高端人才和紧缺人才,工资薪金所得个人所得税 15% 以外的部分进行财政补贴;(3)对注册在前海的符合规定条件的现代物流企业享受现行试点物流企业按差额征收营业税的政策。

在其他方面,国家支持深圳前海实行比经济特区更加特殊的先行先试政策,涉及金融、财税、法制、人才、教育医疗以及电信 6 个方面 22 条具体措施。例如,在前海管理局发布的《深圳前海深港现代服务业综合试点专项资金管理办法》中提出专项资金支持现代服务业试点,引导现代服务业聚集发展、创新发展。又如在深圳市人民政府发布的《深圳市外商投资股权投资企业试点工作操作规程》中规定申请设立外商投资股权投资企业、外商投资股权投资管理企业。试点企业及试点托管银行的,向市政府、市金融办、前海管理局等机构成员组成的领导小组办公室提出申请。

7.1.2 跨境人民币贷款模式

在现有情况下,国内的跨境人民币业务以前海深港现代服务业合作区和中国(上海)自由贸易区为主,由于不同行业的业务模式不同、不同银行的操作也不尽相同。本部分以融资租赁行业为主体,结合前海合作区和上海自贸区具体情况,对跨境人民币贷款的几种主要模式进行介绍。

一、传统保函模式

保函(Letter of Guarantee, L/G)又称保证书,是指银行、保险公司、担保公司或个人应申请人的请求,向第三方开立的一种书面信用担保凭证。保证在申请人未能按双方协议履行责任或义务时,由担保人代其履行一定金额、一定期限范围内的某种支付责任或经济赔偿责任。

(一)关联企业为融资租赁公司申请保函

在实际的操作中,企业获取保函的方式方法也不尽相同。

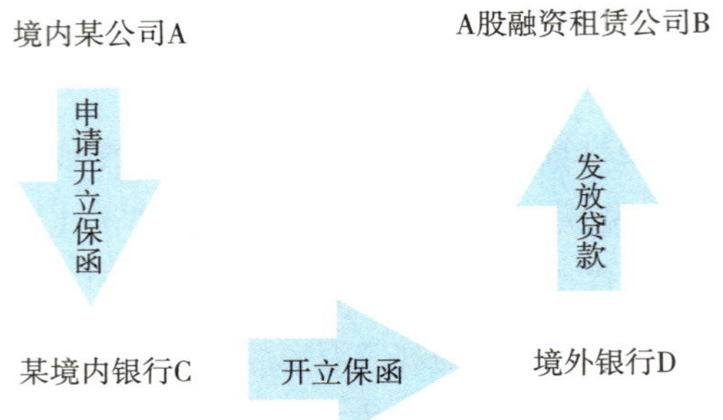

图 7－1　关联企业申请保函模式

资料来源:零壹融资租赁研究中心整理。

如图 7－1 所示,某实力强劲的公司 A 下属设立融资租赁公司 B,B 公司因业务需要,进行跨境人民币贷款,A 公司向境内某银行 C 申请(若 A 企业于 C 银行授信额度不足,可引入境内银行 E 开立保函,该模式为背对背保函),开具境外银行 D 为受益人,B 公司为被担保人的融资性保函,境外银行 D 收到保函后,为 B 公司发放人民币贷款。B 公司将资金用于融资租赁业务。

在这种模式下,主要占用公司 A 在银行的授信。下面以前海某租赁公司 A1 的实际申请过程为例,进行详细介绍。

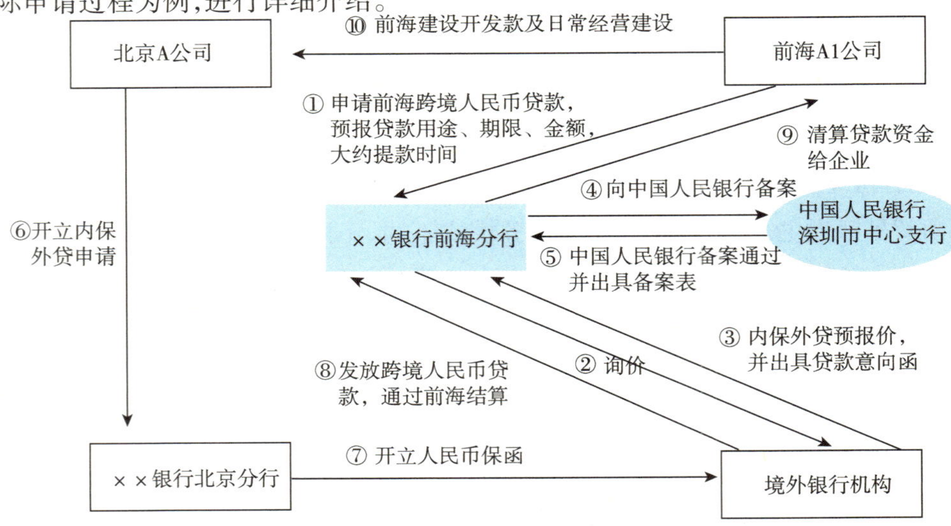

图 7－2　前海租赁公司 A1 操作实例

1. 提出申请:融资租赁企业向境内结算银行提出跨境人民币贷款申请,预报贷款用途、期限、金额及大约提款时间。

2. 海外询价:境内结算行收到申请后,向境外分支机构或合作银行进行询价。境外银行出具贷款意向函。

3. 中国人民银行深圳市中心支行备案:境内结算行收到境外银行出具的贷款意向函之后向中国人民银行深圳市中心支行进行备案,备案通过后出具备案表。

4. 关联企业担保:融资租赁公司的母公司或关联企业向境内结算行提出申请(可将关联企业未使用完的信用额度切分给前海企业使用),将境内结算行开具的人民币保函提交境外银行。

5. 放款:境外银行凭保函向境内结算行发放贷款,通过前海结算。

6. 提款:融资租赁企业提交相关资金用途说明,通过审核后,从境内结算行提款。

(二)融资租赁公司直接申请保函

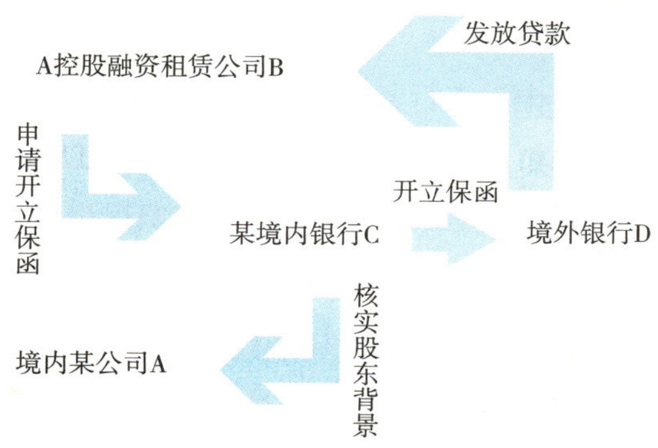

图7-3 融资租赁公司直接申请保函模式

资料来源:零壹融资租赁研究中心整理。

如图7-3所示,某实力强劲的公司A下属设立融资租赁公司B,B公司因业务需要,进行跨境人民币贷款,B公司向境内某银行C申请授信、开立保函,银行C为B公司开立以其为被担保人,境外银行D为受益人的融资性保函,境外银行D收到保函后,为B企业发放人民币贷款。

在这种情况下,融资租赁公司有几种方式可以获取保函,如资产质押(包括不动产、有价证券、银行承兑汇票等其他证券)、关联企业担保等。

若租赁公司选择资产质押方式,其实际业务流程如图7-4所示。

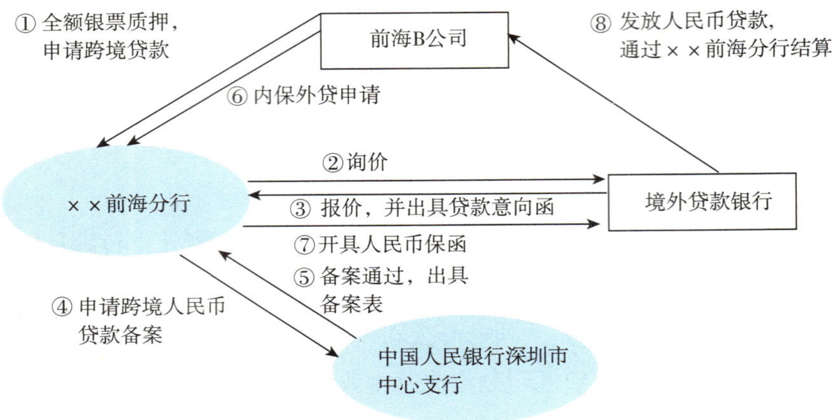

图 7－4　资产质押方式操作实例

1. 提出申请：融资租赁企业将银行承兑汇票全额质押于境内结算银行，以此提出跨境人民币贷款申请。

2. 海外询价：境内结算行收到申请后，向境外分支机构或合作银行进行询价。境外银行出具贷款意向函。

3. 中国人民银行深圳市中心支行备案：境内结算行收到境外银行出具的贷款意向函之后向中国人民银行深圳市中心支行进行备案，备案通过后出具备案表。

4. 提出担保申请：融资租赁企业以全额质押的银票提出申请，境内结算行开具的人民币保函提交境外银行。

5. 放款：境外银行凭保函向境内结算行发放贷款，通过前海结算。

6. 提款：融资租赁企业提交相关资金用途说明，通过审核后，从境内结算行提款。

若租赁公司选择关联企业担保方式，其实际业务流程如下：

1. 提出申请：融资租赁企业向境内结算银行提出跨境人民币贷款申请，预报贷款用途、期限、金额及大约提款时间。

2. 海外询价：境内结算行收到申请后，向境外分支机构或合作银行进行询价。境外银行出具贷款意向函。

3. 中国人民银行深圳市中心支行备案：境内结算行收到境外银行出具的贷款意向函之后向中国人民银行深圳市中心支行进行备案，备案通过后出具备案表。

4. 关联企业担保：融资租赁公司的母公司或关联企业向境内结算行提出为融资租赁企业的担保申请，将境内结算行开具的人民币保函提交境外银行。

5. 放款：境外银行凭保函向境内结算行发放贷款，通过前海结算。

6. 提款：融资租赁企业提交相关资金用途说明，通过审核后，从境内结算行提款。

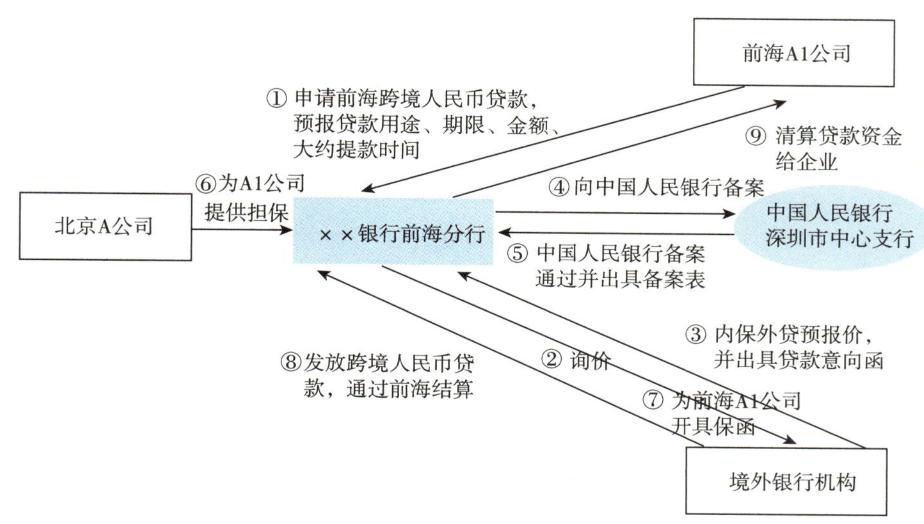

图7－5　关联企业担保操作实例

该模式主要占用融资租赁公司的银行授信额度，股东或关联企业只是为其提供有效担保。

（三）承租人为租赁公司申请保函

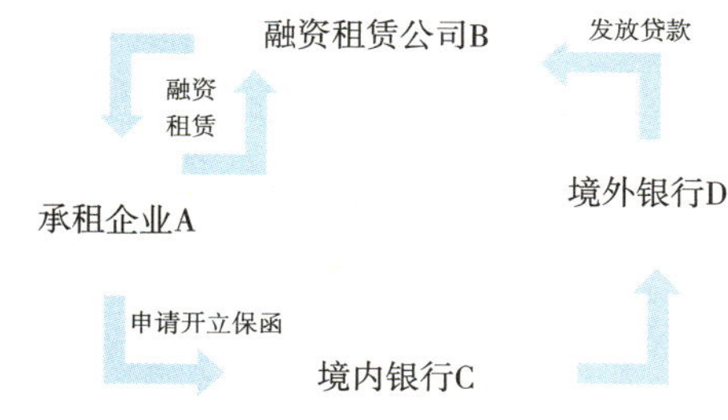

图7－6　承租人申请保函模式

资料来源：零壹融资租赁研究中心整理。

如图7－6所示，承租企业A为了业务需要，向境内银行C申请开立以融资租赁公司B公司为被担保人，境外银行D为受益人的融资性保函，银行D收到保函后，为融资租赁公司B发放贷款，B公司凭借贷款与承租企业A开展融资租赁业务。

该模式是融资租赁企业最常用的模式，因为主要占用是承租人的授信额度。

案例：东江环保股份有限公司（以下简称东江环保）已保证金质押的方式向招商银行深圳景田支行进行申请，开具境外某银行为受益人，深圳市前海花样年金融服务有限公司（以下简称花样年金融）为被担保人的融资性保函，从而使花样年金融获得了境外银行贷款；同时，东江环保与花样年金融签署融资租赁售后回租合同，从而使花

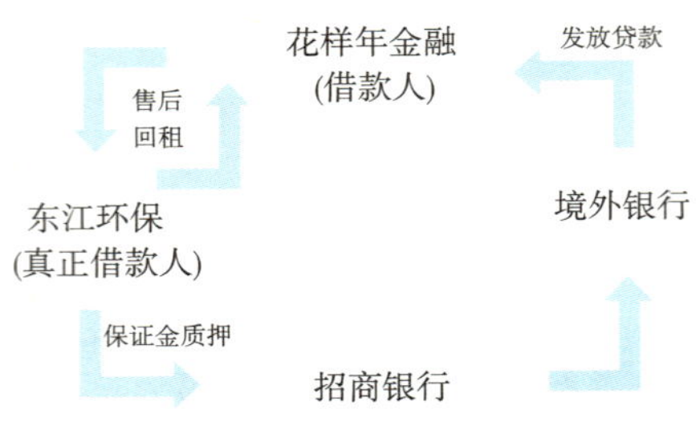

图7-7 东江环保资金通道模式实例

资料来源:零壹融资租赁研究中心整理。

样年金融将获得的贷款以融资租赁款的形式投放给东江环保公司。

在以上案例中,东江环保股份有限公司在境内银行为开具融资性保函,使租赁企业获得境外贷款,并通过与租赁企业的售后回租业务,使境外资金从融资租赁企业流向自身。由此可以看出,真正使用资金的其实为东江环保,此时在整个业务中作为保函中被担保人获得境外贷款的融资租赁企业实为"资金通道",其资金还没捂热,就通过售后回租业务流向了东江环保公司。

二、跨境直接贷款

案例1:中广核国际融资租赁有限公司(以下简称租赁公司)利用前海跨境人民币贷款优惠政策,借助中国农业银行深圳分行和前海分行的力量,与中国人民银行深圳市中心支行跨境办、中国农业银行香港分行进行多轮沟通,成功引入农行香港分行跨境人民币贷款3亿元。

案例2:交银金融租赁有限责任公司通过自贸区子公司与交通银行新加坡分行签署了总计7亿元的跨境人民币境外借款融资合作协议,成为首家成功签约跨境人民币境外借款的非银行金融机构。

案例3:杭州金投融资租赁有限公司与中国工商银行(亚洲)有限公司就跨境直贷项目举行了签约仪式。本次跨境直贷的规模为1.2亿元人民币,期限为28个月,资金成本为年化4.5%,含跨境税综合成本为年化5.15%。

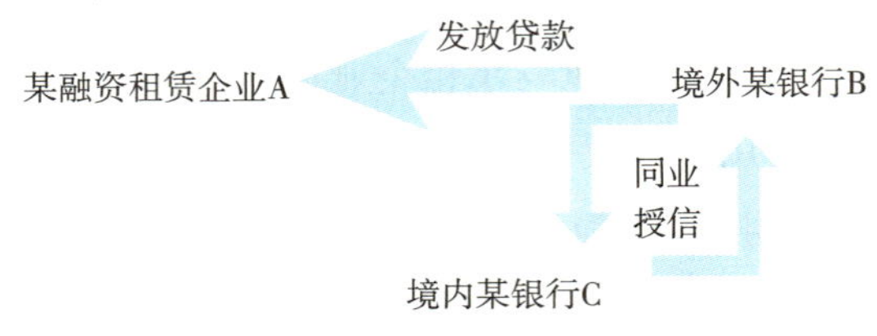

图7-8 跨境直接贷款模式一

资料来源:零壹融资租赁研究中心整理。

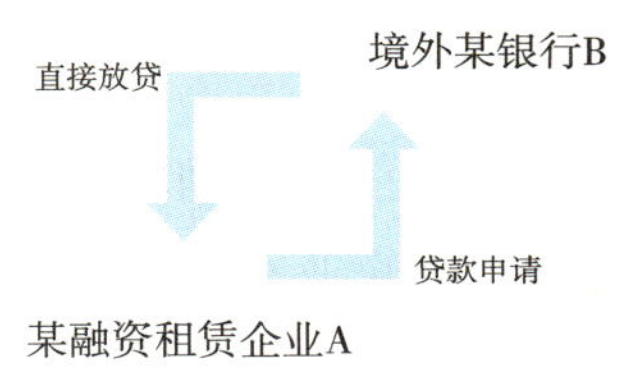

图7－9　跨境直接贷款模式二

资料来源：零壹融资租赁研究中心整理。

以上3个案例均为境内企业直接在境外银行获得人民币贷款，如图7－9所示，融资租赁企业或通过境内银行与境外银行同业授信，境外银行直接占用该公司在境内银行的授信额度；或通过多方资源，使境外银行直接对企业授信发放贷款（一般境外银行均为境内某银行境外分行），均为企业直接跨境人民币贷款的方式。

三、其他特殊形式的跨境融资

（一）在贸易协议下，双方银行共同担保

案例1：中国进出口银行行长李若谷和韩国进出口银行行长李德勋在韩国总统府青瓦台签署协议，由两家进出口银行在“互惠风险参与协议”项下联合向民生金融租赁旗下子公司提供船舶项目贷款。该项贷款用于支持民生金融租赁旗下子公司在韩国大宇船厂订造的3艘18400TEU集装箱船，贷款期限12年，总金额约2.95亿美元，船舶预计将于2015年下半年陆续交付，船舶交付后由民生金融租赁给全球第二大班轮公司地中海航运（MSC）使用。

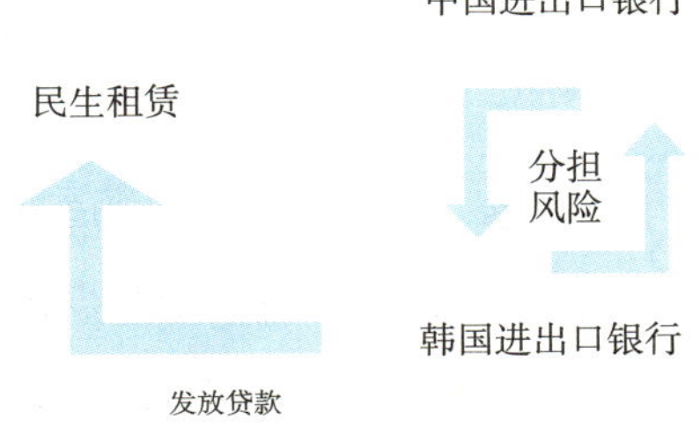

图7－10　双边担保模式

资料来源：零壹融资租赁研究中心整理。

在该案例中，民生租赁由于中韩双方进出口银行“互惠风险参与协议”，获得境外贷款。双方共同分担风险，其中中国进出口银行担保50%的资金。

（二）"外存外贷"

"外存外贷"主要由境内企业境外关联公司向境外放款行存入足够数量的保证金，再通过境外行对境内放款，将企业在境外的资金输入境内。其具体操作模式如图7－11所示。

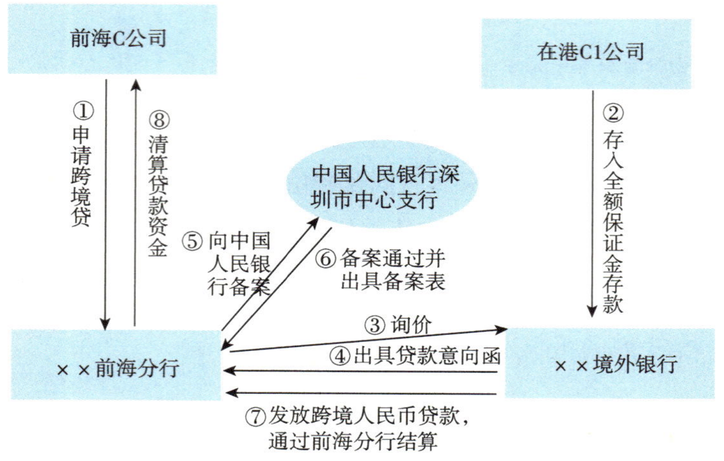

图7－11　"外存外贷"操作实例

1. 境外存款：前海融资租赁企业的境外关联公司因为业务发展积存了大量人民币，将这部分人民币存入境外银行。

2. 提出申请：前海融资租赁企业以境外关联公司存入的人民币存款向境内结算行提出跨境人民币贷款申请。

3. 海外询价：境内结算行收到申请后，向境外分支机构或合作银行进行询价。境外银行出具贷款意向函。

4. 中国人民银行深圳市中心支行备案：境内结算行收到境外银行出具的贷款意向函之后向中国人民银行深圳市中心支行进行备案，备案通过后出具备案表。

5. 放款：境外银行凭保证金向境内结算行发放贷款，通过前海结算。

6. 提款：融资租赁企业提交相关资金用途说明，通过审核后，从境内结算行提款。

在这种情况下，境内银行无须开立保函，仅做结算，因此不收取利息，只收取"通道费"。

（三）同业授信免保函

在境外人民币融资成本持续上升的背景下，传统保函模式的融资成本最高可能接近8%（保函手续费为1%～2.5%，境外银行融资成本为4.2%～4.4%，加上各种税费，跨境贷款实际成本为 5.9%～7.4%）。因此，某银行设计了一种全新的同业授信模式，在这种模式下由于免开保函，可以明显降低企业融资成本。其具体模式流程如下：

前海企业、境内银行 A 以及 A 银行境外分行 B 签订三方协议，企业向银行 A 提出融资需求，并提供抵质押等担保；A 核定信贷额度后，并不开具融资性保函，而是由银行 B 向银行 A 申请占用等额的信用额度，并据此向企业发放贷款。

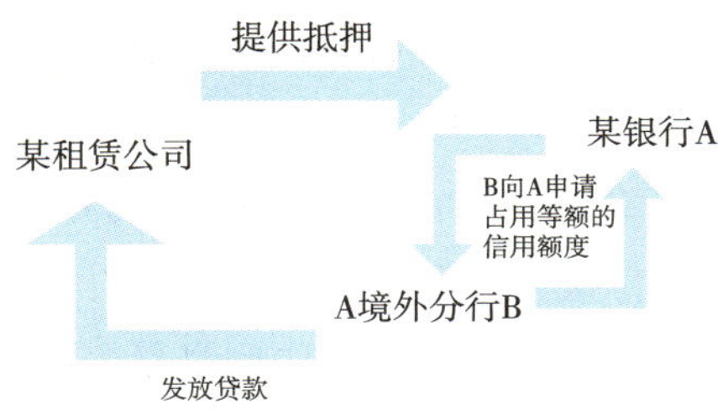

图 7－12　同业授信模式

资料来源：零壹融资租赁研究中心整理。

7.2 重点领域跨境融资政策及典型案例

随着国家对融资租赁行业政策的支持以及租赁行业自身的快速发展，越来越多的融资租赁企业开展跨境业务，以引入海外廉价资金，降低融资成本。融资租赁企业跨境融资的方式主要包括内保外贷、外保内贷、外保外贷等，这些模式主要依托于银行开具融资性保函使融资方获得授信额度；但自 2014 年以来境外人民币利率走高，使融资成本上升，加之用途的限制，导致传统的跨境融资对企业的吸引力逐渐下降；因此前海也推出了新的跨境融资方式“同业授信”，如前海某融资租赁企业 A、境内银行 B、境外银行 C 三方签订协议，租赁企业 A 提出融资需求，向银行 B 申请融资并提供抵质押担保，银行 B 核定信贷额度后并不开具保函，而是由境外银行 C 向 B 银行申请占用等额的授信额度，据此向 A 企业发放贷款。由于在新的模式下境内银行不开具保函，节省了保函手续费，进一步降低了融资成本，但是境外银行也需要承担一定的风险，所以该模式仅限于优质的融资租赁企业。

种种融资模式的不断创新，也使跨境融资应用的领域越来越广泛。重点领域有航空、航运、海工、制造业、医疗、农业、环保以及小微企业等。目前,跨境融资更多地运用于飞机租赁、船舶租赁,其他领域虽有涉及,但并不广泛。

一、航空领域

当前,我国航空领域的跨境融资主要集中在上海自贸区、深圳前海自贸区以及天津自贸区。2014年1月国务院下发《关于加快飞机租赁业发展的意见》,大力支持天津滨海、上海浦东和深圳前海三地为我国飞机租赁先行先试区。其后,深圳也通过了《关于推进前海湾保税港区开展融资租赁业务的试点意见》,放行融资租赁SPV(特殊目的子公司),为飞机租赁提供了更多的海关政策便利,同时还从跨境融资、市场准入等方面对前海发展融资租赁业进行扶持。在众多利好政策的支持下,融资租赁公司利用跨境融资开展飞机租赁的成功案例比比皆是。我国最早的跨境飞机租赁成功案例可以追溯到1980年,中国民航跨国租赁第一架波音747飞机,为跨境飞机租赁奠定了基础。

(1)上海。

就在2014年2月,上海自贸区完成首单金融租赁跨境人民币借款。交银金融租赁有限责任公司通过自贸区子公司与交通银行新加坡分行签署了总计7亿元的跨境人民币境外借款融资合作协议,成为首家成功签约跨境人民币境外借款的非银行金融机构。此次境外借款业务由交通银行新加坡分行安排境外人民币资金,直接向自贸区内的交银租赁子公司提供跨境融资,资金主要用于支持交银租赁航空、航运等专项租赁业务。就在该笔交易完成的同时,2月21日,中国人民银行上海总部颁布了《中国人民银行上海总部关于支持中国(上海)自由贸易试验区扩大人民币跨境使用的通知》,标志着自贸区在跨境人民币方面的多项业务细则落地。

2013年11月,由中国建设银行上海市分行牵头,联动建设银行东京分行并与法国东方汇理银行合作,以"内保外贷"结合法国税务融资租赁模式为东方航空引进一架空客A330-200宽体飞机提供8815万美元融资。此创新模式充分利用法国税务融资租赁结构的税收优惠,优化了境内外分行的参贷结构,同时也降低了客户的筹资成本。

(2)前海。

2014年8月,前海首单跨境贷飞机融资租赁项目顺利完成。深圳前海渤海一号租赁有限公司与顺丰航空有限公司签订飞机融资租赁项目,利用跨境人民币贷款,从香港引入B737-300两架货机,并租赁给顺丰航空,资产总价值约为5000万元人民币。"前海渤海一号"作为跨境人民币贷款的申请主体,由其母公司渤海租赁,向交通银行香港分行申请跨境人民币贷款 3000 万元。为实现跨境贷款，渤海租赁向交通银行深圳分行申请 3000 万元融资性保函，为“前海渤海一号”提供担保。此外，交通银行深圳分行负责跨境贷款的发放和监管。此次跨境飞机租赁业务操作，为国内保税区 SPV 租赁业务创立了新模式、新标杆。

（3）其他。

2011 年 6 月，工银租赁与空客公司签署 42 架 A320 系列飞机订购协议，2012 年 11 月上旬，工银租赁公司与老挝航空公司签署了两架空客 A320 飞机租赁协议，两架正是订单中的第 2 架和第 3 架飞机。这是老挝航空首次以租赁的方式引进飞机，开创了老挝航空飞机引进的新模式。

而早在 2007 年 10 月，工商银行营业部就已涉足法式税务租赁跨境交易，与卢森堡分行内外联动，以法式税务租赁结构为东航引进 A330 双通道飞机共同安排融资，项目由设立在法国的特殊目的公司作为出租人和借款人，拥有租约、飞机抵押等权益。

虽然飞机融资租赁跨境交易已有如此多的成功案例，但是风险仍不容忽视，特别要注意项目成本的控制并及时跟进。在交易前期，了解各项国内外相关法律法规，做好必要的准备工作；交易过程中，控制成本，平衡交易各方利益；交易结束后，做好监管工作，最大限度地降低违约率，减少不必要的损失。

二、航运领域

近年来，船舶融资租赁业务得到快速发展，已经成为仅次于银行贷款的船舶融资主要渠道，给造船和航运行业带来了新的融资机会和创新性的融资模式。但离岸船舶融资租赁业务却依旧发展缓慢，主要原因在于：首先，自 2008 年以来，全球航运业持续低迷，加之航运造船产能双过剩，船舶融资业务受到严重影响，已经成为船舶行业发展的掣肘因素。不过，随着我国对航运金融行业的高度重视，政策支持的力度加大，落实速度的加快，船运行业将进一步回暖。其次，我国当局对离岸业务的限制和外汇管制在一定程度上限制了境内的租赁公司开展跨境船舶租赁业务。再次，国内缺少相关的税收优惠政策也成为境内融资租赁公司扩展该业务的制约因素。最后，我国仍然缺少统一、专门、完善的融资租赁法律监管体系，对融资租赁跨境业务也同样缺乏监管。

即便如此，在经济新常态下，融资租赁企业以及船企也应该及时、有效地把握“一带一路”建设、长江经济带发展、亚太互联互通带来的新机遇，寻求新发展。

在现行的监管体制下，对于境内融资租赁公司开展离岸船舶融资租赁业务有两种可选择的路径：一是在境内保税区设立单船融资租赁 SPV（特殊目的机构）进行运作。2010 年 1 月中旬，中国银监会下发《关于金融租赁公司在境内保税地区设立项目公司开展融资租赁业务有关问题的通知》，该通知所称的项目公司，是指金融租赁公司依照相关法律法规在境内保税地区为从事融资租赁业务而专门设立的租赁项目子公司，即融资租赁公司针对一架飞机或者一艘轮船专门注册成立一家独立的SPV项目公司开展融资租赁业务。二是通过“信赖关系”设立off－shore structure（离岸结构）进行运作。

（1）SPV运作。

2010年5月，交银租赁在洋山保税港区注册了1家集装箱船舶单船租赁项目公司——交银太平洋（上海）船舶租赁有限公司（以下简称交银太平洋）。至2011年4月，交银太平洋的融资租赁项目已落户上海综合保税区并正式落地开展运营。这是我国境内SPV第一单试点运作人民币跨境交易的方式，是在巴拿马登记船舶所有权，并在马绍尔办理光租登记悬挂“方便旗”从事国际航线运输的复合型跨境船舶融资租赁业务。此单业务开创了一种全新的商业模式，在人民币跨境结算、“方便旗”所有权登记和光租登记分离、SPV项目公司与多家融资银行联动等方面都进行了有益的探索和尝试。

（2）离岸结构运作。

离岸租赁又称境外租赁或者域外租赁，是指某一国家的租赁公司在另一个国家（或地区）设立租赁分支机构，作为当地法人在注册所在地国家（或地区）或其母公司所在国以外的任何其他国家（或地区）举办的租赁业务。

由于目前我国针对跨境融资租赁还存在多方面的严格监管及限制，跨境租赁业务大多借助离岸方式，建立“信赖关系”以避开监管开展。

2013年9月22日，东疆实现国内首单跨境跨关区海关异地监管船舶出口租赁业务。一艘载重量为76000吨的散货船“华洋先锋”号在东疆海关申报出口，由如皋海关查验并放行，从江苏熔盛重工有限公司船厂顺利交付离境。该艘散货船由民生金融租赁出租给香港海洋之城航运有限公司，采用“属地申报，口岸验放”的创新通关模式，天津东疆投资服务有限公司负责完成整体通关流程。该模式的顺利实施，搭建起便捷高效的通关平台，大大节省了企业的通关时间、物流成本，为企业带来极大方便。

另外，2014年初，民生租赁在东疆完成了我国第一单、总价7.4亿元的船舶融资租赁出口业务，这是以融资租赁的方式将购买的江苏南通熔盛重工的三艘船租给境外的公司。

三、海洋工程

当今，虽然造船工业处在行业不景气、产能过剩的尴尬阶段，融资遇到困难，但是海洋工程融资却开展得如火如荼,大部分实力型的船舶制造企业也把海工设备定位成未来转型发展的方向。已经有越来越多的融资租赁公司向海工租赁发展,即使海工装备产业的发展落后于船舶融资租赁。2013 年,工银租赁对航运企业的资金投放为 110 亿元,至 2014 投放计划增至 190 亿元,这些资金大部分都会投向海洋工程领域。

目前,涉足海工设备领域的租赁公司大都是银行系金融租赁公司,原因在于海工装备租赁所需资金数额庞大,资金投入周期较长,资金占用量大,需要借助于银行提供的资金支持。

中国船舶工业集团公司于 2012 年 6 月在香港注册成立了中国船舶(香港)航运租赁有限公司。2014 年 1 月,中船租赁已经与上海外高桥造船有限公司签订了 2 座 CJ46 型自升式钻井平台建造合同。

此外,2013 年 4 月,工银租赁与法国波邦达成协议,为后者提供为期 10 年的海工船售后回租业务。第一阶段,工银租赁计划斥资 15 亿美元购买波邦旗下的 51 艘海工船,包括现役和在建船舶,然后以光船租赁方式回租给波邦。为了更好地完成此次交易,同年 11 月,中国进出口银行与工银租赁签署了 10.05 亿美元的融资协议,为其提供资金支持。2015 年 2 月,工银租赁与新加坡 EOC 公司签署合同,以 2 亿美元的价格从后者购入 1 艘 2007 年建造的起重铺管船,然后回租给 EOC 公司,租期 10 年,期间 EOC 公司拥有回购的选择权。

2014 年 11 月 6 日,民生金融租赁以融资租赁方式与印度尼西亚第一大钻井承包商 Apexindo 公司合作的 400 尺自升式钻井平台“Tasha”顺利交付,并在香港与船厂、承租人完成交接,登记成为该平台船东。该项目是国内租赁业首个全国际化运作自升式钻井平台:运用国外资金、国内公司承建、国外公司承租,将国内先进海工制造业推向国际市场。

四、环保

近年来,环境污染加剧,各地空气质量下降,雾霾天数增多,水污染严重,国家对环境污染情况愈加重视,并给予了政策和税收上的鼓励和支持。2015 年 1 月 1 日,被称为“史上最严”的新环保法正式实施,钢铁企业面临着新的考验。但是,一些环保设备的引进需要大量的资金,大部分中小企业可能无力负担,所以,新环保法也给环保设备融资租赁带来了新的契机和市场。不过,这种方式对租赁公司本身也有要求和制约,如钢铁行业的除污、排污设备,制造费用过于庞大,按照目前的装备水平,若要使钢厂达到新的环保标准,必须实施环保改造,仅除尘器提标改造、烧结烟气综合治理、转炉煤气净化、粉尘控制改造、烧结(球团)脱硫改造和废水治理 6 大类就需要几十亿元,甚至上百亿元的投资，这对于大部分融资租赁公司来说，并没有为钢铁企业提供完整净化装备的实力。相对于其他行业，环保设备融资租赁则具有相当的竞争力，如清洁能源领域等。

2014 年 6 月底，中广核国际融资租赁有限公司利用前海跨境人民币贷款优惠政策，成功从中国农业银行香港分行引入跨境人民币贷款 3 亿元。之前，中广核租赁已通过外商投资公司外债额度，在华盛公司支持下，引入境外人民币贷款 1.5 亿元。

此外，2014 年 5 月，前海融资租赁产业第一笔跨境贷由前海迈石资本融资租赁有限公司完成，跨境贷服务的客户为上市公司东江环保股份有限公司，贷款保函由中信银行深圳分行出具，放款银行为境外的香港永亨银行，贷款金额为 1.2 亿元。此款已实际到账。

五、工程机械设备制造

在我国的融资租赁行业发展壮大之前，国内融资租赁发展的领域主要集中于航空和航运领域，近几年随着我国融资租赁行业的发展，越来越多租赁公司的注册成立，融资租赁市场渗透率的增长，融资租赁业务也在不断扩展，跨境租赁的业务范围从之前单一的引进已经转向引进和出口双向发展，特别是工程机械设备的跨境出口租赁业务正在不断发展、壮大。我国已经成为制造业大国，不乏一些实力雄厚、技术先进的机械设备生产厂商，厂商系融资租赁公司也在尝试借助融资租赁的方式支持这些股东制造产品“走出去”，如中联重科融资租赁有限公司、中恒国际租赁有限公司、中集融资租赁有限公司等，让“中国制造”走向世界。

2014 年 7 月 30 日，工银金融租赁有限公司与华能澜沧江水电有限公司在云南昆明正式签约，为柬埔寨桑河二级水电项目提供跨境设备租赁，开创了金融租赁支持中国电力企业项目海外项目建设的新模式，翻开了中国企业携手中国金融租赁一起“走出去”的新篇章。

第 8 章

理事案例

8.1 渤海租赁股份有限公司

渤海租赁股份有限公司(证券代码:000415)成立于 1993 年,2011 年 7 月完成重大资产重组后成为中国 A 股市场唯一的上市租赁公司。

渤海租赁已经发展为领先的国际化综合租赁产业集团和全球最大的集装箱租赁服务供应商,旗下拥有 7 家成员公司。渤海租赁以上市租赁公司为管控中枢,充分利用中国上市公司、中国大陆地区不同牌照的业务平台、海外租赁公司等平台资源,综合利用境内外资本市场,通过业务模式创新、租赁资产交易、兼并收购等手段,借助上市公司资本运作和全球资产整合能力,实现融资租赁业务与经营租赁业务、国内业务与海外业务的平衡发展。2015 年以来,渤海租赁先后入资渤海人寿保险股份有限公司、联讯证券股份有限公司,初步构建起以租赁业为基础,多元金融业态共存的大型金融控股集团。

公司以飞机租赁、集装箱租赁、基础设施租赁、高端设备租赁为主要业态,建立了境内以天津自贸区、广东自贸区、上海自贸区、皖江城市带等国家重点扶持经济特区为中心,境外以中国香港、新加坡、旧金山为中心,辐射中国内地及全球各大洲的租赁产业区域布局。

【经营情况】截至 2014 年 12 月 31 日,公司注册资本为 17.74 亿元,总资产规模达到 677.21 亿元。2015 年 6 月,公司再次增资,注册资本从 17.74 亿元变更为 35.48 亿元,法定代表人变更为汤亮。

2015 年初,渤海租赁利用下属全资子公司 Global Sea Containers Ltd.,顺利完成与 CHC 的股权交割,成功以近 7 亿美元的价格收购了全球第八大集装箱租赁公司 Cronos 80% 的股权以及 CHC 对 Cronos 的 2588 万美元债权。此次收购标的 Cronos 是全球领先的集装箱租赁公司之一,拥有并管理超过 82.3 万 TEU 的标准集装箱,业务网络覆盖六大洲。交易完成后,按 TEU 计算,公司拥有集装箱量将超过 313 万,位列全球第 1 位,市场占有率达 15.2% 。

拥有金融租赁、融资租赁及经营租赁全牌照的渤海租赁继续加大其境外业务拓展力度。公司于 2011 年确立全球化国际租赁发展战略之后,2012 年收购了全球领先的飞机租赁商 HKAC 公司 68.78% 的股权;2013 年收购了全球第六大集装箱租赁商 Seaco SRL 公司 100% 股权。此次收购 Cronos 完成后，渤海租赁国际集装箱租赁业务网络将覆盖全球六大洲，有能力服务全球 80 多个国家的近 500 个客户。此外，渤海租赁还将成为全球最大的多元化集装箱租赁公司之一，特别是冷藏箱和特种箱的数量将处于行业首位。

表 8－1　渤海租赁 2010—2014 年财务数据表　　单位：元

财务指标	2014 年	2013 年	2012 年	2011 年	2010 年
总资产	67720684000	57125361000	30002635302.17	27221826165.31	18615471165.31
总负债	55122577000	48739758000	20429316306.87	16823810653.47	10085901653.47
净资产	12598107000	8385603000	9573318995.30	10398015511.84	—
融资租赁资产	—	—	17439001305.76	12536756971.09	7251019442.96
经营租赁资产	—	—	8441623000.00	—	—
营业收入	6851955000	6376492000	2491838795.76	2062786138.92	576889037.39
营业利润	1234478000	1452167000	753778741.72	623122766.85	255687791.02
利润总额	1400391000	1620715000	832716146.88	660906326.61	338327275.28
净利润	1178644000	1333844000	630820520.04	513156861.24	251895945.24

表 8－2　渤海租赁 2014 年主要子公司、参股公司情况说明

公司名称	注册资本/实收资本	总资产	净资产	营业收入	营业利润	净利润
天津渤海租赁有限公司	6260850	67691927	8657149	6851954	1471415	1249667
皖江金融租赁有限公司	3000000	18030435	3734944	1212397	548784	413647
香港渤海租赁资产管理有限公司	547917861.00 美元	19172139	1565464	3163965	417809	404583
横琴国际融资租赁有限公司	10000000.00 美元	261394	61806	18572	2739	1972
香港航空租赁有限公司	2362627445.00 港元	14010581	3608072	1307505	224227	248544
Seaco SRL	113230095.00 美元	18927087	5208131	3168959	670547	653706

注：未标明币种的数字为千元人民币。

8.2 工银金融租赁有限公司

工银金融租赁有限公司（以下简称工银租赁）成立于 2007 年 11 月 28 日，为中国

工商银行全资子公司，注册在天津滨海新区，是国务院确定试点并首家获银监会批准开业的银行系金融租赁公司。成立之初，工银租赁注册资本为 20 亿元，2009 年增资至 50 亿元，2012 年增资至 80 亿元，2014 年增资至 110 亿元，成为注册资本最高的融资租赁公司。

【经营情况】截至 2014 年末，工银租赁境内外经营总资产 2356 亿元，较年初增长 29.63%；租赁资产余额 2105 亿元，较年初增长 22.87%；营业收入 128.24 亿元，同比增长 17.07%；净利润 28.19 亿元，同比增长 22.64%；ROE 为 17.45%，ROA 为 1.35%。经过 7 年的发展，工银租赁已成为国内资产规模最大，最具盈利能力、创新能力和市场领导力的租赁企业。截至 2014 年末，公司拥有和管理的飞机已超过 420 架，其中已交付运营的商用飞机 213 架；管理船舶和海工资产 288 艘/台；各类大型设备约 3 万台/套。

截至 2014 年底，工银租赁共设立 39 家单一项目公司，这些项目公司分布于东疆、象屿、都柏林、马绍尔、天津中新生态城、中国香港、新加坡等地，累计资产规模达到 268.3 亿元。

2014 年工银租赁的国际评级进一步提升，在 2014 年度评级更新中，标准普尔进一步上调工银租赁中长期评级至 A，该评级与工商银行母行评级保持一致。穆迪将公司主体的中长期评级调高一级至 A2，短期债务评级升至 P1，该评级结果高于一般股份制银行。

表 8－3　工银租赁 2008—2014 年财务数据表　　单位：亿元

财务指标	2008 年	2009 年	2010 年	2011 年	2012 年	2013 年	2014 年
总资产	119.11	330.64	559.09	839.69	1335.41	1817.73	2356.35
总负债	97.97	276.86	499.35	771.29	1225.45	1684.95	2166.05
融资租赁资产	102.43	301.78	518.81	767.38	1106.41	1315.16	1397.98
经营租赁资产	—	13.23	24.97	39.23	147.50	331.58	636.59
营业收入	5.54	11.83	28.68	49.74	77.05	109.54	128.24
营业净收入	3.23	6.63	15.98	18.09	22.35	44.97	44.47
利润总额	2.77	2.30	8.10	11.72	15.64	30.69	37.13
净利润	2.08	1.72	5.86	8.63	11.40	22.98	28.19
ROA(%)	3.00	0.77	1.32	1.61	1.04	1.45	1.35
ROE(%)	9.90	5.67	10.32	19.10	12.76	18.93	17.45
租赁业务投放额	105.31	202.61	342.58	308.44	480.78	675.00	775.00

续表

财务指标	2008 年	2009 年	2010 年	2011 年	2012 年	2013 年	2014 年
直租业务比例(%)	—	33	39	39	33	32	28
回租业务比例(%)	—	67	61	61	67	68	72
不良资产率(%)	0	0	0	0.83	0.60	0.73	0.60
租金回收率(%)	100	100	100	99.16	99.99	98.56	98.27

【业务特色】2014 年,工银租赁坚持走“专业化、市场化、国际化”的发展道路,加大国际国内市场开拓力度,不断提升管理水平,有效控制各类风险,资产质量保持优良,经营效益稳步提升,行业领军地位更加稳固。工银租赁向着“建设世界一流金融租赁公司”的目标迈出了坚实的步伐。

2014 年,工银租赁的航空、航运特色业务持续快速发展,资产占比达到 53%,首次超过 50%。

航空业务继续突飞猛进,全年新增投放 276 亿元,飞机租赁资产余额达 730 亿元,占工银租赁全部租赁资产的 1/3,排名进入全球前十。随同习近平主席、李克强总理完成多次高访签约,成功开拓了印度、巴西、俄罗斯和非洲市场。

航运业务实现大发展,全年实现投放 213 亿元,新增投放超过了历史存量,海工及高端船舶资产占比超过 50%。海工业务积极拓展拉美等新兴市场,首次进入了深水装备领域,完成 2 个深水钻井平台的交付;传统航运以高技术、高附加值船型为代表的超巴拿马型集装箱船、大型气体运输船等资产规模占比不断提升;结构性租赁、联合投资等产品不断完善,帮助客户提升核心竞争力,项目收益进一步增加;工银租赁航运租赁业务有力地支持和带动了国内造船行业的转型升级和“走出去”,促进了国内高端航运与海工装备的研发和建造。

设备租赁专业化水平不断提升,业务共投放 275 亿元,有力支持了实体经济的发展,并在专业化发展方面取得了可喜的进步。链式租赁取得阶段性成果。与东方电气等 4 家大型制造商实现了多笔租赁业务投放,贯通了产业链上下游,提升了在大型设备租赁领域的市场影响力;清洁能源装备租赁发展迅速,打造了绿色租赁品牌。2014 年能源类项目新增投放中新能源设备投放占比近 50%。跨境租赁业务取得突破。先后实施了华能澜沧江柬埔寨水电项目、华为匈牙利电信经营租赁项目,为今后进一步支持中国企业“走出去”提供了宝贵经验;开拓了同业代理业务的新渠道;以“租赁公司的租赁公司”为基本模式,成功开展结构化租赁业务,加速大型设备租赁的国际化融资。

私人租赁业务发展基础基本奠定。以私人飞机和游艇为切入点,拓展了稳固的客户基础，私人飞机和游艇业务发展初具规模。截至 2014 年底，累计完成 16 架/艘私人飞机及游艇业务，金额达 36 亿元。

【业务模式创新】工银租赁注重发展的质量和可持续的增长能力，压缩高资本消耗业务，大力发展经营租赁、资产投资、管理咨询等业务，加快向资产投资型和资本节约型转变，积极开辟新业务增长点和多元化收益来源，改变依赖租息差为盈利主要来源的经营模式，实现增长速度、规模、结构、质量、效益的协调统一。

面对复杂的经营环境，工银租赁根据全球经济及国内资产交易市场发展程度，有针对性地发展并适度控制经营租赁比例；积极盘活存量资产，努力做大资产交易规模；尝试将资产支持证券、信托投资计划等投资品种引入租赁业务中，构造符合资本市场需求的投资性租赁产品。

同时，工银租赁一直将稳健经营、发展质量放在公司经营的首要位置，坚持“稳健审慎、锐意创新、价值创造、风险可控”的基本原则，构建包含风险管理组织架构、项目集体审议与决策机制和流程、全面风险管理体系、项目风险预警体系，以及内控管理体系在内的全方位管理体系，统筹管理信用风险、资产投资风险、流动性风险等各类风险。公司全面风险管理体系也与集团风险体系有效衔接，形成集团并表指导下信息共享与协同合作的风险管控模式。

【商业模式创新】工银租赁以保障资产安全和实现资产保值增值为工作目标，按照资产管理“全流程、全覆盖、全周期”和“专业化、精细化、规范化、标准化”的工作要求，积极探索创新资产管理工作模式，不断提升资产管理的专业性和有效性。2014 年，公司根据业务的专业化分工，研究实施了租赁资产分类管理，制定并发布了船舶、飞机、能源装备、轨道交通、城市基础设施等资产管理细则，对资产购置与起租、权属管理、物理与技术管理、价值管理、保险管理及租期检查等方面进行了明确规定，奠定了资产专业化、规范化管理的基础。从源头开始，资产管理前移，严把租赁物审核关和系统录入的规范。强化权属管理，对飞机、船舶、设备资产都及时完成租赁物权属登记，切实维护公司权益。通过自主检查和委托第三方专业机构的方式，进一步加强租期管理的针对性和有效性。不断完善船舶、飞机资产管理系统，研究开发设备资产管理系统，充分利用系统功能，加强对租赁资产的实时监控、动态管理和非现场监测，实现精细化管理。

工银租赁加强主动负债，优化融资结构，拓展多元化的融资渠道，创新融资模式，推出可复制、可持续的融资产品，多策并举降低融资成本，不断提高运用金融工具的能力，投资、经营金融资产，为业务发展持续提供低成本的资金支撑。

【营销模式创新】2014 年，工银租赁加深与国家战略的协同，发挥租赁紧密联系实体经济的独特优势，积极服务于“一带一路”“走出去”、建设海洋强国、发展战略性新兴产业等国家战略。公司伴随国家领导人出访非洲、南美、印度、欧洲等地区，开展了一系列涉及多个领域具有国际影响力的重大项目，多次参加高访见证签约，成为中国金融租赁业“走出去”的典范。7 月，正值国家主席习近平访问巴西期间，工银租赁签署了飞机购机协议，这是公司配合国家战略，支持我国从商品输出向资本输出、从贸易大国向投资大国过渡的一次重要实践。7 月，工银租赁为华能澜沧江柬埔寨桑河二级水电项目提供跨境设备租赁，翻开了中国企业携手中国金融租赁一起“走出去”的新篇章。10 月，在李克强总理访欧期间，工银租赁 4 天内先后在德国、俄罗斯、意大利签署三项重要合作协议，涉及航空、航运、海工等多个领域。

工银租赁积极推动传统产业优化升级，大力支持国际产能合作。2014 年 11 月，工银租赁为天津天纺投资控股有限公司成功办理了 1200 台纺织机械设备融资租赁业务，支持天纺投资向东南亚国家转移产能。这体现了工银租赁在支持国际产能合作、促进产业技术升级方面发挥了积极的作用。

【2014 年度大事件】

1 月，“李克强总理到工银金融租赁公司调研”入选 2013 年中国银行业十大事件。

3 月，工银租赁与俄罗斯第二大航空公司洲际航空签署提供 6 架空客 A321 飞机协议。

3 月，工银租赁与南京公交集团签署 6.8 亿元人民币融资租赁合同。

4 月，工银租赁与中国东方公务航空服务有限公司签署公务机业务合作备忘录。

4 月，工银租赁通过创新的联合租赁业务模式向东方航空交付 1 架空客 A319 飞机。

5 月，工银租赁创新引用美国进出口银行担保，向印度尼西亚鹰航完成飞机交付。

5 月，工银租赁向中海油服交付一座 SuperM2 自升式钻井平台“海湾钻探者 1 号”。

5 月，工银租赁与俄罗斯交通运输租赁公司签署 8 亿美元框架合作备忘录。

5 月，工银租赁与埃塞俄比亚航空公司签署合作备忘录。

6 月，工银租赁向中海油服交付自升式钻井平台“凯旋一号”。

6 月，工银租赁与希腊利博瑞集团签署 4.6 亿美元项目及合作框架协议。

7 月，工银租赁与华能澜沧江水电正式签约，为柬埔寨桑河二级水电项目提供跨境设备租赁。

7 月，工银租赁与巴西航空工业公司签署 11 亿美元购机协议。

9 月，工银租赁与英国 Golar 公司签署价值 8.16 亿美元的合作备忘录。

9 月，中国工商银行、中国农业银行、工银租赁、农银租赁四方共同签署《金融租赁战略合作协议》。

10 月，工银租赁先后在德、俄、意三国签署航空租赁、集装箱船与海工服务高端业务以及邮轮租赁三项重要合作协议。

10 月，工银租赁与北京红十字会合作引进的国内首架专业航空医疗救援直升机正式起航。

11 月，工银租赁为天津天纺办理纺织机械设备融资租赁业务，支持中国企业“走出去”。

11 月，工银租赁与北京市天云听力言语康复训练中心师生共同举办“工银租赁携手共建爱心捐助”活动。

11 月，工银租赁与中东银团签署 5 亿美元银团贷款协议。

8.3 海通恒信国际租赁有限公司

海通恒信国际租赁有限公司（以下简称海通恒信）成立于 2004 年 7 月 9 日，为海通证券股份有限公司全资子公司，注册在上海市黄浦区，注册资本 5.23 亿美元，是在华的外资租赁公司中资本金最雄厚、最具规模的公司之一。公司总部设立在上海，9 个办事处分别设立在北京、深圳、广州、成都、重庆、郑州、济南、武汉和沈阳，截至 2015 年 5 月底，公司总资产逾 260 亿元人民币。2014 年公司全年销售额为 141 亿元人民币，客户累计超过万家，遍布中国 300 多个城市，包括上市和非上市企业以及公共事业单位。

自 2009 年以来，经过 5 年多的发展，海通恒信的资产规模从最初不到 20 亿元人民币发展到至今已突破 260 亿元人民币，年复合增长率超过 60%，公司员工从最初的几十人发展至今已经超过 600 人。

【业务特色】海通恒信主要采用专注于设备所在行业和领先供应商的独特双轨业务模式，经过仔细筛选，海通恒信目前专注于目标行业发展，并与这些行业内领先的设备供应商建立了深入良好的合作关系。其中，教育、医疗、印刷包装和机械加工是 4 个“核心行业”，在各个核心目标行业均处于市场领先地位，体现了公司业务模式的优越性。海通恒信除在保持传统设备租赁业务方面继续发展外，在工业、电子、节能环保、智慧城市、交通物流及农业食品等新领域也大力开拓，并与优秀的设备制造商合作，大力开拓多元化设备融资租赁业务。

海通恒信注重专业化运营，强调风险管理，自 2009 年至今每年的不良资产率均在 1% 以内，与同业相比都处于标杆位置。海通恒信自主开发出的世界一流水平的商业化运营平台采用国际最佳实践并结合中国本土租赁行业的特点，成功支持了公司近年来的快速发展，近 5 年销售额及净利润复合增长率均超过 60%。公司采用全球最佳实践并结合中国融资租赁市场特点的业内领先的信用风险管理体系，是目前融资租赁市场风险定价的领先者。公司的信用风险管理流程非常完善，既可以用在租赁项目前期审核，又可以运营在信用审核后继续进行严格的风险管控，各个阶段均执行严格的子流程，从公司稳健优质的资产质量可以反映出海通恒信风险管理流程的执行非常到位。

公司经营多元化的租赁平台，租赁资产在行业、客户类型及产品构成方面均衡分布，公司致力于与财务表现稳健、品牌知名度高、技术成熟且售后服务质量水平较高的行业领先供应商建立长期合作关系，以确保租赁设备的质量和再销售价值，并最终提高公司的资产管理能力。

【多元化融资】海通恒信作为独立第三方融资租赁公司，融资能力逐年不断提升，融资实力得到国内及国际市场的认可。2010 年 6 月，海通恒信和交通银行等三家国有商业银行签订协议，首次获得以交通银行上海市分行为牵头行的 16 亿元人民币中长期银团贷款，该协议的签署，标志着我国银行业和融资租赁公司在服务中小企业方面发挥各自优势，进入了实质性合作。2011 年 9 月，海通恒信分别完成了中行银团 20 亿元人民币及国开行银团 12 亿元人民币的签署，合作银行由原先最早的 3 家发展到 7 家。2012 年 2 月，海通恒信完成了台湾 8000 万美元定期银团贷款，成为其首宗海外银团贷款，也成为首宗由国内租赁公司在台湾完成的银团贷款，开国内融资租赁公司在国际市场融资的先河。2012 年 9 月，海通恒信再次完成香港离岸人民币 11.45 亿元定期银团贷款，成为市场上当时最大的定息离岸人民币或“点心”贷款，也是首次由中国的非银行金融机构完成的离岸人民币银团贷款，此次海通恒信合作的银行由国内商业银行拓展到了海外中国工商银行（亚洲）有限公司、渣打银行（香港）有限公司和美国银行。同年 9 月，海通恒信还完成了国内中信银行银团 4.5 亿元签署。2013 年上半年，海通恒信分别完成了工商银行银团 30 亿元及浦发银行银团 8 亿元的签署，国内合作银行进一步扩展到 13 家，自此海通恒信与国内国有银行及股份制银行的全面合作进入了新的阶段。

2014 年，海通恒信的融资渠道继续拓宽、融资规模不断扩大。在境内，海通恒信分别在 7 月与 9 月完成了 33 亿元交行银团与 33 亿元工行银团的组建;在境外,海通恒信又分别在 5 月与 12 月完成了 1.23 亿美元渣打银团与 1.52 亿美元汇丰银团的组建。除了继续加大与银行的间接融资合作,海通恒信还在海通集团的支持下,尝试境内外直接融资。一方面,海通恒信在境内银行间市场注册了 8 亿元中期票据额度,并于 11 月发行了第一期 4 亿元人民币。另一方面,海通恒信在境外成立总额度为 10 亿美元的 MTN 计划,并于 5 月与 9 月分别成功发行 5 亿元人民币和 16 亿元人民币的“点心债”,这表明海通恒信进一步获得了直接融资市场投资者的认可。

2015 年,海通恒信境内主体评级提升至 AA +,并继续积极拓展境内外融资渠道与产品。5 月,海通恒信首单资产证券化产品——海通恒信一期资产支持专项计划正式挂牌成立,13.62 亿元的总规模也成为到目前为止发行规模最大、在上交所挂牌转让的租赁债权资产证券化产品。6 月,海通恒信在香港成功发行了 10 亿元人民币的“点心债”。同时,上半年,海通恒信积极筹建境内外银团,分别完成了境内 17 亿元上海银行银团与境外 8000 万美元玉山银团的组建,其中,玉山银团是海通恒信的首只纯信用银团,标志着海通恒信迈出了无抵押无担保融资的第一步,获得了市场的广泛认可。下半年,由工商银行组建的海通恒信主体银团以及中国银行组建的海通恒信自贸区公司银团也将陆续推出,为满足下半年以及 2016 年不断增长的资金需求奠定了坚实的基础。

8.4 民生金融租赁股份有限公司

民生金融租赁股份有限公司(以下简称民生租赁)成立于 2008 年 4 月,是经中国银行业监督管理委员会批准设立的首批 5 家拥有银行背景的金融租赁企业之一,为中国民生银行控股子公司,目前注册资本为 50.95 亿元人民币,注册地在天津市,实际办公地点在北京市。

民生租赁是国内仅有的几家资产规模突破 1000 亿元的金融租赁公司之一,资产规模与创利水平稳居行业第一梯队,资产收益率、净资产收益率等运营效率指标名列前茅,是亚洲最大的公务机租赁公司和国内领先的船舶租赁公司。近年来,公司还大力拓展商用飞机、节能环保、医疗设备、新能源汽车、电子信息等领域,资产结构不断优化,风险控制更加有效。

民生租赁的公司治理结构和内部管理机制日臻完善，在业务创新、人才培养等方面都处于同业领先水平，凭借优质的客户服务、稳健的经营管理和良好的经营业绩，现已发展成中国境内极具品牌影响力的专业租赁机构。民生租赁获得了经中国人民银行认可的专业信用评价机构“AAA”债项和主体信用评级，并在《金融时报》与中国社科院联合举办的中国金融机构金牌榜评选中，连续多年获得“年度最佳金融租赁公司”殊荣和多家机构授予的荣誉，得到了社会各界的广泛认可。

【经营情况】截至 2014 年末，公司资产总额为 1287 亿元，银行融资余额约 1043 亿元；全年实现营业收入 30.56 亿元，实现净利润 18.10 亿元。资本充足率为 9.88%，不良资产 9.70 亿元，不良率 0.97%，拨备余额 24.97 亿元，拨贷比 2.50%，拨备覆盖率为 257.41%。

公司拥有飞机 304 架，其中公务飞机 193 架（含融资租赁 97 架），商用飞机 28 架，通用飞机 61 架，直升机 22 架；拥有船舶 324 艘，其中散货船 129 艘，集装箱船 21 艘，油轮、化学品船 7 艘，渔船 132 艘，特种工程船 22 艘。

表 8-4　民生租赁 2009—2014 年财务数据表

财务指标	2014 年	2013 年	2012 年	2011 年	2010 年	2009 年
总资产（亿元）	1286.74	1115.61	960.98	611.93	414.92	235.44
融资租赁资产（亿元）	1000.42	930.03	836.15	513.53	353.86	193.01
经营租赁资产（亿元）	214.92	135.41	101.02	68.21	55.43	31.47
总负债（亿元）	1167.35	1014.38	876.06	539.29	375.39	200.85
营业收入（亿元）	90.76	84.75	65.22	44.72	24.13	9.34
营业净收入（亿元）	30.56	35.90	28.67	20.46	12.79	6.42
利润总额（亿元）	24.70	22.11	16.33	11.48	6.68	2.25
净利润（亿元）	18.10	16.48	12.21	8.52	4.99	1.61
租赁投放金额（亿元）	517.28	516.59	582.61	359.20	286.23	185.31
直租项目投放金额（亿元）	92.53	87.53	132.85	132.08	164.67	38.46
不良资产率（%）	0.97	0.60	0.42	0.00	0.00	0.00
租金回收率（%）	96.58	96.62	98.23	99.65	100.00	100.00
加权平均净资产收益率（ROE）（%）	16.42	17.71	15.49	19.47	13.47	4.76
总资产净回报率（ROA）（%）	1.50	1.59	1.55	1.66	1.53	1.06

【业务特色】2014 年，民生租赁面对经济下行的较大压力，确定了调整提升的工作总基调，充分发挥租赁特色，加快实现资产业务的转型，减少散货船、煤炭、公务机等业务的资产配置，形成以商用飞机、海工设备、医疗、电子设备为主的公司新的业务增长点。

船舶方面均衡布局：在商船板块，降低散货船和增加集装箱船、邮轮资产配置同步进行，船舶资产配置日趋均衡，抗风险能力稳步加强。

飞机方面双向发展：在公务机板块，及时调整产品定位和营销客户群，重点开拓新兴崛起的消费、医药、文化、IT 等第三产业客户群。在商用飞机板块，用一年时间将机队规模扩大至28 架，涉及8 个国家及地区的11 家航空公司，并荣获国际航空金融年会颁发的"中国年度交易大奖"。

资产配置迅速向以租赁物为核心调整：在设备板块，逐步优选和开拓细分市场，新型业务增长迅速，取得阶段性进展。成功开发了公立三甲医院、出租车、新能源公交车、ATM 设备、IDC、数据中心和三网融合设备等特色业务，业务模式日渐成熟，成为公司业务新的增长点。

负债业务向经营资金转型：逐步推进负债业务从单纯融资向经营资金转型。2014年7 月，作为中国国家主席习近平和韩国总统朴槿惠见证签署的唯一商业项目，公司在韩国大宇船厂为地中海航运订造的3 艘18400TEU 超大型集装箱船项目，获得了中韩两国进出口银行"互惠风险参与协议"项下的3 亿美元联合贷款支持。以此为契机，加强与韩国金融机构的合作，已与韩国产业银行、韩国外换银行、韩国友利银行签署内保外贷5000 万美元贷款协议，与韩国信保就三星2 艘9400TEU 集装箱船项目签订贷款意向函。

【未来工作思路】民生租赁积极应对利率市场化和中国经济"新常态"带来的新机遇、新挑战，围绕公司重点战略目标，进一步调整资产负债结构，培育新的增长点；强化成本控制，提升商业模式；加强内控合规建设；全面推进改革创新，重塑市场竞争力。

一是抓住经济转型机遇，支持传统产业转型升级。

抓准传统产业的转型升级机会，如传统能源向高效清洁能源转型等。客户定位为重点发展大中型民企、国企、重点区域政府平台。

抓住国家实施重大战略的机会，围绕大健康、高端装备制造、基础设施建设以及新能源、新材料、节能环保等领域，加快优质资产增长。积极寻找探索以商用飞机、海工设备、新能源、医疗、电子设备以及境外业务等为主的新业务增长点，形成可推广、可复制的商业模式。

主动抓住经济下行期主要租赁资产价格较低的机遇，建立适应经营性租赁的运营体制，提高经营性租赁占比。

二是抓住"走出去"机遇，支持中国制造走向世界。

在国家实施"一带一路"等"走出去"战略中寻找机遇，利用国家资本输出、技术输出和产能输出的机遇，为我国高端制造业走向世界提供金融租赁服务。

三是抓住国际化机遇，布局全球业务。

以飞机、船舶子公司成立为契机，按计划、分步骤地推进全球布局，打造国际化专业团队，进一步加大国际化融资力度。

8.5 农银金融租赁有限公司

农银金融租赁有限公司（以下简称农银租赁）成立于 2010 年 9 月 7 日，是为贯彻落实国务院“开辟金融服务‘三农’新渠道”的指示精神，由中国银监会批准设立的以经营融资租赁业务为主的非银行金融机构，是中国农业银行在股改上市后设立的第一家境内全资子公司。公司注册资本 2014 年达到 30 亿元，注册地为上海，实际办公地点为上海、北京两地。

农银租赁致力于为客户量身定制专业化和国际化的资产金融服务，积极推进业务升级和转型发展，不断提升价值创造力和核心竞争力，着力打造连接金融市场与产业实体的国际化资产金融服务企业。

【经营情况】2014 年是农银金融租赁有限公司转型发展的元年。面对严峻复杂的外部环境和公司转型发展的双重压力，公司领导班子在总行党委的正确领导下，勤勉履职、攻坚克难、开拓进取，带领全体员工努力发挥租赁的功能优势和平台作用，积极研究优化商业模式，加快拓展重点业务领域，加强风险管控和专业能力建设，取得了较好的工作业绩。

转型发展是公司实现专业化、特色化、差异化发展战略的必然选择。2014 年公司以“适应市场导向、体现租赁本质、突出功能作用、发挥特色优势”为指导思想，着力转变营销思路，推进业务结构和负债结构优化。2014 年，公司新增项目投放 127.70 亿元，年末总资产 370.25 亿元，租赁资产 348.60 亿元，分别较上年增加 33.10 亿元和 25.39 亿元，实现净利润 1.60 亿元，资产回报率（ROA）0.45%，资本回报率（ROE）4.92%，成本收入比 22.43%，不良资产率 1.91%，拨备覆盖率 191.37%，拨备计提比例 3.88%，高于同业平均水平。截至 2014 年底，农银租赁在天津共成立了 20 家单一项目公司，累计资产规模达到 66 亿元。

表 8－5　农银租赁 2014 年财务数据表

财务指标	2014 年
总资产(亿元)	370.25
总负债(亿元)	329.29
融资租赁资产(亿元)	348.58
经营租赁资产(亿元)	0.02
营业收入(亿元)	21.69
营业净收入(亿元)	7.50
利润总额(亿元)	2.26
净利润(亿元)	1.60
ROA(%)	0.45
ROE(%)	4.92
租赁业务投放额(亿元)	127.70
直租业务比例(%)	41
回租业务比例(%)	—
不良资产率(%)	1.91
资金回收率(%)	95.23

【业务特色】

特色业务之一:农机业务

农银租赁始终坚持贯彻母行服务“三农”的战略定位和市场定位,积极探索金融租赁服务“三农”的途径和方式。2014 年,公司农机租赁业务取得突破性进展。一是加强与农业部、财政部的沟通与合作,探讨破解农机补贴政策,确立农机租赁贴息专项资金,公司高管带队先后多次前往黑龙江、河南、新疆、广西、宁夏、吉林等多地开展农机租赁调研,成功开展了新疆采棉机和广西甘蔗收获机租赁业务创新试点工作,为公司农机租赁业务模式的推广形成了示范效应,取得了良好的社会反响。二是发挥农银集团的资源优势,围绕现代农业、规模农业发展要求,重点满足农业产业化龙头企业租赁业务需求。三是扩大与农业部的合作范围和合作深度, 在现有农机财政贴息政策的基础上,寻求新的合作领域,推进战略合作深化。

2014 年,农银租赁与农业部、财政部合作,成功地在新疆和广西开展了采棉机和甘蔗收获机租赁试点,共涉及 12 个农机合作社、15 台采棉机和 17 台甘蔗收割机,租赁金额 7320 万元。农机租赁试点开局良好,市场反应强烈,社会影响较大,得到了多方高度肯定。中央电视台、《人民日报》等媒体对此进行了宣传报道。

特色业务之二:飞机业务

农银租赁公司可以使用公司境内、境内保税区、境外平台,设计灵活交易结构,最大化地满足客户的飞机租赁需求,根据企业现金流特点,灵活制定租赁方案。农银租赁快速进入航空租赁市场,在业务模式上,实现了多种交易模式和产品的创新和落地;在交易结构上,成功实施了保税租赁、境外租赁、跨境租赁等多种租赁结构,进一步完善了租赁产品的品种,积累了业务经验。

2014 年,农银租赁完成了 10 架商务机融资租赁合同的签署和飞机交付工作,购买了总价值 2.11 亿美元的航空资产包。2014 年末,农银租赁飞机租赁业务涉飞机 36 架,飞机资产余额 56 亿元;其中公务机资产余额 13 亿元,市场份额居同业第二位。

特色业务之三:轨道交通业务

轨道交通业务是以其拥有的固定资产为租赁物,通过售后回租的形式来完成租赁款投放的业务。该业务可以为城市轨道交通大型客户解决资金需求,盘活存量资产。农银租赁轨道交通不动产售后回租产品,以固定资产为租赁物,还款方式灵活,服务方案可根据客户需求进行个性化定制。

2014 年,农银租赁轨道交通租赁业务共投放 43 亿元,占投放总额的 33.6%。资产结构的调整,产品功能的发挥,也带动了分行负债和中间业务的发展,提升了母行的综合竞争力。

特色业务之四:民生公用事业类业务

按照国家推进新型城镇化建设的战略部署,农银租赁重点加强与城市公用事业部门的沟通与合作,支持城市公用设施建设,完善城市发展的社会面貌和基础条件,为居民生活创造优美环境和良好条件。目标市场重点包括直辖市及省会城市、经济发达地级市的水、电、热、气的投资生产和供应领域,城市三级医院新建、扩建中的医疗设备融资需求,国家旅游局认定的旅游景区和世界自然文化遗产,省级以上广电集团以及有线网络公司,重点院校等。

【2014 年度大事件】

2014 年 4 月,农银租赁与中国农业银行天津分行签署了《业务合作协议》,加强了与天津分行的紧密联系,拟筛选出一批适合开展租赁的项目,发挥双方资源优势,加大行司联动营销,争取合作共赢。在此框架范围内,农银租赁建立了专业团队对接,探索研究了“天津模式”:天津分行对所推荐项目按照其内部流程进行必要的调查、审查和审批,农银租赁所投放租赁业务纳入天津分行对客户统一授信;租后管理纳入天津分行责任管理体系,分行承诺为融资租赁项目调查的真实性、完整性及项目经营性、政策性风险负责。在此合作模式下，农银租赁与中国农业银行取得了良好的合作成效。

2014 年 4 月，农银租赁与农业部联合开展的农机金融租赁业务试点率先在新疆落地，3 家农机服务合作社利用金融租赁购置的棉花采摘机全部投入采棉作业，农机金融租赁取得了实质性突破。下半年，甘蔗机租赁业务在广西落地。在此基础上，农银租赁扩大与农业部的合作范围和合作深度，在现有农机财政贴息政策的基础上，寻求新的合作领域，推进战略合作深化。

2014 年 9 月 29 日，中国工商银行副行长张红力、中国农业银行副行长李振江、工银租赁总裁丛林和农银租赁董事长高克勤，分别代表中国工商银行、中国农业银行、工银租赁和农银租赁签署金融租赁战略合作协议，就深化金融租赁业务合作达成共识。

2014 年 11 月，农银金融租赁与汇众（天津）融资租赁有限公司在天津签署了《战略合作协议》，标志着双方将在海洋工程装备领域建立长期战略合作关系。此项合作对促进双方共同发展、促进租赁行业创新将产生积极的影响。

2014 年 12 月，随着美国进出口银行宣布担保生效，农银租赁出口信贷机构担保模式项下资金 2350 万美元顺利实施，该交易由美国进出口银行提供美国主权评级担保，富国银行安排及放款，基于经合组织飞机出口信贷协议项下最优风险评级，农银租赁打通了飞机租赁项目的低成本长期限融资渠道。

2014 年 12 月，农银租赁与工银租赁在多次友好合作基础上开展进一步的合作、创新，双方通过 SPV 股权转让的方式，实现了南航一架 A380 飞机以及深航一架波音 B737-800 飞机的资产转让。该模式是首个境内飞机租赁资产转让交易，也是首个通过 SPV 股权转让实现资产转让的交易，通过该交易农银租赁实现资产规模递增，拓展了客户，树立了良好的行业形象。

8.6 兴业金融租赁有限责任公司

兴业金融租赁有限责任公司（以下简称兴业租赁）成立于 2010 年 8 月，为兴业银行股份有限公司全资子公司，注册地在天津，实际办公地点为天津、北京两地。成立之初，兴业租赁注册资本为 20 亿元，2011 年增至 35 亿元，2013 年再次增资，注册资本达到 50 亿元。截至 2014 年底，兴业租赁共成立 22 家单一项目公司，其中有 20 家注册地在天津，2 家在深圳。

【经营情况】截至 2014 年底,兴业租赁资产规模达到 744.89 亿元,较 2013 年底增长了 38.73%。2014 年,兴业租赁实现营业收入 45.65 亿元,同比增长 25.45%;净利润 10.25 亿元,同比增长 17.41%;ROE 为 13.95%;ROA 为 1.6%。

表 8－6 兴业租赁 2010—2014 年财务数据表

财务指标	2010 年	2011 年	2012 年	2013 年	2014 年
总资产(亿元)	105.83	276.18	403.15	536.95	744.89
总负债(亿元)	85.82	238.21	358.51	468.57	666.25
融资租赁资产(亿元)	—	267.55	412.25	582.39	786.88
经营租赁资产(亿元)	0	0	0	0	0
营业收入(亿元)	1.67	16.13	28.32	36.39	45.65
营业净收入(亿元)	1.3	8.68	14.96	18.18	18.74
利润总额(亿元)	0.02	3.96	8.91	11.66	13.68
净利润(亿元)	0.02	2.95	6.67	8.73	10.25
ROA(%)	0.03	1.55	1.96	1.86	1.6
ROE(%)	0.08	12.99	15.62	12.55	13.95
租赁业务投放额(亿元)	99.62	191.65	198.9	253.41	343.36
直租业务比例(%)	34.7	34.2	30.13	20.81	12.6
回租业务比例(%)	65.3	65.8	69.87	79.19	87.4
不良资产率(%)	0	0	0	0.46	0.55
租金回收率(%)	100	100	100	99.06	98.89

【业务特色】兴业租赁依托兴业银行绿色金融品牌优势、遵循银行集团绿色金融发展大战略,大力拓展节能减排绿色租赁业务,积极打造绿色市场品牌,所投放的绿色租赁项目涉及水环境治理与保护、固体废弃物治理、新能源和可再生能源利用、资源节约和高效利用、清洁能源推广、低碳交通等多个领域,开发了节能减排设备厂商租赁、合同能源管理租赁、水资源利用和保护融资租赁等多种产品,不断提升绿色租赁业务的市场地位与品牌。现以清洁能源公交融资租赁业务和合同能源管理租赁业务为例,对该公司的绿色租赁业务进行介绍。

案例一:清洁能源公交租赁业务

兴业租赁与亚洲开发银行(以下简称"亚行")合作开展清洁能源公交车租赁业务。亚行为兴业租赁提供不超过 8 年的美元贷款,同时财政部下属的中国清洁发展机制基金(以下简称 CDMF)也将以平行融资人的身份以委托贷款的形式为兴业租赁提供一定金额的资金，专项用于清洁能源公交车的融资租赁业务，承租人只限于城市公交公司和城际客运公司等。

某市公交集团成立于 1986 年，注册资本 7 亿元，经营范围为市内公共交通客运、出租客运及其他服务等。由于公交行业的公益性特征，政府对票价实施控制，而车辆折旧、人员成本、油价、车价、材料、车辆维护等费用较高，为补充该公司的正常营运资金，兴业租赁为其设计了售后回租融资租赁模式，以其所拥有的 2014 年采购的新能源公交车辆资产为租赁物，采用信用免担保方式，与承租人协议按季等额本息还款。租赁期结束后，以 1 万元名义价格将租赁物转让给公交集团。租赁交易结构如图 8－1 所示。

图 8－1　兴业租赁与亚行公交车租赁业务交易结构

通过与亚行合作开展清洁能源公交租赁项目，可实现兴业租赁、承租人与社会效益的三方共赢。

对兴业租赁而言，亚行外币贷款具有期限长、成本低的特征，为改善租赁公司负债结构、保障项目拓展发挥了良好的作用。同时，亚行和 CDMF 具有深厚的背景和良好的市场口碑，与它们开展合作，可借助其品牌效应和项目的减排效果，丰富公司节能减排宣传的内涵，扩大绿色租赁品牌的影响力。

对承租人而言，及时获得充足的中长期低成本资金支持，保障了清洁能源公交车辆的更新换代，能够及早实现节能效益。

从社会效益的角度来看，支持清洁能源公交车发展，能有效降低城市交通领域的二氧化碳排放，改善目前中国大城市的空气污染状况。

案例二：合同能源管理租赁业务

合同能源管理行业的兴起源于 20 世纪 70 年代产生的世界性能源危机，指专业节能技术服务公司（Energy Management Company，EMC；Energy Service Company，ESC）与客户签订能源管理合同，为用户提供节能诊断、融资、改造等服务，以帮助企业节能降耗，最终通过节能效益分享的方式回收投资和获得合理的利润，其实质是以减少的能源费用来支付节能项目的成本。这种方式可以大大降低用能单位节能改造的资金和技术风险，充分调动用能单位节能改造的积极性。

A 公司与某大型用能单位 C 焦化公司建立了合作关系，为其提供合同能源管理服务，模式为节能效益分享型，拟建设 2 套干熄焦装置，配备 30MW 发电机组一台，总建筑面积 8310 平方米。项目由 A 公司 100% 投资，以项目每年的节能收益逐步收回投资，节能服务期限为直到全部投资收回为止。效益分享期内，A 公司享有项目的全部发电收益。在合同约定的效益分享期结束并且 C 焦化公司付清合同总额的条件下，A 公司将向 C 焦化公司移交合同项下的全部设备、材料及相关设施、技术资料，并及时办理相关手续。本项目符合我国节能减排的具体要求和方向，利用干熄焦工艺回收热量进行发电，实现了资源的综合利用，达到了节能效果，经济效益和社会效益显著。

EMC 模式需要服务公司预先进行设备采购和项目建造，后期随着节能效益的显现而逐渐回收账款，因此存在大量的前期资金需求。但节能服务公司普遍具有轻资产特征，所以 EMC 项目普遍存在融资难、担保难问题。兴业金融租赁公司针对 A 公司的资金需求及轻资产特征，以 EMC 项目直接融资租赁产品切入，以项目未来收益权质押，为 A 公司量身定制融资方案，有效缓解了节能项目融资难、担保难的问题。交易结构如图 8-2 所示。

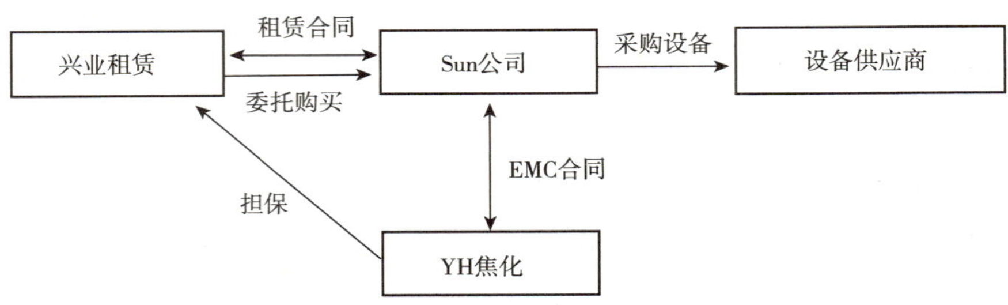

图 8-2　兴业租赁合同能源管理租赁业务交易结构

兴业租赁与 A 公司签订租赁合同及委托购买协议，A 公司与 C 焦化签订 EMC 合同，由 A 公司为 C 焦化建设干熄焦余热发电项目，项目投产后，发电产生的节能效益优先偿还租金。干熄焦余热发电合同能源管理项目在有效控制风险的前提下，实现了兴业金融租赁、承租人、用能单位及社会效益的多方共赢。

对兴业租赁而言，在获取一定的综合收益的同时，使用特色租赁产品，进一步树立了其节能减排租赁领域的领先优势。

对承租人而言，及时获得了充足的中长期资金支持，把握了市场先机；租金的灵活安排，适应了企业的经营周期，便于现金流量管理。

从社会效益的角度来看，本项目建成后每年可实现回收能源 60217 吨标准煤，按年处理焦炭 160 万吨计算，相当于吨焦回收能源 37.63 吨标准煤，每年减少 4.37 万吨二氧化碳排放，节约用水 17 万立方米。项目废气全部回收循环使用，实现了经济效益和社会环境效益的双丰收。

8.7 浙江汇金融资租赁有限公司

浙江汇金融资租赁有限公司(以下简称汇金租赁)于2008年1月成立于杭州,是2007年11月经国家商务部批准的中外合资的融资租赁公司。

为更好地促进公司发展,2015年2月,汇金租赁由浙江汇金租赁股份有限公司正式更名为浙江汇金融资租赁有限公司,公司类型由港澳台合资股份有限公司变更为台港澳法人独资的有限责任公司,注册资本金增加至5900万美元。

【业务特色】近年来,汇金租赁对多个领域的专业化开发都做了尝试和探索,确定了以节能环保领域为龙头,高端制造业、通用航空领域为两翼,大力发展供应商租赁,积极开拓国际租赁业务的发展方向。经过不懈的钻研和努力,汇金租赁在相关专业领域积累了比较丰富的行业经验和较为广泛的客户网络。

在高端制造业领域,抓住了行业转型升级的契机,建设业务核心战略伙伴关系;在通用航空业务领域,在原有业务基础上逐步系统化、标准化,积极拓展与优质客户进一步合作的可能;在供应商租赁领域,不断深化租赁模式和合作方案,构建符合公司发展的业务合作体系;在国际租赁业务领域,从已积累的国内市场出发,逐步实现国际业务模式的突破。

节能环保作为汇金租赁的重点培育行业,公司注重加强行业研究的力量,积极延伸已较为成熟领域的上下游产业链的深度与广度,开发了相关系列的融资租赁业务模式,涉足了该领域多方面各环节的全过程,协助客户基本做到"零排放"的高效回收。现该行业业务量已占到公司业务总量的70%以上。

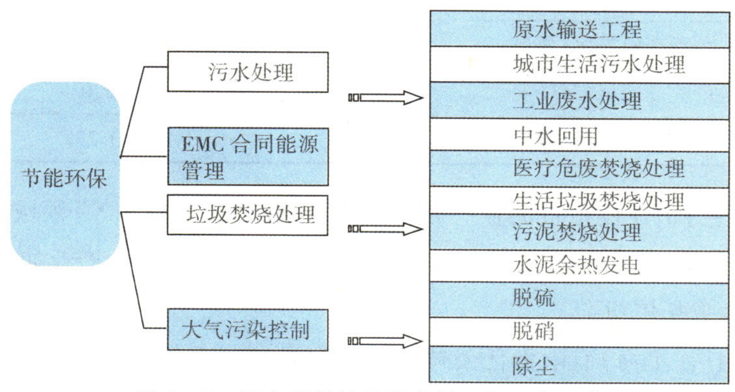

图8-3 汇金租赁涉足的节能环保业务环节

8.8 中建投租赁有限责任公司

中建投租赁有限责任公司(以下简称中建投租赁)成立于 1989 年,前身为友联国际租赁有限公司(中外合资融资租赁公司)。2010 年 4 月,公司经重组成为中国建银投资有限责任公司(以下简称中国建投)的全资子公司;9 月,公司注册资本金增至 10 亿元。2013 年 4 月,中国建投对公司增资 10 亿元,公司注册资本金达到 20 亿元。

2013 年,中建投租赁在香港设立子公司,为租赁业务国际化创造了条件。2014 年初,公司在上海自贸区设立上海子公司,注册资本金达 10 亿元人民币。北京、上海、香港三地联动并辐射全国的业务网络初步形成。

【经营情况】截至 2014 年末,中建投租赁总资产约 140 亿元,融资租赁资产余额 120 多亿元,年净利润超过 2 亿元。公司保持较高的风险管理水准,资产损失率始终保持为零。

表 8-7 中建投租赁 2014 年主要财务数据一览

财务指标	2014 年
总资产(百万元)	13742
股东权益(百万元)	2502
应收融资租赁款(百万元)	12616
净利润(百万元)	226
人均利润(百万元)	3.0
净资产回报率(%)	9.5
总资产回报率(%)	2.0
不良资产率(%)	0.27

【业务特色】中建投租赁的业务重点产业主要聚焦在“3+X”领域,即以信息技术、高端装备制造、健康环保新能源为重点业务领域,同时在其他产业如公用设施等领域积极寻求业务拓展机会。

中建投租赁(上海)有限责任公司借助上海自贸区政策所带来的商机,适应东部地区的经济金融特点,重点发展跨境租赁、医疗设备租赁等业务,在商业航空、通用航空等领域探索开展租赁业务，特别注重为中小企业提供专业租赁服务。作为国内首家融资租赁兼营商业保理的内资融资租赁公司，中建投租赁（上海）已能为客户提供与融资租赁相关的商业保理服务。

中建投租赁（香港）有限公司是中建投租赁在香港地区的窗口，依托股东的专业租赁经验，以及内地和香港的航空、设备制造、海洋工程等产业发展背景和香港的金融资金优势，为境内外客户提供量身打造的金融服务解决方案，立志成为香港当地航空、装备制造、海洋工程等领域的专业租赁公司。

特色业务之一：通信设备租赁

中建投租赁抓住电子通信、智慧城市等信息技术相关领域的发展机遇，通过通信设备租赁，为通信产业链下游客户提供融资、咨询服务。公司与中国电信等主要运营商建立了长期、稳定的合作关系，拥有领先的市场份额和先行者优势。截至 2014 年底，通信设备直租投放累计近 50 亿元。

特色业务之二：大型设备租赁

为满足国内制造业的转型、升级和大中型企业技术改造等需要，中建投租赁与 GE 航空、罗尔斯・罗伊斯、振华重工、天业通联等国内外知名厂商深化合作，为各类企业提供专业的设备融资租赁服务，主要提供航空运输设备、港机设备、工程机械设备等大型设备及生产线。截至 2014 年底，公司在大型设备租赁领域累计投放近 70 亿元。

特色业务之三：绿色租赁

通过在节能环保、新能源等领域开展的绿色租赁业务，中建投租赁致力于服务社会主义生态文明建设。公司与中节能集团、中国节能协会节能服务产业委员会建立了良好的关系。公司核心客户主要包括清洁能源企业、污水污泥等环保企业、高能耗高污染工业企业以及政府、学校、医院等大型建筑能耗单位。公司针对绿色建筑、合同能源管理等细分领域研发了“分成租赁”产品，相关研究成果在《节能与环保》《中国环保产业》等核心期刊发表，为相关企业提供更加多元化、可操作的融资服务。截至 2014 年底，公司在绿色租赁领域累计投放近 20 亿元。

【多元化融资】中建投租赁在国内外的合作银行达到 26 家，授信额度超过 200 亿元。同时，公司积极拓展债券市场、资本市场等融资渠道，成功发行短期融资券、中期票据。大力推进租赁资产证券化，第一期发行计划已通过备案，这有利于盘活公司存量租赁资产。中建投租赁（上海）有限责任公司充分利用上海自贸区内注册公司享有 1 倍于注册资本金的人民币外债额度，积极与境外金融机构接洽启动跨境人民币贷款申请，并获得境外银行授信。中建投租赁（香港）有限公司取得的 3250 万美元项目融资，是国内首笔境内母公司担保、境外子公司融资的实践。

附录

附录 1:2014 年中国融资租赁行业大事记

一、政策

国务院发文支持飞机租赁业发展

国务院办公厅自 2013 年底出台《关于加快飞机租赁业发展的意见》以来,财政部、国家税务总局、国家发展改革委等部门连续发布推动飞机租赁发展的文件,这些文件在很大程度上打破了融资、税收、海关等方面的壁垒,有力地推动了飞机制造、飞机租赁以及飞机进出口业务的发展。

中央一号文件提出设立县域融资租赁公司

1 月 19 日,中共中央、国务院印发了《关于全面深化农村改革　加快推进农业现代化的若干意见》。中央一号文件中提出设立县域融资租赁公司。

文件中指出要鼓励邮政储蓄银行拓展农村金融业务。支持农业发展银行开展农业开发和农村基础设施建设中长期贷款业务,建立差别监管体制。增强农村信用社支农服务功能,保持县域法人地位的长期稳定。积极发展村镇银行,逐步实现县市全覆盖,符合条件的适当调整主发起行与其他股东的持股比例。支持由社会资本发起设立服务“三农”的县域中小型银行和金融租赁公司。

最高人民法院发布融资租赁合同纠纷司法解释

2 月 27 日,最高人民法院发布《关于审理融资租赁合同纠纷案件适用法律问题的解释》。这项司法解释共有 5 个部分 26 个条款,分别就融资租赁合同的认定及效力、融资租赁合同的履行和租赁物的公示、融资租赁合同的解除、违约责任以及融资租赁合同案件的诉讼当事人、诉讼时效等问题作出规定,其最大的亮点是对售后回租业务的合法性给予了认定。

银监会发布《金融租赁公司管理办法》

3 月 17 日,银监会正式发布修订完善后的《金融租赁公司管理办法》,允许符合条件的金融租赁公司发行金融债、资产证券化以及在境内保税地区设立项目公司。同时,将金融租赁公司的准入门槛降到 1 亿元人民币。

飞机租赁企业进口飞机转租国内航空公司减按 5% 增值税

2014 年 6 月 5 日,经国务院批准,从 2015 年起,租赁企业一般贸易项下进口飞机并租给国内航空公司使用的,享受与国内航空公司进口飞机同等税收优惠政策,即进口空载重量在 25 吨以上的飞机减按 5% 征收进口环节增值税。根据三部门通知,自 2014 年 1 月 1 日以来,对已按 17% 税率征收进口环节增值税的上述飞机,超出 5% 税率的已征税款，尚未申报增值税进项税额抵扣的，可以退还。

财政部、海关总署、国家税务总局日前联合下发的《关于租赁企业进口飞机有关税收政策的通知》中明确了这一税收优惠政策。

广州努力打造中国融资租赁业第三极

广州将以重大基础设施建设、先进制造业、现代服务业三大领域为突破口，加快融资租赁业发展。9 月 10 日，广州市政府发布《关于加快推进融资租赁业发展的实施意见》。该实施意见中提出了融资租赁业的发展目标。到 2016 年底，广州力争形成若干千亿级的融资租赁产业集聚区，培育 2 ~ 3 家注册资金超过 50 亿元的融资租赁龙头企业和设立 100 家以上融资租赁企业，全市融资租赁业的市场渗透率达到 5% 以上，构建华南区域融资租赁集聚中心，打造中国融资租赁第三极，助力提升区域金融中心地位。

国务院常务会议要求支持金融和融资租赁企业开展进口设备融资租赁业务

国务院总理李克强 9 月 29 日主持召开国务院常务会议，确定加强进口的政策措施，促进扩大对外开放等。会议指出，要鼓励扩大先进技术设备和关键零部件进口，调整《鼓励进口技术和产品目录》；支持金融和融资租赁企业开展进口设备融资租赁业务；完善科教和科技开发用品进口税收政策，助力企业创新、推动产业升级。

国家税务总局发布《融资租赁货物出口退税管理办法》

2014 年 10 月 8 日，根据《财政部 海关总署 国家税务总局关于在全国开展融资租赁货物出口退税政策试点的通知》（财税〔2014〕62 号），国家税务总局制定了《融资租赁货物出口退税管理办法》（国家税务总局公告 2014 年第 56 号）。该管理办法自 2014 年 10 月 1 日起施行。

习近平、李克强等国家领导人倡导融资租赁业

12 月 9 日，国家主席习近平在人民大会堂同爱尔兰总统举行会谈时说，中方鼓励中国企业赴爱尔兰投资，参与爱尔兰飞机融资租赁业务和风电建设。国务院总理李克强在国务院会议以及其他场合多次提出要大力发展融资租赁业，特别是鼓励利用融资租赁的方式支持农业发展和对外贸易。年内，汪洋等国务院领导也多次批示支持融资租赁业的发展。

国务院发文要求重点发展融资租赁等十一项生产性服务业

“建立完善融资租赁业运营服务和管理信息系统，丰富租赁方式，提升专业水平，形成融资渠道多样、集约发展、监管有效、法律体系健全的融资租赁服务体系。大力推广大型制造设备、施工设备、运输工具、生产线等融资租赁服务，鼓励融资租赁企业支持中小微企业发展。引导企业利用融资租赁方式，进行设备更新和技术改造。鼓励采用融资租赁方式开拓国际市场。紧密联系产业需求，积极开展租赁业务创新和制度创新，拓展厂商租赁的业务范围。引导租赁服务企业加强与商业银行、保险、信托等金融机构合作，充分利用境外资金，多渠道拓展融资空间，实现规模化经营。建设程序标准化、管理规范化、运转高效的租赁物与二手设备流通市场，建立和完善租赁物公示、查询系统和融资租赁资产退出机制。加快研究制定融资租赁行业的法律法规。充分发挥行业协会作用，加强信用体系建设和行业自律。建立系统性行业风险防范机制，以及融资租赁业统计制度和评价指标体系。”

同时，在农业生产和工业制造现代化方面，指出要“健全农业生产资料配送网络，鼓励开展农机跨区作业、承包作业、机具租赁和维修服务”。

商务部关于利用全国融资租赁企业管理信息系统进行租赁物登记查询等有关问题的公告

全国融资租赁企业管理信息系统（http://leasing.mofcom.gov.cn）是商务部建立的综合性融资租赁服务平台，可为内资融资租赁试点企业、外商投资融资租赁企业及相关企业、组织和个人提供公共信息、租赁物登记公示查询、交流合作等服务。按照司法解释第九条的有关规定，为避免租赁物权属冲突，商务部将全国融资租赁企业管理信息系统作为租赁物登记公示和查询平台。

二、租赁资产证券化

租赁债权纳入资产证券化基础资产

11月21日，证监会发布《证券公司以及基金管理公司子公司资产证券化业务管理规定》，将租赁债权纳入资产证券化（ABS）基础资产范围，取消事前行政审批，实行事后备案和负面清单管理。租赁债权纳入ABS基础资产后，商务部管辖的内资试点和外资租赁公司的租赁ABS审批流程将会大大提高。

交银信托首发10亿金融租赁ABS新领域PK券商

交银信托近日公告，将于9月16日发行交融2014年第一期租赁资产支持证券，这意味着国内首只金融租赁资产证券化产品落地。

该产品由交银租赁作为发起机构，交银信托作为发行人，发行规模约10.12亿元，分为优先A档、优先B档、次级档三类，优先A档发行规模8.05亿元，优先B档发行规模9000万元，次级档发行规模1.17亿元。

中诚信和中债资两个评级机构均给予优先A档“AAA”评级，对于优先B档，中诚信评级为“AA-”，中债资评级为“A+”。

除次级档外，票面利率为基本利率加基本利差。交银租赁将认购全部次级档，优先档则由交银信托以招标的方式,在全国银行间的债券市场公开发行。

同时,海通证券、交通银行、国泰君安担任本期证券的联席主承销商,负责组织承销团完成本次承销发行工作。

三、租赁公司上市

国内三上市公司:飞机租赁业务上半年盈利4亿

2014年上半年,A股和H股市场共有三家涉及飞机租赁业务的上市公司,分别是渤海租赁、中航资本和中国飞机租赁。根据三家有飞机租赁业务的上市公司中期报告,2014年上半年,中国飞机租赁(01848,HK)营收4.32亿港元,净利润为6280万港元(折合约0.4951亿元);渤海租赁(000415,SZ)旗下香港航空租赁净利润为1.65亿元;中航资本(600705,SH)旗下中航租赁实现收入12.54亿元,净利润达2.06亿元。总计三家公司上半年净利润达4.2亿元。

“新三板”迎第一家融资租赁企业

12月5日,融信租赁股份有限公司(以下简称融信租赁)正式在全国中小企业股份转让系统(俗称“新三板”市场)挂牌上市,成为中国融资租赁行业第一家挂牌“新三板”的企业。

融信租赁成立于2007年,2009年被商务部、国家税务总局确认为内资融资租赁试点企业。公司先后与二十余家国有及股份制银行开展合作,主营厂商租赁,涉及工程机械、工业装备、医疗设备、公共基础设施、交通设备、不动产、项目融资等业务领域,致力于打造中小企业融资创新服务提供商。融信租赁目前还担任福建省融资租赁行业协会会长单位以及上海市租赁行业协会副会长单位。

广汇汽车借壳登陆A股

自9月中旬,开始停牌的美罗药业披露重大资产置换方案,美罗药业将与广汇汽车实行资产置换等方式,转变为广汇汽车全资控股公司。整个交易完成后,美罗药业将持有广汇汽车100%的股权,公司控股股东将变更为广汇集团,实际控制人将变更为自然人孙广信。此外,美罗药业还将以8.40元/股的价格募集不超过60亿元的配套资金,用于收购汇通信诚16.67%的股权及发展乘用车融资租赁业务。

平安证券认为,广汇汽车借壳上市,将有望利用上市公司平台,进一步提升公司的业务规模、盈利能力,巩固广汇乘用车经销与汽车服务的国内领先地位。

万乘弘汽车租赁在上海股权托管交易中心挂牌上市

7月底,万乘弘汽车租赁有限公司正式在上海股权托管交易中心挂牌上市。

据悉,万乘弘汽车租赁有限公司于2007年4月注册成立,是广西租车行业排名前列的服务品牌、本地龙头企业。公司目前主要的客户群有集团客户及企事业单位等，拥有20000名个人客户、50家企事业客户，涵盖中外合资、国有、政府和民营企业，并每年以80%的速度递增。

中飞租控股香港上市

2014年7月11日上午9时整，中国飞机租赁集团控股有限公司在香港联合交易所主板上市，股票代码:01848。

2010年中飞租集团在天津东疆保税港区成立了国内首家专门从事飞机租赁业务的外商投资租赁公司——中飞租融资租赁有限公司。截至目前，中飞租已有二十余架飞机在东疆交付，其中很多项目在中国航空金融领域都具有突破意义。

四、融资租赁P2P平台

世界首个P2B商业航空租赁平台成立

2014年11月，P2P网贷平台Ablrate宣布同意投资公司Synthesis使用其替代资金通过Ablrate网站进行投资。Ablrate采用独特的P2B运作模式，以资产作支撑，利用商业航空租赁进行投资。Ablrate于2014年上线，目前已经完成三笔相关交易，累计价值约为180万英镑。

Ablrate母公司Aviation and Tech Capital Ltd.宣布其与Synthesis已达成协议，Synthesis将会在未来的一年内投资2000万美元，其中本月投资额为215万美元。

e租宝:100亿融资租赁公司进军P2P

日前，全国第一家百亿级融资租赁公司进军P2P平台。e租宝平台上线不到2个月，整体交易额就达到2000万元。这个平台，以预期年化13%的稳健收益率受到投资人的欢迎。

7月27日，新上线的e租宝第一期融资租赁债券项目，总额500万元，年化收益率达12%的项目圆满募集成功，只花费了短短6天时间。

据了解，e租宝是安徽钰诚集团的旗下控股公司。安徽钰诚融资租赁有限公司是一家经营规模超过100亿元、净利润达4亿元的大型融资租赁公司，是目前安徽规模最大的中外合资融资租赁公司，也是全国规模最大的中外合资融资租赁公司之一。

据了解，e租宝是采用P2B模式搭建一个平台，吸引个人投资者，通过融资租赁、保理等模式，利用互联网的高效帮助中小企业快速获得资金，提升企业的资金运转效率。

前海航交所推出线上"四宝"

2014年11月，前海航交所将业务系统平台上线，推出"互联网+航空航运+金融”的 P2B 模式。通过创新，构建以互联网金融服务产品、航空及航运资产交易产品等为核心的一站式公共投资理财平台。互联网金融投资产品包括：以租赁资产收益权、应收账款投资产品为核心的“航金宝”，以飞机抵押融资类通航融资产品“航融宝”，船舶资产证券化投资产品“航资宝”，以企业航线收益权、机票应收账款等为标的，形成以权益为主体的融资服务的“航益宝”，等等。

前海航交所副总裁王前前表示，P2B 业务系统平台开通，可以促进航空及航运业相关市场主体的参与，满足众多航空航运市场的需求，提供全面、专业、高效、便捷的交易体验及服务。“如为个人客户提供的 18 个月期限的理财产品，个人持有 30 天后即可在航交所平台挂牌转让。”

鲁金中心挂牌发行鲁金租赁收益权凭证产品

山东金融资产交易中心分别于 9 月 29 日和 10 月 31 日挂牌发行天地融资租赁有限公司的“鲁金租赁 · 天地融资租赁收益权凭证第一期”产品和银通国际融资租赁有限公司的“鲁金租赁 · 银通国际融资租赁收益权凭证第一期”。“鲁金租赁 · 银通国际融资租赁收益权凭证第一期”产品上线后即受到热捧，短短几个小时即销售一空。本期产品发行总额为 500 万元，托管人为中信银行，基础资产为银通国际已投放租赁项目应收租金。该产品也是鲁金中心首单融资租赁收益权转让产品。

积木盒子杀入融资租赁领域 P2P 下个两万亿市场

9 月 3 日，P2P 网贷平台积木盒子日前宣布与上海同岳租赁有限公司（以下简称上海同岳）签署战略合作协议，双方将会在重型卡车的融资租赁上展开合作。双方首个合作项目将会于 9 月 5 日在积木盒子平台上线。

根据协议，上海同岳将其重卡融资租赁业务项下的优质应收账款（承租人按期缴付的租金），放到积木盒子上进行转让，单笔转让金额不超过 100 万元，期限不超过 18 个月，承租人以等额本息的方式按月偿还投资人本金和收益；在此过程中，上海同岳为其在积木盒子平台上出让的应收账款债权提供不可撤销的回购担保。

前海融资租赁 P2P 平台债权转让项目出现大面积违约

前海融资租赁（天津）有限公司（以下简称前海公司）是贷帮网新模式下合作的第二家机构。据投资人介绍，2013 年 10 月开始，前海公司在贷帮网站上陆续发布了上百个优选债项目，将其持有的债权流转给贷帮网投资人。从 5 月 20 日起，贷帮网上的前海公司优选债项目便出现大面积逾期，至今仍有 1280 多万元资金未归还投资人。7 月 31 日，在贷帮网组织的电话会议上，前海公司总经理袁琳杰向投资人承认，贷帮的投资款最终是被投到了三个项目上，包括遵义、广安两地的房产项目以及一家四川企业，部分债权确实没有一一对应的借款人。8 月 28 日，袁琳杰缺席债权催收会议。贷帮网及其投资人代表到市公安局经侦支队报案，指前海公司的债权项目涉嫌合同诈骗。贷帮网坚持不兜底，而前海租赁声明，公司和贷帮网确实签署过战略合作协议，但该合作在2014年4月后事实上已经终止。

五、跨境融资

招银租赁将落子上海自贸区跨境业务成新增长点

继交银租赁在上海自贸区获批成立金融租赁子公司并成功开业后，招银租赁将成为第二家落户自贸区的金融租赁子公司。这家子公司将着力发展跨境租赁业务，在跨境租赁业务方面继续探索，为我国企业“走出去”提供更加精准、专业的金融租赁服务。另外，与交银租赁类似，招银租赁的这家子公司也将是机船专业化租赁公司。

东海融资租赁试水跨境融资

最近，落户梅山保税港区的宁波东海融资租赁有限公司，通过中国银行宁波市分行成功从境外中国银行开曼分行获得融资150万美元，成为宁波市第一家也是目前为止唯一一家开展跨境融资运作的外资融资租赁企业。

东海融资租赁公司此次开展跨境融资综合成本不到5.5%，低于同期境内银行贷款基准利率（6%），国内1年期银行贷款利率一般在基准利率基础上上浮10%，即6.6%，两相比较相当于省下了100多万元的利息。融资所得将用于江西某主要生产羽绒服大型企业的售后回租业务。

前海跨境融资租赁渠道正式开通顺丰获首单

深圳前海渤海一号租赁有限公司（以下简称前海渤海一号）利用跨境人民币贷款，从香港引入两架货机，并租赁给顺丰航空有限公司（顺丰航空）。这不仅是前海首单飞机融资租赁项目，更是国内首单利用跨境人民币贷款完成的飞机租赁业务。首单业务的完成，标志着前海跨境融资租赁业务渠道正式打通，形成可复制的跨境融资租赁前海模式。

“前海渤海一号”是天津渤海租赁有限公司（渤海租赁）在前海设立的特殊项目公司（SPV）。“前海渤海一号”与顺丰航空签订飞机融资租赁项目，标的为2架B737－300货机，资产总价值约为5000万元人民币。“前海渤海一号”作为跨境人民币贷款的申请主体，由其母公司渤海租赁向交通银行香港分行申请跨境人民币贷款3000万元人民币。为实现跨境贷款，渤海租赁向交通银行深圳分行申请3000万元融资性保函，为“前海渤海一号”提供担保。交通银行深圳分行负责跨境贷款的发放和监管。

前海第一笔融资租赁跨境贷成功落地

日前，前海融资租赁产业第一笔跨境贷由前海迈石资本融资租赁有限公司完成，此款已实际到账。本次跨境贷服务的客户为上市公司东江环保股份有限公司，贷款保函由中信银行深圳分行出具，放款银行为境外的香港永亨银行，贷款金额为 1.2 亿元人民币。

穗南沙港企今起可跨境融资

9 月 7 日，迎来升级国家新区两周年的南沙新区，从 9 月 1 日开始正式实施酝酿了两年多的《广州南沙新区条例》（以下简称《条例》），明确南沙新区内的金融机构可为港澳台机构和居民提供跨境人民币结算服务，开发相关创新产品和鼓励支持粤港澳企业跨境直接融资等，一系列企业资金自由往来和促进贸易投资便利化的措施，将为南沙的招商引资和开发建设带来积极作用。

其中，明确了南沙新区将开展的八大类金融工作事项，包括拓展跨境贸易的人民币结算业务，开展资本项目可兑换的先行试验；支持符合条件的港澳和国际大型金融机构在南沙新区设立法人机构、分支机构和开展证券、保险、信托等业务；鼓励和支持广州地区的企业和金融机构在香港发行人民币债券用于支持南沙新区的开发建设；鼓励和支持粤港澳企业跨境直接融资等，专家认为这些政策将利于吸引大量涉港澳的金融机构以及相关的服务业机构在南沙新区集中。

六、金融租赁公司成立

康达尔斥 2 亿元设金融租赁公司

康达尔 12 月 23 日晚间公告，为实现公司战略规划布局，获得金融租赁业务资格，公司拟与下属子公司深圳市康达尔前海投资有限公司（以下简称前海投资公司）、深圳市及时雨金融信息服务有限公司（以下简称及时雨金融信息公司）共同投资 2 亿元设立黑龙江省康达尔农业金融租赁有限公司（暂定名）。

康达尔金融租赁公司注册资本拟为 2 亿元，公司拟自筹资金出资 1.8 亿元，占黑龙江康达尔金融租赁公司注册资本的 90%；前海投资公司拟出 1000 万元，占注册资本的 5%；及时雨金融信息公司拟出资 1000 万元，占注册资本的 5%。

渝农商金融租赁 12 月 19 日开业

12 月 19 日，渝农商金融租赁有限责任公司正式开业。该公司是中西部第一家地方性银行控股、民营参股的混合所有制金融租赁公司，也是中西部第一家同时具有银行和厂商背景的金融租赁公司。

据悉，渝农商金融租赁公司是由重庆农村商业银行牵头出资并控股，与重庆两江金融发展有限公司、重庆捷力轮毂制造有限公司共同发起设立。公司注册资本金为 25 亿元，居金融租赁行业中上游。目前渝农商金融租赁公司已与 80 余家企业达成了合作意向,与其中20余家建立了初步合作协议,项目合作金额50亿元,涉及基础设施建设、航空制造、汽车制造、机械设备、"三农"等领域。

宁波银行获准筹建永赢金融租赁

12月10日晚间,宁波银行发布公告称,公司近日收到《中国银监会关于筹建永赢金融租赁有限公司的批复》(银监复〔2014〕881号),批准公司筹建金融租赁公司。

宁波银行早在2015年5月19日发布的《2013年年度股东大会决议公告》中,就提及公司将涉足金融租赁事务。该公告第十三条显示,公司股东大会审议通过了关于设立金融租赁公司的议案,同意公司作为唯一发起人出资设立金融租赁公司,注册资本为10亿元人民币。

徽商银行获批筹建金融租赁公司

12月,徽商银行已获得中国银监会批准筹建金融租赁公司,监管层近期已经下发了相应的批复文件。由此,国内第四家由城商行发起设立的金融租赁公司和安徽第二家金融租赁公司即将诞生。该金融租赁公司将由徽商银行控股,注册资本20亿元人民币。公司名称为"徽银金融租赁有限公司(筹)",主要业务将围绕科技创新型企业设备、农业机械设备、优质中小企业及基础设施、交通运输、医疗器械等领域。

交银航空航运金融租赁有限责任公司正式落户自贸区

10月21日,交银航空航运金融租赁有限责任公司完成工商登记手续,正式落户上海自由贸易试验区。该公司是由交通银行全资控股的金融租赁子公司,由交银租赁出资设立,注册资本为5亿元人民币。

新公司将依托自贸区政策红利大力发展,主要经营航空、航运融资租赁业务(含融资租赁业务项下的一般进出口贸易);转让和受让融资租赁资产等融资租赁相关业务。

河南首家金融租赁公司获批筹建

10月,河南首家金融租赁公司获银监会筹建批复,填补了河南没有金融租赁类非银行金融机构的空白。

据悉,作为河南首家金融租赁公司的洛银金融租赁有限公司,是由洛阳银行作为主发起人,联合第一拖拉机股份有限公司、洛阳中冶重工机械有限公司、江苏乾融集团有限公司共同发起设立。河南银监部门正在对洛银金融租赁有限公司进行筹建开业辅导,预计2014年底开业。

珠江金融租赁公司正式挂牌成立

12月16日上午,注册在南沙新区的广州农商银行珠江金融租赁公司正式挂牌成立,从即日起面向全国开展金融租赁业务。该金融租赁公司是我国新《金融租赁公司管理办法》颁布实施以来,经银监会批复同意筹建的首家金融租赁公司,也是广东省内首家获得全国性金融租赁牌照的金融机构。

第26家金融租赁公司——太平石化金融租赁有限公司成立

10月16日,太平石化金融租赁有限责任公司完成工商登记注册,至此,我国由中国银行业监督管理委员会批准的第26家金融租赁公司正式成立。太平石化金融租赁有限责任公司由中国石油化工集团公司与中国太平洋保险集团有限责任公司共同发起,是首家由特大型实业集团和大型国有金融保险集团共同发起成立的、具有良好产融结合示范效应的金融租赁公司。

该公司是中国银监会下放机构审批权限后第一家由地方银监局批准成立的金融租赁公司,注册资本金为50亿元人民币,是上海地区首次实缴注册资本金最多的金融租赁公司。该公司是第一家将公司总部设在上海自贸区的金融租赁公司。

北银金融租赁公司正式开业为国内首家"城商行系"

北银金融租赁公司22日正式开业,公司注册资本金20亿元,由北京银行独家发起设立。这是目前国内首家由城商行发起设立的金融租赁公司,为金融租赁这个年轻的行业注入了新的力量。

北银金融租赁公司由北京银行全资控股,注册资本20亿元,北京银行董事长闫冰竹任北银金融租赁公司董事长,北京总行营业部张京波任董事、总裁。北银租赁将支持设备制造、医疗卫生、教育服务、公共基础设施、轨道交通等领域。就此,金融租赁公司数量将达到20余家。

粤首家银行系金融租赁公司获批

珠江金融租赁有限公司已正式获得中国银监会的筹建批复,这是自2015年3月中国银监会颁布新的《金融租赁公司管理办法》以来批复筹建的第一家全国性金融租赁公司,也是广东省首家由中国银监会批准设立的金融租赁公司。据珠江金融租赁有限公司相关负责人透露,公司拟于2015年内开业。该人士预测,我国融资租赁规模2015年底有望突破3万亿元。

据了解,珠江金融租赁有限公司由广州农商银行全资设立,首期注册资本10亿元人民币,总部位于广州。

东北地区首家银行系金融租赁公司——哈银金融租赁正式开业

6月12日,中国东北地区首家银行系金融租赁公司——哈银金融租赁有限责任公司在哈尔滨正式开业。哈尔滨银行是继北京银行之后,国内第二家获得金融租赁公司牌照的城市商业银行。哈银租赁是由哈尔滨银行作为绝对控股股东发起并设立,注册资本

20亿元，其中，哈尔滨银行占股比例超过80%，还有两家企业股东占比不足20%。哈银租赁董事长由哈尔滨银行行长高淑珍担任，总裁李理原为民生租赁董事会秘书。

高淑珍表示，哈银租赁开业后，将以大农业、大农机为特色业务，同时服务于战略新兴产业和协同母行小额信贷战略。

七、其他

商务部首次发布全国融资租赁企业发展情况统计

为全面了解我国融资租赁企业发展状况，商务部流通发展司建立了融资租赁业统计制度，自2013年起对我国融资租赁企业发展情况进行了全面统计。根据对企业通过全国融资租赁企业管理信息系统所填报数据统计，截至2013年底，我国登记在册的融资租赁企业共1086家，其中内资试点企业123家，外资企业963家，从业人数总计25792人。全行业注册资本金总量2884.26亿元，资产总额8725.43亿元，平均注册资本和资产总额分别为2.66亿元和8.03亿元。行业平均资产负债率约为71.40%。2013年新增租赁投放量3863.54亿元。

中国融资租赁企业协会成立

2014年1月10日上午，中国融资租赁企业协会（以下简称企业协会）第一次会员代表大会暨成立大会，在北京国际会议中心顺利召开，宣布中国融资租赁企业协会正式成立。企业协会成立之后，将着手开展以下工作：宣传政策法规、开展行业研究、制定行规行约、建立信用体系、开展行业培训、开展行业统计、调解融资租赁业务纠纷、创办会刊和协会网站等。大会举手表决通过了协会章程和会费收取办法，还通过投票选举的方式，产生了理事等领导机构。

商务部批准29家内资企业开展融资租赁业务试点

7月7日，商务部发布《商务部税务总局关于确认世欣合汇租赁有限公司等企业为第十二批内资融资租赁试点企业的通知》，同29家企业作为第十二批内资融资租赁业务试点企业，使内资试点企业总数达到152家。

贝恩资本成功收购狮桥租赁80%股份

10月16日，贝恩资本成功收购狮桥融资租赁（中国）有限公司（以下简称狮桥租赁）80%股份，成为狮桥租赁第一大股东，其余20%股份由狮桥租赁管理层持有，这成为继2007年TPG收购恒信租赁之后中国融资租赁业内第二单PE并购交易。

贝恩资本是全球最大的私募投资公司之一，目前管理着超过750亿美元的资产，选择投资狮桥租赁，其着眼点或许可以用四个词来概括：中国、融资租赁、中小微、管理团队。而贝恩资本的加入对狮桥租赁来说，也将在拓宽融资渠道、引入战略投资者、完善公司治理结构、企业并购、IPO 等方面产生积极影响。

恒信租赁更名海通恒信再签 33 亿元银团贷款

10 月 24 日，恒信金融租赁全部完成所有的更名手续，正式更名为海通恒信国际租赁。28 日上午，海通恒信与多家银行签署了其更名后的首笔规模达 33 亿元的中期流动资金银团贷款。

该笔银团贷款为海通恒信年度第二个大型境内银团项目，由作为牵头行的中国工商银行上海分行、作为联合牵头行的中国农业银行上海浦东分行和浦发银行龙阳支行以及北京银行上海分行、上海农商银行浦东分行和宁波银行上海分行共同组成。

海通恒信的前身为恒信金融租赁有限公司，是海通证券全资公司。目前，该公司在外资系融资租赁公司的总资产规模排名中位居第三，资产规模目前已经突破 200 亿元人民币。

融资租赁系族之“康正系”

“康正系”主要通过麾下 3 家公司在融资租赁行业进行布局，这 3 家公司分别为：注册于香港的康正租赁集团有限公司（以下简称康正租赁集团）与康正（香港）租赁有限公司（以下简称康正香港租赁），以及注册于新疆的新疆商络股权投资有限责任公司（以下简称新疆商络）。这 3 家公司分别控股或参股了 5 家、6 家、8 家外资融资租赁公司。

据不完全统计，在 2011 年至 2013 年短短 3 年内，“康正系”共成立 11 家外资融资租赁公司。这 11 家公司分布在天津（4 家）、上海（2 家）、广州（2 家）、深圳（2 家）、北京（1 家）五个城市，总注册资本近 8 亿美元。

《中国融资租赁行业 2014 年度报告》正式发布

2014 年 11 月 5 日上午，《中国融资租赁行业 2014 年度报告》发布会在北京召开。中国融资租赁三十人论坛联合发起人海通恒信首席执行官李思明、工银金融租赁总裁丛林及多位理事出席了本次发布会。会上，零壹财经 CEO 柏亮作为联合研究单位代表介绍了《中国融资租赁行业 2014 年度报告》的主要内容，三十人论坛各位理事对《2014 年度报告》的内容给予了高度肯定，并就《2015 年度报告》的撰写提出了许多创新的建议和想法。

《中国融资租赁行业 2014 年度报告》回顾了过去 30 多年中国融资租赁行业的整体发展情况，详细解读了支持行业发展的“四大支柱”及其演化。同时，也对融资租赁行业目前关心的焦点问题之一——租赁资产的流通进行了分析，并通过案例呈现当前多样化的创新和探索。

附录 2:中国融资租赁三十人论坛理事访谈录

丛林:金融租赁:实体经济的源头活水[①]

当前,在我国深化改革开放,经济转型换档的关键时期,推动金融与实体经济融合发展,更好地发挥金融对实体经济的服务、支持功能,已经成为国家制定产业政策、围绕区间目标进行宏观调控的一项重要指导方针。继续深化金融业改革,加快完善多层次的金融市场,用好各类金融工具,特别是发展与实体经济具有紧密联系的金融租赁显得意义尤为深远。

金融租赁的发展历史

金融租赁与实体经济具有天然的密切联系。金融租赁起源于租赁,而租赁作为人类最古老的经济活动之一,从本质上看,是一种使占有权与使用权、收益权相分离的制度安排,租金即为让渡使用权的对价。在租赁关系建立的过程中,必然存在着权利所附着的载体,即租赁物。因此租赁活动与实物资产存在一一对应的关系。随着社会的进步和现代金融业的崛起,租赁与金融进一步结合,产生了现代金融租赁,增加了融通资金、盘活资产及其他金融服务功能。但无论金融租赁业务如何创新发展,其与租赁物一一对应、与实体经济紧密相连的特征都不会改变,这使得资金通过金融租赁渠道可以直达实体经济的干渠、支渠,补给到实体经济的毛细血管。

从发达国家的经验看,金融租赁在特定的历史时期发挥过巨大的政治经济作用。第二次世界大战以后,美国通过"马歇尔计划"以租赁的方式向欧洲输出大量过剩设备产能。20 世纪 70 年代,法国、日本等国家通过使用金融租赁的手段支持国内制造业扩张,打开国际市场,使得国内的汽车、机械、电子等制造工业得到迅猛发展。

我国改革开放初期,大量外资租赁公司跟随跨国公司进入中国。金融租赁作为一种促进销售的有效手段,为国外制造业快速占领当时资金匮乏但前景广阔的中国市场奠定了基础。此后经过一段曲折的发展,以 2007 年银监会颁布实施新的《金融租赁公司管理办法》为标志,金融租赁在国内迎来了新的发展阶段。截至 2014 年 6 月底,国内金融租赁公司有 25 家,注册资本金 856 亿元,总资产超过 11000 亿元。在当前的经济形势下,发展金融租赁在支持实体经济,优化产业结构,转移过剩产能,带动销售、占领新兴市场等方面的宏观作用日益显现。

① 资料来源:《人民日报》,作者:丛林,2014 年 7 月 30 日。

金融租赁的独特功能

正如实体经济行业众多，包罗万象，不同金融服务的特点和功能也有所差别，各有所长。而金融租赁作为在我国兴起较晚的一种金融工具，在服务实体经济方面越来越体现出它的独特优势：

“实”。金融租赁每一单业务都必须有租赁物的真实存在，永远不可能脱离具体的租赁物空转，从根本上杜绝了脱离实体经济自行其道的风险。

“近”。金融租赁直接面对实体企业开展租赁业务，为企业融资提供了便利，没有任何跑冒滴漏，将资金全部化为企业所需的设备设施，起到了资本直达管道的作用。

“广”。金融租赁的服务对象，既有大中型企业，也有小微企业；既包括国有经济，也有大量民营企业，行业跨度之广覆盖高端装备、能源电力、轨道交通、科教文卫、“三农”设施等诸多关系国计民生的各行各业。

“活”。金融租赁相比于信贷产品更加侧重考察企业经营能力、未来盈利水平以及租赁物的通用性，相对于信贷更加灵活。同时，根据客户的不同情况，设计符合实际需求的业务结构，从融资租赁、售后回租、经营性租赁的选择，到更具有创新性的租赁与信贷、保理等其他金融产品的最佳组合，最大化地解决实体经济融资融物难题。

在具体功能上，金融租赁在以下几方面能对促进实体经济发展发挥独特作用。

支持高端装备制造业发展。高端装备制造业发展水平体现了国家的综合实力，也是从中国制造向中国创造转变的核心领域。高端装备涵盖航空器、卫星及应用等，这些装备投入大、研发周期较长，需要大量资金支持，金融租赁既可以为这些高端产业发展提供资金支持，同时又能够发挥促进销售的作用，开拓国内、国际市场。

优化产业结构。“调结构”是当前我国经济社会发展要解决的主要问题之一。一方面，金融租赁按照国家产业政策严格制定投向，侧重支持先进、高端产业和国家扶持的战略产业，从而持续推动整个宏观经济的结构优化；另一方面，通过金融租赁可以带动国内过剩产能向外输出，进而起到平稳经济运行，化解系统风险的作用。

降低经济周期影响。由于金融租赁偏好逆经济周期运行，在价格低谷时买入资产，高点时转出，可以在一定程度上充当实体经济的“蓄水池”，有效减小经济周期对实体产业的影响，帮助企业在行业周期上行时避免盲目扩张，在下行时渡过难关。

盘活存量资产，推动城镇化建设，改善民生。金融租赁可以在地铁轻轨、绿色公交、污水处理、节能发电、教育医疗、文化娱乐等诸多领域提供资金支持，盘活现有的存量资产，有效缓解地方政府财政支出的压力，完善城市设施，切实提高人民生活水平。

便利小微企业融资融物。当前，小微企业融资难、融资贵是抑制经济活力的一个主要障碍。与传统信贷相比，金融租赁的融资方式更加灵活，能够根据企业需求，通过租赁与信贷、保理等产品的组合设计，最大限度地方便小微企业融资融物，减少企业资金的占用，降低融资成本。

服务企业“走出去”。在中国企业“走出去”的过程中，金融租赁可以为企业提供更加贴身的金融服务，发展出“中国制造 + 中国金融租赁”的海外发展模式，即租赁公司从国内购买产品并租给国外企业，打开国际市场，为中国企业特别是高端装备充当先锋。同时，在进口方面，金融租赁可以通过从国外采购从而直接拉动进口，发挥平衡国际贸易的作用。

中国金融租赁的未来

2014 年底，李克强总理在天津视察工银租赁时对金融租赁产业发展给予了充分肯定，并要求中国金融租赁企业继续坚持服务实体经济不动摇，在支持中国高端装备制造业“走出去”、平衡国际贸易、促进就业等方面进一步发挥积极作用。在接下来的三次国务院常务会议上，金融租赁作为国家金融服务“三农”、扩大商品出口、促进产业结构调整升级的重要工具均被提及。越来越多的地方政府也把金融租赁作为战略性产业，出台相关促进发展的政策和措施。

在欧美发达国家，租赁已经与信贷、资本市场并肩成为社会融资的三大主要工具，租赁资产占全社会固定资产投资的比例（租赁渗透率）在 15% ~30%，而国内仅在 5% 左右，租赁对全社会融资的影响力、带动力尚不够。同时，制约国内金融租赁发展的相关瓶颈问题亟待解决。在配套环境上，我国租赁产业相关法律缺失，对租赁公司的租赁物法律保障不够。金融租赁配套的法律、会计、税务服务等产业发展不成熟，难以为租赁公司初创、成长提供有力的支持。尽管面临一些问题，但毫无疑问的是，由于金融租赁的特性和中国经济现阶段发展的需要，未来一段时间，金融租赁在支持实体经济发展中将发挥更为重要的作用。

一是将在社会融资当中扮演更重要的角色。随着金融改革的整体推进，配套政策的完善，准入条件的放宽，越来越多的社会投资主体进入租赁行业，这将会大大提升金融租赁在全社会融资总量中的占比。金融租赁在我国经济转型升级当中发挥的作用会更加明显。

二是成为贯彻国家战略与宏观调控的有效金融工具。金融租赁受国家产业政策引导，对国家的大飞机战略、制造强国战略、海洋战略、新兴产业战略、城镇化战略的扶持作用将进一步深化。对支持国产飞机、高铁、核电设备等国内高端制造业“走出去”的作用将进一步显现。另外，随着中央政府对宏观调控实施更加灵活的区间目标管理，金融租赁对产业支持的定向发力，“喷灌”“滴灌”功能将得到进一步体现。

三是与其他金融手段的互补与合作。金融租赁将发挥自身贴近实体经济，相对灵活便利的优势，与信贷、基金、保险、资产管理等其他金融业务形成有机互补，并通过创新打造各类组合产品，进一步丰富金融产品服务链，更好地满足客户多元化的金融需求。

四是差异化、国际化发展。目前我国金融租赁公司正在形成根据各自优势资源，侧重服务不同产业、不同客户群体的金融租赁企业，从而逐渐形成层次分明的市场结构。随着中国在全球经济中作用的加深和中国企业“走出去”，中国金融租赁必将更多地参与国际竞争，充分利用国内、国际两个市场资源，在国际市场上发挥影响力。

“不忘初心，方得始终”。现代金融是在产业革命的基础上诞生，与实体经济相互依存，共生共荣。实体经济是金融业的基础，百业兴则金融兴，百业枯则金融亡。脱离实体经济进行所谓的金融创新和自我循环，更是金融危机产生的根源。在当前“稳增长、调结构、惠民生、促发展”的关键时期，金融租赁更应充分发挥自身联结金融和产业的本质和特色，成为促进国民经济发展的源头活水，为国家战略的实施、经济社会的发展进步提供新的活力。

李思明:农机、新能源和 PPP 将带给融资租赁新机会[①]

过去的 2014 年,我国经济增速放缓,银行不良贷款率持续承压,租赁行业融资渠道出现前所未有的压力。但与此同时,监管政策在向有利于行业发展的方向倾斜,多路资本也开始大举进入租赁行业。2015 年,融资租赁行业又将迎来怎样的发展?《第一财经日报》日前就此采访了海通恒信国际租赁有限公司 CEO 李思明。

《第一财经日报》:过去的 2014 年,对于融资租赁行业来说新闻频发,整个行业都在向着更明朗的方向发展。你对过去这一年有什么总结?

李思明:从全球范围来讲,欧美的融资租赁业处于缓慢复苏的发展阶段。2014 年,全球美国国际集团(AIG)将旗下国际租赁金融公司(ILFC)100%的股权出售给总部位于荷兰的飞机租赁公司 AerCap Holdings N. V,使得后者成为全球范围内拥有飞机数量最多的飞机租赁公司。另外,亚洲市场上,李嘉诚开始进入重资产的融资租赁领域。这种超大型投资人的介入,有利于整个行业的复苏,起到了很大的示范作用。

在境内市场,过去的一年的确是不平凡的一年。行业内新公司的成立速度几乎翻番,年底达到了 1800 家左右。但透过这个高速增长的数字背后,并没有看到行业质量有任何实质性的提高——成立的公司里很多还没有开展业务;开展业务的,也有很多还在做很基础的,或者说不规范的业务。这些都是需要思考和改善的问题。之所以成立了却开展不了业务,无非是因为缺少资金来源,或者是没有可以开展的项目。这些都源于投资人对于行业的不了解,认为有了融资租赁公司的杠杆和金融服务类的牌照,就可以轻易利用杠杆做出规模。而公司成立后,没有可以抵押的资产造成无法从银行取得资金,没有资金更没有办法拿到项目,从而形成恶性循环。租赁公司一定要有专业的人才来管理运营,不仅是金融方面的专业人才,也要是租赁资产所处行业的专业人才。

《第一财经日报》:针对我国经济下行的现状,你认为国内的融资租赁公司在 2015 年有什么看好的机会吗?

李思明:一些国家支持的长期、超长期的项目,和融资租赁的重资产特质十分匹配。其一,农业机械变革使农机租赁出现潜力巨大的市场。据统计,我国农机市场每年都有几千亿元的销量。这块市场农银租赁和哈银租赁已经在先行试水而且做得很好。只要政策放开,农机的融资租赁市场就可以释放出巨大潜力。其二,新能源产业,特别是光伏电站的市场值得关注。光伏电站的项目有国外成熟的经验可以借鉴,国内

① 资料来源:《第一财经日报》,作者:王琳,2015 年 1 月 30 日。

已经有企业开始尝试。光伏电站属于超长期的租赁资产，只要做好风险架构，保证费用和租赁成本的匹配，将可以产生长期、稳定的项目收益。其三，PPP 模式下，可以产生新的机会市场。和新能源光伏电站一样，PPP 公私合营项目需要做好风险架构。另外，需要保证政府采购服务的现金稳定流入和项目公司的持续运营能力。

《第一财经日报》：针对行业的发展环境，你对 2015 年有什么预期？

李思明：2015 年希望能看到融资租赁行业和金融业的“营改增”统一起来，把融资租赁的税制问题解决好。在国外，金融业的所得税，是按照利息收入为基础来计价。而我国目前对于融资租赁行业的所得税是以租金为基础来征收，这使行业税务成本过高。

《第一财经日报》：现在已经有包括券商、城商行等在内的越来越多的资本涌入融资租赁市场。面对这样的发展趋势，你觉得是好是坏？行业会在这样的局面下洗牌形成新格局吗？市场混战的场景会不会出现？

李思明：证券公司来投资融资租赁公司，对其业务多元化有非常大的好处。重资产企业可以在一定程度上避免券商母公司的资产出现大幅波动，平稳其收益。对融资租赁公司来说，券商背景有利于公司融资渠道更加多元化。以国内目前的情况来看，大部分融资租赁公司只能依靠贷款来融资，券商系公司则提供了在资本市场发行产品来直接融资的途径。作为母公司的证券企业，在产品设计上有绝对优势。城商行这样的正规金融机构进入融资租赁行业，对租赁业发展会起到积极的导向作用，利于行业健康、有序发展。

更多专业的金融机构加入进来，我觉得洗牌在 2015 年是必然的。目前国内的融资租赁市场还处于一个行业共同做大的阶段，只要各自都找到自己的细分市场，所谓“市场混战”的情况尚不会出现。

《第一财经日报》：在日前召开的“金融租赁年会”上，几家金融租赁公司的高管都提到了风险控制。租赁公司在开展业务时，怎么度量客户的信用风险，又怎么解决流动性风险？

李思明：总体来讲，租赁公司面临的风险比银行更严峻，而商务部监管下的融资租赁公司对风险会有更高的容忍度，但高风险产生高回报。和银行不同，融资租赁行业做的是动产租赁，租赁物是租赁公司的第一风险救急措施，在评估信用风险时，要考虑租赁物的质量、维修成本和取回的过程是否通畅，能否顺利处置这样的问题。对行业有深入的了解，是正确评估客户信用风险的前提。

难以借入长期资本，导致流动性风险是融资租赁公司面临的最严峻的问题，这制约了它们做大型项目的能力。信用好的融资租赁公司可以滚动发债。另外，股东进行长期资本的匹配,对于融资租赁公司来说非常重要,是公司规避流动性风险的最直接有效的办法。

《第一财经日报》:金融租赁公司发行证券化产品一向要受到非常严苛的监管和审批,对于日前国内首次由工银租赁完成的资产出表 ABS 业务,你有什么评价?海通恒信作为券商系租赁公司,在市场融资方面、产品结构上会有什么考虑吗?

李思明:工银租赁此次的资产出表对行业未来的同类业务起了很好的带头作用,积累了很好的经验。这是我们第一次看到规范的融资租赁资产出表产品。据我了解,此次出表的这批资产都是非常好的央企的租赁应收账款,成本方面也做得比较低。在此之前,融资租赁证券化产品都未真正实现出表,租赁公司对证券化了的租赁资产都要承担还款责任。但出表业务牵涉到税务上的发票开具问题,我们希望在出表业务的税务处理问题上,以后能够有相应的管理办法出台。

多元化融资一直是我们努力的方向。从产品结构上看,海通恒信将进一步加大直接融资的比重,如发行债券和资产证券化。现在我们的直接融资比率已经占到30%。从长远来看,重资产企业对资本金的要求很大,因此从资本市场上直接融资,部署上市计划,将是很重要的战略选择。

刘卫东:融资租赁跑马圈地时代已终结①

截至 2014 年 6 月底,全国融资租赁行业注册资金约为 4040 亿元,比上年底的 3060 亿元增长 980 亿元。然而,看似蓬勃的增长数字之下,是业内人士对项目的谨慎和对市场的担忧。

"只有市场大环境成熟了,法律法规都完善健全,融资租赁才会真正进入蓬勃发展的时期。"招银金融租赁有限公司(以下简称招银金融租赁)副总裁刘卫东在接受《第一财经日报》专访时表示。

市场利率下行 行业亟待创新

《第一财经日报》:利率下行已经成为趋势,面对越来越小的利差,租赁公司如何从这样的市场中赚取利润继续保持业务增长?

刘卫东:贷款利率下行已经是大趋势。现在银行和租赁公司都面临利差渐小的问题,造成利润减少。以后要加大不消耗资本的中间业务来补充利润。对租赁公司而言,除加速资产的流动性来赚钱以外,还需要发展中间业务来增加收入。

《第一财经日报》:招银金融租赁在中间业务上有什么自己的独特创新?

刘卫东:招银金融租赁在两年前率先推出了"租赁易"业务平台,引进了几十家融资租赁公司,推荐一些不同于招银金融租赁自身风险偏好的项目,一旦有公司形成意向,我们就会带领它们做项目评估、尽职调查,甚至设计交易结构,等等。利用这样的增值服务来收取服务费。这样的平台既可以赚取利润,又不消耗资本。

现在我们也在试图将信托、私募基金等机构及其产品纳入这个平台。创新产品一定是建立在多产品的融合上的。如何开发出一个交叉混合型且利于各方的产品,是我们一直在探索的。今后行业的大发展,应该都是这样的。

国内产能过剩 全球战略布局

《第一财经日报》:2014 年以来整个国家政策都在鼓励融资租赁行业的发展,从中央到地方都频出优惠政策。你如何看待行业的前景?

刘卫东:行业成立之初,大家都为了把规模做大快速扩张。发展到一定程度后,跑马圈地已经行不通了。现在大家都到了一个转折期,已经是从规模导向进入盈利导向的时期,粗放性经营已经到了需要精细化经营的时候。

现在国内产能过剩,只有通过国外市场消化这些过剩的产能,才能推动经济发展。

① 资料来源:《第一财经日报》,作者:王琳,2014 年 11 月 27 日。

国家也在号召企业“走出去”,公司要可持续发展,就一定要面对全球化的市场。

《第一财经日报》:面对全球化的竞争,招银金融租赁的发展战略是什么?

刘卫东:招银金融租赁一直在探索国际化。一是跨境租赁。我们率先实践出服务我国装备制造企业“走出去”的融资租赁产品,成功做出了大型设备跨境租赁模式,目前推进工作已经从非洲延伸至欧洲、亚洲等多个区域。现在最希望的项目是可以配合中国企业,把高铁送出去。二是大力发展目前国际上最成熟的融资租赁产品——飞机和船舶。我们未来会在境外成立子公司专门做飞机和船舶业务。

行业环境仍需改进　借力资产流动盈利

《第一财经日报》:招银金融租赁面对如今国内的市场环境,有什么创新举措吗?

刘卫东:在目前没有设备二手交易市场的情况下,我们会把租赁资产流动起来。将没有必要持有到期的资产,通过买卖盈利,通过资产流动性赚钱。在卖出旧有资产的同时,又可以腾出资金来做新项目,有可能比旧项目更有利润。

但在目前,这项业务在操作过程中遇到了政策障碍。租赁行业 2012 年施行营业税改增值税,在这之后形成的租赁资产,买卖过程中存在租金的增值税发票谁开具的问题。如果租赁资产卖给租赁同业外的金融机构,由于这些金融机构目前尚未施行“营改增”,就会造成租赁资产买卖交易的障碍,特别是国家鼓励的资产证券化业务。在此,我也想第一时间来呼吁国家相应部门能认真研究和推动这一问题的解决。我们建议仍由出卖方继续为承租人开具租金的增值税发票。

《第一财经日报》:你认为目前国内的租赁行业环境还有哪些方面亟待改进?

刘卫东:真正适合做租赁产品的环境有两个条件。第一,有设备登记体系。第二,有设备二手交易市场。现在国内的登记机制还不够健全,二手市场也不发达。目前国内还没有统一的设备登记机关,一个设备没有登记,很容易“一女二嫁”,甚至“一女多嫁”,造成行业混乱。像美国、日本等国的租赁行业,采取公示的方式,有自己的公示平台,一个设备一旦租赁,就会去公示平台公示。我国在这方面还需要继续完善。

刘小勇:中国租赁业步入国际化发展快车道[①]

众所周知,近十年来,中国租赁企业飞速发展,已经在国际舞台上崭露头角。而今天,首届全球租赁业竞争力论坛在此举办,正是我国租赁业近年来快速走向世界,进行国际化发展的佐证。

近十年间,我国融资租赁资产规模从世界第六位跃居到第二,成为全球仅次于美国的重要融资租赁市场。中国的优秀租赁企业不仅在规模上迅速扩大,在国际化的发展上也进行了大胆的探索,取得了诸多成绩。

例如,国内租赁业务规模最大的工银租赁,拥有并管理大型飞机 360 余架,船舶和海工资产超过 240 艘/台,大型设备近 3 万台套,业务已经遍及 23 个国家和地区。国内最早开展飞机租赁业务的国银租赁,截至 2013 年底,机队规模也达到了 163 架,客户覆盖全球 20 个国家和地区的 37 家承租人,飞机资产业务的价值排名跻身全球专业航空租赁公司前 12 位。民生租赁通过短短 5 年的发展,公务机数量达到了近 200 架,成长为亚洲地区最大的公务机租赁公司。

同时,国内租赁公司还迈出了国际化并购重组的步伐。2006 年中国银行以 9.65 亿美元收购新加坡飞机租赁公司;2008 年以来,渤海租赁先后收购了澳大利亚 ALLCO 飞机租赁资产、挪威的 Sin Oceanic 船舶租赁上市公司、美国 GE 旗下的 SEACO 集装箱租赁公司、欧洲 TIP 拖车租赁公司,使渤海租赁这个国内首家租赁上市公司的境外收入占到了总体收入的 62%,在利润方面的贡献也接近 60%。这些国内融资租赁企业国际化发展的成功案例和有益尝试,表明我国融资租赁行业已登上了国际化的舞台。

基于这样的良好发展形势,我想从以下几个方面谈一谈我的思考,既是我们对行业发展现状的感受,也是我们对租赁公司未来国际化发展的展望。

第一个方面,从国际化的进程来看,中国的租赁企业有非常强烈的内生需求。

一是随着国内融资租赁行业参与主体的激增,租赁企业在传统租赁业务的红海中日夜搏杀,业务上的竞争甚至已经演变为融资成本的竞争,租赁企业纷纷寻找新的出路。尽管中国国内市场空间深度较大,但需要一个相对较长的时间开发。而从市场广度上找出路,参与国际化竞争,无疑为国内有条件的租赁企业开辟了一片蓝海,非常值得有实力的企业参与。

二是除了基于市场环境的选择,由于租赁业务更加贴近实体产业的生产需求,风险也比其他金融产业更加可控,租赁业务本身的国际化程度也较高,同国际市场的交

① 本文为刘小勇在 2014 年 9 月全球租赁业竞争力论坛上的发言稿。

流就十分直接、密切。所以，在与其他金融业态横向的比较下，租赁行业境外拓展的政策障碍、经营风险相对会小一些，因此，租赁行业较其他业态具备更为可行的国际化发展先天优势。

三是作为整体战略的选择，我们通过国际化发展，还能在实现规模扩张的同时，引进国外的优秀团队、先进的管理经验，塑造国际化品牌，客观上也能提高企业的专业化水平和国际化竞争能力。

所以，在今天这样的时点，国际化的动力已经在我们的内部不断积蓄，走国际化路线只不过是这种内在需求动力寻找到了恰当的出口。

第二个方面，就外部环境而言，中国租赁企业国际化的外在条件日趋成熟。首先表现在日趋完善的行业政策上：

从2004年商务部、国税总局逐步放开内资融资租赁试点开始，租赁业就进入了几何级数的增长期。2011年，商务部《关于“十二五”期间促进融资租赁业发展的指导意见》出台，进一步明确国内企业要大力拓展海外市场，同时支持大企业开展跨境并购重组。这期间，数不胜数的政策创新和行业指导为中国租赁公司国际化发展提供了有力的政策保障。

在这样的基础之上，各地积极贯彻，锐意进取。尤其在天津这片热土上，租赁行业的政策创新尤为成功。在天津市政府的积极协调下，先行先试了许多非常有利于租赁行业国际化发展的政策。过去的三年间，在天津市政府和发展改革委的大力支持下，发祥于天津的渤海租赁成功地连续推进了数笔重大的国际收购项目：2012年收购原澳大利亚ALLCO公司近30亿美元的飞机资产；2013年9月，斥资81亿元人民币收购世界第六大集装箱租赁公司Seaco SRL，正式进军集装箱租赁和航运业务。

除此之外，天津积极打造全方位提升租赁企业国际竞争力的软环境，不断探索租赁行业发展的新模式。在东疆，自2010年我们获得支持设立了国内第一只航空租赁产业基金，成功投资了境外的飞机租赁资产项目，第二期资金也正在募集中；同样在天津市的大力支持下，我们还将设立天津航空金融服务有限公司，提供航空设备选择、跨国交易、资产估价、资产管理、买卖经纪咨询等服务，同时涉及租赁公司相关的国际保理等外围业务，为租赁产业国际化发展进行积极探索。

正是有了这样的政策基础，我们才有了让租赁行业“走出去”的勇气，才能把握国际宏观经济形势为开展国际化并购提供的机遇。2008年全球金融危机爆发以来，国际上融资租赁行业大范围、深层次的整合也给中国租赁行业的国际化发展提供了千载难逢的机遇。得益于近些年国内融资租赁企业国际并购的一系列成功，中资融资租赁企业将有望重构国际航空租赁俱乐部的话语权，在获取其他海外租赁并购项目的参与机会和谈判能力上也将会有长足的进步。

从这些意义上来说，中国租赁企业国际化发展的内、外部条件已经成熟，国际化发展的历程已经步入了历史性的快车道。中国租赁公司在国际舞台上提高自己的竞争力，与世界一流的租赁企业同台竞技是大势所趋。

与此同时，我们也深刻地认识到中国租赁企业国际化竞争力的培养是一件任重道远的事情。这是我想说的第三方面。

尽管当前我国租赁业已有长足发展，但与国际一流的租赁企业相比仍存在一定差距。全球排名领先的 GECAS、ILFC，其拥有的飞机都是千架以上的规模；在整体盈利能力（ROE、ROA 等）、行业资产质量（逾期率、不良率、坏账率等）等方面都保持了很好的水平。这不仅仅是指标上的差距，其中反映的还是租赁企业在核心竞争能力上的根本差距。通过近年来对境外租赁企业并购、整合的实践，我们在国际化的道路上有三个体会和大家分享：

首先，我们在国际化过程中，一定要打造以资产管理能力为核心的国际化竞争能力。

我们自身的实践经验证明，国际化带来的最大收益，不是公司的规模、排名的进步，而是专业的资产管理经验的积累和能力的提高。

国内外租赁公司的差异主要体现在产品结构设计的差异，融资结构及融资成本的差异，以及资产管理能力差异这三大差异上。其中，产品结构和融资结构安排的各类创新很容易被其他企业模仿。另外，融资结构和成本的差异很大程度上由企业所处的市场、监管和政策决定。因此，国内外租赁公司的核心差异，实际上关键体现在资产管理能力上。

租赁资产管理的专业性很强，是一个复杂的体系，不是高薪挖几个人就可以解决的，而是需要在企业成长发展过程中慢慢培养积淀，不像金融产品和融资结构，一夜之间就可以被其他企业模仿甚至超越。

租赁资产管理的专业性，最直观的体现就是飞机租赁资产的残值评估。这个评估不是单靠一两个懂飞机的工程师就行，它要综合考虑市场环境、经济周期、航空市场需求等多方面的因素，需要的是系统性的积累和支持。同时，资产估值的准确性又是所有业务开展的基础。产品结构、融资结构、成本测算、项目管理各个环节业务的开展都要基于准确的估值。

因此，租赁企业在国际化过程中，海外并购的最大关注点应是如何同步获得了世界领先水平的资产管理能力。

其次，国际化要围绕企业专业化经营的战略布局，不要把单纯的国际化或者规模扩展作为发展目标。

从国际经验来看，世界一流的大型租赁公司虽然涉及的业务种类繁多，但无一例外都有核心的业务方向。它们首先在专业领域深耕细作，才积累出了其他企业难以企及的行业高度。但就目前国内租赁行业的形势来看，租赁公司在专业化程度上仍有欠缺。在面对经济波动和外界竞争冲击时，会面临较大的竞争压力。

我们一再强调，资产管理能力是租赁公司的核心竞争力，资产管理能力是依存于专业化发展的。可以说没有专业化，就没有这个领域的核心竞争能力。因此，在租赁企业国际化进程中，我们应当按照专业化的业务条线进行战略布局，针对自身经营特点提升专业化水平，通过专业化发展进一步完成资产管理能力的提高。

以渤海租赁为例，我们在飞机租赁、集装箱租赁等不同的业务条线具有清晰明确的战略目标，通过并购获得在特定专业领域业务能力的飞跃。这样的发展，才是有利于公司整体实力提高的国际化发展。

最后，在国际化的进程中，一定要充分认识到专业化人才、团队、品牌的价值，予以足够的重视。

同样以渤海租赁为例，我们通过保留海外并购企业的业务团队和管理人才，并提供各种帮助，促使他们在各自的专业领域不断积累实力。这样的整体安排，一方面扩大了自身规模，获得了巨大的海外市场，另一方面能让新并购进来的公司专业化能力带动公司整体水平进一步提升。这是一件一举多得的事情，我们通过整合并购来的各项资源，在规模不断增长的同时，实现了专业化的发展，而渤海租赁作为一个整体，其业务运作空间和能力也获得了巨大的飞跃。

从另一个层面上来讲，我们前面说的行业领先的工银租赁、国银租赁国际业务的拓展，渤海租赁国际并购整合的完成，本身在国际上也逐步形成了自己的品牌影响力。毫无疑问，这对其今后业务的进一步拓展将形成良性互促的效应。

这样，我们就把无形的资产管理能力，通过有形的专业化和人才、品牌建设贯穿起来，形成了支撑我们国际化发展的复合驱动因素。这样的发展理念，巩固了我们一直提倡的“以资产管理能力为核心的国际化竞争能力”，公司的发展也更有目标，更利于公司国际化竞争力的全面提高。

展望未来，在中国租赁业已经不可遏制地进入国际化竞争发展的历史潮流之中，我们的租赁公司一方面要通过并购加快国际化进程，争取早日进入世界大型租赁公司的行列；另一方面，在并购的过程中，要通过不断地学习、融合国际先进经验，实现国际化发展和专业化经营的有机结合，形成真正的全球竞争力。

我们相信，中国融资租赁业在国际化的快车道上，将越走越快、越走越好。天津作为我国租赁行业核心聚集区的地位也将日益提高。到那时，中国的租赁会变成世界的租赁，中国的天津也会成为世界的天津。

万钧：P2P 有望成融资租赁业主要金主①

2012 年成立的狮桥融资租赁（中国）有限公司（以下简称"狮桥资本"）是经商务部批准成立的外商投资融资租赁公司，截至 2014 年 10 月资产总额已突破 50 亿元人民币。日前，狮桥资本 CEO 万钧接受《第一财经日报》专访，就目前融资租赁行业发展趋势做深度解读。他表示，就长期而言，融资租赁行业很有可能将以 P2P 为主要融资方式来获得资金。

《第一财经日报》：狮桥资本在经营战略方面有何考虑？

万钧：作为第三方独立融资租赁公司，行业选择是战略设计的第一步，应该尽量选择进入弱周期性行业。比如在狮桥资本本身的产业组合中，医疗、农业板块，几乎是没有周期的行业，重卡、物流周期性相对较低，而工业装备则相对周期性较强的行业。

选定行业之后，融资租赁公司要专注在产品和更细分的领域之中深耕细作。融资租赁的标的物应该具有通用性——可以被拆卸，可以再次安装使用。如果设备不能收回，退出机制不完善，一旦主体违约，风险失控，对融资租赁公司来说就会损失巨大。这是融资租赁的根本。专注细分领域可以使租赁公司积累有相同设备需求、有相同服务对象的大量客户群，这个客户群是取回的设备的最佳消化渠道。另外，专注细分领域也能使租赁公司对该领域的风险和行业生态有深刻的理解，从而具备独特的风险判断能力和交易结构的设计能力。支持这个战略的组织体系是高度下沉的服务渠道，这些广泛分布在三、四线城市的属地化机构可以更快更好地服务客户、识别风险，也能在风险发生时迅速作出反应，及时处置。

通过专注行业，将同品类的、碎片化的客户集中到一起，形成规模，加上高度人力资本密集的管理，就可以形成强大的体系化的能力。这就是"融资租赁 + 资产运营"的模式，通过为客户提供增值服务，将有共同服务需求的零散客户组织起来，形成系统平台。这个由狮桥资本组织搭建的平台具有规模效应，能提供个体客户难以获取的服务，如项目评估，集采优势等。通过提供资产运营的增值服务，给予客户更多的受益渠道，提高客户黏性，同时也设置了行业的进入壁垒，形成自己不可复制的核心竞争力。

《第一财经日报》：贝恩资本 2014 年 9 月投资狮桥资本，收购狮桥 80% 的股份。贝恩入股会对狮桥资本今后的发展战略有什么影响吗？

万钧：贝恩入股后，给予了狮桥管理层更多的支持和协同，没有改变原来的战略方向，狮桥的管理层仍然全体保留。我们仍将市场锁定在中小企业的融资租赁业务上，

---

① 资料来源：《第一财经日报》，作者：王琳，2014 年 12 月 30 日。

专注行业，专注产品，使渠道下沉，通过提供增值服务，做具有金融基因的工业、商业、医疗服务商。

《第一财经日报》：融资租赁近两年的行业规模和业务规模均呈井喷式的增长。业内人士普遍认为，20%到30%的复合增长速度仍将在三至五年内持续下去。这样的高增长速度，对于行业发展会是危险的信号吗？

万钧：市场是伴随着需求而生，租赁行业出现高增长速度，意味着市场有大量的租赁业务需求，这并不是一件坏事。对于增长的数据，我们更应该关注到构成这样增长的驱动力，而非其增长的快慢。按照我国目前的租赁行业业务构成，很多公司还在做类银行的信贷业务，没有将资源配置到实体经济中去，严格说来并不是真正意义上的融资租赁业务。将这些通道业务水分剔除后，事实上真正的融资租赁业务增长速度，是趋于合理、稳定的一个数字。

《第一财经日报》：狮桥资本近期上线了自己的P2P平台——融租E投，对接自己的租赁项目。采取的P2L模式（个人投资对接融资租赁项目）也是国内较新的概念。然而目前有业内声音反映，P2P无论从成本，还是单体项目规模上，相较其他的融资方式并没有明显优势。对于这样的看法，狮桥资本仍然坚持认为P2L是未来融资租赁公司发展的大势吗？

万钧：P2L模式对于类信贷的融资租赁资产，自然是不适合的，但对于真正市场化的融资租赁资产，将会是非常高效、便捷的融资模式。首先，P2L平台上的项目，都是已经发生的真实交易，投资者可以从平台信息上了解租赁资产的详细信息，也可以查询项目合同，资产的真实性有保证。其次，融资租赁资产除了债权，还有物权。一旦项目出现风险，设备最终可以由变现来取得回款。最后，融资租赁业务大部分是按月交租，相对于到期一次还本付息的方式，可以在合同履行期尽早发现风险并采取控制手段，且大部分融资租赁业务期限较长，往往在3～5年甚至更久，这使得租赁公司将资产变现后跑路的可能性几乎为零。

从短期来看，P2L成本偏高，但由于专业的融资租赁公司在风险控制上有优势，P2L平台只要坚持选择专业的融资租赁公司和优质融资租赁资产，随着投资者对融资租赁特征更深入的了解，投资行为会日趋理性，P2L这样的投资平台将会受到更多投资者的青睐。

《第一财经日报》：据统计，我国融资租赁业务规模已经排名全球第二，行业也持续保持高增长的速度，可我们行业的渗透率依然只有2%至3%的水平，和欧美等国相差甚远。你认为我国的融资租赁行业现在出现了什么问题，导致市场规模和业务水平的不匹配？

万钧：我国现在的融资租赁行业，还有很多公司在做变相的信贷业务而背离了融资租赁的本质，而且有相当多的情况是为已经没有活力、高负债、效益极其低下的国有企业做融资。这些企业按正常渠道已经无法从银行取得资金，一些融资租赁公司与银行合作，利用通道业务继续为它们输送资源。如此资源错配，造成那些有活力的个体、中小企业难以获得融资资源，某种意义上是在阻碍中国金融和国企改革。

融资租赁公司应该定位成银行的资产管理公司——对特定行业深度了解，对租赁物有专业的处置能力，企业自身有一定的资本金承担风险，以此来帮助银行等金融机构更高效、专业地配置资金。融资租赁企业应该回归本原，认真地做好真正的租赁业务，成为李克强总理所期望的，推动我国实体经济发展的有力金融工具。

《第一财经日报》：随着租赁债权被纳入资产包，租赁资产证券化也已经实行备案制，现在租赁公司跟以前相较，可供选择的融资渠道打破了单一的银行信贷。在你看来，哪种融资方式更适合融资租赁行业呢?

万钧：资产证券化为融资租赁行业的资金来源提供了一个非常好的渠道。考虑到投资者对融资租赁的认知还需要时间，加上券商、评级机构等也还没有大量专业的熟悉融资租赁资产证券化的人才，再加上两个交易所对融资租赁资产证券化的接受和认可都是一个渐进的过程，我认为短期内银行的保理等仍然会是主流的融资渠道。在中期内，经过一两年的发展，资产证券化会比较有效、彻底地解决融资租赁资金来源的问题。当然还有一个重要前提，就是融资租赁行业要一起努力，去生成适合证券化的优质基础资产。坦率来说，当前融资租赁资产体量虽然巨大，但适合证券化的优质基础资产并不多。我预计租赁资产证券化会在两三年后成为融资租赁公司非常主流的融资方式。

从更长期来看，以 P2P 为代表的新兴金融工具可能会成为融资租赁行业获取资金的终极手段。P2P 本身的高度市场化、去中心化、去监管特征与融资租赁行业对资金来源的需求是非常契合的。我认为就长期而言，融资租赁行业很有可能将以 P2P 为主要融资方式来获得资金。

俞雄伟:租赁业应有产业转型思维和互联网思维[①]

中国经济新常态,对融资租赁行业意味着什么,融资租赁行业在哪些方面可以有所作为,未来的发展重点是什么?

日前,《第一财经日报》就上述问题专访了浙江汇金融资租赁有限公司董事长俞雄伟。俞雄伟表示,在我国进入新常态的经济背景下,融资租赁可以发挥自己独特的融资融物相结合的特点,支持实体经济发展,推动我国经济结构转型。

《第一财经日报》:目前我国融资租赁已经进入高速增长期,截至2014年底,融资租赁合同余额已经达到3.2万亿元,融资租赁企业超过了两千家。结合我国目前的经济状态,融资租赁应该发挥怎样的作用?

俞雄伟:我认为融资租赁可以,也应该更好地为实体经济服务。多年来,租赁企业都在帮助推动实体经济发展。除了医疗器械、船舶、飞机这样的大型业务,现在大量的厂商系和中小型融资租赁公司也都在做中小企业技术改造相关业务,帮助大批中小企业发展壮大起来。

我国目前虽然在针对中小企业融资难、融资贵问题上下了很大功夫,但从银行角度出发,由于其风险偏好,对于小微企业贷款的态度始终很谨慎,问题并没有得到根本解决。在这方面,融资租赁利用其设备信用,具有一定的优势。但从更广的角度来看,解决中小企业融资难问题单靠融资租赁的推动是不够,也是不现实的。应该建立起一种机制,如风险分担机制、补偿机制或保险机制等,让租赁更好地发挥作用,和其他金融工具产生一种合力效应,推进社会经济的上行。如美、日的金融发展史,有特定的阶段会利用再保险、央行再贷款等工具推动融资租赁行业和整个经济的共同发展。

《第一财经日报》:在我国,售后回租业务占了融资租赁业务的绝大部分比重。也正是如此,民间一直认为融资租赁做的是通道业务。租赁行业应该大量做回租吗?怎样的业务结构才是符合常规的、成熟的、有益于实体经济发展的租赁业务模式?

俞雄伟:目前我国融资租赁业务中出现大量回租业务,是国内金融市场的竞争环境以及融资租赁行业的特点决定的,也和我国的市场需求有关。

第一,美国的租赁历史,也是一路发展,由简单租赁业务发展出如今多种高级业务形式的。融资租赁是资产融资的一种方式。美国的租赁行业经历了"传统租赁——简单融资租赁——创造性租赁——经营租赁——专业化细分阶段——成熟"六个阶段,而我们还处在简单融资租赁占有很大比重的阶段。如果现阶段我们就做经营租赁

---

① 资料来源:《第一财经日报》,作者:王琳,2015年4月9日。

业务，恐怕各个部门，包括租赁企业本身，对这种高级形态的租赁业务的认识还远不到位。

第二，市场需求影响。不仅是融资租赁业业务模式简单，我们其他的金融机构也面临同样的问题。和国外相比，我们的金融市场虽然在转型，但受到整体产业环境的影响，我国的银行到现在还在做简单初级的产品。需要看到的是，回租也是租赁业务，简单融资在我国是有市场需求的。

总体而言，现阶段我国的租赁行业正在向创新租赁阶段发展，业内对此有比较清醒的认识，也在考虑更好的产融结合，使租赁在市场上发挥出其特质和优势。随着竞争的加剧，国内已有一批租赁公司向专业化、特色化及租赁产品创新等方面逐步发展和转变。但跳开我们的环境，现阶段完全模仿美国是不现实的。

《第一财经日报》：租赁公司该怎样改革、发展，来配合我国经济结构的转型？

俞雄伟：首先，风控体系的建设要和人才的培养并重。租赁企业要对风险控制有更强的意识和水平——提高专业程度，对涉足行业的风险模式和盈利模式都有深入的认知。不要像百货公司一样，什么产品和领域都去涉及。通过专业化发展，利用好租赁资产保值变现抗风险的优势，租赁公司甚至可以做到逆周期上扬式的发展。

其次，对市场要有清晰的判断和了解。目前国家产业结构正在转型，有些简单加工类的企业已经是夕阳产业，也需要转型升级。我们的经济已经从生产型向消费型转变，租赁公司要和供应商合作，做高端设备租赁业务。要有产业转型思维和互联网思维，如今的大数据可以帮助企业定量分析风险，比起过去的定性分析更进一步。

《第一财经日报》：央行此前再次扩大存款利率浮动上限，存保制度也将于 5 月 1 日实行，利率市场化程度不断提高，它将给融资租赁行业带来怎样的影响？

俞雄伟：客观上讲，利率市场化后，很可能由于大型企业的融资成本降低，造成中小企业融资成本反而升高，中小企业以低成本拿到资金的可能性并不大。与中小企业相比，租赁企业由于有租赁资产作为抵押，银行更乐于将资金借给经营状况良好的租赁公司。但需要注意的是，租赁也是金融工具的一种。和其他企业的收益模式是趋同的，一旦利率降低，以利差为主的利润空间也会收紧减少。

但是，真正租赁的定价应该是包含了资金成本的资产定价、风险定价。我国因为还处在租赁行业发展的初期阶段，除融资之外，其融物功能尚未得到充分发挥。租赁企业大部分收益还只能依靠利差。从这样的角度上看，利率市场化的落实可以推动融资租赁企业摆脱简单的盈利模式，思考如何为客户提供更多的附加服务创造价值，发挥租赁本质，做好资产融资。

《第一财经日报》：2014 年底，租赁资产证券化业务随着备案制落地出现了数单尝

试。资产证券化可以有效解决融资租赁企业的融资问题吗,今后会成为融资租赁业的主流融资方式吗?

俞雄伟:租赁资产证券化业务的成本和期限匹配问题是目前各家租赁企业的考虑因素。长远来看,由于融资租赁是资本消耗型产业,资产证券化必将成为行业发展的大趋势。但在现阶段,和银行信贷渠道相比,发行证券化产品对于租赁企业来说融资成本仍然偏高,各家都在努力做各种尝试,以降低证券化业务的成本。而且越来越多的企业涉足资产证券化业务后,投资者将提高对租赁资产的认知度,有利于降低业务的中间成本。和以前相比,2015 年的上证所和深交所都已经降低了租赁资产证券化的成本,这对行业发展是件好事。

《第一财经日报》:2015 年两会上关于融资租赁的提案,已经涉及了多年来热议的动产登记制度和困扰行业的证券化产品涉税问题。对这两个问题目前融资租赁的从业者有什么期待?

俞雄伟:建设有公示效用的动产登记制度来使租赁资产对抗善意第三人,是租赁生态环境建设需要迫切解决的问题。多年以来,租赁资产再抵押问题一直困扰着行业的从业人员。租后管理、资产核查、法律程序等相关工作,造成了很多租赁公司的经营成本大幅增加。目前租赁应收款已经有了相应的登记系统,但缺乏法律的认可授权。而且租赁资产登记不光涉及工商部门,不同的标的物,在车管所、民航等部门都有登记系统,存在多头监管、登记混乱的现象。行业内希望出现一个可以有效对抗第三人,具有法律效应的统一登记制度。

“营改增”实行以来,融资租赁行业整体税负上升,这和税改的初衷是相悖的。作为从业者,我们希望看到的是 2015 年金融保险业也施行“营改增”后,一次性地解决租赁资产证券化中的涉税问题和行业税负偏高的现状。除了资产证券化,售后回租业务和机动车融资租赁业务中的增值税以及税票问题,也都需要行业内形成统一的声音和诉求,继续推动改革,形成促进行业发展的税务制度。

《第一财经日报》:2015 年我国融资租赁行业的发展会有怎样的趋势?会有哪些值得关注的热点?

俞雄伟:国务院和各级政府对融资租赁现在已经越来越重视,中央不断倡导用租赁的手段帮助我国大型装备、高新产业“走出去”。作为金融工具之一,融资租赁和其他的金融产品是互补的,各种金融工具今后应该向着互相合作的方向发展。产融结合、投融结合将是今后的大趋势,尤其是在大型高科技装备领域。整个金融体系可以更多以租赁的核心思想——使用创造价值,来提高资源使用率,节约资源。这样融资租赁才可以在中小企业转型升级的过程中发挥更大的作用。

另外,中央和地方 2014 年对租赁行业大力支持,颁布了很多利好政策,使得参与进来的资本形式和企业家越来越多。这必然造成更激烈的竞争,但同时也会提高社会对融资租赁的认知,有助于推动租赁行业的创新。随着行业的快速发展,租赁公司的管理者都会对行业以及公司本身有明确的定位,形成差异化竞争。今后几年,租赁公司间的并购应该会有较快的增量,经营良好的租赁公司并购和淘汰劣质的租赁公司,有助于行业更好、更稳健地发展,这是租赁业发展的必然趋势。

周巍：全球经济下的自贸区与中国租赁业发展[①]

一、自贸区为中国经济融入全球经济开启了新篇章

中国经济经过三十多年改革开放的迅速发展，曾经的“世界工厂”正在经历着从粗放到集约、从低端到高端、从结构不合理到结构优化的转型调整关键期。在这种经济新常态的背景下，“中国制造”正不断提升档次，中国实体经济的整体竞争能力已经有了巨大提高。目前在诸多领域，特别是高端装备制造领域，已经进入世界先进行列。以高铁为代表，中国制造的核电机组、大型液化天然气船、海洋工程装备等高端装备正在走向世界。可以说，我们正在迈入以高端装备制造为主的“中国制造”走出去2.0阶段，中国经济正在以全新的姿态融入全球经济。以民生金融租赁为例，仅仅在近两年间，就已经为多艘中国制造的海洋工程船、自升式钻井平台等高端装备出口到欧洲、东南亚、南美等地提供了融资租赁服务。

在这个中国经济加速融入全球经济体系、中国实体经济日益充分参与国际竞争的大环境下，在更多的对外交流过程中，我们可以发现，中国实体经济的中坚力量——中国企业对于良好营商环境的要求在不断提高。特别是我们的企业在开设、经营、履约等方面遵循的政策法规，以及要遵循这些政策法规耗费的时间和金钱成本，在很大程度上还需要优化。世界银行在过去的十几年里，每年从10个方面对全球189个经济体的营商环境进行评估，主要是看各个国家对企业的监管环境。2014年10月，世界银行发布了《2015年全球营商环境报告》，中国在189个国家里排名第90位，甚至低于越南、泰国这些国家。在一定程度上，这个排名反映了我国的营商环境还有很大的改善空间。

自贸区战略的实施，可以说为中国参与新一轮全球贸易自由化创造了机会，为中国实体经济参与国际竞争提供了广阔的发展空间，为中国经济融入全球经济开启了崭新的篇章。自2013年9月上海自贸区挂牌，到目前为止，国家已经从战略高度由南到北布局了广东、福建、上海和天津四个自贸区。这四个自贸区各具特色、各有侧重，但在发展战略上，均致力于建设与国际标准、国际准则直接对接的制度环境，在监管、税收、法律等方面为企业提供国际化的营商环境。

同时，自贸区也是国家实施“一带一路”战略的重要抓手，为中国经济面向未来、面向世界提供了开放平台。中国实体经济最终是否能真正融入全球经济体系，离不开

---

① 本文为周巍2014年9月在全球租赁业竞争力论坛上的发言稿。

其所根植的制度土壤。自贸区所提供的国际化营商环境，对于正处于"走出去"关键阶段的中国企业来说，可谓正逢其时。

二、中国租赁业是中国实体经济参与国际竞争的助推器

作为与实体经济结合最紧密的金融工具，融资租赁是帮助中国企业参与国际竞争、支持中国经济融入全球经济的最佳手段之一。融资租赁，在实体经济中更容易发挥杠杆作用，在支持先进的中国制造业"走出去"以及服务"一带一路"等国家战略实施方面，必将逐渐承担起历史使命。租赁业对经济发展的贡献，不能只看它为 GDP 增加了几个点或赚了多少钱，更要看它对中国经济转型升级、对扩大销售、提高进出口、拉动产业结构调整、扩大投资等发挥的综合作用。

对于租赁业来说，随着中国企业日渐深入地融入全球经济体系，中国的租赁产业也正在步入"走出去"的关键时期。回顾过去这些年的发展，经过初期的探索，目前我国主要的租赁公司已经基本适应了国际商务游戏规则，具备了深度参与国际化竞争的条件，并为配合中国企业进一步深入挖掘国际市场做好了准备。

以民生租赁为例，过去几年，该公司已经在飞机、船舶、设备出口方面积极探索，在支持中国制造"走出去"的过程中做了很多有益尝试。我们在推动中国高端装备出口的尝试中，不但租给了中石油、中海油等国内大型企业，还促成了众多国内制造商对境外企业的装备出口。例如，2014 年，民生租赁完成的海洋钻井平台租赁项目，为印度尼西亚第一大钻井承包商在中国船厂建造的自升式钻井平台提供租赁服务，这是支持境内高端装备出口的标志性项目。该项目以创新、高效的方式实现了国内金融机构与制造企业间的对接，2015 年斩获了美国 Marine Money 颁发的年度交易奖。

三、自贸区的设立为中国租赁业"走出去"和"引进来"带来了新机遇

目前，我国的四个自贸区都已经不约而同地将融资租赁作为重点支持行业，各自贸区都针对融资租赁行业制定了相关的扶持性政策，如统一内外资融资租赁企业监管标准，跨境租赁实行海关异地委托监管模式等。

融资租赁业作为天津自贸区未来重点发展的优势产业，起步早、产业基础好，并且已形成了明显的产业集群优势，始终引领着全国租赁业的发展。天津自贸区将融资租赁支持中国制造"走出去"放在战略层面，其各项产业政策更是为租赁业的发展创造了良好的经营环境。例如，建设国家租赁创新示范区，推进租赁资产登记、公示、流转试点，支持设立专业子公司，支持设立项目公司经营大型设备、成套设备等融资租赁业务，鼓励扩大跨境人民币资金使用范围，等等。中国（天津）自由贸易试验区总体方案

中，更有专门的章节论述租赁业，要求推进租赁业政策制度创新，形成与国际接轨的租赁业发展环境。

从自贸区对租赁业的重视，可以看出政府对于调整经济结构、推动金融创新、支持中国制造业"走出去"的决心，也为中国租赁业提供了走向国际市场、融入全球经济的机会，将有力地促进中国租赁业按照国际通行惯例参与全球竞争，为中国租赁企业实施国际化、全球化发展战略搭建平台。可以预见，以自贸区各项改革措施的推进为契机，伴随着一系列相关支持政策纷纷落地，中国租赁业将步入国际化发展的关键阶段。伴随着中国租赁业支持中国制造"走出去"及"一带一路"战略的实施，中国租赁业将迎来发展的又一个黄金时期。

四、中国租赁业要在自贸区战略中发挥更大作用，就需要与国际接轨的政策环境

在资本自由流动、竞争充分的国际市场上，租赁企业往往选择适宜自身特色和发展的土壤。纵观全球租赁业的发展格局，具备融资便利、融资成本低廉、投资回报高等条件的地区更容易形成产业聚集效应，如美国、爱尔兰等。与这些国际知名的租赁产业集聚地相比，我国的自贸区建设仍处于起步阶段，在配套设施、政策环境等方面仍然存在差距。随着我国自贸区战略步伐的加快，融资租赁作为重要的金融服务工具，必然要与国外同业短兵相接，展开激烈竞争。中国的租赁业只有按照国际规则竞争和发展，才能成为国际市场的真正参与者，在国际贸易中具备话语权，乃至主导权。

未来的自贸区，不应仅仅着眼于推动国内租赁企业的发展，更应该放眼全球、与国际市场接轨。营造良好的制度环境和政策环境，除了为国内企业提供公平参与国际竞争的条件，更应该主动适应全球市场游戏规则，吸引世界各地的优秀租赁企业主动落户自贸区，形成良好的品牌效应和集聚效应，在全球租赁市场中确立举足轻重的地位。

因此，我们也期望自贸区，特别是天津自贸区能在融资租赁政策环境方面实现与国际的接轨，为中国租赁业走向国际市场创造公平的竞争环境，促进中国租赁企业在国家"走出去"和"一带一路"战略中发挥重要作用。

结合当前中国租赁业面临的问题，我也提出几点建议：

一是打造独具优势的融资环境。融资是租赁公司的生命线。但是随着"走出去"和"国际化"战略的实施，租赁公司对境外低成本资金的需求量越来越大，具备较强的境外融资能力对租赁公司而言尤为重要。为此，我们需要通过对包括利率市场化、人民币资本项目下可自由兑换等在内的深层次金融改革，创造具有全球竞争力的融资环境。建议自贸区加快建设离岸金融市场，使其成为自贸区的重要组成部分。并通过跨境人民币贷款、使用外汇储备、鼓励发债等手段拓宽租赁公司的融资渠道，增加该行业

的直接融资比例。与此同时，积极推动中国评级机构的国际话语权，使中国企业能够取得平等的融资待遇。

二是出台适合租赁特点的税收政策。税收问题一直是困扰中国租赁业、阻碍中国租赁企业与外资租赁企业平等竞争的重要瓶颈之一。尤其是在金融行业实施"营改增"之后，租赁公司仍然处于发展的不利地位。建议自贸区在税收政策及税收操作上，可以更多考虑租赁特点，支持融资租赁公司参与国际市场平等竞争。

三是打造持续完善的宏观监管环境。近几年来，租赁的政策环境是随着整个行业的发展而不断发展和完善的。但由于租赁行业正处于探索阶段，国内没有成熟的监管经验可循，政府部门对融资租赁业务的认知和理解，同样也需要根据实际业务不断更新。因此，相关的法律、监管、海关、工商等各项配套政策体系的建立和完善也需要持续跟进。

四大自贸区的建立，标志着中国新一轮的全面改革开放已经进入快车道。中国租赁业步入了支持中国实体经济迅速融入全球经济的重要历史关头。我相信，随着自贸区的蓬勃发展，中国租赁业将在中国实体经济发展壮大的进程中大有作为！

中国已是全球第二大租赁市场。未来五年内，中国必然会成为全球最大的租赁市场。随着中国租赁业的发展和进一步融入全球市场，中国租赁业将会逐步增加在全球租赁业领域的话语权乃至主导权。

附录3:金融租赁公司名录[①]

序号	企业名称	注册地	法定代表人	注册资本（万元）	成立时间
1	工银金融租赁有限公司	天津	丛林	1100000	2007-11-26
2	国银金融租赁有限公司	广东	王学东	800000	1984-12-25
3	建信金融租赁有限公司	北京	顾京圃	800000	2007-12-26
4	交银金融租赁有限责任公司	上海	陈敏	600000	2007-12-20
5	昆仑金融租赁有限责任公司	重庆	桂王来	600000	2010-07-21
6	招银金融租赁有限公司	上海	连柏林	600000	2008-03-28
7	民生金融租赁股份有限公司	天津	孔林山	509500	2008-04-02
8	华融金融租赁股份有限公司	浙江	李鹏	500000	2011-12-28
9	太平石化金融租赁有限责任公司	上海	杨新民	500000	2014-10-14
10	兴业金融租赁有限责任公司	天津	林章毅	500000	2010-08-30
11	长城国兴金融租赁有限公司	新疆	张希荣	400000	1996-02-02
12	中信金融租赁有限公司	天津	郭党怀	400000	2015-03-31
13	光大金融租赁股份有限公司	湖北	张华宇	370000	2010-05-19
14	中国外贸金融租赁有限公司	北京	丁建平	350766.26	1985-03-04
15	信达金融租赁有限公司	甘肃	朱金叶	350524.88	1996-12-28
16	湖北金融租赁股份有限公司	湖北	谌赞雄	300000	2015-06-24
17	华夏金融租赁有限公司	云南	任永光	300000	2013-04-28
18	农银金融租赁有限公司	上海	高克勤	300000	2010-09-07
19	皖江金融租赁有限公司	安徽	李铁民	300000	2011-12-31
20	浦银金融租赁股份有限公司	上海	陈辛	295000	2012-04-20
21	渝农商金融租赁有限责任公司	重庆	张培宗	250000	2014-09-11
22	江苏金融租赁股份有限公司	江苏	熊先根	234665.03	1988-04-23
23	北银金融租赁有限公司	北京	闫冰竹	200000	2014-01-20
24	哈银金融租赁有限责任公司	黑龙江	高淑珍	200000	2014-06-11
25	徽银金融租赁有限公司	安徽	许德美	200000	2015-04-29
26	中国金融租赁有限公司	天津	李波	200000	2013-06-06

① 本部分所有数据更新于2015年6月30日，所有注册资本数据均采用2015年7月1日汇率折算成人民币。

续表

序号	企业名称	注册地	法定代表人	注册资本（万元）	成立时间
27	河北省金融租赁有限公司	河北	徐敏俊	150000	1995－12－11
28	苏兴金融租赁股份有限公司	江苏	夏平	125000	2015－05－13
29	邦银金融租赁股份有限公司	天津	李剑飞	100000	2013－08－16
30	北部湾金融租赁有限公司	广西	李丹玲	100000	2012－09－17
31	江南金融租赁有限公司	江苏	陆向阳	100000	2015－05－29
32	西藏金融租赁有限公司	西藏	李兆廷	100000	2015－05－25
33	永赢金融租赁有限公司	浙江	付文生	100000	2015－05－26
34	长江联合金融租赁有限公司	上海	史美樑	100000	2015－06－18
35	珠江金融租赁有限公司	广东	王继康	100000	2014－12－11
36	华运金融租赁股份有限公司	天津	罗兴平	100000	2015－04－21
37	洛银金融租赁股份有限公司	河南	王建甫	60000	2014－12－18
38	交银航空航运金融租赁有限责任公司	上海	陈敏	50000	2014－10－21
39	山西金融租赁有限公司	山西	曹冬	50000	1993－03－12

附录4：内资试点融资租赁公司名录[①]

序号	企业名称	注册地	法人代表	注册资本（万元）	批准时间
1	浦航租赁有限公司	上海	童志胜	766040	2009-12-25
2	天津渤海租赁有限公司	天津	金川	626085	2008-09-27
3	长江租赁有限公司	天津	任卫东	580000	2004-12-30
4	中航国际租赁有限公司	上海	张予安	379000	2004-12-30
5	国泰租赁有限公司	山东	尹鹏	300000	2007-08-07
6	上海电气租赁有限公司	上海	秦怿	300000	2006-04-20
7	庞大乐业租赁有限公司	河北	蒿杨	250000	2009-12-25
8	南车投资租赁有限公司	北京	王石山	230000	2008-09-27
9	汇通信诚租赁有限公司	新疆	卢翱	216000	2012-08-16
10	丰汇租赁有限公司	北京	汪洋	200000	2009-12-25
11	中建投租赁有限责任公司	北京	陈有钧	200000	2011-01-20
12	中联重科融资租赁（北京）有限公司	北京	方明华	150200	2006-04-20
13	重庆银海融资租赁有限公司	重庆	乔昌志	120000	2006-04-20
14	安徽华通租赁有限公司	安徽	苏信斌	100000	2013-09-11
15	安徽兴泰融资租赁有限责任公司	安徽	汪长志	100000	2006-04-20
16	北车投资租赁有限公司	北京	杜鹏远	100000	2008-09-27
17	吉运集团股份有限公司	北京	赵六栋	100000	2011-01-20
18	天津佳永租赁有限公司	天津	刘健群	100000	2012-08-16
19	天津天保租赁有限公司	天津	于旸	100000	2011-12-12
20	中建投设备租赁（上海）有限责任公司	上海	陈有钧	100000	2014-07-08
21	重庆市交通设备融资租赁有限公司	重庆	王成	100000	2009-12-25
22	德海租赁有限公司	北京	贾建民	100000	2013-09-11
23	广东恒和租赁有限公司	广东	武玉琴	100000	2015-03-02
24	辽宁融川融资租赁股份有限公司	辽宁	刘小锋	100000	2013-01-31
25	中国水电建设集团租赁控股有限公司	北京	钱庆云	96000	2008-09-27
26	山重融资租赁有限公司	北京	董平	92000	2009-12-25

① 本部分所有数据更新于2015年6月30日，所有注册资本数据均采用2015年7月1日汇率折算成人民币。

续表

序号	企业名称	注册地	法人代表	注册资本（万元）	批准时间
27	河北融投租赁有限公司	河北	李中华	90000	2012－08－16
28	江苏徐工工程机械租赁有限公司	江苏	杨勇	80000	2008－09－27
29	联通租赁集团有限公司	北京	黄继洪	76000	2004－12－30
30	浙江中大元通融资租赁有限公司	浙江	周平平	75717.415	2007－01－04
31	德银融资租赁有限公司	上海	周伟	70000	2011－12－12
32	厦门海翼融资租赁有限公司	福建	刘艺虹	70000	2008－09－27
33	上海国金租赁有限公司	上海	刘益朋	60000	2012－08－16
34	四川金石租赁有限责任公司	四川	李云忠	60000	2014－07－08
35	内蒙古融资租赁有限责任公司	内蒙古	侯向东	60000	2015－03－02
36	天津大通融汇租赁有限公司	天津	李占通	60000	2015－03－02
37	安吉租赁有限公司	上海	夏军	56400	2006－04－20
38	国农租赁有限公司	山东	袁敦华	51000	2013－01－31
39	北京中煤设备租赁有限责任公司	北京	黄春江	50000	2015－03－02
40	安徽德润融资租赁股份有限公司	安徽	徐立新	50000	2013－09－11
41	北京京能源深融资租赁有限公司	北京	郭明星	50000	2011－12－12
42	汇银融资租赁有限公司	山东	王桂民	50000	2011－01－20
43	金鼎租赁有限公司	北京	孙绍杰	50000	2011－12－12
44	世欣合汇租赁有限公司	北京	潘蓉	50000	2014－07－08
45	天津高新区融鑫设备租赁有限公司	天津	田宏波	50000	2014－07－08
46	中海集团租赁有限公司	上海	刘冲	50000	2014－07－08
47	中关村科技租赁有限公司	北京	盛紫瑾	50000	2013－01－31
48	广州广汽租赁有限公司	广东	蒋华	50000	2013－09－11
49	中核建银融资租赁股份有限公司	广东	黄祖义	50000	2015－03－02
50	青岛中投融资租赁有限公司	山东	李新民	45000	2012－08－16
51	珠海恒源融资租赁有限公司	广东	张平	41995.173	2013－09－11
52	安徽正奇融资租赁有限公司	安徽	俞能宏	40000	2013－01－31
53	长城融资租赁有限责任公司	山东	张发军	37000	2006－04－20
54	武汉光谷融资租赁有限公司	湖北	李军	35000	2012－08－16
55	尚邦租赁有限公司	天津	陈晓宁	30466	2008－09－27

续表

序号	企业名称	注册地	法人代表	注册资本（万元）	批准时间
56	安徽合泰融资租赁有限公司	安徽	张德进	30000	2013－09－11
57	北京农投融资租赁有限公司	北京	张国平	30000	2013－09－11
58	安徽皖新租赁有限公司	安徽	曹杰	30000	2014－07－08
59	成都工投融资租赁有限公司	四川	董晖	30000	2009－12－25
60	福建海峡融资租赁有限责任公司	福建	陈建武	30000	2011－01－20
61	华宝千祺租赁（深圳）有限公司	广东	熊卿	30000	2014－07－08
62	经开租赁有限公司	广东	周世义	30000	2014－07－08
63	南通国润融资租赁有限公司	江苏	杜永朝	30000	2014－07－08
64	青海昆仑租赁有限责任公司	青海	张小明	30000	2004－12－30
65	万向租赁有限公司	浙江	冯立民	30000	2004－12－30
66	辽宁方大融资租赁有限公司	辽宁	肖德石	30000	2015－03－02
67	江西省易泰租赁有限公司	江西	陈圣霖	30000	2013－09－11
68	庆汇租赁有限公司	辽宁	张冠宇	30000	2013－01－31
69	上海万方融资租赁有限公司	上海	李多珠	30000	2013－09－11
70	中程租赁有限公司	天津	盛雪莲	30000	2013－09－11
71	天津财信汇通租赁有限公司	天津	陈超	30000	2015－03－02
72	江西省鄱阳湖融资租赁有限公司	江西	陈云	28000	2011－12－12
73	沈阳恒信租赁有限公司	辽宁	赵俊福	27436	2013－01－31
74	山东山工租赁有限公司	山东	赵沂斌	27000	2011－01－20
75	上海益流融资租赁有限公司	上海	瞿坤章	25000	2011－12－12
76	新疆新能融资租赁有限公司	新疆	陈学江	24800	2008－09－27
77	四川孚临融资租赁有限公司	四川	杨弟	24000	2013－01－31
78	福建宏顺租赁有限公司	福建	王传桂	23000	2006－04－20
79	新疆鼎源融资租赁有限公司	新疆	张杰	22400	2011－12－12
80	东方圣城租赁有限公司	山东	李莉	21000	2015－03－02
81	东森海润租赁有限公司	北京	张道山	20800	2012－08－16
82	福建万宇租赁有限公司	福建	卢龙清	20600	2013－09－11
83	湖北高投融资租赁有限公司	湖北	张良玉	20500	2015－03－02
84	青岛青建租赁有限公司	山东	吴明旭	20500	2013－09－11

续表

序号	企业名称	注册地	法人代表	注册资本（万元）	批准时间
85	北京鼎泰鑫融资租赁有限公司	北京	田亚军	20300	2014－07－08
86	四川荷福建筑设备租赁有限公司	四川	施浩	20050	2015－03－02
87	北京华泰融资租赁有限公司	北京	苗小龙	20027	2006－04－20
88	宜宾市华明融资租赁有限公司	四川	朱德荣	20010	2015－03－02
89	安徽众信融资租赁有限公司	安徽	卢堆仓	20000	2013－09－11
90	芜湖亚夏融资租赁有限公司	安徽	周夏耘	20000	2013－09－11
91	通和租赁股份有限公司	北京	李冬	20000	2013－09－11
92	贵州黔贵融资租赁有限公司	贵州	罗洪波	20000	2013－01－31
93	河南国控租赁有限公司	河南	刘洪涛	20000	2013－01－31
94	石家庄宝德设备租赁有限公司	河北	戴育芝	20000	2015－03－02
95	湖北华融嘉和融资租赁有限公司	湖北	张开杰	20000	2015－03－02
96	安徽中财租赁有限责任公司	安徽	张效东	20000	2014－07－08
97	张家港华晟融资租赁有限公司	江苏	王顺娣	20000	2013－09－11
98	北京中车信融汽车租赁有限公司	北京	巩月琼	20000	2012－08－16
99	常熟市德盛租赁有限公司	江苏	高德康	20000	2014－07－08
100	湖北万民融资租赁有限公司	湖北	徐峰	20000	2015－03－02
101	江苏宝涵租赁有限公司	江苏	徐卫球	20000	2013－01－31
102	南京隆安租赁有限公司	江苏	刘振华	20000	2013－01－31
103	黑龙江省鼎信租赁股份有限公司	黑龙江	刘德余	20000	2014－07－08
104	武汉中泰和融资租赁有限公司	湖北	李健	20000	2015－03－02
105	江苏凤凰文贸租赁有限公司	江苏	田锋	20000	2015－03－02
106	南京民生租赁股份有限公司	江苏	曹累	20000	2013－09－11
107	华远租赁有限公司	北京	姜文辉	20000	2007－01－04
108	苏州融华租赁有限公司	江苏	盛刚	20000	2013－01－31
109	江苏国鑫融资租赁有限公司	江苏	郭峥嵘	20000	2015－03－02
110	南京华虹租赁有限公司	江苏	陆永新	20000	2015－03－02
111	江苏淮海融资租赁有限公司	江苏	任江	20000	2014－07－08
112	江西省海济租赁有限责任公司	江西	柳习聪	20000	2006－04－20
113	宁波东银融资租赁有限责任公司	浙江	钟鸣	20000	2014－07－08

续表

序号	企业名称	注册地	法人代表	注册资本（万元）	批准时间
114	荣达租赁有限公司	北京	高玉章	20000	2012-08-16
115	融鑫汇（天津）租赁有限公司	天津	张云集	20000	2011-12-12
116	融信租赁股份有限公司	福建	王丁辉	20000	2009-12-25
117	山东浪潮租赁有限公司	山东	杨杰	20000	2006-04-20
118	上海地铁租赁有限公司	上海	顾诚	20000	2014-07-08
119	上海金易达融资租赁有限公司	上海	叶国营	20000	2011-01-20
120	上海中兴融资租赁有限公司	上海	李伟民	20000	2011-01-20
121	四川盘古设备租赁有限公司	四川	罗永强	20000	2014-07-08
122	天津泰达租赁有限公司	天津	杨德宏	20000	2011-12-12
123	天津天士力融资租赁有限公司	天津	闫凯境	20000	2014-07-08
124	西北租赁有限公司	陕西	吴畏	20000	2004-12-30
125	银丰租赁有限公司	北京	杨金峰	20000	2011-12-12
126	云投旺世融资租赁有限公司	北京	保明虎	20000	2011-12-12
127	浙江省铁投融资租赁有限公司	浙江	周卫三	20000	2012-08-16
128	城发集团（青岛）融资租赁有限公司	山东	刘海程	20000	2015-03-02
129	临沂华盛江泉租赁有限公司	山东	王廷宝	20000	2015-03-02
130	上海云城设备租赁有限公司	上海	林涛	20000	2015-03-02
131	银河融资租赁有限公司	上海	桂国杰	20000	2015-03-02
132	上海摩恩融资租赁股份有限公司	上海	问泽鸿	20000	2013-09-11
133	浙江万融融资租赁有限公司	浙江	黄河清	20000	2013-09-11
134	浙江香溢租赁有限责任公司	浙江	邱樟海	20000	2013-01-31
135	浙江浙能融资租赁有限公司	浙江	夏晶寒	20000	2013-09-11
136	民商（重庆）租赁有限公司	重庆	王金山	20000	2015-03-02
137	新疆生产建设兵团第十三师天元设备租赁有限公司	新疆	张朝安	18712	2015-03-02
138	海航思福汽车租赁有限公司	海南	杨爱国	18400	2013-01-31
139	宝利德融资租赁有限公司	浙江	余海军	18000	2014-07-08
140	杭州中小企业融资租赁有限公司	浙江	吴艳	18000	2015-03-02
141	泰康消防化工租赁集团融资租赁有限公司	云南	林希嘉	17040	2015-03-02

续表

序号	企业名称	注册地	法人代表	注册资本（万元）	批准时间
142	中浩环球租赁(福建)有限公司	福建	林平	17003	2015 - 03 - 02
143	安徽津安融资租赁有限公司	安徽	潘军	17000	2015 - 03 - 02
144	福建喜相逢汽车服务有限公司	福建	黄伟	17000	2015 - 03 - 02
145	泉州市闽侨资产租赁有限公司	福建	林卫民	17000	2015 - 03 - 02
146	河北卓邦华琦融资租赁有限公司	河北	王琦	17000	2013 - 09 - 11
147	东风南方投资控股有限公司	广东	李军	17000	2015 - 03 - 02
148	河南广通汽车租赁有限公司	河南	刘峰	17000	2013 - 01 - 31
149	湖北永盛融资租赁有限公司	湖北	刘子恒	17000	2013 - 09 - 11
150	国信租赁有限公司(原注册地:辽宁)	山东	李春梅	17000	2015 - 03 - 02
151	汇鼎租赁有限公司(原注册地:辽宁)	山东	王腾飞	17000	2015 - 03 - 02
152	南京天元租赁有限公司	江苏	车鸣	17000	2013 - 01 - 31
153	荣信租赁有限公司	辽宁	王国	17000	2015 - 03 - 02
154	融丰租赁有限公司	辽宁	张蒂	17000	2013 - 09 - 11
155	宁夏三实租赁有限公司	宁夏	代良云	17000	2015 - 03 - 02
156	中弘租赁有限公司	辽宁	孔营新	17000	2013 - 09 - 11
157	嘉丰租赁有限公司	山东	朱伟红	17000	2013 - 01 - 31
158	山东地矿租赁有限公司	山东	李天章	17000	2015 - 03 - 02
159	山东恒顺租赁有限公司	山东	顾怀亮	17000	2015 - 03 - 02
160	昌乐英轩设备租赁有限公司	山东	李世勇	17000	2014 - 07 - 08
161	成都汇银融资租赁有限公司	四川	梁强	17000	2011 - 01 - 20
162	福建润创租赁有限公司	福建	魏德旺	17000	2014 - 07 - 08
163	邯郸市美食林租赁有限公司	河北	赵江平	17000	2014 - 07 - 08
164	晋盛租赁有限公司	山西	蒋丽君	17000	2013 - 01 - 31
165	湖北华康远达融资租赁有限公司	湖北	蔡柏明	17000	2014 - 07 - 08
166	英利小溪租赁有限公司	天津	苗连生	17000	2013 - 01 - 31
167	联通物产租赁有限公司	北京	谢贵林	17000	2012 - 08 - 16
168	维租(天津)租赁有限公司	天津	翁亮	17000	2015 - 03 - 02
169	融兴融资租赁有限公司	福建	刘小康	17000	2012 - 08 - 16
170	四川海特融资租赁有限公司	四川	李飚	17000	2014 - 07 - 08

续表

序号	企业名称	注册地	法人代表	注册资本（万元）	批准时间
171	四川御丰泰融资租赁有限公司	四川	徐伟	17000	2014-07-08
172	天津市良好投资发展有限公司	天津	许全有	17000	2014-07-08
173	新疆亚中机电销售租赁股份有限公司	新疆	王庭暄	17000	2008-09-27
174	远中租赁股份有限公司	辽宁	乔华	17000	2006-04-20
175	浙江大盛融资租赁有限公司	浙江	郑新宪	17000	2014-07-08
176	浙江康安融资租赁有限公司	浙江	范水荣	17000	2012-08-16
177	浙江物产融资租赁有限公司	浙江	隋剑光	17000	2012-08-16
178	杭州城投租赁有限公司	浙江	金兴平	17000	2013-09-11
179	中盛租赁有限公司	辽宁	李永姬	17000	2014-07-08
180	中水电融通租赁有限公司	天津	张斌	17000	2014-07-08
181	重庆鸿晔锦盛融资租赁有限公司	重庆	杨飞	17000	2015-03-02
182	首汽租赁有限责任公司	北京	赵金俊	11765	2008-09-27
183	恒华融资租赁有限公司	浙江	凌华	10000	2008-09-27
184	上海融联租赁股份有限公司	上海	金敏	10000	2004-12-30
185	天津津投租赁有限公司	天津	王工布	8200	2004-12-30
186	山东融世华租赁有限公司	山东	孙红	8000	2007-01-04
187	河南中原融资租赁有限公司	河南	杜陵	6400	2009-12-25
188	长行汽车租赁有限公司	浙江	方昶行	5070	2004-12-30
189	新纪元租赁有限公司	北京	邙艳红	5000	2007-08-07
190	中能融资租赁有限公司	北京	孙勇	5000	2011-12-12
191	江苏烟草金丝利租赁有限公司	江苏	王亚	4000	2011-12-12

附录 5:外资融资租赁公司名录[①]

序号	企业名称	省份	法定代表人	注册资本（万元）	成立时间
1	平安国际融资租赁有限公司	上海	方蔚豪	930000	2012-09-27
2	远东国际租赁有限公司	上海	孔繁星	821054.3	1991-09-13
3	山东晨鸣融资租赁有限公司	山东	王春方	587200	2014-02-21
4	安徽钰诚融资租赁有限公司	安徽	丁宁	365671.02	2012-03-16
5	中交建融租赁有限公司	上海	张剑兴	360000	2014-05-08
6	海通恒信国际租赁有限公司	上海	任澎	319809.27	2004-07-09
7	檀实融资租赁(上海)有限公司	上海	赵晓玉	305745	2014-07-18
8	宏泰国际融资租赁(天津)有限公司	天津	库春玲	300000	2013-11-08
9	中民国际融资租赁股份有限公司	天津	王蓉	300000	2015-04-16
10	华能天成融资租赁有限公司	天津	王志芳	270000	2014-04-18
11	广州越秀融资租赁有限公司	广东	王恕慧	257300.9	2012-05-09
12	远东宏信(天津)融资租赁有限公司	天津	孔繁星	250000	2013-12-10
13	利星行融资租赁(中国)有限公司	江苏	颜健生(GAN KHIAN SENG)	226251.3	2008-02-29
14	深圳兆恒水电有限公司	广东	徐国胜	218000	1999-08-03
15	扬子江国际租赁有限公司	上海	高传义	209251.88	1992-12-29
16	中垠融资租赁有限公司	上海	吴玉祥	206000	2014-05-20
17	大唐融资租赁有限公司	天津	刘传东	200000	2012-11-28
18	北京市文化科技融资租赁股份有限公司	北京	蓝陶勇	196000	2014-07-25
19	中电投融和融资租赁有限公司	上海	赵长利	195676.8	2014-03-13
20	仲利国际租赁有限公司	上海	陈凤龙	189561.9	2005-04-12
21	华电融资租赁有限公司	天津	胡永庆	185106.38	2013-09-09
22	顺泰融资租赁(常州)有限公司	江苏	都战平	183447	2012-04-25
23	中飞租融资租赁有限公司	天津	刘晚亭	183447	2010-12-13
24	基石融资租赁(天津)有限公司	天津	GAHIE GNADOU RAYMOND	183440.89	2012-04-18

① 本部分所有数据更新于 2015 年 6 月 30 日，所有注册资本数据均采用 2015 年 7 月 1 日汇率折算成人民币。

续表

序号	企业名称	省份	法定代表人	注册资本（万元）	成立时间
25	金宝鼎国际融资租赁有限公司	天津	刘伟强	182835.51	2012－07－13
26	上海璞能融资租赁有限公司	上海	谢祥德	182835.51	2014－09－23
27	上海永盛融资租赁有限公司	上海	张懿	182835.51	2014－05－19
28	环通含舟(重庆)融资租赁有限公司	重庆	唐兵尧	181612.53	2014－12－01
29	北车(天津)融资租赁有限公司	天津	杜鹏远	180000	2015－01－21
30	广东盛通融资租赁有限公司	广东	李继红	180000	2011－04－21
31	广东中金大通融资租赁有限公司	广东	阮班来	180000	2013－03－15
32	广东中金高盛融资租赁有限公司	广东	阮班来	180000	2013－05－24
33	广东中金美林融资租赁有限公司	广东	阮班来	180000	2013－07－05
34	广东中金摩根融资租赁有限公司	广东	李柳青	180000	2013－06－24
35	量通租赁有限公司	广东	穆毅	180000	2006－10－09
36	平安国际融资租赁(深圳)有限公司	广东	方蔚豪	180000	2014－11－26
37	鑫通融资租赁(大连)有限公司	辽宁	单海滨	180000	2014－01－07
38	中海油国际融资租赁有限公司	天津	邬汉明	180000	2014－03－07
39	伊丰(中国)融资租赁有限公司	上海	王晓露	176109.12	2015－04－28
40	海科融资租赁(福建)有限公司	福建	张新	176000.08	2012－08－28
41	深圳华皖前海融资租赁有限公司	广东	梁冰	174274.65	2015－04－08
42	上海创图融资租赁有限公司	上海	徐德亮	173051.67	2015－01－13
43	中联重科融资租赁(中国)有限公司	天津	詹纯新	171217.2	2009－02－02
44	鑫源融资租赁(天津)股份有限公司	天津	魏政	166700	2014－10－29
45	小松(中国)融资租赁有限公司	上海	王子光	163000	2007－05－24
46	海科融资租赁(天津)有限公司	天津	陆正耀	160000	2014－10－15
47	佳腾(中国)融资租赁有限公司	上海	赵博	158987.4	2015－05－18
48	广东中野融资租赁有限公司	广东	韩冬	150000	2014－03－14
49	国电融资租赁有限公司	天津	栾宝兴	150000	2014－03－25
50	巨亿融资租赁(上海)有限公司	上海	赵千里	150000	2015－04－28
51	狮桥融资租赁(中国)有限公司	天津	万钧	145290.02	2012－04－02
52	英大汇通融资租赁有限公司	天津	康建瓴	128800	2011－07－13
53	融汇融资租赁(上海)有限公司	上海	王兰云	126000	2014－12－09

续表

序号	企业名称	省份	法定代表人	注册资本（万元）	成立时间
54	中国环球租赁有限公司	北京	郭卫平	124675.24	1984－11－01
55	东方融资租赁（上海）有限公司	上海	张晨光	122298	2014－12－18
56	东方信远融资租赁有限公司	天津	沈晓玲	122298	2010－09－27
57	广源鑫融资租赁（上海）有限公司	上海	冯淦华	122298	2015－04－30
58	国投融资租赁有限公司	上海	段文务	122298	2013－09－03
59	国信锦城融资租赁有限公司	上海	张士洪	122298	2014－11－25
60	海尔融资租赁（中国）有限公司	上海	梁海山	122298	2013－12－25
61	汇品国际融资租赁有限公司	广东	汪文杰	122298	2014－12－04
62	汇文国际融资租赁有限公司	广东	平贵杰	122298	2015－04－28
63	骏联（中国）融资租赁有限公司	上海	梁兰照	122298	2015－04－09
64	亿润联融资租赁有限公司	天津	姜勇	122298	2014－09－18
65	中宏国际融资租赁有限公司	广东	张伟贤	122298	2013－04－22
66	海科融资租赁（北京）有限公司	北京	陆正耀	121686.51	2012－08－22
67	浙江圆坤融资租赁有限公司	浙江	曾惠民	121075.02	2015－01－07
68	奥克斯融资租赁有限公司	上海	郑雷奇	120000	2013－05－14
69	国森融资租赁（上海）有限公司	上海	贺志发	120000	2015－05－29
70	内蒙古金控融资租赁有限公司	内蒙古	张锋	120000	2014－07－11
71	平安国际融资租赁（天津）有限公司	天津	方蔚豪	120000	2015－03－16
72	上海金展融资租赁有限公司	上海	淦建明	120000	2015－04－28
73	基石国际融资租赁有限公司	北京	张杰	110639.39	2013－07－10
74	乾港融资租赁（上海）有限公司	上海	张必昕	107000	2015－05－08
75	上海海智融资租赁有限公司	上海	李辉	105000	2015－05－22
76	广州市康信融资租赁有限公司	广东	张睿	102730.32	2012－07－06
77	康正（北京）融资租赁有限责任公司	北京	张睿	102730.32	2012－07－18
78	广东融通融资租赁有限公司	广东	张庆文	100895.85	2012－03－30
79	显鹤融资租赁（上海）有限公司	上海	孙霄	100088	2015－03－12
80	保雅（中国）融资租赁有限公司	上海	蔡博	100000	2015－06－05
81	东航国际融资租赁有限公司	上海	林福杰	100000	2014－09－22
82	恩福融资租赁有限公司	上海	王伟兰	100000	2014－11－10

续表

序号	企业名称	省份	法定代表人	注册资本（万元）	成立时间
83	丰植融资租赁有限公司	江苏	汪洋	100000	2014－08－05
84	光大幸福国际租赁有限公司	上海	李研	100000	2014－09－29
85	广东明阳融资租赁有限公司	广东	王宪	100000	2012－01－05
86	广东润银融资租赁有限公司	广东	吉翔	100000	2015－05－13
87	国汇融资租赁有限公司	北京	郭泽燕	100000	2014－01－02
88	海华国际融资租赁有限公司	天津	薛健	100000	2013－11－20
89	金信兴业融资租赁有限公司	天津	郑细洪	100000	2014－11－18
90	茅台建银（上海）融资租赁有限公司	上海	蒋焰	100000	2014－12－19
91	厦门三安信达融资租赁有限公司	福建	林秀成	100000	2015－04－17
92	杉圭（上海）融资租赁有限公司	上海	邵华	100000	2015－04－17
93	上海爱康富罗纳融资租赁有限公司	上海	邹承慧	100000	2015－03－17
94	上海大唐融资租赁有限公司	上海	迟润东	100000	2015－03－31
95	上海祥达融资租赁有限公司	上海	张玉香	100000	2014－12－02
96	深圳贵金融资租赁股份有限公司	广东	杨文涛	100000	2014－12－30
97	深圳金通融资租赁有限公司	广东	黄菊香	100000	2014－02－10
98	同煤漳泽（上海）融资租赁有限责任公司	上海	王团维	100000	2015－01－12
99	银通国际融资租赁有限公司	上海	任军霞	100000	2013－07－05
100	远汇融资租赁（上海）有限公司	上海	王永海	100000	2015－02－11
101	中国葛洲坝集团融资租赁有限公司	上海	崔大桥	100000	2014－09－19
102	中汇国金融资租赁有限公司	上海	胡勇	100000	2015－01－30
103	中建投租赁（上海）有限责任公司	上海	陈有钧	100000	2014－01－27
104	中冶融资租赁有限公司	广东	王宏波	100000	2014－12－16
105	中广核国际融资租赁有限公司	广东	李益翔	99519.998	2013－11－08
106	日立建机租赁（中国）有限公司	上海	水谷努	98449.89	2007－09－25
107	天津凯富融资租赁有限公司	天津	王伟兰	98000	2014－08－14
108	渤海钢铁集团（天津）融资租赁有限公司	天津	王建东	97838.4	2013－12－31
109	贵州汇融典石融资租赁有限公司	贵州	王彩霞	97838.4	2014－12－09
110	上海康信融资租赁有限公司	上海	潘宣汉	97838.4	2012－08－27
111	太钢（天津）融资租赁有限公司	天津	韩珍堂	97838.4	2014－04－02

续表

序号	企业名称	省份	法定代表人	注册资本（万元）	成立时间
112	天津景行融资租赁有限公司	天津	纪向宇	97838.4	2015－02－10
113	山东华恒融资租赁有限公司	山东	王宏麟	96187.226	2014－03－17
114	华中融资租赁有限公司	江苏	包丽君	94200.035	2013－11－06
115	江苏华中融资租赁有限公司	江苏	包丽君	94200.035	2013－11－06
116	中信富通融资租赁有限公司	北京	刘志强	93103.448	2010－08－16
117	三井住友融资租赁（中国）有限公司	广东	仓冈朝通	91723.5	1996－09－26
118	北京国资融资租赁股份有限公司	北京	孙婧	90000	2014－03－20
119	中安联合国际融资租赁有限公司	天津	魏景芬	90000	2013－03－27
120	中国融资租赁有限公司	辽宁	张利群	83585	1986－09－09
121	中恒国际租赁有限公司（原柳工国际租赁有限公司）	北京	王超	81988.579	2008－10－07
122	鼎亿宝银（深圳）融资租赁有限公司	广东	李光煜	80000	2014－05－20
123	广东钰通融资租赁有限公司	广东	李立新	80000	2013－01－29
124	华晨东亚汽车金融有限公司	上海	吴小安	80000	2015－04－07
125	立根融资租赁有限公司	广东	李舫金	80000	2013－03－06
126	深圳前海万通融资租赁有限公司	广东	翁仁源	80000	2014－03－25
127	上海创裕融资租赁有限公司	上海	徐德亮	79493.7	2015－01－06
128	现代融资租赁有限公司	上海	辛鏞星（SHIN YONG SEONG）	79493.7	2007－04－25
129	医学之星（上海）租赁有限公司	上海	杨建宇	79493.7	2003－03－21
130	斗山（中国）融资租赁公司	北京	陈荣昊	77047.74	2007－02－15
131	深圳广银投融资租赁有限公司	广东	杨善超	73378.8	2014－06－24
132	帝力融资租赁（上海）有限公司	上海	龙晓华	70700	2014－11－11
133	悦达融资租赁有限公司	江苏	祁广亚	70000	2012－07－30
134	浙江龙宇融资租赁有限公司	浙江	潘龙（Fidele Gaston PANOU）	68240	2014－07－18
135	海天汇金融资租赁有限公司	天津	陈松	67263.9	2014－11－12
136	思科系统（中国）融资租赁有限公司	北京	谢芝福（CHIA CHER HOCK）	67202.751	2006－06－13
137	泓博融资租赁（上海）有限公司	上海	郑浩勤	63594.96	2013－06－18

续表

序号	企业名称	省份	法定代表人	注册资本（万元）	成立时间
138	江苏银业融资租赁有限公司	江苏	冯树君	62164.073	2010-12-06
139	广东粤科融资租赁有限公司	广东	吴菡	62000	2014-03-17
140	宁波顺博融资租赁有限公司	浙江	杨兴陈	62000	2014-10-08
141	上海加敬融资租赁有限公司	上海	桂学刚	62000	2014-11-17
142	安成国际融资租赁有限公司	广东	和淑蓉	61149	2014-03-10
143	畅毓（上海）融资租赁有限公司	上海	张志浩	61149	2015-03-02
144	大摩融资租赁（深圳）有限公司	广东	陈嘉志	61149	2012-11-28
145	大摩融资租赁（中国）有限公司	湖北	胡碧德	61149	2012-12-28
146	大势融资租赁（上海）有限公司	上海	李勇	61149	2014-08-15
147	德尔国际租赁有限责任公司	天津	张国庆	61149	2012-01-01
148	德泰（天津）融资租赁有限公司	天津	石磊	61149	2011-04-06
149	杜邦中国集团有限公司	广东	苏孝世	61149	1989-03-021
150	福建海西财富融资租赁有限公司	福建	杨爱国	61149	2014-12-26
151	广东恒孚融资租赁有限公司	广东	李孟建	61149	2014-12-26
152	广东资雨泰融资租赁有限公司	广东	谢天	61149	2008-11-26
153	广西嘉雅金杰融资租赁有限公司	广西	伍任青	61149	2014-08-06
154	国誉融资租赁有限公司	天津	安国治	61149	2014-07-17
155	瀚鸿融资租赁（天津）有限公司	天津	王文胜	61149	2012-11-26
156	弘海（天津）融资租赁有限公司	天津	李博	61149	2014-04-04
157	湖州融汇嘉恒融资租赁有限公司	浙江	刘悦	61149	2015-01-19
158	华租融资租赁有限责任公司	西藏	林葵	61149	2012-12-31
159	慧谷天成融资租赁有限公司	上海	马婧茹	61149	2015-02-03
160	济钢国际融资租赁有限公司	山东	万宪刚	61149	2014-05-27
161	江苏润兴融资租赁有限公司	江苏	王天宇	61149	2013-10-21
162	金珂融资租赁有限公司	河北	王小军	61149	2014-11-07
163	津川新科（天津）融资租赁有限公司	天津	何质恒	61149	2015-02-15
164	卡素（中国）融资租赁有限公司	天津	张元国	61149	2014-10-11
165	坤盛国际融资租赁有限公司	江苏	唐敏	61149	2014-09-09
166	蓝辰融资租赁有限公司	天津	惠小兵	61149	2012-08-23

续表

序号	企业名称	省份	法定代表人	注册资本（万元）	成立时间
167	朗润(上海)融资租赁有限公司	上海	陈伟奇	61149	2013－09－29
168	辽宁恒亿融资租赁有限公司	辽宁	赵伟	61149	2014－09－09
169	绿地融资租赁有限公司	上海	耿靖	61149	2014－11－10
170	迈石资本融资租赁有限公司	广东	BILL TANG	61149	2013－07－11
171	明润恒通融资租赁有限公司	广东	徐刚	61149	2014－05－22
172	南山融资租赁(天津)有限公司	天津	宋建鹏	61149	2014－01－07
173	日立租赁(中国)有限公司	北京	佐藤良治	61149	2005－04－15
174	山东宏桥融资租赁有限公司	山东	张波	61149	2014－05－19
175	上海鼎融融资租赁有限公司	上海	陈礼军	61149	2014－09－23
176	上海国腾融资租赁有限公司	上海	钱俊龙	61149	2015－04－28
177	上海络银融资租赁有限公司	上海	尚喜生	61149	2015－03－31
178	上海璞丰融资租赁有限公司	上海	曹继芳	61149	2015－05－08
179	上海新泰洋融资租赁有限公司	上海	张宏图	61149	2015－03－02
180	上海信意融资租赁有限责任公司	上海	唐四清	61149	2014－09－28
181	上元融资租赁(上海)有限公司	上海	魏薇	61149	2015－05－07
182	深圳前海法茂融资租赁有限公司	广东	刘志刚	61149	2014－12－11
183	深圳前海和兆融资租赁有限公司	广东	蒲传桂	61149	2014－04－01
184	深圳前海信恒融资租赁有限公司	广东	俞立志	61149	2014－11－14
185	深圳市光宇鑫融资租赁有限公司	广东	刘利勇	61149	2014－07－14
186	深圳中金融资租赁有限公司	广东	黄章山	61149	2014－05－28
187	泰印融资租赁(上海)有限公司	上海	沈忱	61149	2015－02－27
188	万瑞联合国际融资租赁有限公司	天津	孙林	61149	2014－09－01
189	纬通国际融资租赁有限公司	天津	李宝敏	61149	2013－09－06
190	无量融资租赁(上海)有限公司	上海	戴建峰	61149	2015－02－27
191	先锋国际融资租赁有限公司	天津	肖遂宁	61149	2009－09－08
192	先锋太盟融资租赁有限公司	上海	韩勇	61149	2015－02－17
193	新华联融资租赁有限公司	上海	吴涛	61149	2014－05－20
194	信易融国际融资租赁有限公司	广东	陈章杰	61149	2015－01－07
195	亚太汇金融资租赁有限公司	天津	曹亮	61149	2013－11－01

续表

序号	企业名称	省份	法定代表人	注册资本（万元）	成立时间
196	耀玺融资租赁（上海）有限公司	上海	谢德强	61149	2015－01－27
197	亿豪融资租赁（上海）有限公司	上海	林耿	61149	2014－12－31
198	银德丰融资租赁有限公司	北京	徐特	61149	2012－12－31
199	银信恒通融资租赁有限公司	天津	陈东繁	61149	2015－01－04
200	浙江海洋租赁股份有限公司	浙江	夏小军	61149	2012－10－29
201	浙江晶科融资租赁有限公司	浙江	李仙德	61149	2014－10－10
202	中创国际融资租赁有限公司	浙江	刘凯	61149	2012－08－28
203	中轨融资租赁有限公司	天津	李阔	61149	2014－03－20
204	中金汇理融资租赁有限公司	上海	陈纯磷	61149	2015－02－13
205	中翎（上海）融资租赁有限公司	上海	薛润生	61149	2014－12－30
206	中瑞汇丰国际融资租赁有限公司	北京	李力	61149	2009－05－21
207	中天恒盛融资租赁有限公司	北京	陈宗英	61149	2014－05－26
208	中新能融资租赁有限公司	上海	陈芝荣	61149	2013－12－31
209	中油国际融资租赁有限公司	浙江	张汉錩	61149	2013－02－04
210	华联国际租赁（天津）有限公司	天津	孙含	61149	2010－11－22
211	盛业融资租赁有限公司	广东	TUNG CHI FUNG	61149	2014－08－15
212	江苏绿能宝融资租赁有限公司	江苏	夏侯敏	61142.885	2014－12－05
213	东租融资租赁有限责任公司	广东	林葵	61136.77	2012－12－26
214	前海金杰（深圳）融资租赁有限公司	广东	周亚明	61026.702	2014－06－11
215	浙江海亮融资租赁有限公司	浙江	季丹阳	61026.702	2013－11－12
216	中融宏翔（常州）融资租赁有限公司	江苏	林钦滨	61026.702	2014－09－29
217	大业融资租赁（上海）有限公司	上海	杜礼宾	60537.51	2014－12－26
218	广东粤海融资租赁有限公司	广东	李伟强	60537.51	2011－11－18
219	杭州金投融资租赁有限公司	浙江	徐云鹤	60537.51	2013－06－06
220	安实融资租赁有限公司	上海	秦学森	60000	2015－02－13
221	财苑豪德融资租赁有限公司	浙江	张征兵	60000	2015－03－31
222	成飞（上海）融资租赁有限公司	上海	虞明章	60000	2015－03－09
223	诚开融资租赁有限公司	上海	秦国勇	60000	2014－12－19
224	大盈融资租赁有限公司	上海	刘艳	60000	2015－02－11

续表

序号	企业名称	省份	法定代表人	注册资本（万元）	成立时间
225	广州屯建融资租赁有限公司	广东	张辉斌	60000	2014-11-24
226	国沣融资租赁有限公司	上海	张荣	60000	2015-02-11
227	海通恒信融资租赁(上海)有限公司	上海	丁学清	60000	2014-07-29
228	河北中诚信融资租赁有限公司	河北	蔡东晨	60000	2014-06-24
229	建融信融资租赁(天津)有限公司	天津	王建华	60000	2014-09-11
230	建元鼎铭国际融资租赁有限公司	上海	王炜	60000	2014-09-12
231	金树融资租赁(天津)有限公司	天津	郗苹	60000	2014-11-21
232	融泰融资租赁(上海)有限公司	上海	彭力	60000	2013-07-19
233	上海爱建融资租赁有限公司	上海	马金	60000	2013-04-23
234	上海捷丰融资租赁有限公司	上海	杨国梁	60000	2015-02-15
235	上海马太融资租赁有限公司	上海	潘小珍	60000	2014-11-28
236	万商汇融资租赁有限公司	浙江	宋兴龙	60000	2015-03-31
237	威俐达国际融资租赁有限公司	上海	李莉	60000	2014-09-23
238	永宝融资租赁有限公司	上海	秦悠悠	60000	2015-02-16
239	中城建(上海)融资租赁有限公司	上海	潘建根	60000	2014-11-11
240	中合百方融资租赁(杭州)有限公司	浙江	王世杰	60000	2015-03-31
241	东领融资租赁(上海)有限公司	上海	彭映清	59926.02	2015-01-21
242	湖北昊华融资租赁有限公司	湖北	付佳珑	58091.55	2012-11-27
243	山东高速环球融资租赁有限公司	山东	曾卫兵	58091.55	2012-06-08
244	珠海富明融资租赁有限公司	广东	潘诚岩	58091.55	2011-10-21
245	大连装备融资租赁有限公司	辽宁	桂冰	58000	2012-06-06
246	上海地铁融资租赁有限公司	上海	顾诚	56000	2013-10-30
247	港联融资租赁有限公司	河北	苏原	55910.187	2010-09-25
248	中航纽赫融资租赁(上海)有限公司	上海	赵宏伟	55420.101	2014-04-30
249	常州丰盛融资租赁有限公司	江苏	李明	55034.1	2013-06-03
250	福建省海创融资租赁有限公司	福建	杨其光	55034.1	2014-12-12
251	和泰国际融资租赁有限公司	广东	马辉	55034.1	2014-01-15
252	环球泰达融资租赁有限公司	北京	苏进京	55034.1	2014-10-15

续表

序号	企业名称	省份	法定代表人	注册资本（万元）	成立时间
253	拉赫兰顿融资租赁(中国)有限公司	上海	Anthony Cheng（郑光华）	55034.1	2005－12－07
254	中永顺融资租赁(上海)有限公司	上海	潘浩文	55034.1	2013－11－27
255	嘉银融资租赁(江苏)有限公司	江苏	夏玲	55034.1	2012－06－11
256	宏润(上海)融资租赁有限公司	上海	高峰	55000	2014－01－24
257	广州市宇庄融资租赁有限公司	广东	谷穗子	53811.12	2015－03－30
258	浩睿融资租赁(上海)有限公司	上海	冯兆励	51976.65	2015－03－27
259	久保田(中国)融资租赁有限公司	上海	滝川昭男	51976.65	2012－03－22
260	卡特彼勒(中国)融资租赁有限公司	北京	马克·曼宁（MARK ALLAN MANNING）	51976.65	2004－04－23
261	鸿儒融资租赁(上海)有限公司	上海	唐寒永	51365.16	2014－11－21
262	盛哲融资租赁(上海)有限公司	上海	冯志亮	50753.67	2014－01－20
263	深圳京能融资租赁有限公司	广东	郭明星	50454.04	2014－05－05
264	国鼎基业融资租赁有限公司	北京	张朝文	50142.18	2015－01－28
265	天鼎融资租赁有限公司	上海	李继敏	50100	2014－10－24
266	中辉瑞盈融资租赁有限公司	上海	武雄伟	50100	2014－12－02
267	安徽新大地融资租赁有限公司	安徽	楼小满	50000	2015－04－29
268	百利融资租赁有限公司	天津	杨川	50000	2014－01－03
269	宝信国际融资租赁有限公司	陕西	周飞	50000	2011－04－26
270	北京港湾融资租赁有限公司	北京	李梦清	50000	2014－10－27
271	成都金控融资租赁有限公司	四川	蒋刚	50000	2010－06－22
272	春秋融资租赁(上海)有限公司	上海	王煜	50000	2014－11－24
273	道生国际融资租赁股份有限公司	北京	姜培维	50000	2012－05－22
274	德汇融资租赁有限公司	上海	钱彬彬	50000	2014－12－09
275	丰源融资租赁(上海)有限公司	上海	李明	50000	2015－01－27
276	广东大象融资租赁有限公司	广东	凌国伟	50000	2014－05－23
277	广东富邦融资租赁有限公司	广东	陈荣备	50000	2009－07－21
278	广东力巨融资租赁有限公司	广东	黄志锋	50000	2014－12－08
279	广东益通融资租赁有限公司	广东	李继红	50000	2012－07－18

续表

序号	企业名称	省份	法定代表人	注册资本（万元）	成立时间
280	广东盈通融资租赁有限公司	广东	穆毅	50000	2011－09－01
281	广东中穗融资租赁有限公司	广东	王清华	50000	2012－12－26
282	广州瑞信融资租赁有限公司	广东	卢锋	50000	2014－11－25
283	广州正銮融资租赁有限公司	广东	王竞业	50000	2014－09－26
284	国融（天津）融资租赁有限公司	天津	刘海龙	50000	2013－03－19
285	国药控股（中国）融资租赁有限公司	上海	李智明	50000	2015－02－06
286	航天融资租赁有限公司	上海	张陶	50000	2015－03－19
287	昊盈融资租赁有限公司	天津	陈深秋	50000	2012－02－07
288	吉林恒通融资租赁有限公司	吉林	穆毅	50000	2011－12－23
289	津联（天津）融资租赁有限公司	天津	靳宝新	50000	2014－08－13
290	锦玉融资租赁（上海）有限公司	上海	常进文	50000	2014－12－30
291	力帆融资租赁（上海）有限公司	上海	尹明善	50000	2014－06－23
292	连赢融资租赁有限公司	天津	林祖银	50000	2015－04－09
293	瑞辰绿能（上海）融资租赁有限公司	上海	郭玉珂	50000	2014－12－09
294	山东东海石油装备租赁有限公司	山东	刘德杰	50000	2011－12－15
295	上海大众融资租赁有限公司	上海	杨国平	50000	2014－09－19
296	上海东正汽车金融有限责任公司	上海	李伟	50000	2015－03－11
297	上海帆茂融资租赁有限公司	上海	袁晓歌	50000	2015－03－12
298	上海风林火山融资租赁有限公司	上海	朱怀峰	50000	2015－05－22
299	上海恒通融资租赁有限公司	上海	张博	50000	2015－02－12
300	上海弘祥融资租赁有限公司	上海	詹英	50000	2015－02－04
301	上海汇科融资租赁有限公司	上海	孙晓钧	50000	2015－03－19
302	上海蓝科融资租赁有限公司	上海	须群	50000	2015－04－13
303	上海普丰融资租赁有限公司	上海	杨真	50000	2015－02－13
304	上海曲祥融资租赁有限公司	上海	田乐	50000	2015－03－05
305	上海瑞驰融资租赁有限公司	上海	王风	50000	2014－08－25
306	上海上合融资租赁有限公司	上海	王建新	50000	2014－12－30
307	上海沃石融资租赁有限公司	上海	罗勇	50000	2015－01－27
308	上海鑫通融资租赁有限公司	上海	何中余	50000	2014－07－15

续表

序号	企业名称	省份	法定代表人	注册资本（万元）	成立时间
309	上海豫港融资租赁有限公司	上海	熊梦林	50000	2015－03－17
310	上海元晟融资租赁有限公司	上海	井陆峰	50000	2015－03－02
311	上海越秀融资租赁有限公司	上海	高宇辉	50000	2014－09－19
312	上海致杰融资租赁有限公司	上海	罗勇	50000	2015－01－29
313	深圳大洋电机融资租赁有限公司	广东	鲁楚平	50000	2014－10－17
314	深圳惠银国际融资租赁有限公司	广东	郭文彤	50000	2015－05－22
315	深圳市前海德创融资租赁有限公司	广东	骆剑军	50000	2014－12－15
316	深圳市盛屯融资租赁有限公司	广东	陈东	50000	2015－03－16
317	深圳市中汇世银融资租赁有限公司	广东	邓新伟	50000	2014－12－24
318	深圳咏圣凌融资租赁有限公司	广东	刘倩	50000	2014－11－14
319	世航国际融资租赁有限公司	天津	李宾	50000	2015－04－17
320	世基融资租赁(上海)有限公司	上海	陈国斌	50000	2014－12－01
321	天津南车融资租赁有限公司	天津	王石山	50000	2014－12－12
322	天津中环融资租赁有限公司	天津	贡胜弟	50000	2014－10－10
323	统威融资租赁(上海)有限公司	上海	李孜	50000	2014－12－30
324	亿通融资租赁有限公司	天津	宋全启	50000	2014－03－24
325	银融国际融资租赁有限公司	上海	曾智华	50000	2014－08－25
326	勇创融资租赁(上海)有限公司	上海	殷勇	50000	2015－01－27
327	誉高融资租赁有限公司	北京	刘延豪	50000	2013－09－30
328	中船融资租赁(天津)有限公司	天津	曾祥新	50000	2014－11－06
329	中浩国际融资租赁有限公司	北京	白刚	50000	2014－11－04
330	中核建银融资租赁股份有限公司	广东	黄祖义	50000	2008－04－17
331	中能达融资租赁有限公司	北京	霍煜	50000	2014－12－12
332	中融瑞银融资租赁有限公司	天津	周佩静	50000	2012－02－08
333	中铁中基国际融资租赁有限公司	天津	徐刚	50000	2014－07－22
334	中银鼎盛融资租赁有限责任公司	北京	富建华	50000	2013－08－02
335	重庆两江机器人融资租赁有限公司	重庆	刘鸿	50000	2014－09－30
336	卓达融资租赁(上海)有限公司	上海	冯毅	50000	2015－04－09
337	卓信融资租赁(上海)有限公司	上海	刘维梅	50000	2015－05－22

续表

序号	企业名称	省份	法定代表人	注册资本（万元）	成立时间
338	广东屯兴融资租赁有限公司	广东	张辉斌	48919.2	2014-01-08
339	康正（天津）融资租赁有限责任公司	天津	郭立	48919.2	2011-02-21
340	南通贝斯融资租赁有限公司	江苏	CHUO UH TECK	48919.2	2013-12-23
341	深圳前海腾源融资租赁有限公司	广东	曾志勇	48919.2	2014-09-23
342	天津哈兰融资租赁有限公司	天津	尚辰	48919.2	2014-01-09
343	中电通商融资租赁有限公司	上海	邓向东	48919.2	2014-04-23
344	中集前海融资租赁（深圳）有限公司	广东	麦伯良	48919.2	2014-01-07
345	大连瑞海融资租赁有限公司	辽宁	井上亮	48919.2	2010-08-12
346	国际商业机器租赁有限公司	上海	钱大群（D. C. CHIEN）	48015	1999-10-27
347	苏皇租赁（中国）有限公司	北京	谢明聪	47543.348	2006-08-16
348	河北创联融资租赁有限公司	河北	阎会凯	47000	2008-03-26
349	湖北国中融资租赁有限公司	湖北	马德龙	42804.3	2012-04-17
350	江苏东吴融资租赁有限公司	江苏	王斌斌	42804.3	2012-03-30
351	中集融资租赁有限公司	广东	麦伯良	42804.3	2007-07-30
352	中煤国际租赁有限公司	天津	宋全启	42804.3	2012-07-05
353	江苏省再保融资租赁有限公司	江苏	王屹	42800	2010-11-16
354	山东巴特利融资租赁股份有限公司	山东	段秀峰	41581.32	2011-09-26
355	重庆谈石融资租赁有限公司	重庆	谈理平	40908.681	2010-11-10
356	合肥华元融资租赁有限公司	安徽	张保华	40358.34	2012-06-21
357	成都神钢建机融资租赁有限公司	四川	涡川博司	40174.893	2008-02-13
358	财裕融资租赁（上海）有限公司	上海	杨黎明	40000	2015-05-18
359	德润融资租赁股份有限公司	天津	王琨	40000	2012-12-27
360	国融（国际）融资租赁有限责任公司	山东	史文涛	40000	2010-08-18
361	海融融资租赁（上海）有限公司	上海	史立	40000	2015-02-13
362	山东鲁西融资租赁有限公司	山东	张金成	40000	2014-04-21
363	上实融资租赁有限公司	上海	林振	40000	2012-05-28
364	新兴际华融资租赁有限公司	天津	胡传江	40000	2014-09-28
365	东方英丰租赁有限公司	天津	韩敬远	39746.85	2012-06-21
366	厦门市康利融资租赁有限公司	福建	王翠霞	39746.85	2013-07-30

续表

序号	企业名称	省份	法定代表人	注册资本（万元）	成立时间
367	华旭国际融资租赁有限公司	北京	杨先春	37790.082	2013－12－24
368	方正国际租赁有限公司	北京	李胜利	36689.4	2005－08－11
369	富正源（中国）融资租赁有限公司	上海	杨恺	36689.4	2015－05－14
370	利程融资租赁（上海）有限公司	上海	高峰	36689.4	2015－04－03
371	美西国际融资租赁有限公司	上海	刘珪	36689.4	2014－10－14
372	宁波希里林斯环球融资租赁有限公司	浙江	叶军	36689.4	2014－01－13
373	睿达融资租赁（上海）有限公司	上海	邓学哲	36689.4	2015－04－16
374	上海金聚融资租赁有限公司	上海	杜新英	36689.4	2014－06－24
375	上海融得融资租赁有限公司	上海	陈熙	36689.4	2015－04－09
376	深圳市英吉斯融资租赁有限公司	广东	陈少凯	36689.4	2013－10－25
377	沃得国际融资租赁有限公司	江苏	王伟耀	36689.4	2009－05－26
378	西门子财务租赁有限公司	北京	约翰逊（ANDREW JONATHAN）	36689.4	2004－12－27
379	鑫桥联合融资租赁有限公司	北京	ELIZABETH LEE	36689.4	2007－05－16
380	福商（天津）融资租赁有限公司	天津	施左亮	36600	2015－04－30
381	浙江汇金融资租赁有限公司	浙江	俞雄伟	36077.91	2008－01－02
382	当然融资租赁（上海）有限公司	上海	黄剑文	35466.42	2013－11－01
383	利星行融资租赁（上海）有限公司	上海	GAN KHIAN SENG	35466.42	2013－10－25
384	顺诚融资租赁（深圳）有限公司	广东	伍玮婷	35000	2014－04－22
385	江苏金茂融资租赁有限公司	江苏	陈建兴	34667	2012－05－17
386	聚信国际租赁股份有限公司	上海	曹霞	34285.714	2009－05－05
387	中合盟达融资租赁有限公司	天津	刘勇	34000	2012－08－17
388	美联信金融租赁有限公司	上海	MARKUS WEIN-SEISS（马克思）	33631.95	1998－01－05
389	三菱日联融资租赁（中国）有限公司	上海	富永修	33631.95	2008－03－07
390	易汇资本（中国）融资租赁有限公司	天津	CHOU SOM PO	33631.95	2010－06－11
391	北京京城国际融资租赁有限公司	北京	仇明	33000	2010－09－02
392	贵州鑫铭洋融资租赁有限责任公司	贵州	肖峰	32000	2014－08－20
393	两江融资租赁有限公司	重庆	刘春蓉	32000	2012－08－14
394	龙惠融资租赁有限公司	上海	李良	32000	2011－04－18

续表

序号	企业名称	省份	法定代表人	注册资本（万元）	成立时间
395	太上融资租赁（上海）有限公司	上海	丁燕	31800	2015－04－08
396	东葵融资租赁（上海）有限公司	上海	王晓波	31369.437	2014－08－27
397	和中融资租赁有限公司	云南	陈世浩	31000	2012－08－31
398	山东千禧融资租赁有限公司	山东	董统玺	31000	2014－11－10
399	仲信国际租赁有限公司	上海	谢明鑫	31000	2012－07－03
400	艾诺（天津）融资租赁有限公司	天津	王金荣	30574.5	2015－01－23
401	安徽国人融资租赁有限公司	安徽	朱珍	30574.5	2015－01－15
402	安鹏国际融资租赁（深圳）有限公司	广东	张建勇	30574.5	2014－08－26
403	宝缘（天津）融资租赁有限公司	天津	柴丽新	30574.5	2015－02－15
404	北京正方融资租赁有限公司	北京	马杰	30574.5	2013－09－12
405	北京中港锦源融资租赁有限公司	北京	邹宏伟	30574.5	2013－09－10
406	财信融资租赁（上海）有限公司	上海	蒋玲云	30574.5	2015－04－09
407	达银融资租赁（天津）有限公司	天津	郭轩	30574.5	2015－02－27
408	大连华汇融资租赁有限公司	辽宁	马彪	30574.5	2010－10－22
409	大连九鼎融资租赁有限公司	辽宁	吴贵华	30574.5	2014－11－06
410	大连融玖融资租赁有限公司	辽宁	王洋	30574.5	2014－10－20
411	大连瑞昌融资租赁有限公司	辽宁	王旭光	30574.5	2011－06－16
412	大连一正融资租赁有限公司	辽宁	张爱	30574.5	2015－02－06
413	大通金控融资租赁（天津）有限公司	天津	Kiron Dhirajlal	30574.5	2015－01－28
414	德荷国际融资租赁有限公司	上海	陈月	30574.5	2015－02－11
415	鼎晖宝玉融资租赁（大连）有限公司	辽宁	藏新运	30574.5	2013－09－17
416	东瑞国际融资租赁有限公司	广东	董妍	30574.5	2014－09－04
417	法兴（上海）融资租赁有限公司	上海	Christian de Pastre	30574.5	2005－11－17
418	方正中鸿（上海）融资租赁有限公司	上海	陈刚	30574.5	2014－11－18
419	丰泰和融资租赁（上海）有限公司	上海	雷东方	30574.5	2015－03－11
420	沣腾国际融资租赁有限责任公司	四川	张一非	30574.5	2014－09－16
421	佛罗伦（天津）融资租赁有限公司	天津	丁伟明	30574.5	2010－12－10
422	福建海高融资租赁有限责任公司	福建	CHEN KE	30574.5	2013－05－10
423	富成融资租赁有限公司	上海	于文彬	30574.5	2012－10－17

续表

序号	企业名称	省份	法定代表人	注册资本（万元）	成立时间
424	富嘉融资租赁有限公司	江苏	刘悦	30574.5	2015－03－11
425	富瑞达国际融资租赁有限公司	上海	建鹏	30574.5	2015－01－19
426	港德隆（中国）融资租赁有限公司	福建	陈江坤	30574.5	2014－03－10
427	高航融资租赁（上海）有限公司	上海	王晓琳	30574.5	2013－11－28
428	关天国际融资租赁有限公司	陕西	宇文睿	30574.5	2013－10－11
429	光大控股（青岛）融资租赁有限公司	山东	陈爽	30574.5	2013－06－14
430	光大融资租赁（上海）有限公司	上海	陈爽	30574.5	2014－06－25
431	光华融资租赁（大连）有限公司	辽宁	张强	30574.5	2014－09－11
432	广东高和融资租赁有限公司	广东	姚永聪	30574.5	2013－10－11
433	广东和信融资租赁有限公司	广东	杨春国	30574.5	2014－03－31
434	广东腾信融资租赁有限公司	广东	李政浩	30574.5	2014－10－31
435	广州市全通融资租赁有限公司	广东	李军文	30574.5	2015－01－16
436	贵州高和融资租赁有限公司	贵州	林巍	30574.5	2014－06－06
437	国诚融资租赁（浙江）有限公司	浙江	贾利萍	30574.5	2015－01－07
438	国合源融资租赁有限公司	广东	冯永明	30574.5	2014－03－13
439	国润融资租赁（天津）有限公司	天津	王东	30574.5	2014－06－25
440	国韬融资租赁有限公司	北京	谷京华	30574.5	2015－02－12
441	海高国际融资租赁有限责任公司	重庆	CHEN KE	30574.5	2013－04－22
442	河南恒立信融资租赁有限公司	河南	芦建民	30574.5	2013－01－22
443	黑龙江华创港投融资租赁有限公司	黑龙江	吴斐	30574.5	2014－04－18
444	恒宇（上海）融资租赁有限公司	上海	李方军	30574.5	2011－05－09
445	宏航融资租赁（上海）有限公司	上海	邵希望	30574.5	2015－04－03
446	湖北鲁银融资租赁有限公司	湖北	范伟鹏	30574.5	2013－12－26
447	湖南鲁银融资租赁有限公司	湖南	卢素芳	30574.5	2013－08－12
448	华彬国际租赁有限公司	北京	赖义钧	30574.5	2008－07－10
449	华惠融资租赁有限公司	天津	高峰	30574.5	2013－07－24
450	华润租赁有限公司	北京	张海鹏	30574.5	2006－06－27
451	华银易通融资租赁有限公司	天津	刘岳军	30574.5	2014－12－22
452	华宇租赁有限公司	山东	张建城	30574.5	2012－12－27

续表

序号	企业名称	省份	法定代表人	注册资本（万元）	成立时间
453	淮鑫融资租赁有限公司	上海	王小中	30574.5	2014-10-22
454	环球国际融资租赁（天津）有限公司	天津	郭卫平	30574.5	2014-12-10
455	环球汇金融资租赁有限公司	广东	马嘉阳	30574.5	2015-05-19
456	汇金国际融资租赁（天津）有限公司	天津	赵廷军	30574.5	2015-01-26
457	汇融国际融资租赁有限公司	浙江	易聘	30574.5	2013-12-12
458	汇鑫国际融资租赁有限公司	天津	钟凯	30574.5	2012-03-15
459	惠强（天津）国际融资租赁有限公司	天津	于健	30574.5	2015-03-13
460	吉融通合融资租赁有限公司	上海	刘建北	30574.5	2014-11-05
461	嘉创融资租赁有限公司	天津	刘悦	30574.5	2014-06-27
462	嘉华融资租赁（浙江）有限公司	浙江	葛长华	30574.5	2014-05-04
463	嘉华融资租赁有限公司	浙江	葛长华	30574.5	2014-05-04
464	嘉澜融资租赁（上海）有限公司	上海	YOW YIH LIN	30574.5	2015-01-22
465	嘉兴卓信融资租赁有限公司	浙江	王清伟	30574.5	2015-03-04
466	嘉众融资租赁（上海）有限公司	上海	赵阳	30574.5	2015-03-09
467	江苏万盈融资租赁有限公司	江苏	陈嘉裕	30574.5	2013-02-04
468	江苏鑫润融资租赁有限公司	江苏	祝义财	30574.5	2014-12-08
469	江西鲁银融资租赁有限公司	江西	陈求明	30574.5	2014-06-09
470	金诚惠中（上海）融资租赁有限公司	上海	葛晨晓	30574.5	2015-03-31
471	金弘国际融资租赁（中国）有限公司	天津	张霞	30574.5	2014-11-18
472	金林源融资租赁（上海）有限公司	上海	NIU JIA LIN	30574.5	2014-03-18
473	金美融资租赁有限公司	北京	孙继辉	30574.5	2010-03-31
474	金拓融资租赁（上海）有限公司	上海	马昆鹏	30574.5	2015-02-12
475	金元京津融资租赁有限公司	天津	吴孝谋	30574.5	2015-04-09
476	锦绣前程（天津）融资租赁有限公司	天津	吴彬	30574.5	2012-03-13
477	京金国际融资租赁有限公司	天津	杨旭华	30574.5	2013-03-11
478	京开融资租赁（上海）有限公司	上海	朱连甲	30574.5	2015-01-30
479	景程文旅融资租赁有限公司	上海	孟畴	30574.5	2014-11-13
480	聚永融资租赁（上海）有限公司	上海	朱华	30574.5	2015-01-12
481	均和（厦门）融资租赁有限公司	福建	罗云海	30574.5	2015-04-20

续表

序号	企业名称	省份	法定代表人	注册资本（万元）	成立时间
482	骏翔（天津）融资租赁有限公司	天津	高赫	30574.5	2013－08－01
483	开元国际融资租赁有限公司	天津	方正	30574.5	2013－11－05
484	康维廉融资租赁（上海）有限公司	上海	金玮	30574.5	2014－01－17
485	迈石汇金融资租赁有限公司	天津	Bill Tang	30574.5	2014－08－25
486	南洋融资租赁（山东）有限公司	山东	卓维锋	30574.5	2013－08－20
487	宁波东海融资租赁有限公司	浙江	何承命	30574.5	2012－04－17
488	普得融资租赁（苏州）有限公司	江苏	凌金根	30574.5	2013－09－05
489	乾元融资租赁有限公司	上海	杨细平	30574.5	2012－11－12
490	青岛元桥融资租赁有限公司	山东	戴延方	30574.5	2015－03－24
491	青海高和融资租赁有限公司	青海	范伟鹏	30574.5	2014－01－13
492	全通融资租赁（深圳）有限公司	广东	李军文	30574.5	2014－10－29
493	荣联国际融资租赁有限公司	天津	史船	30574.5	2013－11－21
494	融财融资租赁（上海）有限公司	上海	廖丽贞	30574.5	2015－02－13
495	融元融资租赁（上海）有限公司	上海	余传福	30574.5	2015－02－04
496	瑞通融金（天津）融资租赁有限公司	天津	李跃龙	30574.5	2014－08－18
497	厦门京融融资租赁有限公司	福建	刘必钰	30574.5	2015－04－22
498	山东华信融资租赁有限公司	山东	金同余	30574.5	2015－01－15
499	山东嘉会新天融资租赁有限公司	山东	马立强	30574.5	2013－09－26
500	山东科瑞融资租赁有限公司	山东	张玉平	30574.5	2013－02－06
501	山东泰然融资租赁有限公司	山东	朱瑞华	30574.5	2013－05－10
502	杉杉恒盛融资租赁有限责任公司	浙江	奚根全	30574.5	2013－05－06
503	善信融资租赁有限公司	北京	赵智勇	30574.5	2014－11－24
504	上海臣际融资租赁有限公司	上海	叶军	30574.5	2015－02－16
505	上海橙盈融资租赁有限公司	上海	夏侯敏	30574.5	2015－03－05
506	上海富汇融资租赁有限公司	上海	俞妙根	30574.5	2014－04－07
507	上海海晴融资租赁有限公司	上海	孟畴	30574.5	2014－11－24
508	上海弘锐融资租赁有限公司	上海	黄汗溪	30574.5	2015－03－23
509	上海宏丰禹辰融资租赁有限公司	上海	孙冀	30574.5	2015－03－09
510	上海宏泰融资租赁有限公司	上海	叶妍文	30574.5	2012－02－01

续表

序号	企业名称	省份	法定代表人	注册资本（万元）	成立时间
511	上海华仪融资租赁有限公司	上海	戴跃民	30574.5	2014-05-30
512	上海景元融资租赁有限公司	上海	吴立峰	30574.5	2014-06-30
513	上海巨晟融资租赁有限公司	上海	刘一帆	30574.5	2014-11-18
514	上海均和融资租赁有限公司	上海	何旗	30574.5	2014-11-25
515	上海融恒融资租赁有限公司	上海	王炜	30574.5	2014-08-14
516	上海融开融资租赁有限公司	上海	张达斌	30574.5	2014-12-01
517	上海融胜融资租赁有限公司	上海	蔡丰成	30574.5	2015-03-19
518	上海天隆融资租赁有限公司	上海	李洪民	30574.5	2015-03-19
519	上海同丰洲际融资租赁有限公司	上海	袁楚丰	30574.5	2013-01-11
520	上海万玳融资租赁有限公司	上海	王惠贞	30574.5	2015-02-06
521	上海迅迩融资租赁有限公司	上海	庄美兰	30574.5	2015-03-09
522	上海永信融资租赁有限公司	上海	韩翠雪	30574.5	2014-12-30
523	上海卓昂融资租赁有限公司	上海	叶长芃	30574.5	2014-09-01
524	深圳鼎晖融资租赁有限公司	广东	王棹亿	30574.5	2015-03-18
525	深圳东方富通融资租赁有限公司	广东	郭汉垚	30574.5	2015-02-10
526	深圳富海融资租赁有限公司	广东	张亚平	30574.5	2015-03-13
527	深圳锦城祥融资租赁有限公司	广东	贾玲雁	30574.5	2013-10-23
528	深圳京能清洁能源融资租赁有限公司	广东	陈瑞军	30574.5	2014-12-24
529	深圳前海中融国际融资租赁有限公司	广东	陈衍林	30574.5	2015-02-11
530	深圳前海众薪博光国际融资租赁有限公司	广东	郭彭亮	30574.5	2014-12-24
531	深圳前海紫石融资租赁有限公司	广东	张宝石	30574.5	2014-08-14
532	深圳市华君融资租赁有限公司	广东	吴继伟	30574.5	2015-01-14
533	深圳市前海大于融资租赁有限公司	广东	于苏华	30574.5	2014-07-21
534	深圳市前海华富融资租赁有限公司	广东	于巍烽	30574.5	2014-08-04
535	深圳市前海通途融资租赁有限公司	广东	张振	30574.5	2014-12-19
536	深圳市前海益华多宝融资租赁有限公司	广东	叶智	30574.5	2013-12-09
537	深圳市融博融资租赁有限公司	广东	郭涛	30574.5	2014-11-18
538	盛泽融资租赁有限公司	上海	梦小诗	30574.5	2014-07-07
539	苏商融资租赁有限公司	江苏	丁秋华	30574.5	2013-03-08

续表

序号	企业名称	省份	法定代表人	注册资本（万元）	成立时间
540	苏州江汇融资租赁有限公司	江苏	李明	30574.5	2013-06-19
541	速嘉融资租赁（上海）有限公司	上海	徐宝楼	30574.5	2015-03-05
542	泰源国际融资租赁有限公司	浙江	张松一	30574.5	2014-05-21
543	檀力融资租赁（上海）有限公司	上海	黄河	30574.5	2014-12-31
544	天津拜尔融资租赁有限责任公司	天津	王学军	30574.5	2014-05-26
545	天津聚通融资租赁有限公司	天津	李连德	30574.5	2014-12-08
546	天津利德旺融资租赁有限责任公司	天津	李锦坤	30574.5	2014-04-16
547	天津盛业融资租赁有限公司	天津	TUNG CHI FUNG	30574.5	2014-06-29
548	天津威尔特诺融资租赁有限公司	天津	黄海燕	30574.5	2015-02-15
549	西尔融资租赁（天津）有限公司	天津	刘志刚	30574.5	2011-11-17
550	协利融资租赁（上海）有限公司	上海	牛小琴	30574.5	2015-02-10
551	新开融资租赁有限公司	河北	王延秋	30574.5	2014-02-27
552	信都国际租赁有限公司	上海	周大为	30574.5	2009-10-20
553	信汇达（天津）融资租赁有限公司	天津	赵连奎	30574.5	2015-03-13
554	信石融资租赁（上海）有限公司	上海	项萍	30574.5	2015-04-17
555	信银瑞世（上海）融资租赁有限公司	上海	陈凡	30574.5	2015-01-06
556	亚司（上海）融资租赁有限公司	上海	张兢兢	30574.5	2015-03-02
557	亚银（珠海）融资租赁有限公司	广东	梁婉姬	30574.5	2014-12-26
558	扬金融资租赁（中国）有限公司	浙江	贾利萍	30574.5	2015-01-12
559	银信国际融资租赁有限公司	天津	班昱东	30574.5	2014-05-19
560	永鑫融资租赁有限公司	天津	袁野	30574.5	2013-08-23
561	优尼斯融资租赁（上海）有限公司	上海	董彦宏	30574.5	2015-01-06
562	豫昌（上海）融资租赁有限公司	上海	庹彬	30574.5	2015-03-17
563	悦恒国际融资租赁（天津）有限公司	天津	李丰年	30574.5	2014-08-13
564	粤融国际租赁有限公司	天津	刘义民	30574.5	2012-08-16
565	云南汉能信远融资租赁有限公司	云南	李广民	30574.5	2014-04-28
566	浙江杭钢融资租赁有限公司	浙江	吴东明	30574.5	2013-04-10
567	浙江通商融资租赁有限公司	浙江	章翚	30574.5	2012-08-28
568	正瓴融资租赁（上海）有限公司	上海	宁中华	30574.5	2014-05-12

续表

序号	企业名称	省份	法定代表人	注册资本（万元）	成立时间
569	正拓融资租赁(上海)有限公司	上海	王飞	30574.5	2015-03-17
570	中安汇银融资租赁(大连)有限公司	辽宁	李贤忠	30574.5	2014-08-07
571	中东融资租赁有限公司	广东	李志伟	30574.5	2014-08-19
572	中工(天津)融资租赁有限公司	天津	郭玉璞	30574.5	2013-02-26
573	中贯融资租赁(深圳)有限公司	广东	黄斐城	30574.5	2015-04-14
574	中和融信融资租赁有限公司	北京	张宏峰	30574.5	2015-05-07
575	中交天运(天津)国际融资租赁有限公司	天津	梁欣	30574.5	2015-04-03
576	中康国际融资租赁有限公司	天津	康与宙	30574.5	2012-06-05
577	中科西控(深圳)融资租赁有限公司	广东	李西平	30574.5	2014-11-24
578	中坤国际融资租赁有限公司	北京	钟长兵	30574.5	2014-10-31
579	中赁融资租赁有限公司	上海	王剑恩	30574.5	2015-01-12
580	中铭融资租赁(上海)有限公司	上海	柳宇	30574.5	2013-05-24
581	中瑞华银国际融资租赁有限公司	天津	李震	30574.5	2015-02-09
582	中润鸿基(大连)融资租赁有限公司	辽宁	于顺	30574.5	2013-02-06
583	中远汇通国际融资租赁有限公司	天津	刘峻	30574.5	2015-02-12
584	中远泰恒(天津)国际融资租赁有限公司	天津	高鑫颖	30574.5	2015-03-09
585	中智信融资租赁有限公司	天津	潘建国	30574.5	2013-03-15
586	众合融资租赁(上海)有限公司	上海	查正发	30574.5	2014-04-21
587	卓郎融资租赁有限公司	上海	管烨	30574.5	2014-12-16
588	江苏华新融资租赁有限公司	江苏	包丽君	30568.385	2015-04-28
589	青岛国誉融资租赁有限公司	山东	公维学	30568.385	2014-05-28
590	青岛联创汇融资租赁有限公司	山东	李桂真	30568.385	2015-01-22
591	亿达国际租赁(天津)有限公司	天津	唐臻华	30568.385	2010-01-13
592	常州逸恒融资租赁有限公司	江苏	刘亚东	30562.27	2012-05-25
593	连云港泰润融资租赁有限公司	江苏	刘朝春	30562.27	2014-05-07
594	青岛城乡建设融资租赁有限公司	山东	邢路正	30562.27	2014-06-11
595	浙江晟泰融资租赁有限公司	浙江	占建芳	30562.27	2015-05-06
596	当代融资租赁(杭州)有限公司	浙江	王鹰	30513.351	2015-04-08
597	广汇融资租赁有限公司	浙江	杨泉源	30452.202	2014-03-3

续表

序号	企业名称	省份	法定代表人	注册资本（万元）	成立时间
598	汇轩融资租赁（杭州）有限公司	浙江	胡明	30452.202	2012－06－14
599	极天融资租赁（杭州）有限公司	浙江	戴晏林	30452.202	2013－10－24
600	天济融资租赁（杭州）有限公司	浙江	陈盛	30452.202	2014－01－06
601	浙江金倍利融资租赁有限公司	浙江	钱霆	30452.202	2014－01－29
602	浙江长兴中小企业融资租赁有限公司	浙江	谢忠顺	30452.202	2014－06－25
603	创富融资租赁（上海）有限公司	上海	辜校旭	30268.755	2010－02－22
604	无锡金控融资租赁有限公司	江苏	华婉蓉	30115.883	2014－01－16
605	安徽高速融资租赁有限公司	安徽	王淑德	30000	2014－01－26
606	安徽皖新融资租赁有限公司	安徽	吴文胜	30000	2014－02－14
607	安徽新安融资租赁有限公司	安徽	程萍	30000	2013－04－07
608	安徽中安融资租赁股份有限公司	安徽	魏李翔	30000	2014－04－09
609	北京中创融资租赁有限公司	北京	马培林	30000	2012－10－19
610	北京中盛国际融资租赁有限公司	北京	张宁	30000	2013－01－16
611	伯益融资租赁有限公司	浙江	秦国勇	30000	2014－09－24
612	昌茂融资租赁有限公司	北京	赵英普	30000	2015－04－29
613	倡志融资租赁（上海）有限公司	上海	王丽	30000	2015－02－11
614	成都城商行融资租赁有限公司	四川	潘军	30000	2015－01－13
615	成都中鼎融资租赁有限公司	四川	李龙	30000	2014－10－08
616	成渝融资租赁有限公司	广东	贺竹磬	30000	2015－04－13
617	诚联融资租赁有限责任公司	山东	杨光磊	30000	2012－04－18
618	创嘉（上海）融资租赁有限公司	上海	赵成龙	30000	2015－04－23
619	德润融资租赁（深圳）有限公司	广东	孟庆立	30000	2014－07－10
620	帝增（上海）融资租赁有限公司	上海	郭逢生	30000	2011－09－02
621	鼎盛国际融资租赁有限公司	广东	马连胜	30000	2014－08－25
622	丰迦融资租赁（上海）有限公司	上海	葛雅静	30000	2015－01－29
623	福能（平潭）融资租赁股份有限公司	福建	卢范经	30000	2012－06－07
624	福能（漳州）融资租赁股份有限公司	福建	林浩	30000	2015－04－01
625	广东财港融资租赁有限公司	广东	林苗	30000	2015－04－15
626	广东谷丰融资租赁有限公司	广东	王少龙	30000	2012－03－30

续表

序号	企业名称	省份	法定代表人	注册资本（万元）	成立时间
627	广东灏成融资租赁有限公司	广东	艾秋	30000	2014－05－30
628	广东合众创盈融资租赁有限公司	广东	钟锡鹏	30000	2010－09－09
629	广东恒晟融资租赁有限公司	广东	袁贵琴	30000	2014－10－11
630	广东晋生融资租赁有限公司	广东	区文强	30000	2014－05－20
631	广东瑞银融资租赁有限公司	广东	孙炜枢	30000	2013－02－06
632	广东通产融资租赁有限公司	广东	陈宝国	30000	2015－04－08
633	广东中泰融资租赁有限公司	广东	王予君	30000	2012－03－02
634	广州奥莱特融资租赁有限公司	广东	徐晋洲	30000	2014－11－19
635	广州香江融资租赁有限公司	广东	翟美卿	30000	2014－03－10
636	国仁融资租赁有限公司	浙江	张荣	30000	2014－09－24
637	红图融资租赁（上海）有限公司	上海	谢林昌	30000	2015－04－13
638	宏飞融资租赁（上海）有限公司	上海	李恒祥	30000	2015－04－21
639	后英融资租赁（大连）有限公司	辽宁	何宪恕	30000	2015－04－08
640	厚川融资租赁有限公司	天津	陈奎喜	30000	2014－12－02
641	华科融资租赁有限公司	重庆	江倩	30000	2013－06－20
642	华佑融资租赁有限公司	上海	罗爱平	30000	2015－03－17
643	华远（上海）融资租赁有限公司	上海	刘三多	30000	2015－03－24
644	淮矿上信融资租赁有限公司	上海	王小波	30000	2014－11－05
645	吉道（上海）融资租赁有限公司	上海	韩晖	30000	2015－04－03
646	冀中能源峰峰（深圳）融资租赁有限公司	广东	李金海	30000	2015－03－10
647	加金融资租赁（上海）有限公司	上海	陈强	30000	2015－01－19
648	江苏德仁融资租赁有限公司	江苏	范雅英	30000	2011－06－28
649	江苏国润融资租赁有限公司	江苏	王占洪	30000	2013－12－02
650	江西聚融融资租赁有限公司	江西	叶松	30000	2014－04－29
651	江西中通融资租赁有限公司	江西	刘宇	30000	2014－08－28
652	金润天成融资租赁有限公司	上海	沈余祥	30000	2015－04－21
653	锦泽（上海）融资租赁有限公司	上海	顾师羽	30000	2015－02－13
654	骏放融资租赁（上海）有限公司	上海	高凯	30000	2015－02－17
655	开伦融资租赁（上海）有限责任公司	上海	张弛	30000	2015－02－13

续表

序号	企业名称	省份	法定代表人	注册资本（万元）	成立时间
656	坤鹏融资租赁（上海）有限公司	上海	陆晓敏	30000	2015-02-10
657	坤乙融资租赁（上海）有限公司	上海	李雪梅	30000	2015-01-19
658	蓝海融资租赁有限公司	广东	翟燕来	30000	2011-12-20
659	力中国际融资租赁有限公司	广东	李丽华	30000	2012-04-06
660	梅赛德斯—奔驰租赁有限公司	北京	恩腾曼（Klaus Entenmann）	30000	2012-01-09
661	森善融资租赁（上海）有限公司	上海	姚正雄	30000	2015-04-28
662	磐隆（上海）融资租赁有限公司	上海	张扬	30000	2015-02-13
663	齐鲁国际融资租赁有限公司	山东	毕经峰	30000	2014-07-07
664	前海百城融资租赁（深圳）有限公司	广东	蒋毅刚	30000	2013-07-08
665	睿锦融资租赁有限公司	浙江	付运涛	30000	2014-09-18
666	睿翼（杭州）融资租赁有限公司	浙江	侯占凤	30000	2015-03-31
667	山东黄河三角洲融资租赁有限公司	山东	宋安太	30000	2013-01-31
668	山东金盛融资租赁有限公司	山东	刘居彬	30000	2013-01-14
669	山东威高融资租赁有限公司	山东	张华威	30000	2014-06-24
670	山东中和永道融资租赁有限公司	山东	毕蕾	30000	2014-09-12
671	上海安颐融资租赁有限公司	上海	童明	30000	2014-09-11
672	上海诚达融资租赁有限责任公司	上海	颜丽园	30000	2012-08-21
673	上海德众融资租赁有限公司	上海	左会军	30000	2013-03-22
674	上海鼎益融资租赁有限公司	上海	刘东广	30000	2013-09-13
675	上海多宝兜融资租赁有限公司	上海	韦才情	30000	2015-03-17
676	上海富升融资租赁有限公司	上海	郭蔚华	30000	2014-09-16
677	上海富业融资租赁有限公司	上海	叶尚松	30000	2014-12-24
678	上海宏易融资租赁有限公司	上海	王成蛟	30000	2014-12-30
679	上海冀中隆通融资租赁有限公司	上海	张宏斌	30000	2014-04-14
680	上海建滔融资租赁有限公司	上海	詹英	30000	2014-12-30
681	上海金海岸融资租赁有限公司	上海	罗欣	30000	2001-04-18
682	上海晶远融资租赁有限公司	上海	陈琴	30000	2015-03-09
683	上海巨辰融资租赁有限公司	上海	孙勇	30000	2015-03-24

续表

序号	企业名称	省份	法定代表人	注册资本（万元）	成立时间
684	上海慕青融资租赁有限公司	上海	奥博	30000	2015－06－05
685	上海南车融资租赁有限公司	上海	王石山	30000	2015－04－13
686	上海瑞隆融资租赁有限公司	上海	徐峰	30000	2013－05－24
687	上海瑞讯融资租赁有限公司	上海	何丽	30000	2014－12－01
688	上海微事得融资租赁有限公司	上海	覃君君	30000	2015－01－06
689	上海尉玛融资租赁有限公司	上海	张焱华	30000	2014－12－31
690	上海新景融资租赁有限公司	上海	袁自立	30000	2014－11－04
691	上海致宏融资租赁有限公司	上海	赵帅	30000	2015－03－09
692	深圳南玻融资租赁有限公司	广东	罗友明	30000	2015－04－07
693	深圳市华康信融资租赁有限公司	广东	鲜佳霖	30000	2011－10－25
694	深圳中恒泰富融资租赁有限公司	广东	杨光文	30000	2013－01－07
695	石花融资租赁（上海）有限公司	上海	安秀洪	30000	2013－01－29
696	首信融资租赁有限公司	天津	刘双珉	30000	2012－11－08
697	顺泰融资租赁股份有限公司	江苏	都战平	30000	2012－04－25
698	四川发展融资租赁有限公司	四川	王海	30000	2014－02－11
699	四川鑫皇玖合融资租赁有限责任公司	四川	彭纯波	30000	2015－02－13
700	苏州高新福瑞融资租赁有限公司	江苏	闵建国	30000	2015－01－28
701	苏州汇金融资租赁有限公司	江苏	王荷新	30000	2012－07－23
702	苏州中国东方丝绸市场融资租赁有限公司	江苏	苗卫芳	30000	2011－09－30
703	天地融资租赁有限公司	上海	闫少宏	30000	2014－01－10
704	天玑融资租赁（上海）有限公司	上海	肖邦	30000	2015－01－29
705	天津国银新源国际租赁有限公司	天津	杨智峰	30000	2013－12－27
706	拓达（天津）融资租赁有限公司	天津	段广生	30000	2015－05－13
707	鑫汇融资租赁（北京）有限公司	北京	曲丽	30000	2015－04－14
708	信泰融资租赁（上海）有限公司	上海	李俊苗	30000	2012－09－06
709	耀腾国际融资租赁有限公司	广东	张学伟	30000	2015－03－09
710	亿响（上海）融资租赁有限公司	上海	侯占凤	30000	2015－03－05
711	银宏（天津）融资租赁有限公司	天津	姚楠	30000	2015－04－21
712	远信融资租赁有限公司	上海	胡嘉	30000	2014－10－14

续表

序号	企业名称	省份	法定代表人	注册资本（万元）	成立时间
713	浙江富藤融资租赁有限公司	浙江	冯晨	30000	2013－02－06
714	浙江锦盈融资租赁有限公司	浙江	陈立根	30000	2007－08－27
715	中皓融资租赁（上海）股份有限公司	上海	乔湧	30000	2012－04－24
716	中嘉通盈融资租赁（大连）有限公司	辽宁	刘鹭	30000	2014－06－20
717	中融盛国际融资租赁（天津）有限公司	天津	姚贵祥	30000	2013－11－04
718	重庆万隆融资租赁有限公司	重庆	秦鸿	30000	2014－05－04
719	重庆新汇融融资租赁有限公司	重庆	朱德荣	30000	2014－04－29
720	重庆鑫源融资租赁有限公司	重庆	龚大兴	30000	2014－08－08
721	重庆扬子江和远融资租赁有限公司	重庆	雷远大	30000	2014－08－04
722	纵横国际融资租赁有限公司	上海	孙陵军	30000	2012－08－28
723	浩科融资租赁（上海）有限公司	上海	胡海斌	29963.01	2012－09－07
724	嘉国融资租赁有限公司	山东	于海洋	29963.01	2015－01－29
725	江苏三海融资租赁有限公司	江苏	卞建峰	29963.01	2014－09－30
726	青岛思达瑞通融资租赁有限公司	山东	严亮辉	29963.01	2014－11－24
727	三易融资租赁有限公司	浙江	陈坚武	29963.01	2012－11－21
728	盛辉融资租赁（上海）有限公司	上海	贺光锐	29963.01	2013－07－19
729	双盛万隆（青岛）融资租赁有限公司	山东	刘杰武	29963.01	2014－04－30
730	广州市森拓融资租赁有限公司	广东	覃伟才	29900	2014－10－14
731	苏州大摩融资租赁有限公司	江苏	李淑娴	29900	2015－01－07
732	港能国际融资租赁有限公司	上海	简志坚	29351.52	2015－02－03
733	上海优拓融资租赁有限公司	上海	李永奇	29351.52	2014－11－19
734	粟厚畨（上海）融资租赁有限公司	上海	谈克文	29351.52	2014－10－30
735	中银联合国际融资租赁有限公司	天津	李极	29351.52	2013－03－28
736	东瑞盛世利融资租赁有限公司	上海	松本洋一	29045.775	2006－07－14
737	青岛中金融资租赁有限公司	山东	李洋	28740.03	2013－09－02
738	利乐包装（昆山）有限公司	江苏	STEVE YIN	27578.199	1994－04－20
739	崇坚融资租赁（深圳）有限公司	广东	万兵	27517.05	2014－12－29
740	南通铠斯融资租赁有限公司	江苏	CHUO UH TECK	27517.05	2014－01－23
741	上海道发融资租赁有限公司	上海	TONY LIU	27517.05	2014－01－29

续表

序号	企业名称	省份	法定代表人	注册资本（万元）	成立时间
742	上海慧祥融资租赁有限公司	上海	李娜	27517.05	2014－01－13
743	上海同岳租赁有限公司	上海	叶磊	27000	2005－08－10
744	钧益（上海）融资租赁有限公司	上海	CHUO UH TECK（朱武德）	26660.964	2011－01－11
745	弘高融资租赁有限公司	湖南	范可风	26000	2011－12－01
746	鸿冠融资租赁（上海）有限公司	上海	石士杰	26000	2015－05－18
747	上海徽融融资租赁有限公司	上海	薛永昌	26000	2012－02－10
748	约翰迪尔融资租赁有限公司	天津	Steven Noel Owenson	25682.58	2010－11－12
749	融众国际融资租赁有限公司	湖北	谢小青	25071.09	2008－05－05
750	丰源融资租赁股份有限公司	北京	李恩法	25000	2013－09－22
751	丰源鑫汇融资租赁有限公司	山东	李增春	25000	2014－12－05
752	商禾融资租赁（上海）有限公司	上海	许飞	25000	2014－09－23
753	上海傲珊融资租赁有限公司	上海	张能	25000	2015－05－22
754	卫鼎融资租赁有限公司	河南	肖雷	25000	2014－11－11
755	中和鼎元融资租赁（上海）有限公司	上海	李立	25000	2014－09－12
756	三营融资租赁有限公司	上海	胡百胜	24826.494	2011－03－03
757	深圳前海两型国际融资租赁有限公司	广东	成晓华	24800	2015－03－06
758	安徽惠基融资租赁有限公司	安徽	宋伟	24459.6	2015－04－14
759	桉楹融资租赁有限公司	北京	陈远	24459.6	2014－01－02
760	百灵（天津）融资租赁有限公司	天津	史政炜	24459.6	2014－01－08
761	北京亦庄国际融资租赁有限公司	北京	王晓波	24459.6	2013－07－24
762	诚通融资租赁有限公司	北京	王洪信	24459.6	2010－09－06
763	广州程凯融资租赁有限公司	广东	杨柳	24459.6	2015－05－14
764	国睿融资租赁（上海）有限公司	上海	刘方琼	24459.6	2015－03－19
765	浩瀚（上海）融资租赁有限公司	上海	王丁辉	24459.6	2014－09－12
766	江苏永高融资租赁有限公司	江苏	申世平	24459.6	2011－11－23
767	康盛（天津）融资租赁有限责任公司	天津	徐铭徽	24459.6	2012－12－31
768	康兴（天津）融资租赁有限公司	天津	张睿	24459.6	2012－06－26
769	康正（上海）融资租赁有限责任公司	上海	张睿	24459.6	2013－01－21

续表

序号	企业名称	省份	法定代表人	注册资本（万元）	成立时间
770	量道（厦门）融资租赁有限公司	福建	郝卫锋	24459.6	2015－03－03
771	临清泰和融资租赁有限公司	山东	宛斌	24459.6	2015－02－11
772	隆泰银信融资租赁有限公司	天津	朱建中	24459.6	2014－10－23
773	宁夏国租融资租赁有限责任公司	宁夏	林葵	24459.6	2014－08－18
774	前租融资租赁有限公司	广东	潘宣汉	24459.6	2012－12－25
775	山东恒丰融资租赁有限公司	山东	李圣法	24459.6	2012－10－09
776	苏州正大融资租赁有限公司	江苏	盛后泉	24459.6	2012－06－19
777	烟台绿叶融资租赁有限公司	山东	袁会先	24459.6	2014－12－08
778	银鼎融资租赁（上海）有限公司	上海	张东霞	24459.6	2014－05－16
779	中国康富国际租赁有限公司	北京	杨召文	24459.6	1988－06－24
780	中铁租赁有限公司	上海	刘平	24459.6	1985－08－22
781	仲津国际租赁有限公司	天津	陈凤龙	24459.6	2011－01－27
782	安科融资租赁（中国）有限公司	浙江	涂国康	24459.6	2012－07－05
783	福建利达通融资租赁有限公司	福建	孙达峰	24000	2015－04－14
784	利隆融资租赁（江苏）有限公司	江苏	朱梁生	24000	2012－09－28
785	上海飞宏融资租赁有限公司	上海	傅标	24000	2014－09－09
786	上海蓝隆融资租赁有限公司	上海	杜成中	24000	2015－01－22
787	上海梦琪融资租赁有限公司	上海	邓乙丁	24000	2015－05－14
788	上海衍宏融资租赁有限公司	上海	朱凯	24000	2014－10－10
789	新世纪运通融资租赁有限公司	天津	KEVIN MA	23848.11	2011－07－29
790	浙江汇金租赁股份有限公司	浙江	俞雄伟	23848.11	2008－01－02
791	博凯（上海）融资租赁有限公司	上海	CHUO UH TECK（朱武德）	23664.663	2011－04－13
792	翊天泰（厦门）融资租赁有限公司	福建	黄旼	23500	2014－09－16
793	华唐融资租赁（上海）有限公司	上海	赵俊	23236.62	2015－03－09
794	瑞奥融资租赁（上海）有限公司	上海	陈利伟	23236.62	2014－12－30
795	沣倚融资租赁（上海）有限公司	上海	陆雯婷	23000	2015－02－15
796	昊钱融资租赁（上海）有限公司	上海	张建荣	23000	2015－02－12
797	华夏恒业融资租赁有限公司	上海	翁雨农	23000	2014－11－05

续表

序号	企业名称	省份	法定代表人	注册资本（万元）	成立时间
798	金拍融资租赁(上海)有限公司	上海	石福荣	23000	2015-02-15
799	锦福融资租赁(上海)有限公司	上海	章国人	23000	2015-05-22
800	坤厚融资租赁(上海)有限公司	上海	蔡学明	23000	2014-11-21
801	鎏金融资租赁(上海)有限公司	上海	张军辉	23000	2015-02-03
802	露宁融资租赁(上海)有限公司	上海	阮天生	23000	2015-02-15
803	荣旺融资租赁(上海)有限公司	上海	徐明宽	23000	2015-03-03
804	融乐融资租赁(上海)有限公司	上海	雷志威	23000	2014-12-18
805	瑞璞融资租赁(上海)有限公司	上海	吴荣平	23000	2015-02-17
806	山东山水融资租赁有限公司	山东	张斌	23000	2014-07-18
807	上海国顺融资租赁有限公司	上海	刘辉	23000	2015-02-16
808	帅旗融资租赁(上海)有限公司	上海	许决祥	23000	2015-04-23
809	帅振融资租赁(上海)有限公司	上海	刘盼盼	23000	2015-04-30
810	昕高融资租赁(上海)有限公司	上海	王薇薇	23000	2014-12-15
811	兆邦(上海)融资租赁有限公司	上海	陈松	23000	2014-12-09
812	诸晋融资租赁(上海)有限公司	上海	施华强	23000	2015-02-11
813	军融融资租赁有限公司	上海	庄斯迪	22625.13	2013-12-05
814	炎煌融资租赁(大丰)有限公司	江苏	王建兴	22052.639	2010-10-20
815	德益齐租赁(中国)有限公司	上海	Friedrich Jüngling	22044.215	2005-11-25
816	苏州邑富融资租赁有限公司	江苏	HSU,SIAO-PO	22038.1	2008-06-27
817	海程融资租赁(上海)有限公司	上海	林高荣	22013.64	2015-02-17
818	汉丰融资租赁(上海)有限公司	上海	林青鹰	22013.64	2015-02-17
819	华睿融资租赁(上海)有限公司	上海	杨晔晶	22013.64	2015-01-30
820	金恒国际融资租赁有限公司	重庆	王晨入	22013.64	2014-04-21
821	金硕融资租赁(上海)有限公司	上海	林丽珍	22013.64	2015-02-17
822	上海建兴融资租赁有限公司	上海	杨旭	22013.64	2015-01-22
823	天津泰鼎融资租赁有限公司	天津	董国苹	22013.64	2015-02-28
824	维德融资租赁(上海)有限公司	上海	徐鑫	22013.64	2015-04-30
825	百业中兴(泉州)融资租赁有限公司	福建	史深翔	22000	2013-05-20
826	厦门星原融资租赁有限公司	福建	林茂	21952.491	2006-03-13

续表

序号	企业名称	省份	法定代表人	注册资本（万元）	成立时间
827	旭瑞融资租赁（上海）有限公司	上海	吴俊	21880	2015-07-01
828	国宏融资租赁有限公司	北京	周莉	21800	2011-03-25
829	深圳傲华医疗科技发展有限公司	广东	杨建宇	21720.125	2008-02-21
830	海晟国际融资租赁有限公司	广东	于冰	21500	2013-12-04
831	安徽汇弘融资租赁有限公司	安徽	唐海燕	21402.15	2012-12-07
832	安徽信成融资租赁有限公司	安徽	周和华	21402.15	2010-05-31
833	德通（安徽）融资租赁有限公司	安徽	万仞	21402.15	2012-03-28
834	德众国际融资租赁有限公司	天津	兰继红	21402.15	2007-06-14
835	国富融资租赁（上海）有限公司	上海	赵军	21402.15	2014-05-16
836	金澜（浙江）融资租赁有限公司	浙江	程群英	21402.15	2014-05-08
837	南昌皖江融资租赁有限公司	江西	林守坚	21402.15	2015-02-11
838	山海融资租赁（连云港）有限公司	江苏	朱向阳	21402.15	2014-11-28
839	山西华威融资租赁有限公司	山西	余小龙	21402.15	2014-01-14
840	上海翔龙融资租赁有限责任公司	上海	高传义	21402.15	2014-06-06
841	深圳华汇融资租赁有限公司	广东	范嘉贵	21402.15	2013-10-17
842	深圳前海捷丰融资租赁有限公司	广东	卢玉	21402.15	2014-12-30
843	深圳秦川国际融资租赁有限公司	广东	司冠林	21402.15	2015-04-02
844	天津泰融融资租赁有限公司	天津	赵辉	21402.15	2012-08-31
845	翔龙融资租赁（上海）有限公司	上海	高传义	21402.15	2014-06-06
846	鑫渝国际融资租赁有限公司	重庆	黄飞	21402.15	2014-09-25
847	长达（上海）融资租赁有限公司	上海	宋逗	21402.15	2015-03-23
848	盈华融资租赁有限公司	广东	秦宏伟	21392.7	2011-12-14
849	时利和融资租赁（上海）有限公司	上海	陈昌冕	21151.439	2013-11-26
850	东方圣城租赁有限公司	山东	李莉	21000	2014-01-10
851	恒运国际租赁有限公司	天津	李思明	21000	2011-12-06
852	宏银融资租赁（上海）有限公司	上海	李三兵	21000	2014-08-18
853	上海聚隆融资租赁有限公司	上海	叶秀吉	21000	2012-02-08
854	上海融钰融资租赁有限公司	上海	郭虹	21000	2014-09-09
855	上海之雅融资租赁有限公司	上海	常凯	21000	2015-05-14

续表

序号	企业名称	省份	法定代表人	注册资本（万元）	成立时间
856	深圳前海佳裕融资租赁有限公司	广东	汪志杰	21000	2014－01－22
857	深圳钰润融资租赁有限公司	广东	谢达生	21000	2014－07－30
858	亿多世（中国）租赁有限公司	广东	OH SIEW GUAT	21000	2008－07－16
859	上海兴中融资租赁有限公司	上海	陆咏东	20800	2013－06－03
860	百业融鑫（深圳）融资租赁有限公司	广东	史深翔	20790.66	2015－01－06
861	百业融鑫（深圳）融资租赁有限公司	广东	史深翔	20790.66	2015－01－06
862	聚贤融资租赁（上海）有限公司	上海	缪维纲	20790.66	2014－09－12
863	深圳门萨融资租赁有限公司	广东	李蔚	20790.66	2014－03－26
864	展硕融资租赁有限公司	北京	马婧茹	20790.66	2011－01－07
865	广东联合租赁有限公司	广东	蔡宇青	20740.518	2013－03－08
866	中盛弘国际融资租赁有限公司	上海	王金明	20594.983	2014－11－19
867	深圳南海国际融资租赁有限公司	广东	林琼忠	20509.32	2013－12－02
868	瑞丰（天津）融资租赁有限公司	天津	陈锴	20301.468	2013－03－18
869	海纳融资租赁有限公司	广东	曾雄鹰	20179.17	2012－02－27
870	江苏盈梓融资租赁有限公司	江苏	庄晓东	20179.17	2013－12－26
871	美旗亚太融资租赁有限公司	北京	梁维垒	20179.17	2010－02－04
872	前海中旭鑫盈融资租赁（深圳）有限公司	广东	胡志岗	20179.17	2014－12－01
873	上海力池融资租赁有限公司	上海	邓鸿雁	20179.17	2012－05－03
874	上海鸥江融资租赁有限公司	上海	郑利彬	20179.17	2015－02－17
875	天晟瑞豪融资租赁有限公司	山东	陈伟	20179.17	2014－12－11
876	鑫祺晟国际融资租赁有限公司	四川	梁思文	20179.17	2015－05－20
877	之江融资租赁（上海）有限公司	上海	林勇星	20179.17	2014－04－28
878	重庆雅实融资租赁有限公司	重庆	李厚志	20179.17	2013－08－19
879	仁衡融资租赁（上海）有限公司	上海	姚春美	20080	2015－02－16
880	安徽国元融资租赁有限公司	安徽	潘卫权	20000	2014－12－26
881	宝力融资租赁有限公司	天津	任国新	20000	2011－10－26
882	保利融资租赁有限公司	广东	郭盛	20000	2015－03－12
883	北京华夏信诺融资租赁有限公司	北京	臧海宏	20000	2013－05－22
884	奔涌金控融资租赁（上海）有限公司	上海	王小玲	20000	2011－06－24

续表

序号	企业名称	省份	法定代表人	注册资本（万元）	成立时间
885	常熟市德盛融资租赁有限公司	江苏	高德康	20000	2014－01－23
886	常州市永鑫融资租赁有限公司	江苏	周硕	20000	2013－05－31
887	车行天下融资租赁（深圳）有限公司	广东	杨建勇	20000	2014－08－12
888	创途融资租赁有限公司	山东	王先超	20000	2015－01－09
889	道生国际融资租赁（天津）有限公司	天津	姜培维	20000	2014－12－15
890	德昌融资租赁（上海）有限公司	上海	许英杰	20000	2015－03－17
891	鼎华融资租赁有限公司	天津	霍煜	20000	2014－10－28
892	鼎泰融资租赁（上海）有限公司	上海	唐洋	20000	2014－10－28
893	鼎业融资租赁（上海）有限公司	上海	魏玲蓉	20000	2015－03－11
894	东方华信国际融资租赁有限公司	天津	任大伟	20000	2014－06－12
895	东禹融资租赁（上海）有限公司	上海	万志刚	20000	2015－01－06
896	丰润融资租赁（上海）有限公司	上海	祁华平	20000	2015－03－19
897	峰远融资租赁（上海）有限公司	上海	陈循循	20000	2015－05－19
898	凤仪（中国）融资租赁有限公司	天津	王凤长	20000	2012－09－07
899	佛山市新明珠融资租赁有限公司	广东	叶永键	20000	2015－04－09
900	复冶融资租赁（上海）有限公司	上海	黄巧芳	20000	2015－05－22
901	富道（中国）融资租赁有限公司	广东	卢伟浩	20000	2012－04－05
902	富沐融资租赁（上海）有限公司	上海	吴文庆	20000	2015－03－26
903	富银融资租赁（深圳）有限公司	广东	庄巍	20000	2012－12－07
904	高森融资租赁（上海）有限公司	上海	王岳城	20000	2015－04－27
905	供销集团（天津）国际融资租赁有限公司	天津	阮帶剩	20000	2015－04－17
906	广东国金融资租赁有限公司	广东	罗智勇	20000	2012－08－06
907	广东昊银融资租赁有限公司	广东	古龙	20000	2014－05－15
908	广东华新融资租赁有限公司	广东	周伟敬	20000	2014－12－18
909	广东侨商利富融资租赁有限公司	广东	方彦宏	20000	2014－01－06
910	广东天健融资租赁有限公司	广东	高国伦	20000	2014－10－16
911	广东银昇融资租赁有限公司	广东	彭家龙	20000	2015－02－17
912	广东粤合融资租赁有限公司	广东	王晓林	20000	2012－05－10
913	广东志昊融资租赁有限公司	广东	彭灼庭	20000	2014－05－09

续表

序号	企业名称	省份	法定代表人	注册资本（万元）	成立时间
914	广东中科融资租赁有限公司	广东	刘茜	20000	2013 - 05 - 09
915	广盛源融资租赁（深圳）有限公司	广东	刘庆贺	20000	2014 - 08 - 01
916	广州市益盛融资租赁有限公司	广东	湛俊波	20000	2006 - 11 - 16
917	广州银达融资租赁有限公司	广东	LI ANG	20000	2010 - 06 - 12
918	国典天元融资租赁（天津）有限公司	天津	邸文竹	20000	2015 - 02 - 28
919	国恒融资租赁有限责任公司	上海	何巍	20000	2011 - 05 - 09
920	国汇融通融资租赁有限公司	北京	刘鹏	20000	2015 - 04 - 14
921	国开银信融资租赁（天津）有限公司	天津	赵新峰	20000	2014 - 10 - 16
922	海亚融资租赁（上海）有限公司	上海	吴海滨	20000	2015 - 02 - 03
923	海亿融资租赁（上海）有限公司	上海	靳志新	20000	2015 - 05 - 07
924	海越融资租赁（上海）有限公司	上海	周君	20000	2014 - 12 - 03
925	汉鸿融资租赁（上海）有限公司	上海	杨振峰	20000	2015 - 01 - 08
926	禾锋融资租赁（上海）有限公司	上海	高雷	20000	2015 - 01 - 19
927	禾硕融资租赁（上海）有限公司	上海	陈俊铭	20000	2015 - 02 - 13
928	合源融资租赁（上海）有限公司	上海	武克杰	20000	2015 - 03 - 24
929	和诚国际融资租赁（天津）有限公司	天津	李牧恒	20000	2014 - 12 - 15
930	和谐国际融资租赁有限公司	陕西	韩东升	20000	2013 - 06 - 08
931	河北微银融资租赁有限公司	河北	孙万军	20000	2013 - 11 - 29
932	核金融资租赁（天津）有限公司	天津	徐小平	20000	2014 - 12 - 22
933	恒金融资租赁（上海）有限公司	上海	纪帅	20000	2015 - 02 - 16
934	弘道融资租赁有限公司	上海	谷向飞	20000	2014 - 12 - 03
935	宏华融资租赁（深圳）有限公司	广东	任杰	20000	2014 - 03 - 13
936	宏亚融资租赁（上海）有限公司	上海	熊承富	20000	2015 - 04 - 22
937	鸿升融资租赁（上海）有限公司	上海	王成蛟	20000	2014 - 09 - 23
938	华富融资租赁（上海）股份有限公司	上海	陈国斌	20000	2012 - 06 - 21
939	华明融资租赁有限公司	浙江	路海军	20000	2014 - 12 - 31
940	华商安融融资租赁有限公司	天津	詹晓峰	20000	2014 - 12 - 15
941	华商财富融资租赁有限公司	上海	林高荣	20000	2014 - 12 - 30
942	华通国际租赁有限公司	广东	翁以翔	20000	1988 - 11 - 24

续表

序号	企业名称	省份	法定代表人	注册资本（万元）	成立时间
943	华夏通银融资租赁有限公司	上海	庞志刚	20000	2014-12-22
944	华信融资租赁（上海）有限公司	上海	张亮亮	20000	2012-04-05
945	徽皇融资租赁（上海）有限公司	上海	陈华	20000	2015-02-06
946	汇联融资租赁（上海）有限公司	上海	邢晓峰	20000	2014-12-03
947	汇亚国际融资租赁股份有限公司	上海	王小玲	20000	2012-09-10
948	汇洋（上海）融资租赁有限公司	上海	赵莉芳	20000	2014-10-24
949	嘉德国际融资租赁有限公司	天津	蒋雨森	20000	2013-06-18
950	嘉彤融资租赁（上海）有限公司	上海	金帅	20000	2015-01-29
951	嘉屹融资租赁有限公司	天津	陈晓峰	20000	2014-04-09
952	健顺国际融资租赁有限公司	天津	方海凭	20000	2014-10-13
953	江苏华盛融资租赁有限公司	江苏	闵晓潮	20000	2013-09-18
954	江苏汇金融资租赁有限公司	江苏	钱啸军	20000	2014-01-15
955	江苏金投融资租赁有限公司	江苏	张磊	20000	2014-09-19
956	江苏千里融资租赁有限公司	江苏	朱晔	20000	2013-06-04
957	江苏苏豪融资租赁有限公司	江苏	葛晓晖	20000	2014-06-23
958	江苏永安融资租赁有限公司	江苏	孙新建	20000	2013-12-26
959	金城融资租赁（天津）有限公司	天津	杨汉强	20000	2015-02-25
960	金春（上海）融资租赁有限公司	上海	姜溯来	20000	2015-03-19
961	金登融资租赁（上海）有限公司	上海	杨冰倩	20000	2015-03-05
962	金汇方圆融资租赁有限公司	上海	臧培华	20000	2015-02-28
963	金轮融资租赁（上海）有限公司	上海	廖中军	20000	2015-03-12
964	金石融资租赁（深圳）有限公司	广东	张庆乐	20000	2015-03-13
965	锦阳融资租赁（上海）有限公司	上海	何琼芳	20000	2015-03-05
966	京奥港融资租赁有限公司	天津	王子华	20000	2014-11-18
967	竞发融资租赁有限公司	上海	王建平	20000	2015-02-03
968	久张融资租赁（上海）有限公司	上海	李莉	20000	2015-03-02
969	聚源融资租赁（太仓）有限公司	江苏	刘晓军	20000	2013-09-28
970	均和融资租赁（天津）有限公司	天津	何旗	20000	2014-09-23
971	君信融资租赁（上海）有限公司	上海	陈鉴鸿	20000	2013-10-25

续表

序号	企业名称	省份	法定代表人	注册资本（万元）	成立时间
972	凯洛斯融资租赁(上海)有限公司	上海	闵星	20000	2013-12-31
973	葵里融资租赁(上海)有限公司	上海	鲁银女	20000	2015-04-30
974	坤谷国际融资租赁有限公司	上海	蔡佩珍	20000	2012-05-03
975	来亿融资租赁(上海)有限公司	上海	杨作鹏	20000	2015-02-10
976	朗翰融资租赁(上海)有限公司	上海	闫家林	20000	2015-02-17
977	力道融资租赁有限公司	广东	许先爱	20000	2014-09-04
978	利嘉融资租赁有限公司	广东	杨静丰	20000	2015-02-16
979	龙汉融资租赁(上海)有限公司	上海	韩同广	20000	2015-03-31
980	贸朗融资租赁(上海)有限公司	上海	李理	20000	2014-12-02
981	美锦融资租赁有限公司	天津	姚锦丽	20000	2013-01-11
982	明铧融资租赁股份有限公司	广东	冯耀良	20000	2015-01-28
983	南京通汇融资租赁有限公司	江苏	张霆	20000	2014-05-20
984	南通江海融资租赁有限公司	江苏	潘卫斌	20000	2013-08-29
985	宁波欣和融资租赁有限公司	浙江	李家德	20000	2015-03-18
986	宁夏启辉控股融资租赁有限公司	宁夏	钱春芹	20000	2014-07-04
987	欧汇融资租赁(上海)有限公司	上海	任贤云	20000	2015-04-28
988	欧银创实融资租赁(上海)有限公司	上海	郭元勇	20000	2014-11-10
989	澎颖融资租赁(上海)有限公司	上海	刘红英	20000	2015-01-27
990	平煤神马融资租赁有限公司	上海	渠清团	20000	2014-08-13
991	普惠融资租赁(上海)有限公司	上海	林昌利	20000	2015-05-22
992	前海金本源国际融资租赁(深圳)有限公司	广东	胡建文	20000	2015-02-11
993	前海融资租赁股份有限公司	广东	杨丽萍	20000	2015-03-13
994	前海震泰(深圳)融资租赁有限公司	广东	许震	20000	2014-11-13
995	乾道融资租赁(上海)有限公司	上海	鄢祖容	20000	2015-01-12
996	乾熙融资租赁(上海)有限公司	上海	石安萍	20000	2014-10-11
997	青岛银通融资租赁有限公司	山东	苏伟	20000	2013-12-16
998	融邦融资租赁(上海)有限公司	上海	于秀山	20000	2014-10-20
999	融鼎融资租赁有限公司	广东	黄晋	20000	2014-02-27
1000	融天融资租赁(上海)有限公司	上海	刘增娣	20000	2013-02-25

续表

序号	企业名称	省份	法定代表人	注册资本（万元）	成立时间
1001	融易融资租赁（上海）有限公司	上海	张平	20000	2014－09－11
1002	融泽（上海）融资租赁有限公司	上海	杨钢	20000	2015－01－29
1003	瑞茂通国际融资租赁有限公司	广东	王卫东	20000	2014－10－30
1004	瑞新（上海）融资租赁有限公司	上海	柴建刚	20000	2015－02－11
1005	瑞盈信融（深圳）融资租赁有限公司	广东	吴稷	20000	2014－05－13
1006	山东宏程邦德融资租赁有限公司	山东	陈锋	20000	2014－01－22
1007	山东华元融资租赁有限公司	山东	刘东广	20000	2013－09－26
1008	山东天农融资租赁有限公司	山东	张磊	20000	2014－11－26
1009	上港融资租赁有限公司	上海	奚言冰	20000	2015－01－13
1010	上海安华融资租赁有限公司	上海	杨晓光	20000	2015－03－02
1011	上海安平融资租赁有限公司	上海	王国庆	20000	2014－07－25
1012	上海安仕德融资租赁有限公司	上海	陈默	20000	2014－12－19
1013	上海宝澄融资租赁有限公司	上海	许浩	20000	2014－08－05
1014	上海辰茂融资租赁有限公司	上海	陈逎知	20000	2014－09－16
1015	上海诚济融资租赁有限公司	上海	张惠明	20000	2014－12－26
1016	上海创程融资租赁有限公司	上海	李书振	20000	2015－05－22
1017	上海创誉融资租赁有限公司	上海	邬福为	20000	2015－06－01
1018	上海典惠融资租赁有限公司	上海	黄家正	20000	2015－05－18
1019	上海鼎银融资租赁有限公司	上海	叶百海	20000	2015－02－11
1020	上海鼎钰融资租赁有限公司	上海	毛昕晖	20000	2015－02－10
1021	上海泛民融资租赁有限公司	上海	黄世友	20000	2015－02－11
1022	上海丰臣融资租赁有限公司	上海	申群奇	20000	2015－05－08
1023	上海福盈融资租赁有限公司	上海	李书诚	20000	2015－06－02
1024	上海富邦融资租赁有限公司	上海	徐柏斌	20000	2012－11－22
1025	上海富凯融资租赁有限公司	上海	张文凯	20000	2015－06－12
1026	上海冠天融资租赁有限公司	上海	袁志伟	20000	2014－08－05
1027	上海和鹰融资租赁有限公司	上海	尹智勇	20000	2014－04－09
1028	上海华音融资租赁有限公司	上海	孙权	20000	2013－01－15
1029	上海火虎融资租赁有限公司	上海	董波	20000	2015－04－3

续表

序号	企业名称	省份	法定代表人	注册资本（万元）	成立时间
1030	上海济华融资租赁有限公司	上海	苏振佳	20000	2015－03－31
1031	上海嘉展融资租赁有限公司	上海	刘强东	20000	2014－06－23
1032	上海金誉融资租赁有限公司	上海	陆其峰	20000	2013－07－10
1033	上海君予融资租赁有限公司	上海	方建桥	20000	2015－03－31
1034	上海骏达融资租赁有限公司	上海	郭宁波	20000	2015－03－12
1035	上海理盛融资租赁有限公司	上海	李丽璇	20000	2014－09－12
1036	上海联利融资租赁有限公司	上海	刘佳	20000	2014－12－24
1037	上海量通融资租赁有限公司	上海	韩少华	20000	2015－04－21
1038	上海龙铭融资租赁有限公司	上海	黄正甫	20000	2014－08－19
1039	上海绿产融资租赁有限公司	上海	周晓春	20000	2015－02－17
1040	上海茂霖融资租赁有限公司	上海	张俊晖	20000	2015－03－31
1041	上海民融融资租赁有限公司	上海	余友江	20000	2015－02－11
1042	上海明云融资租赁有限公司	上海	余涛	20000	2015－03－09
1043	上海黔电阳光融资租赁有限公司	上海	高杰	20000	2014－08－29
1044	上海青华融资租赁有限公司	上海	杨一波	20000	2015－05－04
1045	上海全鼎融资租赁有限公司	上海	杨志祥	20000	2015－04－13
1046	上海容大融资租赁有限责任公司	上海	施佳燕	20000	2013－02－27
1047	上海瑞远融资租赁有限公司	上海	刘海东	20000	2015－03－19
1048	上海润广融资租赁有限公司	上海	胡桂友	20000	2015－03－31
1049	上海润沃融资租赁有限公司	上海	王砚明	20000	2015－05－22
1050	上海若鼎融资租赁有限公司	上海	陈秀娟	20000	2015－01－19
1051	上海莘谦融资租赁有限公司	上海	齐芳	20000	2015－03－12
1052	上海神雾融资租赁有限公司	上海	王成蛟	20000	2014－07－17
1053	上海泰斯融资租赁有限公司	上海	黄星龙	20000	2015－02－03
1054	上海鑫茂融资租赁有限公司	上海	徐金懋	20000	2015－06－01
1055	上海亚舟融资租赁有限公司	上海	冯冲	20000	2015－02－11
1056	上海曜新融资租赁有限公司	上海	金灿华	20000	2014－05－09
1057	上海银熙融资租赁有限公司	上海	翟亮	20000	2015－02－03
1058	上海远商融资租赁有限公司	上海	朱石金	20000	2015－02－15

续表

序号	企业名称	省份	法定代表人	注册资本（万元）	成立时间
1059	上海云城融资租赁有限公司	上海	林涛	20000	1997-10-21
1060	上海之桃融资租赁有限公司	上海	罗仲恩	20000	2015-06-12
1061	上海中通财富融资租赁有限公司	上海	蔡雄健	20000	2015-03-17
1062	上海中一融资租赁有限公司	上海	马林钧	20000	2013-01-11
1063	上海资岚融资租赁有限公司	上海	蒋珍珍	20000	2014-09-19
1064	尚财融资租赁（上海）有限公司	上海	林钰宇	20000	2015-07-13
1065	尚禾融资租赁有限公司	上海	余文潘	20000	2014-12-09
1066	深圳比亚迪国际融资租赁有限公司	广东	吴经胜	20000	2014-07-11
1067	深圳博信源融资租赁有限公司	广东	唐柏操	20000	2014-11-14
1068	深圳达实融资租赁有限公司	广东	刘磅	20000	2013-09-24
1069	深圳广银融资租赁有限公司	广东	梁小燕	20000	2015-03-12
1070	深圳鸿宇顺融资租赁有限责任公司	广东	廖素琴	20000	2015-01-16
1071	深圳前海国能融资租赁有限公司	广东	孙胜	20000	2015-03-17
1072	深圳前海海胜融资租赁有限公司	广东	曾进	20000	2014-11-03
1073	深圳前海毅德融资租赁有限公司	广东	王德文	20000	2015-04-23
1074	深圳市海能达融资租赁有限公司	广东	陈清州	20000	2015-01-15
1075	深圳市前海兆恒融资租赁有限公司	广东	徐国胜	20000	2013-10-10
1076	深圳市永泰融资租赁有限公司	广东	荣龙章	20000	2011-10-19
1077	圣禾融资租赁（上海）有限公司	上海	吕锦蓉	20000	2015-03-12
1078	圣恒融资租赁（上海）有限公司	上海	熊晓玲	20000	2015-02-03
1079	圣华元国际融资租赁有限公司	天津	郭金明	20000	2012-11-12
1080	圣太融资租赁（上海）有限公司	上海	陈丽娟	20000	2015-03-20
1081	盛繁融资租赁（上海）有限公司	上海	申森	20000	2015-02-04
1082	盛荣融资租赁（上海）有限公司	上海	舒楠	20000	2014-10-30
1083	时代盛华融资租赁（天津）有限公司	天津	张子毅	20000	2014-11-10
1084	世邦融资租赁（上海）有限公司	上海	华而立	20000	2014-04-21
1085	瞬禹融资租赁（上海）有限公司	上海	马懿卿	20000	2014-12-03
1086	四川宜邦融资租赁有限公司	四川	张彦强	20000	2010-12-03
1087	苏州娄润融资租赁有限公司	江苏	顾海峰	20000	2015-01-16

续表

序号	企业名称	省份	法定代表人	注册资本（万元）	成立时间
1088	苏州市农发融资租赁有限公司	江苏	张娟	20000	2013－05－03
1089	台骏（上海）融资租赁有限公司	上海	蔡海滨	20000	2015－01－06
1090	泰瑞国际融资租赁有限公司	天津	武瑞生	20000	2013－08－01
1091	天皓融资租赁有限公司	上海	邢春燕	20000	2014－10－22
1092	天河融资租赁（上海）有限公司	上海	台德胜	20000	2015－01－30
1093	天津易隆融资租赁有限公司	天津	班广生	20000	2014－02－25
1094	天津中元融资租赁有限公司	天津	孙文放	20000	2015－05－08
1095	铁联融资租赁有限公司	上海	孙峰	20000	2014－11－05
1096	万锦融资租赁（上海）有限公司	上海	张峰	20000	2015－04－27
1097	万圆融资租赁有限公司	上海	叶赛	20000	2015－05－14
1098	无锡新区通商科技融资租赁有限公司	江苏	赵雯	20000	2014－02－18
1099	西藏天富融资租赁有限公司	西藏	Yu Haibo	20000	2014－08－19
1100	禧融融资租赁有限公司	辽宁	毕欢	20000	2015－02－25
1101	芯飞跃（中国）融资租赁有限公司	上海	肖君	20000	2015－06－01
1102	鑫坤（上海）融资租赁有限公司	上海	赵聪	20000	2015－05－18
1103	鑫联国际融资租赁有限公司	上海	程雄鸣	20000	2014－09－23
1104	鑫宇国际融资租赁有限公司	上海	崔建军	20000	2013－01－06
1105	兴锐（上海）融资租赁有限公司	上海	赵志盛	20000	2015－05－25
1106	亚辉融资租赁有限公司	上海	江鼎	20000	2015－05－14
1107	亚曦融资租赁有限公司	上海	江峰	20000	2015－05－22
1108	伊思融资租赁（上海）有限公司	上海	王震雷	20000	2014－01－27
1109	亿博高科（河北）融资租赁有限公司	河北	刘银朋	20000	2013－03－07
1110	毅华融资租赁有限公司	上海	刘维宾	20000	2014－12－09
1111	银和融资租赁（上海）有限公司	上海	刘东辉	20000	2014－07－07
1112	银恒（上海）融资租赁有限公司	上海	郑海棠	20000	2011－08－23
1113	银领融资租赁（上海）有限公司	上海	王滇	20000	2013－10－25
1114	英泰格瑞融资租赁有限责任公司	北京	何长龙	20000	2013－05－08
1115	盈银融资租赁（上海）有限公司	上海	刘可成	20000	2014－09－01
1116	瀛洲融资租赁（上海）有限公司	上海	龚振	20000	2015－03－09

续表

序号	企业名称	省份	法定代表人	注册资本（万元）	成立时间
1117	颖祥（上海）融资租赁有限公司	上海	贾培杰	20000	2014-12-26
1118	永大融资租赁有限公司	上海	蒋广振	20000	2014-12-18
1119	禹昌融资租赁（上海）有限公司	上海	郑玮	20000	2014-07-18
1120	昱明融资租赁（上海）有限公司	上海	祁晓明	20000	2015-02-06
1121	原方融资租赁（上海）有限公司	上海	孟醒	20000	2015-05-07
1122	远银融资租赁（上海）有限公司	上海	王晓力	20000	2015-02-06
1123	悦扬融资租赁（上海）有限公司	上海	许书泉	20000	2015-03-17
1124	云南泓泰融资租赁有限公司	云南	李森德	20000	2014-07-09
1125	泽虹融资租赁（上海）有限公司	上海	胡一	20000	2014-10-11
1126	长城金控融资租赁有限公司	上海	范吉平	20000	2015-03-26
1127	浙江长兴名辉融资租赁有限公司	浙江	金力	20000	2014-12-11
1128	浙江中新力合融资租赁有限公司	浙江	蒋敏	20000	2012-07-10
1129	中海船舶（深圳）融资租赁有限公司	广东	李明	20000	2014-09-02
1130	中海汇金（天津）融资租赁有限公司	天津	Marie Leplus	20000	2014-06-10
1131	中机国能融资租赁有限公司	天津	孙天宙	20000	2014-09-15
1132	中际融资租赁（苏州）有限公司	江苏	蔡穗新	20000	2014-10-09
1133	中节能（天津）融资租赁有限公司	天津	杨永林	20000	2014-06-26
1134	中楷融资租赁有限公司	广东	吴小辉	20000	2013-07-05
1135	中联汇成（深圳）融资租赁有限公司	广东	邝莫霭楣	20000	2014-05-19
1136	中联利拓融资租赁股份有限公司	上海	金亮	20000	2015-02-03
1137	中融昌盛融资租赁有限公司	天津	朱新瀛	20000	2012-02-09
1138	中融汇金融资租赁有限公司	天津	袁强	20000	2012-07-06
1139	中融康泰融资租赁有限公司	广东	宋全启	20000	2015-01-22
1140	中通融资租赁有限公司	辽宁	鲍丽艳	20000	2015-02-25
1141	中轩国际融资租赁有限公司	天津	李宁	20000	2013-04-16
1142	中盐（上海）融资租赁有限公司	上海	王学仕	20000	2014-09-23
1143	中原租赁有限公司	广东	郭振生	20000	2009-11-27
1144	中振融资租赁（上海）有限公司	上海	王红艳	20000	2015-02-15
1145	众海融资租赁（上海）有限公司	上海	刘伟	20000	2015-03-24

续表

序号	企业名称	省份	法定代表人	注册资本（万元）	成立时间
1146	众卓融资租赁(上海)有限公司	上海	俞婕	20000	2015-03-24
1147	重庆润银融资租赁有限公司	重庆	张海林	20000	2014-12-22
1148	珠海横琴修正融资租赁有限公司	广东	苗田福	20000	2015-04-08
1149	卓威融资租赁(上海)有限公司	上海	陈亮洁	20000	2015-03-05
1150	紫金融资租赁(上海)有限公司	上海	刘振华	20000	2014-06-26
1151	青岛北大荒海睿融资租赁有限公司	山东	张作孝	19904	2013-08-01
1152	上海众脉融资租赁有限公司	上海	杨志勇	19900	2015-06-16
1153	上海昌贸融资租赁有限公司	上海	许文沛	19751.127	2014-08-27
1154	河南和谐汽车融资租赁有限公司	河南	冯长革	19720.5	2013-06-14
1155	苏州新合盛融资租赁有限公司	江苏	孔丽	19600	2015-01-07
1156	安和融资租赁(上海)有限公司	上海	朱俊杰	19567.68	2014-01-20
1157	丹峰融资租赁有限公司	重庆	游祖驷	19567.68	2014-06-09
1158	欧力士融资租赁(中国)有限公司	上海	刘国平	19567.68	2005-08-01
1159	瑞泽国际融资租赁有限公司	天津	关辉	19567.68	2012-11-12
1160	上海城投融资租赁有限公司	上海	王家樑	19567.68	2014-12-29
1161	浙江建设融资租赁有限公司	浙江	彭晓亭	19567.68	2012-07-10
1162	中浦融资租赁有限公司	上海	王敏	19567.68	2013-12-16
1163	永丰金国际租赁有限公司	江苏	游国治	19188.2	2011-07-11
1164	璨通融资租赁(天津)有限公司	天津	王晓军	19000	2014-11-17
1165	深圳德晋融资租赁有限公司	广东	廖金龙	19000	2015-03-10
1166	日盛国际租赁有限公司	江苏	许玉树	18956.19	2013-09-26
1167	上海中腾融资租赁有限公司	上海	黄河	18956.19	2013-01-28
1168	仁河(厦门)融资租赁有限公司	福建	冀江山	18880	2014-01-07
1169	银盛(北京)融资租赁有限公司	北京	杨智勇	18839	2013-07-29
1170	深圳银盛融资租赁有限公司	广东	文锦	18838.8	2013-04-03
1171	永丰金融资租赁(天津)有限公司	天津	游国治	18800	2013-12-17
1172	山东兆邦融资租赁有限公司	山东	舒杨	18500	2012-09-13
1173	爱康(上海)融资租赁有限公司	上海	陈阳	18344.7	2014-12-02
1174	安徽万润德融资租赁有限公司	安徽	潘俊	18344.7	2014-10-29

续表

序号	企业名称	省份	法定代表人	注册资本（万元）	成立时间
1175	安徽钰霖融资租赁有限公司	安徽	彭力	18344.7	2014－07－31
1176	安信融资租赁（天津）有限公司	天津	施俊伟	18344.7	2015－01－13
1177	百洋拓展国际融资租赁有限公司	天津	郭玲玲	18344.7	2015－03－11
1178	佰仟融资租赁有限公司	贵州	许深宁	18344.7	2014－04－28
1179	宝利达融资租赁（上海）有限公司	上海	尧飞	18344.7	2014－10－14
1180	宝晟融资租赁（上海）有限公司	上海	姚栎	18344.7	2014－11－05
1181	保成融资租赁（上海）有限公司	上海	张昊	18344.7	2015－03－13
1182	北京复昌融资租赁有限公司	北京	蒋晓冬	18344.7	2014－12－12
1183	北京恒嘉国际融资租赁有限公司	北京	乔卫兵	18344.7	2010－04－06
1184	北京汇金泰康融资租赁有限公司	北京	崔玉升	18344.7	2013－11－28
1185	北京玖祥融资租赁有限公司	北京	孟祥彬	18344.7	2014－11－13
1186	北京信睦融资租赁有限公司	北京	张晖	18344.7	2013－12－13
1187	北京中汇融资租赁有限公司	北京	王宇翔	18344.7	2013－04－09
1188	北投融资租赁（大连）有限公司	辽宁	王殿伟	18344.7	2015－01－15
1189	北亚融资租赁（上海）有限公司	上海	丁屹	18344.7	2014－12－16
1190	滨杰（上海）融资租赁有限公司	上海	屠期铭	18344.7	2014－08－21
1191	铂恒融资租赁有限公司	北京	柳春芳	18344.7	2014－12－03
1192	博科融资租赁有限公司	北京	张莹	18344.7	2014－11－20
1193	博然国际租赁（青岛）有限公司	山东	Bo Wang	18344.7	2013－06－04
1194	博申融资租赁（上海）有限公司	上海	叶晓平	18344.7	2015－01－27
1195	博晟融资租赁有限公司	北京	李义奎	18344.7	2015－02－03
1196	博裕融资租赁（天津）有限公司	天津	周雪芹	18344.7	2015－03－06
1197	财富天下融资租赁（湖北）有限公司	湖北	王杰克	18344.7	2014－12－17
1198	财新联合融资租赁（天津）有限公司	天津	孙彦杰	18344.7	2015－03－31
1199	彩虹桥（中国）融资租赁有限公司	上海	冯淦华	18344.7	2015－02－06
1200	常融融资租赁有限公司	江苏	张战刚	18344.7	2014－11－21
1201	常州信辉融资租赁有限公司	江苏	林田	18344.7	2013－09－30
1202	车王（中国）融资租赁有限公司	江苏	LEE HAICHAO JOSEPH	18344.7	2014－09－11

续表

序号	企业名称	省份	法定代表人	注册资本（万元）	成立时间
1203	成都合盈融资租赁有限公司	四川	潘军	18344.7	2013-08-06
1204	成都雅维融资租赁有限公司	四川	汤沸	18344.7	2015-01-05
1205	崇德嘉业国际融资租赁有限公司	天津	吕晶	18344.7	2014-09-04
1206	传世融资租赁（上海）有限公司	上海	杨龙云	18344.7	2015-03-09
1207	创能（上海）融资租赁有限公司	上海	关宏强	18344.7	2015-02-17
1208	创信（厦门）融资租赁有限公司	福建	吴荣光	18344.7	2013-12-18
1209	达盛融资租赁（天津）有限公司	天津	胡付爱	18344.7	2014-07-14
1210	达旭融资租赁（上海）有限公司	上海	王建华	18344.7	2015-03-31
1211	大连华融融资租赁有限公司	辽宁	于乔	18344.7	2015-03-20
1212	大连骏富环球融资租赁有限公司	辽宁	张弢	18344.7	2014-10-23
1213	大连融汇融资租赁有限公司	辽宁	侯秀凤	18344.7	2014-12-17
1214	大连万良融资租赁有限公司	辽宁	宋长江	18344.7	2015-03-06
1215	大连中基伟业融资租赁有限公司	辽宁	李艳霞	18344.7	2015-03-18
1216	大连中元融资租赁有限公司	辽宁	聂希江	18344.7	2014-12-22
1217	大摩融资租赁（天津）有限公司	天津	胡碧德	18344.7	2012-08-02
1218	德古国际融资租赁有限公司	天津	周平	18344.7	2015-03-03
1219	德坤（安徽）融资租赁有限公司	安徽	杨陵晋	18344.7	2014-11-12
1220	德泰融资租赁（上海）有限公司	上海	王佳熙	18344.7	2015-02-04
1221	德信融资租赁有限公司	山东	芦利杰	18344.7	2011-12-07
1222	第一金租赁（成都）有限公司	四川	简明仁	18344.7	2011-12-16
1223	鼎泰融资租赁有限公司	天津	龚建华	18344.7	2011-12-27
1224	东晨融资租赁（大连）有限公司	辽宁	邹积丽	18344.7	2014-04-03
1225	东联融资租赁有限公司	广东	叶宏灯	18344.7	2006-05-26
1226	多盛融资租赁（中国）有限公司	浙江	汪剑英	18344.7	2013-08-09
1227	凤凰融资租赁（天津）有限公司	天津	刘玉良	18344.7	2015-03-31
1228	孚保融资租赁（上海）有限公司	上海	林晗	18344.7	2014-11-26
1229	福建华兴海峡融资租赁有限责任公司	福建	陈建武	18344.7	2014-10-13
1230	福建万信达融资租赁有限公司	福建	石烨维	18344.7	2012-07-04
1231	福建鑫海通融资租赁有限公司	福建	林清	18344.7	2014-07-22

续表

序号	企业名称	省份	法定代表人	注册资本（万元）	成立时间
1232	福莱美（上海）融资租赁有限公司	上海	Kevin Ma	18344.7	2015－01－19
1233	复信融资租赁（上海）有限公司	上海	朱建国	18344.7	2015－02－11
1234	富邦国际（天津）融资租赁有限公司	天津	李彩杰	18344.7	2013－12－27
1235	富国（深圳）国际融资租赁有限公司	广东	张继卫	18344.7	2014－07－28
1236	富汇融资租赁有限公司	天津	刘军厂	18344.7	2014－05－14
1237	富思科国际融资租赁有限公司	天津	戴玉娟	18344.7	2015－02－13
1238	富望融资租赁（深圳）有限公司	广东	詹訣铄	18344.7	2014－12－03
1239	富源融资租赁（北京）有限公司	北京	李佳徽	18344.7	2014－09－03
1240	港成国际融资租赁有限公司	天津	王宇飞	18344.7	2014－11－10
1241	港京融资租赁（上海）有限公司	上海	丁健	18344.7	2015－04－21
1242	高益国际融资租赁有限公司	天津	杨海洋	18344.7	2013－11－28
1243	格林东方融资租赁（天津）有限公司	天津	王拴红	18344.7	2014－07－24
1244	冠成融资租赁（上海）有限公司	上海	王瑛	18344.7	2015－04－03
1245	广大国际融资租赁（中国）有限公司	浙江	何福华	18344.7	2014－08－04
1246	广东百银融资租赁有限公司	广东	冯志学	18344.7	2013－11－01
1247	广东宏泰融资租赁有限公司	广东	梁仕璋	18344.7	2011－05－24
1248	广东穗通融资租赁有限公司	广东	陈彬	18344.7	2014－03－31
1249	广东易得融资租赁有限公司	广东	魏宁	18344.7	2012－12－28
1250	广东中汇融资租赁有限公司	广东	张强	18344.7	2013－12－03
1251	广东中汇泰富融资租赁有限公司	广东	简成强	18344.7	2014－05－28
1252	广州安萨奥广融资租赁有限公司	广东	魏劭安	18344.7	2014－12－15
1253	广州碧骏融资租赁有限公司	广东	邓其迪	18344.7	2015－02－27
1254	广州汇铭融资租赁有限公司	广东	林美君	18344.7	2015－02－17
1255	广州祥佳融资租赁有限公司	广东	刘志军	18344.7	2014－10－23
1256	国昊同盛融资租赁有限公司	上海	陈国川	18344.7	2014－06－23
1257	国弘（上海）融资租赁有限公司	上海	李萍	18344.7	2012－02－08
1258	国骅融资租赁有限公司	浙江	丁国年	18344.7	2009－03－17
1259	国领融资租赁（珠海）有限公司	广东	文柯富	18344.7	2012－06－07
1260	国帕国际融资租赁有限公司	浙江	陈训冲	18344.7	2013－08－01

续表

序号	企业名称	省份	法定代表人	注册资本（万元）	成立时间
1261	国投海工融资租赁有限公司	上海	左小明	18344.7	2015-03-02
1262	国旺国际融资租赁有限公司	江苏	苏松辉	18344.7	2012-05-23
1263	国文融资租赁有限公司	北京	徐鲁赛	18344.7	2014-06-18
1264	国信融资租赁（天津）有限公司	天津	杨汉强	18344.7	2015-05-07
1265	国药集团融资租赁有限公司	北京	李杨	18344.7	2013-01-22
1266	国银安永融资租赁有限公司	广东	李绍惠	18344.7	2015-03-31
1267	国裕融资租赁有限公司	北京	周鹏	18344.7	2014-06-27
1268	哈尔滨鑫瑞融资租赁有限公司	黑龙江	李豫江	18344.7	2014-03-21
1269	海工融资租赁有限公司	上海	刘若天	18344.7	2014-01-24
1270	海融博信国际融资租赁有限公司	天津	贾红爽	18344.7	2015-02-27
1271	海银盛盟（上海）融资租赁有限公司	上海	刘广生	18344.7	2013-06-28
1272	海月融资租赁（上海）有限公司	上海	王浩天	18344.7	2015-02-06
1273	瀚鼎融资租赁（上海）有限公司	上海	张文渊	18344.7	2015-01-22
1274	瀚海融资租赁（上海）有限公司	上海	焦俊	18344.7	2015-03-19
1275	航大汇通（天津）融资租赁有限公司	天津	王珍	18344.7	2014-11-26
1276	昊泰融资租赁（上海）有限公司	上海	李宏伟	18344.7	2015-03-12
1277	浩铨国际融资租赁有限公司	广东	李展彪	18344.7	2015-05-08
1278	禾润融资租赁（上海）有限公司	上海	李锂	18344.7	2015-02-12
1279	和通国际融资租赁有限公司	浙江	杨世和	18344.7	2014-02-17
1280	和信国际融资租赁有限公司	上海	高汉民	18344.7	2014-02-25
1281	和义融资租赁（上海）有限公司	上海	LEONG WAIKIT	18344.7	2015-02-03
1282	和运国际租赁有限公司	上海	田天明	18344.7	2007-01-29
1283	河北新威融资租赁有限公司	河北	吴振山	18344.7	2014-01-24
1284	恒昌融资租赁（上海）有限公司	上海	于渌	18344.7	2014-04-15
1285	恒丰融资租赁（天津）有限公司	天津	丛林	18344.7	2013-03-05
1286	恒利融资租赁（深圳）有限公司	广东	石泽锐	18344.7	2015-03-19
1287	恒信达国际融资租赁有限公司	天津	郭银娟	18344.7	2014-07-10
1288	恒益融资租赁（上海）有限公司	上海	倪进	18344.7	2015-03-31
1289	红马国际融资租赁（天津）有限公司	天津	李玉祥	18344.7	2014-10-28

续表

序号	企业名称	省份	法定代表人	注册资本（万元）	成立时间
1290	宏川国际融资租赁有限公司	重庆	张军	18344.7	2014－11－24
1291	泓海融资租赁（上海）有限公司	上海	奚荃	18344.7	2015－04－22
1292	湖南中宏融资租赁有限公司	湖南	袁金华	18344.7	2009－11－05
1293	互联融资租赁有限公司	广东	孙伟宏	18344.7	2015－04－09
1294	华宝国投融资租赁有限公司	上海	倪辉	18344.7	2015－01－29
1295	华大润佳融资租赁（深圳）有限公司	广东	汪飞	18344.7	2015－05－07
1296	华海信达融资租赁有限公司	上海	张华	18344.7	2015－01－19
1297	华航融资租赁有限公司	上海	戎少鹏	18344.7	2014－05－29
1298	华景融资租赁有限公司	上海	李作军	18344.7	2014－11－24
1299	华融（郑州）融资租赁有限公司	河南	孔明	18344.7	2014－09－02
1300	华胜天成（中国）融资租赁有限公司	天津	陈朝晖	18344.7	2011－08－02
1301	华思利融资租赁（上海）有限公司	上海	刘涛	18344.7	2014－10－22
1302	华夏国信融资租赁有限公司	上海	赵敏	18344.7	2014－11－17
1303	华信中融融资租赁有限公司	上海	刘军峰	18344.7	2015－01－30
1304	华兴中投融资租赁有限公司	上海	邵勇	18344.7	2015－01－29
1305	华耀国际融资租赁有限公司	天津	罗永强	18344.7	2014－08－08
1306	华一融资租赁有限公司	北京	杨浩	18344.7	2013－01－30
1307	华誉丰融资租赁（上海）有限公司	上海	史宏达	18344.7	2014－11－05
1308	环渤海融资租赁有限公司	山东	田海杰	18344.7	2013－03－07
1309	环宇恒信融资租赁有限公司	北京	陈钊	18344.7	2015－05－15
1310	寰发融资租赁（上海）有限公司	上海	艾晓宁	18344.7	2014－04－14
1311	辉腾国际融资租赁（天津）有限公司	天津	廖胜东	18344.7	2015－04－23
1312	汇诚国际融资租赁有限公司	广东	汪文杰	18344.7	2014－11－05
1313	汇控国际融资租赁有限公司	山东	刘津南	18344.7	2015－01－22
1314	汇森融资租赁（天津）有限公司	天津	王萌	18344.7	2015－03－10
1315	汇通华能融资租赁有限公司	上海	李德谦	18344.7	2015－05－04
1316	汇欣融资租赁（上海）有限公司	上海	韦仲	18344.7	2015－02－15
1317	汇信富融融资租赁有限公司	上海	刘江天	18344.7	2015－03－19
1318	汇驿融资租赁（上海）有限公司	上海	蒋良奎	18344.7	2014－06－10

续表

序号	企业名称	省份	法定代表人	注册资本（万元）	成立时间
1319	汇裕融资租赁（上海）有限公司	上海	吴域	18344.7	2015 - 05 - 12
1320	汇泽天下融资租赁（大连）有限公司	辽宁	王海	18344.7	2014 - 12 - 25
1321	汇卓融资租赁（上海）有限公司	上海	姜柳申	18344.7	2014 - 05 - 23
1322	惠创成融资租赁（深圳）有限公司	广东	曾慧民	18344.7	2014 - 05 - 06
1323	惠友融资租赁（天津）有限公司	天津	王开	18344.7	2015 - 03 - 30
1324	嘉辰融资租赁（上海）有限公司	上海	周丹丹	18344.7	2015 - 01 - 06
1325	嘉汇融资租赁有限公司	北京	汪波	18344.7	2014 - 06 - 10
1326	嘉铭融资租赁（上海）有限公司	上海	杜陵	18344.7	2015 - 02 - 13
1327	嘉瑞融资租赁有限公司	北京	王越	18344.7	2014 - 06 - 20
1328	嘉尚融资租赁（天津）有限公司	天津	马誉涵	18344.7	2014 - 05 - 21
1329	嘉兴通华融资租赁有限责任公司	浙江	彭实忠	18344.7	2015 - 03 - 30
1330	嘉银融资租赁（上海）有限公司	上海	严定贵	18344.7	2014 - 05 - 20
1331	嘉盈融资租赁（上海）有限公司	上海	YUXIN DONG	18344.7	2013 - 06 - 04
1332	嘉蕴国际融资租赁有限公司	上海	李文凤	18344.7	2015 - 07 - 06
1333	江苏德和融资租赁有限公司	江苏	丁锋	18344.7	2013 - 04 - 17
1334	江苏国丰融资租赁有限公司	江苏	汝荣观	18344.7	2013 - 04 - 01
1335	江苏红豆融资租赁有限公司	江苏	刘连红	18344.7	2014 - 12 - 22
1336	江苏宏顺融资租赁有限公司	江苏	杨斌	18344.7	2014 - 08 - 04
1337	江苏华驰融资租赁有限公司	江苏	沈浩	18344.7	2014 - 09 - 15
1338	江苏汇鑫融资租赁有限公司	江苏	王秀娟	18344.7	2013 - 12 - 11
1339	江苏天润融资租赁有限公司	江苏	赵巨群	18344.7	2013 - 12 - 16
1340	江苏永正融资租赁有限公司	江苏	曾寅生（ZENG YIN SHENG）	18344.7	2013 - 06 - 07
1341	捷信融资租赁（天津）有限公司	天津	何云虎	18344.7	2015 - 02 - 11
1342	金大通融资租赁（大连）有限公司	辽宁	李沛峰	18344.7	2015 - 04 - 23
1343	金商融资租赁有限公司	上海	刘军厂	18344.7	2014 - 08 - 15
1344	金石融资租赁有限公司	上海	崔岩	18344.7	2014 - 12 - 01
1345	金泰融资租赁（大连）有限公司	辽宁	孙鑑寰	18344.7	2015 - 03 - 26
1346	金投融资租赁有限公司	上海	韩林	18344.7	2014 - 08 - 12

续表

序号	企业名称	省份	法定代表人	注册资本（万元）	成立时间
1347	金玉融资租赁(上海)有限公司	上海	陈帆	18344.7	2014-09-23
1348	金钰融资租赁有限公司	天津	禹杰	18344.7	2014-12-05
1349	锦邦融资租赁(上海)有限公司	上海	杨助元	18344.7	2015-01-13
1350	锦琛融资租赁有限公司	上海	李囡	18344.7	2014-11-24
1351	进雅融资租赁(深圳)有限公司	广东	朱伟伟	18344.7	2014-11-03
1352	晋商国际融资租赁有限公司	北京	穆仁辉	18344.7	2009-05-18
1353	景翔国际融资租赁(中国)有限公司	天津	LUO HONG-ZHAO	18344.7	2012-05-28
1354	巨安融资租赁有限公司	北京	陈新乐	18344.7	2014-08-29
1355	巨宝融资租赁(上海)有限公司	上海	贺志发	18344.7	2015-04-16
1356	君联融资租赁有限公司	天津	董岳	18344.7	2015-02-02
1357	峻禹和融资租赁有限公司	天津	张瑜	18344.7	2014-12-19
1358	开骋融资租赁(上海)有限公司	上海	欧阳萍	18344.7	2015-03-24
1359	柯菲国际融资租赁有限公司	天津	王新兴	18344.7	2015-03-09
1360	酷丰融资租赁(上海)有限公司	上海	齐晓冬	18344.7	2015-02-02
1361	坤道融资租赁(上海)有限公司	上海	张黎霞	18344.7	2015-03-12
1362	坤汇融资租赁有限公司	上海	马爱莲	18344.7	2015-02-13
1363	昆吾融资租赁(上海)有限公司	上海	胡华玲	18344.7	2015-03-09
1364	莱茵达国际融资租赁有限公司	上海	蒋威风	18344.7	2010-11-08
1365	蓝曼融资租赁有限公司	北京	石敏群	18344.7	2014-07-17
1366	朗业(天津)国际租赁有限公司	天津	魏燕	18344.7	2010-05-10
1367	立中融资租赁(上海)有限公司	上海	靳立中	18344.7	2014-08-05
1368	利城国际融资租赁(中国)有限公司	天津	尚根来	18344.7	2012-08-28
1369	利信融资租赁(上海)有限公司	上海	徐欣	18344.7	2012-05-07
1370	联丰融资租赁(上海)有限公司	上海	张峰	18344.7	2015-01-27
1371	联航融资租赁有限公司	上海	郭卫东	18344.7	2014-11-07
1372	联融国际融资租赁有限公司	上海	张志兴	18344.7	2015-01-21
1373	量子华银融资租赁有限公司	上海	董景宏	18344.7	2014-12-19
1374	隆丰融资租赁有限公司	广东	隋大力	18344.7	2014-11-12

续表

序号	企业名称	省份	法定代表人	注册资本（万元）	成立时间
1375	美沪融资租赁（上海）有限公司	上海	刘玉岩	18344.7	2014－12－09
1376	能投融资租赁有限公司	上海	朱连甲	18344.7	2014－10－30
1377	宁波惠农融资租赁有限公司	浙江	董贵昕	18344.7	2015－03－31
1378	宁波金通融资租赁有限公司	浙江	王凌云	18344.7	2012－08－15
1379	宁波尚融融资租赁有限公司	浙江	董贵昕	18344.7	2015－01－04
1380	纽卡罗国际融资租赁有限公司	天津	周文博	18344.7	2014－10－27
1381	沛泓融资租赁（上海）有限公司	上海	姚忠利	18344.7	2013－12－30
1382	普伴国际融资租赁有限公司	天津	王峰	18344.7	2015－02－27
1383	七星融资租赁（上海）有限公司	上海	孙立锋	18344.7	2013－04－12
1384	祺和国际融资租赁有限公司	天津	王新兴	18344.7	2014－11－07
1385	启航融资租赁（上海）有限公司	上海	綦刚	18344.7	2013－09－12
1386	千润融资租赁（上海）有限公司	上海	薛城	18344.7	2015－01－30
1387	千熹融资租赁（上海）有限公司	上海	林樹焯	18344.7	2014－11－05
1388	仟邦资都（上海）融资租赁有限公司	上海	叶巍	18344.7	2015－01－15
1389	前海国金国银融资租赁（深圳）有限公司	广东	郑洪星	18344.7	2014－12－16
1390	前海鸿江国际融资租赁（深圳）有限公司	广东	陈清鸿	18344.7	2014－11－18
1391	前海汇富同泽融资租赁（深圳）有限公司	广东	寇忠	18344.7	2014－06－26
1392	前海君安融资租赁（深圳）有限公司	广东	李庆林	18344.7	2015－06－30
1393	前海利盛融资租赁（深圳）有限公司	广东	卢芝兰	18344.7	2014－12－10
1394	前海森川国际融资租赁（深圳）有限公司	广东	陈焕先	18344.7	2015－01－23
1395	前海盛和国际融资租赁（深圳）有限公司	广东	吴海燕	18344.7	2015－07－07
1396	前海吸引力融资租赁（深圳）有限公司	广东	刘永平	18344.7	2014－06－23
1397	前海银晋星元融资租赁（深圳）有限公司	广东	袁晓鸣	18344.7	2014－04－01
1398	前海银泽国际融资租赁（深圳）有限公司	广东	毛青松	18344.7	2014－06－05
1399	乾宝融资租赁（上海）有限公司	上海	刘剑	18344.7	2015－03－17
1400	乾和融资租赁有限公司	北京	孙煜斌	18344.7	2011－04－22
1401	青海汉能融资租赁有限公司	青海	陈力	18344.7	2014－07－31
1402	人从融资租赁（上海）有限公司	上海	姜涛	18344.7	2015－03－09
1403	荣森融资租赁（上海）有限公司	上海	黄晓蓉	18344.7	2015－04－08

续表

序号	企业名称	省份	法定代表人	注册资本（万元）	成立时间
1404	融乘融资租赁（上海）有限公司	上海	吕华胜	18344.7	2015 - 03 - 17
1405	融创融资租赁有限公司	天津	傅云	18344.7	2013 - 03 - 21
1406	融德国际融资租赁有限公司	天津	殷宏昌	18344.7	2015 - 02 - 17
1407	融华融资租赁有限公司	上海	康建伟	18344.7	2014 - 05 - 28
1408	融金达融资租赁有限公司	广东	李晓龙	18344.7	2015 - 03 - 18
1409	融腾融资租赁（上海）有限公司	上海	裘岚	18344.7	2014 - 05 - 04
1410	融盈融资租赁（上海）有限公司	上海	范错	18344.7	2014 - 12 - 09
1411	融元融资租赁（天津）有限公司	天津	金红	18344.7	2014 - 08 - 12
1412	锐传（上海）融资租赁有限公司	上海	王翠玲	18344.7	2014 - 11 - 04
1413	锐添国际融资租赁有限公司	天津	汤宁	18344.7	2014 - 07 - 07
1414	瑞成（天津）融资租赁有限公司	天津	周江维	18344.7	2014 - 11 - 17
1415	瑞尔圣彬（上海）融资租赁有限公司	上海	邹其芳	18344.7	2015 - 03 - 12
1416	润禾融资租赁（上海）有限公司	上海	刘明铭	18344.7	2015 - 04 - 24
1417	厦门大顺融资租赁有限公司	福建	柯聪敏	18344.7	2015 - 01 - 22
1418	厦门金圆融资租赁有限公司	福建	吴钢	18344.7	2015 - 01 - 09
1419	厦门利施融资租赁有限公司	福建	洪再克	18344.7	2014 - 01 - 26
1420	厦门盈信融资租赁有限公司	福建	郭永平	18344.7	2015 - 01 - 13
1421	厦门兆阳创富融资租赁有限公司	福建	丁铭雄	18344.7	2013 - 01 - 28
1422	山东恒远融资租赁有限公司	山东	梁梅	18344.7	2012 - 11 - 19
1423	山东巨丰融资租赁有限公司	山东	赵千里	18344.7	2012 - 11 - 08
1424	闪银融资租赁（天津）有限公司	天津	盛阳	18344.7	2015 - 03 - 10
1425	陕西安永信融资租赁有限公司	陕西	SU LIANG	18344.7	2014 - 07 - 29
1426	上海财汇天下融资租赁有限公司	上海	陈国华	18344.7	2015 - 03 - 26
1427	上海臣铎融资租赁有限公司	上海	李如明	18344.7	2015 - 04 - 24
1428	上海崇和船舶融资租赁有限公司	上海	陈军	18344.7	2011 - 05 - 04
1429	上海鼎鸿融资租赁有限公司	上海	张富金	18344.7	2014 - 11 - 17
1430	上海鼎信融资租赁有限公司	上海	杨汉松	18344.7	2013 - 09 - 27
1431	上海都汇融资租赁有限公司	上海	刘馨雅	18344.7	2015 - 01 - 27
1432	上海汉舍融资租赁有限公司	上海	马雨宁	18344.7	2014 - 11 - 24

续表

序号	企业名称	省份	法定代表人	注册资本（万元）	成立时间
1433	上海宏恩融资租赁有限公司	上海	刘沙	18344.7	2014－08－15
1434	上海宏竣融资租赁有限公司	上海	江腾飞	18344.7	2015－07－06
1435	上海金江融资租赁有限公司	上海	姜伟	18344.7	2012－10－24
1436	上海精鹏融资租赁有限公司	上海	吕晶	18344.7	2015－03－19
1437	上海景义融资租赁有限公司	上海	韩雨臻	18344.7	2015－01－13
1438	上海康爱融资租赁有限公司	上海	蔡伟	18344.7	2015－03－17
1439	上海力合融资租赁有限公司	上海	CHEN YUMING	18344.7	2012－09－14
1440	上海美通融资租赁有限公司	上海	程玲	18344.7	2015－03－09
1441	上海南霖融资租赁有限公司	上海	唐杰	18344.7	2015－04－24
1442	上海齐盛融资租赁有限公司	上海	李树军	18344.7	2012－12－26
1443	上海乔烜融资租赁有限公司	上海	刘诗洋（LIU SHIYANG）	18344.7	2015－01－13
1444	上海融羿融资租赁有限公司	上海	郑辉	18344.7	2015－03－26
1445	上海太德融资租赁有限公司	上海	章瑞平	18344.7	2014－06－23
1446	上海泰润融资租赁有限公司	上海	韦铧	18344.7	2013－07－09
1447	上海万贝融资租赁有限公司	上海	杨景琴	18344.7	2015－05－29
1448	上海万季融资租赁有限公司	上海	王新娣	18344.7	2015－02－06
1449	上海伟鑫融资租赁有限公司	上海	田世国	18344.7	2015－05－18
1450	上海纬翰融资租赁有限公司	上海	韩学高	18344.7	2014－05－28
1451	上海新源池融资租赁有限公司	上海	甘霞	18344.7	2015－03－12
1452	上海歆华融资租赁有限公司	上海	罗桂情	18344.7	2014－12－01
1453	上海鑫脉融资租赁有限公司	上海	王艳平	18344.7	2015－03－06
1454	上海秀信融资租赁有限公司	上海	张博骁	18344.7	2014－11－17
1455	上海焱太融资租赁有限公司	上海	林嗣进	18344.7	2015－05－18
1456	上海易鑫融资租赁有限公司	上海	ZHANG XUAN	18344.7	2014－08－12
1457	上海盈华融资租赁有限公司	上海	库国华	18344.7	2015－02－11
1458	上海有创融资租赁有限公司	上海	毕爽	18344.7	2015－03－12
1459	上海裕丰融资租赁有限公司	上海	何宗华	18344.7	2012－10－22
1460	上海源博融资租赁有限公司	上海	章高锋	18344.7	2015－03－05

续表

序号	企业名称	省份	法定代表人	注册资本（万元）	成立时间
1461	上海越兴融资租赁有限公司	上海	武谊鹏	18344.7	2013－03－04
1462	上海正道融资租赁有限公司	上海	陈晓	18344.7	2015－04－28
1463	上海挚信融资租赁有限公司	上海	范幼元	18344.7	2011－11－29
1464	上海中成融资租赁有限公司	上海	周伟中	18344.7	2015－01－29
1465	上海中基融资租赁有限公司	上海	李玉珍	18344.7	2014－11－11
1466	上瑞融资租赁有限公司	安徽	郭小荣	18344.7	2013－06－06
1467	上汶融资租赁（上海）有限公司	上海	吴俊良	18344.7	2015－03－19
1468	上银融资租赁（中国）有限责任公司	上海	荣康信	18344.7	2012－06－04
1469	上源融资租赁有限公司	上海	陈永杰	18344.7	2014－09－03
1470	上置融资租赁（上海）有限公司	上海	施建	18344.7	2015－01－26
1471	深国融前海国际融资租赁（深圳）有限公司	广东	曾波	18344.7	2015－04－20
1472	深圳宝泰融资租赁有限公司	广东	XIE QI	18344.7	2014－10－23
1473	深圳丰盈科创融资租赁有限公司	广东	刘建军	18344.7	2015－03－23
1474	深圳皓天融资租赁有限公司	广东	江华茂	18344.7	2014－04－16
1475	深圳华腾融资租赁有限公司	广东	叶剑平	18344.7	2015－04－14
1476	深圳励珀融资租赁有限公司	广东	李志忠	18344.7	2014－10－31
1477	深圳隆鑫发融资租赁有限公司	广东	杜金华	18344.7	2014－07－30
1478	深圳前海保发融资租赁有限公司	广东	陈锦辉	18344.7	2013－12－17
1479	深圳前海鼎晟融资租赁有限公司	广东	陈灿龙	18344.7	2015－04－16
1480	深圳前海红石盈泽融资租赁有限公司	广东	赵巍	18344.7	2015－04－30
1481	深圳前海华强兴和融资租赁发展有限公司	广东	李曙成	18344.7	2013－09－24
1482	深圳前海华融融资租赁有限公司	广东	沈琦雅	18344.7	2014－10－23
1483	深圳前海三一融资租赁有限公司	广东	谢贵新	18344.7	2015－01－06
1484	深圳前海森昌融资租赁有限公司	广东	李华政	18344.7	2015－01－13
1485	深圳前海世众融资租赁有限公司	广东	吴志刚	18344.7	2015－01－30
1486	深圳前海旺嘉融资租赁有限公司	广东	喻晓华	18344.7	2015－01－19
1487	深圳前海信用宝国际融资租赁有限公司	广东	涂志云	18344.7	2015－04－30
1488	深圳前海耀德融资租赁有限公司	广东	孙小杰	18344.7	2014－12－25
1489	深圳前海中盛国际融资租赁有限公司	广东	周冠伟	18344.7	2015－02－09

续表

序号	企业名称	省份	法定代表人	注册资本（万元）	成立时间
1490	深圳乾海国际融资租赁有限公司	广东	李鹏	18344.7	2014－12－30
1491	深圳瑞信泰融资租赁有限公司	广东	李秀春	18344.7	2015－05－19
1492	深圳市搏实融资租赁有限公司	广东	李建会	18344.7	2014－12－30
1493	深圳市达顺融资租赁有限公司	广东	邹郧青	18344.7	2014－03－06
1494	深圳市富桥融资租赁有限公司	广东	CAO XUAN	18344.7	2014－11－24
1495	深圳市富通融资租赁有限公司	广东	蔡毅	18344.7	2014－10－23
1496	深圳市朗华融资租赁有限公司	广东	张春华	18344.7	2014－06－19
1497	深圳市联合利信融资租赁有限公司	广东	代红光	18344.7	2015－03－05
1498	深圳市前海鼎苙诚融资租赁有限公司	广东	张培峰	18344.7	2014－11－14
1499	深圳市前海花样年金融服务有限公司	广东	周锦泉	18344.7	2013－05－08
1500	深圳市前海瑞泰融资租赁有限公司	广东	陈书智	18344.7	2014－10－27
1501	深圳市融励融资租赁有限公司	广东	李君	18344.7	2014－08－25
1502	深圳市中恒信融资租赁有限公司	广东	孔宁	18344.7	2014－09－23
1503	深圳银通融资租赁有限公司	广东	姜斌	18344.7	2015－02－10
1504	深圳长城环亚国际融资租赁有限公司	广东	欧鹏	18344.7	2014－10－16
1505	深圳众信汇金融资租赁有限公司	广东	李亮	18344.7	2014－11－04
1506	神尊融资租赁（中国）有限公司	浙江	王永米	18344.7	2015－03－20
1507	胜隆融资租赁有限公司	天津	甘锋	18344.7	2015－04－17
1508	盛丰辉业融资租赁（上海）有限公司	上海	潘良华	18344.7	2014－07－31
1509	盛联融资租赁有限公司	上海	张战刚	18344.7	2015－01－29
1510	盛世鑫源融资租赁有限公司	北京	毛俊民	18344.7	2014－09－16
1511	狮诚融资租赁（天津）有限公司	天津	万钧	18344.7	2014－07－25
1512	舜创（天津）融资租赁有限公司	天津	刘包彦	18344.7	2014－06－05
1513	丝绸亚太（天津）国际融资租赁有限公司	天津	周翔	18344.7	2015－05－13
1514	思创国际融资租赁有限公司	天津	穆毅	18344.7	2014－03－24
1515	斯兰（福建）融资租赁有限责任公司	福建	丁梅红	18344.7	2013－07－15
1516	四川百联安融资租赁有限公司	四川	刘哲义	18344.7	2014－10－16
1517	苏州春知秋融资租赁有限公司	江苏	王琦	18344.7	2011－11－01
1518	苏州冯氏融资租赁有限公司	江苏	冯琦	18344.7	2013－06－13

续表

序号	企业名称	省份	法定代表人	注册资本（万元）	成立时间
1519	苏州福华融资租赁有限公司	江苏	赵良	18344.7	2012－08－31
1520	苏州华龙融资租赁有限公司	江苏	金海龙	18344.7	2012－10－16
1521	苏州锦帆融资租赁有限公司	江苏	吴生根	18344.7	2012－10－30
1522	索高国际融资租赁有限公司	天津	李藐	18344.7	2014－12－25
1523	索罗门国际租赁（天津）有限公司	天津	吴瑜珊	18344.7	2011－10－14
1524	台骏国际租赁有限公司	江苏	许明郭	18344.7	2011－03－15
1525	台骏津国际租赁有限公司	天津	许明郭	18344.7	2013－03－28
1526	合库金国际租赁有限公司	江苏	陈培良	18344.7	2013－05－17
1527	台新融资租赁（天津）有限公司	天津	蔡孟峯	18344.7	2012－03－01
1528	台新融资租赁（中国）有限公司	江苏	陈力雄	18344.7	2011－07－12
1529	台中银融资租赁（苏州）有限公司	江苏	林瑞阳	18344.7	2012－11－12
1530	泰甲融资租赁（上海）有限公司	上海	沈亮	18344.7	2015－04－29
1531	泰利融资租赁有限公司	上海	吴海朋	18344.7	2012－02－03
1532	唐盛融资租赁（上海）有限公司	上海	任春	18344.7	2013－01－09
1533	腾驭（上海）融资租赁有限公司	上海	段春元	18344.7	2015－03－09
1534	天成国际融资租赁有限公司	上海	牛燕	18344.7	2014－04－14
1535	天津海鑫融资租赁有限公司	天津	苗连生	18344.7	2011－11－30
1536	天津恒盛融资租赁有限公司	天津	耿国华	18344.7	2015－04－03
1537	天津恒泰汇金融资租赁有限公司	天津	孙晓宁	18344.7	2014－12－15
1538	天津嘉仑融资租赁有限公司	天津	袁彤	18344.7	2014－09－19
1539	天津金瑞祥融资租赁有限公司	天津	杨鑫	18344.7	2015－04－29
1540	天津津能融资租赁有限公司	天津	赵鹏	18344.7	2015－02－26
1541	天津锦东融资租赁有限公司	天津	刘旋	18344.7	2015－03－02
1542	天津谨行国际融资租赁有限公司	天津	齐忠恒	18344.7	2014－07－04
1543	天津瑞信嘉华融资租赁有限公司	天津	郑昌幸	18344.7	2015－01－19
1544	天津尚华融资租赁有限公司	天津	王克	18344.7	2015－02－28
1545	天津市广明融资租赁有限公司	天津	王磊	18344.7	2014－03－20
1546	天津天纺国际融资租赁有限公司	天津	张发洪	18344.7	2015－05－29
1547	天津天骏融资租赁有限公司	天津	赵大伟	18344.7	2014－10－16

续表

序号	企业名称	省份	法定代表人	注册资本（万元）	成立时间
1548	天津鑫海融资租赁有限公司	天津	苗连生	18344.7	2011-11-30
1549	天津鑫盛融资租赁有限公司	天津	周吉	18344.7	2015-03-31
1550	天津誉通融资租赁有限公司	天津	苏诚忠	18344.7	2015-01-06
1551	天津中民融资租赁有限公司	天津	刘振新	18344.7	2015-03-25
1552	天融国际融资租赁有限公司	天津	李展科	18344.7	2014-09-19
1553	天泰千业（深圳）融资租赁有限公司	广东	操根苗	18344.7	2014-11-13
1554	天下财富融资租赁（上海）有限公司	上海	黄秀猛	18344.7	2014-12-26
1555	天信国际租赁有限公司	浙江	霍常宝	18344.7	2012-06-08
1556	天印融资租赁（上海）有限公司	上海	李江伦	18344.7	2015-03-19
1557	天佑国际融资租赁有限公司	陕西	刘生东	18344.7	2014-07-23
1558	通航融资租赁有限公司	上海	黎帅	18344.7	2014-04-21
1559	同辉融资租赁（上海）有限公司	上海	缪炯	18344.7	2013-01-14
1560	桐邦融资租赁有限公司	天津	俞明	18344.7	2014-06-06
1561	拓洋融资租赁（天津）有限公司	天津	董敬涛	18344.7	2015-03-06
1562	万康航空租赁有限公司	天津	李钢	18344.7	2015-01-19
1563	万霖融资租赁（中国）有限公司	浙江	柏港	18344.7	2014-12-16
1564	万瑞兴融资租赁（深圳）有限公司	广东	付荣	18344.7	2014-09-04
1565	万商汇通融资租赁（天津）有限公司	天津	蔡一晖	18344.7	2015-01-28
1566	万微融资租赁（上海）有限公司	上海	李景坤	18344.7	2015-03-09
1567	旺凯融资租赁（上海）有限公司	上海	高抗振	18344.7	2015-05-12
1568	威士顿融资租赁（天津）有限公司	天津	张亦舟	18344.7	2015-02-02
1569	微百利融资租赁（天津）有限公司	天津	张建国	18344.7	2015-01-22
1570	维福融资租赁（上海）有限公司	上海	海克洪	18344.7	2015-01-22
1571	五羲融资租赁（杭州）有限公司	浙江	张文波	18344.7	2014-11-11
1572	先诺融资租赁（杭州）有限公司	浙江	顾国琴	18344.7	2014-11-11
1573	祥拓国际融资租赁有限公司	天津	李藐	18344.7	2015-03-11
1574	翔辉国际融资租赁有限公司	天津	姚凤	18344.7	2015-02-02
1575	欣亿达国际融资租赁有限公司	天津	耿跃杰	18344.7	2013-12-13
1576	新发中建融资租赁有限公司	北京	宋赶良	18344.7	2015-02-15

续表

序号	企业名称	省份	法定代表人	注册资本（万元）	成立时间
1577	新飞通航融资租赁有限公司	上海	刘若天	18344.7	2015-03-02
1578	新皓国际融资租赁有限公司	天津	徐敏俊	18344.7	2014-10-27
1579	新河（天津）融资租赁有限公司	天津	高盛杰	18344.7	2014-08-14
1580	新民信国际租赁有限公司	天津	Lei Wang	18344.7	2011-07-07
1581	新世华德融资租赁（上海）有限公司	上海	成笑君	18344.7	2015-02-03
1582	新通达融资租赁有限公司	上海	齐红波	18344.7	2014-04-29
1583	鑫华能国际融资租赁有限公司	天津	胡迎慧	18344.7	2014-09-03
1584	鑫铭融资租赁有限公司	天津	尹帅	18344.7	2014-11-17
1585	鑫牛融资租赁（上海）有限公司	上海	刘明连	18344.7	2014-09-24
1586	鑫源河融资租赁有限公司	北京	刘超	18344.7	2014-10-13
1587	信隆融资租赁有限公司	安徽	宋德劲	18344.7	2012-02-23
1588	信仁融资租赁（上海）有限公司	上海	周大为	18344.7	2014-06-16
1589	星融融资租赁有限公司	上海	周文超	18344.7	2015-01-27
1590	兴因国际融资租赁（深圳）有限公司	广东	胡丽娥	18344.7	2014-11-03
1591	兴银融资租赁（中国）有限公司	上海	佐藤保夫	18344.7	2008-07-30
1592	亚桥融资租赁有限公司	上海	曹明	18344.7	2011-09-07
1593	焰峥融资租赁（上海）有限公司	上海	刘白勤	18344.7	2015-02-11
1594	央银融资租赁有限公司	上海	宋全启	18344.7	2014-10-24
1595	阳信融资租赁（中国）有限公司	上海	刘炯森	18344.7	2013-05-20
1596	垚福鑫国际融资租赁有限公司	天津	周伯云	18344.7	2014-06-25
1597	耀臣融资租赁（深圳）有限公司	广东	杨晓云	18344.7	2014-01-07
1598	耀江融资租赁有限公司	天津	原旭霖	18344.7	2015-01-28
1599	一银国际租赁有限公司	江苏	许登耀	18344.7	2011-03-16
1600	一银租赁（厦门）有限公司	福建	许登耀	18344.7	2014-03-28
1601	奕鹏国际融资租赁有限公司	天津	刘峻	18344.7	2015-03-11
1602	益得源国际融资租赁（天津）有限公司	天津	杨帆	18344.7	2015-03-04
1603	翼博（天津）融资租赁有限公司	天津	成爱玲	18344.7	2014-11-24
1604	英顺国际租赁有限公司	北京	裴淑兰	18344.7	2010-05-17
1605	盈通（上海）融资租赁有限公司	上海	申策	18344.7	2015-03-09

续表

序号	企业名称	省份	法定代表人	注册资本（万元）	成立时间
1606	永利国际融资租赁有限公司	天津	胡迎慧	18344.7	2012－08－28
1607	涌宝融资租赁（上海）有限公司	上海	苏耀华	18344.7	2015－03－17
1608	友车么融资租赁（上海）有限公司	上海	王申平	18344.7	2015－03－31
1609	屿申融资租赁（上海）有限公司	上海	施俊华	18344.7	2015－04－28
1610	宇顺通融资租赁（深圳）有限公司	广东	朱庆龙	18344.7	2015－02－11
1611	禹隍融资租赁（上海）有限公司	上海	王桂荣	18344.7	2014－09－15
1612	裕丰融资租赁有限公司	北京	孙洪玉	18344.7	2014－03－20
1613	裕融租赁有限公司	江苏	许国兴	18344.7	2010－06－30
1614	誉纶融资租赁有限公司	上海	刘志斌	18344.7	2014－11－17
1615	誉信（上海）融资租赁有限公司	上海	李红整	18344.7	2015－03－31
1616	元汇融资租赁（上海）有限公司	上海	王雷	18344.7	2015－03－31
1617	远成（上海）融资租赁有限公司	上海	匡榕	18344.7	2015－01－06
1618	长融国际融资租赁有限责任公司	重庆	姚正超	18344.7	2013－12－26
1619	浙江海赢融资租赁有限公司	浙江	余斌	18344.7	2014－11－11
1620	浙江华涌融资租赁有限公司	浙江	张珂	18344.7	2015－05－05
1621	浙江吉磊融资租赁有限公司	浙江	石宪吉	18344.7	2015－04－13
1622	浙江金元宝融资租赁有限公司	浙江	吴赞伟	18344.7	2015－03－09
1623	浙江龙票融资租赁有限公司	浙江	周丽萍	18344.7	2014－06－19
1624	浙江兴合融资租赁有限公司	浙江	李钢	18344.7	2014－10－22
1625	浙江兆银融资租赁有限公司	浙江	武繁	18344.7	2013－02－18
1626	浙通融资租赁（上海）有限公司	上海	郑建通	18344.7	2015－02－11
1627	臻兴融资租赁（上海）有限公司	上海	黄黎明	18344.7	2015－01－27
1628	正隆国际融资租赁有限公司	河南	张子正	18344.7	2013－11－01
1629	智融（天津）融资租赁有限公司	天津	王璐	18344.7	2013－03－27
1630	中焯融资租赁（上海）有限公司	上海	聂炜力	18344.7	2015－03－23
1631	中成融资租赁（天津）有限公司	天津	杨元明	18344.7	2014－09－18
1632	中创融国际融资租赁有限公司	天津	祝国庆	18344.7	2015－02－16
1633	中创融合融资租赁（天津）有限公司	天津	高盛杰	18344.7	2015－05－25
1634	中慈（上海）融资租赁有限公司	上海	赵新华	18344.7	2014－11－10

续表

序号	企业名称	省份	法定代表人	注册资本（万元）	成立时间
1635	中达融资租赁有限公司	上海	KHUA KIAN KEONG	18344.7	2013－07－15
1636	中港汇金国际融资租赁有限公司	天津	高鑫颖	18344.7	2015－02－12
1637	中港融通融资租赁(深圳)有限公司	广东	段连君	18344.7	2014－10－27
1638	中海外融资租赁有限公司	上海	陈熙	18344.7	2014－11－05
1639	中航材威利斯发动机租赁有限公司	上海	谭克坚	18344.7	2014－08－21
1640	中航联融资租赁(天津)有限公司	天津	叶雅静	18344.7	2015－05－20
1641	中和融资租赁有限公司	山东	王梅善	18344.7	2010－11－16
1642	中华开发国际租赁有限公司	江苏	王幼章	18344.7	2012－03－27
1643	中汇银和融资租赁(北京)有限公司	北京	王健	18344.7	2015－04－29
1644	中嘉安信融资租赁有限公司	北京	张杰	18344.7	2015－05－12
1645	中杰国际融资租赁有限公司	天津	DING WANG(王鼎)	18344.7	2012－11－14
1646	中金高盛(天津)融资租赁有限公司	天津	谢浩良	18344.7	2011－06－24
1647	中金源通(青岛)融资租赁有限公司	山东	阎涛	18344.7	2014－11－13
1648	中津栎俊(天津)融资租赁有限公司	天津	刘学辉	18344.7	2014－08－27
1649	中京融和国际融资租赁有限公司	天津	李冬良	18344.7	2015－05－07
1650	中聚发国际融资租赁有限公司	天津	周平	18344.7	2014－12－20
1651	中钧融资租赁有限公司	天津	梁正荣	18344.7	2015－01－30
1652	中昆融资租赁(上海)有限公司	上海	张富林	18344.7	2015－03－09
1653	中联国际融资租赁(天津)有限公司	天津	贾东策	18344.7	2014－08－07
1654	中赁融资租赁(天津)有限公司	天津	杨占斌	18344.7	2015－05－13
1655	中煤环能国际融资租赁有限公司	北京	李杰	18344.7	2011－08－30
1656	中南金控融资租赁有限公司	上海	杨瑾	18344.7	2015－03－09
1657	中鹏融资租赁(上海)有限公司	上海	于晶晶	18344.7	2015－03－31
1658	中擎融资租赁有限公司	上海	张帆	18344.7	2014－09－24
1659	中融达国际融资租赁有限公司	天津	李震	18344.7	2015－02－17
1660	中融投融资租赁有限公司	天津	杨蓓	18344.7	2014－09－05
1661	中融万盛融资租赁(天津)有限公司	天津	高盛杰	18344.7	2015－05－25
1662	中睿融资租赁有限公司	天津	吴小琴	18344.7	2014－05－13

续表

序号	企业名称	省份	法定代表人	注册资本（万元）	成立时间
1663	中商鼎信国际融资租赁有限公司	天津	徐同生	18344.7	2013－03－18
1664	中晟融资租赁有限公司	上海	高仁海	18344.7	2013－10－12
1665	中托融资租赁（北京）有限公司	北京	何艳	18344.7	2014－09－03
1666	中新能融资租赁（天津）有限公司	天津	冯电波	18344.7	2014－06－24
1667	中意华银融资租赁有限公司	天津	凌建忠	18344.7	2015－01－06
1668	中银（天津）融资租赁有限公司	天津	薛恩智	18344.7	2014－09－22
1669	中银信（天津）融资租赁有限公司	天津	鲁明霞	18344.7	2014－04－22
1670	中永国际融资租赁有限公司	广东	陈永杰	18344.7	2014－04－16
1671	中宇融资租赁（北京）有限公司	北京	利新	18344.7	2015－05－06
1672	中煜（上海）融资租赁有限公司	上海	彭荣华	18344.7	2014－04－21
1673	中致信国际融资租赁有限公司	天津	蒋东	18344.7	2014－06－10
1674	中智瑞信融资租赁有限公司	天津	鲁学军	18344.7	2015－03－06
1675	中州融资租赁（天津）有限公司	天津	牛苏阳	18344.7	2015－03－24
1676	中装融资租赁有限公司	天津	高慧杰	18344.7	2015－01－12
1677	众生融资租赁（天津）有限公司	天津	张文星	18344.7	2015－03－23
1678	众元融资租赁（上海）有限公司	上海	刘志	18344.7	2015－01－06
1679	重庆华本融资租赁有限公司	重庆	王家池	18344.7	2013－11－28
1680	重庆环江融资租赁有限公司	重庆	宗学波	18344.7	2014－10－13
1681	珠海恒利融资租赁有限公司	广东	陈芳	18344.7	2015－04－14
1682	珠海横琴瑞盈融资租赁有限公司	广东	黄俊生	18344.7	2014－07－21
1683	珠海莱茵能源装备融资租赁有限公司	广东	高继胜	18344.7	2012－08－13
1684	珠海世纪互联融资租赁有限公司	广东	孙伟宏	18344.7	2015－04－09
1685	珠海新海融资租赁有限公司	广东	岑浩	18344.7	2013－11－13
1686	卓越国际租赁有限公司	北京	潘欣	18344.7	2006－02－24
1687	紫元元（深圳）国际融资租赁有限公司	广东	张俊深	18344.7	2014－05－28
1688	自得融资租赁有限公司	上海	盛治伟	18344.7	2015－03－12

续表

序号	企业名称	省份	法定代表人	注册资本（万元）	成立时间
1689	鼎力融资租赁（上海）有限公司	上海	林勋	18300	2015－01－30
1690	方正中鸿（深圳）融资租赁有限公司	广东	陈刚	18300	2014－09－18
1691	深圳中融信融资租赁有限公司	广东	杨昊龙	18222.402	2015－04－07
1692	天津市传载精通融资租赁有限公司	天津	廖恩荣	18222.402	2013－12－23
1693	华南国际租赁有限公司	广东	赖明佑	18161.253	2012－10－25
1694	百圣融鑫（福建）融资租赁有限公司	福建	张春敏	18000	2014－08－25
1695	宝润嘉实融资租赁（天津）有限公司	天津	焦云	18000	2015－03－09
1696	丞银（上海）融资租赁有限公司	上海	朱泽轩	18000	2015－05－18
1697	春兴融资租赁有限公司	上海	单兴洲	18000	2014－12－31
1698	丰德（天津）融资租赁有限公司	天津	董忠	18000	2014－12－26
1699	富利融资租赁有限公司	上海	陈立根	18000	2014－06－16
1700	广东纳新融资租赁有限公司	广东	陆涛	18000	2014－01－16
1701	广东兆邦融资租赁有限公司	广东	陈正迪	18000	2011－06－10
1702	广东中源亚太融资租赁有限公司	广东	霍卓威	18000	2014－11－11
1703	广州恒通融资租赁有限公司	广东	刘兴义	18000	2014－11－28
1704	广州瑞迪融资租赁有限公司	广东	马革	18000	2015－03－25
1705	国泰君安融资租赁（上海）有限公司	上海	李忠华	18000	2014－12－09
1706	国银汇富融资租赁有限公司	上海	张云峰	18000	2013－11－01
1707	国悦融资租赁（天津）有限公司	天津	高雪川	18000	2014－12－11
1708	河北国盈融资租赁有限公司	河北	彭友圣	18000	2014－12－15
1709	湖北丰汇融资租赁有限责任公司	湖北	陈建国	18000	2014－08－07
1710	华东金控融资租赁有限公司	上海	戴聪	18000	2015－03－09
1711	华商汇通融资租赁有限公司	山东	徐传勇	18000	2013－12－03
1712	开尔财富国际融资租赁有限公司	广东	邢蕊	18000	2014－10－28
1713	开滦国际融资租赁有限公司	天津	董养利	18000	2015－04－02
1714	宁波众泰融资租赁有限公司	浙江	胡亚琴	18000	2014－06－11
1715	普洛斯融资租赁（上海）有限公司	上海	MICHIHIRO HIGASHI	18000	2014－02－17
1716	上海邦泰融资租赁有限公司	上海	陈珺旎	18000	2015－05－18

续表

序号	企业名称	省份	法定代表人	注册资本（万元）	成立时间
1717	上海恒荣融资租赁有限公司	上海	沈芳萍	18000	2015-03-09
1718	上海金帛融资租赁有限公司	上海	梁艺华	18000	2014-05-28
1719	上海君勉融资租赁有限公司	上海	周海船	18000	2015-03-02
1720	上海天恒融资租赁有限公司	上海	秦洋	18000	2013-12-23
1721	上海众慧融资租赁有限公司	上海	伏雪莲	18000	2015-03-31
1722	深圳国威通达融资租赁有限公司	广东	徐皓平	18000	2014-10-15
1723	深圳前海鸿兴融资租赁有限公司	广东	单宝军	18000	2014-08-18
1724	神州通达国际融资租赁有限公司	天津	刘惠	18000	2015-01-27
1725	协兴（中国）融资租赁有限公司	福建	孙栋梁	18000	2014-08-14
1726	垚银融资租赁（上海）有限公司	上海	宿风	18000	2015-01-22
1727	宜信惠琮国际融资租赁有限公司	天津	唐宁	18000	2012-08-09
1728	颐坤融资租赁有限公司	上海	徐勇丽	18000	2015-04-03
1729	银洲（上海）融资租赁有限公司	上海	丁芳	18000	2012-08-27
1730	远胜融资租赁（上海）有限公司	上海	李舟	18000	2013-02-07
1731	兆征融资租赁（上海）有限公司	上海	段玉宝	18000	2015-03-02
1732	浙江百盛融资租赁有限公司	浙江	陆海洪	18000	2013-07-15
1733	浙江方向融资租赁有限公司	浙江	王水福	18000	2014-05-04
1734	中成国恒融资租赁有限公司	天津	王迈	18000	2014-11-19
1735	恩和融资租赁（北京）有限公司	北京	杨元明	17733.21	2013-03-04
1736	国金融资租赁（深圳）有限公司	广东	黄振汉	17733.21	2013-10-22
1737	恒润融资租赁（上海）有限公司	上海	石峻	17733.21	2013-09-29
1738	青岛国融融资租赁有限公司	山东	张德亮	17733.21	2011-07-01
1739	浙江嘉富融资租赁有限公司	浙江	俞迅	17733.21	2013-08-22
1740	汇申（上海）融资租赁有限公司	上海	王佳贤	17700	2015-01-06
1741	丰聚融资租赁（上海）有限公司	上海	王建江	17600	2014-07-18
1742	国勤融资租赁（上海）有限公司	上海	朱倍平	17600	2015-01-12
1743	麒钰融资租赁（上海）有限公司	上海	孙红	17600	2014-12-30
1744	泰成融资租赁（上海）有限公司	上海	丁亮	17600	2015-01-27
1745	广东宏利高融资租赁有限公司	广东	郭光辉	17500	2014-05-30

续表

序号	企业名称	省份	法定代表人	注册资本（万元）	成立时间
1746	融物宝国际融资租赁有限公司	上海	成雨晴	17500	2014-11-10
1747	武汉佳乡融资租赁有限公司	湖北	杨妮	17500	2013-08-28
1748	翔龙融资租赁（北京）有限公司	北京	高传义	17500	2013-04-19
1749	亚信财富融资租赁有限公司	上海	崔勇	17500	2014-08-25
1750	君明融资租赁（上海）有限公司	上海	周开明	17427.465	2012-11-07
1751	广博汇通融资租赁（深圳）有限公司	广东	张立峰	17400	2014-10-17
1752	广博汇通融资租赁有限公司	上海	张立峰	17400	2014-11-24
1753	深圳汇硕融资租赁有限公司	广东	卢学杰	17390	2013-09-13
1754	广东粤信融资租赁有限公司	广东	宋昕	17354.04	2013-08-16
1755	深圳翔龙融资租赁有限公司	广东	高传义	17305.167	2012-05-03
1756	浙江中诚融资租赁有限公司	浙江	柴云峰	17300	2013-08-28
1757	轻舟（天津）融资租赁有限公司	天津	石东平	17219.558	2013-12-03
1758	买付通国际融资租赁有限公司	上海	伍琳	17200	2015-04-09
1759	深圳前海中博融资租赁有限公司	广东	苗振国	17200	2015-01-12
1760	华银协合国际租赁有限公司	青海	胡明阳	17166.2	2013-06-20
1761	融盛（上海）融资租赁有限公司	上海	杨宝英	17150	2013-07-31
1762	创佳融资租赁（浙江）有限公司	浙江	陈林海	17121.72	2013-09-02
1763	浩凯融资租赁（上海）有限公司	上海	李西生	17121.72	2014-06-20
1764	恒盈融资租赁（上海）有限公司	上海	胡裕	17121.72	2014-03-01
1765	华泰富盈融资租赁（深圳）有限公司	广东	吴钧华	17121.72	2013-08-28
1766	久阳融资租赁（上海）有限公司	上海	李德伟	17121.72	2011-10-25
1767	凯枫融资租赁（杭州）有限公司	浙江	曾真	17121.72	2013-03-25
1768	青岛华通东卫融资租赁有限责任公司	山东	姜培生	17121.72	2013-07-19
1769	荣年融资租赁（中国）有限公司	浙江	陈利松	17121.72	2011-11-03
1770	融鑫融资租赁（上海）有限公司	上海	王玉芬	17121.72	2010-12-15
1771	上海丹茂融资租赁有限公司	上海	林杨阳	17121.72	2014-05-08
1772	深圳前海恒逸融资租赁有限公司	广东	吴瑛	17121.72	2014-04-22
1773	深圳市集成融资租赁有限公司	广东	张铁伟	17121.72	2014-06-06
1774	苏州国发融资租赁有限公司	江苏	陈孝勇	17121.72	2013-02-26

续表

序号	企业名称	省份	法定代表人	注册资本（万元）	成立时间
1775	天津锦联融资租赁有限公司	天津	高晓龙	17121.72	2011－12－23
1776	银龙（上海）融资租赁有限公司	上海	丁斌	17121.72	2014－08－15
1777	正行融资租赁有限公司	天津	陈洪兵	17121.72	2014－08－04
1778	深圳市成瑞融资租赁有限公司	广东	陈晓毅	17100	2014－04－24
1779	上海万悦融资租赁有限公司	上海	缪锋	17080	2015－01－19
1780	芙蓉综合融资租赁（中国）有限公司	上海	相澤慎哉	17072	2011－09－20
1781	爱牧杰融资租赁（上海）有限公司	上海	朱海杰	17000	2014－07－15
1782	安铿融资租赁（上海）有限公司	上海	翟大帅	17000	2015－04－13
1783	澳绰融资租赁（上海）有限公司	上海	梁健股	17000	2012－07－09
1784	澳麟融资租赁（上海）有限公司	上海	陈信光	17000	2015－03－12
1785	八佾融资租赁（上海）有限公司	上海	宗俊	17000	2014－12－01
1786	白银（天津）融资租赁有限公司	天津	陆炯杰	17000	2015－01－05
1787	宝淦融资租赁（上海）有限公司	上海	严曙	17000	2015－01－27
1788	宝利天泽（深圳）融资租赁有限公司	广东	余华	17000	2012－09－29
1789	北京开元融资租赁有限公司	北京	桑振宇	17000	2012－08－02
1790	北京万佳融资租赁有限公司	北京	任建辉	17000	2014－07－18
1791	贝焘（上海）融资租赁有限公司	上海	黄瑞强	17000	2015－04－27
1792	大乘天弘（深圳）融资租赁有限公司	广东	孔营新	17000	2014－04－25
1793	德善（上海）融资租赁有限公司	上海	范业到	17000	2015－02－16
1794	鼎域融资租赁（上海）有限公司	上海	薛国飞	17000	2015－05－08
1795	泛达融资租赁有限责任公司	浙江	潘磊	17000	2013－04－12
1796	福建浦华融资租赁有限公司	福建	陈宇	17000	2014－12－15
1797	福建省禹舜融资租赁有限公司	福建	吴荣州	17000	2012－11－20
1798	福建喜相逢汽车服务股份有限公司	福建	黄伟	17000	2007－09－07
1799	福鑫源国际融资租赁有限公司	天津	马现坡	17000	2015－01－13
1800	港丰融资租赁（上海）有限公司	上海	马军	17000	2015－03－09
1801	冠晨国际融资租赁有限公司	天津	任正香	17000	2015－02－13
1802	广东安盛融资租赁有限公司	广东	戚辉洪	17000	2014－05－09
1803	广东东裕融资租赁有限公司	广东	陈斌	17000	2014－09－10

续表

序号	企业名称	省份	法定代表人	注册资本（万元）	成立时间
1804	广东弘力融资租赁有限公司	广东	欧阳彩英	17000	2014－12－02
1805	广东日昌盛融资租赁有限公司	广东	李亚康	17000	2015－01－26
1806	广东禧华融资租赁有限公司	广东	张骕	17000	2013－07－18
1807	广东中广融资租赁有限公司	广东	单永雄	17000	2014－01－09
1808	广州宝盛融资租赁有限公司	广东	李蔚	17000	2014－11－19
1809	广州摩尔融资租赁有限公司	广东	王柯斐	17000	2014－11－28
1810	广州市曼哈融资租赁有限公司	广东	康卿	17000	2014－12－09
1811	贵州省融资租赁有限责任公司	贵州	蓝云	17000	2013－12－13
1812	国瑞汇通融资租赁（天津）有限公司	天津	张风英	17000	2014－06－05
1813	翰利国际融资租赁有限公司	上海	王明峰	17000	2014－12－15
1814	杭州热联融资租赁有限公司	浙江	晏浩	17000	2013－02－08
1815	杭州卓铭融资租赁有限公司	浙江	沈江	17000	2014－04－11
1816	昊植融资租赁（上海）有限公司	上海	王飞	17000	2015－01－29
1817	和厚融资租赁（上海）有限公司	上海	顾洁颖	17000	2014－07－18
1818	恒河融资租赁（上海）有限公司	上海	苏忠华	17000	2012－12－14
1819	宏华融资租赁（上海）有限公司	上海	任杰	17000	2013－11－11
1820	厚鑫融资租赁（上海）有限公司	上海	夏冰	17000	2015－02－17
1821	湖北圆融融资租赁有限公司	湖北	彭为民	17000	2013－11－26
1822	华开（厦门）融资租赁有限公司	福建	陈宇	17000	2014－12－02
1823	华韵融资租赁（上海）有限公司	上海	杜盛宽	17000	2015－02－11
1824	皇吉马融资租赁（深圳）有限公司	广东	赵旭东	17000	2014－10－17
1825	汇创融资租赁（上海）有限公司	上海	唐宁	17000	2015－03－12
1826	汇京融资租赁有限公司	北京	王进	17000	2012－07－18
1827	汇兴融资租赁有限公司	福建	曾聪山	17000	2013－04－07
1828	嘉阳融资租赁（湖北）有限公司	湖北	叶天伟	17000	2015－01－08
1829	江苏融德鑫融资租赁有限公司	江苏	范毓红	17000	2012－08－20
1830	江苏中润融资租赁有限公司	江苏	陈炎	17000	2012－07－26
1831	今福融资租赁（上海）有限公司	上海	林万里	17000	2015－02－04
1832	金光（南京）融资租赁有限公司	江苏	罗忠	17000	2014－07－24

续表

序号	企业名称	省份	法定代表人	注册资本（万元）	成立时间
1833	金晖融资租赁（上海）有限公司	上海	刘博巍	17000	2015－01－13
1834	金丝猴融资租赁（上海）有限公司	上海	宗俊	17000	2014－09－28
1835	金晅融资租赁（上海）有限公司	上海	许勤	17000	2015－02－15
1836	金雅德融资租赁（上海）有限公司	上海	姜坤志	17000	2015－02－16
1837	金鋆融资租赁（上海）有限公司	上海	邱斌权	17000	2015－02－11
1838	晋易融资租赁（上海）有限公司	上海	夏霞琴	17000	2014－12－10
1839	九洲融资租赁（上海）有限公司	上海	陈志军	17000	2013－05－21
1840	聚泰国际融资租赁有限公司	上海	王兴利	17000	2014－09－23
1841	凯捷融资租赁有限公司	上海	王旭东	17000	2014－06－10
1842	康业融资租赁（深圳）有限公司	广东	李根泰	17000	2015－01－16
1843	可易融资租赁（上海）有限公司	上海	李跃斌	17000	2014－12－25
1844	莱龙融资租赁（上海）有限公司	上海	雷德良	17000	2015－02－12
1845	辽宁开元融资租赁有限公司	辽宁	张丽华	17000	2008－04－17
1846	鲁地（天津）国际融资租赁有限公司	天津	李天章	17000	2014－07－25
1847	禄琴融资租赁（上海）有限公司	上海	吴玲	17000	2015－03－12
1848	迈森融资租赁（上海）有限公司	上海	王文霞	17000	2014－05－20
1849	麦合（天津）融资租赁有限公司	天津	萧巍	17000	2015－01－04
1850	茂辰融资租赁（上海）有限公司	上海	施东煌	17000	2015－02－13
1851	明信（北京）融资租赁有限公司	北京	罗辉映	17000	2013－12－31
1852	纳弋融资租赁（上海）有限公司	上海	姜海涛	17000	2015－02－11
1853	宁波明城国际融资租赁有限公司	浙江	余亚萍	17000	2015－02－02
1854	宁夏三实融资租赁有限公司	宁夏	代良云	17000	2014－12－29
1855	鹏程融资租赁（上海）有限公司	上海	王辉	17000	2015－02－11
1856	前海惠盈国际融资租赁有限公司	广东	谷改英	17000	2013－08－06
1857	前海通商金控融资租赁（深圳）有限公司	广东	应航	17000	2014－11－19
1858	荣汇国际融资租赁有限公司	天津	杜苏真	17000	2015－01－13
1859	融合融资租赁（上海）有限公司	上海	胡国祥	17000	2015－01－27
1860	锐利融资租赁（上海）有限公司	上海	高占飞	17000	2014－09－30
1861	瑞懋融资租赁（上海）有限公司	上海	柯玉涛	17000	2015－04－17

续表

序号	企业名称	省份	法定代表人	注册资本（万元）	成立时间
1862	三冠玉融资租赁（上海）有限公司	上海	刘明阳	17000	2015-02-10
1863	山东恒顺融资租赁有限公司	山东	顾怀亮	17000	2014-01-30
1864	山东普惠融资租赁股份有限公司	山东	陈宝存	17000	2011-01-11
1865	上海百盈融资租赁有限公司	上海	吴土珍	17000	2014-09-28
1866	上海昌通融资租赁有限公司	上海	任冬宁	17000	2014-01-17
1867	上海帝羽融资租赁有限公司	上海	陈欣睦	17000	2015-05-22
1868	上海航畅融资租赁有限公司	上海	李雪森	17000	2015-03-12
1869	上海华瑞融资租赁有限公司	上海	王均金	17000	2014-08-15
1870	上海金源融资租赁有限公司	上海	刘建国	17000	2014-06-12
1871	上海锦轩融资租赁有限公司	上海	姜琴	17000	2012-05-04
1872	上海骏远融资租赁有限公司	上海	章孟才	17000	2014-01-20
1873	上海联进融资租赁有限公司	上海	郭永珍	17000	2015-03-26
1874	上海南朗融资租赁有限公司	上海	麦泳梅	17000	2012-02-29
1875	上海齐飞融资租赁有限公司	上海	史胜军	17000	2015-02-16
1876	上海乾进融资租赁有限公司	上海	郝海琳	17000	2015-03-26
1877	上海瑞茂通融资租赁有限公司	上海	王卫东	17000	2014-04-21
1878	上海瑞辛融资租赁有限公司	上海	曾超林	17000	2014-12-18
1879	上海三井住友融资租赁有限公司	上海	仓冈朝通	17000	2014-12-01
1880	上海唐胜融资租赁有限公司	上海	王飞	17000	2014-12-31
1881	上海相辉融资租赁有限公司	上海	张丽娜	17000	2014-12-30
1882	上海信迪融资租赁有限公司	上海	陈少麟	17000	2014-12-19
1883	上海永达融资租赁有限公司	上海	朱咏凯	17000	2013-03-29
1884	上海永汇融资租赁有限公司	上海	崔舟舟	17000	2012-04-16
1885	上海誉镕融资租赁有限公司	上海	颜妍	17000	2013-05-29
1886	上海元天融资租赁有限公司	上海	洪建一	17000	2012-12-27
1887	上海云峰融资租赁有限公司	上海	赵传葆	17000	2014-05-20
1888	上海致远融资租赁有限公司	上海	李春第	17000	2014-02-10
1889	上海中驭融资租赁有限公司	上海	石俊琴	17000	2015-03-09
1890	上海子午融资租赁有限公司	上海	徐真运	17000	2014-09-16

续表

序号	企业名称	省份	法定代表人	注册资本（万元）	成立时间
1891	申京融资租赁(上海)有限公司	上海	陈大城	17000	2015－03－23
1892	深圳蓝坤融资租赁有限公司	广东	蓝洪剑	17000	2014－10－14
1893	深圳前海华银融资租赁有限公司	广东	钟达欢	17000	2014－05－07
1894	深圳前海辉旺融资租赁有限公司	广东	陈楚贞	17000	2014－08－18
1895	深圳市前海摩尔租赁有限公司	广东	王柯斐	17000	2013－04－22
1896	深圳市深银租赁有限公司	广东	王柯斐	17000	2013－06－06
1897	深圳泰骏融资租赁有限公司	广东	马志大	17000	2015－01－05
1898	深圳希润融资租赁有限公司	广东	闫红玉	17000	2014－06－13
1899	深圳雄韬融资租赁有限公司	广东	张华农	17000	2014－12－08
1900	深圳亚非融资租赁有限公司	广东	徐红英	17000	2014－10－23
1901	狮帆融资租赁(上海)有限公司	上海	刘少武	17000	2015－02－11
1902	狮桥融资租赁(上海)有限公司	上海	万钧	17000	2014－06－06
1903	四川环达融资租赁有限公司	四川	罗启泽	17000	2014－07－08
1904	苏州市睿所思融资租赁有限公司	江苏	徐傲峰	17000	2011－09－15
1905	苏州园恒融资租赁有限公司	江苏	祁彬	17000	2013－06－19
1906	台企银国际融资租赁有限公司	上海	郑庆隆	17000	2014－04－29
1907	天津艾蒙融资租赁有限公司	天津	樊海亮	17000	2015－02－15
1908	天津易辉融资租赁有限公司	天津	林慧	17000	2014－09－09
1909	通融悦业融资租赁(上海)有限公司	上海	卢敏	17000	2014－11－21
1910	万丰融资租赁有限公司	上海	任开珊	17000	2012－07－05
1911	微阅融资租赁(上海)有限公司	上海	蔡子华	17000	2015－02－17
1912	新久融资租赁有限公司	上海	姜永平	17000	2015－03－05
1913	信联融资租赁(江苏)有限公司	江苏	奚峰	17000	2012－10－17
1914	旭银融资租赁(上海)有限公司	上海	周正盛	17000	2014－08－29
1915	烟台国裕融资租赁有限公司	山东	高峰	17000	2009－04－16
1916	宜和融资租赁(上海)有限公司	上海	夏亚飞	17000	2015－05－18
1917	宜讯融资租赁(上海)有限公司	上海	尹豪	17000	2015－02－06
1918	亿信国际融资租赁有限公司	上海	刘琴	17000	2015－01－12
1919	易惠(大连)融资租赁有限公司	辽宁	肖杰	17000	2015－04－27

续表

序号	企业名称	省份	法定代表人	注册资本（万元）	成立时间
1920	赢轩融资租赁(上海)有限公司	上海	孟文光	17000	2015-05-25
1921	颖悦融资租赁(上海)有限公司	上海	徐全亮	17000	2015-02-17
1922	永江融资租赁(上海)有限公司	上海	胡煜	17000	2015-05-14
1923	永伦融资租赁(上海)有限公司	上海	隋大志	17000	2015-03-02
1924	永昇融资租赁有限公司	广东	朱咏凯	17000	2014-08-22
1925	甬信融资租赁(上海)有限公司	上海	余秋芳	17000	2015-01-19
1926	友成融资租赁有限公司	上海	戴志毅	17000	2013-10-17
1927	宇恒融资租赁(上海)有限公司	上海	王佳妮	17000	2014-07-29
1928	云策融资租赁有限公司	上海	乐源	17000	2015-03-17
1929	泽通融资租赁(上海)有限公司	上海	张雯燕	17000	2014-10-15
1930	浙江远中融资租赁有限公司	浙江	魏荣明	17000	2015-02-09
1931	中宏泰融资租赁有限公司	河北	郝风焕	17000	2014-10-15
1932	中今(上海)融资租赁有限公司	上海	CHO MOTOHIRO	17000	2014-05-23
1933	中玖正天国际融资租赁有限公司	上海	李兰花	17000	2015-02-09
1934	中骏国际融资租赁有限公司	上海	刘琴	17000	2014-12-23
1935	中闽融资租赁(上海)有限公司	上海	曾风生	17000	2015-02-17
1936	中升易惠融资租赁有限公司	上海	李国强	17000	2015-03-24
1937	中泰融资租赁(苏州)有限公司	江苏	王光雄	17000	2011-06-28
1938	中通汇金融资租赁有限公司	天津	王莹	17000	2014-12-02
1939	中颐融资租赁(上海)有限公司	上海	黄玉蓉	17000	2015-03-19
1940	重庆渝富融资租赁有限公司	重庆	姚军	17000	2014-12-11
1941	珠海凤凰融资租赁有限公司	广东	李跃先	17000	2015-03-26
1942	子西融资租赁有限公司	福建	杨奇	17000	2011-05-09
1943	泓旭国际融资租赁有限公司	天津	胡平治	16938.273	2012-11-29
1944	汉邦融资租赁(上海)有限公司	上海	李建武	16815.975	2013-05-28
1945	辽海港联(厦门)融资租赁有限公司	福建	张凯南	16815.975	2014-07-11
1946	广东信成融资租赁有限公司	广东	周和华	16510.23	2009-06-09
1947	浙江国金融资租赁股份有限公司	浙江	裘高尧	16485.77	2012-09-20

续表

序号	企业名称	省份	法定代表人	注册资本（万元）	成立时间
1948	河南安和融资租赁有限公司	河南	王国庆	16387.932	2010 - 09 - 28
1949	融通融资租赁（上海）有限公司	上海	金成浩	16249.692	2011 - 01 - 17
1950	深圳乐裕融资租赁有限公司	广东	叶明	16000	2014 - 06 - 27
1951	汉资融资租赁（上海）有限公司	上海	士鸣	15898.74	2011 - 07 - 07
1952	华夏租赁有限公司	江苏	周治国	15898.74	2003 - 06 - 12
1953	南京国际租赁有限公司	江苏	费红日	15898.74	1989 - 03 - 29
1954	上海达丰机械租赁有限公司	上海	YAU KOK SAN	15898.74	2006 - 06 - 13
1955	高盛（深圳）融资租赁有限公司	广东	张镇邦	15776.4	2013 - 05 - 13
1956	鑫德金融资租赁（深圳）有限公司	广东	陈建军	15287.25	2013 - 12 - 05
1957	乐天融资租赁（中国）有限公司	上海	KOBAYASHI MASAMOTO	15024.6	2011 - 07 - 08
1958	建华融资租赁（上海）有限公司	上海	王刚	15000	2015 - 01 - 19
1959	凯源融资租赁（深圳）有限公司	广东	庄轲敏	15000	2013 - 04 - 24
1960	乾铼融资租赁（上海）有限公司	上海	范桂林	15000	2015 - 03 - 23
1961	山西海云融资租赁有限公司	山西	何艳明	15000	2013 - 06 - 14
1962	深圳前海金桥融资租赁有限公司	广东	张顺	15000	2015 - 03 - 05
1963	昇瑞隆汇融资租赁股份有限公司	上海	何辉	15000	2013 - 09 - 18
1964	南方国际租赁有限公司	广东	罗振宇	14675.76	1989 - 05 - 20
1965	东银融资租赁（天津）有限公司	天津	右京健治	14423.616	2011 - 08 - 04
1966	华晋融资租赁（上海）有限公司	上海	廖文	14064.27	2014 - 04 - 30
1967	汇中融资租赁（上海）有限公司	上海	蒋苏妍	14064.27	2013 - 11 - 29
1968	惠恒融资租赁（上海）有限公司	上海	余乐	14064.27	2013 - 11 - 01
1969	龙工（上海）融资租赁有限公司	上海	倪银英	14064.27	2007 - 03 - 28
1970	荣邦融资租赁（上海）有限公司	上海	梁力	14064.27	2013 - 10 - 12
1971	华昱融资租赁（上海）有限公司	上海	王寒	14000	2014 - 10 - 24
1972	法巴安诺融资租赁（中国）有限公司	北京	马德迪	13648	2007 - 11 - 20
1973	汇信融资租赁（深圳）有限公司	广东	黄耀明	13000	2014 - 07 - 21
1974	爱普科斯电子（无锡）有限公司	江苏	廖宝珍（LIAO POH TIM）	12760.88	2014 - 12 - 04
1975	宁波汇轩融资租赁有限公司	浙江	方志武	12600	2013 - 01 - 24

续表

序号	企业名称	省份	法定代表人	注册资本（万元）	成立时间
1976	宁波广信融资租赁有限公司	浙江	张磊	12500	2012－03－13
1977	浙江中金租赁股份有限公司	浙江	王训国	12339.868	2010－12－22
1978	山东三和融资租赁有限公司	山东	代兴之	12309.294	2011－12－31
1979	广东聚谦融资租赁有限公司	广东	钟达欢	12305.592	2013－10－21
1980	北京中智金安融资租赁有限公司	北京	徐丹华	12229.8	2014－08－14
1981	博耳（无锡）融资租赁有限公司	江苏	钱毅湘	12229.8	2012－10－17
1982	常青融资租赁（天津）有限公司	天津	王宇航	12229.8	2015－05－18
1983	常州宝通融资租赁有限公司	江苏	谈乃成	12229.8	2013－12－04
1984	创涌（上海）融资租赁有限公司	上海	杜伟	12229.8	2015－03－24
1985	德融国际融资租赁有限公司	上海	李桂屏	12229.8	2014－01－06
1986	丰和（上海）融资租赁有限公司	上海	孙丽萍	12229.8	2012－09－26
1987	福建省万邦融资租赁有限公司	福建	侯泽培	12229.8	2012－11－30
1988	福建汎达兴融资租赁有限公司	福建	李桂真	12229.8	2015－02－13
1989	福州新区融资租赁有限责任公司	福建	张群洪	12229.8	2015－04－21
1990	富士施乐租赁（中国）有限公司	上海	徐正刚（MASATAKA JO）	12229.8	2005－04－13
1991	恒汇国际融资租赁（天津）有限公司	天津	臧文辉	12229.8	2012－11－16
1992	恒生（四川）融资租赁有限公司	四川	聂梅	12229.8	2014－12－11
1993	宏坤国际融资租赁有限公司	天津	赵国红	12229.8	2012－06－29
1994	汇联国际融资租赁有限公司	天津	LEE HYEJOO	12229.8	2014－01－28
1995	佳泰融资租赁有限公司	广东	何多嘉	12229.8	2012－07－12
1996	嘉实（厦门）融资租赁有限公司	福建	苏兴赵	12229.8	2008－01－22
1997	嘉实融资租赁有限公司	天津	李强	12229.8	2014－10－31
1998	金昌融资租赁（四川）有限公司	四川	傅元森	12229.8	2014－04－04
1999	君越（天津）融资租赁有限公司	天津	蔡青	12229.8	2013－09－17
2000	卡玛租赁（中国）有限公司	天津	刘旭东	12229.8	2013－03－18
2001	科誉高瞻融资租赁（中国）有限公司	上海	李国华	12229.8	2007－11－23
2002	昆山中宏信融资租赁有限公司	江苏	顾黎忠	12229.8	2012－05－07
2003	联创（天津）融资租赁有限公司	天津	李延松	12229.8	2012－08－17

续表

序号	企业名称	省份	法定代表人	注册资本（万元）	成立时间
2004	马尼托瓦克（中国）租赁有限公司	江苏	Phua Fong Kiat	12229.8	2006－02－23
2005	麦格理租赁（中国）有限公司	北京	Damian Mark Broadbent	12229.8	2006－04－26
2006	南京安租融资租赁有限公司	江苏	魏鹏	12229.8	2013－07－16
2007	诺斯（上海）融资租赁有限公司	上海	汤沸	12229.8	2014－11－05
2008	启迪融资租赁有限公司	广东	梁卓棠	12229.8	2011－11－24
2009	前海宝润（深圳）融资租赁有限公司	广东	ZHAO JIAN	12229.8	2013－08－09
2010	前海和汇国际融资租赁（深圳）有限公司	广东	王沛雁	12229.8	2014－01－13
2011	厦门市广进顺融资租赁有限公司	福建	叶福军	12229.8	2015－05－05
2012	山东汇鑫融资租赁有限公司	山东	钱志强	12229.8	2013－03－19
2013	上海敖国融资租赁有限公司	上海	赵亮	12229.8	2014－11－19
2014	上海博量融资租赁有限公司	上海	王玉明	12229.8	2013－12－10
2015	上海川港邦达融资租赁有限公司	上海	董平	12229.8	2014－07－29
2016	上海海马融资租赁有限公司	上海	KE CHEN	12229.8	2013－07－19
2017	上海海晟融资租赁有限公司	上海	陆惠莲	12229.8	2012－02－03
2018	上海和誉融资租赁有限公司	上海	陈军	12229.8	2012－05－15
2019	上海坤达汇融资租赁有限公司	上海	孙嫜徽	12229.8	2012－08－23
2020	上海鑫诺融资租赁有限公司	上海	盛瑛	12229.8	2014－06－20
2021	上海银升融资租赁有限公司	上海	白爱辉	12229.8	2014－12－30
2022	上海中星富达融资租赁有限公司	上海	薛济匡	12229.8	2013－06－14
2023	深圳前海丰盈融资租赁有限公司	广东	刘建军	12229.8	2014－09－25
2024	深圳鑫荣发融资租赁有限公司	广东	胡小松	12229.8	2014－07－17
2025	深圳中百正融资租赁有限公司	广东	陈沐华	12229.8	2015－05－21
2026	苏州福冠融资租赁有限公司	江苏	吴文等	12229.8	2012－04－25
2027	苏州海锋融资租赁有限公司	江苏	吴伟锋	12229.8	2013－05－10
2028	苏州宇泰融资租赁有限公司	江苏	李明	12229.8	2013－03－25
2029	苏州长治融资租赁有限公司	江苏	柳亚明	12229.8	2013－02－05
2030	天津聚鑫融资租赁有限公司	天津	李国政	12229.8	2013－01－04
2031	通用电气（中国）融资租赁有限责任公司	北京	Nancy Po Fong Ku	12229.8	2004－03－19

续表

序号	企业名称	省份	法定代表人	注册资本（万元）	成立时间
2032	信德电信国际合作有限责任公司	北京	李士林	12229.8	1996-12-30
2033	云顶（山东）融资租赁有限公司	山东	董广平	12229.8	2011-07-06
2034	浙江国瑞融资租赁有限公司	浙江	樊志明	12229.8	2013-09-16
2035	浙江智慧普华融资租赁有限公司	浙江	林杰	12229.8	2013-08-09
2036	中汇翔利融资租赁有限公司	天津	王宇翔	12229.8	2013-03-12
2037	众成融资租赁（上海）有限公司	上海	戴继风	12229.8	2015-03-17
2038	住友重机械工业（中国）融资租赁有限公司	上海	佐藤常芳	12229.8	2012-04-11
2039	华商国际租赁（天津）有限公司	天津	巢守东	12229.8	2009-12-18
2040	北京中远大昌汽车服务有限公司	北京	李树村	12000	2006-09-11
2041	福建万禾融资租赁有限公司	福建	高澜	12000	2015-02-15
2042	福建振华融资租赁有限责任公司	福建	陈灿	12000	2013-09-06
2043	广东东荣世纪融资租赁有限公司	广东	容洪亮	12000	2012-05-24
2044	汇弘融资租赁（上海）有限公司	上海	唐蔚	12000	2015-01-21
2045	江苏三汇融资租赁有限公司	江苏	赵兵	12000	2014-09-30
2046	上海昱升融资租赁有限公司	上海	陈保飞	12000	2013-07-05
2047	万兴融资租赁（深圳）有限公司	广东	丁水波	11990.096	2014-03-19
2048	苏州中亚融资租赁有限公司	江苏	王旭升	11800	2012-12-11
2049	天津汇通融资租赁有限公司	天津	方钊武	11800	2013-11-25
2050	嘉年亚太融资租赁有限公司	天津	吴少波	11557.161	2011-04-07
2051	华港（上海）融资租赁有限公司	上海	孙建句	11006.82	2012-09-04
2052	上海保泰融资租赁有限公司	上海	朱福连	11006.82	2014-07-07
2053	同鑫融资租赁有限公司	上海	赵宏	11006.82	2011-10-24
2054	炎煌融资租赁（上海）有限公司	上海	王建兴	11006.82	2013-07-17
2055	广东中瑞融资租赁有限公司	广东	李娜	11000	2011-08-17
2056	天津兆邦融资租赁有限公司	天津	陈正迪	11000	2013-01-08
2057	福建省同方融资租赁有限公司	福建	吴红旋	10800	2014-07-10
2058	海特租赁（上海）有限公司	上海	JEREMY. D. BERGBAUM	10762.224	2003-09-29
2059	中沃融资租赁（上海）有限公司	上海	孙彬	10600	2011-11-30

续表

序号	企业名称	省份	法定代表人	注册资本（万元）	成立时间
2060	财和融资租赁（上海）有限公司	上海	范良毅	10500	2012-05-22
2061	中嘉融资租赁（上海）有限公司	上海	叶孙定	10500	2011-10-24
2062	博瑞廉融资租赁（上海）有限公司	上海	蒋明洁	10395.33	2015-01-13
2063	金尚海国际融资租赁有限公司	浙江	贾秋景	10395.33	2013-08-30
2064	卡特彼勒融资租赁（上海）有限公司	上海	Mark Allan Manning	10395.33	2015-01-27
2065	上海博鼎融资租赁有限公司	上海	程海清	10395.33	2013-07-17
2066	上海汉府融资租赁有限公司	上海	张金如	10395.33	2014-12-09
2067	深圳市前海鼎润融资租赁有限公司	广东	黄俊生	10395.33	2014-04-29
2068	嘉行融资租赁（上海）有限公司	上海	吕德为	10273.032	2013-11-20
2069	天信融资租赁（上海）有限公司	上海	马前锋	10200	2012-07-30
2070	银汇信融资租赁（上海）有限公司	上海	周春康	10100	2012-09-12
2071	厦门市鼎丰融资租赁有限公司	福建	洪明显	10096.896	2012-04-19
2072	苏州凯晟融资租赁有限公司	江苏	王建其	10089.585	2012-04-06
2073	中翔国际（烟台）融资租赁有限公司	山东	韩书江	10089.585	2014-02-21
2074	阿特拉斯科普柯融资租赁有限公司	上海	DENG AUDREYYE	10000	2015-02-10
2075	安徽创元融资租赁有限公司	安徽	孙建业	10000	2009-04-30
2076	北京新能融资租赁有限公司	北京	李恒诚	10000	2013-12-26
2077	北京鑫融伟业融资租赁有限公司	北京	蔡伟	10000	2014-11-13
2078	成都泰安达融资租赁有限公司	四川	张炳孝	10000	2014-10-22
2079	大刚融资租赁（上海）有限公司	上海	高国平	10000	2014-11-28
2080	当代亚太国际融资租赁有限公司	北京	王宝贵	10000	2013-12-05
2081	德成融资租赁（上海）有限公司	上海	郑海妹	10000	2012-04-05
2082	德信融资租赁（北京）有限公司	北京	孙增艳	10000	2015-03-23
2083	东方国银（厦门）融资租赁有限公司	福建	林梅兰	10000	2012-11-14
2084	冠融融资租赁股份有限公司	福建	CHEN ZHONG SHI	10000	2012-11-12
2085	光耀汉富（天津）融资租赁有限公司	天津	程光路	10000	2014-01-13
2086	广东博纳融资租赁有限公司	广东	龙永熙	10000	2012-11-09
2087	广东国信融资租赁有限公司	广东	汪荣荣	10000	2012-09-13

续表

序号	企业名称	省份	法定代表人	注册资本（万元）	成立时间
2088	广东合创融资租赁有限公司	广东	黄新永	10000	2012-04-09
2089	广东合生创富融资租赁有限公司	广东	张建滔	10000	2012-02-07
2090	广东恒正融资租赁有限公司	广东	陈奇谋	10000	2014-01-16
2091	广东弘晖泰融资租赁有限公司	广东	郑强伟	10000	2013-06-20
2092	广东汇通融资租赁有限公司	广东	陈晖	10000	2012-02-06
2093	广东汇银华浦融资租赁有限公司	广东	梁一挥	10000	2011-05-31
2094	广东骏辉融资租赁有限公司	广东	区执妹	10000	2012-02-09
2095	广东蓝岛融资租赁有限公司	广东	敖翔	10000	2012-10-09
2096	广东融昇融资租赁有限公司	广东	陈山	10000	2013-01-11
2097	广东瑞杉融资租赁有限公司	广东	佟建文	10000	2013-01-18
2098	广东生和融资租赁有限公司	广东	吴日杏	10000	2012-11-06
2099	广东同孚融资租赁有限公司	广东	麦永生	10000	2011-08-04
2100	广东禧成融资租赁有限公司	广东	张文学	10000	2013-11-20
2101	广东壹马创展融资租赁有限公司	广东	周凤平	10000	2014-01-23
2102	广东乙禾船舶融资租赁有限公司	广东	邹海雷	10000	2014-11-24
2103	广东银绩融资租赁有限公司	广东	邝海辉	10000	2012-11-22
2104	广东正佳融资租赁有限公司	广东	张人侗	10000	2012-01-09
2105	广东中控融资租赁有限公司	广东	麦华赞	10000	2013-01-18
2106	广东中顺融资租赁有限公司	广东	赖海伟	10000	2013-02-07
2107	广东中信融资租赁有限公司	广东	汪荣荣	10000	2014-06-19
2108	广银（山东）融资租赁有限公司	山东	王哨华	10000	2014-07-07
2109	广州金海峡融资租赁有限公司	广东	郭文彤	10000	2014-07-18
2110	国融联合融资租赁有限公司	北京	张振男	10000	2013-08-14
2111	海峡融资租赁有限公司	福建	方庆明	10000	2010-04-30
2112	汉大融资租赁（上海）有限公司	上海	李欣	10000	2014-11-18
2113	汉唐融资租赁（江苏）股份有限公司	江苏	陶绪斌	10000	2010-12-31
2114	合智融资租赁（上海）有限公司	上海	胡先智	10000	2014-04-21
2115	恒辉融资租赁（苏州）有限公司	江苏	陶菊芬	10000	2014-02-20
2116	宏菱融资租赁（上海）有限公司	上海	榊原典夫	10000	2012-01-17

续表

序号	企业名称	省份	法定代表人	注册资本（万元）	成立时间
2117	湖北长江国际融资租赁有限公司	湖北	苏阿平	10000	2008－03－19
2118	湖北中瑞银融资租赁有限责任公司	湖北	朱杰	10000	2011－11－02
2119	湖南伯旺融资租赁有限公司	湖南	李慧群	10000	2012－05－21
2120	华豚国际融资租赁有限公司	上海	赵洋	10000	2014－07－21
2121	华阳国际融资租赁（天津）有限公司	天津	黄鹏华	10000	2013－08－22
2122	环宇融资租赁（上海）有限公司	上海	陈湛伟	10000	2011－08－05
2123	汇泰融资租赁有限公司	北京	徐捷	10000	2012－09－10
2124	汇通融资租赁（上海）有限公司	上海	张鸿文	10000	2013－03－26
2125	汇众融创融资租赁有限公司	天津	金辉	10000	2015－02－02
2126	嘉鸿（上海）融资租赁股份有限公司	上海	李建平	10000	2015－02－11
2127	江苏波地融资租赁有限公司	江苏	王文洪	10000	2010－01－22
2128	江苏海企融资租赁有限公司	江苏	岳亮	10000	2015－05－14
2129	江苏合众融资租赁有限公司	江苏	柳亚明	10000	2013－10－23
2130	江苏蓝海融资租赁有限公司	江苏	卢刚	10000	2013－01－05
2131	杰特赛特融资租赁（深圳）有限公司	广东	李亚楠	10000	2015－02－26
2132	金诚通融资租赁（上海）有限公司	上海	洪远富	10000	2013－08－01
2133	金盛融资租赁（上海）有限公司	上海	徐永顺	10000	2012－09－04
2134	锦霖（上海）融资租赁有限公司	上海	王涛	10000	2014－04－01
2135	俊安（天津）融资租赁有限公司	天津	蔡穗新	10000	2014－10－23
2136	绿明珠融资租赁（中国）有限公司	上海	张淑萍	10000	2013－08－20
2137	美加（天津）融资租赁有限公司	天津	陆亭	10000	2012－03－06
2138	南京华信融资租赁有限公司	江苏	高国强	10000	2012－05－31
2139	南京南华融资租赁有限公司	江苏	张赛娥	10000	2008－03－28
2140	前海佰典融资租赁（深圳）有限公司	广东	符娜	10000	2014－05－04
2141	青岛渤海融资租赁有限公司	山东	张展君	10000	2013－09－27
2142	泉盈融资租赁（上海）有限公司	上海	徐昀晖	10000	2014－08－07
2143	荣银融资租赁（上海）有限公司	上海	陈孙强	10000	2012－05－15
2144	融汇通（天津）融资租赁有限公司	天津	张洁	10000	2015－05－05
2145	三弦互强国际融资租赁股份有限公司	天津	贾文	10000	2013－10－09

续表

序号	企业名称	省份	法定代表人	注册资本（万元）	成立时间
2146	厦门市奔途融资租赁有限公司	福建	空白	10000	2013－11－01
2147	陕西长安兴业融资租赁有限公司	陕西	王建荣	10000	2014－04－02
2148	上海宝凯道融融资租赁有限公司	上海	陈展生	10000	2014－12－01
2149	上海宝通融资租赁有限公司	上海	刘毅生	10000	2012－06－08
2150	上海德天融资租赁有限公司	上海	沈明华	10000	2011－09－29
2151	上海典昂融资租赁有限公司	上海	缪桂树	10000	2012－07－26
2152	上海电气融创融资租赁有限公司	上海	俞银贵	10000	2013－12－23
2153	上海鸿泰融资租赁有限公司	上海	陈圣宝	10000	2011－11－16
2154	上海华盛融资租赁有限公司	上海	张大鹏	10000	2014－12－24
2155	上海华星融资租赁有限公司	上海	胡旭	10000	2012－07－09
2156	上海佳克融资租赁有限公司	上海	高田	10000	2014－08－21
2157	上海凯琳圣融资租赁有限公司	上海	CHEN FENG	10000	2012－03－19
2158	上海鲁盈融资租赁有限公司	上海	LI YONGHU	10000	2014－05－12
2159	上海明方融资租赁有限公司	上海	陆明	10000	2011－04－02
2160	上海明锐融资租赁有限公司	上海	陈宙宇	10000	2015－05－18
2161	上海荣晟融资租赁有限公司	上海	王建明	10000	2013－07－18
2162	上海如银融资租赁有限公司	上海	徐铭	10000	2013－02－27
2163	上海顺然融资租赁有限公司	上海	张甡	10000	2015－02－03
2164	上海卧龙融资租赁有限公司	上海	韩礼钧	10000	2014－04－30
2165	上海新工联融资租赁有限公司	上海	严镇博	10000	2014－05－28
2166	上海业勤融资租赁有限公司	上海	陆尔穗	10000	2012－02－10
2167	上海英晖融资租赁有限公司	上海	桑利军	10000	2012－12－06
2168	上海煜安融资租赁有限公司	上海	包震宇	10000	2015－03－23
2169	上海正通鼎泽融资租赁有限公司	上海	李祎	10000	2014－07－29
2170	深圳福元德租赁有限公司	广东	郭涛	10000	2008－07－03
2171	深圳华悦柠檬融资租赁有限公司	广东	郭婉悦	10000	2014－07－30
2172	深圳诺德融资租赁有限公司	广东	陈立志	10000	2012－06－14
2173	深圳前海清蓝融资租赁有限公司	广东	张连丰	10000	2014－08－06
2174	深圳前海优通融资租赁有限公司	广东	苏镇国	10000	2014－12－16

续表

序号	企业名称	省份	法定代表人	注册资本（万元）	成立时间
2175	深圳市前海梧桐融资租赁有限公司	广东	陈俊生	10000	2014-04-17
2176	深圳市前海亚华融资租赁有限公司	广东	许历	10000	2015-06-12
2177	深圳市前海正佳融资租赁有限公司	广东	郑凯平	10000	2014-10-31
2178	盛达融资租赁（上海）有限公司	上海	金新华	10000	2011-09-16
2179	四川金信达融资租赁有限责任公司	四川	袁平生	10000	2014-01-17
2180	苏州恒沁融资租赁有限公司	江苏	许赟	10000	2013-02-26
2181	苏州恒盛融资租赁有限公司	江苏	陈英杰	10000	2013-01-16
2182	苏州鸿泰基融资租赁有限公司	江苏	黄锡坚	10000	2012-09-05
2183	苏州江融融资租赁有限公司	江苏	沈培荣	10000	2012-01-13
2184	太亿融资租赁（江苏）股份有限公司	江苏	黄维珍	10000	2012-03-15
2185	泰山融资租赁有限公司	山东	范晓焱	10000	2013-09-27
2186	天津瑞茂通融资租赁有限公司	天津	王卫东	10000	2013-12-09
2187	天奇融资租赁（江苏）有限公司	江苏	黄斌	10000	2014-04-10
2188	添一融资租赁（中国）有限公司	上海	薛翔	10000	2013-01-18
2189	铜陵华元融资租赁有限公司	安徽	高芳	10000	2013-09-24
2190	万邦嘉泰融资租赁（上海）有限公司	上海	NECATI GOKCE TEZEL	10000	2012-02-08
2191	贤逸（上海）融资租赁有限公司	上海	常贤德	10000	2015-05-07
2192	鑫桥融资租赁（天津）有限公司	天津	ELIZABETH LEE	10000	2015-05-04
2193	鑫洋融资租赁有限公司	上海	刘彦朋	10000	2014-06-25
2194	信赢（中国）融资租赁有限公司	福建	王志强	10000	2015-04-28
2195	兴合融资租赁（上海）有限公司	上海	梅鹏军	10000	2015-03-11
2196	旭森国际融资租赁有限公司	上海	杨军	10000	2013-04-15
2197	永联融资租赁（苏州）有限公司	江苏	顾巧根	10000	2013-01-30
2198	昱利（厦门）融资租赁有限公司	福建	张溱	10000	2013-07-15
2199	云舒融资租赁有限公司	上海	孙元杰	10000	2015-05-18
2200	致杰国际融资租赁有限公司	广东	王丽杰	10000	2011-05-03
2201	中保国际融资租赁有限公司	上海	章国人	10000	2012-12-25
2202	中船融资租赁（上海）有限公司	上海	曾祥新	10000	2014-01-24

续表

序号	企业名称	省份	法定代表人	注册资本（万元）	成立时间
2203	中鼎融资租赁(上海)有限公司	上海	苏斌	10000	2011-06-24
2204	中惠融资租赁(上海)有限公司	上海	居婷	10000	2015-06-01
2205	中基宝通(天津)融资租赁有限责任公司	天津	崔琳	10000	2011-11-02
2206	中际融资租赁(天津)有限公司	天津	蔡穗新	10000	2011-01-28
2207	中乾融资租赁有限公司	广东	陈宝林	10000	2013-12-02
2208	中强融资租赁(上海)有限公司	上海	孙瑜	10000	2013-06-20
2209	中青融融资租赁有限公司	上海	李鹏	10000	2014-10-24
2210	中瑞融资租赁(上海)有限公司	上海	肖家利	10000	2011-08-03
2211	中润融资租赁(上海)有限公司	上海	杨佳婵	10000	2010-12-04
2212	中熙融资租赁(上海)有限公司	上海	黄建国	10000	2014-02-28
2213	中鑫企融国际融资租赁有限公司	北京	王静梅	10000	2014-03-14
2214	中信逸百年融资租赁有限公司	湖北	孙扬阳	10000	2012-08-17
2215	珠海银隆融资租赁有限责任公司	广东	陆华彪	10000	2014-11-28
2216	卓越资本融资租赁有限公司	广东	李华	10000	2013-10-30
2217	深圳市一体医疗科技股份有限公司	广东	刘丹宁	9800	1999-07-21
2218	八达通融资租赁有限公司	上海	杨锋	9783.84	2012-01-11
2219	广西通盛融资租赁有限公司	广西	夏辉	9783.84	2013-09-27
2220	国昊融资租赁(上海)有限公司	上海	吴友情	9783.84	2013-12-10
2221	吉龙国际融资租赁有限公司	天津	陈巧红	9783.84	2011-12-22
2222	赛金融资租赁有限公司	天津	李冬	9783.84	2013-04-11
2223	上海创沁融资租赁有限公司	上海	杜培河	9783.84	2015-05-25
2224	亚皇融资租赁(天津)有限公司	天津	王建兴	9783.84	2012-03-20
2225	中盛(天津)融资租赁有限责任公司	天津	李琛	9783.84	2012-09-11
2226	华中国际租赁有限公司	广东	武崇利	9539.244	1985-10-29
2227	珠海横琴澳漾融资租赁有限公司	广东	张中秋	9465.84	2014-07-22
2228	华源锐达(深圳)融资租赁有限公司	广东	蔡光宇	9300	2013-09-03
2229	安徽信和融资租赁有限公司	安徽	徐望	9172.35	2014-04-17
2230	北京联银融资租赁有限公司	北京	刘沭军	9172.35	2013-10-08
2231	本益(厦门)融资租赁有限公司	福建	彭文坚	9172.35	2012-10-29

续表

序号	企业名称	省份	法定代表人	注册资本（万元）	成立时间
2232	福建银泽租赁有限公司	福建	王公权	9172.35	1993-05-20
2233	环宇邮电国际租赁有限公司	北京	冯新生	9172.35	1996-12-05
2234	惠普租赁有限公司	上海	IRVING HAROLD ROTHMAN	9172.35	1997-04-07
2235	江苏福海融资租赁有限公司	江苏	杨屹峰	9172.35	2013-01-11
2236	金铂仕融资租赁有限公司	浙江	沈文辉	9172.35	2014-01-03
2237	金钥匙(中国)融资租赁有限公司	福建	李维凯	9172.35	2014-10-11
2238	陆地港(福建)融资租赁有限公司	福建	邱国庆	9172.35	2011-08-11
2239	上海威高融资租赁有限公司	上海	陈林	9172.35	2015-02-11
2240	深圳市创润融资租赁有限公司	广东	梁斌钊	9172.35	2015-03-10
2241	深圳市金汇盈融资租赁有限公司	广东	潘森	9172.35	2015-01-28
2242	深圳市融达汇通融资租赁有限公司	广东	舒成山	9172.35	2015-03-05
2243	泰实丰华融资租赁有限公司	江苏	谢天	9172.35	2014-11-28
2244	天津昌威国际融资租赁有限公司	天津	颜广彤	9172.35	2012-04-28
2245	新世纪国际租赁有限公司	北京	凯文马（KEVIN MA）	9172.35	1994-11-19
2246	信而富融资租赁有限公司	青海	ZHENGYU WANG	9172.35	2014-02-12
2247	佑诚(深圳)融资租赁有限公司	广东	张小伟	9172.35	2015-05-05
2248	中融信(天津)融资租赁有限公司	天津	王富军	9172.35	2013-08-23
2249	厦门市汇玖融资租赁有限公司	福建	吴美香	9141.7755	2011-03-09
2250	上海腾飞融资租赁有限公司	上海	钱侠	8866.605	2009-12-15
2251	湖北全球通融资租赁有限责任公司	湖北	刘冬云	8500	2002-05-20
2252	广东中金融资租赁有限公司	广东	方明韬	8000	2012-01-09
2253	横琴金投国际融资租赁有限公司	广东	赵国沛	8000	2014-08-07
2254	擎天融资租赁(天津)有限公司	天津	白介宇	8000	2011-06-20
2255	深圳市东柏融资租赁有限公司	广东	王雨茗	8000	2014-07-24
2256	宜融融资租赁(上海)有限公司	上海	胡利华	8000	2015-02-03
2257	贝瑞达国际融资租赁有限公司	天津	梁欣	7949.37	2015-01-30
2258	三林融资租赁有限公司	上海	胡国美	7949.37	2012-01-13
2259	锦辰融资租赁(深圳)有限公司	广东	吕云青	7888.2	2013-04-16

续表

序号	企业名称	省份	法定代表人	注册资本（万元）	成立时间
2260	华融（厦门）融资租赁有限公司	福建	李贤铜	7643.625	2008-04-29
2261	青岛海泰雷曼融资租赁有限公司	山东	江平	7643.625	2013-07-25
2262	厦门市百应融资租赁有限公司	福建	周永伟	7643.625	2010-03-09
2263	恒泰国际融资租赁有限公司	广东	朱远	7337.88	2011-07-22
2264	深圳前海众安融资租赁有限公司	广东	舒畅	7337.88	2014-06-09
2265	祥龙融资租赁（天津）有限公司	天津	张茵	7337.88	2012-11-16
2266	域创（北京）融资租赁有限公司	北京	上官永强	7337.88	2011-10-26
2267	中银航空租赁（天津）有限公司	天津	高进跃	7337.88	2014-11-21
2268	上海中犇融资租赁有限公司	上海	钱春华	7215.582	2015-02-11
2269	大通融资租赁（北京）有限公司	北京	叶晓娟	7000	2015-01-19
2270	福建丰华融资租赁有限责任公司	福建	陆立丰	7000	2012-12-24
2271	广东邦家租赁服务有限公司	广东	蒋洪伟	7000	2008-09-04
2272	航洲（天津）融资租赁有限公司	天津	任宏伟	7000	2015-04-29
2273	汇宝融资租赁（北京）有限公司	北京	沈屹	7000	2015-01-15
2274	江苏银河汇租赁有限公司	江苏	佟莉	7000	2011-06-22
2275	睿晖融资租赁有限公司	广东	马彰	7000	2015-03-09
2276	上海广润融资租赁有限公司	上海	刘伟	7000	2014-10-14
2277	赢时通融资租赁有限公司	广东	汪人泽	7000	2012-02-07
2278	中鼎丰融资租赁有限公司	北京	姚群	7000	2015-02-13
2279	中联信融资租赁有限公司	天津	郭陆军	7000	2013-05-02
2280	中融信通融资租赁有限公司	辽宁	郝非	7000	2015-02-10
2281	中鑫汇融资租赁有限公司	辽宁	张黔	7000	2015-01-20
2282	广东民盈融资租赁有限公司	广东	蔡健培	6848.688	1999-11-30
2283	福建省同丰融资租赁有限公司	福建	柯文言	6800	2014-01-24
2284	深圳国皓融资租赁有限公司	广东	张国华	6800	2014-04-16
2285	山东华泰租赁有限公司	山东	朱述龙	6726.39	2010-08-30
2286	深圳市金信融资租赁有限公司	广东	张建伟	6726.39	2013-11-06
2287	广州京卫汇京融资租赁有限公司	广东	郭广阔	6500	2015-01-23
2288	深圳惠科融资租赁有限公司	广东	王智勇	6500	2014-02-24

续表

序号	企业名称	省份	法定代表人	注册资本（万元）	成立时间
2289	深圳前海百利纳得融资租赁有限公司	广东	冯加航	6500	2013－06－26
2290	苏州苏信融资租赁有限公司	江苏	孙美英	6500	2012－07－10
2291	兆邦融资租赁（江苏）有限公司	江苏	曹兆荣	6500	2012－06－27
2292	中闽国际融资租赁有限公司	天津	吴小琴	6500	2013－01－25
2293	北京美科动力融资租赁有限公司	北京	沈卫	6400	2012－04－26
2294	金沃国际融资租赁有限公司	广东	詹国伟	6400	2013－06－05
2295	深圳软银国际融资租赁有限公司	广东	冯素梅	6400	2013－12－26
2296	万宝行（中国）融资租赁有限公司	天津	金晖	6310.56	2011－07－12
2297	浙江嘉隆融资租赁有限公司	浙江	朱梁生	6310.56	2013－11－27
2298	广东创丰盛融资租赁有限公司	广东	陈安德	6300	2013－06－25
2299	金汇融资租赁（天津）有限公司	天津	郃汉君	6300	2013－10－09
2300	镇江新区金港融资租赁有限公司	江苏	唐三元	6300	2013－06－07
2301	中汇融通融资租赁有限公司	广东	殷洪波	6300	2014－07－29
2302	珠海横琴新区非凡信成融资租赁有限公司	广东	陈宁	6300	2014－04－29
2303	深圳市前海矩阵融资租赁有限公司	广东	肖乔中	6260	2015－02－11
2304	亚皇融资租赁（北京）有限公司	北京	王建兴	6222.2122	2012－12－03
2305	辽宁世投融资租赁有限公司	辽宁	吴能	6200	2014－01－28
2306	深圳市前海鸿金瑞创融资租赁有限公司	广东	张效政	6176.049	2014－01－17
2307	广州市广裕租赁有限公司	广东	刘浩强	6152.796	2012－01－09
2308	炎煌融资租赁（北京）有限公司	北京	王建兴	6143.3302	2013－05－06
2309	广东东恒创融资租赁有限公司	广东	梁波	6130	2015－02－12
2310	安徽宏大国际融资租赁有限公司	安徽	宋道木	6114.9	2012－10－31
2311	安徽双赢融资租赁有限公司	安徽	肖幸福	6114.9	2013－10－18
2312	安徽中贸融资租赁有限公司	安徽	江黎	6114.9	2014－03－11
2313	澳华（天津）融资租赁有限公司	天津	ANDREW YU LIANG	6114.9	2013－11－11
2314	百世融资租赁（浙江）有限公司	浙江	周韶宁	6114.9	2015－01－15
2315	保威融资租赁（中国）有限公司	江苏	高忠林	6114.9	2014－01－14
2316	北京浩恒融资租赁有限责任公司	北京	王淼	6114.9	2014－07－18

续表

序号	企业名称	省份	法定代表人	注册资本（万元）	成立时间
2317	北京嘉尚融资租赁有限责任公司	北京	毕蕾	6114.9	2014-06-09
2318	北京锦鸿融资租赁有限责任公司	北京	张亚静	6114.9	2014-03-19
2319	北京隆源融资租赁有限责任公司	北京	王海涛	6114.9	2014-06-03
2320	北京青瑞融资租赁有限公司	北京	张永利	6114.9	2013-12-12
2321	北京融泰展恒融资租赁有限公司	北京	苏建力	6114.9	2013-12-31
2322	北京瑞丰惠昌融资租赁有限公司	北京	柏景山	6114.9	2013-09-17
2323	北京翔迈融资租赁有限公司	北京	王巍	6114.9	2014-08-19
2324	北京云盈融资租赁有限公司	北京	郑宗元	6114.9	2013-12-03
2325	北京兆真国际租赁有限公司	北京	孙智波	6114.9	2009-07-31
2326	北京中汇丰源融资租赁有限公司	北京	罗锐	6114.9	2012-11-29
2327	财富共赢融资租赁（深圳）有限公司	广东	尹谋	6114.9	2013-11-06
2328	财富天下（湖南）融资租赁有限公司	湖南	庹杨	6114.9	2014-07-10
2329	财富天下融资租赁（深圳）有限公司	广东	杨元	6114.9	2014-06-24
2330	诚投融资租赁有限公司	天津	刘若天	6114.9	2014-02-18
2331	大丰港融资租赁（北京）有限责任公司	北京	潘健	6114.9	2009-08-05
2332	大连福来伟业融资租赁有限公司	辽宁	于金龙	6114.9	2015-01-22
2333	大连新博达融资租赁有限公司	辽宁	赵鸿艳	6114.9	2015-02-05
2334	大连中诚融资租赁有限公司	辽宁	齐海峰	6114.9	2015-01-13
2335	大通国际融资租赁（天津）有限公司	天津	孙玉静	6114.9	2012-10-26
2336	大洋国际租赁（上海）有限公司	上海	季海荣	6114.9	2007-04-13
2337	大业国际租赁有限公司	北京	贺海伦	6114.9	1993-07-05
2338	大众鑫融资租赁（深圳）有限公司	广东	林丽霓	6114.9	2014-05-22
2339	顶信融资租赁有限公司	山东	袁振芝	6114.9	2012-07-31
2340	鼎恒（天津）融资租赁有限公司	天津	王惠儒	6114.9	2012-11-21
2341	鼎立（北京）融资租赁有限公司	北京	吴兴良	6114.9	2014-07-10
2342	东方浩瑞融资租赁有限责任公司	北京	吴晓琳	6114.9	2013-12-18
2343	东方隆昌融资租赁有限公司	北京	赵恩达	6114.9	2013-12-04
2344	东盛（上海）融资租赁有限公司	上海	赵博文	6114.9	2014-10-28
2345	东源融资租赁（天津）有限公司	天津	韩菲	6114.9	2013-12-26

续表

序号	企业名称	省份	法定代表人	注册资本（万元）	成立时间
2346	泛华融资租赁（深圳）有限公司	广东	翟彬	6114.9	2012－09－04
2347	方鼎融资租赁（杭州）有限公司	浙江	董文侨	6114.9	2013－09－25
2348	方鸿融资租赁（上海）有限公司	上海	王宏亨	6114.9	2014－12－01
2349	丰德宽大汽车租赁有限公司	江苏	敖勇军	6114.9	2014－07－30
2350	丰田汽车租赁（中国）有限公司	上海	石井克政	6114.9	2012－12－06
2351	福建爱楼融资租赁有限公司	福建	郭军利	6114.9	2015－03－04
2352	福建国信融资租赁有限公司	福建	王新颜	6114.9	2015－04－24
2353	福建海峡财富融资租赁有限公司	福建	颜顺进	6114.9	2015－04－07
2354	福建恒隆融资租赁有限公司	福建	毕丽娟	6114.9	2015－03－06
2355	福建省恒辉融资租赁有限公司	福建	YAN ZONG CAI	6114.9	2015－02－05
2356	福建省卫士融资租赁有限公司	福建	柯文曲	6114.9	2014－11－12
2357	福建泰吉融资租赁有限公司	福建	林虹	6114.9	2014－10－24
2358	福建新南方融资租赁有限公司	福建	薛瑞茂	6114.9	2015－04－20
2359	福建运通星融资租赁有限公司	福建	王志明	6114.9	2012－01－19
2360	福建中船融资租赁有限责任公司	福建	王炎平	6114.9	2007－01－04
2361	福建中浩联合融资租赁有限公司	福建	薛斌	6114.9	2014－08－11
2362	福建中皓恒信融资租赁有限公司	福建	王国祥	6114.9	2015－03－24
2363	福建中旭融资租赁有限公司	福建	彭昌兴	6114.9	2015－01－12
2364	福建中盈恒信融资租赁有限公司	福建	周剑宏	6114.9	2015－05－26
2365	福源融资租赁（福建）有限公司	福建	林兆森	6114.9	2014－07－31
2366	富信达（天津）融资租赁有限公司	天津	崔政棋	6114.9	2014－01－15
2367	格上租赁有限公司	江苏	许季睦	6114.9	2007－01－29
2368	耕企国际租赁有限公司	天津	JONATHAN XING LIU	6114.9	2012－10－09
2369	广东安富融资租赁有限公司	广东	徐科飞	6114.9	2013－11－07
2370	广东关鑫融资租赁有限公司	广东	陈建华	6114.9	2012－12－14
2371	广东华融金信融资租赁有限公司	广东	屈艳平	6114.9	2014－12－18
2372	广东汇赢融资租赁有限公司	广东	苏劲	6114.9	2010－04－14
2373	广东嘉银融资租赁有限公司	广东	秦汉军	6114.9	2012－05－04

续表

序号	企业名称	省份	法定代表人	注册资本（万元）	成立时间
2374	广东开泰融资租赁有限公司	广东	林耀建	6114.9	2012－12－06
2375	广东融捷融资租赁有限公司	广东	吕向阳	6114.9	2010－09－13
2376	广东泰昇融资租赁有限公司	广东	吴锦雄	6114.9	2014－10－28
2377	广东奕拓融资租赁有限公司	广东	林志坚	6114.9	2012－12－03
2378	广东中保融资租赁有限公司	广东	刘玉娴	6114.9	2015－01－08
2379	广聚融资租赁有限公司	浙江	方晓	6114.9	2010－09－01
2380	广泰空港国际融资租赁有限公司	山东	李文轩	6114.9	2012－09－26
2381	广西鸿福创建融资租赁有限责任公司	广西	卞维菊	6114.9	2015－03－13
2382	广西盛和万顺融资租赁有限公司	广西	刘汝惠	6114.9	2012－01－06
2383	广州鲁银融资租赁有限公司	广东	范伟鹏	6114.9	2013－04－25
2384	广州有田融资租赁有限公司	广东	张勇	6114.9	2015－04－07
2385	国地融资租赁有限公司	天津	刘欣	6114.9	2010－02－02
2386	国信银泰融资租赁有限公司	北京	孙玉静	6114.9	2013－11－19
2387	国驿融资租赁（上海）有限公司	上海	陈香兰	6114.9	2015－03－20
2388	国元融资租赁有限公司	天津	唐鹏	6114.9	2014－01－02
2389	海纳天成（天津）融资租赁有限公司	天津	常金宇	6114.9	2012－09－11
2390	海南国际旅游产业融资租赁股份有限公司	海南	刘平	6114.9	2011－12－22
2391	海南中胜融资租赁有限公司	海南	徐会军	6114.9	2012－12－28
2392	海润融资租赁有限公司	江苏	张尧成	6114.9	2013－06－20
2393	汉德思邦克（上海）融资租赁有限公司	上海	JOHAN ANDRéN	6114.9	2008－03－14
2394	汉理国际融资租赁（深圳）有限公司	广东	周四明	6114.9	2014－10－17
2395	杭州澳融融资租赁有限公司	浙江	田志敏	6114.9	2014－12－29
2396	禾阜融资租赁有限公司	江苏	陆瀚	6114.9	2012－11－26
2397	和成融资租赁（深圳）有限公司	广东	郭楚玲	6114.9	2014－01－13
2398	核创融资租赁（上海）有限公司	上海	杨英明	6114.9	2015－01－22
2399	黑龙江金信融资租赁有限公司	黑龙江	姜涛	6114.9	2014－12－18
2400	恒昌众鼎融资租赁有限公司	北京	索林峰	6114.9	2014－09－29
2401	恒德资本（深圳）融资租赁有限公司	广东	陈源	6114.9	2014－10－31
2402	恒亚国际融资租赁有限公司	天津	胡国龙	6114.9	2015－02－13

续表

序号	企业名称	省份	法定代表人	注册资本（万元）	成立时间
2403	横琴国际融资租赁有限公司	广东	童志胜	6114.9	2013-10-25
2404	宏恩融资租赁（深圳）有限公司	广东	刘沙	6114.9	2014-10-14
2405	鸿嘉国际融资租赁有限公司	山东	康涛	6114.9	2013-02-21
2406	湖南华富源融资租赁有限公司	湖南	周子雍	6114.9	2013-06-19
2407	湖南信和融资租赁有限公司	湖南	曹朝辉	6114.9	2011-08-25
2408	湖南中拓融资租赁有限公司	湖南	桂青	6114.9	2015-05-12
2409	华昌融资租赁（中国）有限公司	天津	苏蕾	6114.9	2013-03-12
2410	华富国际融资租赁有限公司	天津	徐宏凯	6114.9	2014-04-08
2411	汇辰融资租赁有限公司	天津	张楠	6114.9	2014-09-23
2412	汇鼎（北京）融资租赁有限公司	北京	张吒	6114.9	2014-12-12
2413	汇金联合融资租赁（深圳）有限公司	广东	许斌	6114.9	2015-03-18
2414	汇金融资租赁有限公司	上海	ELIZABETH LEE	6114.9	2014-10-14
2415	汇力兴业（珠海横琴）融资租赁有限公司	广东	吕联苗	6114.9	2015-01-21
2416	汇新通融资租赁（深圳）有限公司	广东	钟海燕	6114.9	2014-07-07
2417	汇信融资租赁（天津）有限公司	天津	王会生	6114.9	2011-09-16
2418	汇智（湖南）融资租赁企业有限责任公司	湖南	YU KAI	6114.9	2013-12-02
2419	汇智（内蒙古）融资租赁有限责任公司	内蒙古	余凯	6114.9	2013-12-17
2420	汇智（深圳）融资租赁有限责任公司	广东	YUKAI	6114.9	2013-04-24
2421	汇智融资租赁（嘉兴）有限公司	浙江	KAI YU	6114.9	2013-06-28
2422	汇众（天津）融资租赁有限公司	天津	杜蕾	6114.9	2013-07-31
2423	汇洲国际融资租赁有限公司	山东	余禄强	6114.9	2015-04-01
2424	基业长盛融资租赁有限公司	天津	陈太平	6114.9	2013-03-21
2425	吉联融资租赁（深圳）有限公司	广东	贾茜	6114.9	2014-10-29
2426	佳谊国际租赁有限公司	天津	JONATHAN XING LIU	6114.9	2012-09-12
2427	嘉信联合融资租赁有限公司	北京	ELIZABETH LEE	6114.9	2015-02-06
2428	嘉兴辉腾融资租赁有限公司	浙江	苗岭	6114.9	2014-09-19
2429	嘉元融资租赁有限公司	北京	冷玉文	6114.9	2013-12-02
2430	甲子国际融资租赁有限公司	天津	王潇萍	6114.9	2013-07-19

续表

序号	企业名称	省份	法定代表人	注册资本（万元）	成立时间
2431	江苏爱投融资租赁有限公司	江苏	刘志荣	6114.9	2014-03-18
2432	江苏倍石融资租赁有限公司	江苏	沈春泽	6114.9	2014-02-19
2433	江苏大东融资租赁有限公司	江苏	郭东晖	6114.9	2014-03-24
2434	江苏恒兴茂融资租赁有限公司	江苏	YAN KOK SAN	6114.9	2010-07-14
2435	江苏汇源融资租赁有限公司	江苏	谢军明	6114.9	2011-09-14
2436	江苏金腾融资租赁有限公司	江苏	张宇	6114.9	2013-06-03
2437	江西大疆融资租赁有限公司	江西	姜旭	6114.9	2013-05-14
2438	江西海高融资租赁有限公司	江西	CHEN KE	6114.9	2013-06-25
2439	捷越联合（天津）融资租赁有限公司	天津	袁成龙	6114.9	2015-05-12
2440	金胜国际融资租赁有限公司	天津	张瑞霞	6114.9	2013-07-16
2441	金晟（上海）融资租赁有限公司	上海	刘玉金	6114.9	2015-05-08
2442	金信融资租赁（江苏）有限公司	江苏	许颙良	6114.9	2014-05-20
2443	锦宏（天津）融资租赁有限公司	天津	潘雪	6114.9	2013-06-05
2444	锦祥融资租赁（深圳）有限公司	广东	陈长君	6114.9	2014-02-11
2445	九州（天津）融资租赁有限公司	天津	姚俊卿	6114.9	2014-11-11
2446	巨丰融资租赁（青岛）有限公司	山东	赵千里	6114.9	2013-12-25
2447	军投融资租赁有限公司	天津	刘军厂	6114.9	2014-03-12
2448	康信（天津）融资租赁有限责任公司	天津	潘宣汉	6114.9	2012-02-28
2449	康正（广州）融资租赁有限公司	广东	潘宣汉	6114.9	2012-07-06
2450	康正（深圳）融资租赁有限责任公司	广东	杨亚丽	6114.9	2012-06-07
2451	蓝裤融资租赁（深圳）有限公司	广东	洪汉忠	6114.9	2014-04-10
2452	朗拓（青岛）融资租赁有限公司	山东	李志尧	6114.9	2013-12-13
2453	乐永融资租赁（江苏）有限公司	江苏	陈德凤	6114.9	2015-02-16
2454	辽宁能源大宇融资租赁有限公司	辽宁	何健勇	6114.9	2008-12-11
2455	龙禹融资租赁（上海）有限公司	上海	吴瑶	6114.9	2015-05-07
2456	美联信融资租赁（天津）有限公司	天津	彭孝书	6114.9	2012-05-28
2457	南京金财汇融资租赁有限公司	江苏	孙新民	6114.9	2013-12-19
2458	宁波富博融资租赁有限公司	浙江	沈建军	6114.9	2011-07-06
2459	宁波宏运顺成融资租赁有限公司	浙江	周彤彤	6114.9	2015-04-27

续表

序号	企业名称	省份	法定代表人	注册资本（万元）	成立时间
2460	宁波华航融资租赁有限责任公司	浙江	CHEN KE	6114.9	2013-08-07
2461	宁波汇金融资租赁有限公司	浙江	冯国平	6114.9	2012-10-16
2462	宁波君安融资租赁有限公司	浙江	柯德君	6114.9	2014-12-10
2463	宁波南海融资租赁有限公司	浙江	陈荣平	6114.9	2011-12-09
2464	宁波侨汇融资租赁有限公司	浙江	徐鸣翔	6114.9	2013-11-13
2465	宁波泰源融资租赁有限公司	浙江	姜惠景	6114.9	2013-05-09
2466	欧博锐国际融资租赁有限公司	天津	王学飞	6114.9	2013-07-30
2467	蟠园融资租赁（上海）有限公司	上海	严哲明	6114.9	2015-03-17
2468	千惠融资租赁（上海）有限公司	上海	郭延辉	6114.9	2012-07-25
2469	前海创通融资租赁（深圳）有限公司	广东	赖新锋	6114.9	2014-10-23
2470	前海迪威恒兴融资租赁（深圳）有限公司	广东	季刚	6114.9	2015-01-04
2471	前海鼎恒融资租赁（深圳）有限公司	广东	赵高雪	6114.9	2014-03-10
2472	前海华融达国际融资租赁（深圳）有限公司	广东	方守谦	6114.9	2013-04-28
2473	前海嘉实融资租赁（深圳）有限公司	广东	卓秋斌	6114.9	2015-03-19
2474	前海金海川融资租赁（深圳）有限公司	广东	刘朝霞	6114.9	2014-02-12
2475	前海融邦融资租赁（深圳）有限公司	广东	王逢香	6114.9	2015-06-19
2476	前海融资租赁（天津）有限公司	天津	刘玉林	6114.9	2013-02-27
2477	前海盛世国际融资租赁（深圳）有限公司	广东	翦鹏	6114.9	2014-08-08
2478	前海天豪融资租赁（深圳）有限公司	广东	周日强	6114.9	2015-01-20
2479	前海新田国际融资租赁（深圳）有限公司	广东	周文	6114.9	2014-02-21
2480	前海兴隆融资租赁（深圳）有限公司	广东	刘飞	6114.9	2015-04-03
2481	前海中港锐信融资租赁（深圳）有限公司	广东	魏坤	6114.9	2014-10-23
2482	青岛泛海融资租赁有限公司	山东	DERRICK YUE FENG	6114.9	2013-07-10
2483	青岛融通融资租赁有限公司	山东	刘盈辰	6114.9	2012-05-16
2484	青岛振城融资租赁有限公司	山东	杨孝亮	6114.9	2013-07-22
2485	仁久国际租赁有限公司	天津	JONATHAN XING LIU	6114.9	2013-01-09
2486	融瀚时代国际租赁有限公司	天津	翟克威	6114.9	2011-06-21
2487	融汇国际融资租赁（深圳）有限公司	广东	黄镇	6114.9	2013-12-26

续表

序号	企业名称	省份	法定代表人	注册资本（万元）	成立时间
2488	融侨租赁有限公司	山东	李兴	6114.9	2013－06－06
2489	融欣融资租赁有限公司	浙江	项玉笑	6114.9	2011－09－28
2490	瑞沣（广西）融资租赁有限公司	广西	余凯	6114.9	2014－01－13
2491	瑞沣（上海）融资租赁有限公司	上海	YU KAI（余凯）	6114.9	2013－06－18
2492	瑞和（天津）融资租赁有限公司	天津	贾铁华	6114.9	2013－07－31
2493	瑞晟融资租赁（深圳）有限公司	广东	李清莲	6114.9	2014－10－23
2494	瑞泰（天津）融资租赁有限公司	天津	李阳	6114.9	2014－07－10
2495	瑞信融资租赁（福建）有限公司	福建	袁华	6114.9	2014－07－03
2496	瑞资融资租赁（大连）有限公司	辽宁	狄鹏	6114.9	2015－01－20
2497	睿坤（厦门）融资租赁有限公司	福建	洪明光	6114.9	2015－03－25
2498	润土（厦门）融资租赁有限公司	福建	蔡荣凯	6114.9	2012－09－03
2499	赛象信诚国际融资租赁有限公司	天津	朱洪光	6114.9	2013－12－16
2500	厦门恒驰汇通融资租赁有限公司	福建	陈东旭	6114.9	2014－05－22
2501	厦门弘信博格融资租赁有限公司	福建	王志武	6114.9	2008－08－22
2502	厦门闽辉融资租赁有限责任公司	福建	CHEN KE	6114.9	2013－10－30
2503	厦门融迅融资租赁有限公司	福建	祝柳芹	6114.9	2013－03－27
2504	山东创盛融资租赁有限公司	山东	刘茜冉	6114.9	2012－06－21
2505	山东大成融资租赁有限公司	山东	刘鹏	6114.9	2014－06－24
2506	山东国辉融资租赁有限责任公司	山东	杨志辉	6114.9	2013－03－29
2507	山东汇锦融资租赁有限公司	山东	张衍葳	6114.9	2013－05－27
2508	山东汇智融资租赁有限公司	山东	陈绍峰	6114.9	2013－05－24
2509	山东匠坊融资租赁有限公司	山东	苑芳	6114.9	2015－04－07
2510	山东凯丰融资租赁有限公司	山东	于红	6114.9	2014－02－28
2511	山东新发展融资租赁有限公司	山东	陈守论	6114.9	2013－07－12
2512	山海融资租赁有限公司	天津	张洪亮	6114.9	2013－10－18
2513	山西亿通融资租赁有限公司	山西	胡赧虎	6114.9	2012－12－25
2514	陕西恒通国际融资租赁有限公司	陕西	黄一钊	6114.9	2014－08－05
2515	上海稻畑融资租赁有限公司	上海	HANAKI KAZUH-IRO（花木和宏）	6114.9	2013－07－05

续表

序号	企业名称	省份	法定代表人	注册资本（万元）	成立时间
2516	上海帝龙融资租赁有限公司	上海	GIANPIETRO BELOTTI	6114.9	2012－02－08
2517	上海华建融资租赁有限公司	上海	冀伟	6114.9	2003－07－01
2518	上海惠华融资租赁有限公司	上海	戚春涛	6114.9	2013－12－17
2519	上海日升融资租赁有限公司	上海	邓玉春	6114.9	2014－12－19
2520	上海三秀融资租赁有限公司	上海	鲛岛卓(SAME-SHIMA TAKU	6114.9	2012－07－16
2521	上海翔森融资租赁股份有限公司	上海	陈明观	6114.9	2011－01－26
2522	上海新利恒租赁有限公司	上海	朱琳	6114.9	2002－07－25
2523	上海鑫鑫亦文融资租赁有限公司	上海	赵伟良	6114.9	2014－12－02
2524	上海信源融资租赁有限公司	上海	俞斌	6114.9	2014－12－09
2525	上海昱德融资租赁有限公司	上海	高雁民	6114.9	2015－05－18
2526	上赢(天津)融资租赁有限公司	天津	马啸天	6114.9	2013－07－16
2527	深圳安邦融资租赁有限公司	广东	刘安云	6114.9	2014－09－22
2528	深圳翱迈融资租赁有限公司	广东	梁兵	6114.9	2013－09－27
2529	深圳邦耀融资租赁有限公司	广东	BRUCE JIN	6114.9	2014－10－30
2530	深圳宝琪融资租赁有限公司	广东	张丕文	6114.9	2014－09－24
2531	深圳宝盛融资租赁有限公司	广东	张毅	6114.9	2013－09－29
2532	深圳保佳融资租赁有限公司	广东	杨勇军	6114.9	2013－12－24
2533	深圳贝窝融资租赁有限公司	广东	廖香萍	6114.9	2014－12－09
2534	深圳鼎隆融资租赁有限公司	广东	郭赞楼	6114.9	2014－01－09
2535	深圳富伟融资租赁有限公司	广东	王樱	6114.9	2014－03－21
2536	深圳恒瑞达融资租赁有限公司	广东	邹春德	6114.9	2014－08－14
2537	深圳华金融资租赁有限公司	广东	温永永	6114.9	2014－10－13
2538	深圳佳茂融资租赁有限公司	广东	闵高成	6114.9	2014－05－13
2539	深圳聚源融资租赁有限公司	广东	赵刚	6114.9	2015－03－19
2540	深圳龙商融资租赁有限公司	广东	黄晓新	6114.9	2015－01－26
2541	深圳隆耀融资租赁有限公司	广东	吴思兵	6114.9	2014－02－26
2542	深圳普莱融资租赁有限公司	广东	蔡海生	6114.9	2014－10－14
2543	深圳前海爱投融资租赁有限公司	广东	徐伟民	6114.9	2014－05－21

续表

序号	企业名称	省份	法定代表人	注册资本（万元）	成立时间
2544	深圳前海安基宏融资租赁有限公司	广东	李燕辉	6114.9	2013－11－05
2545	深圳前海创邦融资租赁有限公司	广东	李八一	6114.9	2015－05－18
2546	深圳前海鼎泰国际融资租赁有限公司	广东	林文娜	6114.9	2015－01－09
2547	深圳前海港联融资租赁有限公司	广东	周秋勤	6114.9	2014－10－20
2548	深圳前海港深融资租赁有限公司	广东	潘嘉豪	6114.9	2014－11－20
2549	深圳前海广大国际融资租赁有限公司	广东	陈文凯	6114.9	2013－12－06
2550	深圳前海华厦通融资租赁有限公司	广东	钟文斌	6114.9	2014－12－16
2551	深圳前海金银联融资租赁有限公司	广东	纪宏	6114.9	2014－12－01
2552	深圳前海君临融资租赁有限公司	广东	曲莉珊	6114.9	2014－10－24
2553	深圳前海泰丰融资租赁有限公司	广东	符晓英	6114.9	2014－01－28
2554	深圳前海泰新源融资租赁有限公司	广东	王良标	6114.9	2014－09－02
2555	深圳前海腾信融资租赁有限公司	广东	麻国良	6114.9	2014－11－11
2556	深圳前海永利融资租赁有限公司	广东	刘斌	6114.9	2014－12－25
2557	深圳前海中天融资租赁有限公司	广东	陈顺永	6114.9	2014－06－16
2558	深圳前海中投华盛融资租赁有限公司	广东	张弓	6114.9	2013－12－19
2559	深圳上鼎融资租赁有限公司	广东	刘朝东	6114.9	2014－10－30
2560	深圳胜海融资租赁有限公司	广东	黄菊香	6114.9	2013－11－01
2561	深圳施普瑞斯融资租赁有限公司	广东	戴思臻	6114.9	2013－08－27
2562	深圳市奥宸融资租赁有限公司	广东	邹建民	6114.9	2015－02－05
2563	深圳市丰融融资租赁有限公司	广东	彭威元	6114.9	2015－05－13
2564	深圳市国明融资租赁有限公司	广东	但耀唐	6114.9	2014－12－15
2565	深圳市鸿心融资租赁有限公司	广东	陈德浩	6114.9	2014－10－22
2566	深圳市汇金融资租赁有限公司	广东	许光瑜	6114.9	2014－01－02
2567	深圳市景融融资租赁有限公司	广东	廖利方	6114.9	2015－03－24
2568	深圳市前海大荒缘融资租赁有限公司	广东	江建军	6114.9	2015－04－02
2569	深圳市前海光焰融资租赁有限公司	广东	孙兴平	6114.9	2013－11－20
2570	深圳市前海泰城融资租赁有限公司	广东	陈惠娟	6114.9	2015－03－06
2571	深圳市前海中金融资租赁有限公司	广东	李妙珊	6114.9	2014－03－10
2572	深圳市商贸通融资租赁有限公司	广东	张经平	6114.9	2013－07－22

续表

序号	企业名称	省份	法定代表人	注册资本（万元）	成立时间
2573	深圳市盈可达融资租赁有限公司	广东	陈杰隆	6114.9	2014－11－14
2574	深圳市永隆兴融资租赁有限公司	广东	黄小倪	6114.9	2014－10－14
2575	深圳市宇商融资租赁有限责任公司	广东	陈伟民	6114.9	2012－09－24
2576	深圳市中瑞康融资租赁有限公司	广东	邓灿	6114.9	2014－11－21
2577	深圳市中资融资租赁有限公司	广东	翁锡鹏	6114.9	2014－04－01
2578	深圳通利融资租赁有限公司	广东	Wang Jia Yu	6114.9	2014－04－01
2579	深圳小牛融资租赁有限公司	广东	周恩源	6114.9	2014－11－17
2580	深圳鑫诚富通国际融资租赁有限公司	广东	赵科	6114.9	2014－06－11
2581	深圳信安融资租赁有限公司	广东	杨桂填	6114.9	2014－05－07
2582	深圳信泰融资租赁有限公司	广东	郭荣	6114.9	2014－10－28
2583	深圳远景融资租赁有限公司	广东	田本祯	6114.9	2014－12－23
2584	深圳中创投融资租赁有限公司	广东	曾锦锋	6114.9	2014－06－05
2585	神域融资租赁（上海）有限公司	上海	陆庆尧	6114.9	2015－05－12
2586	晟融国际融资租赁有限公司	浙江	文雯	6114.9	2014－09－17
2587	盛宝融资租赁有限公司	北京	刘若天	6114.9	2014－05－09
2588	盛世东方（中国）融资租赁有限公司	福建	潘翔寰	6114.9	2013－12－17
2589	时代创捷国际融资租赁有限公司	天津	高杉	6114.9	2015－04－23
2590	实华国际租赁有限公司	北京	张保龙	6114.9	1990－10－15
2591	四川海特航空融资租赁有限公司	四川	李飚	6114.9	2014－06－24
2592	四川炫海融资租赁有限公司	四川	林晓琴	6114.9	2014－07－21
2593	苏州国信融资租赁有限公司	江苏	时建明	6114.9	2013－05－13
2594	苏州华成融资租赁有限公司	江苏	蒋元生	6114.9	2014－03－27
2595	苏州嘉阖融资租赁有限公司	江苏	徐宁	6114.9	2014－07－10
2596	苏州涌智江南融资租赁有限公司	江苏	王晓刚	6114.9	2013－07－22
2597	特雷克斯融资租赁（中国）有限公司	北京	雷蒙·奥柳	6114.9	2011－03－14
2598	腾飞国际融资租赁有限公司	北京	徐进	6114.9	2012－12－27
2599	腾扬融资租赁（深圳）有限公司	广东	付立涛	6114.9	2015－01－12
2600	天玑和（厦门）融资租赁有限公司	福建	吴兹霞	6114.9	2015－01－29
2601	天甲融资租赁（上海）有限公司	上海	孙金海	6114.9	2015－03－17

续表

序号	企业名称	省份	法定代表人	注册资本（万元）	成立时间
2602	天津奥申威融资租赁有限责任公司	天津	许彦锋	6114.9	2014-09-29
2603	天津德威融资租赁有限公司	天津	吕红军	6114.9	2013-01-11
2604	天津恒汇通融资租赁有限公司	天津	吕红军	6114.9	2013-01-11
2605	天津汇银国际融资租赁有限公司	天津	梁一挥	6114.9	2012-06-08
2606	天津金陵融资租赁有限公司	天津	江鹏程	6114.9	2014-01-13
2607	天津三友融资租赁有限公司	天津	郭富立	6114.9	2010-11-24
2608	天津神州数码融资租赁有限公司	天津	王新辉	6114.9	2013-04-15
2609	天津天成融资租赁有限公司	天津	俞青	6114.9	2011-09-16
2610	天津银德融资租赁有限公司	天津	边德军	6114.9	2010-10-13
2611	天津永翔融资租赁有限公司	天津	陈凯利	6114.9	2012-07-02
2612	天时融资租赁（深圳）有限公司	广东	毕天富	6114.9	2014-07-18
2613	天昱达融资租赁（山东）有限公司	山东	张宇彤	6114.9	2012-02-07
2614	天州融资租赁（上海）有限公司	上海	沈如彬	6114.9	2015-03-19
2615	统盛融资租赁有限公司	江苏	浅井邦夫	6114.9	2014-04-28
2616	万诚伟业融资租赁（天津）有限公司	天津	贾真真	6114.9	2015-01-12
2617	万量（厦门）融资租赁有限公司	福建	吴锐	6114.9	2013-04-11
2618	万容国际融资租赁有限公司	北京	杨梦丹	6114.9	2013-02-22
2619	万银国际融资租赁（天津）有限公司	天津	史晓峰	6114.9	2014-09-19
2620	万源恒（厦门）融资租赁有限公司	福建	施鸿瑜	6114.9	2013-04-23
2621	威立斯租赁（中国）有限公司	上海	SHANFA YAN	6114.9	2011-10-28
2622	维信融资租赁（苏州）有限公司	江苏	廖世宏	6114.9	2011-07-19
2623	西藏龙租融资租赁有限公司	西藏	赵丽艳	6114.9	2012-12-31
2624	心印融资租赁（上海）有限公司	上海	肖年风	6114.9	2015-03-17
2625	新光租赁（苏州）有限公司	江苏	黄敏义	6114.9	2011-09-15
2626	新华闻国际租赁有限公司	北京	王继强	6114.9	1995-02-24
2627	新润通国际融资租赁有限公司	辽宁	贺凯	6114.9	2014-08-14
2628	新意科（深圳）融资租赁有限公司	广东	吴楚遂	6114.9	2015-01-15
2629	鑫桥联合融资租赁（厦门）有限公司	福建	施锦珊	6114.9	2014-11-17
2630	鑫瑞增益（天津）国际融资租赁有限公司	天津	黄蓉蓉	6114.9	2013-12-26

续表

序号	企业名称	省份	法定代表人	注册资本（万元）	成立时间
2631	鑫泰国际融资租赁（中国）有限公司	天津	彭睿	6114.9	2012－08－23
2632	鑫银国际融资租赁有限公司	天津	李继武	6114.9	2013－03－20
2633	信和融资租赁有限公司	山东	孔令忠	6114.9	2012－10－11
2634	亚洲德科（深圳）融资租赁有限公司	广东	林锦青	6114.9	2014－05－27
2635	岩舟国际租赁有限公司	天津	王诗佳	6114.9	2013－06－25
2636	宜通领航融资租赁（青岛）有限公司	山东	姚丽萍	6114.9	2014－05－19
2637	宜信惠琮融资租赁（北京）有限公司	北京	唐宁	6114.9	2012－11－12
2638	亿信国际融资租赁（天津）有限公司	天津	李雪	6114.9	2013－08－06
2639	益尔国际租赁有限公司	天津	JONATHAN XING LIU	6114.9	2013－01－09
2640	益投融资租赁有限公司	天津	陈素琳	6114.9	2014－01－17
2641	意元融资租赁（深圳）有限公司	广东	纪三喜	6114.9	2014－11－18
2642	银投融资租赁有限公司	天津	刘江天	6114.9	2013－11－26
2643	英定融资租赁（中国）有限公司	上海	李娟	6114.9	2015－03－12
2644	盈信融资租赁（杭州）有限公司	浙江	Tien Chwan Hoa	6114.9	2013－02－01
2645	永发银河国际融资租赁有限公司	广东	周炳辉	6114.9	2015－03－05
2646	永丰润达（天津）融资租赁有限公司	天津	洪叶青	6114.9	2013－02－27
2647	永晟（大连）融资租赁有限公司	辽宁	刘明日	6114.9	2013－05－30
2648	永耀国际融资租赁有限公司	四川	王诚三	6114.9	2014－06－12
2649	永正（厦门）融资租赁有限公司	福建	董美玲	6114.9	2011－10－11
2650	友联国际租赁有限公司	北京	刘铁民	6114.9	1989－03－15
2651	裕国融资租赁有限公司	浙江	许国兴	6114.9	2014－03－06
2652	元能国际融资租赁有限公司	北京	袁能	6114.9	2014－09－04
2653	元通（福建）融资租赁有限公司	福建	余贤旺	6114.9	2013－09－10
2654	远荣国际融资租赁有限公司	上海	黄璟章	6114.9	2015－04－27
2655	赞华（中国）设备租赁有限公司	北京	李文珍	6114.9	2011－08－15
2656	泽联（厦门）融资租赁有限公司	福建	陈阳海	6114.9	2015－01－23
2657	浙江成晟融资租赁有限公司	浙江	归伟杰	6114.9	2006－09－27
2658	正邦融资租赁（上海）有限公司	上海	柯达人	6114.9	2014－09－28

续表

序号	企业名称	省份	法定代表人	注册资本（万元）	成立时间
2659	正光国际租赁有限公司	天津	JONATHAN XING LIU	6114.9	2013－01－25
2660	正天国际融资租赁（天津）有限公司	天津	王贺兵	6114.9	2013－01－07
2661	正信融资租赁有限公司	新疆	张长勇	6114.9	2011－10－24
2662	正印融资租赁（上海）有限公司	上海	张巍	6114.9	2015－03－17
2663	智信（中国）融资租赁有限公司	天津	黄金涛	6114.9	2012－02－27
2664	中鼎（天津）融资租赁有限公司	天津	马洪勇	6114.9	2014－05－28
2665	中海油融资租赁（厦门）有限公司	福建	颜孙猛	6114.9	2012－10－17
2666	中航纽威（天津）融资租赁有限公司	天津	赵宏伟	6114.9	2014－10－08
2667	中和盛（深圳）融资租赁有限公司	广东	翁志明	6114.9	2015－01－09
2668	中恒（福建）融资租赁有限公司	福建	林瑞成	6114.9	2014－05－23
2669	中恒信业融资租赁有限公司	天津	王洋	6114.9	2013－12－19
2670	中鸿国际融资租赁有限公司	天津	杨峰	6114.9	2009－09－03
2671	中汇融通（北京）融资租赁有限公司	北京	刘彦亮	6114.9	2014－09－25
2672	中侨融资租赁有限公司	天津	潘浩文	6114.9	2012－05－29
2673	中融国金国际租赁有限公司	天津	李嘉恒	6114.9	2012－07－04
2674	中融联合融资租赁（天津）有限公司	天津	徐清顺	6114.9	2014－04－06
2675	中睿智慧融资租赁（深圳）有限公司	广东	李海洋	6114.9	2014－07－25
2676	中山市德晟融资租赁有限公司	广东	张铨华	6114.9	2014－01－10
2677	中世融资租赁有限公司	天津	于学文	6114.9	2014－07－21
2678	中水开元国际融资租赁有限公司	北京	张可虎	6114.9	2014－07－14
2679	中通融信（北京）融资租赁有限公司	北京	张轩恺	6114.9	2014－05－19
2680	中鑫融资租赁有限公司	北京	王艳伟	6114.9	2012－10－12
2681	中兴财富融资租赁有限公司	天津	张丛	6114.9	2014－10－23
2682	中煜国际融资租赁有限公司	北京	谢丙信	6114.9	2014－09－11
2683	忠泰（厦门）融资租赁有限公司	福建	黄兴家	6114.9	2009－04－29
2684	重庆港宏融资租赁有限公司	重庆	谭存佚	6114.9	2014－11－03
2685	重庆凯鑫融资租赁有限公司	重庆	周世杰	6114.9	2013－09－09
2686	重庆市元亨融资租赁有限公司	重庆	张马龙	6114.9	2013－07－08

续表

序号	企业名称	省份	法定代表人	注册资本（万元）	成立时间
2687	珠海横琴新区信汇融资租赁有限公司	广东	张春廷	6114.9	2013-05-07
2688	助业融资租赁（上海）有限公司	上海	赵立山	6114.9	2015-02-06
2689	卓利融资租赁（大连）有限公司	辽宁	周斌	6114.9	2015-05-07
2690	卓银（北京）融资租赁有限公司	北京	刘玲霜	6114.9	2014-07-25
2691	华浦国际租赁有限公司	广东	周永刚	6114.9	2009-05-20
2692	广东双开颜融资租赁有限公司	广东	江华茂	5000	2015-02-25
2693	山东泉泰融资租赁有限公司	山东	邹晓媛	5000	2014-02-11
2694	鑫桥联合（福建）融资租赁有限公司	福建	甘源	5000	2013-04-22
2695	百利丰国际租赁（天津）有限公司	天津	陈宇耀	4999	2010-04-28
2696	西南国际租赁有限公司	四川	张强	4891.92	1988-05-06
2697	光大国际租赁有限公司	四川	乔天明	3668.94	1987-12-30
2698	华和国际租赁有限公司	山东	山口盈文	3149.1735	1984-07-13
2699	福建国际租赁有限公司	福建	陈乐	3143.0586	1988-09-08
2700	北方国际租赁有限公司	辽宁	张宗良	3057.45	1985-10-31
2701	工商国际租赁有限公司	广东	刘新民	3057.45	1988-03-15
2702	中联国际租赁有限公司	广东	李凡君	3057.45	1985-09-25
2703	百川锦泰（天津）融资租赁有限公司	天津	石建昌	3000	2012-07-06
2704	博然（天津）融资租赁有限公司	天津	Bo Wang	3000	2012-09-14
2705	华鲁国际融资租赁有限公司	山东	杨振峰	3000	2013-12-20
2706	佳兆国际融资租赁有限公司	山东	宋瑞	3000	2014-04-15
2707	山东乾汇融资租赁有限公司	山东	李大鹏	3000	2013-12-02
2708	世云伟业国际融资租赁有限公司	山东	张述斌	3000	2014-08-18
2709	恒通国际租赁有限公司	云南	李家杰	2900	1993-04-06
2710	山东融大融资租赁有限公司	山东	钟文庆	2000	2014-03-25
2711	云南万裕融资租赁有限公司	云南	刘浩立	2000	2012-11-21
2712	中国东方租赁有限公司	北京	王军	1834.47	1981-04-08
2713	中国国际包装租赁有限公司	北京	史江滨	1834.47	1984-11-13
2714	湖南中汽乾坤租赁有限公司	湖南	覃飞	1001	2007-07-12
2715	博策国际租赁（天津）有限公司	天津	戴晟煜	1000	2009-09-10

续表

序号	企业名称	省份	法定代表人	注册资本（万元）	成立时间
2716	江西宜工融资租赁有限公司	江西	林海玲	1000	2012－06－14
2717	励豪国际融资租赁有限公司	辽宁	贺凯	1000	2015－04－02
2718	山东明华融资租赁有限公司	山东	高丙磊	1000	2013－09－13
2719	云南金韵融资租赁有限公司	云南	陈琦	1000	2011－11－16
2720	云南物流产业高合融资租赁有限公司	云南	杨啟林	1000	2012－12－26
2721	云南源通融资租赁有限公司	云南	刘军理	1000	2012－06－29
2722	云南中金融资租赁有限公司	云南	保洁	1000	2013－04－18
2723	东莞市德盈融资租赁有限公司	广东	吴国华	980	2014－07－03
2724	国际集装箱租赁有限公司	北京	秦伟	917.235	1986－04－08
2725	奇龙航空租赁有限公司	北京	孙博	611.49	2006－10－17
2726	韵什（上海）机械设备有限公司	上海	MOU DAVID WEI HUA	611.49	2014－03－11
2727	深圳福尼斯飞镖体育科技有限公司	广东	LEE JAE JUN	366.894	2015－01－15
2728	东莞市锦洲融资租赁有限公司	广东	邵安妮	300	2014－05－20
2729	上海圣裕诚融资租赁有限公司	上海	CHEN FENG	10	2013－12－27
2730	澳投（杭州）融资租赁有限公司	浙江			
2731	安徽先锋航空融资租赁有限公司	安徽			
2732	安徽先锋融资租赁有限公司	安徽			
2733	财富天下（江西）融资租赁有限公司	江西			
2734	大连沿海融资租赁有限公司	辽宁			
2735	范德融资租赁有限公司	北京			
2736	福建兆亿融资租赁有限公司	福建			
2737	光和国际租赁有限公司	山东			
2738	广东帝浩融资租赁有限公司	广东			
2739	广东同展融资租赁有限公司	广东			
2740	广东信达融资租赁有限公司	广东			
2741	国昭融资租赁有限公司	北京			
2742	杭州中装融资租赁有限公司	浙江			
2743	合成统一融资租赁（中国）有限公司	江苏			

续表

序号	企业名称	省份	法定代表人	注册资本（万元）	成立时间
2744	华谊国际融资租赁有限公司	浙江			
2745	嘉兴市联合中小企业融资租赁有限公司	浙江			
2746	江苏郁州融资租赁有限公司	江苏			
2747	江苏中裕融资租赁有限公司	江苏			
2748	凯盛亚洲融资租赁（深圳）有限公司	广东			
2749	龙仕达融资租赁（上海）有限公司	上海			
2750	宁波互惠利融资租赁有限公司	浙江			
2751	普罗德金融资租赁（青岛）有限公司	山东			
2752	青岛海睿融资租赁有限公司	山东			
2753	润昇融资租赁（苏州）有限公司	江苏			
2754	三峡国际租赁有限公司	北京			
2755	上海港发融资租赁公司	上海			
2756	上海真辰融资租赁有限公司	上海			
2757	深圳市瀚海裕融资租赁有限公司	广东			
2758	深圳市恒鑫源融资租赁有限公司	广东			
2759	深圳市祥和嘉茂融资租赁有限公司	广东			
2760	深圳市兴通融资租赁有限公司	广东			
2761	深圳市中亚国际融资租赁有限公司	广东			
2762	苏州阜顺设备租赁有限公司	江苏			
2763	苏州海峰融资租赁有限公司	江苏			
2764	源峰融资租赁有限公司	江苏			
2765	云峰融资租赁（山东）有限公司	山东			
2766	张家港华晟租赁有限公司	江苏			
2767	中国国际有色金属租赁有限公司	北京			
2768	中恒昌华融资租赁有限公司	北京			
2769	宝丰融资租赁（北京）有限公司	北京			
2770	中浩环球租赁（福建）有限工司	福建			
2771	银河郎业国际融资租赁有限公司	福建			
2772	福能（宁德）融资租赁股份有限公司	福建			

续表

序号	企业名称	省份	法定代表人	注册资本（万元）	成立时间
2773	福建长信融资租赁有限公司	福建			
2774	晟通国际融资租赁有限公司	广东			
2775	广州龙赫盛融资租赁有限公司	广东			
2776	广东慧富来融资租赁有限公司	广东			
2777	广东兴达融资租赁有限公司	广东			
2778	中船（广州）融资租赁有限公司	广东			
2779	深圳市祥和嘉茂融资租赁有限公司	广东			
2780	深圳益盈融资租赁有限责任公司	广东			
2781	深圳前海誉冠融资租赁有限公司	广东			
2782	正合融资租赁有限公司	广东			
2783	深圳华融盛业融资租赁有限公司	广东			
2784	锐行汇通融资租赁（深圳）有限公司	广东			
2785	深圳亚美融资租赁有限公司	广东			
2786	鑫晟融资租赁（江西）有限公司	江西			
2787	亿海（青岛）国际融资租赁有限公司	山东			
2788	龙鼎鑫（青岛）汽车融资租赁有限公司	山东			
2789	铁城融资租赁有限公司	上海			
2790	银仁（上海）融资租赁有限公司	上海			
2791	沈远融资租赁（上海）有限公司	上海			
2792	华容融资租赁（上海）有限公司	上海			
2793	浩韵融资租赁（上海）有限公司	上海			
2794	上海佳成融资租赁有限公司	上海			
2795	诺亚（上海）融资租赁有限公司	上海			
2796	上海览海融资租赁有限公司	上海			
2797	中率融资租赁（上海）有限公司	上海			
2798	皓轩融资租赁（上海）有限公司	上海			
2799	上海冠梓融资租赁有限公司	上海			
2800	重安融资租赁（上海）有限公司	上海			
2801	国华富银融资租赁有限公司	上海			

续表

序号	企业名称	省份	法定代表人	注册资本（万元）	成立时间
2802	新航华通融资租赁有限公司	上海			
2803	上海涵佳融资租赁有限公司	上海			
2804	兴邦融资租赁(上海)有限公司	上海			
2805	上海锟敦融资租赁有限公司	上海			
2806	上海弘誉融资租赁(上海)有限公司	上海			
2807	上海瀚达融资租赁有限公司	上海			
2808	禹顺融资租赁(上海)有限公司	上海			
2809	上海术驰融资租赁有限公司	上海			
2810	中科华商融资租赁有限公司	上海			
2811	环球财富融资租赁有限公司	上海			
2812	香港上汶国际集团有限公司	上海			
2813	汇能融资租赁(上海)有限公司	上海			
2814	汇达融资租赁(上海)有限公司	上海			
2815	达源融资租赁(上海)有限公司	上海			
2816	华夏国泰融资租赁有限公司	上海			
2817	上海富绶融资租赁有限公司	上海			
2818	上海亿玖融资租赁有限公司	上海			
2819	上海尔岚融资租赁有限公司	上海			
2820	益汇融资租赁(上海)有限公司	上海			
2821	上海翔旭融资租赁有限公司	上海			
2822	中瑞金通融资租赁有限公司	天津			
2823	华瑞融资租赁(天津)有限公司	天津			
2824	中冶(天津)融资租赁有限公司	天津			
2825	杭州中小企业租赁有限公司	浙江			
2826	宁波亚联通汇融资租赁有限公司	浙江			
2827	湖北同鑫中亿融资租赁有限公司	湖北	郑小铃	17000	2014－02－21

附录6：中国融资租赁法律政策目录

政策名称	文件号	发布时间
《最高人民法院关于审理融资租赁合同纠纷案件适用法律问题的解释》	法释〔2014〕3号	2014-02-24
《关于审理动产权属争议案件涉及登记公示问题的指导意见(试行)》	津高法发〔2014〕1号	2014-01-29
《天津市高级人民法院关于审理融资租赁物权属争议案件的指导意见(试行)》	津高法〔2011〕288号	2011-11-11
《中华人民共和国合同法》(第十四章 融资租赁合同)	主席令第9届第十五号	1999-03-15
《中华人民共和国民用航空法》(第三章第四节 民用航空器租赁)	主席令第五十六号	1995-10-30

附录 7：中国融资租赁监管政策目录

适用范围	政策名称	文件号	发布时间
全国	《商务部关于利用全国融资租赁企业管理信息系统进行租赁物登记查询等有关问题的公告》	商务部公告 2014 年第 84 号	2014-12-04
浙江	《浙江省发布〈关于在海宁市等 4 个县（市）开展中小企业融资租赁试点工作的通知〉》	浙经信企资〔2014〕266 号	2014-06-16
全国	《金融租赁公司专业子公司管理暂行规定》	银监办发〔2014〕198 号	2014-07-28
全国	《国家外汇管理局关于境内居民通过特殊目的公司投融资及返程投资外汇管理有关问题的通知》	汇发〔2005〕75 号	2005-10-21
上海	《上海市商业保理试点暂行管理办法》	沪府办〔2014〕65 号	2014-07-18
全国	《全面建设服务体系促进中小商贸流通企业健康发展的指导意见（征求意见稿）》	商办流通函〔2014〕378 号	2014-06-06
全国	《关于开展京津冀海关区域通关一体化改革的公告》	海关总署公告 2014 年第 45 号	2014-06-23
全国	《关于贯彻落实〈国务院办公厅关于支持外贸稳定增长的若干意见〉的指导意见》	海关总属公告 2014 年第 45 号	2014-06-23
全国	《国家发展改革委关于飞机租赁企业订购国外飞机报备的通知》	发改基础〔2014〕1156 号	2014-06-04
全国	《国务院办公厅关于支持外贸稳定增长的若干意见》	国办发〔2014〕19 号	2014-05-15
全国	《五部委联合印发〈关于规范金融机构同业业务的通知〉》	银发〔2014〕127 号	2014-04-24
福建	《福建省人民政府关于加强企业融资服务八条措施的通知》	闽政〔2014〕17 号	2014-04-21
全国	《国务院办公厅关于金融服务“三农”发展的若干意见》	国办发〔2014〕17 号	2014-04-20
天津	《关于天津市融资租赁登记和查询有关工作的重要通知》	津金融办〔2011〕87 号	2011-11-02
全国	《银监会发布〈商业银行保理业务管理暂行办法〉》	中国银监会令 2014 年第 5 号	2014-04-18
山东	《山东省人民政府办公厅关于贯彻国办发〔2013〕108 号文件加快我省飞机租赁业发展的意见》	鲁政办发〔2014〕16 号	2014-03-27

续表

适用范围	政策名称	文件号	发布时间
全国	《关于使用融资租赁登记系统进行融资租赁交易查询的通知》	银发〔2014〕93 号	2014－03－28
广东	《关于广东横琴新区福建平潭综合试验区、深圳前海深港现代化服务业合作区企业所得税优惠政策及优惠目录的通知》	财税〔2014〕26 号	2014－03－25
全国	《金融租赁公司管理办法》	中国银监会令 2014 年第 3 号	2014－03－17
天津	《天津市食品药品监督管理局关于〈医疗器械经营企业许可证〉审批事项的补充通知》	津食药监流通〔2014〕77 号	2014－03－10
浙江	《关于〈浙江省人民政府办公厅关于加快融资租赁业发展的意见〉（征求意见稿）公开征求意见的通知》		2014－03－06
浙江	《浙江省人民政府办公厅关于加快融资租赁业发展的意见》（征求意见稿）	浙政办发〔2014〕99 号	2014－08－18
上海	《关于支持中国（上海）自由贸易试验区扩大人民币跨境使用的通知》	银总部发〔2014〕22 号	2014－02－21
上海	《中国（上海）自由贸易试验区商业保理业务管理暂行办法》	中（沪）自贸管〔2014〕26 号	2014－02－24
上海	《关于上海市支付机构开展跨境人民币支付业务的实施意见》	银总部发〔2014〕20 号	2014－02－20
上海	《中国（上海）自由贸易试验区国际船舶登记制度试点方案》	交通运输部公告 2014 年第 2 号	2014－02－08
深圳	《关于推进前海湾保税港区开展融资租赁业务的试点意见》	深府金发〔2014〕3 号	2014－02－20
天津	《关于审理动产权属纠纷案件涉及登记公示问题的指导意见（试行）》	国发〔2014〕26 号	2014－01－09
深圳	《深圳市人民政府关于充分发挥市场决定性作用 全面深化金融改革创新的若干意见》	深府〔2014〕1 号	2014－01－06
深圳	《深圳市国家税务局关于更新增值税 消费税税收优惠管理办法的公告》	深圳市国家税务局公告 2012 年第 10 号	2012－09－12
上海	《关于金融支持中国（上海）自由贸易试验区建设的意见》	银发〔2013〕11 号	2013－12－02
上海	《国务院关于印发中国（上海）自由贸易试验区总体方案的通知》	国发〔2013〕38 号	2013－09－18
全国	《融资租赁企业监督管理办法》	商流通发〔2013〕337 号	2013－09－18

续表

适用范围	政策名称	文件号	发布时间
河南	《河南省融资租赁业“十二五”发展规划》	豫商建〔2013〕101 号	2013－09－12
全国	《商务部办公厅关于加强和改善外商投资融资租赁公司审批与管理工作的通知》		2013－07－11
东莞	《东莞市加快融资租赁业发展实施意见》	东府办〔2013〕50 号	2013－04－10
天津	《天津市促进现代服务业发展财税优惠政策》	津财金〔2012〕24 号	2012－12－28
上海	《关于同意上海海事局在洋山保税港区开展船舶登记工作的批复》	国函〔2005〕54 号	2005－06－22
天津	《天津市商业保理业试点管理办法》	津政办发〔2013〕103 号	2013－11－27
晋江	《关于促进融资租赁业发展的若干意见》	晋政文〔2012〕350 号	2012－11－28
上海	《关于印发浦东新区促进金融业发展财政扶持办法实施细则的通知》	沪浦金融管理〔2012〕93 号	2012－11－06
宁波	《关于加快我市融资租赁业发展的若干意见》	甬政发〔2012〕96 号	2012－09－24
北京	《中关村国家自主创新示范区融资租赁支持资金管理办法》	中科园发〔2012〕48	2012－09－21
天津	《天津东疆保税港区融资租赁货物出口退税管理办法》	国家税务总局公告 2012 年第 39 号	2012－08－10
天津	《关于落实融资机构向天津市小型微型企业提供融资服务财政奖励政策的通知》	津商务流通〔2013〕10 号	2012－07－30
上海	《关于印发浦东新区促进金融业发展财政扶持办法的通知》	浦府〔2012〕202 号	2012－07－26
天津	《关于在天津东疆保税港区试行融资租赁货物出口退税政策的通知》	财税〔2012〕66 号	2012－07－26
深圳	《国务院关于支持深圳前海深港现代服务业合作区开发开放有关政策的批复》	国函〔2012〕58 号	2012－06－27
北京	《关于中关村国家自主创新示范区促进融资租赁发展的意见》	中科园发〔2012〕33 号	2012－06－19
天津	《天津市促进科技和金融结合试点城市建设意见的通知》	津政办发〔2012〕50 号	2012－05－09
南京	《关于印发全市加快人才科技资金向现代农业园区集聚的实施意见的通知》	宁政发〔2012〕78 号	2012－03－30

续表

适用范围	政策名称	文件号	发布时间
天津	《关于明确滨海新区各区域功能定位及产业发展重点的指导意见》		2012-03-26
山东	《关于开展合同能源管理和设备融资租赁试点工作的通知》	鲁中小企业办函〔2012〕18号	2012-03-21
宁波	《关于全市金融支持实体经济发展的若干意见》	甬政发〔2012〕27号	2012-02-28
上海	《关于印发浦东新区促进航运业发展财政扶持办法的通知》	浦府〔2012〕4号	2012-01-07
上海	《浦东新区促进航运业发展财政扶持办法》		2012-04-18
上海	《关于本市鼓励和引导民间投资健康发展的实施意见》	沪府发〔2011〕89号	2011-12-08
天津	《关于审理融资租赁物权属争议案件的指导意见》		2011-12-06
广州	《广州市人民政府关于促进我市国有经济又好又快发展的实施意见》	穗府〔2011〕26号	2011-11-24
辽宁	《辽宁省促进装备制造业发展规定》	辽宁省人民政府令(第262号)	2011-11-18
天津	《关于做好融资租赁登记和查询工作的通知》	津金融办〔2011〕87号	2011-11-02
天津	《天津市关于印发天津北方国际航运中心核心功能区建设工作方案的通知》	津政办发〔2011〕64号	2011-06-10
天津	《关于促进我市贸易融资发展工作意见的通知》	津政办发〔2011〕94号	2011-09-04
北京	《北京市"十二五"时期中关村国家自主创新示范区发展建设规划》	京政发〔2011〕44号	2011-08-22
武汉	《武汉市人民政府办公厅关于印发促进资本特区融资租赁业发展实施办法的通知》	武政办〔2011〕111号	2011-06-22
天津	《发展改革委〈关于天津北方国际航运中心核心功能区建设方案〉的通知》	发改基础〔2011〕1051号	2011-05-19
上海	《关于推进杨浦国家创新型试点城区建设指导意见的通知》	沪府办发〔2010〕44号	2010-12-10
天津	《关于促进我市租赁业发展的意见》	津政发〔2010〕39号	2010-10-21
深圳	《前海深港现代服务业合作区总体发展规划》	发改地区〔2010〕2415号	2010-08-26
上海	《关于浦东新区促进融资租赁业发展的意见的通知》	浦府〔2010〕248号	2010-07-09

续表

适用范围	政策名称	文件号	发布时间
天津	《国家工商行政管理总局关于进一步支持天津滨海新区开发开放的意见》	工商办字〔2010〕122 号	2010-06-22
重庆	《重庆市交通委员会关于同意使用水运发展专项资金的批复》	渝交委财〔2010〕28 号	2010-04-21
天津	《财政部 海关总署 国家税务总局关于在天津市开展融资租赁船舶出口退税试点的通知》	财税〔2010〕24 号	2010-03-30
天津	《关于在天津市开展融资租赁船舶出口退税试点的通知》		2010-03-30
上海	《上海市人民政府贯彻国务院关于进一步推进长江三角洲地区改革开放和经济社会发展指导意见的实施意见》	沪府发〔2009〕33 号	2009-07-04
上海	《上海市推进国际金融中心建设条例》	上海市人民代表大会常务委员会公告(第 13 号)	2009-06-25
上海	《上海市人民政府贯彻国务院关于推进上海加快发展现代服务业和先进制造业建设国际金融中心和国际航运中心意见的实施意见》	沪府发〔2009〕25 号	2009-05-08
上海	《国务院关于推进上海加快发展现代服务业和先进制造业建设国际金融中心和国际航运中心的意见》	国发〔2009〕19 号	2009-04-14
北京	《北京市人民政府关于金融促进首都经济发展的意见》	京政发〔2009〕7 号	2009-03-21
广州	《珠江三角洲地区改革发展规划纲要(2008—2020 年)》		2009-01-08
北京	《关于促进首都金融业发展的意见》	京发〔2008〕8 号	2008-04-30
全国	《汽车金融公司管理办法》第十九条	中国银行业监督管理委员会令 2008 年第 1 号	2008-01-24
全国	《金融租赁公司管理办法》	中国银行业监督管理委员会令 2007 年第 1 号	2007-01-23
天津	《国务院关于推进天津滨海新区开发开放有关问题的意见》	国发〔2006〕20 号	2006-05-26

续表

适用范围	政策名称	文件号	发布时间
全国	《商务部、国家税务总局关于加强内资融资租赁试点监管工作的通知》	商建〔2006〕160 号	2006－04－12
上海	《关于加强本市内资融资租赁试点管理工作的通知》	商建发〔2006〕160 号	2006－04－12
上海	《关于印发浦东新区促进现代服务业发展的财政扶持意见的通知》	浦府〔2005〕294 号	2005－12－28
全国	《关于融资租赁医疗器械监管问题的答复意见》	国食药监市〔2005〕250 号	2005－06－01
全国	《外商投资租赁业管理办法》	商务部令 2005 年第 5 号	2005－02－03
全国	《商务部、国家税务总局关于从事融资租赁业务有关问题的通知》	商建发〔2004〕560 号	2004－10－22

附录 8：中国融资租赁税收政策目录

政策名称	文件号	发布时间
《关于金融企业贷款损失准备金企业所得税税前扣除有关政策的通知》	财税〔2015〕9 号	2015－01－15
《关于进一步扶持小微企业加快发展七条措施的通知》	闽政办〔2015〕1 号	2015－01－01
《融资租赁货物出口退税管理办法》	国家税务总局公告 2014 年第 56 号	2014－10－08
《关于加快推进融资租赁业发展的实施意见》	穗府办〔2014〕52 号	2014－09－10
《关于在全国开展融资租赁货物出口退税政策试点的通知》	财税〔2014〕62 号	2014－09－01
《关于印发〈横琴新区促进融资租赁业发展试行办法〉的通知》		2014－08－26
《关于公布〈上海市税务系统行政审批事项公开目录〉的通知》	沪国税法〔2014〕16 号	2014－08－08
《武汉市中小工业企业融资租赁项目补贴暂行办法》	武经信中小〔2014〕134 号	2014－08－13
《厦门市经济发展局贯彻落实促进民营经济健康发展若干意见的实施方案》	厦经企〔2014〕197 号	2014－07－17
《广州市加快新业态发展三年行动方案》	穗府〔2014〕22 号	2014－05－19
《宿迁市政府关于促进融资租赁业发展的意见》	宿政发〔2014〕85 号	2014－05－28
《关于加强企业融资服务措施的通知》	莆政综〔2014〕59 号	2014－05－16
《关于租赁企业进口飞机有关税收政策的通知》	财关税〔2014〕16 号	2014－05－13
《国务院办公厅关于支持外贸稳定增长的若干意见》	国办发〔2014〕19 号	2014－05－04
《关于贯彻国办发〔2013〕108 号文件加快我省飞机租赁业发展的意见》	鲁政办发〔2014〕16 号	2014－03－27
《关于〈浙江省人民政府办公厅关于加快融资租赁业发展的意见〉（征求意见稿）公开征求意见的通知》	浙政办发〔2014〕99 号	2014－08－18
《关于飞机租赁企业有关印花税政策的通知》	财税〔2014〕18 号	2014－03－03

续表

政策名称	文件号	发布时间
《铁路运输企业增值税征收管理暂行办法》	国家税务总局公告 2014 年第 6 号	2014－01－20
《关于铁路运输和邮政业营业税改征增值税试点有关政策的补充通知》	财税〔2013〕121 号	2013－12－30
《财政部、国家税务总局关于铁路运输和邮政业营业税改增值税试点有关政策的补充通知》	财税〔2013〕121 号	2013－12－30
《财政部、国家税务总局关于将铁路运输和邮政业纳入营业税改增值税试点的通知》	财税〔2013〕106 号	2013－12－12
《财政部、国家税务总局关于在全国开展交通运输业和部分现代服务业营业税改征增值税试点税收政策的通知》	财税〔2013〕37 号	2013－05－24
《关于中央财政补贴增值税有关问题的公告》	国家税务总局公告 2013 年第 3 号	2013－01－08
《关于印发〈天津市促进现代服务业发展财税优惠政策〉的通知》	津财金〔2012〕24 号	2012－12－28
《财政部、国家税务总局关于企业以售后回租方式进行融资等有关契税政策的通知》	财税〔2012〕82 号	2012－12－06
《财政部、国家税务总局关于交通运输业和部分现代服务业营业税改征增值税试点应税服务范围等若干税收政策的补充通知》	财税〔2012〕86 号	2012－12－04
《市财政局、市国家税务局、市地方税务局关于开展营业税改征增值税试点过渡性财政扶持资金管理工作的通知》	京财税〔2012〕2163 号	2012－09－18
《交通运输业和部分现代服务业营业税改征增值税试点若干税收政策的补充通知》	财税〔2012〕53 号	2012－06－29
《财政部、国家税务总局关于应税服务适用增值税零税率和免税政策的通知》	财税〔2011〕131 号	2011－12－29
《国家税务总局关于营业税改征增值税试点有关税收征收管理问题的公告》	国家税务总局公告 2011 年第 77 号	2011－12－26
《关于在上海市开展交通运输业和部分现代服务业营业税改征增值税试点的通知》	财税〔2011〕111 号	2011－11－16
《关于调整增值税即征即退优惠政策管理措施有关问题的公告》	国家税务总局公告〔2011〕60 号	2011－11－14

续表

政策名称	文件号	发布时间
《国家税务总局关于融资性售后回租业务中承租方出售资产行为有关税收问题的公告》	国家税务总局公告〔2010〕13 号	2010－09－08
《国家税务总局关于印发〈融资租赁船舶出口退税管理办法〉的通知》	国税发〔2010〕52 号	2010－05－18
《财政部、海关总署、国家税务总局关于在天津市开展融资租赁船舶出口退税试点的通知》	财税〔2010〕24 号	2010－03－30
《财政部、国家税务总局关于房产税城镇土地使用税有关问题的通知》	财税〔2009〕128 号	2009－11－22
《财政部、国家税务总局关于执行企业所得税优惠政策若干问题的通知》第十条	财税〔2009〕69 号	2009－04－24
《国家税务总局关于融资租赁项下固定资产加速折旧政策的答复意见》		2003－11－27
《财政部、国家税务总局关于营业税若干政策问题的通知》	财税〔2003〕16 号	2003－01－15
《国家税务总局关于融资租赁业务征收流转税问题的补充通知》	国税函〔2000〕909 号	2000－11－15
《国家税务总局关于融资租赁业务征收流转税问题的通知》	国税函〔2000〕514 号	2000－07－07
《财政部、国家税务总局关于转发〈国务院关于调整金融保险业税收政策有关问题的通知〉的通知》	财税字〔1997〕45 号	1997－03－14
《国家税务总局关于融资租赁业务征收营业税问题的通知》	国税函发〔1995〕656 号	1995－12－12
《国家税务总局关于营业税若干问题的通知》	国税发〔1995〕76 号	1995－04－26

参考文献

〔1〕最高人民法院民事审判第二庭.最高人民法院关于融资租赁合同司法解释理解与适用[M].北京:人民法院出版社,2014.

〔2〕陈宗胜、柯卡生.融资租赁制度概论[M].北京:中信出版社,2012.

〔3〕廖岷、凌涛、钟伟.金融租赁研究[M].北京:中国金融出版社,2013.

〔4〕陈宗胜、柯卡生.中国融资租赁现状与发展战略[M].北京:中信出版社,2012.

〔5〕张稚萍.融资租赁法律手册[M].北京:当代中国出版社,2010.

〔6〕李鲁阳、张雪松.融资租赁的监管[M].北京:当代中国出版社,2007.

〔7〕郝昭成、高世星.融资租赁的税收[M].北京:当代中国出版社,2007.

〔8〕李鲁阳.融资租赁若干问题研究和借鉴[M].北京:当代中国出版社,2007.

〔9〕苏迪尔阿曼波.国际租赁完全指南[M].北京:北京大学出版社,2007.

〔10〕高圣平、乐沸涛.融资租赁登记与取回权[M].北京:当代中国出版社,2007.

〔11〕史燕平、徐晓兰.中国融资(金融)租赁行业发展报告(2013)[M].北京:中国经济出版社,2013.

〔12〕民生金融租赁股份有限公司、北京国际会计学院,国际财务报告准则——租赁在中国的实施与修订研究报告,2014.

〔13〕龚大兴.资产证券化(ABS)与资产支持票据(ABN)实务操作及案例分析,2013.

〔14〕冀欣、冯超.信托联姻融资租赁提速:五大运作模式详解,2014.

〔15〕吴静静.资产证券化及融资租赁,2015.

〔16〕第一财经网站:http://www.yicai.com/.

〔17〕零壹融资租赁网站:http://www.01leasing.com/.

〔18〕零壹数据网站:http://data.01caijing.com/.

〔19〕IASB、FASB《租赁》准则征求意见稿评析,http://www.kuaijiacc.com/hui-jishiwu/71.html.

〔20〕Euromoney,World Leasing Yearbook 2015.

〔21〕International Accounting Standards Board（IASB）, http://www.ifrs.org/Pages/default.aspx.

〔22〕Financial Accounting Standards Board（FASB）, http://www.fasb.org/home.